Entscheidungen

des

Reichsgerichts.

Herausgegeben

von

den Mitgliedern des Gerichtshofes.

Entscheidungen in Civilsachen.

Erster Band.

Leipzig,
Verlag von Veit & Comp.
1880.

Entscheidungen

des

Reichsgerichts

in

Civilsachen.

Erster Band.

Leipzig,
Verlag von Veit & Comp.
1880.

Neudruck von 1888 mit Berücksichtigung der in den späteren Bänden unter „Berichtigungen" aufgeführten Versehen.

Inhalt.

I. Reichsrecht.

II. Gemeines Recht.

III. Preußisches Recht.

IV. Rheinisches Recht.

V. Prozeßrecht.

I. Reichsrecht.

1. 1. Umfang der Haftung des ersten Frachtführers für den späteren. H.G.B. Art. 401.
2. Voraussetzung der Anwendbarkeit des Art. 408 H.G.B.

I. Civilsenat. Urt. v. 22. Oktober 1879 i. S. B. & R. (Kl.) w. Thür. Eisenbahn (Bekl.). Rep. I. 1/79.

I. Kreisgericht Gera.
II. Appellationsgericht Eisenach.

Die Kläger übergaben der Thür. Eisenbahn eine an St. in Helsingfors in Finnland bestimmte Kiste mit Wollenwaren zur Beförderung mit einem Frachtbriefe, welcher an den Spediteur Sch. in Wirballen lautete und nach der Behauptung der Kläger folgenden Vermerk enthielt: „Transito Finnland mittels der Zollagenten H. & Co. St. Petersburg."

Die Kiste kam in Wirballen an, allein mit einem an Stelle des angeblich verloren gegangenen ursprünglichen Frachtbriefes von der preuß. Ostbahn ausgefertigten neuen Frachtbriefe, welcher statt der angeführten Bemerkung folgende enthielt:

„Zur Verzollung durch die Zollagentur in Wirballen."

Das Gut wurde in Wirballen verzollt. Die Rückerstattung dieses Zolles fordern die Kläger von der Thür. Eisenbahn. Sie behaupten, Sch. in Wirballen habe den Betrag des Zolles von St. in Helsingfors erhoben und St. ihnen, den Klägern, denselben zur Last geschrieben, übrigens ihnen auch seine betreffenden Ansprüche cediert. In erster Instanz wurde die Klage angebrachtermaßen abgewiesen, in zweiter auf Beweis der Klage erkannt. Letzteres Erkenntnis wurde vom Reichsgerichte bestätigt aus folgenden

Gründen:

„Die Beklagte räumt die Möglichkeit ein, nach Finnland bestimmte Güter durch Rußland als nicht zollpflichtiges Transitgut gehen zu lassen

Die Kläger behaupten, daß der von ihnen auf den ursprünglichen Frachtbrief gesetzte Vermerk diese Wirkung gehabt haben würde, während der Vermerk auf dem substituierten Frachtbriefe gerade die Verzollung in Wirballen angeordnet habe. Ist die Behauptung der Kläger richtig, so besteht zwischen der Notwendigkeit der Aufwendung zum Zwecke der Verzollung und der eigenmächtigen Substitution des Frachtbriefes durch die Ostbahn ein ursachlicher Zusammenhang. Die Substitution ist aber auch der Bahn zum Verschulden anzurechnen; die Beklagte bringt in dieser Richtung keine Entschuldigungsmomente vor.

Die Substitution geschah bei Ausführung des Transportes, beziehungsweise zum Zwecke dieser Ausführung; die Beklagte als erster Frachtführer haftet mithin nach Art. 401 H.G.B. (s. a. Art. 429 H.G.B. und Betriebsreglement §. 62) für den dadurch entstandenen Schaden, und zwar demjenigen gegenüber, welchem sie zur Ausführung des Transportes verpflichtet ist, dem Absender. Der Frachtvertrag ging nach der Darstellung in der Klage auf den Transport und die Ablieferung zollfreien Gutes: der Frachtführer hat zollpflichtiges abgeliefert, beziehungsweise der vom Absender bezeichnete Empfänger konnte das Gut nur gegen Zahlung des Zolles erhalten, der Absender ist daher zum Schadensersatze berechtigt gerade so, wie er es im Falle des Verlustes oder der Beschädigung des Gutes sein würde. Es ist dabei gleichgültig, ob der Absender den Frachtvertrag für eigene Rechnung, oder, wie dies beim Verkäufer, welcher die Ware dem Käufer übersendet, oder beim Spediteur der Fall ist, für fremde Rechnung abgeschlossen hat. Er ist Kontrahent und der Käufer, der Kommittent kann (abgesehen von dem Falle, daß er als Empfänger in den Frachtvertrag eintritt) die Klage aus dem Frachtvertrage nur als cedierte geltend machen. Der Absender hat daher sein Interesse an der Ausführung des Frachtvertrages nicht näher zu begründen, braucht also namentlich nicht geltend zu machen, daß er dem Käufer oder dem Kommittenten den diesem entstandenen Schaden bereits ersetzt habe. Dem Frachtführer bleibt es vorbehalten, darzuthun, daß dem Absender infolge besonderer Umstände kein Schade entstanden sei, z. B. daß derjenige, für dessen Rechnung der Frachtvertrag abgeschlossen war, auf jeden Ersatz verzichtet habe. Nicht genügen aber würde es, wenn der Frachtführer geltend machte, der Absender sei seiner Verpflichtung gegen denjenigen, für dessen Rechnung er den Frachtvertrag abgeschlossen habe, noch nicht nachgekommen, habe diesem den Schaden noch nicht ersetzt. Die Behauptung der Beklagten, die Kläger hätten an St. in Helsingfors (den Käufer des Gutes, welcher dasselbe in Empfang genommen hatte) den Betrag des Zolles nicht bezahlt, ist daher unbeachtlich. Unbeachtlich ist aber auch die Klagebehauptung, St. habe seine Ansprüche den Klägern cediert; denn St. hatte gegen die Beklagte keine Ansprüche, sondern nur solche gegen den Kläger.

Fraglich könnte sein, ob nicht der Anspruch der Kläger nach Art. 408 Abs. 1 H.G.B. erloschen sei. Wenngleich die Beklagte sich auf diesen Artikel nicht ausdrücklich beruft, so ist doch in dem, was in der Einredeschrift vorgebracht wird, eine Bezugnahme auf diese gesetzliche Bestimmung enthalten, denn es wird behauptet, die durch den Agenten Sch. in Wirballen erfolgte Annahme des Gutes habe dem Kläger präjudiziert. Allein die Bestimmung schlägt aus folgenden Gründen nicht ein.

Der Frachtbrief enthält die lex des Frachtvertrages. Indem der Frachtführer dem Empfänger das Gut mit dem Frachtbriefe abliefert, erklärt er demselben, einen Frachtvertrag mit dem im Frachtbriefe angegebenen Inhalte zu erfüllen, und der Empfänger nimmt nur die Erfüllung dieses Frachtvertrages an, beziehungsweise erklärt nur, daß der Frachtführer seine Verpflichtung aus diesem Frachtvertrage erfüllt habe. Daher kann, wenn der Frachtführer das Gut mit einem Frachtbriefe abliefert, welcher einen anderen Inhalt, als der ursprüngliche über den zwischen Absender und Frachtführer abgeschlossenen Frachtvertrag ausgestellte Frachtbrief hat, die auf Grund dieses neuen Frachtbriefes erfolgte Annahme des Gutes und Zahlung der Fracht eine Erklärung über die Erfüllung der Verpflichtung des Frachtführers jedenfalls soweit nicht enthalten, als der ursprüngliche Frachtbrief von dem späteren abweichende Bestimmungen enthält.

Hiernach hat der zweite Richter den Klägern den zur Begründung ihres Schadens erforderlichen Beweis mit Recht auferlegt, daß wenn das Gut mit dem ursprünglichen so, wie hier vorgebracht, lautenden Frachtbriefe in Wirballen angekommen wäre, die Verzollung nicht erforderlich gewesen sein würde. Dieser Beweis kann nach der Richtung geführt werden, daß der fragliche Vermerk unter allen Umständen dazu genügt haben würde, oder daß der Empfänger Sch. in Wirballen bisher in gleichen Fällen die zur Vermeidung der Verzollung erforderlichen Vorkehrungen getroffen habe."

2. Nach dem Marktpreise welches Ortes ist von demjenigen der Schade zu ersetzen, durch dessen Schuld eine Ware nach einem anderen als dem vertragsmäßig bestimmten Hafenplatze verschifft worden ist?

I. Civilsenat. Urt. v. 29. Oktober 1879 in S. H. und Kons. (Bekl.) w. Br. Ges. (Kl.) Rep. I. 36/79.

I. Handelsgericht Hamburg.
II. Obergericht daselbst.

Rechtskräftig war festgestellt, daß durch Schuld der Beklagten eine von der Klägerin nach Callao bestimmte Partie von 100 Kisten Bier in Hamburg irrtümlich in ein falsches, nach Buenos-Aires bestimmtes Schiff verladen und mit diesem abgegangen sei, und daß erstere der letzteren dafür schadensersatzpflichtig seien. Anlangend die Berechnung des Schadens heißt es nun in den

Gründen:

„Das Obergericht hat im Prinzip vollständig die von der Klägerin aufgestellte Berechnung gebilligt, wonach der Schade, welchen sie durch die vertragswidrige Verladung des Bieres auf ein nach Buenos-Aires gehendes, statt auf das nach Callao bestimmte, Schiff erlitten haben will, bestehen soll in der Differenz des durch den Verkauf des Bieres in Buenos-Aires erzielten Nettoertrages und des Preises, den sie, die Klägerin, damals auf dem heimischen Absatzgebiete für dasselbe Bier hätte erlangen können, und hat nur noch der Klägerin die Höhe dieses letzteren Preises nachzuweisen aufgegeben. Die Klägerin hatte dieser Berechnung die Behauptung zu Grunde gelegt, daß sie alsbald ein gleiches Quantum Bier anstatt des versehendlich nach Buenos-Aires dirigierten nach dem eigentlichen Bestimmungsorte des letzteren, Callao, gesandt habe, wodurch dieses zweite Quantum dem heimischen Absatzgebiete entzogen sei. Da nun aber diese Behauptung thatsächlich von den Beklagten bestritten war, so hätte jedenfalls der Klägerin der Beweis derselben nicht erlassen werden dürfen. Allein die bloße Thatsache der nachträglichen Biersendung nach Callao würde noch nicht einmal genügen, um die von den Klägern beliebte Art der Schadensliquidation zu rechtfertigen. An sich bestand der von ihr erlittene Schade keineswegs in dem Unterschiede zwischen dem Buenos-Aires-Erlöse und dem Betrage, den das Bier ihr auf dem heimischen Markte wert gewesen wäre; denn es steht ja fest, daß auch ohne das von den Beklagten begangene

Versehen das Bier auf diesem Markte nicht geblieben wäre, da es vielmehr nach Callao verschifft werden sollte. Der Schade der Klägerin wäre daher völlig gedeckt, sobald ihr die Beklagten alles ersetzt haben würden, was sie im Falle der Verschiffung nach Callao aus dem Biere mehr erzielt haben würde, als der Verkauf in Buenos-Aires ergeben hat. Wenn die Klägerin ohne Nötigung eine zweite Aussendung nach Callao machte, so that sie dies lediglich auf ihre eigene Rechnung, und es könnte ihr in solchem Falle nicht gestattet werden, je nach dem Ausfalle dieser Unternehmung statt des Callao-Ertrages den heimischen Marktwert des Bieres zu Lasten der Beklagten zu bringen.

Dennoch konnte dem Verlangen der Beklagten, das Handelsgerichts-Erkenntnis, welches die Schadensliquidation der Klägerin als unschlüssig angebrachtermaßen verworfen hatte, wiederhergestellt zu sehen, nicht völlig entsprochen werden. Denn die Klägerin hat ferner noch behauptet, daß sie durch einen mit einem Callao-Hause geschlossenen Vertrag diesem verpflichtet gewesen sei, eine Sendung von 100 Kisten Bier nach Callao zu machen, und deshalb notgedrungen statt der von den Beklagten in die Irre geleiteten sofort die zweite Sendung habe abfertigen müssen. Sollte sich dies so verhalten, so wäre allerdings der Kausalzusammenhang zwischen dem Versehen der Beklagten und der zweiten Aussendung hergestellt, und damit die Berechnungsart der Klägerin gerechtfertigt." ...

---

3. Bei der in Art. 343 Abs. 2 H.G.B. erwähnten Androhung bedarf es nicht der Angabe, ob öffentlich oder nicht öffentlich verkauft werden soll?[1]

I. Civilsenat. Urt. v. 1. November 1879 in S. H. & G. (Kl.) w. W. & B. (Bekl.) Rep. I. 13/79.

I. Handelsgericht Leipzig.
II. Appellationsgericht daselbst.

Aus den Gründen:

..."Wenn im Namen der Kläger deren Sachwalter den Beklagten unter dem 6./7. März 1878, zu einer Zeit, als letztere sich längst

---

[1] Mit Urt. v. 15. Dezember 1879, Rep. I. 80/79 in S. Gebr. S. w. F. v. S., hat der I. Civilsenat ferner noch ausgesprochen, daß bei der obgedachten Androhung auch der Tag des beabsichtigten Verkaufes nicht bezeichnet zu werden braucht. Ebenso Entsch. des R.O.H.G.'s Bd. 7 Nr. 8 S. 49.

schon in Abnahmeverzug befanden, eine briefliche Mitteilung nachstehenden Wortlautes gemacht hat:

„daß dieselben (die Kläger) die von Ihnen abzunehmende Ware in Gemäßheit der Bestimmungen in Art. 343. 354 H.G.B. für Ihre Rechnung verkaufen und Schadensersatz von Ihnen fordern werden, dafern Sie nicht bis zum 10. dieses Monates Ihren Verpflichtungen nachgekommen",

so liegt hierin eine Verkaufsandrohung, welche den Vorschriften des Art. 343 genügt. ...

Hiernächst kann auch darin ein die Wirksamkeit der Verkaufsandrohung beeinträchtigender Mangel nicht erblickt werden, daß der Brief des Sachwalters des Klägers die Beklagten im ungewissen ließ, ob der Verkauf öffentlich oder nicht öffentlich bewirkt werden solle. Zwar stellt das Gesetz, indem es bei Waren, die einen Börsen- oder Marktpreis haben, dem Verkäufer freigiebt, auf welchem von beiden Wegen er die Ware veräußern will, für jede Verkaufsart besonders das Erfordernis der „vorgängigen Androhung" auf; und in der That ist daraus von Auslegern des Gesetzbuches[1] gefolgert worden, der Gesetzgeber habe dem Verkäufer die ausdrückliche Bezeichnung der gewählten Verkaufsart vorzuschreiben beabsichtigt. Dieser Folgerung gebricht es jedoch an zuverlässigen Unterlagen. Die Wiederholung der Worte „nach vorgängiger Androhung" im dritten Satze des zweiten Absatzes von Artikel 343 kann recht wohl auch auf rein äußerlichen (redaktionellen) Gründen beruhen, nämlich nur deshalb nötig erschienen sein, weil jedem Zweifel darüber hat vorgebeugt werden sollen, daß bei dem nicht öffentlichen Verkaufe die vorherige Androhung gleichfalls nicht unterbleiben dürfe.

Aus der Entstehungsgeschichte des Gesetzes ergiebt sich nichts, was einer solchen Vermutung widerstritte. Die Vorgänge bei der Gesetzesberatung treten ihr vielmehr unterstützend zur Seite. Der preußische Entwurf des Handelsgesetzbuches Art. 260 verstattet bloß den öffentlichen Verkauf der nicht abgenommenen Ware und auch nur dann, „wenn sie dem Verderben unterworfen ist". Bei der ersten Lesung wurde indessen eine Vorschrift beschlossen, welche den Verkäufer, wenn der Käufer nach Zahlung des Kaufpreises die Empfangnahme der Ware verzögerte, ermächtigen sollte, die Ware gerichtlich zu deponieren oder

[1] Anschütz und v. Völderndorff Bd. 8 S. 276 Anmerk. 20. Dagegen: v. Hahn zu Art. 343 §. 10 (2. Aufl.).

„nach vorgängiger Androhung" zu verkaufen, unter Einhaltung der Bestimmungen des Art. 235 über den Verkauf verpfändeter marktgängiger Waren (Protokolle S. 626 flg. unter d Abss. 1. 2. S. 629 Z. 3 bis 10).

Demgemäß regelte nunmehr der von der Redaktionskommission bearbeitete Entwurf in Art. 285 Abs. 2 die Befugnisse des Verkäufers gegenüber dem mit der Empfangnahme säumigen Käufer.

Die Konferenz genehmigte jedoch weder diese, noch eine durch die Redaktionskommission vorgeschlagene andere Fassung, sondern einen dritten Vorschlag, welcher mit dem Inhalte der ersten drei Sätze des zweiten Absatzes des Art. 343 H.G.B. sachlich zusammenfällt (Protokolle S. 1374 flg.). Insbesondere erlaubt derselbe für Waren mit Börsen- oder Marktpreis neben dem öffentlichen auch den nicht öffentlichen Verkauf. Die Worte „nach vorgängiger Androhung" kommen aber hier nur in dem vom öffentlichen Verkaufe handelnden Vordersatze vor. Der den nicht öffentlichen Verkauf angehende Nachsatz ist gleichwohl so gefaßt, daß sie da als selbstverständlich hinzugedacht werden müssen. Hätte das Gesetz diese Fassung allenthalben beibehalten, so wäre kaum ein Zweifel darüber entstanden, daß dem Verkäufer ein Mehreres nicht obliege, als eine allgemeine Verkaufsandrohung. In einer späteren Beratung (Protokolle S. 1459 flg.) nahm die Konferenz nur noch einen der Schlußbestimmung in Art. 343 Abs. 2 H.G.B. entsprechenden Zusatz an. Der Art. 320 Abs. 2 des Entwurfes zweiter Lesung gab endlich den in Rede stehenden Vorschriften diejenige Form, in welcher dieselben bei der dritten Lesung (Protokolle S. 5077 flg.) gebilligt und nachmals zum Gesetze erhoben worden sind. Die Wiederholung der Worte „nach vorgängiger Androhung" ist daher lediglich eine Einschaltung der Redaktionskommission. Andeutungen darüber, daß hierauf ein besonderes Gewicht gelegt worden, daß man namentlich der Ansicht gewesen wäre, die Verkaufsandrohung müsse die Art und Weise des beschlossenen Weiterverkaufes mit ankündigen, finden sich nirgends in den Beratungsprotokollen. Die von den Beklagten verteidigte Auslegung des Art. 343 hat nach alledem mindestens nicht die Worte des Gesetzes für sich. Auch läuft es allgemeinen Grundsätzen zuwider, Formerfordernisse in das Gesetz hineinzulegen, welche dieses selbst mit unzweideutigen Ausdrücken nicht aufstellt. Wenn die Beklagten ferner noch darauf zurückkommen, daß der Zweck der Verkaufsandrohung (dem Käufer Gelegenheit zu Abwendung der ihm bevorstehenden Schädigung zu bieten) ohne Anzeige des gewählten Verkaufsweges nicht zu erreichen sei, so dürften sie die sachgemäßen Darlegungen der zweiten Instanz nicht gehörig gewürdigt haben. Die Füglichkeit, bei nicht öffentlichen Verkäufen auf die Preissteigerung hinzuwirken, hat der Käufer nicht bereits dann, wenn er erfährt, daß der Verkäufer nicht öffentlich verkaufen will. Vielmehr müßte ihm außerdem wenigstens noch von dem Namen des mit dem Verkaufe betrauten Mäklers oder Beamten Kenntnis gegeben werden. Zu Mitteilungen über derartige Nebenumstände verpflichtet jedoch das Gesetz den Verkäufer nicht." . . .

---

4. 1. Stillschweigende Bestellung eines Handlungsbevollmächtigten.
2. Kann der Prinzipal, in dessen Namen ein Handlungsbevollmächtigter kontrahiert hat, dem anderen Kontrahenten gegenüber sich darauf berufen, daß der Handlungsbevollmächtigte den Auftrag zum Abschlusse des Vertrages mißverstanden hat?

I. Civilsenat. Urt. v. 5. November 1879 in S. L. (Bekl.) w. S. & W. (Kl.) Rep. I. 35/79.

I. Handelsgericht Braunschweig.
II. Obergericht Wolfenbüttel.

Aus den Gründen:

„Vom Beklagten ist Folgendes zugegeben. Der Beklagte hat T. beauftragt, bei der Klägerin um den Preis einer gewissen Ware anzufragen. T. hat darauf an die Klägerin einen Brief gerichtet, welchen er mit des Beklagten Namen unter Vorsetzung eines p. und unter Beifügung der Anfangsbuchstaben seines eigenen Namens unterschrieb. Die Klägerin hat diese Anfrage mit einem an den Beklagten gerichteten Briefe beantwortet, und, nachdem T. über diese Antwort dem Beklagten eine Mitteilung gemacht, hat der Beklagte ihn beauftragt, die in diesem Briefe enthaltene Offerte zu acceptieren. Den Brief, welcher diese Annahme enthielt, hat T. mit Bewilligung des Beklagten unterschrieben, und zwar enthält die Überschrift den Namen des Beklagten mit vorgesetztem p. und beigefügtem vollständigen Namen des Schreibers A. T.

Hiernach steht fest, daß T. sich bei Abschluß des Vertrages, sowie auch schon bei der diesem Abschlusse vorhergehenden Anfrage, als Handlungsbevollmächtigter der Beklagten geriert hat (Art 49. H.G.B.).

Ein solches Verhalten T.'s steht nicht vereinzelt da, vielmehr ergiebt das Briefkopierbuch des Beklagten, daß T. in derselben Weise auch vielen anderen Personen gegenüber verfahren ist.

Es geschah dies aber unter den Augen des Beklagten. Dieser kann sich schlechterdings nicht darauf berufen, daß er das Verfahren T.'s nicht gekannt, daß er die von T. unterschriebenen und abgesandten Briefe nicht eingesehen habe. Ließ er es zu, daß T. sich als Handlungsbevollmächtigter gerierte, so ist darin in Ermangelung besonderer Umstände eine stillschweigende Bestellung desselben zum Handlungsbevollmächtigten zu finden. Besondere Umstände, welche diese Annahme auszuschließen geeignet wären, hat der Beklagte nicht angeführt.

Unbegründet ist aber auch, daß die Klägerin dieses Rechtsverhältnis nicht geltend gemacht hätte. Zwar bezeichnet sie in der Klageschrift den T. als Buchhalter des Beklagten, und als solcher würde derselbe zwar Handlungsgehilfe, nicht aber Handlungsbevollmächtigter sein, allein sie behauptet weiter, T. habe schon wiederholt Geschäfte mit ihr für den Beklagten abgeschlossen, sie legt ferner der Klageschrift die Briefe, in welcher T. sich als Handlungsbevollmächtigter geriert, bei und bezieht sich auf das Briefkopiebuch des Beklagten.

Gerierte sich nun aber T. der Klägerin gegenüber als Handlungsbevollmächtigter des Beklagten und muß der Beklagte dies sich gegenüber gelten lassen, ist T. es also, welcher das fragliche Geschäft namens des Beklagten abgeschlossen hat, so ist das Geschäft so, wie es vom Beklagten und T. gewollt wurde, abgeschlossen, und der Beklagte ist dem Inhalte dieses Vertrages gemäß verpflichtet.[1] Ob T. durch eine irrtümliche Auffassung der Meinung des Beklagten veranlaßt wurde, das Geschäft so, wie es geschehen, abzuschließen, ist gleichgültig."

[1] Der Beklagte behauptet, er habe den T. beauftragt, beim Kläger wegen des Preises von 1/8 zölligem Eisenblech anzufragen und habe T.'s Mitteilung über die Antwort des Klägers so verstanden, daß der Kläger 1/8 zölliges Eisenblech offeriere, während in der That T. über 1 1/8 zölliges Blech angefragt und über die Lieferung solchen Bleches abgeschlossen hatte.

5. Hat der Auflösungsbeschluß und die Liquidation einer Genossenschaft auch dann noch die Wirkung, die Genossenschaft von der Auszahlung des ausgetretenen Genossenschafters zu befreien, wenn beides erst nach Ablauf von drei Monaten seit dem Austritte desselben erfolgt ist?

Genossenschaftsgesetz vom 4. Juli 1868 §. 39.

I. Civilsenat. Urt. v. 15. November 1879 in S. P. (Kl.) w. Vorschuß-Kassenverein in J. (Bekl.) Rep. I. 108/79.

I. Kreisgericht Jauer.
II. Appellationsgericht Breslau.

Aus den Gründen:

„Der Appellationsrichter hat sich gegen den beklagten Vorschuß-Kassenverein — eine eingetragene Genossenschaft — erhobene Klage auf Auszahlung der vom Kläger als Mitglied des Vereines erworbenen Stammanteile zur Zeit abgewiesen, obwohl thatsächlich festgestellt ist, daß Kläger am 2. Januar 1877 seine Mitgliedschaft gekündigt und dadurch nach den Vereinsstatuten, wie auch vom Beklagten nicht bestritten ist, an sich das Recht erlangt hatte, die Herauszahlung dieser Anteile am 2. Januar 1878 zu verlangen. Der alleinige Grund dieser Entscheidung besteht darin, daß, weil unstreitig der beklagte Verein am 30. November 1878 seine Liquidation beschlossen habe und dieser Beschluß in das Genossenschaftsregister eingetragen sei, der Kläger nach §. 39 Abs. 3 und §. 47 a und b des Reichsgenossenschaftsgesetzes vom 4. Juli 1868 seinen Anspruch zur Zeit nicht geltend machen könne, sondern eventuell erst nach Beendigung der Liquidation, indem es unerheblich sei, daß der Beschluß der Liquidation erst nach dem Austritte des Klägers aus dem Vereine gefaßt sei.

Der dem Appellationsrichter dieserhalb in der Nichtigkeitsbeschwerde gemachte Vorwurf der Verletzung des §. 39 des Genossenschaftsgesetzes erscheint als begründet.

Nach Abs. 2 dieses Paragraphen haben die aus der Genossenschaft ausgetretenen oder ausgeschlossenen Genossenschafter sowie die Erben verstorbener Genossenschafter, wenn der Gesellschaftsvertrag nichts Anderes bestimmt, zwar keinen Anspruch an den Reservefonds und das sonst vorhandene Vermögen der Genossenschaft, sind aber berechtigt zu verlangen, daß ihnen ihr Geschäftsanteil, wie er sich aus den Büchern ergiebt binnen drei Monaten nach ihrem Ausscheiden ausgezahlt werde. In Abs. 3. heißt es sodann:

„Gegen diese Verpflichtung kann sich die Genossenschaft nur dadurch schützen, daß sie ihre Auflösung beschließt und zur Liquidation schreitet."

Diese letztere Bestimmung hat offenbar den Zweck, die Genossenschaft gerade den bereits ausgeschiedenen Genossenschaftern gegenüber zu schützen, wie der Appellationsrichter unter Bezugnahme auf die Entscheidung des R.O.H.G.'s in Bd. 20 Nr. 76 S. 294 flg. mit Recht bemerkt. Den Ausführungen der letzteren gegen die einschränkende Auslegung des §. 39 Abs. 3 dahin, daß nur ein bis zum Ausscheiden des betreffenden Genossenschafters gefaßter Auflösungsbeschluß die Genossenschaft schütze, ist lediglich beizutreten.

Im vorliegenden Falle handelt es sich aber um die Frage, ob der Auflösungsbeschluß und die Liquidation auch dann noch die im §. 39 Abs. 3 gedachte Wirkung herbeiführen, wenn sie erst nach Ablauf der in dem voraufgegangenen Abs. 2 vorgeschriebenen Frist von drei Monaten erfolgen, sodaß es der Genossenschaft jederzeit, d. h. bis zur wirklichen Zahlung des Guthabens des ausgeschiedenen Genossenschafters, freistehen würde, denselben auf das Ergebnis der Liquidation zu verweisen. Diese, in jener Entscheidung des R.O.H.G.'s offen gelassene Frage ist im Einklange mit zwei späteren, gegen den jetzigen Beklagten ergangenen Entscheidungen des R.O.H.G.'s (Entsch. desselben Bd. 25 Nr. 61 S. 240) zu verneinen.

Zunächst weist schon der Wortlaut des Gesetzes auf diese Auslegung hin. Denn obwohl §. 39 Abs. 3 eine Zeitbeschränkung nicht ausdrücklich enthält, so steht er doch in dem engsten Zusammenhange mit dem voraufgehenden Abs. 2, welcher den ausgetretenen und ausgeschlossenen Genossenschaftern sowie den Erben verstorbener Genossenschafter die Berechtigung erteilt, die Auszahlung ihres buchmäßigen Geschäftsanteiles binnen drei Monaten zu verlangen. Von einem Schutze gegen die dieser Berechtigung entsprechende Verpflichtung der Genossenschaft kann aber nach Ablauf dieser Frist füglich nicht mehr die Rede sein, da die Verpflichtung, binnen drei Monaten zu zahlen, dann bereits eingetreten ist, auch von einer Berechtigung der Genossenschafter kaum gesprochen werden könnte, wenn sich ihre Befugnis durch einen einseitigen Akt der Genossenschaft noch hinterher jederzeit willkürlich wieder beseitigen ließe. Wäre dies der Wille des Gesetzgebers gewesen, so würde er sich richtiger dahin haben ausdrücken müssen, daß er der Genossenschaft nur eine alternative Verpflichtung auferlegte, oder daß er ihr die Befugnis beilegte, sich von der prinzipalen Verpflichtung jederzeit durch den Beschluß der Auflösung und durch die Liquidation wieder zu befreien. Jedenfalls steht der Wortlaut des Gesetzes der Auslegung des Appellationsrichters nicht zur Seite, und die erkennbare Absicht des Gesetzgebers steht ihm entschieden entgegen.

Denn während das Handelsgesetzbuch bei der offenen Handelsgesellschaft einem Gesellschafter aus wichtigen Gründen die Befugnis beilegt, jederzeit die Auflösung und Liquidation der Gesellschaft zu verlangen (Art. 125), und einem ausgeschiedenen oder ausgeschlossenen Gesellschafter die Auseinandersetzung mit der Gesellschaft auf Grund der Vermögenslage zur Zeit des Ausscheidens, bezw. der Behändigung der Klage auf Ausschließung gewährt, wobei er sich zwar die Beendigung der laufenden Geschäfte nach dem Ermessen der verbleibenden Gesellschafter gefallen lassen muß, jedoch darüber Rechnungsablage verlangen kann (Art 130), während es den ausscheidenden Kommanditisten in der letzteren Beziehung dem offenen Handelsgesellschafter gleichstellt (Art 172) und während es dem Aktionär, welcher den Betrag seiner Aktie eingezahlt hat, freisteht, sich durch Veräußerung derselben seiner ferneren Beteiligung zu entschlagen, gewährt das Genossenschaftsgesetz dem ausscheidenden Genossenschafter und den Erben eines Genossenschafters, dessen Mitgliedschaft durch seinen Tod erloschen ist, analogische Befugnisse nicht. Es entzieht denselben ausdrücklich jeden Anspuch an den Reservefonds und das sonstige Vermögen der Genossenschaft und giebt ihnen vielmehr nur das Recht, die Auszahlung ihres Geschäftsanteiles, wie er sich aus den Büchern ergiebt, zu verlangen, wobei ihnen außerdem jeder selbständige Einfluß auf die Berechnungsart und Feststellung der Höhe dieses Geschäftsanteiles entzogen ist, da die Aufstellung der Bilanz und mithin auch die Abschreibung auf erlittene Verluste gesetzlich Sache der Organe der Genossenschaft ist, welche nicht schuldig sind, sich dem ausscheidenden Mitgliede, bezw. dessen Erben gegenüber auf Erörterungen über den Grund und die Richtigkeit ihres hierbei eingeschlagenen Verfahrens einzulassen.

Vgl Entsch. des R.O.H.G.'s Bd. 24 Nr. 112 S. 420.

Daß der Gesetzgeber auch diesen, dem ausscheidenden Genossenschafter den einzigen Ersatz für seine bisherige Miteigentumsquote am Genossenschaftsvermögen gewährenden Anspruch durch den Abs. 3 des §. 39 zu einem illusorischen habe machen wollen, läßt sich nicht annehmen. Dies würde aber der Fall sein, wenn durch diese Bestimmung der Genossenschaft das Recht verliehen wäre, sich zu jeder beliebigen späteren Zeit durch einen Auflösungsbeschluß und die Liquidation von jenem Anspruche zu liberieren und den ausscheidenden Genossenschafter beliebige Zeit darüber, ob er die Befriedigung seines Anspruches zu erwarten habe oder auf das Ergebnis der Liquidation verwiesen werde, im ungewissen zu lassen. Der Sinn der Bestimmungen in den Abss. 2 und 3 des §. 39 ist vielmehr augenscheinlich der, daß zwar in der Regel die Fortdauer der Genossenschaft durch das Ausscheiden einzelner Genossenschafter nicht gefährdet werden wird und diesen daher an sich ein sofort in Kraft tretendes Recht, als Gläubiger der Genossenschaft die (Berechnung und) Auszahlung ihres Geschäftsanteiles zu verlangen, zustehen soll, daß aber der Genossenschaft nicht nur mit Rücksicht auf die von ihr vorab vorzunehmende, einen gewissen Zeitaufwand erfordernde Berechnung des Geschäftsanteiles eine angemessene Frist zur Auszahlung desselben erteilt, sondern bis zum Ablaufe dieser den Anspruch des ausscheidenden Genossenschafters betagenden Frist (mit Rücksicht darauf, daß unter gewissen Voraussetzungen allerdings das Interesse der bleibenden Genossenschafter und der Gläubiger der Genossenschaft die gänzliche Auflösung der letzteren und eine allgemeine Liquidation und Teilung des Genossenschaftsvermögens unter gleichmäßiger Behandlung sämtlicher Genossenschafter anstatt der Auszahlung der Geschäftsanteile an die ausscheidenden Genossenschafter erfordern kann) auch Gelegenheit zur Prüfung dieser Frage gegeben und die Wahl freigelassen werden soll, den Eintritt der Fälligkeit jenes Anspruches eines ausscheidenden Genossenschafters überhaupt zu verhindern, sodaß derselbe einstweilen — d. h. bis zum Ablaufe der dreimonatlichen Frist — nicht nur ein betagter, sondern auch durch die Nichtausübung der der Genossenschaft im Abs. 3 des §. 39 erteilten Befugnis bedingter ist. Die im Abs. 2 vorgesehene Fälligkeitsfrist ist mithin zugleich als eine Deliberationsfrist für die Genossenschaft anzusehen, durch deren Nichtbenutzung das Forderungsrecht des ausscheidenden Genossenschafters in demselben Momente ein unbetagtes und unbedingtes wird. Die Auslegung von Parisius in dem Kommentare zum preußischen Genossenschaftsgesetze S. 113 Note 116 und zum Reichsgenossenschaftsgesetze S. 359 Note 4, nach welcher die durch Ablauf der dreimonatlichen Frist bereits eingetretene Zahlungsverpflichtung wieder suspendiert wird, sobald die Genossenschaft (hinterher) ihre Auflösung beschließt, entbehrt jeder Motivierung und führt zu praktischen Konsequenzen, welche der Gesetzgeber unmöglich gewollt haben kann. Die (befugte) Geltendmachung des der Genossenschaft nach §. 39 Abs. 3 zustehenden Rechtes hat überhaupt nicht die Wirkung einer Hinausschiebung des Anspruches des ausgeschiedenen Genossenschafters auf Auszahlung seines Geschäftsanteiles, sondern ist dazu bestimmt, diesen Anspruch ein für allemal dadurch zu beseitigen, daß derselbe in einem Anspruche auf das demnächstige thatsächliche Ergebnis der Liquidation umgewandelt wird, wie wenn der betreffende Genossenschafter nicht ausgeschieden wäre.

Die in Abs. 2 des §. 39 bezeichnete Frist bezieht sich hiernach auch auf die in Abs. 3 der Genossenschaft erteilte Befugnis; der Sinn des letzteren ist derselbe, wie der Schlußsatz des entsprechenden §. 55 des österreichischen Genossenschaftsgesetzes vom 9. April 1873, welcher lautet: „insofern nicht bis dahin die Auflösung der Genossenschaft beschlossen ... ist", und bei welchem, soviel ersichtlich (vgl. Ausschußbericht S. 37), eine bewußte materielle Abweichung von dem deutschen Gesetze in dem hier fraglichen Punkte nicht anzunehmen ist.

Das angefochtene Erkenntnis des Appellationsrichters unterliegt demnach der Vernichtung. ...

Die dem Kläger nach §§. 12 und 39 des Genossenschaftsgesetzes und nach §§. 22 lit. f der Statuten des beklagtischen Vereines den Gläubigern des letzteren gegenüber obliegende Haftung wird selbstverständlich durch den dem Kläger gegenüber dem Beklagten zustehenden Anspruch auf Auszahlung seiner Stammanteile an sich nicht berührt."

---

6. Ist Art 424 Nr. 1 H.G.B. auch anwendbar, wenn der Transport, welcher in unbedeckten Wagen erfolgen durfte, in bedeckten

Wagen erfolgt ist?[1] — Mündliche Bestellung eines bedeckten Wagens. Betriebsreglement §. 67 Nr. 2.

II. Civilsenat. Urt. v. 18. November 1879 in S. Berg.-Märk.-Eisenb. (Bekl.) w. L. (Kl.) Rep. II. 10/79.

I. Handelsgericht Elberfeld.

Kläger verlangte von der beklagten Bahnverwaltung Ersatz des Schadens, welcher an Eisenblechen, die er ihr zur Beförderung übergeben hatte, während des in einem bedeckten Wagen bewerkstelligten Transportes infolge des defekten Zustandes der Wagendecke durch eingedrungenes Regenwasser verursacht war. Eisenbleche gehören zu den Gütern, welche nach dem Tarife in unbedeckten Wagen transportiert werden dürfen, und in dem Frachtbriefe war die Beförderung in bedecktem Wagen nicht verlangt; die Beklagte glaubte deshalb gemäß Art. 424 Nr. 1 H.G.B. in Verbindung mit §. 67 Nr. 2 des Betriebsreglements vom 11. Mai 1874 von der Haft für den entstandenen Schaden befreit zu sein. Das Handelsgericht stellte fest, daß die Verwendung eines bedeckten Wagens erfolgt war in Ausführung einer nach Aufgabe des Frachtbriefes von einem Vertreter des Klägers an den Wagenmeister der Beklagten gerichteten und von letzterem angenommenen mündlichen Bestellung eines solchen, und es verurteilte die Beklagte, indem es hiernach in der Verwendung des defekten Wagens ein dieselbe gemäß Art. 424 Abs. 3. H.G.B. verpflichtendes Verschulden der Leute derselben fand. Das Erkenntnis wurde aus einem formellen Grunde vernichtet und zugleich die Klage abgewiesen aus folgenden

Gründen:

„In Erwägung daß nach §. 67 Nr. 2 des Betriebsreglements (dessen Bestimmungen, vermöge der Hinweisung des Frachtbriefes auf dieselben, als Bestandteil des unter den Parteien abgeschlossenen Frachtvertrages anzusehen sind) hinsichtlich derjenigen Güter, welche der Tarif in unbedeckten Wagen zu transportieren gestattet, der Absender sein Einverständnis mit dieser Beförderung zu erkennen giebt, falls er nicht bei

[1] Vgl. Entsch. des R.O.H.G.'s Bd. 25 Nr. 39 S. 120, auch Bd. 14 Nr. 72 S. 218, Bd. 20 Nr. 65 S. 238.

der Aufgabe durch schriftlichen Vermerk auf dem Frachtbriefe eine andere Beförderungsart ausdrücklich verlangt hat;

daß hiernach auch durch die nachträglich, ohne nachträgliche Eintragung in den Frachtbrief, erfolgte Bestellung eines bedeckten Wagens und durch die Ausführung oder Zusicherung der Ausführung derselben eine Verbindlichkeit der Bahnverwaltung zur Stellung eines bedeckten Wagens nicht begründet wird;

daß diese Bestimmung des §. 67 Nr. 2 überdies nur eine Konsequenz der Bestimmung des §. 47 das. ist, nach welcher der Frachtvertrag — der auch alle hinsichtlich der Transportart getroffenen Vereinbarungen in sich faßt — ausschließlich abgeschlossen wird durch die Ausstellung des Frachtbriefes und dessen zum Zeichen der Annahme erfolgte Abstempelung, daß ferner, da hiernach und gemäß Art. 406 H.G.B. die Eisenbahn ihren Anspruch auf Zahlung der Fracht nur aus dem Frachtbriefe zu begründen vermag, die Bestimmung auch für die Realisation des der Bahn im §. 67 Nr 2 für den Fall des verlangten Transportes in bedecktem Wagen beigelegten Anspruches auf einen Frachtzuschlag unentbehrlich, und daß sie endlich auch geboten ist, um für den Fall von Umladungen die Beachtung der geschehenen Bestellung zu sichern;

daß hiernach, wenn eine Eisenbahn zum Transporte von Gütern der fraglichen Art aus Anlaß eines anders, als durch schriftlichen Vermerk im Frachtbriefe, erklärten Verlangens einen bedeckten Wagen verwendet, diese Verwendung rechtlich als eine bloße Liberalität erscheint;

daß derjenige, welcher einem anderen ohne Verpflichtung etwas gewährt, für die Mangelhaftigkeit dieser Leistung ohne Hinzutritt eines anderweltigen Verpflichtungsgrundes nicht verhaftet sein kann;

daß demnach auch in dem soeben bezeichneten Falle der Eisenbahn eine Haftung dafür, daß der verwendete bedeckte Wagen gegen diejenige Gefahr, für welche sie beim Transporte in unbedecktem Wagen nicht zu haften hat, ausreichenden Schutz gewähre, nicht obliegen kann;

daß in Anbetracht dieser Konsequenz eines allgemein gültigen Rechtsgrundsatzes der Haftbefreiungsgrund des Art. 424 Nr. 1 H.G.B. in Verbindung mit §. 67 Nr. 2 des Betriebsreglements, wenngleich der Wortlaut dieser Bestimmungen nur den Fall trifft, in welchem die Güter nach Vereinbarung mit dem Absender in unbedecktem Wagen transportiert werden, auch auf den Fall erstreckt werden muß, in welchem der Transport zwar in bedecktem Wagen erfolgt ist, aber nach der Vereinbarung mit dem Absender in unbedecktem Wagen erfolgen durfte;

daß anlangend den dritten Absatz des Art. 424, da ein Verschulden ohne Rechtsverletzung nicht denkbar ist, in dem obigen Falle bloß darin, daß zum Transporte ein bedeckter Wagen, welcher gegen die gedachte Gefahr keinen ausreichenden Schutz gewährt, verwendet wird, ein Verschulden der Bahnverwaltung oder ihrer Leute nicht enthalten sein kann." . . .

---

7. Bewirkt der Zusatz bei Benennung des Trassaten: „zahlbar an der Gewerbekasse" einen Domizilvermerk?

III. Civilsenat. Urt. v. 25. November 1879 in S. A. (Bekl.) g. H. (Kl.) Rep. III. 320/79.

I. Handelsgericht Würzburg.

Der Klagewechsel über 500 Mark war auf M. A. in Frammersbach gezogen, „zahlbar an der Gewerbekasse in Lohr".

Zur Verfallzeit unterblieb der Protest mangels Zahlung; es wurde deshalb auf Grund des Art. 43 W.O. Abweisung der gegen den Acceptanten erhobenen Wechselklage beantragt. Das Handelsgericht hat jedoch nach dem Klagebegehren verurteilt, weil ein Domiziliat nicht benannt sei. Dieses Urteil ist vernichtet worden aus folgenden

Gründen:

„Damit der Wechsel selbst ergebe, durch wen die Zahlung am Zahlungsorte erfolgen soll, ist es nicht erforderlich, daß dies mit dem Worte „durch" zu erkennen gegeben werde.

Dies erkennt auch das Handelsgericht in Übereinstimmung mit der herrschenden Doktrin und Praxis an und verneint nur, daß mit der Bezeichnung: „zahlbar an der Gewerbekasse in Lohr" diese als Domizilatin benannt, daß „an" mit „durch" oder „bei" gleichbedeutend sei.

Diese Auffassung erweist sich jedoch als eine irrtümliche, wenn man das entscheidende Gewicht darauf legt, ob nach dem Inhalte des Domizilvermerkes anzunehmen sei, daß der Trassat selbst (oder durch einen Boten) an dem Zahlungsorte erscheinen und die Wechselsumme hinlegen werde, oder ob nicht vielmehr sich daraus unzweifelhaf entnehmen lasse, daß ein Dritter die Zahlung bewirken werde. — Nach der täglichen Erfahrung, nach der Art und Weise, wie man sich der Bankiers und Kreditkassen bedient, kann aber die Verweisung „an eine Bank", „an eine Kasse" keinen anderen Sinn haben, als den, daß an den Kassen solcher Geldinstitute durch eine hierzu bestellte Persönlichkeit ausbezahlt werden solle. Daran, daß der „an die Kasse" verweisende Schuldner sich selbst einfinden und bezahlen werde, ist nicht zu denken. Es wäre nicht abzusehen, welchen Dienst ihm der Bankier oder die Kasse leistete, wenn man nicht etwa sich den Verlauf so denken wollte, daß der Zahlungspflichtige, anstatt sich das Geld nach seinem Wohnorte schicken zu lassen, selbst am Verfalltage es bei dem Kreditinstitute abhole und daselbst ausbezahle. Eine solche Auffassung des Verhältnisses würde aber nicht minder mit der Erfahrung als auch mit den Grundsätzen eines richtigen wirtschaftlichen Verfahrens im Widerspruche stehen.

Die Bemerkung „zahlbar an der Gewerbekasse" kann daher nur dahin gedeutet werden: zahlbar an dieser Kasse durch den hierzu berufenen Vertreter oder Angestellten der Genossenschaft."

---

8. Merkmale des kaufmännischen Kontokorrentes.

I. Civilsenat. Urt. v. 26. November 1879 in S. T. w. T. & Co.
Rep. I. 16/79.

I. Kreisgerichtsdeputation Myslowitz.
II. Appellationsgericht Ratibor.

Aus den Gründen:

„Nach Inhalt des mit der Klage übergebenen Buchauszuges vom 29. März 1876 . . . hat zwischen den Parteien seit dem April 1873 bis zum Schlusse des Jahres 1875 ein Geschäftsverkehr bestanden, welcher nach den Grundsätzen des kaufmännischen (sogenannten „eigentlichen") Kontokorrentverhältnisses zu beurteilen ist. — Die Rechnung, welche der Auszug darstellt, hat die Form, in welcher der Bankier bei dem Bestehen einer kontokorrentmäßigen Geschäftsverbindung mit einer anderen Firma (dem Korrespondenten) die beiderseitigen Leistungen in Ziffern aufzustellen pflegt. Sowohl auf der Debet- als auch auf der Kreditseite stehen Barzahlungen, Valuten von Wechseln und Aktien, Preise von Waren ꝛc. Wenngleich alle Abschlüsse für die **Klägerin** Guthaben ergeben, so läßt sich doch nicht annehmen, daß die im Credit gebuchten Leistungen zu dem Zwecke gemacht seien, bestimmte Schuldposten zu tilgen oder auch nur die Klägerin in betreff spezieller (vorausgegangener) Leistungen abschlägig zu befriedigen, wie dies bei A-conto-Zahlungen in laufender Rechnung geschieht. Beispielsweise" . . . (Es folgt eine thatsächliche Begründung dieser Auffassung. Dann heißt es weiter:) „Hiernach müssen die Posten der einen Seite der Rechnung, gegenüber denen auf der anderen Seite — mögen auch einzelne von ihnen ersichtlich zu einander in der Beziehung einer Leistung zu der Gegenleistung stehen — im allgemeinen als die Ergebnisse selbständiger Geschäfte und als beiderseitige, für sie bestehende Forderungs- bezw. Schuldbeträge betrachtet werden. Abschlüsse sind gemacht per 30. Juni und 31. Dezbr. 1873, per 31. Dezbr. 1874 und per 31. Dezbr. 1875. Die Saldi, bestehend in den Resultaten einer nach Geschäftsperioden vorgenommenen Vergleichung der in diesen auf beiden Kontoseiten angesetzten Beträge nebst Zinsen sind vorgetragen — d. h. in die Rechnung der nächstfolgenden Periode als erster Rechnungsposten übertragen — mit Ausschluß des Saldo de 1875, mit welchem das Konto abschließt. Abschlußrechnungen hat Beklagter pro 1. und pro 2. Semester 1873 und pro 1875 erhalten. In dieser letzten Rechnung, dem Buchauszuge vom 2. Februar 1876, sind die Zinszahlen zum Nachweise der ausgeworfenen Zinsensumme spezifiziert. — In Übereinstimmung mit seiner Form charakterisiert sich auch durch diesen seinen **Inhalt** der Buchauszug vom 29. März 1876 als **Kontokorrent**-Rechnung; und wenn anzunehmen ist, daß die Art der Rechnungsaufstellung auf Vereinbarung mit dem Beklagten beruht oder dessen Zustimmung erlangt hat, so ist ein durch ausdrückliche oder stillschweigende Willenserklärungen der Parteien zustande gekommener Vertrag, welcher ein kaufmännisches Kontokorrentverhältnis begründete, als vorliegend anzusehen. Denn es genügt zur Herstellung eines solchen Rechtsverhältnisses in dem Geschäftsverkehre zwischen Kaufleuten das Einverständnis, daß die gegenseitigen einzelnen Leistungen nicht zur Erfüllung korrespondierender Verpflichtungen beziehungsweise zur Tilgung einer gewissen (einheitlichen oder zusammengesetzten) Schuld dienen, sondern als unter sich und einander gegenüber unabhängige Kreditgewährungen gelten sollen bis zu einer, nach gewissen Zeitabschnitten behufs Ermittelung:

auf welcher Seite sich der Überschuß herausstellte und auf wie hoch sich dieser, als eine selbständige Forderung zu betrachtende, Überschuß beziffere,

vorzunehmenden Aufrechnung der Beträge des von jedem der Kontrahenten Geleisteten und einer demnächstigen Vergleichung der beiden sich hieraus ergebenden Summen.

Durch die Häufigkeit der auf die vorstehend bezeichneten Zwecke gerichteten Vereinbarungen und zufolge der durch Handelsgebrauch erfolgten Sanktionierung der mit letzteren nach den Anschauungen des Handelsstandes verbundenen Rechtswirkungen hat das entsprechende Rechtsverhältnis unter dem Namen „Kontokorrentverhältnis" die Natur eines besonderen Rechtsinstitutes und seine gegenwärtig allgemein anerkannte Geltung erlangt. Hierin stimmt, mögen auch im übrigen abweichende Meinungen sich kundgeben, die Auffassung in der Handelswelt sowie in der Judikatur und Wissenschaft überein.[1] Namentlich steht mit der obigen Darlegung des ausreichenden, aber unbedingt notwendigen Inhaltes eines Kontokorrentvertrages, und somit der wesentlichen Merkmale des Kontokorrentverhältnisses, die Rechtsprechung des vormaligen Reichsoberhandelsgerichtes im Einklange, indem sie bezüglich des Begriffes des fraglichen Rechtsverhältnisses für maßgebend erklärt, daß in dem bezüglichen Geschäftsverkehre die einzelne Leistung keine eigentliche Entlastung des Leistenden, sondern eine Belastung des anderen Teiles bewirke, insonderheit die Absicht beider Teile darauf gerichtet sei, daß die beiderseitigen Leistungen auf jeder Seite innerhalb von Rechnungsperioden ein Ganzes bilden, also die einzelnen Rechnungsposten in den Abschlußsummen des Credit und Debet und zuletzt in dem durch deren Vergleichung zu ermittelnden Saldo aufgehen sollen.

Vgl. beispielsweise Entsch. des R.O.H.G.'s. Bd. 6 (2. Aufl.) Nr. 60 S. 257." . . .

[1] Zu vergl. Creizenach, Der kaufmännische Kontokorrent S. 6 flg. 13 flg.; Geller, Der Kontokorrentverkehr, in den Jurist. Blätt. Jahrg. 1879 S. 93. 105 flg.; Grünhut, Das Recht des Kontokorrentverkehrs, in der Zeitschr. für das Privat- und öffentliche Recht ꝛc Bd. 3 S. 473 flg. 500 flg. 506 flg.; Levy, Rekening Courent, und dazu Laband's Kritik in der Zeitschr. für das gesamte Handelsr. Bd. 19 S. 656; v. Hahn's und Puchelt's Kommentare zu Art. 291 H.G.B. u. s. w.

9. Darf aus der vorbehaltlosen Annahme einer verspäteten Lieferung ohne weiteres der Verzicht auf Schadensersatz wegen der Verspätung gefolgert werden?

II. Civilsenat. Urt. v. 28. November 1879 in S. H. (Kl.) w. A. (Bekl.) Rep. II. 1/79.

I. Kreisgericht Rotenburg a/F.
II. Appellationsgericht Kassel.

Der Appellationsrichter nahm an, daß aus der vorbehaltlosen Annahme der vom Kläger zu spät gelieferten Maschine auf einen Verzicht des Beklagten bezüglich des ihm durch Verspätung der Lieferung erwachsenen Schadensersatzanspruches nicht geschlossen werden könne. Die wegen Verletzung des Rechtsgrundsatzes:

daß in der vorbehaltlosen Annahme des Kaufgegenstandes vonseiten des Käufers eine Billigung der Lieferung, so wie sie erfolgt ist, mithin ein Verzicht auf Entschädigungsansprüche wegen verspäteter oder nicht gehöriger Erfüllung zu finden sei,

erhobene Nichtigkeitsbeschwerde wurde zurückgewiesen aus folgenden

Gründen:

„Ein solcher Rechtssatz besteht, was die hier allein in Betracht kommende Verspätung der Erfüllung betrifft, weder nach Handelsrecht noch nach gemeinem Recht. Ist die Lieferung zu spät, im übrigen aber vertragsmäßig erfolgt, so muß der Käufer, von dem hier nicht vorliegenden Falle des Fixgeschäftes (Art. 357 H.G.B.) abgesehen, die Ware annehmen, wenn er nicht in Annahmeverzug geraten will (l. 17 Dig. de peric. 18, 6). Deshalb kann in der Annahme derselben ein Verzicht auf irgend ein Recht, insbesondere auf Entschädigung wegen Verspätung der Erfüllung, nicht gefunden werden. Das Gegenteil ist auch in der von dem Kläger in bezug genommenen Entscheidung des R.O.H.G.'s (Entsch. Bd. 3 Nr. 58 S. 274) keineswegs ausgesprochen. Wenn in dem dort entschiedenen Falle aus der widerspruchs- und vorbehaltlosen Empfangnahme der Lieferung in Verbindung mit der ebenso vorbehaltlos geleisteten Zahlung ohne Rüge der Verspätung eine Genehmigung der Sendung, sowie ein Verzicht auf etwaige Ansprüche wegen der zu späten Lieferung entnommen wurde, so liegt der Grund für die Annahme dieses Verzichtes nicht in der Empfangnahme der

Lieferung, sondern darin, daß der Kaufpreis ohne Abzug einer Entschädigung wegen verspäteter Lieferung oder Vorbehalt eines solchen Abzuges bezahlt worden war."

---

10. Begriff der böslichen Handlungsweise.
Art. 427 Abs. 3 H.G.B.

II. Civilsenat. Urt. v. 5. Dezember 1879 in S. Berg.=Märk.=Eisenb. (Bekl.) w. E. (Kl.) Rep. II. 39/79.

I. Handelsgericht Barmen.

Im Anschluß an die Rechtsprechung des R.O.H.G.'s (Entsch. Bd. 17 Nr. 64 S. 301 und die dortigen Citate) ist angenommen worden, daß der Ausdruck „bösliche Handlungsweise" neben dem Dolus nicht allgemein die grobe Fahrlässigkeit, sondern nur denjenigen Frevelmut, welcher sich der rechtswidrigen Folgen seines Verhaltens bewußt ist, in sich begreife.

---

11. Vertragsmäßige Beschränkung der Gewerbefreiheit.

II. Civilsenat. Urt. v. 5. Dezember 1879 in S. D. (Bekl.) w. v. S. (Kl.) Rep. II. 307/79.

I. Kreisgerichtshof Stuttgart.
II. Landesoberhandelsgericht daselbst.

Der Beklagte hat sich dem Kläger gegenüber durch Vertrag vom 1. Juli 1876 verpflichtet, kein in Asphalt- oder Theerproduktenfabrikation einschlagendes Geschäft in den nächsten 10 Jahren in Deutschland zu betreiben, weder direkt noch indirekt, weder selbständig, noch unter fremder Leitung — bei Vermeidung einer Konventionalstrafe.

Dieser Verpflichtung hat der Beklagte durch Eintritt in ein Geschäft der fraglichen Art zuwidergehandelt. Gegen die auf Bezahlung der Konventionalstrafe gerichtete Klage wurde von ihm eingewendet, der Vertrag sei „als gegen die guten Sitten und das Prinzip der persönlichen

Freiheit verstoßend" nichtig. Diese Einwendung wurde verworfen und darüber Folgendes bemerkt in den

Gründen:

„Durch die in der Nichtigkeitsklageschrift angeführte Entscheidung des R.O.H.G.'s (Bd. 18 Nr. 25 S. 101) wurden die Verträge, um die es sich in dem betreffenden Falle handelte, für ungültig erklärt, weil dadurch „der Beklagte seinen Willen der Willkür seiner Mitkontrahenten nicht nach einer beschränkten Richtung hin unterworfen, sondern seine ganze geistige und physische Arbeitskraft den Klägern hingegeben" habe. Daß nicht jede Beschränkung der gewerblichen Freiheit unzulässig sei, ist in dieser Entscheidung selbst, wie in anderen Entscheidungen des R.O.H.G.'s anerkannt worden.

Vgl. z. B. Entsch. des R.O.H.G.s Bd. 7 Nr. 118 S. 418, Bd. 12 Nr. 9 S. 29; Seuffert, Archiv Bd. 31 Nr. 217, Bd. 32 Nr. 310.

Daß sodann aber im vorliegenden Falle die dem Beklagten auferlegte Beschränkung über die Grenze, innerhalb welcher Stipulationen der fraglichen Art möglich sind, nicht hinausgehe, hat der vorige Richter deshalb mit Recht angenommen, weil dadurch dem Beklagten die Thätigkeit nur in einem einzelnen bestimmten Geschäftsbetriebe auf die Dauer von 10 Jahren untersagt wurde und weil nicht angenommen werden kann, daß der Beklagte nicht imstande wäre, auf andere Weise sein genügendes Auskommen zu finden."

---

12. Anwendung des Art. 14 §§. 1 und 2 des Münzgesetzes vom 9. Juli 1873 auf Zahlungen, welche ein Ausländer in Deutschland in deutscher Silberwährung zu leisten vor Einführung der Reichsgoldwährung versprochen hat.

II. Civilsenat. Urt. v. 12. Dezember 1879 in S. Elisab.-B. (Bekl.) w. G. (Kl.) Rep. II. 123/79.[1]

I. Stadtgericht Frankfurt a/M.
II. Appellationsgericht daselbst.

Der Kläger forderte Bezahlung einer „nach Wahl des Besitzers entweder in Wien bei der Centralkasse der Kaiserin Elisabeth-Bahn in

[1] Gleiche Entscheidung von demselben Tage bezüglich Coupons derselben Bahn in S. E. g. Kais. Elis.-Bahn. Rep. 124/79.

österreichischer Währung in effektiver Silbermünze oder in Frankfurt a./M. bei dem Bankhause M. A. von Rothschild und Söhne in süddeutscher Währung" zahlbaren verlosten Obligation der Beklagten von 1860 in Frankfurt a./M. in dem nach Art. 14 des Münzgesetzes vom 9. Juli 1873 berechneten Betrage. Die Beklagte bestritt nicht, daß, wenn eine alternative Verpflichtung zu einer in Wien und einer in Frankfurt zu leistenden Zahlung vorläge, auf letztere Zahlung die Vorschriften des angeführten Art. 14 Anwendung finden würden. Sie bestritt aber, eine alternative Verbindlichkeit übernommen zu haben; die übernommene Verbindlichkeit sei eine einzige, in Wien in österreichischer Silberwährung zu erfüllende, folglich von den Bestimmungen des deutschen Münzgesetzes in keiner Weise berührte. Sie wurde jedoch in allen Instanzen nach dem Klagantrage verurteilt.

Das Reichsgericht nahm an, daß, obgleich die von der Beklagten verfochtene Auslegung in Beziehung auf ähnliche Schuldverschreibungen einer anderen Bahn die Billigung der österreichischen Gerichte aller Instanzen gefunden habe (vgl. Epstein, Oberstgerichtl. Entscheidungen in Eisenbahnsachen, Wien 1879, S. 495 flg. und die Akten des betreff. Prozesses, herausgegeben von Härdtl, Tremmtel und Weiß, Wien 1878, S. 377. 467. 519), der Beklagten auch eine von ihr in bezug genommene Entscheidung des Appellationsgerichtes zu Kassel zur Seite stehe (vgl. Heuser, Annalen der Justiz und Verwaltung im Bezirke des Appellationsgerichtes zu Kassel, Bd. 24 S. 145 flg.), doch auf Grund einer erneuerten Ansicht der Frage der entgegengesetzten Ansicht des Reichsoberhandelsgerichtes (Entsch. Bd. 23 Nr. 72 S. 205, Bd. 25 Nr. 11 S. 41, vgl. auch Bd. 24 Nr. 49 S. 188) beizutreten sei.

---

13. Bedarf die von einem Nichtkaufmanne für die Forderung eines Kaufmannes aus einem Handelsgeschäfte im Geltungsgebiete des preuß. A.L.R.'s geleistete Bürgschaft der Schriftform?

I. Hilfssenat. Urt. v. 12. Dezember 1879 in S. Kreditverein zu B. (Kl.) w. G. (Bekl.) Rep. IVa. 84/79.

I. Kreisgericht Schlochau.
II. Appellationsgericht Marienwerder.

Der Beklagte hat mündlich eine Wechselschuld seiner Mutter von 240 Mark an den klagenden Verein (eingetragene Genossenschaft) als

Selbstschuldner übernommen und ist aus dieser selbstschuldnerischen Bürgschaft belangt. Der Appellationsrichter hat den Anspruch verworfen, weil bloß die Thatsache, daß die Forderung aus einem Handelsgeschäfte einem Kaufmanne geleistet worden, zur Anwendung des Art. 277 H.G.B. nicht berechtige. Das Appellationsurteil ist vernichtet.

Aus den Gründen:

„Nach Art. 317 H.G.B. ist bei Handelsgeschäften die Gültigkeit der Verträge durch schriftliche Abfassung nicht bedingt; Ausnahmen von dieser Regel finden nur insoweit statt, als sie in diesem Gesetzbuche ausdrücklich ausgesprochen sind.

Alle einzelnen Geschäfte eines Kaufmannes, welche zum Betriebe seines Handelsgewerbes gehören, sind als Handelsgeschäfte anzusehen, und im Zweifel gelten die von einem Kaufmanne geschlossenen Verträge als zum Betriebe seines Handelsgewerbe gehörig (Artt. 271—274 H.G.B.). Die letztere Vorschrift ist allgemein, sie bezieht sich auf alle Verträge, also auch auf Bürgschaften. Daraus folgt, daß der von einem Kaufmanne geschlossene Bürgschaftsvertrag als Handelsgeschäft anzusehen ist, und zwar auf seiten des Bürgen, wenn dieser, auf seiten des Bürgschaftsnehmer, wenn der letztere Kaufmann ist. Da nun nach Art 277. a. a. O. bei jedem Rechtsgeschäfte, welches auf der Seite eines der Kontrahenten ein Handelsgeschäft ist, die Bestimmungen des vierten Buches, also auch Art. 317 in Beziehung auf beide Kontrahenten anzuwenden sind — insofern nicht diese Bestimmungen selbst die Beschränkung ihrer Anwendbarkeit auf den einen Teil aussprechen —, eine solche Beschränkung aber in Beziehung auf Bürgschaften im vierten Buche sich nicht vorfindet, so ergiebt sich, daß derjenige Bürgschaftsvertrag, welcher auf seiten des Bürgschaftnehmers Handelsgeschäft ist, auch in Beziehung auf den Bürgen der Vorschrift des Art. 317 untersteht, mithin zu seiner Gültigkeit der Schriftform nicht bedarf.

Der vom Appellationsrichter zur Begründung der entgegengesetzten Ansicht herangezogene Art. 281 H.G.B. befindet nur darüber, in welchen Fällen dem Bürgen die Einrede der Teilung oder der Vorausklage nicht zusteht; er handelt aber nicht davon, unter welchen Voraussetzungen der Bürgschaftsvertrag ein Handelsgeschäft ist.

Mit Unrecht bezieht sich der Vorderrichter auf die Entscheidungen des R.O.H.G.'s Bd. 2 S. 44 und Bd. 5 S. 367. In dem ersten Erkenntnisse wird gerade gegen die Ausführung des Appellationsrichters ausgesprochen, daß Art. 281 über die Erfordernisse der Bürgschaft als Handelsgeschäft keine Bestimmung enthalte, daß vielmehr die rechtliche Natur des Bürgschaftsvertrages nach den allgemeinen Bestimmungen, d. h. nach den Artt. 271—277 beurteilt werden müsse. Und es wird, worauf es im dortigen Rechtsfalle ausschließlich ankam, nachgewiesen, daß der Bürgschaftsvertrag auf seiten des Bürgschaftsnehmers ein Handelsgeschäft sei. Die Frage der Anwendung der Art. 277 stand in jenem Falle nicht zur Entscheidung.

Das Bd. 5 Nr. 82 S. 367 der Entscheidungen des R.O.H.G.'s mitgeteilte Erkenntnis aber beschäftigt sich überhaupt nicht mit der Frage, ob die von einem Nichtkaufmanne einem Kaufmanne geleistete Bürgschaft Handelsgeschäft ist."

---

14. Das Reichsgesetz vom 30. November 1874 §. 13 schützt nur gegen den Mißbrauch des bürgerlichen Namens einer Person oder der Firma zur Warenbezeichnung.

II. Civilsenat. Urt. v. 19. Dezember 1879 in S. A. (Kl.) w. E. (Bekl.) Rep. II. 129/79.

I. Kreisgericht Wiesbaden.
II. Appellationsgericht daselbst.

Der Beklagte erwarb eine Mineralquelle zu Cronthal im Taunus, nannte sie Appollinisbrunnen und bezeichnete mit diesem Namen die Gefäße, in welchem er das Wasser der Quelle in den Handel brachte. Die Besitzerin des Apollinarisbrunnens bei Ahrweiler, eine unter der Firma „Apollinarisbrunnen, vormals Georg Kreuzberg" bestehende Aktiengesellschaft, erhob gegen ihn Klage auf Grund des §. 13 des Gesetzes vom 30. November 1874. — Die von ihr wegen Abweisung der Klage erhobene Nichtigkeitsbeschwerde wurde zurückgewiesen aus folgenden

Gründen:

„Zwar findet die im §. 13 des Reichsgesetzes vom 30. November 1874 zugelassene Civilklage nicht allein dann statt, wenn die Firma, sondern auch wenn der Name eines inländischen Produzenten oder Handeltreibenden widerrechtlich zur Warenbezeichnung gebraucht worden ist. Da aber die Klägerin als Aktiengesellschaft außer ihrer Firma keinen Namen führt, so nimmt der Appellationsrichter mit Recht an, es handele sich lediglich darum, ob eine mißbräuchliche Verwendung der Firma der Klägerin vorliege. Zu einem anderen Ergebnisse würde man gelangen, wenn der §. 13 des angeführten Gesetzes dahin zu verstehen wäre, daß er sich nicht allein gegen die mißbräuchliche Verwendung des bürgerlichen Namens oder der Firma, sondern auch solcher Benennungen richte, welche einem Produzenten oder Handeltreibenden oder dessen Unternehmen thatsächlich im Verkehre beigelegt zu werden pflegen. Hätte §. 13 diesen Sinn, so würde dem Appellationsrichter eine Verletzung desselben um deswillen zur Last zu legen sein, weil er unterlassen habe zu prüfen, ob nicht die Klägerin thatsächlich im Verkehre mit dem Namen Appollinarisbrunnen ohne Zusatz bezeichnet zu werden pflege und ob eine mißbräuchliche Verwendung dieser Benennung stattgefunden habe. Man muß jedoch Bedenken tragen, diese ausdehnende Auslegung des §. 13 zuzulassen, obgleich nicht zu verkennen ist, daß die Beeinträchtigung des Absatzes von Produkten oder Waren, gegen welche §. 13 Schutz gewähren soll, nicht bloß durch den Mißbrauch eines bürgerlichen Namens oder einer Firma, sondern auch einer nur thatsächlich im Verkehre üblichen Benennung erzielt werden kann.

Zunächst unterliegt es keinem Zweifel, daß das Gesetz durch die Worte:

„wer Waren mit dem Namen oder der Firma eines inländischen Produzenten oder Handeltreibenden widerrechtlich bezeichnet"

nur den Mißbrauch des Namens von Personen trifft und treffen soll, mithin nicht so weit geht, wie auswärtige Gesetze, welche auch die Bezeichnung von Waren mit einem fälschlichen Fabrikationsort (französ. Gesetz vom 28. Juli/4. August 1824 Art. 1) oder mit der fälschlich angewendeten besonderen Benennung eines Etablissements (österreich. Gesetz vom 7. Dezember 1857 §. 17) untersagen. Sodann ist weder aus dem Wortlaute noch aus der Entstehungsgeschichte des Gesetzes erkennbar, daß die Absicht des Gesetzgebers dahin ging, etwas anderes zu verhindern, als die mißbräuchliche Verwendung des einer Person rechtlich zukommenden, sei es bürgerlichen oder kaufmännischen Namens. Wenn auch im allgemeinen in der deutschen Gesetzgebung das Bestreben ersichtlich ist, zum Schutze der Produzenten oder Handeltreibenden gegen die Herbeiführung einer Konkurrenz durch unlautere Mittel und insbesondere durch fälschliche Warenbezeichnung immer wirksamere Mittel zu ergreifen und demgemäß die hiergegen erlassenen Strafbestimmungen (vgl. §. 269 preuß. St.G.B., §. 287 R.St.G.B., §. 14 des Markenschutzges.) eine allmähliche Ausdehnung erfahren haben und durch Zulassung einer Civilklage (§. 13 des Markenschutzges.) ergänzt worden sind, so ist doch in der hier fraglichen Beziehung eine Erweiterung des Schutzes bisher nicht eingetreten, vielmehr erstrecken sämtliche angeführte gesetzliche Bestimmungen sich übereinstimmend nur auf den Mißbrauch des Namens und der Firma. Unter dem Namen aber ist der Name im rechtlichen Sinne, d. h. derjenige Name zu verstehen, den eine Person zu führen berechtigt ist, gleichviel ob diese Berechtigung in dem maßgebenden bürgerlichen Rechte als ein Privatrecht anerkannt ist oder als eine nur durch Einrichtungen des öffentlichen Rechtes geschützte Befugnis erscheint. Einen Namen in diesem Sinne führt eine Aktiengesellschaft nur vermittelst ihrer Firma. Der Appellationsrichter hat demnach mit Recht angenommen, daß in der Bezeichnung der Waren der Beklagten mit dem Namen „Apollinisbrunnen" eine Zuwiderhandlung gegen die Vorschriften des Markenschutzgesetzes nur dann enthalten sein würde, wenn darin eine mißbräuchliche Verwendung der Firma der Klägerin zu finden wäre."

---

15. Gehört ein sogenannter Vorarbeiter zu denjenigen Personen, für welche der Betriebsunternehmer nach §. 2 des Gesetzes vom 7. Juni 1871 zu haften hat? Macht es einen Unterschied, ob das Verschulden desselben bei der Anordnung oder in der Mitthätigkeit bei der gemeinsam zu verrichtenden Arbeit verübt worden ist?

III. Civilsenat. Urt. v. 19. Dezember 1879 in S. K. (Kl.) w. F. (Bekl.) Rep. III. 176/79.

I. Handelsgericht Augsburg.
II. Handelsappellationsgericht daselbst.

Das Reichsgericht hat die erste der obigen Fragen bejaht, die zweite verneint aus folgenden, zugleich das Thatsächliche des Falles ergebenden

Gründen:

„Die Abweisung der Klage ist aus zwei Gründen erfolgt; zuvörderst wird verneint, daß der Gießer Conrad F. zu den zur Leitung oder Beaufsichtigung des Betriebes oder der Arbeiter angenommenen Personen gehöre.

Obgleich nämlich festgestellt wird, daß die dem Gießer zur Aushilfe bei dem Heben und Tragen der Pfanne zugeteilten Tagelöhner den Befehlen desselben zu gehorchen haben und der Gießer dabei die Stellung eines Vorarbeiters einnehme und daß dies insbesondere auch in der Gießerei des Beklagten so gehalten worden sei, versagt das Appellationsgericht dennoch dem §. 2 des Haftpflichtgesetzes die Anwendung, und zwar aus solchen Gründen, welche bei richtiger Auslegung des Gesetzes keine Beachtung finden durften.

Zunächst deshalb, weil der Gießer doch nur ein gewöhnlicher Fabrikarbeiter und dem Gießmeister untergeben sei, welchem die technische Leitung und Aufsicht beim Gießen zukomme. Das Gesetz unterscheidet aber bezüglich der Haftung nirgends zwischen dem größeren und geringerem Umfange der Funktionen, sondern erkennt vielmehr an, daß die Haftung des Fabrikherrn nicht nur durch das Verschulden des Bevollmächtigten oder Repräsentanten, sondern auch durch das solcher Personen begründet werde, welche zur Leitung oder Beaufsichtigung des Betriebes oder der Arbeiter angenommen sind. Hierunter versteht das Gesetz nach seinem Vorbilde, dem Art. 74 des preuß. Allgem. Berggesetzes, inhaltlich der Motive und der Äußerungen bei seiner Beratung jeden, welcher eine Aufsichtsfunktion irgend welcher Art vorübergehend oder dauernd ausübt. Es liegt aber auch im Wesen einer Fabrik, deren organisch gegliederte Einrichtung verschiedenartige unmittelbare und mittelbare Abhängigkeitsverhältnisse hervorbringt, daß für das Thun und Lassen eines Angestellten innerhalb derjenigen Sphäre, innerhalb welcher er für die Ausführung der ihm erteilten Weisungen selbständig leitend und beaufsichtigend zu sorgen hat, dessen Abhängigkeit von demjenigen, von welchem diese Weisung ausgegangen ist, höchstens insofern von Bedeutung sein kann, als das Verschulden in der zuerst erteilten Weisung selbst und nicht in der Ausführung zu finden wäre, wodurch jedoch die Haftung des Prinzipales nicht ausgeschlossen, sondern nur aus der Verschuldung der vorgesetzten Persönlichkeit hergeleitet würde. Bei einer folgerichtigen Durchführung der

Ansicht des Königlichen Appellationsgerichtes mußte auch die Haftung für ein etwaiges Verschulden des Gießmeisters abgelehnt werden, da auch dieser in der Regel die Weisungen eines ihm übergeordneten entgegenzunehmen hat.

Bei der dargelegten Auslegung des Gesetzes muß aber auch die andere Erwägung des Appellationsgerichtes hinfällig erscheinen, welche der untergeordneten Stellung und dem geringen Maße technischer Kenntnisse des Gießers entnommen ist; denn mit der untergeordneten Stellung, mit dem geringeren Wirkungskreise vermindert sich nur der Umfang der Verantwortlichkeit, ohne daß diese gänzlich aufhörte, und ist es immer ein die Haftung des Prinzipales begründendes Verschulden, wenn ein solcher Leiter diejenige Umsicht und Sorgfalt nicht ausübt, welche bei dem bescheidenen Maße von Kenntnissen, die er anzuwenden hat, gefordert werden müssen.

Wenn endlich, worauf weiter noch Gewicht gelegt wird, die hier in Frage stehende Arbeit auch nur eine einfache und gewöhnliche ist, so ist doch rechtsirrtümlich, wenn daraus hergeleitet wird, daß derjenige, unter dessen Befehl und nach dessen Vorgehen sie auszuführen war, nicht als Leiter und Beaufsichtiger gelten könne.

Mit dieser letzteren unrichtigen Annahme steht aber der zweite Grund für die Klagabweisung unverkennbar im Zusammenhange. Es wird nämlich gesagt, daß, wenn auch Conrad F. zu den im §. 2 des Haftpflichtgesetzes aufgeführten Personen gerechnet werden könnte, dies doch nicht in bezug auf jene Handlung desselben der Fall wäre, infolge deren der Kläger das rechte Auge einbüßte, denn die Verletzung des Auges sei nicht durch sein Kommando, die Pfanne emporzuheben, herbeigeführt, sondern durch sein übereiltes, einseitiges Aufheben derselben, und diese seine Thätigkeit sei jedenfalls nur die eines einfachen Arbeiters gewesen.

Das Appellationsgericht nimmt hiernach an, daß durch ein schuldhaftes Handeln eines Leiters oder Aufsehers die Haftung des Prinzipales nicht begründet werden könne, sofern die fragliche Thätigkeit nur die eines einfachen Arbeiters gewesen ist und erachtet schon mit der thatsächlichen Feststellung, daß dies der Fall war, den Klaganspruch für beseitigt. — Dies genügte aber nicht; denn auch durch verkehrte und unvorsichtige Verrichtung der Thätigkeit eines Arbeiters kann der Leiter oder Aufseher ein Verschulden im Sinne des §. 2 a. a. O. verüben, sofern diese seine Mitthätigkeit mit den ihm untergebenen Arbeitern, ungeachtet der thatsächlichen Gleichheit der Verrichtungen, doch ein Teil der Leitung, für die Ausführung der gemeinschaftlich zu vollbringenden Arbeit entscheidend und für die Mitarbeiter das maßgebende Beispiel ist.

Aus der Gleichheit der Thätigkeit des mitwirkenden Vorarbeiters mit derjenigen der ihm unterstellten einfachen Arbeiter kann nicht die allgemeine Folgerung gezogen werden, daß ein Verschulden des Vorarbeiters bei der Ausführung der Verrichtung nicht als ein Verschulden bei der Leitung oder Beaufsichtigung zu gelten habe.

Es ist nicht bloß denkbar, daß das mitthätige Eingreifen des Aufsehers, obgleich es an sich betrachtet als ganz die gleiche Thätigkeit wie die der übrigen Arbeiter erscheint, dennoch insofern die gleiche Wichtigkeit wie sein Kommando habe, als es dieses ergänze oder gar ersetze, sondern es kann auch vorkommen, daß das Miteingreifen des leitenden Fabrikarbeiters in so enger Verbindung mit dem Kommandoworte steht, daß ein hierbei begangener Fehler im Sinne des Gesetzes als ein Versehen der mit Leitung des Betriebes betrauten Person angesehen werden muß. Letzteres trifft namentlich in dem Falle zu, wenn der leitende Fabrikarbeiter auf sein Kommandowort ein so übermäßig rasches Eingreifen in die Arbeit folgen läßt, daß er ein gleichzeitiges Mitwirken der Arbeiter unmöglich macht und dadurch einen Unfall herbeiführt; denn die eigentliche Aufgabe der Leitung besteht ja doch in solchem Falle immer darin, ein gleichzeitiges Eingreifen sämtlicher Arbeiter zu erwirken. Es kann also rechtlich keinen Unterschied begründen, ob der Leitende unzeitig oder mangelhaft das Kommandowort ausspricht, oder ob er das durch seine Leitung herbeizuführende gleichzeitige Zusammenwirken in anderer Weise vereitelt.

Hiernach beruht es auf einer zu engen Auslegung des §. 2, wenn dessen Anwendung schon aus dem Grunde verneint wird, weil die Thätigkeit, bei welcher ein Vorgesetzter schuldhaft verfahren ist, die eines gewöhnlichen Arbeiters war und nicht geprüft wurde, welche Bedeutung diese Thätigkeit eben dadurch gewonnen hat, daß sie von dem Vorgesetzten bei Ausführung derjenigen Arbeit verrichtet worden ist, bei welcher er den anderen Arbeitern zu befehlen und zugleich zu helfen hatte."

16. Ist derjenige zur Geltendmachung der Rechte des Wechselinhabers befugt, welcher auf einer laufenden, in seiner Hand befindlichen Tratte zuerst als Indossatar, dann als Indossant erscheint?

I. Civilsenat. Urt. v. 5. Januar 1880 in S. S. S. (Bekl.) w. P. G. (Kl.) Rep. I. 105/79.

I. Kreisgericht Kulm.
II. Appellationsgericht Marienwerder.

Den der Klageforderung entgegengestellten Einwand der Kompensation gründet der Beklagte auf eine (nebst der Urkunde über die Protesterhebung mangels Zahlung) vorgelegte, von dem Kläger acceptierte Tratte, auf deren Rückseite dem Indossamente des Trassanten auf den Beklagten das Indossament des Beklagten auf einen Dritten folgt, während nach der Protesturkunde die Zahlungsaufforderung gegen Präsentation des so beschaffenen Wechsels und die Erhebung des Protestes nicht im Auftrage des laut Wechsel letzten Indossatares, sondern im Auftrage des Beklagten gethätigt worden sind. Der Appellationsrichter verwarf die Kompensationseinrede, weil der Wechsel, sowohl zur Zeit der Aufforderung zur Zahlung und Protesterhebung, als auch gegenwärtig, gegen das Recht des Beklagten auf die Wechselsumme spreche. In der gegen das Urteil zweiter Instanz eingelegten Nichtigkeitsbeschwerde wird als Nichtigkeitsgrund gerügt: Verletzung der Artt. 36. 41. 44. 55 W.O. Die Beschwerde ist zurückgewiesen aus folgenden

Gründen:

„Der Dezisivgrund des angegriffenen Urteiles verletzt keineswegs die Artt. 36. 41. 44. 55 W.O., entfließt vielmehr mit Notwendigkeit aus der (im Sinne des Gesetzgebers gebotenen) Formstrenge des Wechselrechtes in Verknüpfung mit der Bestimmung des Art. 10 W.O.:

„durch das Indossament gehen alle Rechte aus dem Wechsel auf den Indossatar über".

Derjenige, welcher nach dem gegenwärtigen Urkundsinhalte des laufenden Wechsels auf demselben zuerst als Indossatar, dann aber als Indossant geschrieben steht, erscheint (auch wenn er den Wechsel hat) laut Wechsel als nicht befugt zu gegenwärtiger Ausübung der Rechte des Wechselinhabers (Begebung, Begehren der Wechselsummen-Zahlung von dem Wechselacceptanten gegen Präsentation dieses so beschaffenen Wechsels und folgeweisen Auftrag zur Protestlevierung mangels Zahlung dieses Wechsels).

Allerdings ist es an sich nicht unmöglich, daß eine solche Person, welche einen solchen Wechsel hat, nicht bloß durch dieses faktische Haben sich thatsächlich in der Lage befindet, das von ihr auf dem laufenden Wechsel geschriebene Indossament auszustreichen, sondern daß sie auch rechtlich dazu befugt ist. Es kann zum Beispiel der (durch eine zusammenhängende Reihe von Giros legitimierte, den Wechsel besitzende) Wechselinhaber lediglich in Erwartung einer (möglicherweise sich findenden) Gelegenheit zur Wechselbegebung sein Indossament auf den Wechsel geschrieben haben. Giebt er demnächst (während der Wechsel von ihm nicht begeben, sondern in seiner Hand verblieben ist) die Intention der Wechselbegebung auf, so ist er wohl befugt, sein Indossament auszustreichen. Er ist dann, wenn er diese Befugnis wirklich bethätigt, dieses Indossament wirklich ausstreicht, laut Wechsel zur Geltendmachung der Rechte aus dem laufenden, in seiner Hand befindlichen, Wechsel legitimiert. Unterläßt er dagegen die Ausstreichung und verlangt (lediglich gegen Präsentation des so beschaffenen Wechsels) zu Verfall Zahlung von dem Wechselacceptanten, so ist der Acceptant nicht verpflichtet, auf eine solche Präsentation die Wechselsumme zu zahlen, weil der Wechsel selbst gegen das Recht des Präsentanten zu dem Zahlungsbegehren spricht. Es ist eine einfache Konsequenz dieser Grundsätze, daß ein im Auftrage einer solchen Person, welche zur Zeit der Protestlevierung auf dem präsentierten Wechsel als Indossatar, und demnächst als Indossant, geschrieben steht, erhobener Protest mangels Zahlung ungültig ist. Durch den Besitz des derartigen Wechsels und derartigen Protestes kann weder ein Wechselregreß-Anspruch substanziiert, noch dürfen dadurch die entwickelten Grundsätze über die Legitimation desjenigen, welcher den Wechsel hat, gegen den Wechselacceptanten beeinflußt werden. So aber liegt der vorliegende Fall, welcher zur Bestimmung der Normen über die wechselurkundenmäßige Legitimation desjenigen, welcher den Wechsel hat, bei fernerer Geltendmachung von Rechten aus dem Wechsel (zum Beispiel durch Klage oder Einrede) gegen den Acceptanten, nachdem der Wechsel durch Präsentation des fälligen Wechsels seitens des laut Wechsel legitimierten Wechselinhabers bei dem Wechselacceptanten zur Zahlung der Wechselsumme und durch im Auftrage dieser Person gehörig erfolgter Erhebung des Protestes mangels Zahlung rückläufig geworden ist, keine Veranlassung giebt."[1]

---

17. Inwiefern ist die Entscheidung der Verwaltungsbehörde, daß ein auf Kündigung angestellter Beamte nicht mit Pension in Ruhestand zu versetzen, sondern einfach zu entlassen sei, für die richterliche Beurteilung maßgebend?

II. Civilsenat. Urt. v. 9. Januar 1880 in S. H. (Kl.) w. F. (Bekl.) Rep. II. 103/79.

I. Landgericht Kolmar.
II. Appellationsgericht daselbst.

H. bekleidete von 1874 bis 1877 eine etatsmäßige Stelle als Aufseher in der Strafanstalt zu Ensisheim, war jedoch unter dem Vorbehalte dreimonatlicher Kündigung angestellt. Durch Verfügung des Bezirkspräsidenten vom 20. Dezember 1876 wurde ihm gekündigt. Sein Gesuch um Pensionierung, weil er infolge eines Gelenkrheumatismus, den er sich im Dienste zugezogen, dienstunfähig sei, wurde nach

---

[1] Vgl. 1. folgende Entscheidungen des Reichsoberhandelsgerichtes:

a) in bezug auf die Normen bei laufenden Wechseln: Entsch. Bd. 14 Nr. 48 S. 152, Bd. 18 Nr. 77 S. 271, Bd. 22 Nr. 73 S. 319;

b) in bezug auf die Normen bei rückläufigen Wechseln: Entsch. Bd. 12 Nr. 15 S. 49, Bd. 13 Nr. 20 S. 671, Bd. 18 Nr. 77 S. 271, Bd. 24 Nr. 37 S. 123;

c) in bezug auf die Auslegung der Artt. 36. 55 W.O. (wenn auch in einem anders gearteten Falle): Entsch. Bd. 1 Nr. 70 S. 247; —

2. Hoffmann, Ausf. Erl. der A.D.W.O. 2. Ausg. §. 61 S. 428. 429, sowie im Archiv für prakt. Rechtswissensch. Bd. 6 S. 284—292.

Abweichende Grundsätze sind ausgeführt:

a) in der Entsch. des obersten österr. Gerichtshofes v. 5. Sept. 1851 Z. 7091 in Peitler's Sammlung Bd. 1. N. 11 S. 10, sowie

b) von Thöl, Handelsrecht Bd. 2. 4. Aufl. §. 130 S. 511—518.

gepflogener Administrativuntersuchung von den höchsten Verwaltungsstellen als unbegründet abgewiesen.

Er erhob nun Klage auf Zahlung einer Pension von 788 M. Das Landgericht ließ ihn zum Beweise der behaupteten Dienstunfähigkeit zu, das Appellationsgericht jedoch wies die Klage sofort ab, und der erhobene Kassationsrekurs wurde verworfen aus folgenden

Gründen:

„In Erwägung daß das Reichsbeamtengesetz (§. 37), in Übereinstimmung mit dem preuß. Pensionsgesetze vom 27. März 1872 (§. 2), auch den nur unter Vorbehalt der Kündigung angestellten Beamten ein Recht auf Pension gewährt, wenn die gesetzlichen Voraussetzungen dazu vorliegen, d. h. wenn der Beamte nach einer Dienstzeit von 10 Jahren infolge eines körperlichen Gebrechens oder wegen Schwäche seiner körperlichen oder geistigen Kräfte zu der Erfüllung seiner Amtspflichten dauernd unfähig ist und deshalb in den Ruhestand versetzt wird (§. 34), ein Recht, welches ihm durch Ausübung des Kündigungsrechtes nicht entzogen werden darf;

daß jedoch, was die Feststellung gedachter Voraussetzungen anbelangt, §. 155 des Reichsgesetzes Anwendung zu finden hat, gemäß dessen die Entscheidung der Disziplinar- und Verwaltungsbehörden darüber, ob und von welchem Zeitpunkte an ein Reichsbeamter aus seinem Amte zu entfernen, einstweilig oder definitiv in den Ruhestand zu versetzen sei ꝛc, für die Beurteilung der vor Gericht geltend gemachten vermögensrechtlichen Ansprüche maßgebend sein soll;

daß diese wörtlich dem §. 5 des preuß. Gesetzes vom 24. Mai 1861 über Erweiterung des Rechstweges entnommene Bestimmung, ihrer allgemeinen Fassung und der derselben entsprechenden Intention des Gesetzgebers nach, den Sinn hat, es solle die Vorfrage, ob ein Beamter im Sinne des §. 34 dienstunfähig und deshalb in Ruhestand zu versetzen sei oder nicht, nur durch die Verwaltung entschieden werden, also der richterlichen Beurteilung entzogen sein, wie denn der die gleiche Fassung bietende §. 54 den Fall, daß die vom Beamten nachgesuchte Versetzung in Ruhestand verweigert wird, speziell im Auge hat;

daß auch kein Grund vorliegt, die Bestimmung des §. 155 auf Beamte, welche unter Vorbehalt der Kündigung angestellt sind, nicht anzuwenden oder ihr betreffs derselben einen anderen Sinn zu geben, da namentlich die besonderen Nachteile, welche die Anwendung fraglicher Bestimmung für sie zur Folge hat, in der durch den Vorbehalt der Kündigung bedingten prekären Natur ihrer dienstlichen Stellung Erklärung und Rechtfertigung finden;

daß auch bei dieser Auffassung des Gesetzes die Bestimmung des angeführten §. 37 für die mit Vorbehalt der Kündigung angestellten Beamten große Bedeutung hat, indem zunächst, die Dienstunfähigkeit vorausgesetzt, jetzt ein klagbares Recht besteht, wo früher nur von einer Gnadenbewilligung die Rede sein konnte, und indem ferner eine Reihe wichtiger Fragen über die Berechnung der Dienstzeit, die Höhe der Pension, deren Kürzung oder Einziehung (§. 57) zc der richterlichen Würdigung unterliegt;

daß daher der Appellrichter mit Recht erkannt hat, es sei durch die Entscheidung der zuständigen Verwaltungsbehörde, daß H. nicht dienstunfähig und aus diesem Grunde zur Pension nicht berechtigt sei, der Klaganspruch erledigt." . . .

---

18. 1. Begriff der böslichen Handlungsweise. Ist die Geltendmachung derselben vonseiten desjenigen, welcher eine Schiffsladung auf Grund eines an Order lautenden Konnossements empfangen hat, schlechthin schon dadurch ausgeschlossen, daß der Schiffer zu dem ihm vorgeworfenen Verhalten dem Befrachter gegenüber berechtigt war? Beweislast in betreff des böslichen Charakters dieses Verhaltens. H.G.B. Artt. 609 u. 610.

2. Bezieht die in Art. 614 H.G.B. ausgesprochene Beschränkung der Entschädigungspflicht sich auch auf den Fall böslicher Handlungsweise?

I. Civilsenat. Urt. v. 10. Januar 1880 in S. Sch. (Kl.) w. C. & D. (Bekl.) Rep. I. 170/80.

I. Handelsgericht Bremen.
II. Obergericht daselbst.

Aus den Gründen:

„Eine Besichtigung der vom Kläger als Führer des Schiffes „Bertha" mit diesem von Darien (Georgia) in Brake angebrachten

Ladung Pitsch-Pine-Holz, welche die Beklagten auf Grund des darüber vom Kläger gezeichneten, an Order lautenden Konnossements empfangen haben, hat unstreitig weder bei der Übernahme, noch später stattgefunden. Nach Art. 610 H.G.B. sind daher die von den Beklagten der liquiden Frachtforderung des Klägers gegenüber geltend gemachten Ansprüche wegen Beschädigung eines Teiles dieser Ladung erloschen, soweit diese Beschädigung nicht durch eine bösliche Handlungsweise einer Person der Schiffsbesatzung entstanden ist. Zur Begründung der Gegenforderung der Beklagten gehört hiernach die Behauptung und im Bestreitungsfalle der Beweis einer solchen böslichen Handlungsweise.

Vgl. Entsch. des R.O.H.G.'s Bd. 14 Nr. 96 S. 297.

Die Beschädigung, um welche es sich im vorliegenden Falle handelt, ist unstreitig dadurch verursacht, daß der Kläger diejenigen 53 behauenen Balken und 166 Dielen, welche ihm in Gemäßheit der Chartepartie von seinen Befrachtern und zugleich Abladern J. & L. in Darien „cross cut" (d. h. bereits quer durchschnitten) „for beam fillings and broken stowage" (d. h. zum Zwecke der Ausfüllung der Rundungen des Schiffes und des Stauens) an Bord gesandt waren, zum großen Teile durch nochmaliges Zerschneiden weiter hat zerkleinern lassen, sodaß er infolgedessen statt der obigen, im Konnossemente angegebenen Stückzahl 98 Balken und 224 Dielen den Empfängern abgeliefert hat.

Das Handelsgericht hat ohne weiteres als liquid angenommen, daß in diesem Verfahren des Klägers, da derselbe den Befrachtern gegenüber dazu berechtigt gewesen sei, eine bösliche Handlungsweise nicht gefunden werden könne, weil der moralische Charakter einer an sich berechtigten Handlung dadurch nicht geändert werde, daß Kläger durch die Zeichnung des Konnossements eine größere Verpflichtung auf sich geladen habe, als es seinen Kontrahenten gegenüber erforderlich gewesen wäre, mit welchem letzteren Satze offenbar hat ausgesprochen werden sollen, daß der Kläger den Befrachtern und Abladern gegenüber berechtigt gewesen sein würde, entweder das Konnossement unter dem Vorbehalte seiner Befugnis zum weiteren Durchschneiden der Hölzer zu zeichnen, oder aber in dasselbe diejenige Stückzahl aufzunehmen, welche sich infolge des Durchschneidens ergeben hatte.

Mit Recht ist aber das Obergericht dieser Ansicht entgegengetreten. Denn durch die Ausstellung des Konnossements übernahm Kläger, wie ihm nicht unbekannt sein konnte, dem Empfänger der Ladung gegenüber eine selbständige Verpflichtung zur Ablieferung der darin als empfangen verzeichneten Hölzer, und zwar — wie auch durch den hergebrachten Ausdruck „to be delivered in the like order and condition“ im Konnossemente von ihm anerkannt ist — in gleicher Beschaffenheit, wozu selbstverständlich auch gehört, daß er die Hölzer in derselben Stückzahl und in denselben Maßen abzuliefern hatte. Auch ist, obwohl Kläger das in dieser Instanz beanstandet, mit dem Obergerichte ohne weiteres anzunehmen, daß der Wert der hier fraglichen Hölzer, sollten auch zu beamfillings und broken stowage — wie Kläger behauptet — nur Hölzer von geringerer Qualität verwendet werden, wenigstens zum Teil auf ihrer Länge beruht und daß daher, wie auch dem Kläger nicht unbekannt gewesen sein kann, das Durchsägen derselben eine Wertsverminderung und mithin eine Beschädigung involviert. War Kläger zu dieser nachteiligen Behandlung der Hölzer dem Empfänger gegenüber nicht berechtigt, so trägt sein Verfahren diesem gegenüber allerdings den Charakter der Böswilligkeit an sich und kann er sich dieserhalb auf sein Rechtsverhältnis zu den Befrachtern und darauf, daß er diesen gegenüber in gutem Glauben gehandelt habe, nicht berufen, mag er nun — was nicht erhellt — das Konnossement vor oder nach dem Durchschneiden der Hölzer gezeichnet haben. Denn er wußte, daß das von ihm gezeichnete, an Order lautende Konnossement die Grundlage seiner Verpflichtung gegen den Empfänger bildete, welchen er auch im letzteren Falle wissentlich dadurch beschädigte, daß er ihn in seinem Vertrauen auf die Richtigkeit des Inhalres des Konnossements, von welcher er bei dessen Erwerbung ausgehen durfte, täuschte.

Auch darin ist dem Obergerichte beizutreten, daß zwar ohne weiteres angenommen werden darf, Kläger habe das Durchschneiden der Hölzer nicht zum Zwecke der Beschädigung des Empfängers vornehmen lassen, sondern er habe damit zunächst nur eine bessere Verladung beabsichtigt, daß aber eine bösliche Handlungsweise im Sinne der Artt. 396. 427. 610 H.G.B. auch unter dieser Voraussetzung vorliegt, da die Beschädigung der Hölzer die notwendige und dem Kläger erkennbare Folge der von ihm gewollten Handlung war. Die weitere Behauptung des Klägers, er habe die hier fraglichen Hölzer zu dem Zwecke, zu welchem sie ihm übergeben waren, ohne deren Zerkleinerung überhaupt nicht verwenden können, verdient ebenfalls keine

Berücksichtigung, da hierdurch der bösliche Charakter der klägerischen Handlungsweise dem Konnossementsinhaber gegenüber nicht ausgeschlossen, Kläger vielmehr nur berechtigt gewesen sein würde seinen Anspruch auf Lieferung geeigneter Hölzer zum Stauen u. s. w. den Befrachtern gegenüber geltend zu machen.

In dem Konnossemente ist nun freilich nicht bloß wegen der Fracht, sondern auch in betreff der übrigen Bestimmungen der Chartepartie auf diese letztere bezuggenommen, sodaß diese Bestimmungen auch den Beklagten als Empfängern gegenüber nach Art 653 H.G.B. rechtliche Wirkung haben. Dies gilt jedoch selbstverständlich an sich nicht von der klägerischerseits behaupteten Genehmigung der Befrachter zum Durchschneiden der Hölzer, sondern nur von einer solchen Einwilligung der Befrachter in dieses Verfahren, welche der Kläger auf Grund der Chartepartie von ihnen zu verlangen berechtigt war. Diese Voraussetzung würde allerdings vorliegen, wenn die vom Kläger behauptete Usance existiert, da die Beklagten nicht behauptet haben, daß Kläger die Hölzer über das nach dieser Usance zulässige Maß von 12 Fuß hinaus verkleinert habe. Unrichtig ist es aber, wenn Kläger vermeint, der Beweis dieser — von den Beklagten bestrittenen — Usance sei nicht, wie geschehen, ihm aufzuerlegen gewesen, sondern es hätte vielmehr der Beweis der Nichtexistenz der Usance den Beklagten auferlegt werden müssen. Denn obwohl die Beklagten an sich nicht nur die beschädigende Handlung, sondern auch den böswilligen Charakter derselben darzuthun haben würden, so bedarf es doch auf Grund des Zugeständnisses des Klägers, daß er selbst das Durchschneiden der Hölzer angeordnet habe, auch in letzterer Beziehung keines Beweises mehr, da an sich dieses Verfahren weder nach den Bestimmungen der Chartepartie oder des Konnossementes, noch auch nach allgemeinen Rechtsgrundsätzen als gerechtfertigt, sondern vielmehr äußerlich als ein rechtswidriger wissentlicher Eingriff in die Eigentumsrechte Dritter erscheint, sodaß es dem Kläger obliegt, diesen Charakter seines Verfahrens durch den Nachweis einer ihm zur Seite stehenden vertragsmäßigen Berechtigung, welche prozessualisch eine Replik bildet, zu beseitigen.

Gelingt dem Kläger dieser Beweis nicht, haftet er mithin den Beklagten wegen seiner böslichen Handlungsweise, so trifft auch seine Berufung auf den Art. 614 H.G.B. der beklagtischen Schadensliquidation gegenüber nicht zu. Denn die Bestimmungen desselben über die

Berechnung der Wertsverminderung beschädigter Güter beziehen sich, wie aus dem Eingange: „muß für Beschädigung der Güter auf Grund des Artikels 607 Ersatz geleistet werden", klar hervorgeht, nur auf die dem Verfrachter schon aus dem Receptum obliegende Haftung, nicht aber auch auf die Haftung des Verfrachters aus seinem oder seiner Leute Verschulden, bei welcher vielmehr die allgemeinen Grundsätze gelten und daher auch Ersatz entgangenen Gewinnes beansprucht werden kann." . . .

---

19. Ist eine in §. 1 des Reichsgesetzes von 7. Juni 1871 bezw. Landrechtssatz 1384 begründete Klage verjährt, obgleich der Unfall sich vor Verkündung des Reichsgesetzes zugetragen und der dadurch verursachte Schaden (Krankheit) sich erst nach Verkündung des Reichsgesetzes herausgestellt hat?[1]

II. Civilsenat. Urt. v. 16. Januar 1880 in S. M. (Kl.) w. F. (Bekl.) Rep. II. 180/79.

I. Kreis- und Hofgericht Karlsruhe, Civilkammer.
II. Appellationssenat desselben Gerichtshofes.

Im November 1878 erhob Kläger eine Klage auf Schadensersatz mit der Behauptung, daß er mehrere Jahre vor 1871 beim Zusammenstoße zweier Eisenbahnzüge, welcher durch ein Verschulden der Beamten des Beklagten verursacht worden, verletzt worden sei und sich erst im Jahre 1877 infolge dieser Verletzung ein unheilbares Ohrenleiden kundgegeben habe. Die Klage ist auf Grund der §§. 8 und 9 des Gesetzes vom 7. Juni 1871 als verjährt abgewiesen worden aus folgenden

Gründen:

„Der Oberappellant bestreitet den in Wissenschaft und Rechtsprechung anerkannten Grundsatz nicht, daß Gesetze, welche die Verjährung neu regeln, im Zweifel auch auf früher entstandene Ansprüche in Anwendung zu bringen seien, sofern nur im Falle der Abkürzung die kürzeren Fristen erst von dem Zeitpunkte an gerechnet werden, wo

[1] Vgl. Entsch. des R.O.H.G.'s Bd. 20 Nr. 1 S. 1.

das neue Gesetz in Kraft trat, er würde demnach die Anwendung des Reichsgesetzes auf den vorliegenden Fall wohl dann nicht bekämpfen, wenn das Ereignis, durch welches die Verletzung des Klägers herbeigeführt worden ist, vor dessen Inkrafttreten sich zugetragen hätte, und wenn zugleich ebenfalls vor diesem Zeitpunkte die schädlichen Folgen hervorgetreten wären; er bestreitet dagegen die Anwendbarkeit des neuen Gesetzes für den Fall, wenn der Schaden erst unter der Herrschaft des neuen Gesetzes erkennbar geworden ist.

Für diesen letzteren Fall soll also die Lage des Klägers eine günstigere sein, als sie dann sein würde, wenn das beschädigende Ereignis sich unmittelbar nach der Verkündung des neuen Gesetzes zugetragen und dessen Erfolg sich erst nach Ablauf der in diesem Gesetze bestimmten Verjährungszeit gezeigt hätte.

Es unterliegt nämlich keinem Zweifel, daß, wenn der Unfall, durch welchen der Kläger beschädigt worden, infolge des in der Klage dargestellten Verschuldens sich sofort nach dem Inkrafttreten des Reichsgesetzes zugetragen haben würde, die Klage in Gemäßheit des §. 9 Abs. 1 dieses Gesetzes entweder auf dessen §. 1 oder auf die Landrechtssätze 1383. 1384 gestützt werden konnte, daß aber auch nach §. 9 Abs. 2, welcher den §. 8 in seinem vollen Umfange für die landrechtliche Klage anwendbar erklärt, dieselbe am 9. November 1878 verjährt gewesen wäre, obgleich die schädlichen Folgen des Unfalles bezw. des Verschuldens erst im Jahre 1877 bemerkbar geworden sind.

Es fehlt aber an einem inneren Grunde, die Verjährung für den Kläger in einem Falle günstiger zu beurteilen als im anderen, bezw. in einem Falle die aus dem neuen Gesetze sich ergebende Konsequenz, daß ein Klagerecht verloren sein kann, obgleich der Schaden nicht bemerkbar gewesen ist, und daher noch nicht auf dessen Ersatz geklagt werden konnte, anzuerkennen, im anderen Falle aber diese Folge des neuen Prinzipes abzulehnen.

Bei diesem neuen Prinzipe tritt der sonst bei der Verjährung maßgebende Gesichtspunkt der Versäumnis hinter der Absicht des Gesetzgebers zurück, für Fälle dieser Art wegen der Schwierigkeit des Beweises und aus anderen Rücksichten dem Klagerechte ein kurzes Ziel zu setzen.

Damit erledigt sich auch das etwaige Bedenken, daß dem Kläger, solange er seine Verletzung noch nicht in ihrem vollen Umfange kennt, keine Säumnis in Erhebung der Klage vorgeworfen werden könne, denn, wie gezeigt, ist das Klagerecht auch ohne Säumnis des Verletzten nach Ablauf der kurzen Frist erloschen, wenn sich der Unfall unter der Herrschaft des neuen Gesetzes zugetragen, dessen schädliche Folge aber erst nach längerer Zeit sich gezeigt hat.

Die Anwendung des neuen Gesetzes in seiner vollen Schärfe auf Unfälle, welche sich vor demselben zugetragen haben, rechtfertigt sich auch aus der Bestimmung des Landrechtssatzes 2b, denn solange die schädliche Folge des Ereignisses nicht eingetreten war, für den Kläger also bloß die rechtliche Erwartung bestand, Klage führen zu können, wenn solches eintreten werde, hatte er keinen Anspruch darauf, daß er später nach dem Inkrafttreten eines neuen Gesetzes nicht gerade so behandelt werde, wie wenn auch jenes Ereignis sich erst unter der Herrschaft des neuen Gesetzes zugetragen hätte, wenn nur nicht der Anfang der Verjährung auf einen früheren Zeitpunkt als den des Inkrafttretens des neuen Gesetzes zurückverlegt wird. — Es wird kein erworbenes Recht des Klägers verletzt, wenn dem einen Fundamente der landrechtlichen Klage (dem zum Verschulden hinzutretenden, durch solches bewirkten Schaden), welches erst unter Herrschaft des neuen Rechtes entstanden ist, inbezug auf die Verjährung keine weitere Bedeutung beigelegt wird, als wie eben das neue Recht solche anerkennt." . . .

---

20. Offenkundigkeit der Benutzung einer Erfindung. §. 2 des Patentgesetzes vom 25. Mai 1877.

I. Civilsenat. Urt. v. 17. Januar 1880 in S. H. G. (Bekl.) w. H. & Sp. (Kl.) Rep. I. 31/80.

I. Patentamt.

Das dem Beklagten auf einen im Diskant verlängerten Resonanzboden an Klavieren erteilte Patent wurde nach §. 10 Nr. 1 des Patentgesetzes vom Patentamte für nichtig erklärt, und diese Entscheidung vom Reichsgerichte bestätigt. In den Gründen nahm dasselbe als erwiesen an, daß die den Gegenstand des Patentes bildende Erfindung bereits seit mehreren Jahren vor der Patentanmeldung im Inlande in der Pianofortefabrik der Klägerin an den daselbst gebauten und in den Handel gebrachten Pianinos in Anwendung gebracht worden war. Weiter heißt es in den

Gründen:

„Zur Begründung des Antrages auf Nichtigkeitserklärung . . . genügt aber diese Thatsache allein nicht, sondern es ist nach §. 2 des Patentgesetzes weiter erforderlich, daß die Benutzung offenkundig dergestalt stattgefunden hat, daß dennoch die Benutzung durch andere Sachverständige möglich erscheint. Der Berufungskläger bestreitet das Vorhandensein dieses Erfordernisses, weil die Anwendung eines verlängerten Resonanzbodens an den Instrumenten der Berufungsbeklagten weder erkennbar gewesen, noch durch eine öffentliche Kundmachung derselben bekannt geworden sei. In dieser Hinsicht hat sich . . . ergeben, daß allerdings die in Rede stehende Konstruktion auch für Sachverständige nach dem Öffnen des Instrumentes beim ersten Blicke nicht erkennbar ist, weil die Verlängerung des Resonanzbodens durch die am Stimmstocke befestigte eiserne Platte verdeckt wird, daß jedoch dieselbe von Sachverständigen durch Herausnahme des hinteren Rahmens oder, wie der Sachverständige F. hinzufügt, auch ohne Herausnahme des Rahmens durch Einführung eines Drahtes entdeckt werden kann. Wenn nun auch nicht feststeht, daß die Erfindung und deren Benutzung auf diese oder andere Weise vor der Patentanmeldung irgend jemandem wirklich bekannt geworden sei, so ist sie dennoch als eine offenkundige im Sinne des §. 2 des Patentgesetzes zu betrachten.

Der §. 2 spricht die Eigenschaft der Neuheit den Erfindungen ab, welche vor der Anmeldung zur Patenterteilung durch Beschreibung oder Benutzung dem Publikum oder wenigstens dem sachkundigen Teile des Publikums bereits bekannt, mithin Gemeingut geworden sind. Hierbei wird der Fall, daß die Erfindung durch Beschreibung bekannt gemacht ist, dem Falle des Bekanntwerdens der Benutzung gleichgestellt, abgesehen von dem hier nicht in Betracht kommenden Unterschiede, daß in Ansehung der Beschreibung es gleichgültig ist, ob deren Veröffentlichung in einer inländischen oder ausländischen Druckschrift erfolgte, während nur die im Inlande stattgehabte Benutzung die Neuheit der Erfindung ausschließt. Was den ersten Fall anlangt, so unterliegt es nach §. 2 keinem Zweifel, daß der Erfindung die Eigenschaft der Neuheit schon dann abgesprochen werden muß, wenn sie durch Abdruck in einer öffentlichen Druckschrift an die Öffentlichkeit getreten ist, daß mithin in diesem Falle nur auf die Möglichkeit, daß jedermann durch Lesen der Druckschrift Kenntnis von der Erfindung erlange, gesehen und der Nachweis wirklich erlangter Kenntnis nicht gefordert wird. Hieraus ist der Schluß zu ziehen, daß auch in dem zweiten Falle es nur darauf ankommt, ob die Benutzung der Erfindung — sei es durch öffentlichen Betrieb der Herstellung oder durch die Beschaffenheit des hergestellten Gegenstandes — in der Weise an die Öffentlichkeit getreten ist, daß Sachkundige Kenntnis davon erlangen können, daß dagegen nicht der Nachweis erforderlich ist, daß jemand auf diese Weise wirklich Kenntnis davon erlangt habe. Die Möglichkeit, die Benutzung der Erfindung aus der Beschaffenheit des Fabrikates zu entnehmen, ist aber für Sachverständige nicht allein dann vorhanden, wenn sie ohne weiteres durch den bloßen Augenschein erkennbar ist, sondern auch dann, wenn sie durch eine Untersuchung entdeckt werden kann.

Dieser Fall liegt ... hier vor, zumal da nach der Aussage des Fabrikanten F. Sachverständige nicht allein imstande waren, die Verlängerung des Resonanzbodens durch eine Untersuchung des Instrumentes zu erkennen, sondern auch Veranlassung hatten, eine solche Untersuchung vorzunehmen, weil die besondere Klangfarbe des Diskantes der mit dem verlängerten Resonanzboden versehenen Instrumente auf eine Eigentümlichkeit in der Konstruktion derselben schließen ließ."

---

21. Mitverschuldung des Zusammenstoßes zweier Schiffe durch die Besatzung eines dritten, aber ebenfalls der Rhederei des beschädigten Schiffes gehörigen Schiffes.
H.G.B. Art. 737.

I. Civilsenat. Urt. v. 4. Februar 1880 in S. Dampfschiffahrtgesellschaft N. (Kl.) w. den N. D. Lloyd (Bekl.). Rep. I. 136/79.

I. Handelsgericht Bremen.
II. Obergericht daselbst.

Klägerin fordert Ersatz des ihrem Schiffe „Havel" durch einen Zusammenstoß mit dem beklagtischen Schiffe „Bremerhaven" zugefügten

Schadens. Der Beklagte bestritt, daß der Zusammenstoß durch eine Person der Besatzung seines Schiffes verschuldet sei, und behauptete eventuell eine Mitverschuldung sowohl durch die Besatzung des beschädigten Schiffes „Havel" als auch durch die Besatzung des ebenfalls der Klägerin gehörigen Schiffes „Tiger", neben welchem die „Havel" während des Zusammenstoßes gelegen hatte, um aus demselben Ladung überzunehmen. Es heißt in den

Gründen:

... „Endlich ist dem Beklagten mit Recht alternativ auch der Beweis eines Verschuldens der Besatzung des Dampfers „Tiger" nachzulassen. Denn als Rheder auch dieses Schiffes würde Klägerin nach Artt. 451. 452 H.G.B. bis zum Belaufe von Schiff und Fracht selbst für einen Schaden haften, welcher der „Havel" durch eine Mitverschuldung der Besatzung des „Tiger" erwachsen ist, und sie kann daher in diesem Falle von dem Beklagten, sollte dieser auch wegen eines Verschuldens der Besatzung des „Bremerhaven" ebenfalls für den Schaden verantwortlich sein, keinen Ersatz verlangen. Der Art. 737 H.G.B. ist auch in solchem Falle analog anwendbar."

---

22. Muß die in Art. 45 W.O. vorgeschriebene Benachrichtigung von der Nichtzahlung eines mangels Zahlung protestierten Wechsels auch an den Acceptanten erfolgen? [1]

III. Civilsenat. Urt. v. 11. November 1879 in S. Sp. (Bekl.) w. W. (Kl.) Rep. III. 179/79.

I. Amt Lage.
II. Justizkanzlei Detmold.

Beklagter hat einen vom Kläger auf ihn gezogenen Wechsel, zahlbar bei K. in Bielefeld, acceptiert. Kläger hat den Wechsel weiterbegeben, derselbe ist am Verfalltage beim Domizilaten präsentiert und mangels Zahlung protestiert, und Kläger zur Zahlung der Wechselsumme, Protestkosten, Provision und Prozeßkosten verurteilt. In der gegen den Beklagten als Acceptanten erhobenen Klage fordert er außer der

---

[1] Vgl. Entsch. des R.O.H.G.'s Bd. 14 Nr. 105 S. 327.

Wechselsumme, nebst der erstatteten Provision, Protestkosten u. s. w. 6% Zinsen, 1/3% Provision und Ersatz der Prozeßkosten. Beklagter wendet u. a. ein, Kläger sei nicht berechtigt, neben der Wechselsumme Zinsen, Provision und Kosten zu fordern, weil ihm die in Art. 45 W.O. vorgeschriebene Benachrichtigung von der Nichtzahlung des Wechsels nicht gemacht sei.

Der erste Richter hielt den Einwand für begründet, die Justizkanzlei zu Detmold wies denselben zurück.

Auf die dagegen erhobene Oberappellation wurde die letzte Entscheidung bestätigt aus folgenden

Gründen:

„Die erste Beschwerde des Beklagten ist unbegründet, es hat vielmehr die Justizkanzlei mit Recht angenommen, daß nach Art. 45 W.O. eine Benachrichtigung des Beklagten als Acceptanten von der Nichtzahlung des Wechsels nicht erforderlich gewesen sei. Denn in Art. 45 a. a. O. ist vorgeschrieben, daß der Inhaber eines mangels Zahlung protestierten Wechsels verpflichtet sei, seinen unmittelbaren Vormann von der Nichtzahlung des Wechsels schriftlich zu benachrichtigen, und daß jeder benachrichtigte Vormann seinen nächsten Vormann in gleicher Weise benachrichtigen solle. Der Acceptant steht aber, sofern er nicht etwa zugleich Indossant ist, zu keinem der Wechselverbundenen in dem Verhältnisse eines Vormannes, selbst dann nicht, wenn ein Domizilwechsel mit benanntem Domizilaten vorliegt.“ . . .

---

23. Ist zur Begründung eines Schadensersatzanspruches auf Grund des §. 2 des Haftpflichtgesetzes die Darlegung eines ursachlichen Zusammenhanges zwischen der Verletzung und dem Fabrikbetriebe erforderlich? [1]

III. Civilsenat. Urt. v. 16. Dezember 1879 i. S. F. (Kl.) w. Aktiengesellschaft Bredower Zuckerfabrik (Bekl.). Rep. III. 106/79.

I. Kreisgericht Stettin.
II. Appellationsgericht daselbst.

Kläger, welcher in der Zuckerfabrik der beklagten Aktiengesellschaft seit längerer Zeit beschäftigt war, wurde im Februar 1878 beauftragt,

---

[1] Vgl. Entsch. des R.O.H.G.'s Bd. 22 Nr. 70 S. 311.

unter Aufsicht eines Aufsehers Z. neun für die Fabrik bestimmte Zuckerfässer mit dem von ihm geleiteten Fuhrwerke zu holen. Er wurde durch ein während des Transportes vom Wagen herunterfallendes Faß beschädigt und behauptet, daß dieser Unfall durch ein Verschulden des den Wagen begleitenden Aufsehers Z. verursacht sei. Gestützt auf §. 2 des Reichshaftpflichtgesetzes, fordert er eine Entschädigung wegen der infolge des Unfalles eingetretenen dauernden Verminderung seiner Erwerbsfähigkeit. Die Klage ist in beiden Vorinstanzen abgewiesen, weil nach §. 2 a. a. O. die Begründung eines Schadensersatzanspruches einen ursachlichen Zusammenhang zwischen der Verletzung und dem Fabrikbetriebe voraussetze und Kläger einen solchen nicht dargethan habe.

Die vom Kläger gegen diese Entscheidung wegen Verletzung der §§. 2. 3 des Haftpflichtgesetzes eingewendete Nichtigkeitsbeschwerde wurde verworfen aus folgenden

Gründen:

„Indem das Appellationsgericht davon ausgegangen ist, daß zur Begründung eines Schadensersatzanspruches auf Grund des §. 2 des Haftpflichtgesetzes vom 7. Juni 1871 die Darlegung eines ursachlichen Zusammenhanges zwischen dem Unfalle und dem Fabrikbetriebe erforderlich sei, verletzt es nicht den §. 2 a. a. O., sondern wendet ihn richtig an. Es ergiebt sich dieses nicht allein aus der Fassung des §. 2, wonach derjenige, welcher ein Bergwerk 2c betreibt, für den Schaden haftet, welcher dadurch entsteht, daß ein Bevollmächtigter 2c oder eine zur Leitung oder Beaufsichtigung des Betriebes oder der Arbeiter angenommene Person durch ein Verschulden in Ausführung der Dienstverrichtungen den Tod oder die Körperverletzung eines Menschen herbeigeführt hat, die Anwendbarkeit des §. 2 also ausgeschlossen ist, wenn der Unfall sich außerhalb des Bereiches des Fabrikbetriebes zugetragen hat, sondern es geht dieses auch aus den im Reichstage über das Gesetz gepflogenen Verhandlungen hervor.

Die Frage, ob ein solcher ursachlicher Zusammenhang im vorliegenden Falle vorhanden sei, beruht auf einer Würdigung der konkreten thatsächlichen Verhältnisse, und es enthält deren Verneinung keine Verletzung des §. 2. Darauf, daß der Kläger, als er verunglückte, durch seine Thätigkeit, das Herbeiholen der Fässer, nicht unmittelbar in den Fabrikbetrieb eingetreten ist, würde es allerdings nicht ankommen; allein der Appellationsrichter geht davon aus, daß die Herbeischaffung der leeren Fässer nach der Fabrik, soweit es sich nur um den Akt der Herbeiholung handle, mit dem Betriebe der Fabrik nichts gemein habe, und ist für die Schlußfolgerung, daß, wenn Kläger bei dieser Gelegenheit durch das Verschulden eines Aufsehers des Fabrikunternehmers eine Körperverletzung erlitten habe, der ursachlichen Zusammenhang zwischen der Verletzung und dem Fabrikbetriebe fehle, die weitere Anführung, daß der Verletzte durch seine Thätigkeit nicht unmittelbar in den Fabrikbetrieb eingetreten sei, nicht wesentlich."

---

24. Ist eigenes Verschulden im Sinne des §. 1 des Reichshaftpflichtgesetzes anzunehmen, wenn der Verletzte unter Zulassung der Vorgesetzten gegen die Vorschriften der Dienstinstruktion gehandelt hat?

II. Civilsenat. Urt. v. 23. Januar 1880 i. S. Berg.-Märk.-E. (Bekl.) w. R. (Kl.) Rep. II. 187/79.

I. Landgericht Elberfeld.
II. Appellationsgericht Köln.

Das Reichsgericht ist der vom Reichsoberhandelsgerichte ausgesprochenen Ansicht (Entsch. des R.O.H.G.'s Bd. 15 Nr. 50 S. 165) beigetreten, daß die Übertretung einer Dienstinstruktion die Bedeutung und Wirkung eines eigenen Verschulden dadurch verlieren könne, daß sie unter thatsächlicher Billigung der Vorgesetzten geschehen ist. Hierüber sagen die

Gründe:

„In Erwägung, daß das angefochtene Urteil den Begriff des eigenen Verschuldens nicht rechtsirrtümlich aufgefaßt hat, wenn aus den darin festgestellten Thatsachen und bei Würdigung aller Umstände des Falles der Schluß gezogen wird, daß sich der Kassationsbeklagte der mit Überschreitung der Dienstvorschriften und mit seinem Vorgehen verbundenen Gefahr weder bewußt gewesen sei noch bewußt sein mußte;

daß nun aber aus der thatsächlichen Feststellung, daß die Übertretung des schriftlich und mündlich unter Strafandrohung ergangenen Verbotes, zwischen die Wagen zu gehen, solange solche noch in Bewegung sind, von den mit der Leitung und Aufsicht beim Rangierdienste betrauten Bediensteten der Kassationsklägerin nicht nur geduldet worden sei, sondern sogar unter den Augen der Rangiermeister stattfand, ohne daß dieselben zur Verhinderung dieser Ausschreitungen die geringste Maßnahme trafen, allerdings hergeleitet werden durfte, daß der Instruktion durch diese stillschweigende Billigung der Überschreitung derselben in den Augen der Arbeiter Wert und Bedeutung entzogen worden sei, und daß danach nicht schon deren Übertretung allein als ein anrechenbares Verschulden in Betracht kommen könne;

daß sodann das Appellationsgericht auch das Verhalten des Kassationsbeklagten an sich geprüft und aus dem noch jugendlichen Alter desselben, der kurzen Zeit, welche er im Dienste gestanden hat, aus dem Beispiele, welches ihm andere und ältere Arbeiter gegeben, die Überzeugung gewonnen hat, es habe von ihm nicht erwartet werden dürfen, daß er in Übertretung der allgemeinen Vorschriften und der ihm erteilten Weisungen eine besondere Gefahr erkenne." . . .

---

25. Schadensersatzklage einer Witwe und eines Kindes aus einer erst nach dem Unfalle geschlossenen Ehe.[1] — Beginn der Verjährung.

II. Civilsenat. Urt. v. 27. Januar 1880 in S. F. (Kl.) w. Hess. Ludwig-Bahn (Bekl.). Rep. II. 182/79.

I. Bezirksgericht Mainz.
II. Obergericht daselbst.

F., welcher im Jahre 1872 beim Betriebe der Eisenbahn der Beklagten verunglückt war, führte hierwegen einen Prozeß, verheiratete sich im Laufe desselben (1874) und starb 1875. Seine Witwe und das bald nach der Eheschließung geborene Kind erhoben nun eine neue Klage auf Schadensersatz, in welcher sie behaupteten, daß der Tod des F. infolge der erlittenen Verletzung eingetreten sei. Die Beklagte bestritt, daß diese Personen zur Klage legitimiert seien, und machte die Verjährung geltend.

Das Obergericht hat die Klage wegen mangelnden Klagerechtes abgewiesen, das Reichsgericht jedoch dieses Erkenntnis vernichtet aus folgenden

Gründen:

„In Erwägung zum Kassationsrekurse:

daß der §. 1 des Gesetzes vom 7. Juni 1871 ganz allgemein — ohne

[1] Vgl. Entsch. des R.O.H.G.'s Bd. 24 Nr. 33 S. 115.

Benennung der zum Anspruche berechtigten Person — den Betriebsunternehmer für den Schaden ersatzpflichtig erklärt, welcher dadurch entstanden ist, daß ein Mensch beim Betriebe einer Eisenbahn getötet worden, und sodann in §. 3 der Ersatzanspruch auch demjenigen gegeben wird, welchem der Getötete zur Zeit seines Todes vermöge Gesetzes Unterhalt zu gewähren verpflichtet war, und zwar soweit ihm infolge des Todes der Unterhalt entzogen worden ist;

daß aber diese Voraussetzung, nämlich daß der angeblich infolge der beim Eisenbahnbetriebe der Beklagten erlittenen Verletzung gestorbene F. der klagenden Witwe und dem von ihr vertretenen Kinde zur Zeit seines Todes Unterhalt zu gewähren gesetzlich verpflichtet war, hier unbestreitbar vorliegt, mithin die Klage nach dem Wortlaute des Gesetzes für begründet erachtet werden muß;

daß der wörtliche Inhalt des Gesetzes nicht durch Anwendung der allgemeinen Prinzipien über außerkontraktliches Verschulden eingeschränkt werden darf, da sich dieses Gesetz seinem Zwecke und seinem gesamten übrigen Inhalte nach als ein besonderes, aus sich selbst auszulegendes darstellt und auch sonst mehrfach, namentlich auch darin von den Grundsätzen sowohl des aquilischen Gesetzes als auch des deutschen Gewohnheitsrechtes[1] abweicht, daß es allen vermöge Gesetzes zum Unterhalte berechtigten Personen, und nicht etwa bloß der Witwe und den Kindern des Getöteten Schadensersatz zuspricht;

daß aber noch besonders in Betracht kommt, daß der §. 1 ein Verschulden des Betriebsunternehmers gar nicht voraussetzt, diesen vielmehr auch für den Zufall haften läßt, da ihn nur der Beweis des eigenen Verschuldens des Getöteten oder der höheren Gewalt von der Haftung zu befreien vermag, es demnach auch nicht darauf ankommen kann, ob der Betriebsunternehmer schuldhaft in die Rechte des Klägers eingegriffen habe, sondern nur darauf, ob Kläger infolge der Entziehung des ihm vermöge Gesetzes vom Getöteten zu gewährenden Unterhaltes wenigstens mittelbar durch das beschädigende Ereignis benachteiligt sei;

daß auch nicht entgegensteht, daß im §. 3 der Schadensersatz nicht

[1] Vgl. Cocceji, Jus civile controversum IX. lit. 2 qu. 1: an. si liber homo statim perierit, detur ejus heredibus actio ex lege Aquilia pro operarum et alimentorum neglectu? (verneint). Dagegen Struben, Rechtl. Bedenken Bd. 4 Nr. 72 S. 137: Sintenis, Pand. Bd. 2 S. 774; Seuffert, Pand. Bd. 2 S. 371 (§. 402) und Seuffert, Archiv Bd. 10 Nr. 44, Bd. 13 Nr. 144, Bd. 29 Nr. 137.

bloß für den §. 1, sondern auch für den §. 2 normiert ist, in welch letzterem es allerdings auf ein Verschulden ankommt, da daraus, daß für den letzteren Fall die Bestimmung von allgemeinen Grundsätzen abweicht, nichts für die Auslegung des §. 1, wo diese Abweichung nicht vorliegt, sondern vielmehr nur gefolgert werden kann, daß der Gesetzgeber mit dem §. 3 und dem §. 9 Abs. 2 ohne Rücksicht auf das gemeine und das partikulare Recht den Schadensersatz für alle Fälle einheitlich und nach eigenen Prinzipien geregelt habe;

daß demgemäß und zum Teil früherer Rechtsanschauung[1] entsprechend der Anspruch derjenigen, welchen der Getötete zur Zeit seines Todes Unterhalt zu gewähren gesetzlich verpflichtet war, als ein selbständiger gewährt ist, welcher erst mit dem Tode entsteht, wie sich aus der Bestimmung des §. 8 über den Anfang der Verjährung ergiebt;

daß auch die Rücksichtnahme auf die denkbaren, den allgemeinen Rechtsanschauungen widersprechenden Konsequenzen nicht zu einer einschränkenden Auslegung des Gesetzes zu führen vermag, da, abgesehen davon, wie die in der Denkschrift der Kassationsbeklagten hervorgehobenen Fälle der Adoption, Anerkennung außerehelicher Kinder u. s. w., je nach den besonderen Umständen zu beurteilen sein würden, sich auch bei der einschränkenden Auslegung solche Folgerungen ergeben können, welche der vermutlichen Absicht des Gesetzgebers nicht immer entsprechen möchten, wozu namentlich die Ausschließung später erzeugter Kinder aus der zur Zeit des Unfalles bereits bestandenen Ehe gehören würde;

daß sodann, da es sich um ein eigenes, erst mit dem Tode des Ernährers entstandenes Recht der Witwe und ihres Kindes handelt, keinesfalls diesen letzteren ein etwaiges Verschulden des Verletzten selbst entgegengehalten werden kann, welches er mit der nachfolgenden Eheschließung begangen haben soll, noch der Rechtssatz über die Unstatthaftigkeit einseitiger Erschwerung der Verbindlichkeit des Betriebsunternehmers seitens des Verletzten;

daß endlich auch aus dem Ausdrucke „Getöteten“ nichts für die Auslegung der Kassationsbeklagten zu folgern ist, da hiermit nur der ursachliche Zusammenhang zwischen dem Unfalle und dem Tode bezeichnet, nicht aber die Voraussetzung ausgesprochen wird, daß der wirkenden Ursache sofort die Wirkung nachgefolgt sein müsse, — was

[1] Insbesondere Struben, a. a. O.

schon aus dem Inhalte der ersten Hälfte des Abs. 1 des §. 3 und aus der besonderen Verjährungsbestimmung im §. 8 hervorgeht;

daß demnach das Urteil wegen rechtsirrtümmlicher Auslegung des §. 3 des Gesetzes vom 7. Juni 1871 zu vernichten ist.

In Erwägung zum Revisorium:

daß es zunächst auf die weitere Einrede der Verjährung ankommt, bezüglich welcher sich das Obergericht mehr zweifelnd als entscheidend ausgesprochen hat;

daß aber auch in dieser Richtung der bestimmte Wortlaut des Gesetzes gegen die Beklagte spricht;

daß diese Fassung sich aus dem bereits hervorgehobenen Charakter dieser Entschädigungsforderung als eines eigenen selbständigen, nicht vom Verletzten hergeleiteten Rechtes erklärt, und die von der Beklagten angerufenen Gründe der Zweckmäßigkeit und Billigkeit[1] nicht die Bedeutung haben können, eine Abweichung von der unzweideutigen Fassung des Gesetzes und von dem Rechtsgrundsatze zu rechtfertigen, daß eine Verjährung nicht vor entstandenem Anspruche zu laufen beginne;

daß hierbei auch der Umstand nicht erheblich sein kann, daß die Ehe mit der klagenden Witwe erst nach zwei Jahren seit dem Unfalle geschlossen worden." . . .

---

26. Gehört die Bedienung einer bei einem Eisenbahnübergange befindlichen Signalstange schon an und für sich zum „Betriebe einer Eisenbahn"?

II. Civilsenat. Urt. v. 10. Februar 1880 in S. H. (Kl.) w. Magdeburg-Halberstädter Eisenbahn (Bekl.). Rep. II. 330/79.

I. Bezirksgericht Leipzig.
II. Appellationsgericht daselbst.

Kläger ist dadurch schwer verletzt worden, daß an der Signalstange, als er sie richten wollte, die Kette riß, der Hebel derselben umschlug und ihn nach einer Mauer schleuderte. Die auf §. 1 des Gesetzes vom 7. Juni 1871 gestützte Klage ist abgewiesen worden aus folgenden

[1] Es wurde insbesondere hervorgehoben, daß den Alimentationsberechtigten eine Klage zustehen würde, wenngleich die Klage des Verletzten wegen Verjährung abgewiesen worden wäre. Vgl. Kah, Haftpflichtgesetz S. 132 Note; Endemann, Kommentar 2. Aufl. S. 84; Eger, 2. Aufl. S. 581. 582.

Gründen:

„Kläger hat seine weitere Berufung nicht gerechtfertigt, und kann deshalb, was die Frage betrifft, ob der §. 1 des Reichsgesetzes vom 7. Juni 1871 auf den gegebenen Fall Anwendung finde, auf die zutreffenden Ausführungen der beiden vorderen Instanzen verwiesen werden. Dieselben gehen von dem aus den Motiven zum Gesetze und den Verhandlungen hierüber zu entnehmenden, auch in der Rechtsprechung anerkannten Prinzipe aus, daß von einem Unfalle nicht schon deshalb angenommen werden könne, er habe sich beim Betriebe einer Eisenbahn zugetragen, weil er bei Benutzung einer Vorrichtung eingetreten ist, welche den besonderen Zwecken der Eisenbahn dient, sondern daß es darauf ankomme, ob mit dieser Vorrichtung oder der Art und Weise der Benutzung derselben auch unmittelbar oder mittelbar die besondere, dem Eisenbahnbetriebe eigentümliche Gefährlichkeit verbunden sei. Die Bedienung einer Signalvorrichtung hängt nun aber weder mit der Beförderung von Personen oder Gütern auf der Bahn, noch mit der unmittelbaren Vorbereitung, noch mit dem Abschlusse dieser Beförderung zusammen, und wenn auch die Vorrichtung an sich geeignet ist, den sie Bedienenden zu gefährden, so ist diese Gefährlichkeit keine von der mit jedem anderen mechanischen Apparate verbundenen wesentlich verschiedene.

Besondere Umstände, wonach im gegebenen Falle der Eisenbahnbetrieb, zu dessen Sicherung die Vorrichtung bestimmt ist, deren Bedienung besonders gefährlich gemacht habe, sind vom Kläger nicht behauptet worden.“ . . .

---

27. Kann bei vereinbarten ratenweisen Lieferungen, wenn eine frühere Rate ohne Rüge eines Qualitätsmangels angenommen und bezahlt ist, die Annahme einer späteren vertragsmäßig beschaffenen Rate deshalb abgelehnt werden, weil die erste Rate nicht vertragsmäßig gewesen sei?

I. Civilsenat. Urt. v. 31. Januar 1880 in S. Pf. & Co. (Kl.) w. H. E. & Co. (Bekl.) Rep. 307/79.

I. Kreisgericht Halle a. d. S.
II. Appellationsgericht Naumburg.

Der Vertrag ist dahin abgeschlossen, daß Klägerin circa 4000 Centner reellen Brennsirup, abzunehmen August-September 1877, dem Beklagten liefern solle. 1141 Centner sind Ende August geliefert; der Rest von 2859 Centner wurde Ende September zur Abnahme offeriert, aber abgelehnt und infolgedessen im Wege der Selbsthilfe verkauft.

Aus den Gründen:

„Die auf Zahlung der Differenz zwischen dem Vertragspreise und dem Erlöse des Selbsthilfeverkaufes vom 3. November 1877 gerichtete Klage setzt den der Klägerin obliegenden Beweis voraus, daß die Beklagte bezüglich der fraglichen 2859 Centner Melasse im Annahmeverzuge war. Ein Annahmeverzug der Beklagten liegt vor, wenn Klägerin der Beklagten Ware von kontraktmäßiger Qualität ohne Erfolg angeboten hat. Ein dem Vertrage entsprechendes Angebot ist in der Art erfolgt, daß Klägerin in den Briefen vom 30. September und 11. Oktober 1877 ihre Bereitschaft zur Lieferung erklärt und die Beklagte zu der ihr vertragsmäßig obliegenden Übersendung von Fässern behufs Einfüllung der Ware aufforderte, und es liegt der Klägerin nur noch der Beweis ob, daß sie zur Zeit dieser Aufforderung die fragliche Quantität Melasse in vertragsmäßiger Qualität zur Ablieferung bereit liegen hatte. Dieser Beweis ist erbracht. Die Beklagte hat daher ihre Weigerung, die angebotene Melasse anzunehmen, auf anderem Wege zu rechtfertigen versucht. Sie hat nämlich den Beweis erboten, daß die 1141 Centner Melasse, welche Klägerin ihr in der Zeit vom 22. bis 28. August 1877 geliefert, nicht von vertragsmäßiger Qualität, kein reeller Brennsirup gewesen, und sie führt aus, daß sie deshalb nicht verpflichtet gewesen sei, die ihr Ende September und im Oktober 1877 von der Klägerin angebotene Melasse als vertragsmäßige Lieferung anzunehmen, da sie von der Klägeren nur Ware von einer und derselben Qualität gekauft habe und deshalb zu der Annahme berechtigt gewesen sei, daß der Rest der gekauften Ware von derselben Beschaffenheit sei, wie die im August 1877 gelieferten 1141 Centner. Der Appellationsrichter ist auf diese Argumentation eingegangen. Es kann indes von dem Ergebnisse des Beweises ganz abgesehen werden, da Beklagte nicht für berechtigt erachtet werden kann, die angeblich vertragswidrige Qualität der im August 1877 gelieferten 1141 Centner als Grund für die Weigerung der Annahme der Ende September und im Oktober 1877 zur Abnahme offerierten 2859 Centner zu verwenden. Die Beklagte hat die im August 1877 von der Klägerin gelieferten

1141 Centner angenommen, eine mangelhafte vertragswidrige Qualität derselben nicht gemäß Art. 347 H.G.B. gerügt, die Ware also stillschweigend genehmigt und ohne jeden Vorbehalt bezahlt. Nachdem dies geschehen, konnte Beklagte nicht mehr wegen angeblicher vertragswidriger Qualität dieser 1141 Centner auf Grund des Art. 355 H.G.B. vom Vertrage zurücktreten, wie sie dadurch, daß sie die ihr Ende September und im Oktober 1877 angebotene Ware, ohne deren vertragsmäßige Qualität zu prüfen, zurückwies, zu erkennen gab.[1] Ein solcher Rücktritt würde einen Lieferungsverzug der Klägerin voraussetzen. Ein solcher Verzug kann nicht bloß in dem gänzlichen Unterlassen der kontraktlichen Lieferung liegen, sondern bei einem Genuskaufe auch in der Lieferung kontraktwidriger Ware, welche nur einen erfolglosen Lieferungsversuch darstellt, und statt deren die Käuferin anderweit kontraktgemäße Lieferung als Erfüllung fordern kann: dies setzt aber voraus, daß der Käufer die gelieferte Ware als kontraktwidrige zurückweist und statt derselben Lieferung anderer Ware von kontraktmäßiger Qualität fordert, und daß dann der Verkäufer diesem letzteren Verlangen nicht nachkommt. Wenn aber der Käufer die Ware, obwohl deren Qualität kontraktwidrig ist, annimmt und bezahlt, dann kann er natürlich nicht statt derselben Lieferung anderer Ware fordern, und folgeweise der Verkäufer nicht wegen Nichtlieferung in Verzug kommen. So liegt aber der vorliegende Fall. Die Beklagte kann, nachdem sie die 1141 Centner angenommen und bezahlt, nicht wegen angeblicher kontraktwidriger Qualität derselben vom Kontrakte zurücktreten und die Annahme des Restvertragsquantums, die vertragsmäßige Qualität des letzteren vorausgesetzt, zurückweisen. Der Schluß aber, daß, weil die im August 1877 gelieferten 1141 Centner von kontraktwidriger Qualität gewesen, auch die im Oktober 1877 offerierten 2859 Centner von gleich kontraktwidriger Qualität gewesen sein müßten, entbehrt der notwendigen thatsächlichen Begründung. Der Selbsthilfeverkauf ist also gerechtfertigt, da Klägerin den Beweis geführt, daß die im Oktober 1877 offerierte Ware reeller Brennsirup gewesen."

---

[1] S. unten Nr. 31 S. 63.

28. 1. Besteht neben den Rechten, welche die Artt. 354—356 H.G.B. gewähren, auch noch die Auflösungsklage aus Satz 1184 badischen Landrechtes (Art. 1184 Code civil)?
2. Erfordert diese Klage eine Verzugsetzung?

II. Civilsenat. Urt. v. 10. Februar 1880 in S. B. (Bekl.) g. W. (Kl.) Rep. II. 106/79.

I. Kreisgericht Offenburg.
II. Kreis- und Hofgericht daselbst.

Aus den Gründen:

„Zunächst bietet sich die Frage dar, ob in vorliegendem Falle die Bestimmungen der Artt. 355. 356 des Handelsgesetzbuches oder der badische Landrechtssatz 1184 maßgebend seien.

Der Tendenz des Handelsgesetzbuches, durch seine Bestimmungen einheitliches Recht für ganz Deutschland zu schaffen und hiermit dem Kaufmanne eine sichere Richtschnur für sein Verhalten zu geben, entspricht es, die Artt. 354—356 H.G.B. dahin aufzufassen, daß in den dort bezeichneten Fällen, d. h. wenn der Käufer mit der Zahlung oder der Verkäufer mit der Lieferung der Ware im Verzuge ist, dem Kontrahenten nur diejenigen Rechte zustehen sollen, welche das Handelsgesetzbuch verleiht, also die abweichenden Bestimmungen der Landesgesetze ganz außer Betracht bleiben. Ebenso zweifelhaft erscheint es jedoch andererseits, daß in Fällen, wo die Voraussetzungen der Artt. 354—356 nicht vorliegen, bei Mangel bezüglicher Bestimmungen des Handelsgesetzbuchs die Landesgesetze maßgebend bleiben, insbesondere also auch das durch badischen Landrechtssatz 1184 für den Fall der Nichterfüllung von Vertragspflichten gewährte Auflösungsrecht seine Geltung behält. Es tritt dies sofort klar hervor, wenn man an Fälle denkt, wo es sich nicht um Unterlassung einer Zahlung oder Lieferung, sondern um Zuwiderhandlung gegen Vertragspflichten sonstiger Art handelt, z. B. die Verpflichtung, während gewisser Zeit Waren fraglicher Art anderen nicht zu verkaufen oder von anderen nicht zu kaufen.

In vorliegender Sache erscheint der Fall, welchen Art. 355 H.G.B. vorsieht, nicht gegeben.

Die Klage auf Aufhebung des Kauf- beziehungsweise Lieferungsvertrages wird vom Käufer darauf gegründet, daß der Verkäufer zwar zwei Lieferungen bethätigt, jedoch nicht die vertragsmäßige Ware geliefert und zudem bestimmt erklärt habe, eine andere Ware als diese auch in Zukunft nicht liefern zu wollen. Ein Verzug des Verkäufers ist nach den hier maßgebenden Bestimmungen des badischen Landrechtes (S. 1139) weder betreffs der bereits gelieferten Ware noch betreffs der zukünftigen Lieferungen anzunehmen. Bei dieser Sachlage steht dem Käufer das Rücktrittsrecht nach Art. 355 H.G.B. nicht zu, kann ihm aber das minder wirksame Auflösungsrecht des Landrechtssatzes 1184 nicht verweigert werden, falls die Voraussetzungen desselben gegeben erscheinen.

In letzterer Beziehung ist nun zu bemerken, daß das Gesetz (L.R.S. 1146) zwar das Verlangen eines Schadensersatzes der Regel nach von einer Verzugssetzung abhängig macht, nicht aber auch die Auflösungsklage des Landrechtssatzes 1184. Begehrt daher ein Kontrahent bloß die Aufhebung des Vertrages, ohne damit Schadensersatzansprüche zu verbinden, so genügt es zur Begründung dieser Klage, daß der Zeitpunkt, wo der Gegner erfüllen sollte, eingetreten war, diese Erfüllung aber in gehöriger Weise nicht erfolgt ist. Indem das Gesetz dem Richter die Befugnis giebt, auch eine spätere Erfüllung noch als wirksam anzuerkennen, ja sogar im Urteile selbst noch eine Nachfrist zur Erfüllung zu gewähren, erscheint den Rücksichten, welche unter Umständen der Gegenkontrahent beanspruchen kann, genügende Rechnung getragen." ...

---

29. Ist bei einem Vertrage über Fertigung und Lieferung einer Maschine, falls er nach dem maßgebenden Landesgesetze als Kauf anzusehen ist, Art. 347 H.G.B. anwendbar?

II. Civilsenat. Urt. v. 13. Februar 1880 in S. K. (Bekl.) w. P. (Kl.). Rep. II. 195/79.

I. Handelsgericht Bamberg.

Aus den Gründen:

„Der in Frage stehende Vertrag hatte einfach die Fertigung und Lieferung eines Mühlenwerkes von bestimmter Beschaffenheit zum Gegenstande und ist insbesondere davon, daß Kläger auch noch die Einrichtung oder Aufstellung des Werkes besorgen sollte, nicht die Rede. Daß

Kläger das Material zur Fertigung des Mühlenwerkes selbst geliefert, ist unbestritten.

Ein Vertrag dieser Art ist nach den Grundsätzen des zur Anwendung kommenden gemeinen Rechtes nicht als Werkverdingung, sondern als Kauf zu betrachten und zu behandeln, weshalb die Folgerungen, die an die Behauptung geknüpft werden, es liege ein Werkverdingungsvertrag vor, hinfällig erscheinen. Es könnte sich nur fragen, ob nicht trotzdem, daß nach bürgerlichem Rechte ein Kauf vorliegt, doch ein Handelskauf im Sinne des Art. 347 H.G.B. nicht angenommen werden könne.

Vgl. Entsch. des R.O.H.G.'s Bd. 11 Nr. 36 S. 100.

Es ist dies zu verneinen.

Das Handelsgesetzbuch hat den Begriff des „Kaufes" nicht bestimmt, sondern sich darauf beschränkt, betreffs der Verträge über Lieferung vertretbarer Sachen die durchgreifende, alle landesrechtlichen Besonderheiten beseitigende Vorschrift zu geben, daß sie nach den Bestimmungen über den Kauf zu beurteilen seien, im übrigen aber die Beantwortung der Frage, was Kauf sei, dem bürgerlichen Rechte (Art. 1 H.G.B.), also dem bezüglich maßgebenden Landesrechte überlassen.

Vgl. Entsch. des R.O.H.G.'s Bd. 2 Nr. 68 S. 290, Bd. 19 Nr. 77 S. 262.

Es besteht kein Grund, für solche landesrechtlich als Käufe geltende Verträge, welche die Lieferung einer erst anzufertigenden Sache zum Gegenstande haben, eine Ausnahme zu machen, also für dieselben die Anwendbarkeit der Bestimmungen des Handelsgesetzbuches, insbesondere des Art. 347 auszuschließen, und zwar umsoweniger, als selbst beim reinen Werkverdingungsvertrage anerkannt ist, es sei betreffs desselben eine wenigstens analoge Anwendung des Art. 347 geboten.

Vgl. Entsch. des R.O.H.G.'s Bd. 14 Nr. 19 S. 43.[1]

Insbesondere läßt sich nicht sagen, die Eigentümlichkeit solcher Verträge, welche die Lieferung von erst anzufertigenden Sachen, insbesondere Maschinen, zum Gegenstande haben, stehe entgegen, den Art. 347 direkt anzuwenden, bezw. anzunehmen, daß das Gesetz Verträge dieser Art habe treffen wollen, denn die Bestimmungen des Art. 347 lassen dem richterlichen Ermessen so weiten Spielraum, daß auch diesen Eigentümlichkeiten volle Rechnung getragen werden kann."

[1] S. a. Entsch. des R.O.H.G.'s Bd. 1 Nr. 43 S. 149; dagegen aber Bd. 9 Nr. 67 S. 221, Bd. 11 Nr. 26 S. 62. D. R.

30. 1. Ist das österreichische Gesetz vom 24. April 1874 auf Fälle anwendbar, wo fällige Zinscoupons österreichischer Teilschuldverschreibungen eingeklagt werden?
2. Verbot des Anatozismus in Bayern.

II. Civilsenat. Urt. v. 20. Februar 1880 in S. Elisabeth-Bahn (Bekl.) g. G. (Kl.) Rep. II. 203/79.

I. Handelsgericht München l./J.
II. Handelsappellationsgericht München.

G. klagte 945 fällige Zinscoupons von Schuldverschreibungen der Kaiserin Elisabeth-Bahn, welche nach Wahl des Inhabers in Wien mit 5 fl. österreichischer Währung (Silber) oder in Süddeutschland mit 5 fl. 50 kr. süddeutscher Währung zu zahlen waren, bei dem Handelsgerichte München l./J. ein, behauptend, er habe bei dem als Zahlstelle bestimmten Bankhause Rothschild & Söhne in Frankfurt a./M. Zahlung zu 10 ℳ für den Coupon verlangt, jedoch nicht erhalten.

Die Bahn wendete ein, nach dem Kuratorengesetze vom 24. April 1874 sei die Klage unstatthaft, jedenfalls bestehe nur die Verpflichtung, in österreichischer Währung zu zahlen und könnten äußersten Falles keine Zinseszinsen verlangt werden.

In zweiter Instanz wurde die Bahn zur Zahlung der Hauptsumme verurteilt, der Anspruch auf Prozeßzinsen jedoch abgewiesen. Die beiderseits erhobene Nichtigkeitsbeschwerde wurde in erster Beziehung verworfen, in zweiter Beziehung für begründet erklärt.

Aus den Gründen:

„Zunächst ist zu prüfen, ob das österreichische Gesetz vom 24. April 1874, seine Anwendbarkeit im allgemeinen vorausgesetzt, den vorliegenden Fall treffe.

Zweck jenes Gesetzes war es, dem fühlbaren Mißstande zu begegnen, der darin liegt, daß das Vertragsverhältnis zwischen den Inhabern von Teilschuldverschreibungen und ihrem Schuldner vielfach ein gemeinsames Handeln aller Inhaber erfordert, insbesondere auch zu Streitfragen Anlaß geben kann, welche nur einheitlich zu entscheiden sind, deren gesonderte, den einzelnen Inhabern gegenüber, erfolgende Aburteilung wenigstens große Rechtsnachteile und Unzuträglichkeiten im Gefolge hätte, während andererseits es unmöglich ist, alle einzelnen Interessenten zu ermitteln, um sie zu Rechtshandlungen beizuziehen, oder als Kläger bezw. Beklagte in den Rechtsstreit zu ziehen.

Deshalb verfügt es, daß in Fällen dieser Art nicht der einzelne, sondern nur die Gesamtheit auftreten könne, und ordnet, um dies zu ermöglichen, die Ernennung eines unter richterlicher Aufsicht handelnden Kurators an, welcher für den gegebenen Fall die Gesamtheit zu vertreten habe.

Für die Frage, welche Fälle das Gesetz treffen wolle, ist offenbar §. 1 desselben maßgebend, welcher bestimmt, es sei in allen Fällen, in welchen sich ergebe, daß die Rechte der Besitzer von Teilschuldverschreibungen wegen des Mangels einer gemeinsamen Vertretung gefährdet, oder die Rechte eines anderen in ihrem Gange gehemmt würden, ein gemeinsamer Kurator zu bestellen. Zwar scheint §. 9 des Gesetzes, welcher den einzelnen Besitzern das Recht selbständiger Geltendmachung ihrer Rechte entzieht, weiterzugehen, da er allgemein von „Angelegenheiten, welche gemeinsame Rechte der Besitzer betreffen", spricht; allein offenbar ist er nur im Zusammenhalte mit §. 1 auszulegen, also dahin zu verstehen, daß von „gemeinsamen Rechten im Sinne des §. 1" gesprochen werden sollte. Unmöglich kann angenommen werden, §. 9 begreife Fälle, die nicht unter §. 1 fallen, d. h. es könne Fälle geben, in denen zwar die Bestellung eines Kurators nicht statthaft, dennoch aber den einzelnen Besitzern die selbständige Verfolgung ihrer Rechte verwehrt sei.

Was nun den Sinn besagter Bestimmung des §. 1 anbelangt, so ist zu beachten, daß ein in die Rechte der Besitzer von Teilschuldverschreibungen tief eingreifendes Gesetz in Frage steht, dasselbe daher streng auszulegen und auf solche Fälle zu beschränken ist, welche es seinem Zwecke und Wortlaute nach unzweifelhaft treffen wollte.

Fälle dieser Art sind im Gesetze selbst (§§. 1. 4. 14. 15) angeführt, und ist es dabei für Auslegung desselben nicht ohne Bedeutung, daß man nötig fand, den Fall des Konkurses besonders hervorzuheben, obgleich gerade dieser Fall nicht leicht Anlaß zu Zweifeln geben konnte. Ein Fall, der unzweifelhaft unter das Gesetz fällt, ist ferner der, wenn die Art und Weise einer Verlosung in Frage steht, da klar ist, es könne diese Frage nicht den einzelnen gegenüber verschieden gelöst werden;

ebenso kann auch kein Zweifel bestehen betreffs jener Fälle, wo es sich darum handelt, Rechtshandlungen vorzunehmen, bei welchen alle Besitzer beteiligt sind, also nach allgemeinen Prinzipien mitzuwirken hätten, z. B. eine die gefährdeten Rechte der Besitzer wahrende Vereinbarung zu treffen.

Vgl. Sammlung bayer. Entsch. für Handels- und Wechselrecht Bd. 3 S. 821.

In vorliegender Sache erscheint es unnötig, die Frage, wie im Sinne des Gesetzes die Grenzlinie zu ziehen sei, eingehend zu prüfen, denn, wieweit man auch den Kreis der unter das Gesetz zu ziehenden Fälle ausdehnen möge, soviel erscheint außer Zweifel, daß der vorliegende Fall vom Gesetze nicht getroffen würde. Es handelt sich in demselben um die Einklagung bestimmter fälliger Zinscoupons, und zwar in Geltendmachung der besonderen Rechte, welche Kläger dadurch erworben haben will, daß er für dieselben Zahlung in Frankfurt a./M. verlangt hatte. Unerfindlich ist, wie durch die selbständige Einklagung dieser Zinsforderung die Rechte, sei es des Klägers selbst, sei es der anderen Besitzer von Teilschuldverschreibungen oder Coupons gefährdet sein könnten, noch weniger aber kann davon die Rede sein, daß die Rechte eines anderen in ihrem Gange gehemmt würden."

(Es wird nun im Anschlusse an die Ausführungen der Entsch. des R.O.H.G.'s Bd. 23 Nr. 72 S. 205 und Bd. 25 Nr. 11 S. 41 dargelegt, daß Zahlung nach Maßgabe des Reichsmünzgesetzes vom 9. Juli 1873 gefordert werden konnte, und dann weiter bemerkt:)

„Nach vorstehenden Erörterungen ist das in Frage stehende Zahlungsgeschäft in allen seinen Richtungen dem in Frankfurt a./M. geltenden Rechte unterworfen; es muß daher auch die Frage, ob und welche Verzugszinsen im Falle verzögerter Zahlung zu entrichten seien, nach jenem Rechte beurteilt werden.

Vgl. Entsch. des R.O.H.G.'s Bd. 24 Nr. 102 S. 388.

Nach einem Frankfurter Gesetze vom 2. Februar 1864 können dort Zinsen aus Zinsen vom Tage der Klagezustellung an gefordert und zugesprochen werden, das die Frage beherrschende örtliche Recht steht daher dem Verlangen des Klägers zur Seite. Fraglich ist nur, ob nicht infolge der Bestimmungen des bayerischen Landrechtes (Tl. II. cap. III. §. 21) dem bayerischen Richter verboten war, die nach Frankfurter Recht geschuldeten Zinsen zuzusprechen.

Unzweifelhaft enthielten diese Bestimmungen ein absolutes, auf Gründen der öffentlichen Ordnung beruhendes Verbot des Anotozismus, und ebensowenig besteht Zweifel darüber, daß dieses Verbot nicht bloß das Ausbedingen, sondern auch das Nehmen von Zinseszinsen traf, insbesondere das Zusprechen von Prozeßzinsen nicht gestattete.

Wären daher diese Bestimmungen jetzt noch unverändert in Geltung, so müßte der Ansicht des Appellationsrichters beigepflichtet werden; allein diese Voraussetzung trifft nicht zu, denn das Gesetz vom 5. Dezember 1867 Art. 1 hebt die in Beziehung auf vertragsmäßige Festsetzung der Verzinslichkeit verfallener Zinsen bestehenden Verbote und Beschränkungen auf. Zwar läßt diese Gesetzesbestimmung im übrigen das Verbot des Anatozismus fortbestehen, allein es möchte sich fragen, ob sich nicht infolge derselben die Natur der bezüglichen Bestimmungen des Landrechtes wesentlich geändert habe, und ob es jetzt noch als etwas den guten Sitten oder der öffentlichen Ordnung Widerstreitendes betrachtet werden könne, von verfallenen Zinsen wiederum Zinsen zu nehmen, wenn es sogar gestattet ist, solche Zinsen zu bedingen und zwangsweise einzutreiben. Jedenfalls ist anzuerkennen, daß in Fällen, wo dasjenige Gesetz, welchem sich die Kontrahenten nach ausdrücklich ausgesprochenem oder stillschweigend präsumiertem Vertragswillen unterworfen haben, das Recht, Zinsen verfallener Zinsen zu verlangen, gewährt, es dem bayerischen Richter nicht verwehrt sein könne, diese Zinseszinsen zuzusprechen." . . .

---

31. 1. Können vertragswidrige Lieferungen, wenn sie als genehmigt zu gelten haben, den Rücktritt des Wirtes vom Bierabnahmevertrage begründen? [1]

2. Umwandelung der ursprünglichen Klage auf Erfüllung durch Abnahme des Bieres in die Klage auf Entschädigung.

II. Civilsenat. Urt. v. 16. März 1880 in S. Fl. (Bekl.) w. L. (Kl.), Rep. II. 222/79.

I. Handelsgericht Nürnberg.
II. Handelsappellationsgericht daselbst.

Zwischen dem Brauer L. und dem Wirte Fl. war für das Sudjahr 1877/78 ein Bierabnahmevertrag geschlossen worden. Mitte

[1] Vgl. Entsch. des R.O.H.G.'s Bd. 14 Nr. 94 S. 291.

November erklärte Fl. seinen Rücktritt vom Vertrage, weil ihm verdorbenes, ja sogar gesundheitsschädliches Bier geliefert worden sei. L. klagte am 27. Dezember 1877 auf Vertragserfüllung, wurde jedoch durch Urteil erster Instanz vom 16. August 1878 mit Rücksicht auf die schlechte Beschaffenheit des bis Mitte November gelieferten Bieres mit der Klage abgewiesen. In der Berufungsinstanz änderte Kläger sein Begehren dahin, daß er nur noch Schadensersatz verlangte. Das Handelsappellationsgericht erkannte diesem Begehren gemäß, indem es die Frage, ob das gelieferte Bier schlecht gewesen, dahingestellt ließ und erklärte, jedenfalls habe Beklagter durch Annahme, Ausschank und Bezahlung des Bieres die Lieferungen genehmigt. Die erhobene Nichtigkeitsbeschwerde wurde verworfen aus folgenden

Gründen:

„Die Behauptung, es hätte die Anwendung des Art. 347 H.G.B. nur dazu führen können, die betreffenden Lieferungen für sich als genehmigt zu erachten, keineswegs aber habe dem Beklagten das Recht abgesprochen werden dürfen, auf Grund der schlechten Beschaffenheit des gelieferten Bieres spätere Lieferungen zurückzuweisen, d. h. vom Vertrage zurückzutreten, erscheint unbegründet. Wenn der Beklagte die fraglichen Lieferungen im Sinne des Art. 347 Abs. 2 H.G.B. genehmigte, so war hiermit, was diese Lieferungen anbelangt, der Vertrag seitens der Kläger erfüllt; hieraus aber ergiebt sich von selbst, daß das Rücktrittsrecht, welches Art. 355 H.G.B. dem Käufer nur für den Fall des Verzuges in der Erfüllung giebt, sowie auch jedes andere aus dem bürgerlichen Rechte etwa herzuleitende Rücktrittsrecht auf die angeblich schlechte Beschaffenheit jener Lieferungen nicht gegründet werden konnte.[1] Nur aus dem späteren Verhalten des Klägers konnte der Beklagte den Grund zum Rücktritte vom Vertrage entnehmen; er mußte daher abwarten, wie die ferneren Lieferungen ausfallen würden. Eine Präsumtion dafür, daß, weil die früheren Lieferungen schlecht waren, auch die späteren schlecht sein würden, bestand nicht, im vorliegenden Falle aber war dies nicht einmal als wahrscheinlich zu erachten, da die früheren Lieferungen altes Bier zum Gegenstande hatten, während es sich bei den späteren Lieferungen nur um neues Bier handeln konnte. . . .

[1] S. o. Nr. 27 S. 55.

Eine weitere Rüge beruht auf der Behauptung, daß die ursprüngliche Erfüllungsklage unstatthafterweise in eine Klage auf Entschädigung wegen Nichterfüllung umgewandelt worden, übrigens auch Kläger seiner Pflicht, die Ware nach Art. 343 H.G.B. zu verkaufen oder aufzubewahren, nicht nachgekommen sei. In dieser Beziehung ist vorerst die Anschauung, von welcher der Appellrichter ausgeht, klarzustellen.

Indem derselbe erklärt, es könne, nachdem inzwischen das Sudjahr abgelaufen sei, keine Rede mehr davon sein, den Bierabnahmevertrag zu erfüllen, giebt er klar zu erkennen, daß er davon ausgeht, Vertragsgegenstand seien nach dem Willen der Kontrahenten nur die ordnungsmäßigen Bierlieferungen innerhalb des bestimmten Sudjahres gewesen, sodaß also spätere Lieferungen als Vertragserfüllung nicht in Betracht kommen könnten. Verträge dieser Art, bei welchen ausnahmsweise die Zeit der Erfüllung von wesentlicher Bedeutung ist, können auch außer dem Falle des Fixgeschäftes (Art. 357 H.G.B.) vorkommen,

vgl. Entsch. des R.O.H.G.'s Bd. 5 Nr. 104 S. 437,

wenn der Vertragswille ersichtlich auf eine Stipulation dieses Sinnes gerichtet ist. In vorliegendem Falle hat der Appellrichter letzteres offenbar aus der besonderen Natur des Bierabnahmevertrages gefolgert, bei welchem darauf gerechnet ist, daß das Bier zur Zeit, für welche es gebraut ist, auch konsumiert werde, daß insbesondere eine Nachlieferung nach Beendigung des Sudjahres, also zur Zeit, wo der Wirt präsumtiv bereits einem anderen Brauer gegenüber verpflichtet ist, nicht mehr erfolgen werde.

Prüft man von diesem Standpunkte die Nichtigkeitsbeschwerde, so kann zunächst kein Zweifel darüber bestehen, daß der in Frage stehende Entschädigungsanspruch prozessualisch zulässig war. . . .

Was das Materielle der Sache anbelangt, so kann zunächst nicht davon die Rede sein, daß die nach Art. 354 H.G.B. getroffene Wahl in unstatthafter Weise geändert worden sei. Selbst vorausgesetzt, es sei der Fall des Art. 354 gegeben, und es hätte Kläger, das dort gewährte Wahlrecht ausübend, die Vertragserfüllung gewählt, so würde hieraus nicht folgen, daß er darauf verzichtet habe, im Falle später die Erfüllung durch Schuld des Beklagten vereitelt werden oder nicht erzwingbar sein sollte, Entschädigung wegen Nichterfüllung zu verlangen.

Allein der Fall des Art. 354, welcher Verzug des Käufers mit Zahlung des Kaufpreises voraussetzt, ist nicht einmal gegeben, jedenfalls aber gründet sich der geltend gemachte Entschädigungsanspruch nicht auf Ausübung des Wahlrechtes nach Art. 354, sondern darauf, daß der Beklagte die begehrte Erfüllung durch sein fortgesetztes vertragswidriges Verhalten unmöglich gemacht habe.

Für einen Fall dieser Art hat auch die Bestimmung des Art. 354, daß derjenige, welcher unter den dort gegebenen Voraussetzungen statt der Erfüllung Schadensersatz wegen Nichterfüllung wählt, diesen Schadensersatz durch einen unter Beobachtung der Vorschriften des Art. 343 vorzunehmenden Verkauf der Ware liquidieren müsse, keine Geltung, sind vielmehr nur die bezüglichen allgemeinen Prinzipien maßgebend.

Allerdings hatte Kläger, sofern durch die Rücktrittserklärung des Beklagten in Verbindung mit dem Lieferungserbieten des Klägers ein Annahmeverzug begründet erscheinen konnte,

vgl. Entsch. des R.O.H.G.'s Bd. 16 Nr. 107 S. 422,

das Recht, die für den Beklagten bestimmten Bierquantitäten sofort nach Eintritt des Verzuges gemäß Art. 343 H.G.B. zu verkaufen, um sich der Sorge für deren Aufbewahrung zu entschlagen, allein es war dies nur ein Recht, keineswegs eine Pflicht, und könnte ihm wegen Nichtausübung dieses Rechtes umsoweniger ein Vorwurf treffen, als er bei der Eigentümlichkeit des Vertragsverhältnisses die in den verschiedenen Zeitpunkten für Rechnung des Beklagten zu verkaufenden Quantitäten Bier nur annäherungsweise schätzen, nicht aber mit einiger Sicherheit ermessen konnte.

Wenn geltend gemacht wird, Kläger hätte, falls er nicht verkaufen wollte, jedenfalls der ihm durch Art. 343 auferlegten Verpflichtung zur Aufbewahrung der Ware genügen müssen, so ist zu bemerken, daß eine Verpflichtung, Bier für den Beklagten bereit zu halten, nur so lange bestehen konnte, als die Vertragserfüllung thunlich war. War die Zeit, binnen welcher allein im Sinne des Vertrages die Erfüllung möglich war, verstrichen, so brauchte Kläger für Bestellungen des Beklagten kein Bier mehr bereit zu halten. Ebendeshalb erscheint es auch (abgesehen von der Schadensliquidation) völlig gleichgültig, ob und wie Kläger über die ursprünglich für den Beklagten bestimmten Quantitäten Bier anderweitig verfügte."

32. Hat die nachträgliche Zuerkennung einer Zuchthausstrafe gegen den Rentenberechtigten die Aufhebung der Rechte für die Dauer der Strafhaft zur Folge?

§. 7 Abs. 2 des Haftpflichtgesetzes.

III. Civilsenat. Urt. v. 23. Dezember 1879 in S. A. U. (Widerbekl.) w. W. & Co. (Widerkl.) Rep. III. 188/79.

I. Kreisgericht Köthen.
II. Oberlandesgericht Dessau.

Der Arbeiter U. war im Juli 1872 in der Maschinenfabrik der Firma W. & Co. durch Herabfallen eines sog. Holländers erheblich verletzt und nach längerem Krankenlager arbeits- und erwerbsunfähig geworden. Er erhob Klage auf Entschädigung nach §§. 2 u. 3 des Haftpflichtgesetzes, und wurde Beklagte unterm 24. Mai 1876 rechtskräftig schuldig erkannt, dem Kläger vom 13. Juli 1872 an, „solange dessen Arbeitsunfähigkeit dauere," wöchentlich 10,50 ℳ Rente zu zahlen.

Im Juni 1878 ist U. wegen Meineides zu einer zweijährigen Zuchthausstrafe verurteilt worden, die er seitdem verbüßt.

Dies veranlaßte die Rentenpflichtige, mit einer Widerklage aufzutreten, in welcher sie unter Berufung auf §. 7 Abs. 2 des Haftpflichtgesetzes beantragte, sie während der Dauer der Strafhaft von der Zahlung der Rente zu entbinden.

Die erste Instanz hat diese Widerklage mit Bezug auf eine Entscheidung des Reichsoberhandelsgerichtes (Entsch. desselben Bd. 23 Nr. 15 S. 46 flg.) verworfen, die zweite Instanz — auf eingeholtes Erachten der Juristenfakultät zu Halle — nach dem Klagantrage erkannt. In den Gründen des letzteren Erkenntnisses wurde erwogen:

„Die Bitte um zeitweise Suspension der Entschädigungszahlung stützte sich auf Widerlegung der Präsumtion, daß der rentenberechtigte Verletzte ohne die erlittene Verletzung auch in Zukunft arbeits- und erwerbsunfähig sein werde, während solche in dem von dem Reichsoberhandelsgerichte entschiedenen Falle auf die Behauptung gegründet worden sei, die rentenberechtigte Frauensperson, welche durch die Verletzung arbeitsunfähig geworden, würde, auch wenn sie die Verletzung nicht erhalten hätte, dennoch in bestimmter Zeit nach Eintritt ihrer so verursachten Arbeitsunfähigkeit, infolge Schwangerschaft ohnehin zur Arbeit außer stande gewesen sein."

Auf Oberappellation des Widerbeklagten **bestätigte** das Reichsgericht das zweite Erkenntnis aus folgenden

Gründen:

„Nach §. 3 Abs. 2 des Reichsgesetzes vom 7. Juni 1871 besteht der einem bei dem Betriebe einer Eisenbahn oder einer Fabrik verletzten Menschen zu leistende Schadensersatz in dem Ersatze des Vermögensnachteiles, welchen der Verletzte durch die infolge der Verletzung eingetretene **Erwerbsunfähigkeit** oder **Verminderung der Erwerbsfähigkeit** erleidet. Es gehört mithin zu den Voraussetzungen eines solchen Schadensersatzanspruches nicht bloß eine bestimmte **Erwerbsthätigkeit** des Verletzten, sondern auch der Umstand, daß der Verletzte die **Möglichkeit** eines Erwerbes habe, also, aller Voraussicht nach, ohne die erlittene Körperverletzung imstande gewesen sei, für die Zukunft durch Verwertung seiner Kräfte Erwerb zu ziehen. Daraus folgt aber, daß wenn dem Verletzten als Ersatz für den zukünftigen Erwerb nach Maßgabe des §. 7 Abs. 1 des Haftpflichtgesetzes eine **Rente** zugebilligt worden ist, und der Verpflichtete auf Grund des §. 7 Abs. 2 die Aufhebung oder Minderung dieser Rente fordert, weil diejenigen Verhältnisse, welche die Zuerkennung der Rente bedingt hatten, sich **wesentlich geändert** haben, die Ersatzpflicht in Wegfall kommt, sobald Umstände eintreten, welche, wären sie von Anfang an vorhanden gewesen, einen Ersatzanspruch **ausgeschlossen** hätten.

Es ist nicht zweifelhaft, daß sowohl eine freiwillige als auch eine rechtmäßig erzwungene, mit der Körperverletzung selbst außer allem Zusammenhange stehende, **Erwerbsunthätigkeit** des Verletzten für die Dauer dieses Zustandes die Zuerkennung einer Rente hindert, deshalb muß eine solche Unthätigkeit auch die Aufhebung des Rentenbezuges herbeiführen, wenn sie nach dem den haftpflichtigen Betriebsunternehmer verurteilenden Erkenntnisse eintritt.

Mit Recht hat danach die vorige Instanz angenommen, daß die Widerklägerin für die Zeit, während welcher der Widerbeklagte die gegen ihn ausgesprochene zweijährige Zuchthausstrafe verbüße, zur Zahlung der festgesetzten Rente nicht verpflichtet sei.

Zwar ist die Widerklägerin zur Zahlung der Rente für die Dauer der „**Arbeitsunfähigkeit**" des Widerbeklagten schuldig erkannt worden, und es wendet mit Bezug hierauf der letztere ein, daß seine Arbeitsunfähigkeit auch während der Strafhaft fortdauere. Allein abgesehen davon, daß nach den Entscheidungsgründen der im Urteile gebrauchte Ausdruck: „Arbeitsunfähigkeit" als gleichbedeutend mit „Erwerbsunfähigkeit" zu nehmen ist, steht jene Entscheidung selbst auf keinen Fall der Anwendung des §. 7 Abs. 2 des Haftpflichtgesetzes entgegen.

Unbeachtlich ist die Ausführung des Oberappellanten, daß er die Entschädigungsrente nicht nur zum eigenen Unterhalte nötig habe, sondern auch zu demjenigen seiner Familie aufwenden müsse und thatsächlich verwendet habe. Denn der Familie des U. steht gesetzlich ein Entschädigungsanspruch dem haftpflichtigen Betriebsunternehmer gegenüber nicht zu.

Ob Oberappellant, wenn ihn die fragliche Körperverletzung nicht betroffen haben würde, in der Lage gewesen wäre, sich durch Beteiligung bei den in der Strafanstalt eingeführten Arbeiten einen Überverdienst zu sichern (§. 15 St.G.B.), und ob etwa hieraus ein Schadensersatzanspruch an die Widerklägerin in einer bestimmten Höhe abgeleitet werden könnte, muß dahingestellt bleiben, da sich Widerbeklagter auf Umstände, welche zur Rechtfertigung einer solchen Forderung dienen könnten, überhaupt nicht bezogen hat.

Aus den Verhandlungen erhellt nicht, ob die Widerklägerin bereits vor Beginn, bezw. während der Dauer dieses Prozesses die Zahlung der dem Widerbeklagten zuerkannten Rentenbeträge eingestellt hat; die Klagebitte geht auch nur dahin: „die Widerklägerin von der Verpflichtung zur Rentenzahlung während der Dauer der Strafhaft des Widerbeklagten zu entbinden". Mit Rücksicht hierauf ist hervorzuheben, daß durch das gegenwärtige Erkenntnis keine Entscheidung darüber getroffen werden soll, ob die Widerklägerin nach §. 7 Abs. 2 Satz 1 des Haftpflichtgesetzes zur Zurückforderung etwaiger für die Vergangenheit bereits bezahlter Rentenbeträge berechtigt sei."

---

33. 1. Tritt bei der einfachen Kommanditgesellschaft der Kommanditist in bezug auf die versprochene Einlage zu den Gesellschaftsgläubigern in ein unmittelbares, lediglich nach Maßgabe der eingetragenen Beteiligungserklärung begründetes Rechtsverhältnis?

2. Ist der Gütervertreter im Konkurse über das Kommanditgesellschaftsvermögen zur Geltendmachung des unmittelbaren Rechtes der Gesellschaftsgläubiger gegen den Kommanditisten auf die rückständige Einlage befugt?

I. Civilsenat. Urt. v. 29. November 1879 in S. des Gütervertreters im Konkurse der Dresdner Gewerbebank Fr. & Co. (Kl.) w. W. (Bekl.) Rep. I. 227/79.

I. Handelsgericht Dresden.
II. Appellationsgericht daselbst.

Der Beklagte gehörte zu den Kommanditisten der als einfache Kommanditgesellschaft zum Handelsregister angemeldeten und eingetragenen Dresdner Gewerbebank Fr. & Co. und als Betrag seiner Vermögenseinlage war schlechthin und ohne Hinzufügung von besonderen Modalitäten die Summe von 3000 *M* entsprechend seiner Anmeldung eingetragen worden, während nach dem von den sämtlichen Gesellschaftern vollzogenen Gesellschaftsvertrage jeder Kommanditist nur zu einer jährlichen Einzahlung von 36 *M* auf 300 *M* „Geschäftsanteil" — Kommanditeinlage — verpflichtet war. Nachdem erst mehrere Jahresraten von je 360 *M* vom Beklagten eingezahlt waren, verfiel die Gesellschaft in Konkurs, und der Gütervertreter im Gesellschaftskonkurse belangte den Beklagten auf sofortige Einzahlung des ganzen noch ausstehenden Betrages seiner Einlage zur Konkursmasse, weil die Einzahlung der gesamten ausstehenden Einlagenbeträge zur Befriedigung der Gesellschaftsgläubiger erforderlich wäre. Der erste Richter entsprach dem Antrage des Gütervertreters, indem er annahm, Beklagter könne sich gegenüber dem den Gesellschaftsgläubigern unmittelbar zustehenden Anspruche, den der Gütervertreter verfolge, nicht auf Einwendungen, welche ihm der Gesellschaft gegenüber zustehen möchten, berufen. Dagegen erkannte der zweite Richter nur auf Verurteilung des Beklagten zur Zahlung von jährlich 360 *M* bis zur hierdurch bewirkten Vollzahlung der Einlage, indem er davon ausging, daß, wenn auch den Gesellschaftsgläubigern ein unmittelbarer Anspruch gegen den Kommanditisten zustehen möchte, der Gütervertreter im Gesellschaftskonkurse doch nicht zur Geltendmachung dieser Gläubigerrechte legitimiert sei, deshalb vielmehr nur die Rechte, welche der Gesellschaft zuständen, also auch nur mit den dieser auferlegten Einschränkungen zu verfolgen befugt sei. Das Reichsgericht hat auf Berufung des Beklagten das erste Erkenntnis wiederhergestellt aus folgenden

Gründen:

. ... „Durch die Erklärung der persönlich haftenden Gesellschafter und des Kommanditisten zum Handelsregister erwuchs für diejenigen, welche nach dieser Eintragung zur Gesellschaft in ein Gläubigerverhältnis getreten sind, ein Recht gegen die Gesellschaft, wie gegen den Kommanditisten, auf die Existenz eines Gesellschaftsvermögens entsprechend der abgegebenen Erklärung, also in betreff der als unbedingt und ohne Zeitbeschränkung hinsichtlich der Fälligkeit versprochen erklärten Einlage von 3000 ℳ auf das Vorhandensein einer solchen Einlageverpflichtung.

In der Kommanditgesellschaft treten mit dem Komplementar die Kommanditisten als mit ihm durch die gemeinschaftliche Firma verbunden auch nach außen auf, und der die Gesellschaft vertretene Komplementar soll obligieren und obligiert auch das Kommanditkapital. Indem das Gesetz Dritte zur Anerkennung der Beschränktheit der Haftung für den Fall ihrer geschehenen Eintragung (Art. 163 H.G.B.) zwingt, muß es andererseits denselben auch ein Recht auf das Vorhandensein des gesetzten Haftungsobjektes, als eines voll und uneingeschränkt der eingetragenen Erklärung entsprechenden, und die Mittel zur Geltendmachung dieses Rechtes gewähren wollen. Sollte dieser Erfolg für die Gläubiger lediglich durch eine abgeleitete Geltendmachung der Rechte der Kommanditgesellschaft selbst, bezw. des Komplementars gegen den Kommanditisten aus dem Gesellschaftsvertrage erreicht werden, so hätte das Gesetz vor Eintragung der Gesellschaft, mit welcher die Limitierung der Haftung zu wirken beginnt, die Vorlegung des ganzen Inhaltes des Gesellschaftsvertrages beim Registerrichter behufs seiner Prüfung und Verweigerung der Eintragung, wenn die internen Festsetzungen mit dem aus der Eintragung seitens Dritter zu entnehmenden Inhalt des Vertrages nicht im Einklange stehen, oder behufs Miteintragung der sich aus dem Vertrage ergebenden Einschränkungen der Einlageverpflichtung, falls die beschränkte Haftung auch noch unter weiteren Einschränkungen als den auf eine Vermögenseinlage zulässig sein sollte, anordnen müssen. Oder das Gesetz hätte bestimmen müssen, daß von dem durch die Erklärungen zum Handelsregister kundgegebenen Vertragsinhalte abweichende Vertragsfestsetzungen auch intern ohne Wirkung seien. Endlich hätte das Gesetz bestimmen müssen, daß, gleichviel ob nach dem Gesellschaftsvertrage und dem durch denselben festgesetzten Gewinn- und Verlustbeteiligungsverhältnisse der einzelne Kommanditist sich unter Zurücknahme des durch den ihn treffenden Verlust nicht erschöpften Teiles seiner Einlage aus der Gesellschaft zurückziehen durfte, diese Zurücknahme nicht ohne Auflösung der ganzen Gesellschaft, bezw. nicht vor Befriedigung aller Gesellschaftsgläubiger geschehen dürfe.

Nichts von allem diesem ist durch das Gesetz bestimmt. Lediglich auf die in Art. 151 Nr. 1—4 aufgestellten Kontenta beschränkt sich die Forderung des Gesetzes in bezug auf die von den Beteiligten anzumeldenden Erklärungen über den Inhalt des Gesellschaftsvertrages. Dagegen wird für das Rechtsverhältnis der Gesellschafter untereinander überhaupt und insbesondere für die Berechtigung auf Entnahme von Zinsen und Gewinn auf die Einlage nach Artt. 157. 161 der Gesellschaftsvertrag für maßgebend erachtet. Endlich gestattet Art. 171 das Ausscheiden eines einzelnen Kommanditisten mit seiner Einlage oder mit dem durch ihn treffenden Verlust nicht erschöpften Teile derselben ohne Auflösung der Gesellschaft selbst, bezw. ohne vorausgehende Befriedigung oder Sicherstellung derjenigen Gesellschaftsgläubiger, die auf die kundgegebene Kommanditeinlage hin kontrahiert haben.

Alle diese Erwägungen zwingen dazu, gegenüber der vom Gesetze nicht berührten Freiheit der Gesellschafter in der Festsetzung ihres Rechtsverhältnisses untereinander und demgemäß auch zwischen der Gesellschaft und den Gesellschaftern, im Sinne des sonst zu vermissenden und doch wegen der vom Gesetze bei Zulassung der beschränkten Haftung in der einfachen Kommanditgesellschaft verfolgten Tendenz nicht zu entbehrenden Gläubigerschutzes die Bestimmungen des Art. 165 aufzufassen und dieselben im Sinne eines unmittelbaren Rechtes der Gläubiger gegen die Kommanditisten im Gegensatze eines bloß aus dem Rechte der Gesellschaft oder des Komplementars nach dem Inhalte der Vertragsfestsetzungen abgeleiteten zu verstehen. Für diese, übrigens auch in der Theorie weitaus überwiegend vertretene,[1] Auffassung spricht auch

[1] v. Hahn, Komm. zu Art. 165 §§. 12 flg. 3. Aufl. Bd. 1 S. 577 flg.; Laband, Zeitschr. f. Handelsr. Bd. 14 S. 644; Puchelt, Komm. 2. Aufl. Bd. 1 S. 296; Keyßner, Komm. S. 145 Note 5; vgl. auch Zeitschr. f. Handelsr. Bd. 24 S. 13, 14 Note 23 u. S. 461 Note 40. Ebenso: Entsch. des R.O.H.G.'s Bd. 19 Nr. 103 S. 349. Dagegen: Thöl, Handelsr. 5. Aufl. Bd. 1 S. 344; Anschütz und v. Völderndorff, Komm. Bd. 2 S. 379.

die Stellung des Art. 165, welcher — in unverkennbarer Analogie mit der Scheidung zwischen dem Rechtsverhältnisse der Gesellschafter untereinander und dem der Gesellschaft zu dritten Personen, wie sie sich bei der offenen Handelsgesellschaft im zweiten und dritten Abschnitte Tit. 1 Buch 2 H.G.B. findet — sich gegenüber dem in den Artt. 157 bis 162 behandelten Rechtsverhältnisse der Gesellschafter untereinander in der Reihe der mit Art. 163 anhebenden Bestimmungen über das Rechtsverhältnis zu dritten Personen befindet, und die Analogie der Fassung des Art. 165 Abs. 1 mit der des Art. 112 Abs. 1. Der Art. 165 ist das Ergebnis der vom Gesetze bei seinen Vorschriften über die Voraussetzungen der Eintragung der Kommanditgesellschaft angenommenen rechtlichen Konstruktion, nach welcher die von den Interessenten zum Handelsregister angemeldeten Erklärungen über den Inhalt des Kommanditgesellschaftsvertrages mit dem Verpflichtungswillen abgegeben sind, sich, bezw. die errichtete Gesellschaft nach Maßgabe dieses erklärten Vertragsinhaltes und keines anderen von Dritten behandeln zu lassen.

In welcher Weise dies Recht der Gläubiger gegenüber dem Kommanditisten zu realisieren ist, darüber allgemeine Grundsätze aufzustellen, liegt im vorliegenden Falle keine Veranlassung vor. Es steht fest, daß die hier in Frage kommende Kommanditgesellschaft durch Konkurs aufgelöst ist, und daß der vom Beklagten bisher nicht eingezahlte Teil seiner Einlage zur Tilgung der Gesellschaftsschulden erforderlich ist. Ebenso ergiebt sich aus dem Vorausgeschickten, daß der Beklagte sich den Gesellschaftsgläubigern gegenüber auf die im Gesellschaftsvertrage ihm gestatteten Teilzahlungen nicht berufen kann. Der Güterverteter, der im Konkurse über das Gesellschaftsvermögen bestellt worden, fordert die Einzahlung des noch ausstehenden Einlageteiles vom Beklagten zur Konkursmasse und will die Berufung des Beklagten auf die Festsetzung der Teilzahlungen im Gesellschaftsvertrage aus dem Rechte der Gesellschaftsgläubiger zurückweisen.

Zur Geltendmachung solcher aus dem Rechte der Gläubiger geschöpften Rechte will aber die zweite Instanz den Güterverteter nicht für legitimiert erachten. Sie verweist die Gläubiger auf besondere Geltendmachung dieser Rechte gegen den Kommanditisten, also bei thatsächlich eintretender Konkurrenz mehrerer Gläubiger und dem Vorhandensein einer größeren Anzahl Kommanditisten auf neben dem Konkurse eintretende Vielheiten von Verteilungsverfahren, deren Verhältnis zum Konkurse, zu dessen Aufgaben ja die Realisierung der sogenannten internen Rechte der Gesellschaft gegen die Kommanditisten gehören soll, den mannigfachsten Schwierigkeiten und Komplikationen unterliegen würde. Ein solches Ergebnis als das des Gesetzes anzusehen, erscheint um so bedenklicher, als, wie schwankend auch die Nürnberger Konferenz in der Beurteilung des Rechtsverhältnisses der Kommandisten gegenüber den Gesellschaftsgläubigern gewesen ist, man doch übereinstimmend den Fall der Geltendmachung des Rechtes der Gläubiger gegen die Kommanditisten im Konkurse über die Gesellschaft gerade als den eminent praktischen Fall einer Bethätigung des direkten Klagerechtes gegen die Kommanditisten erachtet hat (vgl. Protokolle S. 1103 flg.).

Aber die ganze Voraussetzung des von der zweiten Instanz gezogenen Ergebnisses, daß der Gütervertreter eines eröffneten Kreditwesens nur diejenigen Rechte auszuüben habe, welche bis zum Ausbruche des Konkurses dem Gemeinschuldner zustanden und mit diesem Zeitpunkte von diesem auf die Gesamtheit der Gläubiger übergingen, ist in dieser Allgemeinheit unrichtig.

Gleichviel, wie man nach bisherigem Konkursrechte die Frage abstrakt entscheidet, ob der Gütervertreter Vertreter des Gemeinschuldners oder der Gläubigerschaft ist — die herschende Auffassung in Sachsen nimmt die zweite Alternative an,[1] daß die Befugnis des Gütervertreters sich nicht darauf beschränkt, bloß diejenigen Vermögensrechte geldend zu machen, welche dem Gemeinschuldner selbst bis zum Ausbruche des Konkurses zugestanden haben, die er also selbst geltend machen könnte, wenn nicht der Konkurs ausgebrochen wäre, dies beweist die unzweifelhafte Befugnis des Gütervertreters zur Anstellung der actio Pauliana. Dem Gütervertreter liegt im Interesse der Gesamtheit der Gläubiger die Konstituierung der zur Befriedigung der Gläubiger bestimmten Vermögensmasse des Gemeinschuldners ob. Er ist deshalb berechtigt wie verpflichtet, alles zu dieser Masse hereinzuziehen, was vom Standpunkte der Gläubiger und ihrer Rechte sowohl gegen den Gemeinschuldner wie gegen den in Anspruch zu nehmenden Dritten aus zu dieser Masse gehört, auch wenn der Gemeinschuldner selbst sich seines

---

[1] Vgl. Günther, Konkurs S. 26. 30; Wengler, Konkurs S. 47.

Rechtes darauf als eines für sich selbst auszuübenden durch seine Vereinbarungen begeben hätte.

Im Verhältnisse zu den Gläubigern der Kommanditgesellschaft erscheint aber, wie bereits ausgeführt, die Einlage des Kommanditisten nach Maßgabe der von den Gesellschaftern zum Handelsregister angemeldeten Erklärungen als zum Vermögen der Kommanditgesellschaft gehörig. Als das Vermögen der Kommanditgesellschaft, über welches bei deren Zahlungseinstellung nach Artt. 170. 123 der Konkurs eröffnet wird, ist nicht bloß die Summe der Rechte, welche der Gesellschaft nach ihren internen Festsetzungen den Kommanditisten gegenüber zustehen, sondern der Handlungsfonds zu verstehen, auf dessen Vorhandensein durch die Erklärungen der Gesellschafter Dritten sowohl der Gesellschaft wie den Gesellschaftern gegenüber ein Recht eingeräumt ist.

Die Einziehung der von den Kommanditisten versprochenen Einlagen, und zwar nach Inhalt des Versprechens, wie es in den Erklärungen zum Handelsregister enthalten, liegt daher nicht bloß nicht außerhalb der Aufgaben des Gütervertreters im Konkurse der Kommanditgesellschaft, sondern ist recht eigentlich eine seiner erheblichsten Aufgaben."

---

34. Unterschied zwischen Warenzeichen und Etikette. Markenschutzgesetz vom 30. November 1874.

I. Civilsenat. Urt. v. 11. Februar 1880 in S. Fr. J. w. S. & W. Rep. I. 404/79.

I. Obergericht Rostock.

Aus den Gründen:

... „Die Ansicht, daß die Beklagte nicht gehindert sei, das für die Klägerin eingetragene Warenzeichen auf den Etiketten ihrer Tabaksfabrikate zu führen, wenn sie demselben ihre Firma beifüge, kann nicht für begründet erachtet werden. Das Markenschutzgesetz, welches im §. 13 eine Klage gegen denjenigen gewährt, welcher ein eingetragenes fremdes Warenzeichen oder eine fremde Firma widerrechtlich zur Warenbezeichnung verwendet, entscheidet nicht ausdrücklich den Fall, daß jemand ein fremdes Warenzeichen unter Beifügung seiner eigenen Firma zu diesem Zwecke gebraucht. Stellen sich diese Bezeichnungen als zwei verschiedene Mittel dar, die Ware zu kennzeichnen, so unterliegt es keinem Zweifel, daß die Rechtswidrigkeit der einen durch die Rechtmäßigkeit der anderen Bezeichnung nicht aufgehoben wird. Sind dagegen das Zeichen und die Firma in eine solche Verbindung gebracht, daß beide zusammen ein einziges Warenzeichen bilden, und weicht dieses Zeichen in seiner Gesamterscheinung von dem eingetragenen augenfällig ab, so kann in dem Gebrauche desselben, wie man mit dem vormalichen Reichsoberhandelsgerichte (Entsch. desselben Bd. 20 S. 353, Bd. 21 S. 410) annehmen muß, ein Gebrauch des eingetragenen Zeichens nicht gefunden werden, es wäre denn der Unterschied zwischen beiden Zeichen ein solcher, welcher nach §. 18 des Markenschutzgesetzes nicht in Betracht kommt. Ob nun in der Verwendung der Firma neben dem Zeichen der Gebrauch einer einzigen oder mehrerer Bezeichnungen zu finden sei, kann nur in jedem einzelnen Falle entschieden werden, wobei insbesondere darauf zu sehen ist, ob beide Bezeichnungen als ein einziges Warenzeichen zum Handelsregister angemeldet sind, und ob sie sich in ihrer äußeren Erscheinung als ein Ganzes darstellen. Daraus allein aber, daß die Etikette der Ware sowohl das Zeichen als die Firma enthält, ist die Verbindung derselben zu einem Gesamtzeichen noch nicht zu entnehmen. Versteht man unter Etikette die am Äußeren von Gegenständen, namentlich an Gefäßen oder Hüllen, angebrachte Angabe über den äußerlich nicht erkennbaren Inhalt derselben,

vgl. Littré, Dictionnaire s. v. étiquette: petit écriteau qu'on met sur les objets pour reconnaître ce qu'ils sont,

so decken sich die Begriffe von Etikette und Warenzeichen nicht gänzlich. Wie es Etiketten geben kann, die als nicht an Waren angebracht keine Warenzeichen sind, und Warenetiketten, welche als lediglich aus Worten bestehend keine Warenzeichen sind, so ist es auch bei Warenetiketten, welche figürliche Zeichen enthalten, möglich, daß nicht alles, was auf der Etikette sich befindet, als Bestandteil des Zeichens sich darstellt. Insbesondere ist es möglich, daß die Etikette Bestandteile hat, welche nicht dazu bestimmt sind, die Ware von den Waren anderer Gewerbetreibenden zu unterscheiden, sondern gewisse Eigenschaften derselben hervorzuheben, z. B. Preismedaillen, Maß- und Gewichtsangaben, die Echtheit verbürgende Siegel oder Stempel. Ebenso ist es möglich, daß ein Teil der Etikette den Produzenten, ein anderer Teil den Händler bezeichnet. Aber auch wenn solche Gründe nicht vorhanden sind, zwischen den einzelnen Bestandteilen der Etikette zu unterscheiden, ergiebt sich aus dem Umstande allein, daß ein Zeichen und die Firma in der Etikette enthalten sind, mehr nicht, als daß der betreffende Gewerbetreibende sich zweier verschiedener Mittel zur Bezeichnung seiner Ware bedient hat, von denen jedes auch für sich allein zu diesem Zwecke dienen könnte. Die Beifügung der Firma auf der Etikette giebt mithin noch keinen Grund ab, dieselbe als Bestandteil der ebenfalls auf derselben Marke angebrachten zu betrachten. Im vorliegenden Falle fehlt es, wie das Erkenntnis voriger Instanz mit Recht ausführt, an jedem Grunde, ein durch Kombination der Figuren und der Firma gebildetes Warenzeichen anzunehmen. Es bedarf daher der Untersuchung nicht, ob, wenn ein solches anzunehmen wäre, die Gesamterscheinung desselben von der für die Klägerin eingetragenen Marke so sehr abweichen würde, daß die Abänderungen auch ohne Anwendung besonderer Sorgfalt wahrgenommen werden könnten."

---

35. Rechtliche Natur einer Unterkonsortialbeteiligung. Inwieweit kann der Unterbeteiligte dem Rückgriffe des ihn Beteiligenden Vertragsverletzungen des Syndikatsleiters, welche diesem gegenüber eine Lossagung vom Vertrage gerechtfertigt hätten, entgegenstellen? Einfluß des Ausscheidens von Konsortialen im Wege der Annullierung ihrer Beteiligung auf die Verpflichtung der übrigen.

I. Civilsenat. Urt. v. 15. Dezember 1879 in S. E. & W. (Kl.) w. B. in Liqu. (Bekl.) Rep. I. 206/79.

I. Kreisgericht Mühlhausen i. Thür.
II. Appellationsgericht Halberstadt.

Für Rechnung eines Konsortiums hatte die Centralbank für Genossenschaften in Berlin Konsortialbeteiligungen auf das Unternehmen einer Begebung von 2 Millionen Thaler Aktien der A. G. Dannenbergerschen Kattunfabrik ausgegeben[1] und sich in den Syndikatsbestimmungen

---

[1] In Entsch. des R.O.H.G.'s Bd. 17 Nr. 44 S. 197 flg. ausführlich behandelt. Die Einwendungen des Unterbeteiligten sind dort in weiterem Umfange zugelassen, als nach den Grundsätzen der jetzigen Entscheidung statthaft erscheint.

Freiheit von Rechnungslegung und Auskunftserteilung über die Begebungsoperationen ausbedungen. Klägerin hatte eine Beteiligung von 10 000 Thlrn. genommen, diese aber in Höhe von 5000 Thlrn. an Beklagte und von 5000 Thlrn. an den Fabrikanten W. abgegeben, sodaß sie für deren Rechnung, aber im eigenen Namen in rechtlicher Beziehung zur Centralbank blieb. Bei Ablauf der in den Syndikatsbestimmungen für die Dauer der Gemeinschaft bestimmten Frist hatte die Centralbank eine Verlängerung derselben um 6 Monate in Voraussetzung der Einwilligung aller Konsortialbeteiligter vorgeschlagen. Da Beklagte der Klägerin auf deren Anfrage ihre Einwilligung in die Verlängerung erklärt, der Fabrikant W. dieselbe aber verweigert hatte, so war, um der Verlängerung kein Hindernis zu bereiten, zwischen Klägerin und der Centralbank die Beteiligung der ersteren in Höhe von 5000 Thlrn. rückgängig gemacht, in Höhe der anderen 5000 Thlr. aber die Verlängerung vereinbart worden. Bei Ablauf der verlängerten Frist teilte die Centralbank der Klägerin mit, daß nur die Absetzung eines geringfügigen Teiles der Aktien mit Gewinn gelungen sei, und beanspruchte von ihr Abnahme des auf ihre 5000 Thlr. Beteiligung entfallenden Betrages unbegebener Aktien zum Konsortialkurse unter entsprechender Anrechnung des auf die verkauften erzielten Gewinnes. Klägerin machte hiervon der Beklagten Mitteilung, empfing aber von ihr lediglich die Erklärung, daß sie sich zur entsprechenden Abnahme nicht für verpflichtet erachte, und daß Klägerin suchen möge, von der Abnahmepflicht entbunden zu werden. Klägerin nahm nach vergeblichen allgemeinen Reklamationen die Aktien ab. Ihrem Rückgriffe gegen die Beklagte setzte diese nunmehr eine Reihe von Thatsachen entgegen, aus welchen sich eine Verletzung des Vertrages zwischen Klägerin und der Centralbank seitens der letzteren ergeben sollte, sodaß Klägerin dieser gegenüber zur Abnahme der Aktien nicht verpflichtet gewesen wäre.

Es sollte das bei Ausgabe der Konsortialbeteiligungen projektierte Aktienkapital später in erheblich höherem Maße festgesetzt und hierdurch die Aussicht einer Begebung der Aktien eine wesentlich ungünstigere geworden sein. Ferner sollten verschiedene andere Konsortialbeteiligte in die Prolongation nicht gewilligt haben. Endlich behauptete Beklagte, die Centralbank habe ein bestimmtes größeres Quantum Aktien, als sie angegeben, günstig verkauft. Beklagte erachtete sich befugt, alle diese Thatsachen ohne weiteres mit Wirkung dem erhobenen Rückgriffe der

Klägerin entgegenhalten zu dürfen, weil das zwischen ihr und Klägerin bestehende Unterbeteiligungsverhältnis auch unter den Syndikatsbestimmungen, beziehungsweise unter der Bedingung gehöriger Erfüllung der Vertragspflicht seitens der Centralbank stehe.

Sodann aber erachtete sie das Unterbeteiligungsverhältnis deshalb für hinfällig geworden, weil Klägerin wegen der ihr zustehenden 5000 Thlr. nur hätte in Verlängerung willigen dürfen, wenn sie dies zugleich auch wegen der anderen — an W. begebenen — 5000 Thlr. gethan hätte.

Den letztgedachten Einwand erachtete der zweite Richter für zutreffend und wies die Rückgriffsklage ab.

Das Reichsgericht stellte aber das die Beklagte verurteilende erstinstanzliche Urteil wieder her aus folgenden

Gründen:

... „Durch die Annahme einer Konsortialbeteiligung von 10 000 Thlrn. wurde Klägerin Genossin der Centralbank in betreff des projektierten Geschäftes vorteilhafter Begebung von zwei Millionen Thaler Aktien der Aktiengesellschaft Dannenberger Kattunfabrik.

Nur die Centralbank stand der Klägerin gegenüber, mochte diese Bank auch für Rechnung der Gründer oder irgend eines anderen Konsortiums, zu dessen Verfügung die Aktien standen, aufgetreten sein. Einen durch Begebung von Aktien über den Kurs von 92% entstehenden Gewinn, soweit er nach dem Verhältnisse von zwei Millionen Thalern zu 10 000 Thlrn. auf letztere entfiel, hatte die Bank der Klägerin zu gewähren. Unbegeben gebliebene Aktien mußte Klägerin nach demselben Verhältnisse von der Bank zum Kurse von 92% abnehmen.[1] Über den Ausgang des Begebungsprojektes hatte bei Beendigung der für die Gemeinschaftsdauer festgesetzten Zeit die Bank der Klägerin Mitteilung lediglich nach Maßgabe des vertragsmäßig festgestellten Umfanges der Auskunfts- und Rechenschaftspflicht zu erteilen.

Dieser Gesellschaftsanteil der Klägerin an jenem Begebungsprojekte mit den darauf ruhenden Pflichten ist in Höhe von 5000 Thlrn. unter den Parteien als Anteil der Beklagten zu erachten....

Der Streit der Parteien, ob die Erwerbung der Konsortialbeteiligung

[1] Entsch. des R.O.H.G.'s Bd. 13 Nr. 102 S. 306, Bd. 15 Nr. 71 S. 249 flg., Bd. 17 Nr. 44 S. 201.

seitens der Beklagten auf Grund eines Auftrages geschehen ist, infolgedessen erst die Klägerin selbst die Erwerbung vorgenommen hat, sodaß Klägerin als Kommissionärin der Beklagten den Gesellschaftsanteil erworben hätte, oder ob Klägerin einen Gesellschaftsanteil als ihr gehörig, mochte sie ihn schon erworben haben oder erst erwerben wollen, einseitig an die Beklagte abgetreten oder sie mit 5000 Thlrn. an ihrem Anteile von 10000 Thlrn. beteiligt hat (vgl. Art 98 Abs. 2 H.G.B.), ist für den vorliegenden Fall müßig, da die hier in Betracht kommenden Ergebnisse in dem einen, wie im anderen Falle die gleichen sind. Auch bei der Annahme einseitiger Abtretung des Gesellschaftsanteiles der Klägerin oder der Beteiligung der Beklagten an diesem Anteile mußte Klägerin als von der Beklagten, die in eine unmittelbare Beziehung zu der syndikatsleitenden Bank nicht treten konnte und sollte, beauftragt erachtet werden, während der Dauer des Syndikates wie bei dessen Auflösung und der Auseinandersetzung für den Anteil der Beklagten behufs Ausübung der zustehenden Rechte aufzutreten.

Bei einem gewöhnlich gearteten Gesellschaftsverhältnisse mag nun für das Verhältnis zwischen Haupt- und Unterbeteiligten das wirkliche Endergebnis der Gesellschaft im Gegensatze zu einem vom Hauptbeteiligten nur aus Irrtum, aber ohne sein Verschulden auf Grund des Verhaltens seiner Mitgesellschafter als richtig angenommenen, wenn auch durch Ausführung schon bethätigten, das allein entscheidende sein.

Noch nicht entschieden ist damit auch für die gewöhnlich geartete Gesellschaft, ob der Hauptbeteiligte im Verhältnisse zu seinem Unterbeteiligten Vertragsverletzungen seiner Mitgesellschafter schlechthin mit der Wirkung vertreten müsse, daß ihm sein Recht, das Gesellschaftsverhältnis wegen jener Verletzungen für hinfällig zu erachten, vom Unterbeteiligten entgegengehalten werden könnte, obwohl er selbst, weil er ohne sein Verschulden über jene Verletzungen in Unkenntnis geblieben, außer stande gewesen war, jenes Recht geltend zu machen, und deshalb die bei der Auseinandersetzung auf ihn fallenden Pflichten erfüllt hatte.

Das Konsortialbeteiligungsverhältnis ist, insbesondere beim Vorhandensein von Syndikatsbedingungen wie die vorliegenden, ein Gesellschaftsverhältnis ganz besonderer Art. Die Verpflichtungen des Konsortialen bei Auflösung des Syndikates sind besonders und in eigentümlicher Art normiert. Er mußte das Ergebnis, welches das Syndikat angab, ohne weitere Rechenschaft und Auskunft fordern zu dürfen, als richtig annehmen und danach die als unverkauft bezeichneten Aktien nach Verhältnis seiner Beteiligung an dem vom Syndikate bestimmten Tage gegen Zahlung des Konsortialkurses abnehmen.

Die vertragsmäßige Lage des Konsortialen bestand also in der Verpflichtung, das vom Syndikate mitgeteilte Ergebnis zu acceptieren und danach das Erforderliche zu leisten, sofern er nicht in der Lage war, einen Widerspruch durch besondere Einwendungen zu begründen.

Diese eigentümliche Lage mit ihren Ergebnissen übertrug der Konsortiale durch Überlassung seines Anteiles oder eines Teiles desselben auf den Unterbeteiligten. Die Statuierung einer unzulässigen Ungleichartigkeit der Lagen wäre es aber, wenn man zulassen wollte, daß, während der Hauptbeteiligte zur Zeit der Auflösung des Syndikates bei Anwendung schuldiger Sorgfalt keine gegründeten Einwendungen gegen das vom Syndikate aufgestellte Ergebnis zu finden und ihm auch der von diesem Ergebnisse in Kenntnis gesetzte Unterbeteiligte keine solchen zu suppeditieren vermochte, der Unterbeteiligte sein Zögern in Erfüllung der ihn treffenden Verpflichtungen dazu benutzen dürfe, um nachträglich an den Tag getretenen Stoff für Einwendungen gegen das Syndikat dem Hauptbeteiligten entgegenzuhalten und diesen darauf zu verweisen, durch Kondiktionen gegen das Syndikat seine ehemalige Lage wiederherzustellen.

Gleichviel ob der Hauptbeteiligte die Beteiligung von Anfang an im Auftrage eines Hintermannes erworben oder ob er eine ohne solchen Auftrag erworbene einseitig ganz oder teilweise an den Hintermann abgetreten hat, immer muß bei der eigentümlichen Natur eines Verhältnisses, wie des vorliegenden, als Wille des Interessenten angesehen werden, daß der Hauptbeteiligte alle Verpflichtungen, welche er im Zeitpunkte der Auflösung des Syndikates bei Prüfung der Sachlage und des mitgeteilten Ergebnisses mit schuldiger Sorgfalt zu erfüllen in die Lage kam, auf den Unterbeteiligten nach Verhältnis der Beteiligung desselben im Wege des Rückgriffes sollte abwälzen dürfen. Die spätere Entdeckung von Vertragsverletzungen seitens des Syndikates kann dem Unterbeteiligten nur das Recht geben, vom Hauptbeteiligten Abtretung der diesem etwa gegen das Syndikat zustehenden Kondiktionsrechte zu verlangen." . . .

(Es folgt nun die Darlegung, daß Klägerin trotz Anwendung schuldiger Sorgfalt keinen Anlaß hatte, das Vorhandensein derjenigen

Vertragsverletzungen seitens der Centralbank, welche ihr Beklagte jetzt entgegenhält, zur Zeit der erteilten Abrechnung anzunehmen, oder auch nur den Verdacht solcher Verletzungen zu hegen. In betreff des Einwandes unrechtmäßiger Zustimmung der Klägerin zur Verlängerung der Frist heißt es alsdann:)

„Die Prolongation war seitens der Centralbank gefordert in Voraussetzung der Genehmigung aller Konsortialen, ihre Genehmigung seitens der Beklagten muß daher auch nur als unter dieser Voraussetzung erfolgt angesehen werden. Nun hat allerdings die Klägerin wegen der Weigerung des W. die Prolongation nicht auf ihren vollen Konsortialanteil genehmigt. Aber der als Nichtgenehmigung zu erachtende Gegensatz zur Prolongationszustimmung besteht lediglich darin, daß mit dem Nichtzustimmenden die Gemeinschaft bei Ablauf des ursprünglichen Endtermines realisiert wird. Diese Realisierung durch Aushändigung der auf den ausscheidenden Konsortialen entfallenden unbegebenen Aktien hat allerdings für die unter den Zustimmenden weiter fortzusetzende Gemeinschaft eingreifende Wirkungen.

Einmal vermindert sich der Betrag des Aktienquantums, in Höhe dessen das Syndikat mit den zustimmenden Konsortialen in der weiteren Gemeinschaft bleibt, und die Repartition bei Beendigung der zweiten Gemeinschaftsdauer muß nun auf anderen Grundlagen, als denen der ersten Gemeinschaft, erfolgen. Sodann aber verändert der freihändige und in der Verfügung unbeschränkte Besitz von Aktien in der Hand der Ausgeschiedenen erheblich die Aussichten auf den Erfolg der fortdauernden Gemeinschaft und die Möglichkeit der Erzielung eines ersten günstigen Kurses für die in Gemeinschaft verbliebenen Aktien.

Dagegen muß die völlige Stornierung der Konsortialbeteiligung, die nicht zustimmen will, seitens des Syndikates der wirklichen Prolongationszustimmung gleich erachtet werden. Die Ausführung der Beklagten, durch Entlassung derjenigen Konsortialen, welche nicht prolongieren wollten, aus ihren Verbindlichkeiten sei die Lage der Prolongierenden verschlimmert worden, da die Anzahl der haftbaren Beteiligten sich vermindert und ihr Anteil an den unbegebenen Aktien sich erhöht habe, beruht auf einer völligen Verkennung des Verhältnisses. Für das Verhältnis der einzelnen Konsortialen ist das Vorhandensein, die Zahl und die Beteiligungshöhe anderer Konsortialen ganz ohne Belang. Ihm steht allein der Syndikatsleiter gegenüber, welcher gegenüber seiner Beteiligung das ganze angegebene Aktienkapital, gleichviel für wessen Rechnung, vertritt.

Nach Verhältnis dieses Gesamtkapitales zu der genommenen Beteiligung des einzelnen Konsortialen wird zwischen ihnen der durch Begebung — an dritte Käufer, nicht an andere Konsortialen — zu erzielende Gewinn, beziehungsweise die Pflicht, Aktien abzunehmen, reguliert. Sowenig es den einzelnen Konsortialen rechtlich interessiert, ob der Syndikatsleiter außer dieser seiner Beteiligung noch andere abgesetzt hat, sowenig ist es für ihn von Belang, ob eine abgesetzte Beteiligung wieder zurückgezogen ist. . . .

Die Stornierung in Höhe von 5000 Thlr. auf die an W. gegebene Beteiligung und nicht pro rata auf jede von beiden Unterbeteiligungen zu beziehen, war Klägerin berechtigt, da sich Beklagte und W. entgegengesetzt entschieden hatten und W. nicht gezwungen werden konnte, auch nur in Höhe von 2500 Thlr. zu prolongieren. Daß etwa Klägerin die Verpflichtung gehabt hätte, der Beklagten den Entschluß des W. mitzuteilen, damit dieser auf den Entschluß der Beklagten, ob sie prolongieren wolle oder nicht, wirken könne, dafür fehlt es an jedem Anhalte, und Beklagte selbst hat dahingehende Behauptungen nicht aufgestellt.“ ...

II. Gemeines Recht.

36. Ist Rezeption erfolgt, wenn dem Führer eines von dem Gastwirte an den Bahnhof zu den ankommenden Bahnzügen gesendeten Wagens von einem Reisenden mit dem Bemerken, daß er in dem betreffenden Gasthofe absteigen wolle, Gegenstände übergeben worden sind? Eigenes Verschulden des Gastes.

II. Civilsenat. Urt. v. 14. November 1879 in S. L. (Bekl.) w. K. (Kl.) Rep. II. 116/79.

I. Stadtgericht Gießen.
II. Hofgericht daselbst.

Aus den Gründen:

„In l. 3 pr. Dig. nautae caupones 4, 9 ist keineswegs ein speziell nur für Schiffer geltender Satz ausgesprochen, sondern es ist der in dem Edikte für Schiffer und Gastwirte ausgesprochene allgemeine Grundsatz:

quod cujusque salvum fore receperint, nisi restituent, in eos judicium dabo (l. 1 Dig. eod.)

auf den in jener Stelle angeführten Fall angewendet.

Der Aufnahmeakt, wie er vom Gesetze für die Haftbarkeit des Wirtes vorausgesetzt wird, fällt daher nicht notwendig mit der Aufnahme des Gastes im Gasthause und der Illation der betreffenden Sachen in dieses zusammen und wäre z. B. in dem Falle unzweifelhaft als erfolgt anzunehmen, wenn jemand einen Wirt von seiner Ankunft mit dem Ersuchen, einen Wagen an den Bahnhof zu senden, benachrichtigt hätte, und die dem Führer des Wagens übergebenen Gegenstände, ehe diese oder der Reisende selbst in das Gasthaus gekommen, entwendet worden wären. Anders ist aber auch der vorliegende Fall nicht zu beurteilen. Es ist dem vorigen Richter beizustimmen, wenn er im Hinblicke auf die thatsächlich bestehende Übung annimmt, daß, wenn ein Gastwirt einen Wagen zu den ankommenden Bahnzügen absendet, hierin eine Aufforderung an die Reisenden liege, in seinem Gasthause Unterkommen zu nehmen und zu diesem Behufe sich des Wagens für ihre Person und ihr Gepäck zu bedienen. Ist dem so, so müssen diejenigen Personen, denen der Gastwirt die Führung des Wagens überläßt, als von ihm beauftragt gelten, das Gepäck der Reisenden zu übernehmen, und daß eine den Wirt verpflichtende Übernahme des Gepäckes erfolgt sei, läßt sich zum mindesten dann nicht bezweifeln, wenn der Reisende dasselbe mit dem Bemerken, daß er in dem betreffenden Gasthofe absteigen wolle, dem Führer des Wagens übergeben und dieser es ohne Widerspruch angenommen hat. Wenn beklagterseits geltend gemacht wird, es könne dem mit dem Wagen ankommenden Reisenden vom Wirte die Aufnahme in das Gasthaus immer noch verweigert werden, so kann dies als richtig unterstellt werden; jedenfalls wäre eine solche Abweisung eines Reisenden — eben, weil in der Absendung des Wagens jene Aufforderung und nicht, wie der Beklagte will, eine Aufforderung an die Reisenden, ihrerseits erst Offerten zu machen, liegt — nicht anders zu beurteilen, als die Weigerung des Wirtes, einen im Gasthause aufgenommenen Gast länger zu beherbergen, wodurch er sich selbstverständlich der durch die bisherige Beherbergung entstandenen Verbindlichkeiten nicht entledigen kann. ...

Ist hiernach anzunehmen, daß eine Aufnahme der angeblich entwendeten Gegenstände, wie solche vom Gesetze für die Haftbarkeit des Wirtes bezüglich der von ihm aufgenommenen Gegenstände vorausgesetzt wird, erfolgt sei, so ist gleichwohl insoweit, als Ersatz von entwendetem Gelde und geldeswerten Papieren verlangt wird, die Klage, und zwar deshalb abzuweisen, weil der Kläger diesen Verlust durch unvorsichtiges Benehmen mit verschuldet hat.[1] Eine Unvorsichtigkeit ist nämlich darin zu erblicken, daß der Kläger die fragliche Handtasche, ohne dem Kutscher zu sagen, daß dieselbe eine größere Summe Geldes (987 ℳ) enthalte, in den Omnibus verbringen ließ, während er keineswegs annehmen konnte, daß der Omnibus sofort werde zurückgebracht werden, dem Kläger auch bekannt sein mußte, daß zur Bewachung des Omnibus außer dem Kutscher niemand zugegen war.

[1] Vgl. Entsch. des R.O.H.G.'s Bd. 25 Nr. 79 S. 339.

Zu diesem Resultate mußte man umsomehr gelangen, als zwar eine analoge Ausdehnung der Bestimmung des Art. 395 H.G.B. über die Haftbarkeit der Frachtführer auf das hier in Anwendung kommende Recht über die Haftbarkeit der Gastwirte nicht statthaft ist, es jedoch keinem Anstande unterliegen kann, das Prinzip, welches diesem Gesetze zu Grunde liegt, bei Entscheidung der Frage der eigenen Verschuldung des Gastes insofern heranzuziehen, als man diesem in dem Falle, wenn er Gegenstände von besonderem Werte, welche als solche nicht erkennbar sind, einem Bediensteten des Gastwirtes zur Beförderung übergiebt, zumuten kann, seinerseits eine gewisse Sorgfalt, insbesondere in Beachtung der Umstände, unter denen die Übernahme der Gegenstände durch den Bediensteten geschieht, zu beobachten."

---

37. Sind nach der Nürnberger Reformation die Ehefrauen wechselfähig?

III. Civilsenat. Urt. v. 14. November 1879 in S. S. (Bekl.) w. St. (Kl.) Rep. III. 178/79.

I. Handelsgericht Nürnberg.
II. Handelsappellationsgericht daselbst.

Die Frage ist bejaht worden aus folgenden

Gründen:

„Die Nürnberger Reformation enthält keine Bestimmung, wodurch einer Ehefrau allgemein, etwa in Rücksicht auf ehemännliches Mundium oder Vogtei, untersagt wäre, ohne dessen Einwilligung Verträge abzuschließen.

Es finden sich bloß in Titel 19 Gesetz 5 singuläre Vorschriften betreffs der Verbürgung und in Gesetz 1 und 2 des 28. Titels Beschränkungen der Verfügungsgewalt als Konsequenzen der durch das eheliche Güterrecht bedingten Rechtslage. Besteht nämlich Gütergemeinschaft (versamte und unverdingte Heirat), so hat kein Ehegatte Macht, ohne des anderen Wissen und Willen einige Schulden zu machen oder zu verschreiben, und wenn dies dennoch geschieht, soll es dem anderen nicht zum Nachteile gereichen. Bei verdingter Heirat dagegen ist im Prinzipe (Abs. 2 des Gesetzes 2) die Frau in bezug auf dasjenige, was sie über das versprochene Heiratsgut dem Manne zubringt, hat, während der Ehe überkommt, frei und „hat damit wie sonst ein jeder mit seinem selbsteigenen Gute zu thun und zu lassen". Jedoch haben beide das Vermögen, so jeder über das Heiratsgut besitzt, in gegenseitigem Genusse und soll von der Ersparung der jährlichen Abnutzung am eheweiblichen Gute in Ermangelung eines Testamentes nach der Ehefrau Tode dem Manne die eine, den Erben der Frau die andere Hälfte zufallen.

Im Anschlusse hieran, also offenbar zur Sicherung und Erhaltung dieses Nutzungs- und Erbrechtes am Einhandsgute der Frau, wird nicht etwa das in Absatz 2 ausgesprochene Prinzip in Absatz 4 aufgehoben, sondern nur bestimmt, daß dieselbe ohne Wissen des Mannes keine namhafte Veräußerung ihres Einhandsgutes vornehmen solle, und wird, wenn es doch geschieht und dadurch die Rechte des Mannes geschmälert sind, diesem eine Widerrufsklage eingeräumt.

Demnach wurde der Frau nicht die Vertragsfähigkeit entzogen, diese ist vielmehr als vorhanden vorausgesetzt; sondern es wird nur infolge des durch die verdingte Ehe stipulierten Nutzungs- und Erbrechtes des Mannes das Recht der freien Verfügung gerade so beschränkt, wie es überhaupt jedem verboten ist, durch spätere Veräußerung an einen Dritten diejenigen Rechte zu beeinträchtigen, welche er bereits vorher einem anderen an seinem Vermögen oder an einem Teile desselben eingeräumt hat."

---

38. Verpflichtung zur Fortentrichtung stiftungsmäßiger Leistungen bei Umwandlung der bezugsberechtigten Anstalt.

III. Civilsenat. Urt. v. 25. November 1879 in S. der Stadt H. (Kl.) w. Hauptkirchenärar zu H. (Bekl.) Rep. III. 5/79.

I. Kreisgericht Hanau.
II. Appellationsgericht Kassel.

Bis zum Jahre 1812 bestanden in H. zwei höhere Schulen, eine unter dem reformierten Konsistorium stehende „hohe Landesschule", und ein unter dem lutherischen Konsistorium stehendes „lutherisches Gymnasium". Die an letzterem angestellten Lehrer bezogen aus dem Hauptkirchenärar der Johanniskirche zu H. bestimmte Besoldungen. Im Jahre 1812 verwandelte die damalige Regierung die hohe Landesschule in ein Gymnasium, das lutherische Gymnasium in eine Bürger- und Realschule, und überwies der letzteren die bis dahin aus dem Kirchenärar gezahlten Beiträge. Im Jahre 1818 fand eine weitere, aus den nachfolgenden Entscheidungsgründen ersichtliche Vereinbarung statt.

Im Jahre 1873 ging die Realschule von dem Staate auf die Stadt H. über. Fortan verweigerten die Vertreter des Kirchenärars die Fortentrichtung der bisher geleisteten Beiträge. Die in den Rechtsweg verwiesene Stadt erhob hierauf gegen das Kirchenärar Klage. In erster Instanz erfolgte eine Verurteilung, in zweiter eine Klagabweisung. In dritter Instanz wurde das erstinstanzliche Urteil wiederhergestellt aus folgenden

Gründen:

„Das Hauptkirchenärar der Johanneskirche zu H. bildet ein in den letzten beiden Jahrhunderten für kirchliche Zwecke geschaffenes Stiftungsvermögen. Kirchliche Zwecke im Sinne vergangener Jahrhunderte umfaßten aber nicht allein Zwecke der Kirche im engeren Sinne, sondern auch Zwecke der Schule, indem die Schule als Zubehör der Kirche galt. In welchem Maße das fragliche Stiftungsvermögen einerseits für kirchliche Zwecke im engeren Sinne, andererseits für Schulzwecke bestimmt war, läßt sich, beim Mangel urkundlicher Nachweisung der der Stiftung ursprünglich gegebenen Bestimmung, nur nach dem Herkommen bemessen. In dieser Beziehung steht es fest, daß das Kirchenärar geraume Zeit bis zum Jahre 1812 bestimmte Beiträge für die Besoldung der Lehrer des *lutherischen Gymnasiums* zu H. leistete. Man muß hiernach annehmen, daß das Kirchenärar zur Leistung dieser Beiträge stiftungsmäßig verpflichtet war, wobei es völlig dahingestellt bleiben kann, ob jenem Gymnasium eine selbständige juristische Persönlichkeit beizulegen war oder nicht.

Im Jahre 1812 wurde von der damaligen Regierung des Großherzogtums Frankfurt das lutherische Gymnasium aufgehoben, an dessen Stelle eine *Realschule* errichtet, und dieser die bisher dem Gymnasium geleisteten Beiträge des Kirchenärars überwiesen. Indem die Staatsregierung so verfuhr, machte sie nur von den ihr staatsrechtlich zustehenden Rechten Gebrauch. Es stand ohne Zweifel in dem Ermessen der Staatsregierung, ob sie das, eine öffentliche Schule bildende, lutherische Gymnasium nach Maßgabe der Orts- und Zeitverhältnisse fortbestehen lassen oder aufheben wollte. Hob sie dasselbe auf, so erwuchs für sie staatsrechtlich das Recht und die Pflicht, über das stiftungsmäßig dieser Anstalt zukommende Vermögen Bestimmung zu treffen, und dasselbe, wenn möglich, zu Zwecken, welche der ursprünglichen Stiftung nahe kamen, zu verwenden. Und wenn sie demgemäß für die Verwendung der bisher dem Gymnasium gezahlten Beiträge die an der Stelle des Gymnasiums geschaffene Realschule wählte, so läßt sich hierin nicht mit dem Appellationsgerichte eine bloße staatsrechtliche Zwangsauflage erkennen, und zwar umsoweniger, als, wie das Appellationsgericht selbst hervorhebt, damals von keiner Seite auch nur ein Zweifel über die Fortdauer der bisherigen Beitragspflicht des Kirchenärars auftauchte.

Jene Überweisung hat aber noch eine besondere Bestätigung gefunden in der Vereinbarung, welche die Vertreter der Kirche und Schule unter landesherrlicher Genehmigung im Jahre 1818 getroffen haben. Es war streitig geworden, ob auch die aus dem Kirchenärar zu zahlenden Besoldungen derjenigen Lehrer, welche zugleich in der Kirche Dienste zu leisten hatten, auf den Schulfonds übergehen sollten. Es wurde vereinbart, daß diese Besoldungen ohne Einschränkung der Kirche vorbehalten bleiben sollen, jedoch nur für die Lebenszeit der fraglichen Lehrer, nach deren Abgange eine anderweite Ausgleichung unterhandelt werden solle. „Insofern" wurde die fragliche Vereinbarung ausdrücklich als Provisorium bezeichnet. Zugleich aber wurde darin die — nicht provisorische — Bestimmung getroffen, daß diejenigen Besoldungen, welche sonst an den Rektor und Prorektor abgegeben worden, — und diese sind es gerade, um welche in dem gegenwärtigen Prozesse es sich handelt, — dem Schulfonds überlassen werden sollen. Auch in diesem Vorgange ist ein Zeugnis für die allseitig bewußte Rechtmäßigkeit jener Überweisung enthalten.

Auf Grund jener Überweisung und dieser weiteren Vereinbarung sind dann die fraglichen Beiträge zwei Menschenalter hindurch an die Realschule geleistet worden, und zwar für den größten Teil dieses Zeitraumes unter der Herrschaft einer Verfassung, welche ausdrücklich die Vorschrift enthielt, daß da, wo der stiftungsmäßige Zweck einer Stiftung nicht mehr zu erreichen stehe, das Stiftungsvermögen gleichwohl nicht zum Staatsvermögen gezogen, sondern für ähnliche

Zwecke verwendet werden solle (§. 138 der Kurhessischen Verfassungsurkunde vom 5. Januar 1831). Auch während dieses langdauernden Zeitraumes ist die Rechtmäßigkeit des Bezuges jener Beiträge seitens der Realschule, soviel ersichtlich, niemals angezweifelt worden; und es ist solchergestalt diese Verwendung als eine stiftungsmäßige durch ein erneuertes Herkommen befestigt.

Endlich hat das Verhältnis auch nicht dadurch eine Änderung erfahren, daß durch eine Vereinbarung zwischen Staat und Stadt die Realschule auf die letztere übergegangen ist. Vielmehr knüpft sich hieran nur die Folge, daß nunmehr die Stadt die stiftungsmäßigen Rechte der Schule geltend zu machen berufen ist.

Bei dieser Sachlage kann die Rechtmäßigkeit des Bezuges der fraglichen Beiträge seitens der von der Klägerin vertretenen Schule und die Verpflichtung des beklagten Ärars, solche fortzuentrichten, nicht bezweifelt werden. Am wenigsten kann dies aus dem vom Appellationsgerichte besonders hervorgehobenen Gesichtspunkte geschehen, daß die Realschule nicht mehr, gleich dem früheren Gymnasium, den Charakter einer lutherischen Schule besitze, nachdem in H. der Gegensatz der Kirchen lutherischer und reformierter Konfession durch die im Jahre 1818 erfolgte Einigung beider zu einer unierten Kirche längst zu bestehen aufgehört hat."

---

39. 1. Die Witwe als Vertreterin im Prozesse bei fortgesetzter Gütergemeinschaft nach nassauischem ehelichen Güterrechte.

2. Bedeutung des auf Grund des §. 227 St.G.B. ergangenen Strafurteiles für den Beweis der Thäterschaft des im Civilprozesse wegen Tötung auf Schadensersatz belangten Verurteilten.

3. Ergänzung des Klagegrundes aus Beiakten.

I. Hilfssenat. Urt. v. 2. Dezember 1879 in S. Witwe Sch. (Kl.) w. Gr. (Bekl.) Rep IVa. 261/79.

I. Kreisgericht Wiesbaden.
II. Appellationsgericht daselbst.

Am Abend des 1. November 1874 fand zu Goarshausen eine Schlägerei statt zwischen dem Glaser R. und seinem Schwager Sch. einerseits, und dem Schlosser Gr. und dessen Sohn andererseits. Sch.

erhielt dabei einen Stich in den linken Oberarm und starb an dieser Verwundung schnell verblutend. Die drei übrigen wurden nach geführter Untersuchung auf Grund des §. 227 St.G.B. „wegen Teilnahme an einer Schlägerei, durch welche der Tod eines Menschen verursacht worden“, zu Gefängnisstrafe verurteilt, — N. zu dreimonatiger, Gr. Vater und Sohn zu je zweijähriger. Demnächst erhob die Witwe Sch. gegen Gr. sen. Klage auf Ersatz der Kurkosten und Leistung von Alimenten. In zweiter Instanz abgewiesen, legte sie die Revision ein. Inzwischen war Gr. sen. gestorben und von seiner Witwe als Leibzüchterin des Nachlasses sowie von seinen sechs Kindern ab intestato beerbt. Nur für ihre Person, nicht auch für diese, von ihr bevormundeten Kinder erklärte die Witwe Gr. den Prozeß aufzunehmen. — Im übrigen aus den

Gründen:

„Es hat nicht von seiten der Kinder, sondern nur der Witwe des Beklagten eine Streitaufnahme stattgefunden. Dies muß aber auch genügen, da die Witwe allein zur Vertretung des Nachlasses im Prozesse ermächtigt ist. Denn es ist schon gemeinen deutschen Rechtens, daß auch bei der bloß partikulären Gütergemeinschaft die Leibzucht des Überlebenden regelmäßig die aktive und passive Vertretung des Gesamtgutes begründet, weil sie nicht etwa bloß dem gewöhnlichen Nießbrauche gleichsteht, sondern zugleich auf der elterlichen Gewalt beruhend, ein sehr ausgedehntes Verwaltungs- und Vertretungsrecht einschließt. Dies muß, wie auch die Praxis annimmt, insonderheit für das Recht des früheren Herzogtumes Nassau, welches auf Errungenschaftsgemeinschaft beruht, angenommen werden (vgl. Archiv für die Praxis des nassauischen Rechtes Bd. 6 S. 143, Bd. 9 S. 54), wobei hier dahingestellt bleiben kann, ob bei der rechtlichen Natur der eingeklagten Schuld anzunehmen ist, daß diese auf dem Gesamtgute oder nur auf dem Nachlasse des Mannes laste.

In der Sache selbst war dem vorigen Richter lediglich beizutreten.

Außer Zweifel ist zwar, daß der Ersatz von Kurkosten und die Leistung von Alimenten an die alimentationsberechtigten Hinterbliebenen bei Tötungen des Versorgers zu demjenigen Schadensersatze gehört, welchen der Tötende zu leisten hat. Es beruht dies auf einer Erweiterung der römischen Bestimmungen im Geiste und Sinne derselben, wie sie eine entschiedene Praxis (namentlich auch im früheren Herzogtume Nassau) für sich hat.

Vgl. **Seuffert**, Archiv Bd. 11 Nr. 44, Bd. 13 Nr. 144.

Aber mit Recht vermißt der vorige Richter den ursächlichen Zusammenhang zwischen der verbrecherischen Handlung des Erblassers der Beklagten und dem Tode des Ehemannes der Klägerin.

Die Klage behauptet unter Berufung auf die Untersuchungsakten und das Strafurteil, daß der Ehemann der Klägerin, Ludwig Sch., die tödliche Wunde bei einer Schlägerei erhalten, „bei welcher der Erblasser der Beklagten, Gr. sen., beteiligt war und sich einer Stichwaffe bediente", — und zieht hieraus die Folgerung, daß letzterer durch sein Verschulden den Tod des Sch. herbeigeführt habe und dafür schadensersatzpflichtig sei.

Dagegen behauptet die Klage weder, daß Gr. sen. die Wunde beigebracht, noch auch, daß er überhaupt Thätlichkeiten gegen Sch. verübt habe.

Den Beweis tritt Klägerin durch die Untersuchungsakten an, das Beweisresolut beschränkt ihn auf das Strafurteil. Auch noch in der Appellationsinstanz formuliert Klägerin ihre Behauptung nicht anders, indem sie von der Annahme ausgeht, daß, da sich Gr. **an der Schlägerei beteiligt** habe, durch die Sch.'s Tod verursacht worden, er für die aus dem Tode entspringenden Vermögensbeschädigungen ebenso einzustehen habe, wie er dafür nach §. 227 St.G.B. strafrechtlich unzweifelhaft verantwortlich ist. Hierin liegt aber der Fehlschluß.

Eine Verpflichtuug zum Schadensersatze setzt schlechterdings voraus, daß die Beschädigung dem in Anspruch genommenen „**zur Schuld angerechnet**" werden kann (l. 3. l. 5 §. 1 Dig. ad legem Aquiliam 9, 2; §. 2 Inst. eod. 4, 3); dies ist jedoch nur möglich unter der Voraussetzung eines ursächlichen Zusammenhanges zwischen seinem Handeln und dem schädlichen Erfolge. Die Behauptung dieses Zusammenhanges ist hier aber zu vermissen. Denn die Beteiligung an der Schlägerei wie der Besitz einer Waffe waren wohl möglich, ohne daß deshalb das Thun des Gr. sen. die alleinige oder wenigstens mitwirkende Ursache des Todes des Sch. geworden. Allerdings würde ihn auch schon die **Mitwirkung** zum Tode desselben für die Folgen verantwortlich gemacht haben, und zwar dergestalt, daß dabei das Maß dieser Mitwirkung nicht in Betracht gekommen, ja diese Mitwirkung schon dann bis zum Beweise des Gegenteiles vorausgesetzt sein würde, wenn er **gegen den Getöteten** überhaupt mit und neben anderen **thätlich** geworden wäre. Insoweit kommen also die Gesetze dem Beschädigten zu Hilfe; weiter gehen sie aber auch nicht und können nach den allgemeinen Grundsätzen über Verschuldung und Schadensersatz nicht weiter gehen, wie sich denn auch die neue Praxis innerhalb dieser Schranken gehalten hat. Denn überall da, wo der Fall gemeinschaftlicher Beschädigungen und namentlich Tötungen in den Quellen behandelt wird (l. 11 §§. 2, 4. l. 51 §. 1 Dig. ad legem Aquiliam 9, 2; l. 4 §. 5 Dig. vi bonorum raptorum 47, 8; vgl. Seuffert, Archiv Bd. 13 Nr. 144, Bd. 27 Nr. 28), wird eine Miturheberschaft dieser Beschädigung, mindestens aber irgend welcher verletzende Akt gegen den Beschädigten auf seiten dessen vorausgesetzt, der für die Folgen haftbar gemacht werden soll; nirgends aber wird diese Verantwortung auch demjenigen auferlegt, der sich zwar an dem beschädigenden Ereignisse überhaupt beteiligt, zu dem Töten oder Verwunden selbst aber nicht mitgewirkt hat. Die strafrechtliche Verantwortlichkeit bleibt ihm freilich nicht erspart; dem Strafgesetze, dem älteren nicht weniger wie dem R.St.G.B. (§. 277. §. 367 Ziff. 10), gilt jeder, der sich an einem Raufhandel oder an einer Schlägerei, durch welche der Tod eines Menschen verursacht worden ist, beteiligt, als Urheber oder Mitthäter des Verbrechens; dies gilt aber eben nur für den Gesichtspunkt der Strafe, bei dem nicht sowohl die Herbeiführung der Tötung (die einem ganz anderen Strafsatze unterliegt), als die Beteiligung an einem besonders gefährlichen, verbrecherischen Thun an sich schon mit Strafe bedroht wird, und zwar eine Beteiligung jedweder Art, d. h. jede Thätlichkeit, wie auch immer geartet und gegen wen auch immer gerichtet, mithin selbst, wenn sie in Handlungen besteht, die mit der Tötung in gar keinem ursächlichen Zusammenhange stehen. Es würde heißen, fundamentale Grundsätze des Civilrechtes völlig ignorieren, wenn man ihnen strafrechtliche Gesichtspunkte dieser Art substituieren wollte. Gerade der vorliegende Fall zeigt die Unzulässigkeit klar. An der Schlägerei hatte sich auch der R. beteiligt und ist deshalb dem §. 227 gemäß in Strafe genommen worden. Wollte man der Ansicht folgen, welche der Konstruktion der Klage zu Grunde liegt, so würde auch dieser R. der Klägerin haftpflichtig sein, obwohl feststeht, daß er bei der Rauferei auf seiten ihres Ehemannes gewesen ist, mit ihm zugleich angriff oder angegriffen wurde. Es zeigt dies, wie nicht die Beteiligung an der Schlägerei überhaupt, die schon den Thatbestand des §. 227 erfüllt, sondern nur die Beteiligung an der Tötung oder mindestens thätlichen Mißhandlung des Sch. den Gr. sen. schadensersatzpflichtig erscheinen lassen, und daher hier kein Gebrauch gemacht werden konnte von den seitens der Revidentin angerufenen Rechtssätzen, weder von dem, daß die Teilnehmer an einem Delikte solidarisch zum Ersatze des durch letzteres verursachten Schadens verbunden sind, noch von dem, daß der Civilrichter an das Strafurteil gebunden ist (preußische St.P.O. v. 25. Juni 1867 §. 10).

Eventuell hat sich Revidentin nun aber auch darauf berufen, daß ihre Behauptung und Beweisführung weiter und zwar dahin gehe, daß der Gr. sen. in der That an dem Angriffe gegen Sch. teilgenommen, ihn mißhandelt habe. Dies ergäben die gleich in der Klage von ihr angezogenen Untersuchungsakten. Indem der Appellationsrichter lediglich das Strafurteil berücksichtige, verstoße er gegen wesentliche Prozeßgrundsätze. Auch dieser Vorwurf ist unbegründet.

Nach dem eingangs Bemerkten stellt die Klage die Behauptung, daß der Tod des Sch. durch eine widerrechtliche Handlung des Gr. sen. herbeigeführt worden sei, keineswegs als eine thatsächliche, sondern lediglich als eine Schlußfolgerung hin, die sie selbst daraus, daß sich Gr. sen. überhaupt an der Schlägerei beteiligt habe, zieht und, wie dargelegt, unrichtig zieht. Wenn sie nun nicht einmal in erster, sondern auch, wie bemerkt, in zweiter Instanz diesen Mangel nicht ergänzt, ja erst in der Revisionsschrift und bei der mündlichen Verhandlung obige Behauptung bestimmt aufstellt, so liegt hierin nicht etwa bloß eine Erläuterung der Klagedarstellung, sondern das Vorbringen des eigentlichen und einzig möglichen Klagegrundes, und dies ist nicht mehr in zweiter, geschweige in der Revisionsinstanz zulässig, in welcher neue Thatsachen und neue Beweise überhaupt ausgeschlossen sind. Nun will Revidentin zwar dieser Konsequenz durch die Berufung darauf entgehen, daß sie sich bereits in der Klage auf die Untersuchungsakten bezogen habe, diese aber ergäben, daß der Gr. sen. sich auch gerade an dem Sch. thätlich vergriffen habe. Allein eine fehlende Klagebehauptung, die eben, weil sie gefehlt hat, nicht Gegenstand der Parteiverhandlung geworden ist, kann nicht durch eine ganz vage Verweisung auf sehr umfängliche Untersuchungsakten ersetzt werden. Es kann daher auch dahingestellt bleiben, ob Untersuchungsakten als solche und abgesehen von der Frage nach der Beweiskraft einzelner urkundlicher Bestandteile derselben überhaupt geeignet erscheinen könnten, einen civilistischen

Beweis, der zur Zeit noch formaler Natur ist, zu erbringen, zumal sie bekanntlich selbst den kriminellen keineswegs beschaffen, sondern nur vorbereiten bezw. das in der mündlichen Verhandluug gewonnene Resultat fixieren sollen."

---

40. Unterwerfung unter ein noch nicht rechtskräftiges Urteil durch vorbehaltlose Zahlung der Urteilssumme. Rückforderung der letzteren wegen Nichtschuld — wegen Betruges des Gegners.

I. Hilfssenat. Urt. v. 12. Dezember 1879 in S. H. (Bekl.) w. Br. (Kl.) Rep. IVa. 268/79.

I. Kreisgericht Wiesbaden.
II. Appellationsgericht daselbst.

In dem zwischen den Parteien geführten Vorprozesse hatte der Beklagte H., als damaliger Kläger, in erster Instanz ein Urteil erstritten, welches den Kläger Br., als damaligen Beklagten, verurteilte, die eingeklagten 500 Fl. nebst Zinsen an den H. zu zahlen, wenn dieser den ihm in betreff der Klage zuerkannten Erfüllungseid leisten würde. Gegen dieses Erkenntnis hatte der bedingt verurteilte Br. kein Rechtsmittel eingewendet; nur der H. hatte appellierend unbedingte Verurteilung des ersteren verlangt. Während die Sache in der Appellationsinstanz schwebte, brachte H. bei dem Appellationsgerichte zur Anzeige, daß Br. ihm die eingeklagte Forderung nebst Zinsen bezahlt habe und nur noch die Kosten schulde. In seiner Appellationsbeantwortung räumte Br. dies zwar ein, behauptete aber und begründete thatsächlich näher, daß er zu dieser Zahlung lediglich durch Vorspiegelung des H., der Eid sei bereits von ihm geleistet, verleitet worden sei. Das Appellationsgericht erkannte jedoch in der Hauptsache für Recht, „daß nach jener Zahlung das angefochtene Erkenntnis dahin abzuändern sei, daß der Prozeß, was Hauptsache und Zinsen betreffe, für erledigt zu erachten, Kläger H. jedoch die Kosten beider Instanzen zu tragen habe", letzteres um deswillen, weil in der That sein Anspruch nicht zu Recht bestehe.

Mit der gegenwärtigen Klage fordert Br. die gezahlten 500 Fl. Hauptstamm und 60 Fl. Zinsen zurück, indem er sich 1. darauf beruft, daß er dieselben irrtümlich bezahlt habe, ohne sie schuldig zu sein, 2. darauf, daß er durch arglistige Vorspiegelung des H. zur Zahlung verleitet worden sei. Die beiden vorigen Richter haben diese Klage unter dem ersteren Gesichtspunkte (condictio indebiti) für rechtlich und thatsächlich begründet erachtet, darum die Auffassung als actio doli auf sich beruhen lassen und den Beklagten, vorbehältlich eines Eides über zwei vorgebrachte Einreden, zur Rückgabe der empfangenen 560 Fl. verurteilt. Hiergegen ist vom Beklagten Nichtigkeitsbeschwerde eingewendet und solche darauf gestützt worden, daß die Rechtsgrundsätze über die condictio indebiti und über die Rechtskraft der Urteile verletzt worden seien.

Die Nichtigkeitsbeschwerde mußte für begründet erachtet werden.

Aus den Gründen:

„Die Klage auf Rückgewährung eines in der irrigen Voraussetzung der Schuld geleisteten Gegenstandes (condictio indebiti) setzt ihrem Begriffe und Zwecke nach voraus, daß der Gegenstand **nicht geschuldet** sei. Eben weil dies den Grund des Klaganspruches bildet, hat unbestritten der **Kläger** zu behaupten und zu beweisen, daß die Schuld, deren Tilgung beabsichtigt wurde, nicht bestand. Demgemäß hat auch vorliegenden Falles der Kläger Br. die Klage darauf gegründet, daß die ursprünglich von ihm kontrahierte Schuld von 500 Fl. durch Anweisung einer ihm an einen gewissen K. zustehenden Forderung getilgt, also zur Zeit der früheren Klagerhebung nicht mehr existent gewesen sei. H. hat dies bestritten und vielerlei Einreden dagegen vorgebracht. Das beiderseitige Vorbringen in diesem Betreff sowie die darüber erhobenen Beweise bilden die Grundlage, auf welcher dann die erkennenden Richter im vorliegenden Prozesse zu der Entscheidung gelangt sind, daß in der That eine Schuld des Br. **nicht** bestanden habe. Ein solches Verfahren verstößt aber gegen die Grundsätze über die Rechtskraft des Urteiles. Denn **dieselbe Frage**, ob die Schuld des Br. bestand und namentlich ob sie trotz der Anweisung an den K. bestand, hat bereits den Gegenstand des Vorprozesses beider Parteien gebildet und hat dort seine Erledigung durch rechtskräftiges Urteil gefunden. H. hatte durch letzteres ein Recht auf die 500 Fl. nebst Zinsen, wofern er den ihm auferlegten Erfüllungseid leistete, erworben. Dieses Recht kann ihm unter keinen Umständen wiederentzogen oder durch einen neuen Prozeß in Frage gestellt werden. Da dies durch die angestellte condictio indebiti geschehen sollte, ihrer rechtlichen Natur und Bestimmung nach auch geschehen mußte, so war diese Klage hier schlechterdings ausgeschlossen, und das angefochtene Urteil, welches wesentlich auf der rechtlichen Zulässigkeit derselben beruht, als gegen die Prinzipien über die Rechtskraft verstoßend, unhaltbar.

Hiergegen darf auch die eigentümliche Weise, in welcher der Vorprozeß zu Ende gediehen ist, kein Bedenken erregen. Allerdings war das erstinstanzliche Endurteil noch durch einen Eid des H. bedingt, ja war von diesem noch durch ein Rechtsmittel angefochten worden, als die obere Instanz auf seine Anzeige über erfolgte Befriedigung, das angefochtene Urteil dahin abänderte, daß der Prozeß, soweit er Hauptforderung und Zinsen betreffe, für erledigt zu erachten, Kläger aber in die Prozeßkosten zu verurteilen sei. Dieser Entscheidung kann ein anderer Sinn nicht wohl untergelegt werden, als der, daß, nachdem Beklagter die Klagebitte erfüllt, sich der Steit in der Hauptsache erledigt habe. Der damalige Appellationsrichter hat also in der vorbehaltlosen Zahlung der ganzen Klagesumme eine thatsächliche Unterwerfung unter die Klagebitte oder unter das erstinstanzliche Urteil, und zwar als eines unbedingten erblickt, und ohne Zweifel involviert sie auch eine solche, da sie der ganzen Sachlage nach mit Rücksicht auf die erhobene Klage bezw. das ergangene erstinstanzliche Urteil geleistet worden ist. Die Unterwerfung unter die Klagebitte aber, welche materiell der alten confessio in jure, dem bekannten Surrogat des rechtskräftigen Urteiles, völlig gleichsteht, begründet dieselben Wirkungen wie dieses letztere, wie auch daran nicht gezweifelt werden kann, daß die Erfüllung eines Urteiles ohne Vorbehalt und ohne Zwang die Anerkennung desselben als eines rechtskräftigen und bindenden in sich schließt. Es liegt daher eine Verletzung der Rechtskraft vor, wenn diejenigen Verhältnisse der Parteien, welche Gegenstand der Entscheidung des Vorprozesses gewesen sind, in einem zweiten Prozesse derselben Parteien von neuem einer prozessualischen Erörterung und Entscheidung unterzogen worden sind. Es folgt dies aus den allgemeinen Grundsätzen über die Wirkungen der Rechtskraft, wobei auf sich beruhen kann, ob der bekannte Rechtssatz der römischen Quellen, daß gegen Zahlungen auf Grund rechtskräftigen Urteiles die condictio indebiti überhaupt schlechthin ausgeschlossen ist (vgl. l. 74 §. 2 Dig. de judiciis 5, 1; l. 29

§. 5 Dig. mandat. 17, 1; l. 1 Cod. de cond. ind. 4, 5), noch praktisches Recht bildet; desgleichen, ob und welches Mittel dem jetzigen Kläger gegeben sein mag, um die von ihm irrigerweise bewirkte Anerkennung wieder rückgängig zu machen und ihn in die prozessuale Lage zurückzubringen, in der er sich im Augenblicke seiner voreiligen Zahlung befand. Weiter zurück kann er ohne Verletzung des Rechtes des Beklagten nicht gebracht werden und das hierauf hinauslaufende Erkenntnis war daher zu vernichten.

War demnach in der Sache selbst zu erkennen, so bedarf es nach dem Obigen keiner weiteren Ausführung, daß die Klage, soweit sie die condictio indebiti darstellt, ohne weiteres verworfen werden muß. Sie ist jedoch weiter auch auf arglistiges Verhalten des Beklagten gestützt (actio doli). Nun kann freilich auch auf diesem Wege das von letzterem in dem früheren Prozesse erworbene Recht nicht beseitigt oder ignoriert werden, da kein Rechtsgrund für die Annahme vorliegt, daß er jenes durch unredliches Gebaren mit demselben verwirke. Wohl aber ist die Betrugsklage dazu angethan, vorbehältlich jenes Rechtes, alle diejenigen Veränderungen wieder aufzuheben, welche durch angeblich betrügliches Handeln des Beklagten herbeigeführt waren, namentlich also den jetzigen Kläger wieder in den Besitz der ihm angeblich abgeschwindelten Klagesumme zu setzen, unbeschadet des Rechtes des Beklagten, dieselbe wieder zu erlangen, wenn er nach Wiederaufnahme des Vorprozesses durch Ableistung des Erfüllungseides das frühere Urteil zu seinen Gunsten für sich geltend zu machen vermag. Denn darüber kann kein Zweifel sein, daß der betrügerisch Handelnde jeden durch seine Arglist herbeigeführten Nachteil, welcher Art er auch sei, auszugleichen hat, und daß es einen Nachteil für den (jetzigen) Kläger darstellt, wenn er die Klagesumme zahlte, bevor und ohne daß der (jetzige) Beklagte den Eid leistete, von dessen Leistung seine Zahlungsverpflichtung im Urteile abhängig gemacht war. Es war daher auf die Frage einzugehen, ob die Klage als Betrugsklage haltbar und ob sie erwiesen war." ...

(Folgt nun der Nachweis, daß ein arglistiges Handeln des Beklagten nicht dargethan sei.)

---

41. Wie hat der beklagte Erbe die Einrede, daß er nur als Benefizialerbe hafte, zu begründen? und welche rechtliche Wirkung hat der Vorbehalt des beneficii im Urteile?

II. Civilsenat. Urt. v. 16. Dezember 1879 in S. Sch. (Bekl.) w. A. (Kl.) Rep. II. 141/79.

I. Stadtgericht Frankfurt a. M.
II. Appellationsgericht daselbst.

Aus den Gründen:

„Es handelt sich gegenwärtig nur darum, ob die beklagten Minorennen für die Klageforderung, den Beweis ihrer Richtigkeit vorausgesetzt, unbeschränkt, wie Kläger beansprucht, oder aber, wie Beklagter behauptet, nur als Benefizialerben der ursprünglichen Schuldnerin, ihrer Mutter, haften. Es ist unbestritten, daß der beklagte Vormund vor dem Nachlaßrichter die Erklärung, für seine Mündel die Erbschaft der Mutter derselben nur unter der Rechtswohlthat des Inventares antreten zu wollen, abgegeben und in den gesetzlichen Formen und Fristen ein Nachlaßinventar gelegt hat, auf dessen Grund der Nachlaß unter gerichtlicher Mitwirkung reguliert ist. Dies ist ausreichend, um den beklagten Mündeln die Rechte der Benefizialerben zu erhalten, welche darin bestehen, daß die völlige Verschmelzung der Erbschaft mit dem eigenen Vermögen der Erben nicht eintritt, daß die Erben infolgedessen nicht unbeschränkt mit ihrem gesamten Vermögen, sondern nur mit der Erbschaft für die Erbschaftsschulden haften, und daß die Erbschaftsgläubiger zum Zwecke ihrer Befriedigung zunächst nur die zur Erbschaft gehörenden Vermögensstücke angreifen dürfen. Die erfolgreiche Geltendmachung der Rechte eines Benefizialerben ist keineswegs, wie Kläger behauptet und die Vorinstanzen rechtsirrtümlich annehmen, dadurch bedingt, daß die Erben unter Überreichung eines Nachlaß-Inventares zu den Prozeßakten oder durch ziffermäßiges Anführen des Aktiv- und Passivbestandes der Erbmasse darlegen, daß die Erbschaft unzureichend sei, wieviel die Erbschaft betrage, bis zu welchem Betrage dieselbe zur Befriedigung des klagenden Erbschaftsgläubigers ausreiche, und welcher Bruchteil der Erbschaftsschulden durch vorhandenes Erbvermögen nicht gedeckt werde, oder daß die beklagten Erben gar keine Nachlaßmasse mehr in ihrem Besitze haben. Die Rechtswohlthat des Inventares soll die Erben, welche im Zweifel darüber sind, ob und inwieweit die Erbschaft zur Tilgung der darauf lastenden

Schulden hinreichen werde, gegen jede ihnen durch die sich möglicherweise ergebende Insuffizienz des Nachlasses drohende Gefahr der Schmälerung ihres eigenen Vermögens sichern. Die Erben, welche auf Grund desjenigen, was ihnen über die Aktiven und Passiven bekannt ist, annehmen zu dürfen glauben, daß die Erbschaft suffizient sei, daß die Aktiven die Passiven übersteigen, können von der angegebenen Gefahr immerhin deshalb bedroht sein, weil sich entweder die Aktiven des Nachlasses durch irgend welche Zufälle als geringer, oder die Passiven des Nachlasses durch nachträgliches Auftauchen bisher unbekannter Ansprüche an die Erbschaft als größer, als die Erben annahmen, ergeben können. Gegen solche Gefahren, welche mit der unbedingten Annahme der Erbschaft verbunden sind, soll eben die Rechtswohlthat des Inventares den Erben Schutz gewähren. Die Erben brauchen, wenn sie wegen einer Erbschaftsschuld belangt werden, zunächst nur darzulegen, daß sie durch Legung des Inventares die gesetzliche Bedingung der Erlangung der Rechtswohlthat erfüllt haben; dies genügt, um ihnen die Rechte des Benefizialerben zuzusprechen, beziehungsweise vorzubehalten und die Exekution in das eigene Vermögen der Erben abzuwenden. Ob und inwieweit die Erbschaft, in welche zunächst nur die Hilfsvollstreckung erfolgen darf, zur Befriedigung des Gläubigers zureicht, das findet sich in der Exekutionsinstanz. Es mag zugegeben werden, daß die Hilfsvollstreckung in das eigene Vermögen der Benefizialerben dann zulässig werden **kann**, wenn der Benefizialerbe sich durch Dispositionen über den Aktivnachlaß den Erbschaftsgläubigern persönlich verantwortlich gemacht hat; dergleichen ist aber im vorliegenden Falle vom Kläger nicht behauptet. Schließlich mag bemerkt werden, daß die vorliegende Ausführung auch mit den Vorschriften in §§. 695. 696 C.P.O. im Einklange steht."

42. Ist im Sinne des bayerischen Gesetzes vom 26. März 1859, die Gewährleistung bei Viehveräußerungen betreffend, eine bestimmte Bezeichnung des Gewährfehlers in der Klage erforderlich?

II. Civilsenat. Urt. v. 5. März 1880 in S. R. (Kl.) w. Str. (Bekl.) Rep. 208/79.

I. Stadtgericht Bamberg.
II. Bezirksgericht daselbst.

Am 21. Juni 1878 kaufte R. von Str. eine Kuh um 226 *M*. Am 29. Juli 1878 ließ er denselben vor das Stadtgericht B. laden, indem er geltend machte, die Kuh habe an der Lungensucht und Perlsucht gelitten und sei daran verendet. Bei der Verhandlung vom 7. September 1878 änderte er seine Behauptung dahin, daß die Kuh an der Lungenseuche gelitten habe. Die erste Instanz erachtete das Klagerecht gewahrt, die zweite dasselbe verwirkt. Die erhobene Nichtigkeitsbeschwerde wurde verworfen aus folgenden

Gründen:

„Das Gesetz vom 26. März 1859 bezeichnet die einzelnen Fehler, wegen deren Gewähr zu leisten sei, setzt für jeden derselben die Gewährfrist fest und bestimmt sodann in Art. 9:

Die Klage auf Gewährleistung muß bei Verlust des Anspruches spätestens innerhalb 14 Tagen nach Ablauf der Gewährfrist erhoben werden.

Es fragt sich, was im Sinne dieser Bestimmung unter: „Klage auf Gewährleistung" zu verstehen sei, ob nur eine Klage, die im allgemeinen auf Gewährleistung wegen redhibitorischer Fehler gerichtet ist, oder aber eine Klage, welche den Fehler, wegen dessen Gewährleistung beansprucht wird, bestimmt bezeichnet.

Offenbar ist letzteres anzunehmen.

Schon der Umstand, daß das Gesetz in Art. 9 die Klagefrist nach Maßgabe der Gewährfrist bestimmt, also für jeden einzelnen Fehler besonders regelt, deutet entschieden darauf hin, daß es die klageweise Geltendmachung der einzelnen Fehler innerhalb der für sie bestimmten besonderen Fristen im Auge habe. Aber auch der Zweck des Gesetzes spricht für diese Auffassung. Wenn das Gesetz so kurze Klagefristen giebt, so geschieht dies insbesondere auch, um dem Beklagten eine wirksame Verteidigung zu ermöglichen und zu erleichtern. Würde man nun prinzipiell annehmen, es sei, soweit Art. 9 in Frage steht, nicht nötig, in der Klage den geltend zu machenden Fehler bestimmt zu bezeichnen, es genüge also nur überhaupt den Willen der Geltendmachung redhibitorischer Mängel kundzugeben, so würde dieses Prinzip nicht bloß dazu führen, daß später statt des einen im Gesetze bezeichneten Fehlers ein anderer geltend gemacht werden dürfte, sondern daß auch in Fällen, wo der in der Klage bezeichnete Fehler gar kein redhibitorischer oder daß überhaupt ein Fehler nicht bezeichnet ist, es gestattet wäre, die Klage, soweit dies prozessualisch zulässig ist, nach Ablauf der gesetzlichen Gewährfrist noch zu verbessern und zu ergänzen. Es ist klar, daß bei solcher Auslegung des Gesetzes die Verteidigung des Beklagten erheblich beeinträchtigt würde. Die besondere Natur des geltend gemachten Fehlers kann für ihn bestimmend sein, Schritte zur Ermittelung von Beweisen oder betreffs des Rückgriffes auf seinen Verkäufer zu thun, die er unterläßt, weil er voraussetzt, es sei dieser Fehler gar nicht geltend gemacht.

Was nun den vorliegenden Fall betrifft, so bestimmt das Gesetz (Art. 1), es werde beim Rindviehe gehaftet für Lungensucht 14 Tage, für Perlsucht 28 Tage und für Lungenseuche 40 Tage." . . .

(Es wird nun erörtert, daß die Frist zur Geltendmachung der Lungenseuche verwirkt, und der Umstand, daß prozessualisch eine Klagänderung noch stattfinden konnte, unerheblich war.)

---

43. Ersitzung eines Fahrtrechtes. Bedeutung der Rechtsregel: „tantum praescriptum, quantum possessum". Beweislast hinsichtlich etwaiger Besitzesfehler. Wird durch außergerichtlichen Widerspruch des Eigentümers des dienenden Grundstückes gegen die Ausübung der Dienstbarkeit der Verjährungsbesitz unterbrochen?

III. Civilsenat. Urt. v. 13. Januar 1880 in S. C. J. (Bekl.) w. F. C. H. (Kl.) Rep. III. 125/79.

I. Kreisgericht Neuwied.
II. Justizsenat Ehrenbreitstein.

Aus den Gründen:

„Nach der thatsächlichen Feststellung des Appellationsrichters hat der Beklagte vollen Beweis dafür erbracht, daß er das in Anspruch genommene Dungfahrtrecht über des Klägers Wiese mindestens von Beginn des Jahres 1867 an bis zum Jahre 1877 ausgeübt habe, andererseits aber auch der Kläger dargethan, daß er im Jahre 1874 den Beklagten bei dem Überfahren über die Wiese betroffen und demselben die fernere Ausübung der Dungfahrten untersagt habe. Der Appellationsrichter findet nun, obwohl der Beklagte dieses Verbot nicht beachtete, vielmehr seinen Weg über des Klägers Wiese fortsetzte, in der Einsprache des Klägers eine zur Unterbrechung der Ersitzung jener Dienstbarkeit geeignete Handlung des Eigentümers des dienenden Grundstückes und erkennt auf den Reinigungseid des Klägers darüber, daß der Verjährungsbesitz des Beklagten nicht schon im Jahre 1864 begonnen habe, weil der letztere für diese von ihm behauptete frühere Ausübung des Dungfahrtrechtes einigen Beweis beigebracht habe, und im Falle der Wahrheit dieses Vorbringens das Verbot des Klägers mit Rücksicht auf die bereits mit Ablauf des Jahres 1873 eingetretene Vollendung der zehnjährigen Verjährungszeit wirkungslos erscheine.

Die von dem Beklagten gegen dieses Erkenntnis verfolgte Nichtigkeitsbeschwerde konnte für begründet nicht erachtet werden.

Mit Unrecht rügt nämlich Beklagter zunächst Verletzung der Grundsätze über die Beweislast.

Bei dem Erwerbe einer Dienstbarkeit durch Ersitzung richtet sich der Umfang des Rechtes nach der thatsächlichen Ausübung innerhalb der Verjährungszeit, und es kann namentlich aus der Benutzung eines Weges für einen bestimmten Zweck und zu einer bestimmten Zeit nicht schlechthin gefolgert werden, daß dessen Gebrauch für andere Zwecke und zu anderen Zeiten, soweit es immer die Kultur und natürliche Beschaffenheit des herrschenden Grundstückes mit sich bringt, gestattet sei. Es muß daher derjenige, welcher eine Wegegerechtigkeit durch Ersitzung in einem weiteren Umfange erworben haben will, als der Eigentümer des dienenden Grundstückes zugesteht, den Nachweis dieses Rechtes wenigstens insoweit führen, als nicht dessen Inhalt gesetzlich geregelt ist.

Im vorliegenden Falle ist in dem Rechte, Heu- und Grummetfahrten im Sommer und Herbste zu Gunsten des herrschenden Grundstückes über des Klägers Wiese vorzunehmen, die Befugnis, Düngerfuhren im Winter und Frühjahre über letztere zu führen, umsoweniger enthalten, als Dienstbarkeiten nicht erschwert werden dürfen (l. 20 §. 5 Dig. de praed. urb. 8, 2), Düngerfahrten aber offensichtlich eine Mehrbelastung des dienenden Grundstückes mit sich bringen.

Dem steht die von dem Imploranten als verletzt bezeichnete l. 9 Dig. de servit. 8, 1 nicht entgegen, da diese Gesetzesstelle nur von dem Falle redet, wenn jemandem die Dienstbarkeit des Fahrweges durch Vertrag oder letztwillige Verfügung „ohne genaue Bestimmung" bestellt worden ist; dann soll das Fahrtrecht ohne Einschränkung, d. h. über jeden Teil des dienenden Grundstückes, ausgeübt werden dürfen. Es wird also hier des Erwerbes eines Fahrtrechtes durch Ersitzung so wenig, wie der Ausdehnung desselben auf andere Kulturzwecke gedacht.

Allerdings ist, wenn der Beweis des Umfanges des Fahrtrechtes gefordert wird, dies nicht so zu verstehen, daß der Besitzer des herrschenden Grundstückes zum Nachweise des Erwerbes des Rechtes durch Ersitzung für jeden einzelnen Fall, in welchem die Benutzung des Weges nötig wird, besondere Besitzeshandlungen darlegen müßte; es hängt vielmehr der Umfang der Dienstbarkeit jedesmal von der Beschaffenheit dieser Besitzeshandlungen, überhaupt von den Umständen ab. Allein wenn, wie hier, der Appellationsrichter auf Grund der Beweisführung beider Teile sich für den geringeren Umfang des Fahrtrechtes entscheidet, so kann diese Beweiswürdigung nicht mit der Nichtigkeitsbeschwerde angefochten werden.

Implorant sucht endlich jene Rüge durch Bezugnahme auf l. 10 pr. Dig. si servit. vind. 8, 5; l. 1 Cod. de servit. et aqua 3, 34 zu rechtfertigen. Soweit diese Stellen hierher gehören, schreiben sie vor, daß derjenige, welcher die konfessorische Klage anstelle, darthun müsse, daß er die Verjährungszeit hindurch die Servitut weder gewaltsam, noch heimlich, noch bittweise ausgeübt habe; sie sprechen also ihrem Wortlaute nach gerade gegen den Imploranten. Indessen kann nach allgemeinen Grundsätzen über die Beweislast, mit denen die angeführten Gesetze nach richtiger Auslegung nicht in Widerspruch stehen, nur verlangt werden, daß die vom Ersitzenden im Rechtsstreite nachgewiesenen Besitzeshandlungen nicht als gewaltthätige, heimliche oder bittweise ausgeübte erscheinen, so zwar, daß der Beweis des Vorhandenseins dieser Besitzesfehler vom Gegner im Gegen- oder Einrede-Beweise zu erbringen ist. Damit wären die Entscheidungsgründe des Appellationsrichters insofern nicht in Einklang, als solche aussprechen: „es habe Beklagter zum Beweise der Ersitzung des fraglichen Dungfahrtrechtes nachzuweisen, daß er solches während zehn Jahren vor 1877 weder gewaltsam, noch heimlich, noch bittweise exerziert habe". Hierin ist jedoch ein Verstoß gegen die Regeln über die Beweislast um deswillen nicht zu finden, weil der Appellationsrichter diesen Nachweis an sich für geführt erachtet und nur zur Gegenbeweisführung des Klägers erkennt, daß dieser die Fehlerhaftigkeit des Rechtsbesitzes des Beklagten dargethan habe. In der That geht mithin auch die vorige Instanz davon aus, daß der positive Beweis vorhandener Besitzesmängel dem Gegner desjenigen obliege, welcher sich auf die Ersitzung der Dienstbarkeit berufe.

Materiell greift der Implorant das Appellationsgerichtserkenntnis an, weil dasselbe die l. 1 §. ult. l. 2. l. 6 Dig. de itinere actuque priv. 43, 19; l. 2 Cod. de servit. et aqua 3, 34, sowie den dahin formulierten Rechtssatz verletze:

„daß durch eine unwirksame Untersagung der Ausübung der Servitut weder deren Besitz aufgehoben, noch deren Erwerb durch Verjährung unterbrochen werde."

Nun ist es zwar unter den Rechtslehrern und in der Rechtsprechung der Gerichte bestritten, ob ein bloßer außergerichtlicher Widerspruch gegen die Ausübung einer angesprochenen Dienstbarkeit (eines Fahrtrechtes), sei es überhaupt, sei es insbesondere dann, wenn der Eigentümer des herrschenden Grundstückes sich selber durch Fortsetzung der Besitzeshandlung unter den Augen des Widersprechenden schützt, den Verjährungsbesitz unterbreche. Der bejahenden Ansicht ist jedoch der Vorzug zu geben.

Es liegt kein innerer Grund vor, die Begriffsbestimmungen der Gewalt (vis), wie solche in den Gesetzen, z. B. l. 1 §§. 4—9. l. 20 §. 1 Dig. quod vi aut clam 43, 24 bei der auf Wiederherstellung des früheren gewaltsam oder heimlich gestörten Zustandes eines Grundstückes gerichteten Klage (dem interdictum quod vi) gegeben wird, auf dieses Interdikt zu beschränken oder gar anzunehmen, daß die Gewalt (vis) bei der Servitutenersitzung eine andere Bedeutung habe, als bei jenem Interdikte. Auch wird das Untersagen des Gebrauches einer Wasserleitung als zur Unterbrechung der Ersitzung dieser Servitut dienlich gerade in der von dem Imploranten angezogenen l. 2 Cod. 3, 34 aufgeführt. Dazu kommt, daß sich derjenige, welcher, des eingelegten Widerspruches ungeachtet, die Ausübung der Servitut fortsetzt, zwar in deren Besitz sich schützt, daß aber dieser Besitz immerhin ein fehlerhafter bleibt und deshalb nicht zum Erwerbe der Dienstbarkeit durch Ersitzung führen kann. Es ist daher ganz nach den Grundsätzen des gemeinen (römischen) Rechtes über das zum Schutze im Besitze einer Wegegerechtigkeit eingeführte Rechtsmittel (das interdictum de itinere actuque privato), insbesondere nach l. 1 §. 12. l. 2. l. 6 Dig. 43, 19 zu unterscheiden, ob die Ersitzung der Dienstbarkeit schon vollendet war, als der Einspruch erfolgte, oder ob diese Störung in der Ausübung der Servitut noch in die zehnjährige Ersitzungszeit fällt.

Der Appellationsrichter ist danach bei seiner Entscheidung auch sachlich von richtigen Grundsätzen ausgegangen."

III. Preußisches Recht.

44. Haftet nach preußischem Rechte die Hypothek für die Kosten einer von der hypothekarischen Klage getrennt angestellten persönlichen Klage?

Gesetz betr. den Eigentumserwerb vom 5. Mai 1872 §. 30.

III. Civilsenat. Urt. v. 24. Oktober 1879 in S. G. (Kl.) w. H. (Bekl.) Rep. III. 12/79.

I. Kreisgericht Fulda.
II. Appellationsgericht Kassel.

Ein Hypothekgläubiger hatte, nachdem sein Schuldner das zur Hypothek eingesetzte Grundstück veräußert, zunächst die persönliche Klage gegen denselben angestellt. Derselbe war zur Zahlung der Schuld und zum Kostenersatze verurteilt worden, erwies sich jedoch nicht zahlungsfähig. Der Gläubiger wandte sich nun gegen den Besitzer der Hypothek. Dieser zahlte Kapital und Zinsen, und verlangte danach Löschung. Der Gläubiger weigerte diese, weil er auch Ersatz der Kosten des früheren Prozesses von ihm in Anspruch nahm.

Der Hypothekbesitzer klagte hiernach gegen den Gläubiger auf Löschung. Die erste Instanz verurteilte den Beklagten. Die zweite Instanz wies die Klage zurück. Sie ging davon aus, daß die Hypothek gemeinrechtlich zur Sicherung einer neben ihr bestehenden persönlichen Forderung diene; daß sie demnach auch für die zur Verfolgung dieser persönlichen Klage erforderlichen Kosten hafte; daß diese accessorische Natur der Hypothek für diese auch in der preußischen Grundbuchgesetzgebung aufrechterhalten sei; und daß demgemäß unter den Worten „Kosten der Klage" in §. 30 des Gesetzes vom 5. Mai 1872 auch die Kosten der persönlichen Klage begriffen seien.

Auf erhobene Nichtigkeitsbeschwerde stellte das Reichsgericht durch Urteil vom 24. Oktober 1879 das Urteil erster Instanz wieder her, aus folgenden

Gründen:

„Die Auslegung, welche das Appellationsgericht dem §. 30 des preußischen Gesetzes vom 5. Mai 1872 giebt, ist nicht zu billigen. Ihr stehen die Gesetzesworte „für die Kosten .... der Klage" nicht zur Seite, und der zu ihrer Rechtfertigung aus den gemeinrechtlichen Bestimmungen entlehnte Grund ist nicht zutreffend. Die Hypothek des preußischen Rechtes begründet zwar, gleichwie die gemeinrechtliche Hypothek, kein selbständiges dingliches Forderungsrecht. Aber daraus, daß sie nur zur Sicherung einer neben ihr bestehenden persönlichen Schuld dient, folgt noch nicht, daß sie auch haften müsse für die Prozeßkosten, welche entstanden sind durch eine der hypothekarischen Klage vorausgegangene persönliche Klage. Vielmehr besteht eine innere Notwendigkeit, die Hypothek auch für die Kosten der letzteren haftbar zu machen, jedenfalls da nicht, wo die erfolgreiche Durchführbarkeit der dinglichen Klage unter keinen Umständen abhängig ist von der vorgängigen Erhebung einer Klage gegen den persönlichen Schuldner. Eben darin aber weicht das preußische Recht von dem gemeinen Rechte ab, daß es der hypothekarischen Klage gegenüber die Einrede der Vorausklage ausschließt.

Insbesondere macht sich weiter auch gegen die Ansicht des Appellationsgerichtes die Betrachtung geltend, daß das System, auf welchem die preußische Gesetzgebung beruht, notwendig dahin hat führen müssen, den Umfang der Haft der Hypothek über den Betrag hinaus, welcher durch die Eintragung ersichtlich gemacht wird, möglichst eng zu beschränken, und daß daher umsoweniger vorausgesetzt werden darf, es könnte beabsichtigt sein, mit den Worten „für die Kosten der Klage" außer den Kosten der dinglichen Klage, auch Prozeßkosten zu befassen, welche entstanden sind durch den ohne rechtliche Nötigung vorher gemachten Versuch, durch eine Klage gegen den persönlichen Schuldner zur Befriedigung zu gelangen.

Endlich darf auch insofern auf die Überschrift des §. 30 verwiesen werden, als daraus erhellt, daß die Bestimmungen dieses Paragraphen nicht bloß für die Hypothek, sondern auch für die Grundschuld gegeben sind. Denn auch eine Grundschuld kann zur Sicherung einer persönlichen Forderung dienen, auch bei ihr ist also die Möglichkeit nicht ausgeschlossen, daß die Geltendmachung des Grundschuldrechtes eine Klage aus dem persönlichen Schuldverhältnisse vorausgegangen sein kann. Andererseits aber läßt die rechtliche Natur der Grundschuld darüber keinen Zweifel aufkommen, daß die Worte „Kosten der Klage“ nur in dem engeren Sinne als lediglich befassend die Kosten der Klage, welche sich auf die Grundschuld stützt, verstanden sein können.“

---

45. Ist nach preußischem Rechte vor der Entmündigungserklärung eine provisorische Verfügung zulässig, kraft deren jemandem wegen Verschwendung die Handlungsfähigkeit entzogen werden kann?

III. Civilsenat. Urt. v. 14. November 1879 in S. B. (Kl.) w. W.'schen Kurator (Bekl.). Rep. III. 168/79.

I. Kreisgericht Wiesbaden.
II. Appellationsgericht daselbst.

Der als minderjährig unter Vormundschaft stehende C. W. wurde am 16. Mai 1878 volljährig. Etwa 6 Wochen vorher beantragten die Geschwister desselben, ihn mit eintretender Volljährigkeit wegen Verschwendung unter Vormundschaft zu stellen. Während dieses Gesuch im Auftrage des für die Entmündigung zuständigen Kreisgerichtes in der Instruktion begriffen war, wurde (auf Anregung des Kreisgerichtes) von dem Amtsgerichte als Vormundschaftsgericht am 17. Mai 1878 „eine Pflegschaft für die Dauer der wegen Anordnung einer Vormundschaft eingeleiteten Verhandlungen“ verfügt und der bisherige Vormund „als Pfleger zur Verwaltung des Vermögens des C. W.“ bestellt. Nach Beendigung der Sachuntersuchung wurde dann C. W. durch Beschluß des Kreisgerichtes vom 5. November 1878 für einen Verschwender erklärt und unter Vormundschaft gestellt, dieser Beschluß aber erst am 16. November ihm behändigt.

Am 9. November 1878 hatte C. W. zu Gunsten des B. einen Wechsel ausgestellt, welchen B. jetzt gegen den Vormund einklagt. Dieser wandte ein, daß zufolge des am 5. November gefaßten Entmündigungsbeschlusses, jedenfalls aber zufolge des eine vorläufige Pflegschaft anordnenden Beschlusses vom 17. Mai C. W. am 9. November einen Wechsel nicht mehr rechtsgültig habe zeichnen können.

Die beiden Vorinstanzen erachteten durch die Verfügung vom 17. Mai die Handlungsfähigkeit des C. W. am 9. November für aufgehoben. Das Appellationsgericht sprach aus: Die Anordnung der Pflegschaft „zur Verwaltung des Vermögens“ habe die Entziehung des freien Verfügungsrechtes für C. W. selbstverständlich in sich geschlossen. Zu dieser Anordnung sei das Vormundschaftsgericht nach §. 90 des Gesetzes vom 5. Juli 1875 jedenfalls formell befugt gewesen. Die Frage aber, ob diese Maßregel materiell gerechtfertigt gewesen, könne im Prozeßwege nicht entschieden werden.

Auf erhobene Nichtigkeitsbeschwerde vernichtete das Reichsgericht diese Entscheidung aus folgenden

Gründen:

„Indem das Amtsgericht am 17. Mai 1878 eine Pflegschaft zur Verwaltung des Vermögens des C. W. anordnete, hat es eine Entmündigung desselben nicht ausgesprochen. Wollte man aber auch annehmen, das Amtsgericht habe durch diese Anordnung provisorisch eine Entmündigung für C. W. herbeiführen wollen, so würde ihm doch die Zuständigkeit hierfür gefehlt haben, da eine Entmündigung nur auf Grund des Verfahrens, für welches nach §. 10 Nr. 3b der Verordnung vom 26. Juni 1867 das Kreisgericht für zuständig erklärt ist, ausgesprochen werden kann. Das Amtsgericht würde durch einen solchen, wenn auch nur provisorischen Anspruch der Entmündigung seine Zuständigkeit überschritten haben und daher auch nicht einmal formell zu demselben befugt gewesen sein. Der Kläger erscheint daher berechtigt, auch im Prozeßwege die Unwirksamkeit einer solchen Anordnung geltend zu machen.

Ebensowenig konnte die am 5. November 1878 erfolgte Beschlußfassung des Kreisgerichtes sofort die Entmündigung des C. W. herbeiführen, indem dieser Beschluß keinesfalls vor der erst am 16. November 1878 erfolgten Bekanntmachung an C. W. in Wirksamkeit trat; auch eine etwaige frühere Kenntnis des Klägers von der Beschlußfassung des Gerichtes hieran nichts zu ändern vermag.

C. W. war hiernach am 9. November 1878 handlungsfähig, und

die in dieser Beziehung gegen den Wechsel erhobenen Einwendungen erscheinen verwerflich." [1]

---

46. Aufhebung eines Vertragsverhältnisses wegen veränderter Umstände. Bedeutung der Worte „von dem noch nicht erfüllten Vertrage" in A.L.R. I. 5 § 378.

I. Civilsenat. Urt. v. 15. November 1879 in S. S. (Kl.) w. W. (Bekl.) Rep. I. 27/79.

I. Kreisgericht Magdeburg.
II. Appellationsgericht daselbst.

Der Kläger hat dem Beklagten ein Inventar zum Restaurationsbetriebe für 800 Mark gekauft und auf diesen Preis 300 Mark angezahlt. Diese angezahlte Summe fordert er in dem vorliegenden Prozesse deswegen zurück, weil ihm nach dem Vertragsschlusse und der Anzahlung die Konzession zum Restaurationsbetriebe versagt und hierin nach den konkreten Umständen des Falles eine gemäß §. 378 A.L.R. I. 5 zum Rücktritte von dem noch nicht erfüllten Vertrage berechtigende Veränderung der Umstände zu finden sei.

Der Richter erster Instanz hat den Beklagten nach dem Klagantrage verurteilt. Der Appellationsrichter dagegen hat auf Klagabweisung erkannt, und zwar deswegen, weil der Kläger durch die Anzahlung der 300 Mark den Vertrag zum Teil erfüllt habe; während der §. 378 a. a. O. dahin auszulegen sei, daß nur im Falle der noch von keinem der Kontrahenten, auch nur zum Teil, verwirklichten Vertragserfüllung die Befugnis eines Kontrahenten, von dem Vertrage wegen veränderter Umstände zurückzutreten, entstehen könne. — Gegen die Entscheidung zweiter Instanz hat der Kläger die Nichtigkeitsbeschwerde eingelegt und dieselbe auf Verletzung des §. 378 a. a. O. gegründet.

---

[1] Bei den Entscheidungen kamen in Betracht: Preuß. Vormundschaftsordnung v. 5. Juli 1875 §. 90 und dazu: Stenogr. Berichte über die Verh. d. Herrenhauses v. 1873 II. S. 171. Auch ist zu vergleichen: §. 600 C.P.O. und dazu: Motive zu §§. 568. 577. 578; Protokolle der Reichsjustizkommission S. 305. 454. 455; Struckmann u. Koch, C.P.O. Erläut. zu §. 600.

Diesem zutreffenden Angriffe erliegt das Appellationsurteil.

Das Allgem. Landrecht enthält (I. 5 §. 377) folgende Bestimmung: Außer dem Falle einer wirklichen Unmöglichkeit kann wegen veränderter Umstände die Erfüllung eines Vertrages in der Regel nicht verweigert werden.

Im Anschlusse hieran lautet der §. 378:

Wird jedoch durch eine solche unvorhergesehene Veränderung die Erreichung des ausdrücklich erklärten, oder aus der Natur des Geschäftes sich ergebenden Endzweckes beider Teile unmöglich gemacht, so kann jeder derselben von dem noch nicht erfüllten Vertrage wieder abgehen.

Schon die Wortfassung des §. 378 spricht gegen die Interpretation des Appellationsrichters. Ein Vertrag ist nur dann erfüllt, wenn die aus ihm entspringenden Leistungen vollständig verwirklicht sind. Solange diese vollständige Verwirklichung nicht gethätigt worden, ist der Vertrag ein noch nicht erfüllter. Für dieses Verständnis jener Gesetzesstelle spricht jedenfalls entscheidend ihre Entstehungsgeschichte.

In dem gedruckten Entwurfe eines Allgemeinen Gesetzbuches für die preußischen Staaten lauten die §§. 267. 268 Titel 2 Teil II.:

§. 267. Wegen veränderter Umstände kann nur vor gänzlicher Erfüllung des Vertrages auf dessen Wiederaufhebung angetragen werden.

§. 268. Aber auch alsdann findet ein solcher Antrag nur insoweit statt, als die Umstände dergestalt verändert worden, daß der Hauptzweck des Vertrages nicht ferner erreicht werden kann.

Der Oberappellationsgerichtssenat (welchem der Entwurf zum Berichte über etwaige Bedenken zugefertigt war) beantragte die Streichung der Bestimmungen über die Vertragsaufhebung wegen veränderter Umstände.

Suarez aber sagte in der Revisio monitorum:

„Die clausula rebus sic stantibus ganz mit Stillschweigen zu übergehen, scheint nicht ratsam. An und für sich hat dieselbe in der Natur der Sache ihren vollkommenen Grund und hebt die großen Unbilligkeiten, welche aus einem uneingeschränkten Bestehen auf Erfüllung der Verträge in unzähligen Fällen entstehen. Überhaupt setzt der Oberappellationssenat auf die Unverbrüchlichkeit der Verträge einen zu großen Wert; und wenn man ihm folgen wollte, so würde oft summum jus summa injuria werden. Eben weil die clausula rebus sic stantibus häufig gemißbraucht wird, sind Bestimmungen darüber nötig, und es kommt also nur auf die Prüfung dieser Bestimmungen an. Daß diese Lehre mit der von der Unmöglichkeit der Erfüllung koinzidiere, ist offenbar unrichtig. Dagegen (sagt Suarez weiter) sei es wohl richtig und führe solches zu einer etwas näheren Bestimmung des §. 267 des Entwurfes, daß nur eine solche Veränderung der Umstände in Rücksicht kommen könne, welche nach geschlossenem Kontrakte, vor dessen Erfüllung von beiden Seiten, und dergestalt sich ereignet habe, daß solche tempore initi contractus nicht voraus zu sehen war."

Diese Prinzipien liegen der Modifikation zu Grunde, welche den Bestimmungen der §§. 267 flg. des gedruckten Entwurfes in den §§. 377 flg. des Allgemeinen Gesetzbuches für die preußischen Staaten gegeben und in das Allgemeine Landrecht aufgenommen ist.

Der preußische Gesetzgeber geht ersichtlich davon aus, daß die Vertragswillens-Vereinigung sich bethätigt auf der vergegenwärtigten Grundlage der bestimmten, zur Zeit des Vertragsschlusses bestehenden thatsächlichen Verhältnisse unter stillschweigender Voraussetzung des die Erreichung des praktischen Endzweckes (dessen Realisierbarkeit, als vorgestellte, sei es ausgesprochenermaßen, sei es mit sonstiger Evidenz, die Vertragswillens-Vereinigung herbeiführte) ermöglichenden Fortbestandes, beziehungsweise Fortentwickelung, jener Verhältnisse; sodaß es nur als eine Konsequenz des auf praktische Verwirklichung abzielenden Vertragswillens erscheint, daß das kontrahierte Rechtsverhältnis ex tunc resolviert sein solle, wenn unerwartet der thatsächliche Boden der Verwirklichung jenes Verhältnisses vor dessen vollständiger Bethätigung sich derartig verändern sollte, daß die bei dem Vertragsschlusse vorausgesetzte Realisierbarkeit des praktischen Endzweckes der Kontrahenten nicht mehr bestehe. Natürlich darf nicht etwa ein schuldhafter Verzug des Rücktretenden die vollständige Vertragserfüllung gehindert und den gekennzeichneten Einfluß der Veränderung der Umstände vor der vollständigen Vertragserfüllung ermöglicht haben. Diese Auffassung in dieser Allgemeinheit ist dem rein römischen Rechte allerdings fremd, war aber in den Schriften der gemeinrechtlichen Praktiker zur Herrschaft gelangt, ist auch in neuester

Zeit von **Ahrens** in seiner Rechtsphilosophie lebendig vertreten, und klingt auch hinein in die neuere civilistische Lehre von der Voraussetzung.

Das Allgemeine Landrecht gestaltet dieses Grundprinzip aus zu weiten und komplizierten Normen in den §§. 377 bis 384 seines **allgemeinen** Vertragstitels, welche es dann bei einzelnen Vertragsgattungen in den späteren Titeln **restringiert**, während die **späteren** Gesetzbücher sich **dahin** entschieden haben, solche **allgemeine** Normen als **Regeln** für **alle** Vertragsverhältnisse **nicht** aufzustellen, sondern durch Normen für **einzelne Vertragsarten** dem Einflusse der Veränderung der Umstände nur ein **enges**, **scharf begrenztes** Geltungsgebiet zu verstatten (vgl. §. 864 des sächs. Bürgerl. Gesetzbuches).

Die vorentwickelte Auslegung des §. 378 a. a. O. entspricht der **herrschenden** Doktrin und bisherigen oberstrichterlichen Judikatur des preußischen Rechtes.

Vgl. **Bornemann**, System 2 Ausg. §. 165 T. 2 S. 361. 362; **Temme**, Lehrb. des preuß. Privatr. 2. Ausg. T. 1 §. 149 S. 416; **Heydemann**, Einl. in das System des preuß. Civilr. T. 1 S. 268. 269; **Förster**, Theorie u. Praxis 3. Aufl. T. 1 §. 87 S. 516; **Dernburg**, Lehrb. des preuß. Privatr. 1. Ausg. Bd. 2 §. 100 S. 217—219; Erk. des preuß. Obertribunales, III. Senat, vom 23. Nov. 1853, in Entsch. desselben Bd. 26 Nr. 35 S. 239; Erk. des R.O.H.-G.'s, III. Senat, vom 14. Februar 1878, in Entsch. desselben Bd. 23 Nr. 70 S. 201.

Allerdings hat Koch (**ohne Motivierung** in seinem **Kommentar** zum Allgemeinen Landrechte, **unter Begründung** in seinem Recht der Forderungen T. 2 §. 137 S. 505—508 2. Ausg.) zu verteidigen versucht, daß im Falle des §. 378 **erstens** demjenigen Kontrahenten, welcher seinerseits **vollständig** die ihm obliegende Vertragsleistung erfüllt habe (auch **bei mangelnder Erfüllung** seitens des **anderen** Kontrahenten) der Rücktritt **nicht** freistehe, **zweitens**, daß der Zurücktretende, welcher **teilweise** erfüllt habe, das **Geleistete nicht kondizieren** dürfe. Diese Restriktion beruht aber auf der **willkürlichen** Unterstellung, daß der Gesetzgeber in den §§. 377 flg. beabsichtigt habe, **nur** ein Klagerecht auf Befreiung von einer noch **geschuldeten** Leistung zu regeln. Es werden dabei (von dem Gesetzgeber nirgendwie angedeutete) Unterscheidungen in das Gesetz hineingetragen, auch widerspricht der **erste** Grundsatz (auf seiner **eigenen** Grundlage) den Worten des Gesetzes, namentlich dem Worte „**jeder**“

im §. 378, während der zweite Grundsatz zu einem dem einfachen Rechtsgefühle widersprechenden Ergebnisse führt.

Das in sich verfehlte Appellationsgerichtsurteil konnte also auch nicht auf Grund des letzten, von Koch verteidigten Grundsatzes aufrecht erhalten werden. Schließlich führt auch die freie Prüfung des ganzen Prozeßstoffes nicht zu einer solchen Aufrechthaltung, sondern zur Vernichtung des Erkenntnisses zweiter Instanz und zur Bestätigung der (den Beklagten nach dem Klagantrage verurteilenden) erstinstanzlichen Entscheidung.

Der Beklagte hat ausdrücklich zugestanden, daß der Mietsvertrag und der Kaufvertrag vom 27. Juli 1877 zu dem Zwecke des Betriebes des Restaurationsgeschäftes abgeschlossen wären. Er betont selbst, daß die Sachen nur verkauft „und gekauft seien", weil sie in den vermieteten Keller paßten.

Es steht ferner (infolge der unterlassenen Erklärung über den deferierten Eid) gegen den Beklagten durch Kontumaz fest, daß die Kontrahenten bei dem Kontraktsschlusse als alleinigen Endzweck des Kaufvertrages ausdrücklich erklärt haben die Verwendung der gekauften Sachen zum Restaurationsbetriebe in den dazu gemieteten Kellerräumen des dem Beklagten zugehörigen Hauses. In den Vertragsurkunden vom 27. Juli 1877 sind bezeichnet der Mietsgegenstand „als Kellerräume zum Restaurationsbetriebe" und das Kaufobjekt „als das in jenen Kellerräumen befindliche Inventar zum Restaurationsbetriebe". Im §. 13 des Mietsvertrages ist bestimmt, daß der Vertrag sofort aufgehoben sein solle, wenn der Mieter ein anderes Gewerbe als das dem Vermieter angezeigte (d. h. „das Gewerbe als Restaurateur") betreibe. Die Zahlung des Mietszinses ist im §. 20 in eine Beziehung zu der Abzahlung des Kaufpreises gesetzt. Der Vermieter hat sich nach Versagung der Konzession zum Restaurationsbetriebe für den Kläger wiederholt nach Restaurateuren, als Mietern, umgesehen.

Aus allen diesen ineinander greifenden Momenten folgt:

1) Der Mietsvertrag und der Kaufvertrag vom 27. Juli 1877 sind (wenngleich jeder besonders beurkundet worden) nach dem erkennbaren Vertragswillen von beiden Parteien als untrennbar zusammenhängende Momente eines nur nach verschiedenen Richtungen gegliederten Verhältnisses gewollt.

2) Nach den ausdrücklichen Erklärungen der Kontrahenten und der Natur des Geschäftes lag der Endzweck beider Kontrahenten in dem Restaurationsbetriebe durch den Kläger in den Lokalitäten des Beklagten mit dem gerade für dieses Lokal passenden Inventar. (Ein diesem Zwecke zu Grunde liegendes praktisches Vermögensinteresse des Beklagten läßt sich in mannigfacher Beziehung denken. Der kontinuierliche Betrieb der Restauration sicherte einen stetigen Kreis von Gästen und erhöhte dadurch mittelbar den Vermietungswert des Lokales; dazu konnte auch der Verbleib des gewohnten Inventares, namentlich des Billards, beitragen rc.)

3) Nach der beide Verträge allseitig durchdringenden Intention beider Parteien sind diese Verträge nur geschlossen, unter Voraussetzung der erwarteten demnächstigen Erteilung der (im Keime zur Zeit des Vertragsschlusses, als Moment des existierenden Thatbestandes bestehend, vorgestellten) Konzession zum Restaurationsbetriebe des Klägers, sodaß beide Kontrahenten die Verträge nicht geschlossen haben würden, wenn sie vorhergesehen hätten, daß jener Keim sich nicht entwickeln, vielmehr die Konzession versagt werden würde. Daraus folgt, daß die Resolvierung des ganzen Verhältnisses bei versagter Konzession dem beiderseitigen Willen beim Vertragsschlusse wesentlich entspricht, daß die Reflexion auf den Restaurationsbetrieb keineswegs ein bloßes (für den Bestand der kontrahierten Rechtsgeschäfte unwesentliches) Motiv bildete.

Nach dem Mietsvertrage und dem Kaufvertrage sollte die Übergabe der Mietslokalitäten und des darin befindlichen verkauften Inventares am 1. August 1877 erfolgen, und an demselben Tage nicht etwa der ganze Kaufpreis, sondern nur ein Preisteil von dreihundert Mark, der Restpreis dagegen in späteren Raten, zahlbar am 1. Januar, 1. April und 1. Juli 1878, berichtigt werden. Das Erkenntnis des Kreisausschusses auf Versagung der Konzession zum Restaurationsbetriebe für den Kläger ist am 6. September 1877 abgefaßt. Hätte also (worüber die Parteien streiten) der Beklagte auch das Restaurationslokal dem Kläger mit dem darin befindlichen verkauften Inventar rechtzeitig übergeben, und wäre der Kläger mit der Preiszahlung im Verzuge gewesen, so kann dieser Verzug doch nie ermöglicht haben, daß die wesentliche (den Endzweck beider Teile vereitelnde) Veränderung der Umstände vor vollständiger Erfüllung des Vertrages von beiden

Teilen eingetreten sei. Ein Verzug des Klägers in der Preiszahlung ist aber gar nicht eingetreten. Derselbe hat die erste Preisrate rechtzeitig gezahlt. Die späteren Raten war er zu zahlen nicht verpflichtet, weil das Vertragsverhältnis zu ihrer Fälligkeitszeit resolviert war.

Der Thatbestand des §. 378 A.L.R. I. 5 ist also gegeben. Mit Recht ist der Kläger von dem Vertrage zurückgetreten."

---

47. Ist die rechtliche Gültigkeit eines Versicherungsvertrages, den ein Preuße mit einer außerhalb Preußens domizilierten Unfallversicherungsanstalt durch Vermittelung eines in Preußen wohnenden Agenten geschlossen hat, dadurch beeinträchtigt, daß die Versicherungsanstalt die in §. 2 des preuß. Gesetzes vom 17. Mai 1853 vorgeschriebene Genehmigung der Ministerien nicht erwirkt, und der betreffende Agent die in den §§. 3 u. 4 das. geforderte persönliche Konzession nicht erlangt hat?

II. Civilsenat. Urt. v. 18. November 1879 in S. P. (Kl.) w. Dresden-Stuttg.-Vers.-Anstalt (Bekl.). Rep. II. 16/79.

I. Landgericht Köln.
II. Appellationsgericht daselbst.

Aus den Bestimmungen des preuß. Gesetzes vom 17. Mai 1853 in Verbindung mit dem §. 360 Nr. 9 St.G.B. ist in jüngerer Zeit mehrfach die Folgerung hergeleitet worden, daß Versicherungsverträge der oben bezeichneten Art wider ein Verbotsgesetz verstießen und, als auf einem unerlaubten Grunde beruhend, nichtig seien. Diese Ansicht wurde reprobiert aus folgenden

Gründen:

„In Erwägung, daß zunächst §. 360 Nr. 9 St.G.B. nur die ohne Genehmigung der Staatsbehörde vorgenommene Errichtung einer Versicherungsanstalt bestraft, somit aber den Abschluß eines Versicherungsvertrages mit einer Gesellschaft, deren Errichtung sich im Auslande vollzogen hat, gar nicht treffen kann;

daß zwar das Gesetz, betreffend den Geschäftsverkehr der Versicherungsanstalten, vom 17. Mai 1853 in den §§. 3 und 4 vorschrieb, daß die

Agenten dieser Anstalten für ihre Person einer besonderen Konzession der Bezirksregierung nachzusuchen hätten, außerdem auch auf Ausländer, die diese Konzession nachsuchten, noch der §. 2 des Gesetzes, demzufolge ausländische Anstalten, wenn sie im Inlande Agenten anstellen wollen, dazu der Erlaubnis der Ministerien bedürfen, Anwendung finde, — und sodann in §. 7 die Folgen der Nichtbeobachtung dieser Vorschriften dahin bestimmte, daß derjenige, der für nicht konzessionierte Versicherungsanstalten oder für konzessionierte Unternehmer aber ohne eigene Konzession gewerbsweise oder doch gegen einen Vorteil Versicherungsgeschäfte vermittele, eine Vergehensstrafe verwirkt habe;

daß indes der Art. III des Gesetzes vom 22. Juni 1861 die bezogenen §§. 3 und 4, sowie die auf sie bezüglichen Bestimmungen des §. 7 außer Kraft gesetzt hat, aus dem nicht aufgehobenen §. 2 aber, der seinem schon hervorgehobenen Wortlaute zufolge keine Konzessionierung der ausländischen Anstalten als solcher, sondern nur zum Zwecke der Bestellung von Agenten fordert, bezüglich der Frage nach der Gültigkeit der für ausländische Gesellschaften durch einen, einer persönlichen Konzession nicht weiter bedürfenden Agenten vermittelten Verträge nichts gefolgert werden kann, — und zwar umsoweniger, als das ganze Gesetz schon von vornherein, wie insbesondere auch in den betreffenden Verhandlungen des Abgeordnetenhauses und dem Kommissionsberichte (s. Drucksachen Bd. 3 Nr. 311 S. 2) hervorgehoben wurde, auf rein gewerbepolizeilichen Gründen beruhte, und in seiner Strafbestimmung sich lediglich gegen den, den gesetzlichen Erfordernissen nicht entsprechenden Geschäftsverkehr der Agenten richtete, keineswegs aber auch die Gültigkeit der von denselben vermittelten Verträge der Inländer mit ausländischen Versicherungsanstalten durch die Gesetzmäßigkeit der Vermittlerthätigkeit bedingen wollte."

---

48. Übernahme der Hypothek in Anrechnung auf das Kaufgeld. — Persönlicher Anspruch des Hypothekgläubigers gegen den Übernehmer auch ohne Beitritt zum Vertrage. Erlischt dieser Anspruch dadurch, daß Käufer und Verkäufer nach der Auflassung den Übernahmevertrag durch einen neuen Vertrag rückgängig machen?

Preuß. Gesetz über den Eigentumserwerb vom 5. Mai 1872 §. 41.

I. Hilfssenat. Urt. v. 25. November 1879 in S. B. (Bekl.) w. W. (Kl.)
Rep. IVa. 116/79.

I. Kreisgericht Breslau.
II. Appellationsgericht daselbst.

Der Erblasser der Beklagten hatte von einem Grundstücke, worauf für Frau W. eine Hypothek haftete, die ideelle Hälfte unter Übernahme der Hälfte dieser Hypothek in Anrechnung auf das Kaufgeld vom Brauereibesitzer H. gekauft. Nach erfolgter Auflassung wurde der Kauf durch einen Vertrag rückgängig gemacht, worin die Beklagte die von ihrem Erblasser erkaufte Grundstückshälfte an H. zurückverkaufte und H. die vom Erblasser der Beklagten übernommene Hälfte der W.'schen Hypothek wieder übernahm. Bei der Zwangsversteigerung des Grundstückes fiel die Hypothek aus; Frau W. belangte sodann die Beklagte mit der persönlichen Klage auf Bezahlung der übernommenen Hypothekhälfte. Der Einwand der Beklagten, die persönliche Haftung ihres Erblassers sei durch die Rückgängigmachung des Kaufes erloschen, wurde verworfen aus folgenden

Gründen:

„Der Wortlaut des ersten Abs. des §. 41 des Gesetzes vom 5. Mai 1872 über den Eigentumserwerb läßt eine andere Deutung nicht zu, als daß hat verordnet werden sollen:

Bei der Veräußerung eines mit Hypotheken belasteten Grundstückes erlangt der Gläubiger gegen den Erwerber, welcher die Hypothekschulden, denen eine persönliche Verbindlichkeit zu Grunde liegt, in Anrechnung auf das Kaufgeld übernimmt, im Augenblicke des Überganges des Eigentumes am Grundstücke die persönliche Klage, und zwar ohne daß er seinen Beitritt zu dem Veräußerungsvertrage durch ausdrückliche Erklärung oder auch nur stillschweigend erkennen zu geben nötig hat.

Allerdings ist dies Verständnis nicht unbestritten; man will (vgl. Achilles, Preuß. Gesetz über Grundeigentumserwerb und Hypothekenrecht) den Worten „auch wenn er dem Übernahmevertrage nicht beigetreten ist" folgenden Sinn beilegen:

Das Neue des §. 41 bestehe darin, daß es seitens des Gläubigers eines Beitrittes nicht mehr bedürfe, dieser vielmehr in dem Abschlusse des Vertrages gefunden werden müsse und ihm so lange freistehe, als die zu seinem Vorteile getroffene Abrede bestehe. Danach seien die Kontrahenten befugt, bis zur Erklärung (Anstellung der Klage) des Gläubigers die denselben berechtigende Stipulation wiederaufzuheben. Die Sache werde dann so angesehen, als habe der Gläubiger niemals das Recht gehabt, den ihm gebotenen Vorteil in Anspruch zu nehmen.

Diese Ausführung scheitert daran, daß sie mit dem Schlußsatze des ersten Abs. des §. 41, „auch wenn er dem Übernahmevertrage nicht beigetreten ist", in Widerspruch tritt; denn nach diesem Satze ist das dem Gläubiger gewährte Recht ihm unbedingt gegeben, während jene Meinung ihm dasselbe für den Fall versagt, daß die Kontrahenten einseitig, ohne Zuziehung des Gläubigers, den Übernahmevertrag wieder rückgängig gemacht haben.

Die Unterscheidung des Falles, wo die Kontrahenten zur Zeit der Klaganstellung den Übernahmevertrag wiederaufgehoben haben, von dem Falle des Fortbestehens des Vertrages rechtfertigt sich auch nicht, wenn man auf den Gedanken des Gesetzgebers sieht, welcher diesen offenbar bestimmt hat, die landrechtlichen Grundsätze über Verträge zu Gunsten Dritter so wesentlich zu ändern. Der Vorteil, anstatt eines persönlichen Schuldners nunmehr die Wahl zwischen zweien zu haben, ist ein solcher, daß ohne weiteres anzunehmen ist, der Gläubiger sei mit dieser Förderung seines Interesses einverstanden. Deshalb wird es so angesehen, als habe er im Augenblicke des Abschlusses des Übernahmevertrages seinen Beitritt dazu erklärt.

Vgl. Entsch. des preuß. Obertribunales Bd. 81 S. 164.

Das alles träfe nicht zu, wenn ihm durch Aufhebung des Übernahmevertrages das Wahlrecht entzogen werden dürfte.

Der Gang der preuß. Gesetzgebung, die Motive zum Gesetze vom 5. Mai 1872, die Verhandlungen in den gesetzgebenden Körpern gewähren keinen Anhalt dafür, daß die Bestimmung des §. 41 in dem vorgedachten eingeschränkten Sinne zu verstehen ist.

Das Allgemeine Landrecht (I. 20 §. 54) verhielt sich auf dem Standpunkte des römischen Rechtes, daß der Dritte den zu seinen Gunsten von den Kontrahenten getroffenen Abreden nur mit deren Zustimmung beitreten dürfe. Trotzdem ist in der preußischen Praxis schon vor der Deklaration vom 21. März 1835 die Meinung hervorgetreten, daß der Käufer eines Grundstückes, welcher die Hypotheken in Anrechnung auf das Kaufgeld übernähme, durch diese Übereinkunft auch in die persönliche Verbindlichkeit eintrete, daß der Gläubiger der Hypothek seine persönliche Klage sofort gegen den Übernehmer richten dürfe (Rechtsspr. Bd. 1 S. 17. 116).

Die Deklaration vom 21. März 1835 wollte durch die Bestimmung, daß der veräußernde Eigentümer seinen Anspruch auf Befreiung von der persönlichen Verbindlichkeit dem Gläubiger abtreten dürfe, das Schwanken der Praxis beseitigen. Bei Beratung dieses Gesetzes ist ausdrücklich zur Sprache gebracht worden, ob nicht der Gläubiger aus der Übernahmeabrede der Kontrahenten sofort die persönliche Klage erlangen solle; doch einigte man sich zuletzt, nur eine Feststellung zu treffen, welche der Prüfung des Prinzipes im allgemeinen nicht vorgreife (Löwenberg, Motive Bd. 1 S. 330).

In den Motiven zum Gesetze vom 5. Mai 1872 ist dagegen ausdrücklich hervorgehoben, daß in der modernen deutschen Rechtsentwickelung das Streben sich geltend mache, es rechtlich für zulässig zu erachten, daß der Dritte aus Verträgen anderer ein direktes Recht erwerbe, wenn sich der Inhalt des Vertrages auf sein Recht bezieht, mithin der Wille der Kontrahenten darauf gerichtet ist, dem Dritten entweder ein Recht zu schaffen oder auf ein schon vorhandenes Recht desselben einzuwirken.

Die im Entwurfe von 1870 gewählte und vom Abgeordnetenhause gebilligte Fassung des §. 41 betonte noch das Interesse des Veräußerers. Sie lautete:

> Hat der Erwerber eines Grundstückes die auf demselben haftende Hypothek in Anrechnung auf das Kaufgeld übernommen **und sich dabei zur Befreiung des Veräußerers von seiner persönlichen Schuld verpflichtet**, so erlangt der Gläubiger gegen den Erwerber die persönliche Klage, auch wenn er dem Übernahmevertrage nicht beigetreten ist **und ohne daß es einer Abtretung des Befreiungsanspruches vom Veräußerer an ihn bedarf.**

Schließlich sind die gesperrt gedruckten Sätze gestrichen worden.

Muß man hiernach annehmen, daß der Gesetzgeber dem Streben der modernen deutschen Rechtsentwickelung hat Rechnung tragen wollen, so gelangt man dahin, daß keine Veranlassung vorliegt, den Abs. 1 des §. 41 anders, als wie sein Wortlaut gebietet, auszulegen, d. h. anzunehmen, daß der persönliche Anspruch dem Gläubiger durch die Übernahmeabrede im Augenblicke des Eigentumswechsels nicht endgültig erworben werde."

49. Ist die auf einem Grundstücke haftende Verpflichtung, für ein anderes Grundstück gegen eine fest bestimmte Geldvergütung gewisse Arbeiten zu leisten, durch den §. 2 Nr. 7 des Gesetzes, betreffend die Ablösung der Reallasten 2c, vom 2. März 1850 aufgehoben?

II. Hilfssenat. Urt. v. 27. November 1879 in S. J. (Bekl.) w. Z. (Kl.) Rep. Va. 29/79.

I. Kreisgericht Greifenhagen.
II. Appellationsgericht Stettin.

In dem Grundbuche des dem Kolonisten J. in R. gehörigen Grundstückes ist die Verpflichtung eingetragen, für das Gut des Rittergutsbesitzers Z. zu N. in jeder Heuernte 10 magdeburgische Morgen Wiese gegen ein Entgelt von 50 Pfg. pro Morgen zu mähen.

Der auf Anerkennung dieser Verpflichtung gerichteten Klage des Z. setzte J. den Einwand entgegen, daß dieselbe durch den §. 2 Nr. 7 des Ablösungsgesetzes vom 2. März 1850 ohne Entschädigung aufgehoben sei.

Der erste Richter wies den Kläger ab. Der Appellationsrichter erkannte abändernd nach dem Klagantrage, indem er annahm, daß der §. 2 Nr. 7 a. a. O.: wonach die auf Grundstücken haftende Verpflichtung, gegen das in der Gegend übliche Tagelohn zu arbeiten, ohne Entschädigung aufgehoben ist, auf die streitige Verpflichtung keine Anwendung finde.

Die auf die Verletzung des §. 2 Nr. 7 und der §§. 6 und 9 des Ablösungsgesetzes vom 2. März 1850 gestützte Nichtigkeitsbeschwerde ist zurückgewiesen aus folgenden

Gründen:

„Aus §. 2 Nr. 7 des Ablösungsgesetzes vom 2. März 1850 läßt sich die Aufhebung der streitigen Verpflichtung, mag ihr Entstehungsgrund sein, welcher er wolle, nicht herleiten. Die auf einem Grundstücke haftende Verpflichtung, gegen das in der Gegend übliche Tagelohn zu arbeiten, belastet das betreffende Grundstück, ohne dem Berechtigten unter gewöhnlichen Verhältnissen einen vermögensrechtlichen Vorteil zu gewähren; denn der Regel nach wird der Berechtigte auch ohne das Bestehen einer solchen Verpflichtung Personen finden, welche ihm für das übliche Tagelohn arbeiten. Mit Rücksicht hierauf konnte der Gesetzgeber, ohne Verletzung offen zu Tage liegender Vermögensrechte, dem Berechtigten für die Aufhebung derartiger Verpflichtungen, auch wenn sie nicht lediglich als ein Ausfluß der Gutsunterthänigkeit zu betrachten und deshalb schon durch das Edikt vom 9. Oktober 1807 für beseitigt anzusehen sind, jede Entschädigung versagen. Anders verhält es sich aber mit der hier in Frage stehenden Verpflichtung. Sie verbindet den Beklagten, als Besitzer seines Grundstückes, zum Mähen der Wiese gegen eine ein für allemal festgesetzte Vergütung pro Morgen und gewährt dem Kläger einen nach Geld zu schätzenden Vorteil, wenn der übliche Tagelohn die festgesetzte Geldvergütung übersteigt. Ohne vermögensrechtliche Nachteile für den Kläger war deshalb die Verpflichtung nicht zu beseitigen. Schon dieser Umstand spricht entschieden dagegen, daß Verpflichtungen, wie die streitige, ohne Entschädigung haben aufgehoben werden sollen, und auch die Worte des Gesetzes geben dafür nicht den mindesten Anhalt. Der §. 2 a. a. O. ist, da er bestehende Rechte ohne Entschädigung aufhebt und hierin eine Ausnahme von der allgemeinen Rechtsregel liegt, strikt zu interpretieren. Er hebt aber unter Nr. 7 nicht jede auf einem Grundstücke haftende Verpflichtung, für ein anderes Grundstück zu arbeiten, sondern nur diejenige auf, welche das Arbeiten gegen das in der Gegend übliche Tagelohn zum Gegenstande hat. Die Nichtigkeitsbeschwerde kann selbst nicht in Abrede stellen, daß, wenn die Arbeit gegen eine feste Geldvergütung geleistet wird, der Umfang der Verpflichtung ein anderer ist, als wenn die Arbeit gegen das übliche Tagelohn erfolgt, und daß namentlich dieses die festgesetzte Geldvergütung übersteigen kann. Wenn sie aber meint, daß dessenungeachtet die streitige Verpflichtung, und zwar auf Grund des §. 2 Nr. 7 a. a. O., ohne Entschädigung für aufgehoben erachtet werden müsse, weil in derselben eine kulturschädliche Belästigung liege, deren Aufhebung das Gesetz vom 2. März 1850 bezwecke, so übersieht sie dabei, daß die Agrargesetze und insbesondere auch das Gesetz vom 2. März 1850 den Zweck, kulturschädliche Belastungen nach Möglichkeit zu beseitigen, im allgemeinen nicht dadurch zu erreichen suchen, daß sie unter Nichtachtung wohlerworbener Rechte diese ohne Entschädigung aufheben, sondern daß sie die Ablösung derselben gestatten und so ihre Aufhebung gegen Entschädigung herbeiführen.

Da die Annahme des Appellationsrichters, daß die streitige Verpflichtung noch besteht, mit Erfolg nicht angegriffen ist, erledigt sich auch der fernere Vorwurf einer Verletzung der §§. 6 und 9 a. a. O. Denn der Appellationsrichter befindet sich in Einklang mit jenen Vorschriften, wenn er die Verpflichtung für eine solche erachtet, die der §. 6. a. a. O. für ablösbar erklärt und für deren Abfindung nach §. 9 a. a. O. die festgesetzte Geldvergütung zu Grunde zu legen ist."

---

50. 1. Bezieht sich die Vorschrift des §. 41 Absatz 2 des preuß. Gesetzes über den Eigentumserwerb 2c (G.S. S. 433) auch auf den ersten Konstituenten der Hypothek?

2. Muß der Gläubiger, wenn bei Bekanntmachung der Übernahme die Forderung für ihn fällig ist, bei Verlust seines Anspruches an den Veräußerer die Hypothek binnen 6 Monaten einklagen?

V. Civilsenat. Urt. v. 29. November 1879 in S. B. (Bekl.) w. Sch. (Kl.) Rep. V. 39/79.

I. Stadtgericht Berlin.
II. Kammergericht daselbst.

Der Kläger klagt einen hypothekarisch eingetragenen, jedoch bei der Subhastation des verpfändeten Grundstückes ausgefallenen Kaufgelderrückstand von 27 151,65 ℳ und Zinsen ein. Der erste Richter hat die Klage abgewiesen, der zweite Richter den Beklagten zur Zahlung von 26 884,96 ℳ und Zinsen verurteilt. Auf die Revision des Beklagten ist das erste Urteil wiederhergestellt aus folgenden, den Sachverhalt ergebenden

Gründen:

„Der Revident hat mittels Vertrages vom 5. April 1875 von dem Rentier M. eine Parzelle des im Grundbuche der Königsstadt zu Berlin . . . eingetragenen Grundstückes gekauft. Das Kaufgeld betrug 53 730 ℳ. Von demselben sind 30 ℳ bar gezahlt. Der Rest ist dem Käufer kreditiert. Nach §. 2 des Vertrages sollte derselbe in vierteljährlichen Raten mit 6 Prozent verzinst und am 1. April 1880 ohne vorherige Kündigung ausgezahlt werden.

Dann bestimmt der §. 2 weiter:

Im Falle nicht prompter, das heißt nicht innerhalb der ersten, acht Tage des Quartales erfolgenden, Zinszahlung ist aber Verkäufer berechtigt, die Zahlung des ganzen Restkaufgeldes sofort ohne vorherige Kündigung zu verlangen.

Der Kaufgelderrückstand ist auf dem verkauften Grundstücke für den Verkäufer M. eingetragen. M. hat am 19. Januar 1877 dem Revisen den Betrag von 26700 ℳ nebst Zinsen seit 1. Januar 1877 cediert. Bei der im Jahre 1877 erfolgten Subhastation des verpfändeten Grundstückes ist die ganze Forderung ausgefallen. Der Revise klagt jetzt den Ausfall nebst Zinsen seit dem Kaufgelderbelegungstermine gegen den Revidenten wegen der von letzterem durch den Kaufvertrag übernommenen persönlichen Verbindlichkeit ein.

Der Revident hat den Einwand erhoben, daß infolge der Vorschrift des §. 41 des Gesetzes über den Eigentumserwerb vom 5. Mai 1872 seine persönliche Verbindlichkeit erloschen sei. Er stützt ihn auf folgenden Sachverhalt:

Er hat am 7. Juni 1875 das fragliche Grundstück dem Zimmermeister Z. verkauft und aufgelassen. Die auf dem Grundstücke ruhenden Hypotheken sind von dem Z. übernommen. Der Revident hat dies M. wiederholt, insbesondere auch am 9. Juli 1875 bekannt gemacht. Von den am 1. Juli 1875 fälligen Zinsen ist ein Teil, nämlich der Betrag für die Zeit vom 20. Mai bis 1. Juli 1875 bis zum 9. Juli desselben Jahres, an M. nicht gezahlt. Letzterer hat innerhalb der im §. 41 a. a. O. vorgeschriebenen Frist die Hypothek nicht eingeklagt.

Bei diesem zwischen den Parteien nicht streitigen Sachverhalte muß die Einrede des Revidenten für begründet erachtet werden.

Der §. 41 des Eigentumserwerbsgesetzes bestimmt im Absatze 2:

Der Veräußerer wird von seiner persönlichen Verbindlichkeit frei, wenn der Gläubiger nicht innerhalb eines Jahres, nachdem ihm der Veräußerer die Schuldübernahme bekannt gemacht, die Hypothek dem Eigentümer des Grundstückes gekündigt und binnen 6 Monaten nach der Fälligkeit eingeklagt hat.

Das Gesetz legt hierin dem Gläubiger die Verpflichtung auf, die Fälligkeit der Hypothek herbeizuführen und binnen 6 Monaten nach der Fälligkeit zu klagen. Bedarf es keiner Kündigung, sondern ist die

Forderung bereits zur Zeit der bekannt gemachten Übernahme fällig, so tritt die Pflicht des Gläubigers, innerhalb der bestimmten Frist sein Recht geltend zu machen, sofort ein.

Dieser Verpflichtung ist M. nicht nachgekommen. Er hat die Hypothek, obwohl sie wegen nicht prompter Zinszahlung am 9. Juli 1875 fällig war, nicht eingeklagt. Die an diese Versäumnis vom Gesetze geknüpfte Folge ist mithin für ihn, und ebenso für seinen Cessionar, den Revidenten, eingetreten.

Der Ansicht des Appellationsrichters, daß durch §. 2 des obengedachten Vertrages dem Gläubiger nur eine Befugnis eingeräumt sei, und daß erst, wenn er von derselben Gebrauch mache und Zahlung fordere, die Fälligkeit der Hypothek eintrete, kann nicht beigestimmt werden. Eine Forderung kann fällig sein, entweder allein für den Gläubiger, oder allein für den Schuldner, oder für beide Teile. Für den Gläubiger ist sie fällig, wenn er mit der Einforderung nicht mehr zu warten braucht. „Venire diem" significat eum diem venisse, quo pecunia peti possit, l. 213 Dig. V. S. 50, 16. Nur diese Fälligkeit für den Gläubiger hat der Gesetzgeber im §. 41 a. a. O. gemeint. Es folgt dies notwendig aus dem Zusammenhange des letzten Satzes, in welchem dem Gläubiger zunächst auferlegt wird, die der Einklagung für ihn entgegenstehenden Schranken zu beseitigen, und der dadurch herbeigeführte Zustand als Fälligkeit bezeichnet wird. Nachdem diese Fälligkeit hier kraft der getroffenen Abreden ohne Kündigung eingetreten war, bedurfte es keiner Erklärung des M., daß er von seinem Rechte Gebrauch machen wolle, und ebensowenig einer Aufforderung an den Schuldner, zu zahlen, um die Wirkungen herbeizuführen, welche das Gesetz an die Versäumung der Klaganstellung knüpft. Die vom Revisen ausgeführte Ansicht, daß die Fälligkeit auch für den Schuldner eingetreten sein müsse, findet im Gesetze keinen Anhalt. Es läßt sich kein Grund erfinden, weshalb der Gesetzgeber die Bestimmung, daß der Gläubiger, wenn er nicht binnen 6 Monaten klagt, seinen persönlichen Anspruch gegen den Veräußerer verliert, an die Bedingung geknüpft haben sollte, daß auch der Schuldner sich in der Lage befindet, die Befreiung von seiner Verpflichtung herbeizuführen.

Die weitere Ausführung des Revisen, daß der §. 41 a. a. O. auf den ersten Konstituenten der Hypothek keine Anwendung finde, daß vielmehr zwischen den ursprünglichen Paziszenten nur das aus dem Vertrage entspringende Recht entscheide, haben die beiden Vorderrichter unter Hinweis auf den Wortlaut und die Motive des Gesetzes zutreffend widerlegt.

Der Revise hat zwar ferner behauptet, daß der M. sich mit der Übernahme der Forderung seitens des Z. einverstanden erklärt habe. Ein Einwand hieraus ist jedoch nicht entnommen. Er würde auch unbegründet sein, da nicht geltend gemacht ist, daß M. den Z. als seinen Gläubiger angenommen und den Revisen aus der persönlichen Verbindlichkeit entlassen hat.

Ebensowenig ist der Umstand von Erheblichkeit, daß der Revident den M. gebeten haben soll, von seinem Rechte auf sofortige Zahlung keinen Gebrauch zu machen, da es auf den Grund, weshalb M. sein Recht nicht ausübte, nicht ankommt, und da eine Aufhebung dieses Rechtes nur durch einen neuen Vertrag eingetreten sein würde, ein solcher aber in der Gewährung der behaupteten Bitte nicht gefunden werden kann.

Dasselbe gilt von der Behauptung, daß M. die Zinsen nachträglich ohne Vorbehalt angenommen habe. Inwiefern diese Thatsache für die Aufhebung des Verzuges des Grundstücksbesitzers von Einfluß sein würde, kann unerörtert bleiben. Es handelt sich hier nicht um die Wirkungen des Verzuges, sondern um den Eintritt einer kontraktlichen Bestimmung über die Fälligkeit des Kapitales. Das Kapital ist fällig geworden, nicht weil die Zinszahlung verzögert wurde, sondern weil die Kontrahenten diese Folge für den Fall der nicht prompten Zahlung verabredet hatten. Wenn also auch der Verzug des Besitzers nachträglich beseitigt wäre, so blieb doch das durch den Kaufvertrag zwischen dem früheren Besitzer und M. begründete Rechtsverhältnis unverändert von Bestand. M. konnte nach dem Vertrage am 9. Juli 1875 das Kapital fordern, hat es aber nicht gethan.

Der Einwand des Revidenten erscheint hiernach begründet, und muß deshalb das zweite Erkenntnis aufgehoben und das die Klage abweisende erste Erkenntnis wiederhergestellt werden."

---

51. Ist für die Extinktivverjährung von Forderungen, welche ihren Sitz unter fremdem Rechte haben, aber in Altpreußen eingeklagt

werden, auch nach dem preuß. Allgemeinen Landrechte das örtliche Recht der Obligation maßgebend?

I. Civilsenat. Urt. v. 10. Dezember 1879 in S. Ph. (Bekl.) w. Fl. (Kl.) Rep. I. 191/79.

I. Kreisgericht Duisburg.
II. Appellationsgericht Hamm.

Aus den Gründen:

„Auf Grund des schriftlichen Vertrages vom 7. August 1872 verlangt der Kläger von der Beklagten für die von ihm während der Kontraktszeit beförderten Kohlen eine Nachvergütung von 3 Pfennig pro Centner. Vom ersten Richter, dem Kreisgerichte Duisburg, in der angebrachten Art zurückgewiesen, hat er in zweiter Instanz teilweise ein obsiegliches Urteil erstritten. Die Beklagte begehrt jetzt in ihrer Revisionsschrift Aufhebung des Appellationserkenntnisses und Abweisung des Klägers. Diesem Antrage kann nicht stattgegeben werden.

Der auf das preußische Gesetz vom 31. März 1838 über die kürzeren Verjährungsfristen gestützte Verjährungseinwand ist unzutreffend.

Die Rechtsverhältnisse der Parteien aus dem Vertrage sind nach dem gemeinen Rechte zu beurteilen, mag man für diese Frage den Ort des geschlossenen beziehungsweise des erfüllten Vertrages, oder die Intention der Kontrahenten als maßgebend ansehen. Denn Diez, wo der Vertrag geschlossen, die Grube Glückauf bei Dornbach, wo die Erfüllung mit der Aufladung auf die Wagen des Klägers begonnen, und Vallendar, wo die Erfüllung mit der Ablieferung der Kohlen beendigt worden, liegen gleichmäßig im Gebiete des gemeinen Rechtes, und unter diesen Umständen kann ebenso die Annahme, daß auch die Kontrahenten sich diesem Rechte haben unterwerfen wollen, keinem Bedenken unterliegen.[1]

Das preußische Gesetz vom 31. März 1838 ist nach seinem Eingange ausdrücklich nur für den Geltungsbereich des Allgemeinen Landrechtes erlassen, findet also vorliegend keine Anwendung. Denn für die Verjährung eines Forderungsrechtes ist das örtliche Recht der Obligation maßgebend, weil die Verjährung nicht als ein Prozeßinstitut,

[1] Entsch. des R.O.H.G.'s Bd. 24 Nr. 49 S. 181 und die dort Angeführten.

sondern als ein Institut des materiellen Rechtes, welches den Bestand des fraglichen Forderungsrechtes berührt, aufzufassen ist.

Dies ist vom Reichsoberhandelsgerichte in den sowohl für das gemeine, wie das preußische Recht zutreffenden Gründen der Entscheidung vom 17. Oktober 1874 (Entsch. desselben Bd. 14 Nr. 82 S. 258) überzeugend ausgeführt, und genügt hier die Hinweisung darauf.

Demgegenüber erscheint die abweichende, übrigens verschiedentlich modifizierte, Auffassung des preußischen Obertribunales[1] nicht haltbar. Gerade nach preußischem Rechte[2] ist die Wirkung der erlöschenden Verjährung die Aufhebung des verjährten Rechtes. Die §§. 568. 569 A.L.R. I. 9 haben diese materielle Wirkung auf den Bestand der Rechte nicht aufgehoben, sondern (infolge der zur Zeit der Abfassung des Allgemeinen Landrechtes herrschenden Theorie) nur noch das Erfordernis des guten Glaubens für die Extinktivverjährung aufgestellt.

Vgl. A.L.R. Einl. §. 107, I. 6 §. 54, I. 9 §§. 501. 564, I. 16 §§. 7. 377. 347. 348."

---

52. Kommt der Glaube des Grundbuches in Frage, wenn in diesem ein Grundstück noch auf den Namen beider Eheleute eingetragen steht, nachdem die bestandene eheliche Gütergemeinschaft bereits durch den Tod der Ehefrau gelöst ist? Exekutionshypothek.

Gesetz über den Eigentumserwerb rc vom 5. Mai 1872 (G.S. S. 433) §§. 9. 37. 38.

V. Civilsenat. Urt. v. 13. Dezember 1879 in S. J. & Konf. (Bekl.) w. E. (Kl.) Rep. V. 24/79.

I. Kreisgericht Schneidemühl.
II. Appellationsgericht Bromberg.

Für eine von dem Mitbeklagten B. nach dem Tode seiner Ehefrau gemachte Schuld hatte der Gläubiger, der Mitbeklagte J., eine

[1] Entsch. des Obertrib. Bd. 10 S. 102, Bd. 11 S. 232; Striethorst, Archiv Bd. 36 S. 90, Bd. 50 S. 258.

[2] Dernburg, Preuß. Privatrecht Bd. 1 S. 48. 49; Förster, Theorie Bd. 1 S. 60 flg. 290 flg.; Savigny, System Bd. 5 S. 273 flg.

Exekutionshypothek eintragen lassen auf ein Grundstück, welches im Grundbuche noch als gütergemeinschaftliches auf den Namen beider Eheleute eingetragen stand. Als derselbe Gläubiger wegen dieser Hypothekenforderung demnächst die Subhastation des verpfändeten Grundstückes ausbrachte, trat ihm der Kläger E. in seiner Eigenschaft als Erbe der verstorbenen Ehefrau des Schuldners mit der Klage auf Aufhebung der Subhastation entgegen. In Abänderung der abweisenden ersten Entscheidung erkannte der Appellationsrichter nach dem Klagantrage, weil die Exekutionshypothek den zur Zeit der Eintragung durch den Tod der Ehefrau des Schuldners bereits auf deren Erben verfallenen Anteil des Grundstückes nicht erfaßt habe. Die dagegen eingelegte Nichtigkeitsbeschwerde wurde zurückgewiesen aus folgenden

Gründen:

... „Der Angriff der Nichtigkeitsbeschwerde ist nicht durchschlagend, welcher Verletzung des §. 380 A.L.R. II. 1 und der §§. 37. 38 des Grunderwerbsgesetzes vom 5. Mai 1872 deshalb rügt, weil der Appellationsrichter den Klaganspruch für begründet erachte, ohne zu berücksichtigen, daß der Tod der Ehefrau B. aus dem Grundbuche nicht hervorgeht. Daß der Mitbeklagte J., abgesehen von dem Inhalte des Grundbuches, nicht berechtigt ist, sich für seine, erst nach Auflösung der ehelichen Gütergemeinschaft entstandene Forderung gegen den Ehemann an den in das Eigentum der Erben der Ehefrau übergegangenen Anteil des betreffenden Grundstückes zu halten, ist nicht streitig. Aber er kann sich dem entgegen auch nicht auf den Glauben des Grundbuches berufen, weil dasselbe nicht die Aufgabe hat, darüber Nachricht zu geben, ob die darin eingetragenen Personen noch am Leben sind. Wie schon das Allgemeine Landrecht, so garantiert auch das Grunderwerbsgesetz vom 5. Mai 1872 die von dem Eigentümer einem Gutgläubigen gegen Entgelt bewilligten Rechte (§. 9 das.), wenn sich auch später ergeben sollte, daß es zu dieser Bewilligung an der materiellen Berechtigung gefehlt haben sollte. Aber die Fiktion, welche den sich aus dem Grundbuche ergebenden Rechtsstand als den wirklichen hinstellt, darf ihrer Natur nach nur eine strikte Anwendung finden, und das Gesetz bietet nirgends einen Anhalt dafür, daß diese Fiktion über die Grenzen des besonderen, aus dem Eigentume fließenden Verfügungsrechtes hinaus sich erstrecken solle auf die allgemeinen Erfordernisse der Rechtsfähigkeit. Indem das Gesetz dem eingetragenen Eigentümer alle Rechte des Eigentümers beilegt, geht es von der selbstverständlichen Voraussetzung aus, daß derselbe diese Berechtigung nur solange und insofern zur Geltung bringen könne, als er an und für sich Rechte auszuüben imstande ist, in erster Linie also, daß er überhaupt existiert. Praktische Bedeutung gewinnt die Sache nur dann, wenn mit einem Vertreter des eingetragenen Eigentümers verhandelt wird. Nun bestimmen die §§. 186 flg. A.L.R. I. 13, daß in der Regel die Vollmacht mit dem Tode des Machtgebers erlischt, und es hätte einer ausdrücklichen Gesetzesvorschrift bedurft, wenn diese Bestimmungen in dem Falle nicht zur Geltung kommen sollten, in welchem von einem eingetragenen Eigentümer bezüglich seines Grundeigentumes Vollmacht erteilt worden ist; deshalb kann auch der Prozeßrichter bei seiner Requisition um Eintragung einer Exekutionshypothek nur den Willen eines Lebenden ergänzen, und durch seinen Irrtum kann der Dritte, der Gläubiger, selbst wenn er sich in gutem Glauben befindet, ebensowenig Rechte erwerben, als wenn er sich mit dem Mandatar eines Verstorbenen eingelassen hätte. Zu diesem durch die Analogie gebotenen Schlusse führt auch die Erwägung, daß kein Grund für die Annahme gegeben ist, es habe der Gesetzgeber dem durch das Gesetz vom 4. März 1834 geschaffenen Titel zum Pfandrechte im allgemeinen mehr Rechte beilegen wollen, als den übrigen Titeln.

Die von der Nichtigkeitsbeschwerde als verletzt bezeichneten §§. 37 und 38 des Grunderwerbsgesetzes vom 5. Mai 1872 berühren die Frage überall nicht. Wenn die Nichtigkeitsbeschwerde insbesondere hinweist auf den letzten Absatz des §. 38, so übersieht sie, daß derselbe sich nur mit dem Falle des **Überganges** einer bereits eingetragenen Grundschuld oder Hypothek auf einen Dritten befaßt und unter dem „Rechtsurheber" nicht den eingetragenen Eigentümer, sondern den eingetragenen Grundschuld- oder Hypothekengläubiger versteht. Anderenfalls würde sich diese Gesetzesstelle in Widerspruch befinden mit dem zweiten Absatze des §. 9. a. a. O.

Vgl. auch **Achilles**, Komm. zu §. 38 des Grunderwerbsgesetzes."

---

53. **Ist ein Darlehnsgläubiger, welcher später an den Schuldner im Spiele verloren und die Aufrechnung der Gewinnforderung auf die Darlehnsschuld mündlich bewilligt hat nach dem Allg. Landrechte**

bei einem Objekte von mehr als 150 Mark an diese Bewilligung gebunden?

I. Hilfssenat. Urt. v. 19. Dezember 1879 in S. Sch. (Bekl.) w. Kn. (Kl.) Rep. IVa. 66/79.

I. Stadtgericht Berlin.
II. Kammergericht daselbst.

Der Kläger forderte Rückzahlung eines Darlehns von 300 *M*. Der Beklagte wendete ein, daß der Kläger an ihn längere Zeit nach der Hingabe des Darlehns im Kartenspiele mehr als 300 *M* verloren, diesen Verlust nicht bezahlt, aber nach Beendigung des Spieles erklärt habe: „nun sind wir wegen des Darlehns quitt"; der Kläger habe sich also mit der Kompensation der Gewinnforderung auf die Darlehnsschuld einverstanden erklärt. Die Einrede wurde verworfen.

Aus den Gründen:

„Das preuß. Obertribunal hat in einem dem vorliegenden wesentlich gleichen Falle (vgl. Entsch. desselben Bd. 71 S. 25) mit Rücksicht darauf, daß der §. 577 A.L.R. I. 11 dem Anspruche auf Bezahlung einer Spielschuld nur die Klage, nicht auch die Einrede versage, also auch die Einrede der Kompensation als gestattet anzusehen sei, daß ferner das Gesetz (§. 578 a. a. O.) die Rückforderung der Zahlung einer Spielschuld ausschließe, den von dem Schuldner bethätigten freien Willen, die Spielschuld zu tilgen, anscheinend auch dann für wirksam erachtet, wenn sich dieser Wille in der formlos bewilligten Abrechnung der Spielschuld auf eine anderweite Forderung des Verlierers an den Gewinner manifestiert habe.

Dieser Ansicht kann indes nicht zugestimmt werden. Die Bezahlung einer Spielschuld ist rechtlich nicht erzwingbar; die Spielschuld ist nicht klagbar und deshalb an sich auch nicht kompensabel;[1] soll der Gewinner kompensationsberechtigt werden, der Verlierer also das Recht einbüßen, seine anderweite Forderung an den Gewinner ohne Rücksicht auf seine Spielschuld einzuziehen, so bedarf es dazu eines bündigen, also auch formell rechtsbeständigen Vertrages, mithin bei einem Objekte über 150 *M* des schriftlichen Abschlusses. Die bloße Willensübereinstimmung beider Teile, daß aufgerechnet werden solle, oder daß aufgerechnet sei, reicht

[1] Vgl. Bornemann, System Bd. 3 §. 127; Förster, Theorie ꝛc Bd. 2 §. 133; Dernburg, Lehrbuch Bd. 2 §. 158 Note 16. D. R.

dazu nicht aus. Denn sie schafft nicht eine Veränderung der Thatsachen, kann also nicht unter dem Gesichtspunkte der Erfüllung der mündlichen Übereinkunft vor der Aufrufung geschützt sein."[1]

---

54. Hat derjenige, welchem eine Sache körperlich übergeben worden ist, in Ansehung der aus dem Besitze entspringenden Rechte den Vorzug vor dem, welcher vorher den Besitz durch constitutum possessorium erlangt hatte?

A.L.R. I. 7 §§. 74 bis 76, I. 10 §. 23.

V. Civilsenat. Urt. v. 20. Dezember 1879 in S. F. (Bekl.) w. R. (Kl.) Rep. V. 31/79.

I. Stadt- und Kreisgericht Magdeburg.
II. Appellationsgericht daselbst.

Das Reichsgericht hat die von dem Beklagten gegen das zweite Urteil eingelegte Nichtigkeitsbeschwerde zurückgewiesen aus folgenden, den Sachverhalt ergebenden

Gründen:

„Nach der Feststellung des Appellationsrichters liegt folgendes Sachverhältnis vor:

Der Kläger hat mittels schriftlichen Vertrages vom 8. April 1876 von dem Viktualienhändler H. St. eine Drehrolle für 600 ℳ gekauft. Hinsichtlich der Übergabe lautet der §. 3 des Vertrages:

Die Übergabe der gekauften Gegenstände hat zur Zufriedenheit des Käufers stattgefunden; es gestattet indessen Käufer dem Verkäufer die ordnungsmäßige Benutzung der Gegenstände auf unbestimmte Zeit von heute ab, und hat letzterer dem ersteren hierfür eine Entschädigung von 6 ℳ zu zahlen.

Der Beklagte bestreitet, daß durch diese Abreden die Übergabe bewirkt ist und behauptet seinerseits, Eigentümer der Drehrolle zu sein, weil er dieselbe von den St.'schen Eheleuten mittels Vertrages vom 1. Oktober 1877 gekauft und übergeben erhalten habe. Er befindet sich jetzt im Besitze derselben.

---

[1] Vgl. Striethorst, Archiv Bd. 84 S. 180. D. R.

Der Appellationsrichter erachtet den Anspruch des Klägers auf Herausgabe der Rolle für begründet. Die von dem Beklagten gegen diese Entscheidung erhobenen Angriffe sind verfehlt.

Die erste Beschwerde geht dahin, daß der Appellationsrichter die Abreden im §. 3 des Vertrages vom 8. April 1876 zu Unrecht für ausreichend gehalten habe, um die Übergabe darzuthun. Hierzu habe es, führt Beklagter aus, der Besitzergreifung bedurft, welche nicht durch Willenserklärung, sondern nur dadurch, daß dem Erwerber das physische Vermögen, mit Ausschließung anderer über die Sache zu verfügen, übertragen wurde, erlangt werden konnte. Die gerügte Verletzung des A.L.R.'s I. 7 §§. 1—3. 58, I. 11 §. 77, I. 10 §. 1 liegt jedoch nicht vor.

Der Besitz wird nicht allein durch körperliche Übergabe, sondern nach §§. 70 flg. A.L.R. I. 7 in den gesetzlich bestimmten Fällen auch durch bloße Willensäußerungen übertragen. Insbesondere gilt nach §. 71 die Übergabe des Besitzes für vollzogen, wenn der bisherige Besitzer seinen Willen, die Sache nunmehr für einen anderen in seiner Gewahrsam zu halten, rechtsgültig erklärt. Mietet oder pachtet, sagt §. 73 a. a. O. weiter, der bisherige Eigentümer eines Grundstückes dasselbe von einem anderen, so vertritt dieser Vertrag zugleich die Stelle der Einräumung des vollständigen Besitzes. Der Appellationsrichter durfte deshalb, auch wenn keine körperliche Übergabe stattgefunden hatte, den Besitz der Drehrolle auf den Kläger übertragen ansehen, sofern die Bedingungen zur Anwendung der §§ 70—73 A.L.R. I. 7 vorliegen. Er bejaht dies, weil er der Ausführung in der Klage zustimmt, wonach in dem §. 3 a. a. O. zwischen dem Kläger und St. verabredet ist, daß letzterer — der bisherige Eigentümer und Verkäufer — die Rolle mietsweise behalten solle. Die Annahme, daß der §. 3. alle wesentlichen Merkmale des Mietsvertrages enthält, kann nicht für rechtsirrtümlich erachtet werden. Dem Verkäufer ist die Benutzung der Rolle gegen einen bestimmten Preis gestattet. Es liegen deshalb die Erfordernisse des §. 258 A.L.R. I. 21 vor. Eine bestimmte Dauer des Vertrages braucht nicht verabredet zu werden (§. 340 ebendas.). Den Appellationsrichter trifft sonach nicht der Vorwurf der Gesetzesverletzung, wenn er annimmt, daß durch constitutum possessorium der Besitz der Rolle auf den Kläger übergegangen ist.

Die zweite Beschwerde geht dahin, daß Beklagter, dem der Besitz körperlich übertragen ist, die Eigentumsansprüche des Klägers, welcher den Besitz nur durch constitutum possessorium erlangt hat, ausschließe. Es wird Verletzung von §. 47 A.L.R. I. 5, §§. 22. 23 I. 10, §§. 74. 71. 58. 59 I. 7 behauptet. Auch dieser Angriff erscheint verfehlt, wenn auch der Nichtigkeitsbeschwerde zugegeben werden muß, daß der Fall des §. 47 A.L.R. I. 5 nicht vorliegt. Das Citat ist ohne Bedeutung und beruht anscheinend auf einem Schreibfehler.

Der weiter behauptete Vorzug der körperlichen Übergabe vor dem constitutum possessorium besteht nicht. Das Landrecht kennt vier Arten der Besitzesübertragung: durch körperliche Übergabe (I. 7 §§. 58—60), durch Zeichen (§§. 62—65), durch Anweisung (§§. 66—68) und durch bloße Willensäußerung (§§. 70—73).

In dem sich unmittelbar anschließenden §. 74 wird bestimmt:

Der, welchem eine Sache körperlich übergeben worden, hat, in Ansehung der aus dem Besitze entspringenden Rechte den Vorzug vor dem, bei welchem die Übergabe bloß durch Anweisung oder Zeichen geschehen ist.

Der Wortsinn dieser Vorschrift bietet zu Zweifeln keinen Anlaß. Der Vorzug, welchen das Gesetz der körperlichen Übergabe gewährt, wird auf die beiden Arten der Übergabe durch Zeichen und durch Anweisung beschränkt. In Übereinstimmung hiermit verordnet §. 75, daß beim Streite mehrerer, welche die Übergabe bloß durch Zeichen oder Anweisung erhalten haben, sich keiner die Rechte des Besitzes gegen den anderen anmaßen darf. Die dann folgende Bestimmung (§. 76), daß die Sache so lange in gerichtlichen Beschlag genommen werden soll, bis das Recht zum Besitze entschieden ist, kann ebenfalls nur von dem Falle, daß keinem Prätendenten körperlich oder durch Willensäußerung tradiert ist, verstanden werden.

Der Grund für die Vorschrift des §. 74 läßt sich auch nicht schwer finden. Nach §. 62 a. a. O. können bei der symbolischen Übergabe die Zeichen, abgesehen von den gesetzlichen Ausnahmen, willkürlich gewählt werden. Sie müssen jedoch (§. 63) von der einen Seite die Absicht, den Besitz zu erledigen, und von der anderen, denselben zu ergreifen, hinlänglich andeuten. Aber auch dann soll die symbolische Übergabe von der Beschaffenheit sein, daß der körperlichen Besitznehmung ferner nichts im Wege steht (§. 64).

Diese Vorschriften weisen darauf hin, daß der Gesetzgeber die Möglichkeit ins Auge gefaßt hat, die gebrauchten Zeichen könnten zur Bewirkung der Übergabe nicht ausreichend sein.

Ein ähnlicher Zweifel ist bei der körperlichen Übergabe aus Hand in Hand (§. 61), und ebenso bei der Übergabe durch bloße Willensäußerung nicht denkbar. In letzterem Falle erachtet das Gesetz mit Abgabe der vorgeschriebenen Erklärung die Tradition für vollzogen (§§. 70. 71). Ein Bedürfnis, die Rechte derjenigen, denen in unvollkommener, nicht ausreichender Weise tradiert ist, gesetzlich zu regeln, waltete deshalb nur bei der sogenannten symbolischen Übergabe ob. Hier lag der Gedanke nahe, eine Tradition, welche dem Erwerber nicht die wirkliche Herrschaft über die Sache gewährt, sondern deren Besitznehmung durch einen anderen zuläßt, gegen die körperliche Übergabe aus Hand in Hand zurücktreten zu lassen.

Dies bestimmt §. 74 a. a. O. Hätte der Gesetzgeber noch weitergehen und denselben Grundsatz auch bei der Übergabe durch Willensäußerung durchführen wollen, so wäre erforderlich gewesen, entweder diese Absicht im §. 74 zum Ausdrucke zu bringen, oder die Vorschriften über die Wirkung der Tradition durch Willensäußerungen in den §§. 70 und 71 zu modifizieren. Denn die Worte des §. 71: „Ist die Übergabe des Besitzes für vollzogen zu achten“, lassen sich unmöglich mit der Annahme vereinigen, das Gesetz habe dem früheren Besitzer gestatten wollen, die hiermit angeordnete rechtliche Wirkung der abgegebenen Erklärung nachträglich durch einen von ihm vorgenommenen Akt aufzuheben. Ganz verschieden davon ist die Frage, ob der nach §§. 70 und 71 rechtlich erworbene Besitz durch Treulosigkeit des Inhabers demnächst verloren gehen kann.

Das frühere preußische Obertribunal hat in mehreren Entscheidungen die entgegenstehende Ansicht angenommen. Es wendet den §. 74 a. a. O. auch auf den Besitzerwerb durch constitutum possessorium an.

Vgl. Striethorst, Archiv Bd. 48 S. 21; Entsch. des Obertribunales Bd. 83 S. 1.

Zur Begründung wird ausgeführt, daß die Redaktoren, wie die Entstehungsgeschichte des Landrechtes ergebe, sowohl das constitutum possessorium, als die traditio brevi manu für species traditionis symbolicae gehalten haben, und daß aus diesem Grunde die §§. 74 bis 76, welche in den früheren Entwürfen auf die Regeln über den Besitzerwerb durch Zeichen oder Anweisung folgten, hinter die Vorschriften über den Besitzerwerb durch Willensäußerung gestellt seien. Durch diese Umstellung sei zum Ausdrucke gebracht, daß die körperliche Übergabe den Vorzug vor der Übergabe durch Willensäußerung haben solle.

Schon der Umstand, daß der Wortlaut des §. 74 einer solchen Interpretation widerspricht, erregt Bedenken gegen ihre Richtigkeit. Nach §. 46 der Einl. zum Landrechte soll der Richter den Gesetzen keinen anderen Sinn beilegen, als welcher aus den Worten und dem Zusammenhange derselben, oder aus dem nächsten unzweifelhaften Grunde des Gesetzes deutlich erhellt. Nur wenn er den Sinn des Gesetzes zweifelhaft findet, hat er nach den allgemeinen Regeln über Auslegung der Gesetze zu entscheiden (Anh. §. 2). Nimmt man aber auch an, daß schon der Ort, wo die Gesetzesvorschrift steht, einen derartigen Zweifel hervorruft, so folgt doch aus der Umstellung allein nicht, daß solche Vorschriften, welche nur für die eine Art der Tradition nach deutlichem Wortlaute gegeben sind, auch auf die andere Art angewendet werden müssen. Die Ansicht einzelner Redaktoren des Landrechtes, daß der Besitzerwerb durch Willensäußerung eine Art der symbolischen Übergabe enthalte, wird jetzt allzeitig als eine unrichtige verworfen und darf nicht die Grundlage für eine weitere Rechtsentwickelung bilden. Zudem geben die Materialien zum Tit. 7 Teil I des Landrechtes nicht den geringsten Anhalt, daß die Redaktoren selbst die in den Entscheidungen des Obertribunales gezogene Konsequenz ihrer Ansicht beabsichtigt haben.

Die Umstellung ist vielmehr nur aus Gründen der legislativen Technik erfolgt. Das Obertribunal nimmt auch selbst Anstand, die ausgesprochene Ansicht vollständig durchzuführen. Obwohl der für dieselbe aufgestellte Grund gleichmäßig bei den beiden Formen der Übergabe durch Willensäußerung zutrifft, räumt es der körperlichen Übergabe einen Vorzug gegen die traditio brevi manu nicht ein (§. 70 I. 7).

Nimmt man hiernach an, daß der §. 74 I. 7 auf den Fall des Besitzerwerbes durch constitutum possessorium (§. 71 ebendas.) keine Anwendung findet, so fällt damit der vom Imploranten erhobene zweite Angriff. Eine Verletzung der §§. 22. 23 A.L.R. I. 10 hat nicht stattgefunden, da dem Imploraten der Besitz vor dem Imploranten eingeräumt ist. Die Nichtigkeitsbeschwerde muß deshalb als unbegründet zurückgewiesen werden."

55. 1. Ist nach dem Allgemeinen Landrechte die Ehefrau berechtigt, dem verarmten Ehemanne den Nießbrauch und die Verwaltung der Illaten zu entziehen, solange der Ehemann ihr aus den Illatenrevenuen standesmäßigen Unterhalt gewährt?

2. Dürfen die Gläubiger des Ehemannes, zum Zwecke ihrer Befriedigung aus dem Reste der Illatenrevenuen einen Vertrag der Ehefrau anfechten, durch welchen der Mann dem Nießbrauche an den Illaten entsagt hat?

I. Hilfssenat. Urt. v. 2. Januar 1880 in S. der M.'schen Eheleute (Bekl.) w. M. (Kl.) Rep. IVa. 158/79.

I. Kreisgericht Zeitz.
II. Appellationsgericht Naumburg.

In einem zwischen den beklagten Eheleuten geschlossenen Vertrage hatte der Ehemann seinem Nießbrauchsrechte an dem eingebrachten Vermögen der Frau entsagt. Von dem Kläger, welchem eine vollstreckbare Forderung gegen den beklagten Ehemann zusteht, wurde diese Entsagungserklärung als freigebige Verfügung auf Grund des Gesetzes vom 9. Mai 1855 angefochten. Die beklagte Ehefrau wendete ein, daß sie befugt gewesen sei, dem Manne den Nießbrauch zu entziehen, weil derselbe nicht mehr vermögend sei, aus eigenen Mitteln ihr den notwendigen Unterhalt zu gewähren. Während der erste Richter die Klage zurückwies, erachtete der Appellationsrichter die Anfechtung für begründet, indem er feststellte, daß die Revenuen des zum Eingebrachten gehörigen Grundstückes nach Bestreitung des Unterhaltes der Beklagten sogar noch einen Reinertrag abwerfen. Auf die Revision der Beklagten bestätigte das Reichsgericht das zweite Erkenntnis aus folgenden

Gründen:

„Der Appellationsrichter ist bei seiner verurteilenden Entscheidung von der Voraussetzung ausgegangen, daß, um festzustellen, ob der beklagte Ehemann zur Erfüllung der ihm obliegenden Verbindlichkeit, der Ehefrau den erforderlichen Unterhalt zu gewähren, vermögend ist, die Revenuen des eingebrachten Vermögens der Frau mit in Rechnung zu ziehen sind. Dieser Annahme muß beigetreten werden.

Der Mann ist verpflichtet, der Frau standesmäßigen Unterhalt zu gewähren (§. 185 A.L.R. II. 1). Dagegen steht ihm an dem Vermögen der Frau, soweit nicht durch Gesetze oder Verträge Ausnahmen gemacht sind, die Verwaltung und der Nießbrauch zu (§§. 205. 231 das.). Sowohl die Pflicht zur Unterhaltung der Frau, als das Recht auf die Verwaltung und den Nießbrauch des Eingebrachten sind in der Stellung begründet, welche das Gesetz dem Manne, als dem Haupte der ehelichen Gemeinschaft, einräumt. Das Recht korrespondiert aber auch mit der Pflicht insofern, als dem Manne die Verwaltung und der Nießbrauch verliehen sind, weil ihm die Unterhaltungspflicht obliegt, und deshalb darf die Frau, solange der Mann ihr und bezw. den mit ihr erzeugten Kindern den nach Verhältnis ihres Standes notwendigen Unterhalt gewährt, ihm die Verwaltung und den Nießbrauch des Eingebrachten nicht entziehen (§. 256 das.). Als Nießbraucher erlangt der Mann das Eigentum an den Nutzungen des Eingebrachten (§§. 22 flg. A.L.R. I. 21, §§. 220. 221 I. 9). Die letzteren bilden somit einen Teil seines Vermögens. Aus diesen bereiten Mitteln hat der Mann die Kosten des Unterhaltes der Frau und der Kinder zu bestreiten, und solange dieses Vermögen, einschließlich der Revenuen des Eingebrachten, zur Gewährung des Unterhaltes ausreichend ist, oder der Mann den Unterhalt thatsächlich gewährt, besteht ein Recht der Frau auf Rückforderung des Eingebrachten nicht. Nach dem §. 257 A.L.R. II. 1 sind nun aber die — auch einseitigen — Gläubiger des Mannes befugt, sich an den maritalen Nießbrauch zu halten, und infolge der Ausübung dieser Befugnis kann der Fall eintreten, daß der Mann außer Stand gesetzt wird, seiner Unterhaltungspflicht zu genügen, weil ihm auch die Einkünfte des Eingebrachten verkümmert werden. Für einen solchen Fall räumt der §. 258 das. der Frau das Recht ein, ihr Eingebrachtes zurückzufordern und zu dem Zwecke allenfalls auf Eröffnung des Konkurses über das Vermögen des Mannes anzutragen. Der Zusammenhang, in welchem die §§. 256—258 miteinander stehen, und die Worte: „Wenn aber", mit welchen sich der §. 258 an den §. 257 anschließt, lassen eine andere Deutung des §. 258 nicht zu und schließen die Annahme aus, daß das Revokationsrecht der Frau von dem Betrage der Einkünfte des Eingebrachten unabhängig ist. Die letztere Annahme würde auch zu Konsequenzen führen, welche das Gesetz nicht beabsichtigt hat. Denn alsdann müßte die Ehefrau für befugt erachtet werden, von dem — abgesehen von dem Nießbrauche des Eingebrachten — vermögenslosen Ehemanne jederzeit und ohne daß er durch seine Gläubiger gedrängt würde oder überhaupt verschuldet wäre, die Aufgabe des Nießbrauchsrechtes zu verlangen. Ferner würde eine so weitgehende Befugnis zu einer nicht gerechtfertigten Beeinträchtigung der Gläubiger des Mannes führen, die diesem vielleicht nur mit Rücksicht auf den ihm zustehenden, die Kosten des Haushaltes übersteigenden Einkünften aus dem Eingebrachten Kredit bewilligt haben.

Diese Auffassung, welche von dem vormaligen preuß. Obertribunale in dem Erkenntnisse vom 9. März 1860 (Striethorst, Archiv Bd. 36 S. 304) — im Gegensatze zu dem Präjudiz Nr. 2089 vom 4. Januar 1849 (Entsch. des Obertrib. Bd. 17 S. 293) — geteilt wurde, findet auch in der Entstehungsgeschichte der fraglichen Gesetzesstellen ihre Rechtfertigung. Die in den §§. 255 flg. a. a. O. aufgestellte Unterscheidung zwischen den Fällen, in welchen die Frau von dem Manne Sicherheitsbestellung wegen ihres Eingebrachten oder die Rückgabe des letzteren verlangen kann, je nachdem nur die wahrscheinliche Besorgnis eines bevorstehenden Verlustes der Illaten obwaltet, oder der Mann derartig in Vermögensverfall geraten, daß er seiner Unterhaltungspflicht zu genügen außer stande ist, war bereits in dem Entwurfe zum Allgemeinen Landrechte enthalten. Der dem §. 255 entsprechende §. 174 lautete:

Wenn der Mann in Vermögensverfall gerät, kann die Frau besondere Sicherstellung des Eingebrachten fordern.

Hiergegen monierte v. Grolmann,

daß nach der l. 29 Cod. de jure dot. 5, 12 die Frau in diesem Falle nicht bloß das Recht habe, Kaution zu fordern, sondern die ganze dos zurückfordern könne, und daß es sich empfehle, dies beizubehalten.

Suarez bemerkte dazu:

Mehrere Rücksicht verdient der Antrag einiger Monenten, daß nämlich in einem solchen Falle (bei eintretendem Vermögensverfalle des Mannes), wenn creditores den usumfructum illatorum in Beschlag nehmen, und also die Frau Gefahr läuft, ihren und ihrer Kinder standesmäßigen Unterhalt zu verlieren, sie berechtigt sei, ihre illata zurückzufordern, solche selbst zu administrieren und die fructus davon zweckmäßig zu verwenden. Herr v. Grolmann erweist solches aus der Theorie des römischen Rechtes, und daß bei entstehendem Konkurse solches bei uns wirklich geschehe, ist bekannt. Nun scheint aber kein hinlänglicher Grund vorhanden zu sein, warum nicht die Frau ein gleiches Recht haben sollte, wenn auch nicht just concursus formalis vorhanden ist, sondern die creditores nur sonst die

Revenuen der illatorum verkümmern, oder wenn der Mann sonst dergestalt ad inopiam vergiert, daß eine wahrscheinliche Besorgnis des Verlustes der illatorum für die Frau entsteht.

Suarez wollte also der Frau in allen Fällen, wenn der Mann derart in Vermögensverfall gerät, daß eine wahrscheinliche Besorgnis des Verlustes des Eingebrachten begründet ist, das Recht geben, letzteres zurückzufordern. Die Gesetzeskommission hat jedoch diesen Vorschlag nicht gebilligt, vielmehr beschlossen:

daß die Rückforderung nicht stattfinde, solange der Mann der Frau den nach ihrem Stande notwendigen Unterhalt gewährt.

Vgl. Ges.=Rev. Pens. XV.; Motive z. Entw. des Tit. 1 T. II des A.L.R.'s S. 172—175; Bornemann, System, 2. Ausg., Bd. 5 S. 96. 97.

Freilich ist hiernach, worauf auch der Gesetzesrevisor hinweist (a. a. O. S. 173), unerörtert geblieben, was geschehen solle, wenn der Mann die Sicherheitsbestellung nicht leisten kann. Allein dieser Umstand erscheint für die in Frage stehende Auslegung des Gesetzes unerheblich. Die vorstehend mitgeteilten Verhandlungen ergeben, daß bei der Redaktion des Allgemeinen Landrechtes der Fall, daß die Gläubiger des Mannes die Einkünfte des Eingebrachten bereits in Anspruch genommen haben, ausdrücklich im Auge gehalten ist, und wenn dessenungeachtet festgesetzt worden ist, daß die Frau zur Rückforderung des Eingebrachten nicht befugt sein soll, solange der Mann ihr und den Kindern den standesmäßigen Unterhalt gewährt, so kann ein Zweifel darüber nicht obwalten, daß die Absicht des Gesetzes dahin geht, daß bei Feststellung der Frage, ob der Mann zur Erfüllung seiner Unterhaltungspflicht vermögend ist, die Revenuen des Eingebrachten mit in Rechnung zu ziehen sind. — Auch die Konkursordnung vom 8. Mai 1855 nimmt dies als bestehenden Rechtszustand an. Denn der §. 93 derselben verordnet:

Das dem Nießbrauche des Gemeinschuldners unterworfene Vermögen seiner Ehefrau wird, solange das Nießbrauchsrecht des Gemeinschuldners während des Konkurses dauert, für Rechnung der Konkursmasse verwaltet; die Nutzungen fließen zur Konkursmasse, soweit sie nicht zum standesmäßigen Unterhalte der Frau und der Kinder, sowie zur Erziehung der letzteren verwendet werden müssen.

Erst wenn die Frau ihr Eingebrachtes aus dem Konkurse zurückerhält, hört das Nießbrauchsrecht des Mannes auf (§. 261 A.L.R. II. 1).

Der Appellationsrichter hat hiernach mit Recht die Frage zur Erörterung gezogen, ob zur Zeit des Abschlusses des angefochtenen Entsagungsvertrages die Revenuen des Grundstückes der beklagten Ehefrau, welche damals von den persönlichen Gläubigern des Ehemannes zum Zwecke ihrer Befriedigung noch nicht in Anspruch genommen waren, zur Bestreitung des Unterhaltes der Frau ausgereicht und sogar einen Überschuß abgeworfen haben. War dies der Fall, und hat die beklagte Ehefrau aus den Einkünften des Grundstückes thatsächlich ihren Unterhalt gewährt erhalten, so war sie nicht berechtigt, ihrem Ehemanne den Nießbrauch des Eingebrachten zu entziehen, und demzufolge stellt sich die Erklärung des Mannes, daß er dem Nießbrauche entsage, als eine freigebige Verfügung dar (§. 393 A.L.R. I. 16). Als solche unterliegt dieselbe aber seitens des Klägers als eines Gläubigers des beklagten Ehemannes der Anfechtung auf Grund des §. 5 Nr. 2 und §. 7 Nr. 3 des Gesetzes vom 9. Mai 1855."

---

56. Unter welchen Umständen ist über Beiträge zum Kirchenbau, welche durch eine von der aufsichtführenden Regierung exekutorisch erklärte Umlage unter die Mitglieder der Kirchengemeinde verteilt sind, der Rechtsweg zulässig?

Gesetz v. 24. Mai 1861 (G.S. S. 241) §. 15.

IV. Civilsenat. Urt. v. 8. Januar 1880 in S. Kirchengemeinde D. (Bekl.) w. Tr. u. Gen. (Kl.) Rep. IV. 185/79.

I. Kreisgericht Soldin.
II. Appellationsgericht Frankfurt a./O.

An der Kirche zu D. wird ein Neubau des Turmes ausgeführt. Die Kirchengemeindeorgane haben beschlossen, die hierzu erforderlichen Hand- und Spanndienste auf sämtliche Pfarrgemeindemitglieder zu verteilen, und dieser Beschluß ist von der Königl. Regierung zu Frankfurt a./O. für vollstreckbar erklärt. Die eingepfarrten drei Kläger halten den Beschluß für ungesetzlich, weil nach dem in D. geltenden neumärk'schen Provinzialrechte die Handdienste von den Kossäten, die Spanndienste von den Bauern zu leisten sind, und die Kläger zu den Kossäten und Bauern nicht gehören. Sie haben, gegen die Kirchengemeinde zu D. klagend, auf Erstattung der von ihnen bereits eingezogenen Beiträge und auf Anerkennung ihrer Befreiung von den fraglichen Beiträgen Anträge gestellt.

Beklagte behauptet die Unzulässigkeit des Rechtsweges, weil nach §. 31 Nr. 6 der Kirchengemeinde- und Synodalordnung vom 10. September 1873 und Artt. 3. 9 des Gesetzes vom 25. Mai 1874 die streitigen Leistungen durch Umlagen nach den Steuern zu verteilen und auf die Vollstreckbarkeitserklärung der Umlage durch die Regierung einzuziehen, entgegenstehende gesetzliche Bestimmungen aufgehoben, und nach §. 15 des Gesetzes vom 24. Mai 1861 bezüglich der durch eine in gesetzlicher Weise für exekutorisch erklärte Umlage festgesetzten kirchlichen Leistungen der Rechtsweg nur insoweit, wie bei öffentlichen Abgaben, zulässig sei.

In erster Instanz ist auf Unzulässigkeit, in zweiter auf Zulässigkeit des Rechtsweges erkannt. Die von der Beklagten eingelegte Nichtigkeitsbeschwerde wurde zurückgewiesen aus folgenden

Gründen:

„In Übereinstimmung mit dem Obertribunale ist aus dem in dessen Erkenntnis vom 7. November 1877 (Entsch. desselben Bd. 81 S. 75) angeführten Gründen anzunehmen, daß die über die Verteilung der Kirchenbaulast, namentlich bezüglich der Personen der Beitragspflichtigen, bestehenden gesetzlichen Bestimmungen nicht durch den §. 31 Nr. 6 der evangelischen Kirchengemeinde- und Synodalordnung vom 10. Sept. 1873 und Art. 9 des Gesetzes vom 25. Mai 1874 aufgehoben sind. Die Nichtigkeitsbeschwerde behauptet auch nicht die Unrichtigkeit dieses Satzes, stellt aber die Ansicht auf, daß schon allein das formelle Dasein der von der Königl. Regierung zu Frankfurt a./O. für vollstreckbar erklärten Umlage, möge auch die in der Umlage festgesetzte Verteilung der Beiträge eine unrichtige sein und wider eine bestehende gesetzliche Bestimmung verstoßen, den Rechtsweg über diese Verteilung gemäß §. 15 des Gesetzes vom 24. Mai 1861 ausschließe, indem die auf Grund des Art. 3 des Gesetzes vom 25. Mai 1874 für vollstreckbar erklärte Umlage für eine von der aufsichtführenden Regierung in Gemäßheit gesetzlicher Bestimmung exekutorisch erklärte Umlage zu erachten sei. Diese Ansicht ist in mehrfacher Beziehung irrig.

Zunächst drängt sich die allgemeine Bemerkung auf, daß es mehr als auffällig sein würde wenn für die Ausschließung des Rechtsweges über einen im §. 709 A.L.R. II. 11 ausdrücklich auf den Rechtsweg gewiesenen Gegenstand das Gesetz vom 24. Mai 1861, welches den einzigen Zweck einer Erweiterung des Rechtsweges verfolgt, und das Gesetz vom 25. Mai 1874, welches sich mit der Frage der Zulassung oder Nichtzulassung des Rechtsweges gar nicht beschäftigt, angerufen werden könnten. Eine solche Möglichkeit wird aber auch durch eine nähere Betrachtung der gedachten Gesetze beseitigt.

Der Art. 3 Abs. 3 des Gesetzes vom 25. Mai 1874 betrifft selbstverständlich die durch die Kirchengemeinde- und Synodalordnung angeordneten Umlagen, und diese in §. 31 Nr. 6 erwähnten Umlagen beziehen sich, wie im Erkenntnisse des Obertribunales vom 7. Novbr. 1877 mit Recht angenommen ist, auf gewisse neue Abgaben und Leistungen, welche mit den in §. 15 des Gesetzes vom 24. Mai 1861 gemeinten nicht identisch sind; namentlich beziehen sich die Umlagen jenes §. 31 Nr. 6 nicht auf die Leistungen zum Kirchenbau. Sodann setzt der §. 15 des Gesetzes vom 24. Mai 1861 eine Umlage voraus, welche von der aufsichtführenden Regierung in Gemäßheit gesetzlicher Bestimmung angeordnet oder exekutorisch erklärt ist. Die Worte „in Gemäßheit gesetzlicher Bestimmung" haben sich in dem von der preußischen Regierung dem Landtage vorgelegten Entwurfe des Gesetzes noch nicht befunden, sind erst von der Kommission des Abgeordnetenhauses ohne Widerspruch der Regierungskommissarien eingeschaltet und demnächst in das Gesetz aufgenommen, und zwar ausdrücklich, um die Ausschließung des Rechtsweges auf den Fall zu beschränken, daß die Regierung kraft einer besonderen gesetzlichen Bestimmung zur Anordnung und Verteilung der umgelegten Beiträge und Abgaben ermächtigt ist, und nicht bloß in Ausübung ihres allgemeinen Aufsichtsrechtes handelt (Stenograph. Berichte über die Landtagsverhandlungen 1861 Bd. 4 S. 951). Sobald die Voraussetzung einer besonderen gesetzlichen Bestimmung nicht zutrifft, ist durch die exekutorisch erklärte Umlage der Regierung der Rechtsweg nicht ausgeschlossen, und da die endgültige Entscheidung darüber, ob jene Voraussetzung vorliegt oder nicht, der Verwaltungsbehörde nicht beigelegt ist, sondern die Entscheidung, wie allgemein über die Frage, was Gegenstand des Rechtsweges ist, zur richterlichen Kognition gehört, so hat das Gericht gerade in Befolgung des §. 15 a. a. O. darüber zu entscheiden, ob der Umlage eine besondere gesetzliche Bestimmung zu Grunde liegt, folgeweise im Falle der Verneinung über die streitige Beitragspflicht materiell zu erkennen.

Endlich handelt der §. 15 nicht bloß im ersten, sondern auch im zweiten Satze nur von beständigen Kirchenabgaben und Leistungen. Wie die Regierungsmotive zum Entwurfe des Gesetzes ausführen, und wie auch die Bezugnahme in den Anfangsworten des Paragraphen ergiebt, sollte die Erweiterung des Rechtsweges, soweit etwas Neues darüber bestimmt werde, sich nur auf die in Nr. 1 der Kabinettsordre vom 19. Juni 1836 erwähnten Abgaben erstrecken, und dort sind nur die beständigen Abgaben und Leistungen genannt. Im vorliegenden Falle handelt es sich um eine Last, welche nicht zu den beständigen gehört, und diese ist den Bestimmungen weder der Kabinettsordre vom 19. Juni 1836 noch des §. 15 a. a. O. unterworfen.

Hiernach hat der Appellationsrichter, indem er die Zulässigkeit des Rechtsweges annahm, nicht §. 1 der Einl. zur A.G.O.; §§. 9. 10. 15 des Gesetzes vom 24. Mai 1861; §§. 78. 79 A.L.R. II. 14; Artt. 3. 9 des Gesetzes vom 25. Mai 1874 und §. 31 Nr. 6 der Kirchengemeinde- und Synodalordnung vom 10. September 1873 verletzt."

---

57. 1. Wird der Anspruch aus der nützlichen Verwendung im Sinne des Allg. Landrechtes Teil I Tit. 13 Abschn. 3 dadurch ausgeschlossen, daß der für den erhobenen Anspruch fundamentale Wertsübergang nicht unmittelbar aus dem Vermögen des Verwendungsklägers in das Vermögen des Verwendungsbeklagten stattgefunden hat?

2. Welches sind die Voraussetzungen der Schlüssigkeit eines solchen Anspruches im Falle der Wertsübergang durch Rechtshandlungen eines Mittelsmannes verwirklicht ist?[1]

I. Civilsenat. Urt. v. 14. Januar 1880 in S. Th. St. (Kl.) w. L. (Bekl.) Rep. I. 126/79.

I. Kreisgericht Naugard.
II. Appellationsgericht Stettin.

Der Kläger, ein Maschinenfabrikant, hat eiserne Teile eines Mühlenwerkes an den (in eigenem Namen kontrahierenden) Stiefvater des

---

[1] Vgl. unten Nr. 60 S. 159.

Beklagten verkauft und der Weisung des Käufers gemäß in Erfüllung des Verkaufes mit der Eisenbahn an den Käufer abgesendet, sodaß nach den maßgebenden Grundsätzen des Allgemeinen Landrechtes das Eigentum des Kaufgegenstandes auf den Käufer übergegangen war.

Der Beklagte ist Mühlenbesitzer. Sein Stiefvater hat die von dem Kläger gekauften Mühlenwerksteile angeschafft, damit sie in der Mühle des Beklagten verwendet werden sollten. Er hat diese Teile dem Beklagten übergeben, und sind sie dem Werke der Mühle des Beklagten untrennbar eingefügt.

Der Stiefvater des Beklagten hat den Kaufpreis jener Teile dem Kläger nicht bezahlt und ist ohne Hinterlassung irgend welchen Aktivvermögens bald nach dem Kaufe verstorben. Der Kläger fordert im vorliegenden Prozesse die Zahlung des (unstreitig angemessenen, dem zwischen dem Kläger und dem Stiefvater des Beklagten verabredeten Preise gleichen) Wertsbetrages der in das Mühlenwerk des Beklagten eingefügten, von dem Kläger an jenen Stiefvater verkauften Teile aus dem Grunde der nützlichen Verwendung. Der Beklagte hat die Schlüssigkeit dieses Anspruches bemängelt, und zwar in erster Linie schon deswegen, weil die in Rede stehenden Mühlenwerksteile aus dem Vermögen des Klägers in das Vermögen des Stiefvaters des Beklagten übergegangen seien, eventuell doch deswegen, weil der Beklagte jene Teile von seinem Stiefvater gekauft, schlimmsten Falles aber deswegen, weil er den bei letzterem Kaufe bedungenen Preis, welcher sogar höher gewesen sei, als der zwischen dem Kläger und dem Stiefvater bedungene, seinem Stiefvater bezahlt habe.

Die Behauptungen über den zwischen dem Beklagten und dessen Stiefvater gethätigten Kauf und die konnexe Preiszahlung waren in erster Instanz etwas allgemein gehalten. Der Richter erster Instanz erklärte dieselben für zu unbestimmt, um Beachtung zu verdienen und verurteilte den Beklagten unter ausdrücklicher Berufung auf die von dem Reichsoberhandelsgerichte (Entsch. desselben Bd. 3 Nr. 78 S. 377, Bd. 11 Nr. 46 S. 134) entwickelten Grundsätze.

Nachdem der Beklagte appelliert und seine Behauptung über die seinerseits bewirkte Preiszahlung an seinen Stiefvater in bestimmterer Weise individualisiert hatte, erkannte der Gerichtshof zweiter Instanz ohne weiteres auf Klagabweisung, weil ein unmittelbarer Übergang der Mühlenwerksteile aus dem Vermögen des Klägers in das Vermögen des Beklagten nicht stattgefunden habe und der in konstanter Judikatur von dem preuß. Obertribunale zur Geltung gebrachten Auslegung des Allg. Landrechtes beizupflichten sei, daß in einem solchen Falle ein Anspruch aus der nützlichen Verwendung nicht stattfinde.

Die Entscheidung des Appellationsrichters ist auf die Revision des Klägers aufgehoben, und die Sache in die zweite Instanz zurückverwiesen behufs Erhebung des Beweises über die über den Abschluß des Kaufvertrages zwischen dem Beklagten und dessen Stiefvater aufgestellten Behauptungen des Beklagten, sowie über Behauptungen des Klägers, welche im Falle des Beweises der als Anzeichen für die Existenz jenes Kaufes behaupteten Preiszahlung als Anzeichen dafür aufgestellt waren, daß diese Preiszahlung nur zum Scheine vorgenommen sei, um den Anspruch des Klägers zu vereiteln.

Aus den Gründen:

„Die klägerischen Behauptungen waren an sich für geeignet zu erachten, den auf das Fundament der nützlichen Verwendung im Sinne des Allg. Landrechtes gestützten Anspruch des Klägers zu substanziieren. Sollten dagegen (wie der Beklagte behauptet) die Maschinenteile von dem Stiefvater des Beklagten an letzteren verkauft sein, so wäre dadurch die Klage aus der nützlichen Verwendung ausgeschlossen. Daß der Kaufpreis auch gezahlt sei, ist für diese Ausschließung prinzipiell nicht wesentlich. Die Behauptung in bezug auf die Zahlung kommt nur als Anzeichen für den (wesentlichen) Abschluß des Verkauf- und Kaufvertrages zwischen Beklagten und dessen Stiefvater in Betracht.

Für diese Beurteilung des Rechtsfalles ist folgende Auslegung der (in Betracht kommenden) Bestimmungen des dritten Abschnittes des Allg. Landrechtes I. 13 maßgebend.

Schon die Überschrift des vorbezeichneten Gesetzesabschnittes: „Von nützlichen Verwendungen" weist darauf hin, und die Bemerkungen von Suarez (bei Ausarbeitung des gedruckten Entwurfes eines Allg. Gesetzbuches für die preuß. Staaten, zu dessen Teil II. Abt. II. Tit. X. Abschn. 2 „Von Übernehmung fremder Geschäfte ohne vorhergegangenen Auftrag", und Abschnitt 3 „Von nützlichen Verwendungen," sowie in den amtlichen Vorträgen bei der Schlußrevision des Allg. Landrechtes zum zweiten Teile des Allg. Gesetzbuches Titel XIII. §§. 271. 274, namentlich die ersterwähnten Bemerkungen, welche die Berührungspunkte und den Unterschied der Klage des Geschäftsführers ohne Auftrag und der Klage aus der nützlichen Verwendung hervorheben) zeigen ganz klar, daß der preußische Gesetzgeber bei Feststellung der von ihm gewollten Normen der nützlichen Verwendung an die (zur Zeit der Abfassung des Allg. Landrechtes bestehende) gemeinrechtliche Theorie und Praxis über die actio de in rem verso entschieden angeknüpft hat, allerdings mit dem Willen, bestehende Kontroversen in bestimmtem Sinne zu regeln, einer verbreiteten (schlaffen, für die guten Sitten und das öffentliche Interesse schädlichen) Ausdehnung entgegenzutreten, (Suarez betont namentlich in seinen Schlußvorträgen, „daß unter dem Vorwande der versionis in rem alle Gesetze gegen das Leihen und Borgen an Minorenne, filiosfamiliae, Studenten, Offiziers u. s. w. ungestraft lädiert werden") und die sonstigen Grundprinzipien des neuen Gesetzbuches festzuhalten.

Durch Schlußfolgerungen aus (ihrer eigentlichen Bedeutung nach noch gegenwärtig streitigen) Stellen der Pandekten und des Kodex (namentlich der l. 7 §. 1 Cod. quod cum eo 4, 26) war die gemeinrechtliche Theorie und Praxis zu der Annahme gelangt, daß die im römischen Rechte aus der Wechselwirkung der Institution des Gewaltverhältnisses des römischen Hausherrn über seine Sklaven und Hauskinder mit den Bedürfnissen des sich entwickelnden Verkehres veranlaßte (ursprünglich vom Prätor gegebene) actio (adjectitiae qualitatis) de in rem verso ihren Grundsätzen nach durch das rezipierte römische Recht als nützliche Versionsklage auch auf solche Fälle ausgedehnt sei, in denen durch Verträge gewaltfreier Geschäftsführer ohne Auftrag, oder eines Mandatars mit Überschreitung seiner Vollmacht, oder doch bestimmter objektiv im Interesse des Beklagten handelnder, in einer gewissen Verbindung zu dem Beklagten stehender Personen (Ehefrauen, Bediensteten) Vermögenswerte des Klägers in das (dadurch wertvoller gewordene) Vermögen des Beklagten (ohne Existenz eines sonstigen selbständigen Rechtsgrundes) unter solchen konkreten Voraussetzungen geflossen wären, unter denen dem Mittelsmanne gegen den Bereicherten die Mandats- oder Geschäftsführungsklage entstehen könnte (vgl. l. 3 §. 2 Dig. de in rem verso 15, 3). Das wurde zur Zeit der Kodifikation des Allg. Landrechtes in der Theorie und Praxis entschieden für Rechtens erachtet. — Eine weitverbreitete (wenn auch keineswegs ganz entschieden zur Herrschaft gelangte) doktrinelle Ansicht und Praxis dehnte (auf Grund mißverstandener Stellen des römischen Rechtes und einer Argumentation aus der, diesen Stellen ersichtlich zu Grunde liegenden, also von dem Gesetzgeber als maßgebend anerkannten, aequitas naturalis) die Anwendbarkeit der actio de in rem verso utilis noch weiter, nämlich auf alle Fälle aus, in denen Werte aus dem Vermögen des Klägers in das Vermögen des Beklagten (unmittelbar oder mittelbar) derartig geflossen waren, daß in Ermangelung einer Wertsvergütung der Beklagte mit dem Schaden des Klägers sich bereichern würde.

Schon nach den wirklichen Normen der actio de in rem verso gilt weder der Vertragsschluß mit dem Kläger seitens des Sklaven oder Haussohnes im Namen desjenigen, in deren Gewalt sie sich befanden, noch die Unmittelbarkeit der Verwendung, als wesentliches Moment des Klagegrundes. Die Versionsklage fand statt, wenn der Wert auch zunächst in das peculium und aus diesem erst dem Versionsbeklagten zugeflossen war (l. 3 §. 1. l. 5 §. 3 Dig. de in rem verso 15, 3).

Es würde also eine vollständige Abweichung von dem zur Zeit der Kodifikation des Allg. Landrechtes durch Theorie und Praxis lebendigen Rechte (dessen Inhalt der preußische Gesetzgeber im allgemeinen in seinem Gesetzbuche wiedergeben wollte) gewesen sein, wenn dieser Gesetzgeber (wie solches allerdings von dem preußischen Obertribunale unter ausführlicher Begründung in den beiden Erkenntnissen des IV. Senates vom 18. Januar 1866 [Entsch. des Pr. Obertrib. Bd. 56 Nr. 19 S. 115] und vom 8. Dezember 1868 [Striethorst, Archiv Bd. 73 Nr. 29 S. 154[1]] und von Förster [Theorie &c 3. Aufl. Bd. 2 §. 148 S. 415] angenommen ist) die Klage aus der nützlichen Verwendung nur im Falle des unmittelbaren Überganges des betreffenden Vermögens-Stückes (bezw. -Wertes) aus dem Vermögen des Versionsklägers in das Vermögen des Versionsbeklagten hätte zulassen wollen. Daraus würde allerdings folgen, daß diese Klage auch dann ausgeschlossen wäre, wenn ein Geschäftsbesorger des

[1] Vgl. Striethorst, Archiv Bd. 10 Nr. 33 S. 142, Bd. 11 Nr. 66 S. 315 Bd. 77 Nr. 48 S. 285.

Versionsbeklagten ohne Auftrag das betreffende Vermögensstück in eigenem Namen von dem Versionskläger gekauft, auch in Erfüllung des Verkaufsvertrages von dem Versionskläger (in einem Falle des Beherrschtseins der Traditionswirkung durch die Normen des Allg. Landrechtes) übergeben erhalten und demnächst (lediglich in fortgesetzter Thätigung der Geschäftsbesorgung und ohne Thätigung eines, schon an und für sich einen mit der Pflicht zur Leistung eines verabredeten Gegenwertes verknüpften Erwerbsgrund für den Versionsbeklagten herstellenden, weiteren Rechtsaktes) dem Versionsbeklagten zur Verwendung in dessen Nutzen übergeben hätte.

Der Inhalt des Allg. Landrechtes läßt aber in keiner Weise den auf eine solche Abweichung von den, zur Zeit der Abfassung dieses Gesetzbuches in dessen demnächstigem Geltungsgebiete als geltend anerkannten Rechtsnormen gerichteten Willen des preußischen Gesetzgebers erkennen.

Die Fassung des §. 262 I. 13 dieses Gesetzbuches:

„Derjenige, aus dessen Vermögen etwas in den Nutzen eines anderen verwendet ist",

läßt sich sowohl auf den unmittelbaren als auch auf den mittelbaren Übergang des in den Nutzen verwendeten Vermögenswertes beziehen. Wenn in den folgenden Paragraphen der Gesetzgeber den Versionskläger häufig als Geber, den Versionsbeklagten als Empfänger bezeichnet: so erklärt sich das zur Genüge daraus, daß der preußische Gesetzgeber (dessen Ausdrucksweise häufig nicht streng juristisch präzisiert ist) jene Bezeichnungen aus der gewöhnlichen Gestaltung der Versionsfälle entnommen hat, ohne deswegen die nützliche Verwendung nur auf Fälle des Gebens und Empfangens im engeren Sinne beschränken zu wollen.

Der §. 277 a. a. O. verordnet nur, daß die Klage aus der nützlichen Verwendung dann nicht stattfindet, wenn ein rechtlicher Vertrag unter den Parteien vorhanden ist. Diese Gesetzesstelle schließt also jene Klage nicht aus, wenn dem Versionskläger gegen den Mittelsmann eine Vertragsklage zusteht. Dieselbe Gesetzesstelle ist auch einflußlos für die Frage, ob für den Anspruch aus der nützlichen Verwendung die Unmittelbarkeit des Vermögenswertsüberganges wesentlich sei? Das ist bereits von dem Reichsoberhandelsgerichte (Entsch. desselben Bd. 3 Nr. 78 S. 377 flg.) hervorgehoben.

Es ist aber nicht etwa nur keine Bestimmung des Allg. Landrechtes erfindlich, welche (in schroffem Gegensatze zu dem bei dessen Abfassung für geltend erachteten Rechte) zur Begründung des Anspruches aus der nützlichen Verwendung den unmittelbaren Übergang des bereicherten Vermögens-Stückes oder -Wertes aus dem Vermögen des Versionsklägers in das Vermögen des Versionsbeklagten für in jedem Falle wesentlich erklärte, sondern es hat auch der preußische Gesetzgeber seinen Willen, daß auch im Falle mittelbaren Überganges (wenn nur sonst die Erfordernisse einer Bereicherung ohne selbständigen Rechtsgrund vorlägen) der Anspruch aus der nützlichen Verwendung an sich nicht ausgeschlossen sei, in bestimmten Stellen des Allg. Landrechtes positiv offenbart.

Es mag dahingestellt bleiben, ob (wie solches von Dernburg, Preußisches Privatrecht Bd. 2 §. 253 Anm. 7 S. 673, versucht ist) der §. 267 a. a. O. sich in dieser Richtung stringent verwerten läßt. Jedenfalls tritt der Wille des Gesetzgebers in der gekennzeichneten Richtung in den §§. 275. 276 a. a. O. (in ihrer Verbindung mit den §§. 272 bis 275) zu Tage. Diese Bestimmungen mögen vielleicht zunächst veranlaßt sein durch Reflexion auf die Lehre einzelner Praktiker, welche ihren prägnanten Ausdruck in Leyser, Meditat. ad Pand. Sp. CLXVII ad lib. XV tit. 3 de in rem verso dahin gefunden hat:

> Quando autem res vel pecunia alicuius in conservationem aut meliorationem rei alienae ita impenditur, ut commodum inde non ad certam personam redundet, sed cum re ipsa in quosvis alios transeat, tunc actio de in rem verso realis est. Habet enim sic illa hypothecam tacitam adnexam.

Da aber das Allg. Landrecht die stillschweigenden Hypotheken überhaupt nicht kennt und begrifflich kein Grund besteht, die grundlose Bereicherung durch mittelbaren Übergang eines, als ganze Sache verkörperten, Vermögenswertes anders zu beurteilen, als eine solche Bereicherung durch mittelbaren Übergang eines in der Verwendung auf eine Sache sich darstellenden Wertes, so ist in jenen Gesetzesstellen die Klarlegung eines allgemeinen Prinzipes in seiner Anwendung auf einen einzelnen Fall zu finden, und zwar des Prinzipes, daß der Anspruch aus der nützlichen Verwendung nicht nur im Falle des unmittelbaren, sondern auch im Falle des mittelbaren Überganges eines Vermögens-Stückes (beziehungsweise -Wertes) statthaft, daß aber in letzterem Falle (zur Bestimmung der wesentlichen Klagegrundsmomente der nicht frei gewollten Vermögensminderung einerseits und der entsprechenden rechtsgrundlosen Bereicherung andererseits) auf die Bedeutung aller konkreten Umstände und das Wesen der aus denselben resultierenden Rechtsverhältnisse zwischen den Parteien und den Zwischenpersonen zu rücksichtigen sei, durch welche sich der mittelbare Übergang vermittelt hat.

Diese letztere Bestimmung des Prinzipes (durch welche der Gesetzgeber das bei den Normen der nützlichen Verwendung leitende Motiv des billigen Rechtsgefühles mit der gebotenen Rücksicht auf die Heiligkeit wohlerworbener Rechte und auf die Sicherheit des Verkehres in Einklang gesetzt hat) ist in der Rechtsprechung des Reichsoberhandelsgerichtes (welche bereits die Zulässigkeit der Versionsklage auch im Falle mittelbaren Überganges des bereichernden Vermögenswertes zur Geltung gebracht hat) nicht nachdrücklich betont, und wohl dadurch vorzugsweise die Gegenströmung veranlaßt, welche in der preußischen Judikatur und Doktrin gegen jene Rechtsprechung hervorgetreten ist.

Nach dem vorstehend klargelegten Sinne der Bestimmungen des Allg. Landrechtes darf in den Fällen mittelbaren Vermögenswertsüberganges durch Rechtsgeschäfte eines Mittelmannes bei Bestimmung, ob und inwieweit eine nützliche Verwendung vorliege, von dem Inhalte des von dem Mittelsmanne mit dem Versionskläger gethätigten Erwerbsgeschäftes und der konkreten Rechtsakte nicht abgesehen werden, in denen die Zuwendung zwischen dem Mittelsmanne und dem Versionsbeklagten sich vollzogen hat. Jenes Erwerbsgeschäft ist namentlich wesentlich für den Schluß darauf, ob überhaupt, eventuell bis zu welchem Betrage, eine nicht frei gewollte Vermögenswertsverminderung des Versionsklägers existent geworden ist. Insoweit die Vermögenswertsverminderung frei gewollt erscheint (z. B. bei einer Veräußerung von Vermögensstücken unter dem sachlichen Werte in bezug auf die Differenz zwischen letzterem und dem sachlich geringeren Werte der bedungenen Gegenleistung) kann von einem Anspruche aus angeblicher nützlicher Verwendung des betreffenden Wertes nicht die Rede sein.

Jene konkreten Rechtsakte dagegen relevieren für die Frage der grundlosen Bereicherung des Versionsbeklagten. Ist (wie der

Thatbestand des vorliegenden Streitfalles sich unter Voraussetzung gewisser Beweisergebnisse gestalten kann) eine Sache, deren mittelbarer Übergang aus dem Vermögen des Versionsklägers in das Vermögen des Versionsbeklagten dem Anspruche aus der nützlichen Verwendung zu Grunde liegt, von dem Mittelsmanne, welcher dieselbe auf seinen Namen von dem Versionskläger gekauft und tradiert erhalten hatte, dem Versionsbeklagten demnächst verkauft und übergeben, so erscheint die Klage aus der nützlichen Verwendung hinfällig, auch wenn der Mittelsmann bei dem auf seinen Namen gethätigten Ankaufe im Interesse des Versionsbeklagten zu handeln und letzterem die Sache zu verschaffen bezweckte, der Versionskläger von seinem Gegenkontrahenten (dem Mittelsmanne) die Zahlung des von letzterem geschuldeten Preises nicht zu erwirken imstande, der Kauf des Versionsbeklagten von dem Mittelsmanne etwa ein vorteilhafter und die Preisforderung des Mittelsmannes noch nicht berichtigt ist.

Die etwaige Bereicherung ist in einem solchen Falle durch den Kauf (bei welchem die Preisfestsetzung der freien Vereinbarung der Kontrahenten anheimfällt) und durch die an den Beklagten in Erfüllung des Verkaufes durch den Mittelsmann geleistete Übergabe seitens des Beklagten wohlerworben; und, wenn etwa auch der Beklagte den ganzen Sachhergang kannte, von ihm die Geschäftsführung doch nur in dieser bestimmten Weise ihrer Bethätigung acceptiert.

Selbstverständlich ist hierbei ein ernstlich zwischen dem Mittelsmanne und dem Versionsbeklagten abgeschlossener Verkauf- und Kaufvertrag im Gegensatze zu einem (um den für die Versionsklage wesentlichen Zusammenhang zwischen der Vermögenswertsverminderung des Klägers und der Bereicherung des Beklagten scheinbar aufzuheben) nur simulierten Verkauf- und Kaufvertrage vorausgesetzt.

Diese Auslegung der Bestimmungen des Allg. Landrechtes über die nützliche Verwendung führt in ihrer Anwendung auf Verwendungen durch Rechtsgeschäfte eines Mittelsmannes für den Verkehr im wesentlichen zu denselben praktischen Ergebnissen, wie im Geltungsgebiete des gemeinen Rechtes die Anwendung der von neueren Rechtslehrern (als nach letzterem Rechte in solchen Fällen geltend) dargestellten Grundsätze über den Anspruch aus der ungerechtfertigten Bereicherung

Vgl. Thöl, Handelsrecht, 6. Aufl. §. 72 in Verbindung mit §. 75 Nr. 1; Windscheid, Pandekten, 5. Aufl. Bd. 2 §. 483 und Brinz, Pandekten, 2. Aufl. Bd. 2 §. 259.

In der preußischen Doktrin nähert sich Dernburg (a. a. O. Bd. 2 §. 253) dem oben entwickelten Verständnisse der Bestimmungen des Allg. Landrechtes.

Der Einwand gegen die Schlüssigkeit der (auch nur für sich, abgesehen von der Sachdarstellung des Beklagten) in das Auge gefaßten klägerischen Behauptungen für das Dasein einer Bereicherung des Beklagten, daß letzterer (in Konsequenz der klägerischen Sachdarstellung selbst) mit der Pflicht belastet erscheine, den Stiefvater des Beklagten (beziehungsweise jetzt dessen Erben) von der Preisschuld an den Kläger zu befreien, erledigt sich dadurch, daß unstreitig der Wert der dem Beklagten zugewendeten Maschinenteile wenigstens gleichsteht dem zwischen dem Stiefvater des Beklagten und dem Kläger bedungenen Preise und daß die Leistung des Beklagten an Kläger ersteren gleichzeitig von der (angeblich ihn sonst zu Unrecht treffenden) Belastung befreien würde."

---

58. Gilt der nach §. 3 Nr. 4 des Gesetzes vom 9. März 1872 für die Obduktion eines Leichnames zu liquidierende Gebührensatz auch für die Obduktion eines Tierkörpers?

IV. Civilsenat. Urt. v. 19. Januar 1880 in S. S. (Kl.) w. Fiskus (Bekl.). Rep. IV. 125/79.

I. Kreisgericht Arnsberg.
II. Appellationsgericht daselbst.

Kläger hat für eine Anzahl Obduktionen gefallener Tiere, welche er als Kreistierarzt im Auftrage der Behörde in Entfernungen von mehr als $^1/_4$ Meile bezw. 2 Kilometer von seinem Wohnorte vorgenommen hatte, auf Grund des §. 3 Nr. 4 des Gesetzes vom 9. März 1872 für jede Obduktion 12 *M* liquidiert. Dieser Satz ist gestrichen, und sind dafür je 4,30 *M* angesetzt worden. Hierdurch sind zusammen 153 *M* von den Liquidationen gekürzt. Kläger hat wegen dieser 153 *M* Klage erhoben, indem er der Meinung ist, daß der in der erwähnten Gesetzesstelle bestimmte Satz auch auf die Obduktion von Tierkadavern zu beziehen sei.

Der beklagte Fiskus behauptet, daß das Wort „Leichnam" nach feststehendem Gebrauche im Leben und in der Wissenschaft nur von menschlichen Leichen, nicht von Tierkadavern zu verstehen, daß in jenem §. 3 gar kein Satz für Obduktion eines Tieres festgestellt sei, und daß Kläger nach den §§. 2 und 5 daselbst nur Tagegelder liquidieren könne.

In erster Instanz ist der Fiskus verurteilt, in zweiter Kläger abgewiesen worden. Auf die Nichtigkeitsbeschwerde des Klägers ist das zweite Erkenntnis vernichtet und das erste bestätigt worden aus folgenden

Gründen:

„Der Appellationsrichter hält den Gebührensatz des §. 3 Nr. 4 des Gesetzes vom 9. März 1872 für unanwendbar auf die Obduktionen von Tierkörpern, weil der vom Gesetzgeber gewählte Ausdruck „Leichnam" ebenso wie der nachfolgende Ausdruck „begraben" stets nur vom toten Körper des Menschen gebraucht werde, und er nimmt ebenmäßig an, daß das Gesetz bezüglich der Obduktion eines Tierkadavers eine auffallende Lücke enthalte, daß aber die Ausfüllung dieser Lücke durch eine dem herrschenden Sprachgebrauche völlig zuwiderlaufende Interpretation nicht zulässig sei.

Dieser Ansicht ist nicht beizutreten. Zunächst ist nicht zuzugeben, daß das Wort „Leichnam" stets nur vom toten Körper eines Menschen gebraucht wird. Es mag richtig sein, daß bei der technischen Bezeichnung in der medizinischen Wissenschaft da, wo es darauf ankommt, zwischen dem toten Körper eines Menschen und dem eines Tieres eine Unterscheidung zu machen, für beide verschiedene Ausdrücke gebraucht werden. Aber die Erfahrung lehrt, daß auch der tote Körper eines Tieres gar nicht selten als Leichnam bezeichnet wird, und es ist nicht zu bestreiten, daß der Gesetzgeber die Absicht gehabt haben kann, sich an diesen im Leben vorkommenden Sprachgebrauch anzulehnen. Das Gesetz vom 9. März 1872 ist aus dem Motive entstanden, die Lage der Medizinalbeamten mit Einschluß der Kreistierärzte gegenüber der bis dahin geltenden Medizinaltaxe vom 21. Juni 1815 zu verbessern, und es hat dabei die Absicht obgewaltet, die Kreistierärzte, soweit nicht besondere Ausnahmen gemacht wurden, den Kreisphysikern und Kreiswundärzten gleichzustellen. Es sind daher für die Kreistierärzte nirgends besondere Sätze als Äquivalent für tierärztliche Leistungen festgestellt. Die Motive zu dem dem Landtage vorgelegten Gesetzentwurfe bemerken bezüglich der Nr. 3:

Die Gebührensätze 1 bis 7 entsprechen mit geringen Modifikationen und in der Praxis wünschenswert erkannten Zusätzen den Vorschriften der Medizinaltaxe von 1815 zu V. Einige Positionen der letzteren sind ganz weggelassen, weil sie durch die Nr. 6 gedeckt werden.

In den Kommissionsberichten und Landtagsverhandlungen ist ein anderer Gesichtspunkt für die Festsetzung der Gebührensätze nicht aufgestellt; bezüglich der letzteren ist nirgends ein Unterschied für die Kreistierärzte gemacht, die Gebühren derselben haben auch nirgends eine besondere Erwähnung für sich erhalten, und der Entwurf ist ohne hier zu beachtende Abänderungen in das Gesetz übergegangen. Hieraus ist Folgendes zu schließen: Die Gesetzgebungsfaktoren haben den nach der Medizinaltaxe vom 21. Juni 1815 bestehenden Zustand abändern, die Lage sämtlicher Medizinalbeamten verbessern und namentlich die Kreistierärzte bezüglich der Gebühren den anderen Medizinalbeamten gleichstellen wollen. In dieser Absicht haben sie die Gebührenpositionen in Anlehnung an den Abschnitt V der Medizinaltaxe angenommen, von dem Abschnitte VI, welcher für Tierärzte eine niedrigere Taxe enthält, gänzlich abgesehen und die Intention zum Ausdrucke gebracht, daß die Leistungen der Kreistierärzte, für welche bisher der Abschnitt VI der Medizinaltaxe maßgebend war, hinfort in Übereinstimmung mit denen der anderen Medizinalbeamten durch die Sätze des §. 3 des neuen Gesetzes abgegolten werden sollten. Nun befinden sich in der früheren Taxe Abschnitt V zwei Positionen „Für die Besichtigung eines Leichnames ohne und resp. mit Sektion“, und offenbar sind diese beiden Positionen mit gleichen Ausdrücken bis auf die Ersetzung des Wortes „Sektion“ durch „Obduktion“ ohne weiteres in die Nrn. 2 und 4 des §. 3 des neuen Gesetzes hinübergenommen worden, ohne daß man eine Erwägung darüber anstellte und sich klar machte, ob das Wort „Leichnam“ nach seiner technischen Bedeutung auch auf tote Tierkörper zu beziehen sei und die Anwendung der Nrn. 2 und 4 auf die Kreistierärzte zuließe. Unter keinen Umständen hat man die bewußte Absicht gehabt, in den Nrn. 2 und 4 eine den Tierärzten nicht zukommende Verrichtung aufzustellen, und wenn berücksichtigt wird, daß Obduktionen von Tierkörpern eine sehr häufige und dazu eine der wichtigsten Verrichtungen der Kreistierärzte ist, daß sie auch in dem Abschnitte VI der Medizinaltaxe mit einem besonderen Gebührensatze belegt und die Absicht, diese wichtige Funktion in dem neuen Gesetze ganz zu übergehen, in den Motiven des Entwurfes und im Landtage nirgends auch nur angedeutet worden ist, was doch im Falle einer so erheblichen Neuerung gewiß nicht unterblieben wäre, und daß endlich eine ratio legis für die Übergehung der Obduktionen an tierischen Körpern überhaupt nicht erfindlich ist, so gelangt man zu der Überzeugung, daß in den vorgedachten Nrn. 2 und 4 mit dem Worte „Leichnam" der Körper eines toten Tieres nicht hat ausgeschlossen, sondern mitbezeichnet werden sollen. Diese Auffassung stimmt mit dem Geiste und der bestimmt ausgesprochenen Absicht des Gesetzes überein, und steht nicht im Widerspruche mit einem etwa durchaus klaren, zu gar keinem Bedenken veranlassenden Wortlaute im Gesetze. Sie ist daher notwendig zu befolgen, und wird nicht dadurch beeinflußt, daß in dem Zusatze zu Nr. 4 das Wort „begraben" gebraucht ist, bei welchem auch wieder die Frage aufzuwerfen und zu entscheiden wäre, ob damit nicht ebenfalls das Vergraben oder Verscharren eines toten Körpers gemeint ist. Ein menschlicher Körper kann vergraben oder verscharrt sein, ohne daß er ordnungsgemäß, was man so nennt, „begraben" ist, und doch wird man nicht anstehen, auf seine Obduktion jenen Zusatz der Nr. 4 für anwendbar zu erachten; die gleiche Folge muß also für den vergrabenen oder verscharrten Tierkörper eintreten, wenn dieser sonst nur unter die Nr. 4 subsumiert werden darf.

Hat hiernach der Appellationsrichter die fragliche Nr. 4 unrichtig interpretiert, so unterliegt sein Erkenntnis der Vernichtung, und in der Sache selbst folgt daraus, daß die Liquidationen des Klägers mit Recht auf jene Nr. 4 gegründet und die liquidierten Beträge nicht bestritten sind, die Bestätigung des ersten Urteiles."

---

59. Ist die nach dem römischen Rechte wegen Störung im Gebrauche eines öffentlichen Weges gegebene Klage nach den im Königreiche Preußen über die Zulässigkeit des Rechtsweges bestehenden Vorschriften statthaft?

l. 2 §. 45 Dig. ne quid in loco publico 43, 8; A.G.O. Einl. §. 1. Verordnung von 26. Dezember 1808 wegen verbesserter Einrichtung der Provinzialbehörden.

Gesetz vom 11. Mai 1842,

und Kgl. Verordnung vom 16. September 1867, betr. die Zulässigkeit des Rechtsweges.

III. Civilsenat. Urt. v. 23. Januar 1880 in S. B. (Bekl.) w. U. (Kl.) Rep. III. 11/79.

I. Amtsgericht Rennerod.
II. Appellationsgericht Wiesbaden.

In der Stadt Westerburg befindet sich zwischen den Häusern des Leinwebers B. und des Kaufmannes U. ein Grundstück, welches nach der Behauptung des letzteren der Stadt W. gehört, von jeher als Verbindungsweg zwischen den anstoßenden Wegen und den angrenzenden Häusern und Höfen gedient hat und von uralten Zeiten her als öffentlicher Weg nicht bloß von den Anwohnern, sondern von jedermann benutzt worden ist. B. hat die Benutzung dieses Weges durch Anlegung einer Treppe, eines verschlossen gehaltenen Thores und Aufstellung einer großen Bütte verhindert. Er hält sich zu diesen Anlagen berechtigt, weil das fragliche Grundstück sein Eigentum sei. Nachdem die zuständige Verwaltungsbehörde die Anträge des U., die Freihaltung des Weges anzuordnen, abgewiesen hatte, „weil nicht anzunehmen sei, daß der von B. gesperrte Weg einen für den öffentlichen Verkehr so notwendigen Weg bilde, daß ein amtliches Einschreiten zur Vermeidung polizeilicher Unzuträglichkeiten geboten wäre und den Beteiligten überlassen bleiben müsse, den Streit im Rechtswege zum Austrage zu bringen", erhob U. Klage gegen B. mit dem Antrage, den Beklagten schuldig zu erkennen, die Absperrung des fraglichen öffentlichen Weges zu unterlassen, die gemachten Anlagen hinwegzuräumen, den früheren Zustand wiederherzustellen, auch dem Kläger allen durch die Versperrung des Weges entstandenen Schaden salva liquidatione zu ersetzen. Kläger hat dabei näher dargelegt, wie er namentlich mit Rücksicht auf die Lage seiner verschiedenen Gebäude durch die Absperrung des fraglichen Weges benachteiligt werde.

Nachdem das erste Gericht die Klage abgewiesen hatte, indem es annahm, daß Beklagter Eigentümer des fraglichen Terrains sei, verurteilte das Appellationsgericht den Beklagten klagegemäß, indem es davon ausging, daß die Voraussetzungen des in l. 2 §. 45 Dig. ne quid in loco publico 43, 8 gegebenen Interdiktes vorhanden seien. Beklagter hat diese Entscheidung mit der Nichtigkeitsbeschwerde angefochten und namentlich Verletzung der über die Zulässigkeit des Rechtsweges im Königreiche Preußen bestehenden Vorschriften gerügt.

Die Beschwerde ist verworfen aus folgenden

Gründen:

„Mit Unrecht bestreitet der Kläger die Zulässigkeit des ersten vom Beklagten geltend gemachten Nichtigkeitsgrundes, weil die Einrede der Unzulässigkeit des Rechtsweges in den Vorinstanzen nicht erhoben sei. Denn da der Richter seine Zuständigkeit, also namentlich auch die Frage, ob der Rechtsweg zulässig sei, von Amts wegen zu prüfen hat, so können auch die Parteien in jeder Instanz, auch noch im Nichtigkeitsverfahren in dieser Richtung Einwendungen erheben.

Die Beschwerde des Beklagten ist jedoch nicht begründet.

Die erste Ausführung des Imploranten: da Kläger keine seiner Hofraite zustehende privatrechtliche Gang- und Fahrgerechtigkeit geltend mache, sondern Schutz im Gebrauche eines öffentlichen Weges verlange, also kein Privatrecht, sondern ein publizistisches Recht in Frage stehe und weil nach den in der preußischen Monarchie geltenden Gesetzen die Gerichte zur Aburteilung über publizistische Rechte nicht befugt seien, so verletze der Appellationsrichter durch Zulassung der vom Kläger erhobenen Klage den Art. 1 der Königlichen Verordnung vom 16. September 1867, betreffend die Zulässigkeit des Rechtsweges, den §. 1 der Einleitung zur Allgemeinen Gerichtsordnung und den darin ausgesprochenen, auch in den neu erworbenen Landesteilen geltenden Rechtssatz: „daß die Gerichte nur zur Entscheidung über solche Sachen und Rechte berufen seien, welche Gegenstand des Privatrechtes sind" — ist nicht zutreffend.

Da nach den im Geltungsgebiete des preußischen Allgemeinen Landrechtes bestehenden, durch die Königliche Verordnung vom 16. September 1867, betreffend die Zulässigkeit des Rechtsweges, auch auf die durch die Gesetze vom 20. September und 24. Dezember 1866 der preußischen Monarchie einverleibten Landesteile ausgedehnten allgemeinen Bestimmungen ein Prozeßverfahren in denjenigen Angelegenheiten nicht stattfindet, welche nach der bestehenden Staats- und Landesverfassung zum Ressorte der Verwaltungsbehörden gehören, da ferner zu diesen Angelegenheiten auch die Sorge für die öffentlichen Straßen und Wege, insbesondere die Sorge für die Freihaltung des Verkehres auf denselben im öffentlichen Interesse zu rechnen ist, indem diese zu den den

Polizeibehörden überwiesenen Funktionen gehört, so können allerdings die nach dem römischen Rechte zum Schutze des Gebrauches öffentlicher Wege gegebenen Rechtsmittel, soweit dadurch das öffentliche Interesse gewahrt werden sollte und dieselben daher von jedem Staatsbürger, auch dem nicht durch die Störung des Gebrauches Benachteiligten erhoben werden konnten, für anwendbar nicht mehr angesehen werden. Erachten die zuständigen Verwaltungsbehörden ein Einschreiten gegen die den Gebrauch öffentlicher Wege und Straßen beeinträchtigenden Handlungen im öffentlichen, polizeilichen Interesse nicht für geboten, so kann nicht im Wege des prozessualischen Verfahrens die Frage, ob im öffentlichen Interesse ein Einschreiten geboten oder gerechtfertigt sei, zur Erörterung und Entscheidung gebracht werden. Aus jenen Vorschriften über die Ausschließung des Rechtsweges in den zum Ressorte der Verwaltungsbehörden gehörenden Angelegenheiten folgt aber keineswegs, daß auch diejenigen Rechtsmittel, welche das gemeine Recht zum Schutze des Sonderinteresses des einzelnen Staatsangehörigen auf Benutzung eines öffentlichen Weges gewährt, nicht mehr zulässig seien; diese Rechtsmittel müssen vielmehr, wenn die Polizeibehörden die Beseitigung der den Gebrauch eines öffentlichen Weges beeinträchtigenden Anlagen nicht anordnen wollen, für statthaft erachtet werden, weil sie zum Schutze gegen unbefugte Eingriffe in das dem einzelnen zustehende Recht auf Benutzung öffentlicher Wege dienen und zugleich auf Ersatz des durch solche unbefugte Eingriffe dem Kläger entstandenen Schadens gerichtet sind, also nicht publizistische Rechte, sondern einen privatrechtlichen Anspruch betreffen.

Im vorliegenden Falle handelt es sich aber, wie die Begründung der Klage, das Klagegesuch und der Tenor des den Beklagten verurteilenden Erkenntnisses ergeben, nur um den Schutz des Interesses, welches der Kläger an dem Gebrauche des in Frage stehenden öffentlichen Weges mit Rücksicht auf die Lage seiner Scheune und auf die erleichterte Kommunikation mit den höher gelegenen Teilen der Stadt hat, sowie um den Ersatz des Schadens, welcher ihm durch die unbefugte Verhinderung beziehungsweise Erschwerung der Benutzung des Weges durch den Beklagten verursacht ist." . . .

60. Ist der Anspruch aus der nützlichen Verwendung dadurch ausgeschlossen, daß die Verwendung aus dem Vermögen des Versionsklägers in den Nutzen des Versionsbeklagten durch das Rechtsgeschäft eines Dritten vermittelt ist?[1]

I. Hilfssenat. Urt. v. 3. Februar 1880 in S. S. & Co. (Kl.) w. B. (Bekl.) Rep. IVa. 502/79.

I. Kreisgericht Memel.
II. Ostpreußisches Tribunal Königsberg.

Der verstorbene Ehemann der Beklagten, mit welchem diese in getrennten Gütern und unter vertragsmäßig vorbehaltenem Vermögen lebte, hatte von der Klägerin Düngstoffe zu verabredeten Preisen gekauft und in die Besitzung der Beklagten verwendet. Von dieser forderte die Klägerin Zahlung des Kaufpreises von 549 *M*, weil der Nachlaß des Ehemannes, dem die Beklagte die Verwaltung ihres Vermögens stillschweigend überlassen gehabt, insuffizient, die Beklagte mit der Verwendung der Düngstoffe einverstanden gewesen und der Kulturstand ihrer Besitzung mindestens um den Betrag des Kaufpreises erhöht worden sei.

Die Beklagte bestritt diese Behauptungen und wandte ein, die Klägerin sei zur Klage aktiv nicht legitimiert, da von einer versio in rem im Verhältnisse der Parteien nicht die Rede sein könne.

Der zweite Richter wies die Klägerin ab. Auf erhobene Nichtigkeitsbeschwerde wurde dieses Erkenntnis vernichtet und das die Beklagte zur Zahlung des Preises der Düngstoffe verurteilende erste Erkenntnis bestätigt.

Gründe:

„Der Appellationsrichter erachtet die Versionsklage nur dann für zulässig, wenn die Verwendung aus dem Vermögen des Versionsklägers direkt und unmittelbar in den Nutzen des Versionsbeklagten geschehen ist. Dieser Grundsatz ist allerdings von dem vierten Senate des preußischen Obertribunales in wiederholten Entscheidungen,

---

[1] Vgl. oben Nr. 57 S. 143.

vgl. Striethorst, Archiv Bd. 10 S. 142, Bd. 77 S. 70, Bd. 87 S. 283, Bd. 73 S. 155; Entsch. des Obertrib. Bd. 56 S. 114, ausgesprochen worden. Dem entgegen hat jedoch bereits das Reichsoberhandelsgericht (Entsch. desselben Bd. 3 Nr. 78 S. 377, Bd. 11 Nr. 47 S. 136) den Anspruch aus der nützlichen Verwendung nach preußischem Rechte auch in Fällen zugelassen, in welchen das Streitobjekt mittels eines zwischen dem Versionskläger und einem Dritten eingegangenen Rechtsgeschäftes in das Vermögen des Versionsbeklagten gelangt war. Dieser Auffassung muß auch beigetreten werden.

Nach §. 262 A.L.R. I. 13 steht die Versionsklage demjenigen zu, aus dessen Vermögen etwas in den Nutzen eines anderen verwendet worden. Voraussetzung ist nach §. 277 a. a. O., daß kein rechtlicher Vertrag unter den Parteien vorhanden ist.

Damit hat das Landrecht das gemeinrechtlich für die actio de in rem verso festgehaltene Erfordernis der Mittelsperson aufgegeben. Die Versionsklage steht daher auch demjenigen zu, aus dessen Vermögen unmittelbar etwas in den Nutzen eines anderen verwendet worden ist. Daß sie aber auf eine unmittelbare Verwendung nicht beschränkt, vielmehr auch dann zulässig ist, wenn die Verwendung aus dem Vermögen des Versionsklägers in den Nutzen des Versionsbeklagten durch das Rechtsgeschäft eines Dritten vermittelt wird, erkennt das Gesetz ausdrücklich an. So kann nach §. 236 A.L.R. I. 17 eine Gesellschaft durch das Rechtsgeschäft eines Gesellschafters, nach §. 324 a. a. O. II. 1 der Mann durch das Rechtsgeschäft der Frau, nach. §. 126 II. 2 der Vater durch das Rechtsgeschäft seiner Kinder aus der nützlichen Verwendung verpflichtet werden, und in allen diesen Fällen beruht der Grund der Verpflichtung nicht etwa in dem besonderen Verhältnisse dieser Personen, sondern, wie der angeführte §. 126 besagt, auf den allgemeinen Vorschriften, nach welchen jemand überhaupt durch die Handlung eines Dritten vermöge einer in seinem Nutzen erfolgten Verwendung verpflichtet wird.

Es fragt sich aber, unter welchen Voraussetzungen durch die Handlung, durch das Rechtsgeschäft eines Dritten (der Mittelsperson) die Versionsklage begründet wird. Gemeinrechtlich ist man in dieser sehr bestrittenen Frage zufolge §. 4 Inst. quod cum eo 4, 7 und l. 7 §. 1 Cod. eod. 4, 26 darüber einig, daß die Versionsklage stattfindet, wenn der gewaltfreie Vertent in Angelegenheiten des Versionsbeklagten (rem eius agens) — thatsächlich oder rechtlich — gehandelt hat, also in allen Fällen, in welchem dem gerens die actio mandati oder negotiorum gestorum contraria zusteht. Daß dies auch der Standpunkt des preußischen Landrechtes ist, ergiebt sich schon aus der Stellung, welche die nützliche Verwendung im Systeme des Gesetzes — als ein Abschnitt des 13. Titels, welcher von der Erwerbung des Eigentumes an Sachen und Rechten durch einen Dritten, also von der Stellvertretung handelt, erhalten hat. Liegt eine solche Stellvertretung — thatsächlich oder rechtlich — vor, hat also der Vertent in den Angelegenheiten des Versionsbeklagten gehandelt, so ist die Thatsache der nützlichen Verwendung davon unabhängig, in welcher Weise das Eigentum der vertierten Sache auf den Versionsbeklagten übergegangen ist. Es kann für die Thatsache der nützlichen Verwendung unmöglich einen Unterschied machen, ob derjenige, welcher eine Sache für Rechnung eines anderen kauft, in eigenem Namen oder im Namen des Machtgebers gehandelt hat, ob also der Machtgeber das Eigentum der Sache im ersten Falle schon durch die Tradition an den Bevollmächtigten, im zweiten Falle erst dadurch erwirbt, daß der Bevollmächtigte seiner gesetzlichen Pflicht (A.L.R. I. 13 §§. 62. 63) gemäß die Übergabe an den Machtgeber bewirkt. In beiden Fällen hat die nützliche Verwendung in das Vermögen des belangten Prinzipales, soweit solche vorliegt, mit dem Schaden, also aus dem Vermögen des Versionsklägers stattgefunden.

Hiernach beruht der erste Entscheidungsgrund des Appellationsrichters auf einer unrichtigen Auffassung des §. 262 A.L.R. I. 13."

---

61. Kann der Kirchenvorstand einer katholischen Pfarrgemeinde Umlagen, denen der Regierungspräsident die Beitreibung im Verwaltungswege versagt hat, weil dieselben zu Gehaltszahlungen an Geistliche, bezüglich deren die Leistungen aus Staatsmitteln eingestellt worden, bestimmt sind, mittels gerichtlicher Klage einziehen?

Kabinettsorder v. 19. Juni 1836.

Gesetz über die Erweiterung des Rechtsweges v. 24. Mai 1861 §. 15.

Gesetz v. 22. April 1875 betr. die Einstellung der Leistungen aus Staats-

mitteln für die römisch-katholischen Bistümer und Geistlichen §§. 1 und 10.
Gesetz vom 20. Juni 1875 über die Vermögensverwaltung in den katholischen Kirchengemeinden §§. 3. 8. 21 Nr. 8. 50.
Verordnung vom 27. September 1875.

II. Civilsenat. Urt. v. 25. November 1879 i. S. G. S. (Bekl.) w. Kirchenvorstand zu E. (Kl.) Rep. II. 20/79.

I. Friedensgericht Eupen.
II. Landgericht Aachen.

In das Budget der katholischen Kirchengemeinde zum heil. Joseph zu E. war in den Jahren 1877 und 1878 eine Summe von je 2700 Mark für persönliche Kultuskosten — Gehalt für den Pfarrer und zwei Vikare — aufgenommen. Der Regierungspräsident zu X. hatte genehmigt, daß der Betrag des Budgets zu gleichen Prozenten der direkten Staatssteuer ausschließlich der Gewerbesteuer — mit einer Modifikation bezüglich der den Klassensteuersatz von drei Mark Zahlenden — auf die Mitglieder der Kirchengemeinde bezw. die Forensen umgelegt werde, zugleich aber verfügt, daß jene zu Leistungen an Geistliche, in betreff deren der §. 10 des Gesetzes vom 22. April 1875 Anwendung fand, bestimmte Summe von 2700 ℳ im Verwaltungswege nicht beizutreiben sei. Am 16. Juli 1878 belangte der Kirchenvorstand der genannten Gemeinde den Fabrikanten G. S. zu P., der für das Jahr 1877 und die erste Hälfte des Jahres 1878 an persönlichen Kultuskosten die Summe von 62,05 ℳ der geschehenen Verteilung gemäß zu entrichten hätte, auf Zahlung dieses Betrages bei dem Friedensgerichte daselbst.

Das Friedensgericht hielt den Rechtsweg für unzulässig, und in diesem Sinne erkannte auch das Reichsgericht, unter Vernichtung des zweitinstanzlichen Urteiles, aus folgenden

Gründen:

„In Erwägung, daß die auch in der preußischen Rheinprovinz geltende Kabinettsorder vom 19. Juni 1836 bezüglich der in Nr. 1 derselben näher bezeichneten Abgaben und Leistungen an Kirchen und öffentliche Schulen, oder an deren Beamte, welche vermöge einer allgemeinen gesetzlichen oder auf notorischer Orts- oder Bezirksverfassung beruhenden Verbindlichkeit zu entrichten sind, . . . zur Beseitigung des Zweifels, ob bei Einforderung derselben die Exekution im gerichtlichen Wege oder von dem Regierungspräsidenten zu verfügen sei, bestimmt, daß die genannten Abgaben, soweit es sich um die laufenden Beträge und Rückstände bis zu zwei Jahren handelt, der exekutivischen Beitreibung durch die betreffende Verwaltungsbehörde unterliegen, zugleich in Nr. 3, was diese Abgaben betrifft, den Rechtsweg nur in den Ausnahmefällen des §. 79 A.L.R. II. 14 und der §§. 41 und 42 der Verordnung vom 30. Dezember 1808 — wie bei Steuern — für zulässig erklärt, in Nr. 4 und 5 dagegen die Einziehung der anderweiten näher angegebenen jährlichen Abgaben an Kirchen und Schulen, sowie aller sonstigen Forderungen der Kirchen- und Schulbeamten auf den Prozeßweg verweist;

daß sodann das Gesetz vom 24. Mai 1861 §. 15 die Beschränkung des Rechtsweges in Nr. 3 der Kabinettsorder für alle die in Frage stehenden Abgaben und Leistungen, welche auf einer allgemeinen gesetzlichen Verbindlichkeit, bezw. auf einer von der Aufsicht führenden Regierung in Gemäßheit gesetzlicher Bestimmung angeordneten oder für exekutorisch erklärten Umlage beruhen, aufrecht erhält, und die Vorschrift in Nr. 1 derselben, welche die administrative Exekution zum Gegenstande hat, nicht berührt;

daß, wenn nun das Gesetz die Beitreibung von Abgaben der genannten Art mit Rücksicht auf ihre besondere steuerähnliche Natur den Verwaltungsbehörden zuweist, damit die Einziehung derselben im Wege des gerichtlichen Verfahrens grundsätzlich ausgeschlossen erscheint, wie denn auch aus der Fassung der bezogenen Kabinettsorder die dahin gerichtete Absicht derselben klar hervortritt;

daß hiernach die Annahme des Landgerichtes, daß es für die vorliegende Zuständigkeitsfrage auf die berührten, vom ersten Richter zur Begründung seiner Entscheidung herangezogenen Gesetze nicht ankomme, weil hier weder über die Beitragspflicht des Kassationsklägers zu den fraglichen Kultuskosten noch über die gesetzmäßig erfolgte Festsetzung der letzteren ein Streit obwalte, als rechtsirrtümlich sich darstellt.

In Erwägung, was sodann das Gesetz vom 20. Juni 1875, auf welches das angegriffene Urteil vor allem gestützt ist, angeht:

daß das genannte Gesetz, welches die Vermögensverwaltung in den katholischen Kirchengemeinden reguliert, dem Kirchenvorstande die Befugnis giebt, mit Zustimmung der Gemeindevertretung sowie unter Genehmigung der staatlichen Aufsichtsbehörde behufs Deckung von kirchlichen Bedürfnissen Umlagen auf die Gemeindeglieder festzusetzen;

daß das Gesetz allerdings nichts darüber bestimmt, in welcher Weise solche Umlagen einzuziehen sind, daraus indes immerhin nur folgt, daß für diese Frage die allgemeinen Zuständigkeitsregeln als maßgebend zu erachten;

daß nun aber nach dem, was thatsächlich vorliegt, ein begründeter Zweifel darüber nicht obwalten kann, daß es sich hier um eine auf einer allgemeinen gesetzlichen Verbindlichkeit beruhende Abgabe im Sinne der Nr. 1 der bezogenen Kabinettsorder handelt, die Beitreibung derselben also nach Vorschrift der letzteren im Wege der administrativen Exekution stattfindet;

daß, wenn im gegenwärtigen Falle der Regierungspräsident für einen Teil der fraglichen Umlage die Vollstreckung im Verwaltungswege versagt hat, dies, wie thatsächlich feststeht, in dem Umstande seinen Grund hat, daß hier Leistungen an Geistliche, denen gegenüber §. 10 des Gesetzes vom 22. April 1875 Platz greift, in Frage stehen;

daß nun zwar §. 10 a. a. O., welcher die administrative Exekution ausschließt, nicht, wie der Kassationskläger will, die Bedeutung hat, daß bezüglich solcher Abgaben und Leistungen die Rechtshilfe überhaupt versagt sei, indem in den Motiven zu dem entsprechenden §. 9 des Entwurfes hervorgehoben ist, das durch denselben das privatrechtliche Verhältnis der berechtigten Empfänger nicht berührt werde und deshalb den ersteren der allgemeine Rechtsschutz vor Gericht verbleibe;

daß jedoch hier eine Klage aus einem privatrechtlichen Verhältnisse nicht vorliegt, die Einziehung der fraglichen, auf öffentlichem Rechte beruhenden Umlagen aber, welche von dem Kirchenvorstande, wie geschehen, auf gerichtlichem Wege versucht worden ist, nach dem vorstehend Ausgeführten als unstatthaft erscheint."

---

62. Ein dem Schuldner nicht gehöriges Grundstück war aus Irrtum zur Zwangsvollstreckung gezogen und versteigert worden. Der frühere Eigentümer verlangte Herausgabe dieses Grundstückes im Wege der Schadensklage von dem Ersteher, weil dieser bei Ausbringung der Zwangsvollstreckung den Irrtum durch grobes Versehen veranlaßt

hatte. Eigenes Versehen der Eigentümers, von welchem das öffentliche Aufgebot übersehen worden war.

V. Civilsenat. Urt. v. 20. Dezember 1879 i. S. H. (Bekl.) w. Z. (Kl.) Rep. V. 35/79.

I. Kreisgericht Meseritz.
II. Appellationsgericht Posen.

Der Beklagte hatte gegen die minderjährigen Kinder und Erben des verstorbenen Johann Zmuda zu Bomst eine Forderung rechtskräftig ausgewonnen und erfahren, daß als Eigentümer eines Ackerstückes ein Johann Zmuda zu Bomst im Grundbuche eingetragen stehe. Es war dies nicht der Vater der Schuldner des Beklagten, sondern der gleichnamige Kläger, der schon seinem Alter nach, wie es sich aus dem bei den Grundakten befindlichen Erwerbsakte ergiebt, nicht für den Erzeuger der in Frage stehenden Kinder gehalten werden konnte. Dem Beklagten genügte die Gleichheit im Namen und Wohnorte, um daraufhin ohne weitere Prüfung das Grundstück für das Eigentum seiner Schuldner zu halten und als ein bereites Objekt seiner Befriedigung zu behandeln. Nach beigebrachter Erbbescheinigung erwirkte er im Wege der Zwangstitelberichtigung die Umschreibung auf den Namen der Erben des verstorbenen Johann Zmuda und sodann die Zwangsversteigerung, in welcher er den Zuschlag erhielt. Von allen diesen Vorgängen wurde dem Kläger besondere Mitteilung nicht gemacht, weil er fortwährend mit dem verstorbenen Zmuda verwechselt blieb, und es bewendete bei dem nach §. 13 Nr. 7 der Subhastationsordnung vom 15. März 1869 vorgeschriebenen Aufgebote. Daran schloß sich auch die entsprechende Präklusion. Im Bietungstermine hat die wiederverheiratete Witwe des verstorbenen Zmuda dem Beklagten mitgeteilt, daß das zum Verkaufe stehende Grundstück einem anderen Zmuda gehöre.

Auf Grund dieser Sachlage hatte der Appellationsrichter in Abänderung der abweisenden Vorentscheidung den aus dem groben Versehen des Beklagten hergeleiteten Klaganspruch auf Auflassung des subhastierten Grundstückes an den Kläger für begründet erachtet. Die dagegen eingelegte Nichtigkeitsbeschwerde wurde zurückgewiesen aus folgenden

Gründen:

„Nach der nicht angegriffenen thatsächlichen Feststellung des Appellationsrichters hat der Beklagte durch eine von ihm verschuldete Namensverwechselung bewirkt, daß ohne Recht ein dem Kläger gehöriges und für denselben als Eigentümer eingetragenes Grundstück auf den Namen seines, des Beklagten, Schuldner umgeschrieben worden ist, mit der erreichten Absicht, dieses Grundstück behufs seiner Befriedigung zur Zwangsversteigerung zu bringen. In diesem Vorgehen, durch welches dem Kläger das Eigentum an seinem Grundstücke entzogen worden ist, liegt eine rechtlose Beschädigung des Klägers, für welche der Beklagte nach den Bestimmungen der §§. 8 flg. A.L.R. I. 6 nach Maßgabe seines Versehens Schadensersatz leisten muß. An dieser Verpflichtung wird ihrem Grunde nach nichts durch den Umstand geändert, daß Beklagter selbst das Grundstück in der Subhastation erstanden hat. Dieser Umstand ist ein bloß zufälliger, das Fundament des Schadensanspruches würde dasselbe bleiben, wenn auch ein anderer das Grundstück erstanden hätte. Die Wirkung des Zuschlages, welche Kläger nicht mehr anfechten kann, bildet seinen Schaden; die vorbereitenden Handlungen des Beklagten, welche es ihm ermöglichten, das Grundstück als Exekutionsobjekt zu behandeln, sind die Ursachen des Schadens, der Akt der Beschädigung. Es gehört erst zu den Folgen dieser Beschädigung, daß Beklagter in die Lage gekommen ist, in einer vom Gesetze erlaubten Weise das Eigentum des Grundstückes an sich zu bringen. Durch den Zuschlagsbescheid und die damit verbundene Präklusion der Realprätendenten erlöschen die Realrechte der Präkludierten; aber die vorliegende Klage ist auch kein dinglicher Anspruch, sondern lediglich eine persönliche Klage auf Schadensersatz. Wenn sie sich in ihrem Antrage, der Beklagten zur Auflassung des fraglichen Grundstückes an Kläger zu verurteilen, deckt mit der Eigentumsklage, so liegt dies in dem bereits als zufällig bezeichneten Umstande, daß Beklagter der Adjudikatar ist. Weil derselbe durch den Zuschlagsbescheid in die Lage gebracht ist, über das Grundstück als Eigentümer zu verfügen, kann er es auch dem Kläger wieder verschaffen und dadurch den früheren Zustand wiederherstellen, eine Art des Schadensersatzes, welche stets erfolgen muß, insofern die Möglichkeit dazu vorhanden ist. Der durch den Zuschlag geschaffene Rechtszustand wird also von der Klage nicht nur nicht angegriffen, sondern es bildet seine Anerkennung eine der wesentlichen Voraussetzungen derselben.

Die vorstehende Auffassung beherrscht überall die Ausführung der von der Nichtigkeitsbeschwerde angegriffenen Entscheidung des Appellationsrichters. Ausdrücklich hebt derselbe hervor, der Beklagte sei in seiner Eigenschaft als Adjudikatar zur Restitution nicht verpflichtet und schadensersatzpflichtig nur als Extrahent des Verkaufes. Der Vorwurf einer Verletzung der §§. 13 Nr. 7. 36. 37. 43 der Subhastationsordnung vom 15. März 1869, der Grundsätze von der Rechtskraft richterlicher Erkenntnisse (§§. 65. 66 Einl., §. 1 A.G.O. I. 16) bezüglich des Zuschlagsbescheides (A.L.R. I. 11 §. 342 und I. 15 §. 17) ist deshalb unbegründet.

Nicht zutreffend ist aber auch die Rüge der Verletzung des A.L.R.'s I. 3 §§. 18. 19 und I. 6 §§. 3. 10. 11. 18. 19. 79. 81. 82, die daraus entnommen wird, daß der Appellationsrichter der Beklagten ein grobes, dem Kläger höchstens ein geringes Versehen beimißt. Im allgemeinen entzieht sich die Feststellung der Grade eines Versehens, weil sie eine thatsächliche ist, dem Angriffe der Nichtigkeitsbeschwerde, soweit sie sich auf Rügen rechtsgrundsätzlichen Verstoßes beschränkt. Nun beschuldigt zwar die Nichtigkeitsbeschwerde den Appellationsrichter eines Rechtsirrtumes, indem sie hervorhebt, derselbe gebe dem groben Versehen des Beklagten als thatsächliche Unterlage eine im Versteigerungstermine zu Tage getretene Fahrlässigkeit des Beklagten, darin bestehend, daß er die Äußerung einer interessierten Person darüber, daß das zur Subhastation stehende Grundstück sich nicht im Eigentume des Subhastaten befinde, unberücksichtigt gelassen habe. Aber der Vorwurf der Nichtigkeitsbeschwerde beruht lediglich auf einer unrichtigen Auffassung des betreffenden Teiles der Entscheidungsgründe. Der Appellationsrichter findet das Versehen des Beklagten vorzugsweise darin, daß dieser lediglich auf Grund der Namensgleichheit angenommen habe, das Grundstück des Klägers gehöre seinen Schuldnern und daß er sich gegenüber der erwähnten Äußerung im Versteigerungstermine, das Grundstück gehöre einer anderen Person gleichen Namens mit dem Erblasser der Subhastaten nicht veranlaßt gesehen habe, zu erwägen, wie unzuverlässig die Grundlage sei, auf welche hin er die Umschreibung des Besitztitels von dem Namen des Klägers auf den seiner Schuldner betrieben habe. Auch hier ist zu unterscheiden zwischen dem Beklagten als Bieter und als Extrahenten der Exekution. Was jener unberücksichtigt lassen durfte, mußte dieser näher prüfen. Diese vom Appellationsrichter überall festgehaltene Unterscheidung entzieht ihn dem Vorwurfe, er habe eine Unterlassung als Versehen bezeichnet, der das Gesetz den Charakter der Pflichtwidrigkeit dadurch benimmt, daß es trotz derselben rechtsgültigen Eigentumserwerb sich vollziehen läßt.

Wenn endlich die Nichtigkeitsbeschwerde geltend macht, der Appellationsrichter greife fehl, indem er dem Kläger nur ein leichtes Versehen beimesse, so bleibt sie den Nachweis gleichfalls schuldig, daß der Appellationsrichter sich dabei von einer irrigen Auffassung des gesetzlichen Begriffes eines leichten Versehens habe leiten lassen. Der Appellationsrichter erörtert die besonderen Umstände des Falles, und es kann der Nichtigkeitsbeschwerde nicht zugegeben werden, es sei unter allen Umständen ein grobes Versehen, wenn ein Grundbesitzer nicht unausgesetzt öffentliche Bekanntmachungen danach durchforscht, ob sein Grundstück etwa widerrechtlich zur Subhastation gestellt werde."

---

63. Welche Wirkung hat die Löschung einer Hypothek, erfolgt unter den formalen Voraussetzungen des Gesetzes, aber aus einem falsch beurkundeten Grunde?

Gesetz vom 5. Mai 1872 über den Grunderwerb §. 57 (G.S.S. 433). Grundbuchordnung von demselben Tage §§. 94. 118 (G.S.S. 446). A.L.R. I. 20 §§. 524. 526.

V. Civilsenat. Urt. v. 3. Januar 1880 i. S. C. (Kl.) w. H. (Bekl.) Rep. V. 59/79.

I. Kreisgericht Posen.
II. Appellationsgericht daselbst.

Aus den Gründen:

„Auf dem Grundstücke des Beklagten stand eine Hypothek eingetragen, bei deren Aufgebot den Geschwistern C., darunter dem Kläger, die ihnen zustehenden Rechte vorbehalten wurden. Beklagter überreichte demnächst dem Grundbuchrichter beglaubigte Urkunden, inhalts welcher die bezeichneten Interessenten sämtlich die Löschung der aufgebotenen Post bewilligen, und erwirkte damit die Löschung.

In Wirklichkeit hat der Kläger die von ihm beurkundete Erklärung nicht abgegeben, sondern eine andere unberechtigte Person, welche betrügerischerweise dem betreffenden Notar als der Kläger vorgestellt und als solcher rekognosziert worden ist.

Der Kläger hat sich als Miterbe der verstorbenen Witwe des eingetragenen Gläubigers legitimiert, die mit diesem in ehelicher Gütergemeinschaft gelebt hatte, und verlangt Wiedereintragung der gelöschten Hypothek.

Der Appellationsrichter hat ihn, unter Abänderung der verurteilenden ersten Entscheidung, mit diesem Anspruche abgewiesen. Er führt aus, daß durch die in formell gültiger Weise erfolgte Löschung das Hypothekenrecht aufgehoben worden sei. Die dagegen erhobene Revisionsbeschwerde ... mußte auch materiell für begründet erachtet werden.

Obwohl der Kläger nur Miterbe ist, so hatte er doch als solcher ein individuelles Recht, der Löschung der Hypothek in ihrem ganzen Umfange zu widersprechen. Dieses Recht ist ihm durch den Beklagten entzogen worden, und er hat deshalb nach allgemeinen Rechtsgrundsätzen (A.L.R. Einl. §. 93 und I. 15 §. 3) einen diesem Rechte entsprechenden Anspruch gegen den Beklagten auf Wiederherstellung des beseitigten Rechtes, ohne daß es auf ein Verschulden des Beklagten ankommt. Der Appellationsrichter irrt, wenn er der Ansicht ist, es sei ein solcher Anspruch ausgeschlossen durch die von ihm angezogenen, das Hypothekenrecht betreffenden, besonderen Gesetzesvorschriften. Bei Auslegung derselben ist nach allgemeiner Interpretationsregel davon auszugehen, es bedürfe zwingender, jede andere Deutung ausschließender Bestimmungen, um daraus eine Ausnahme von dem selbstverständlichen Satze zu entnehmen, daß die an den Willen des Berechtigten geknüpfte Aufgabe eines Rechtes nur durch eine wirkliche Willenserklärung des Berechtigten und nicht durch die eines Unberechtigten erfolgen könne.

Derartige Bestimmungen sind nicht vorhanden. Der Appellationsrichter beruft sich auf §. 57 des Grunderwerbsgesetzes vom 5. Mai 1872, §§. 94. 118 der Grundbuchordnung von demselben Tage, §§. 524. 526 A.L.R. I. 20. Von diesen Gesetzesstellen bestimmt §. 57 a. a. O., daß das Hypotheken- und Grundschuldrecht „nur" durch Löschung aufgehoben werde, ohne über die Bedingungen der Löschung zu disponieren. Der §. 94 a. a. O., welcher sich mit diesen Bedingungen befaßt, regelt dieselben, seiner Stellung in der Grundbuchordnung gemäß, nur in formaler Beziehung als Anweisung für das Verfahren des Grundbuchrichters. Der §. 118 daselbst betrifft den Fall der durch ein Versehen des Grundbuchrichters erfolgten Löschung und bestimmt, daß durch die Wiedereintragung die inzwischen von gutgläubigen Dritten erworbenen Rechte nicht beeinträchtigt werden sollen. Endlich lauten die betreffenden Bestimmungen des Allg. Landrechtes I. 20:

§. 524. Durch eine gehörig erfolgte Löschung wird das dingliche Recht des Gläubigers aufgehoben, auch wenn der Anspruch selbst, für welchen es bestellt worden, noch nicht getilgt wäre.

§. 526. Ist die Löschung einer eingetragenen Post zur Ungebühr erfolgt, so verliert zwar der Gläubiger dadurch noch nicht sein aus der Eintragung erhaltenes dingliches Recht.

Der Appellationsrichter und mit ihm Koch (Kommentar zum A.L.R. §. 526 I. 20 Note 53), Förster (Theorie und Praxis Bd. 3 §. 200) und das preußische Obertribunal (Präjudiz 324, Entscheidung vom 11. August 1837, vgl. Rönne's Ergänzungen zu §. 524 a. a. O.) wollen den in diesen Paragraphen gebrauchten Worten nur eine formale Beziehung geben und verstehen unter einer gehörig erfolgten Löschung eine solche, die auf Grund der beigebrachten Dokumente nach formalem Rechte erfolgen durfte. Der einzige Grund, welcher dafür angeführt wird, ist der gewöhnliche Sprachgebrauch der Worte „gehörig“ und „ungebührlich“. Für das Allgemeine Landrecht, worauf es hier ankommt, kann ein solcher Sprachgebrauch mit dem Sinne, welchen der Appellationsrichter hineinlegt, nicht anerkannt werden. Es genügt auf die §§. 292. 293 I. 5, in welchen von einer nicht gehörig geleisteten Vertragserfüllung, und auf §. 150 I. 7 zu verweisen, in welchem von einer Besitzstörung „zur Ungebühr“ die Rede ist, Stellen, welche eine bloß formale Beziehung der betreffenden Worte durchaus ausschließen.

Ein ausreichender Grund für die Ansicht des Appellationsrichters ist aber überhaupt auch nicht zu finden. Er könnte nur gesucht werden in der Rücksicht, welche der Glaube an die Richtigkeit des Grundbuches erfordert. Dieser Glaube kann in Frage kommen für alle, welche nach der zu Unrecht erfolgten Löschung Rechte erwerben, niemals aber zwischen dem durch die Löschung beeinträchtigten Gläubiger und dem, welcher das verpfändete Grundstück besaß, zur Zeit der Löschung. Diese haben nicht auf den Glauben des Hypothekenbuches, sondern auf den Glauben an die Richtigkeit einer Erklärung gehandelt, welche von einer Privatperson vor einem öffentlichen Urkundsbeamten abgegeben worden ist. Ebensowenig wie der Schuldner, welcher auf eine falsche, wenn auch in öffentlicher Urkunde erklärte, Quittung zahlt, von seiner Verbindlichkeit frei wird, kann dies hier bezüglich der hypothekarischen Verpflichtung der Fall sein."

---

64. Ist eine Stadtgemeinde, welche nach §. 13 des Gesetzes vom 2. Juli 1875 wegen Entziehung oder Beschränkung des von der Festsetzung einer neuen Fluchtlinie betroffenen Grundeigentumes zu entschädigen hat, verpflichtet, behufs Feststellung der Entschädigung die Einleitung des durch die §§. 24 flg. des Gesetzes vom 11. Juni 1874 angeordneten Administrativverfahrens zu beantragen?

Gesetz über die Entziehung von Grundeigentum vom 11. Juni 1874 §§. 16. 24 flg. 30. 32 (G.S.S. 221).

Gesetz, betreffend die Anlegung und Veränderung von Straßen und Plätzen in Städten und ländlichen Ortschaften, vom 2. Juli 1875 §§. 13. 14 (G.S.S. 561).

II. Hilfssenat. Urt. v. 15. Januar 1880 i. S. P. (Kl.) w. Stadtgem. K. (Bekl.) Rep. Va. 113/79.

I. Stadtgericht Königsberg i. Pr.
II. Ostpreußisches Tribunal daselbst.

Im Sommer 1876 ist von dem Magistrate zu Königsberg i. Pr. zum Zwecke der Straßenverbreiterung eine Baufluchtlinie festgesetzt worden, durch welche das in der Wassergasse daselbst belegene Grundstück des Kaufmannes P. betroffen wurde. Dieser hat darauf das auf seinem Grundstücke befindliche Gebäude bis zu der festgesetzten Fluchtlinie zurückgezogen, der Magistrat aber die freigelegte Fläche in Besitz genommen, pflastern lassen und zur Wassergasse gezogen.

Der Magistrat erkannte die Verpflichtung der Stadtgemeinde, den P. dieserhalb zu entschädigen, an, weigerte sich aber behufs Feststellung der Entschädigung die Einleitung des durch die §§. 24 flg. des Gesetzes vom 11. Juni 1874 angeordneten Administrativverfahrens zu beantragen, und stellte dem P. mittels Schreibens vom 5. Juli 1877 anheim, seinen Entschädigungsanspruch im Rechtswege geltend zu machen.

Demzufolge wurde P. klagbar, beantragte aber:

die Stadtgemeinde zu verurteilen, in Gemäßheit der §§. 24 und 56 lit. a des Gesetzes vom 11. Juni 1874 den Antrag auf Feststellung der Entschädigung bei dem Präsidenten der Königlichen Regierung zu Königsberg anzubringen.

Diesem Antrage gemäß verurteilte der erste Richter die Beklagte. Auf deren Appellation wies der zweite Richter die Klage ab.

Infolge der von dem Kläger eingelegten Revision ist das erste Erkenntnis wiederhergestellt.

Aus den Gründen:

„Es steht fest, daß die von dem Magistrate festgesetzte Baufluchtlinie das Gebäude des Klägers betroffen hat und daß der Kläger sein Grundstück bis zur Fluchtlinie von dem Gebäude freigelegt hat. Es handelt sich also um eine Entschädigung, welche dem Kläger nach §. 13 Nr. 2 des Gesetzes vom 2. Juli 1875 wegen Entziehung seines von der Festsetzung der neuen Fluchtlinie betroffenen Grundeigentumes zu gewähren ist. Der §. 14 a. a. O. bestimmt aber ausdrücklich, daß für die Feststellung derartiger Entschädigungen die §§. 24 flg. des Gesetzes über Enteignung von Grundeigentum vom 11. Juni 1874 zur Anwendung kommen, und diese Paragraphen schreiben ein geregeltes, bei der betreffenden Administrativbehörde zu beantragendes Verfahren vor. Die Ansicht der Beklagten, daß dieses Verfahren nur dann eintreten soll, wenn der betroffene Grundeigentümer sein Grundstück bis zur Fluchtlinie freizulegen sich weigert, findet weder in dem §. 14, noch sonst in dem Gesetze vom 2. Juli 1875 einen Anhalt und kann jedenfalls nicht daraus gefolgert werden, daß auch wegen Vollziehung der Enteignung auf das Gesetz vom 11. Juni 1874 §§. 24 flg. bezuggenommen ist.

Allerdings bestimmt der §. 24 des Gesetzes vom 11. Juni 1874, daß das administrative Verfahren von dem Unternehmer in Antrag zu bringen ist, und daraus folgt, daß das Verfahren nicht eingeleitet werden kann, wenn der Unternehmer nicht einen darauf gerichteten Antrag stellt, keineswegs aber, daß es in einem Falle, wie dem vorliegenden, lediglich in dem Belieben der Beklagten, als der Unternehmerin, steht, ob sie das gedachte Verfahren beantragen will, oder nicht. Daß das Gesetz vom 11. Juni 1874 die Einleitung des Administrativverfahrens von dem Antrage des Unternehmers und nicht auch von dem des Expropriaten abhängig macht, erklärt sich hinreichend durch die aggressive

Stellung, welche es dem Unternehmer anweist. Da nach §. 32 a. a. O. die Enteignung erst ausgesprochen werden darf, wenn die festgestellte Entschädigungs- oder Kautionssumme gezahlt oder hinterlegt ist, so liegt es in den Fällen der Enteignung nach Maßgabe des Gesetzes vom 11. Juni 1874 in der Regel allein in dem Interesse des Unternehmers, daß die Entschädigung festgestellt wird. Geschieht dies nicht, so erfolgt auch keine Enteignung. Anders verhält es sich da, wo eine Entschädigung unter Umständen, wie den vorliegenden, beansprucht wird. Der Kläger hat, nachdem er die erlangte Freilegung seines Grundstückes bewirkt hat, ein Recht darauf zu verlangen, daß die Entschädigung nach Vorschrift des Gesetzes, also nach Vorschrift des §. 14 a. a. O. festgestellt werde, und da hierzu die Stellung eines Antrages seitens der Beklagten erforderlich ist, so steht ihm auch das Recht zu, zu verlangen, daß die Beklagte diesen Antrag stelle. Die Verpflichtung derselben, das in den §§. 24 flg. des Gesetzes vom 11. Juni 1874 vorgeschriebene Verfahren zu beantragen, folgt aus ihrer Verpflichtung, den Kläger nach Maßgabe des Gesetzes zu entschädigen, nachdem sie das freigelegte Grundstück zur Straße gezogen hat.

Die Aktenstücke des preußischen Abgeordnetenhauses aus dem Jahre 1875, auf welche die Beklagte sich beruft, enthalten nichts, was ihre Auslegung des §. 14 des Gesetzes vom 2. Juli 1875 zu rechtfertigen geeignet wäre. Die Nr. 23 der Drucksachen teilt der Regierungsvorlage mit, welche aber in dem korrespondierenden §. 11 den hier in Frage stehenden ersten Absatz des §. 14 noch nicht enthält. Die Nrn. 279 und 404 geben Entwürfe des Gesetzes nach den Beschlüssen des Abgeordnetenhauses. In denselben hat der §. 14 bereits seine gegenwärtige Fassung, Motive sind ihnen aber nicht beigefügt.

Wenn auch dem Appellationsrichter darin beizutreten wäre, daß der §. 16 des Gesetzes vom 11. Juni 1874 auf die Festsetzung der nach §. 13 des Gesetzes vom 2. Juli 1875 zu gewährenden Entschädigungen analog in Anwendung zu bringen ist, so würde daraus immer nur folgen, daß je nach Verabredung der Beteiligten die Feststellung der Entschädigung auch sofort im Rechtswege erfolgen kann. Die Beteiligten müßten also über den einzuschlagenden Weg einverstanden sein. Vorliegend sind aber die Parteien gerade darüber in Streit, ob die Entschädigung sofort im Rechtswege, oder zunächst im Administrativverfahren festgestellt werden soll. Da der Magistrat der beklagten Stadtgemeinde mittels Schreibens vom 5. Juli 1877 auf die Einleitung des Administrativverfahrens zu provozieren abgelehnt und dem Kläger anheimgestellt hat, gegen die Beklagte auf Entschädigung zu klagen, nimmt der Appellationsrichter unter Anwendung des §. 16 auf den vorliegenden Fall an, daß dem Kläger der Rechtsweg nicht zu versagen gewesen wäre, wenn er seinen Klagantrag sofort auf Zahlung einer bestimmten Entschädigung gerichtet hätte. Die Richtigkeit dieser Ansicht kann dahingestellt bleiben. Jedenfalls wäre es ein Fehlschluß, wenn man daraus weiter folgern wollte, daß dem Kläger kein Recht zusteht, die Einleitung des Administrativverfahrens zu verlangen. Aus der von der Beklagten gleichfalls in Bezug genommenen Nr. 6 der Drucksachen des preußischen Abgeordnetenhauses von 1871/72, welche den Regierungsentwurf zu dem Gesetze vom 11. Juni 1874 enthält, ergiebt sich zwar, daß dieser im Falle des §. 16 bloß eine Feststellung der Entschädigung im Rechtswege zulassen wollte. Nach dem, was der bereits von dem ersten Richter erwähnte Kommentar von Bähr und Langerhans zu dem Gesetze vom 11. Juni 1874 über die Entstehungsgeschichte des §. 16 (Seite 60 Anmerkung 4) mitteilt, war jedoch die Kommission des Abgeordnetenhauses der Ansicht, daß den Beteiligten die Wohlthat einer vorgängigen kostenfreien, administrativen Festsetzung, wenn sie dieselbe begehren, nicht entzogen werden dürfe, und darauf erhielt der §. 16 seine gegenwärtige Fassung. Dies spricht entschieden gegen die Auffassung der Beklagten, welche daraus, daß das Administrativverfahren von dem Unternehmer zu beantragen ist, schließen zu wollen scheint, dasselbe sei lediglich im Interesse des Unternehmers vorgeschrieben. Jedenfalls haben dabei auch die Interessen derjenigen berücksichtigt werden sollen, welche in Rücksicht auf das gemeine Wohl Eigentumsrechte aufzugeben genötigt sind. Für sie erfolgt im Administrativverfahren die Festsetzung der Entschädigung kostenfrei, und der Unternehmer hat sogar, wenn er sich bei dieser Festsetzung nicht beruhigt, sondern den Rechtsweg beschreitet, nach §. 30 a. a. O. unter allen Umständen die Kosten erster Instanz zu tragen. Überhaupt gewährt das Administrativverfahren Vorteile, welche der Interessent nicht hat, wenn er sofort mit einer bestimmten Entschädigungsforderung vor Gericht auftritt, und diese Vorteile dürfen dem Kläger durch die ungerechtfertigte Weigerung der Beklagten, das Administrativverfahren zu beantragen, nicht verkümmert werden."

65. Hat die Verordnung eines Erblassers, daß die Gläubiger des Erben nicht befugt sein sollen, den Erbteil zum Gegenstande ihrer Befriedigung zu machen, ohne gleichzeitige Einschränkung des Erben in dem Verfügungsrechte über den Erbteil den Gläubigern gegenüber rechtliche Wirkung?

I. Hilfssenat. Urt. v. 10. Februar 1880 i. S. B. (Kl.) w. U. (Bekl.) Rep. IVa. 108/79.

I. Kreisgericht Löwenberg.
II. Appellationsgericht Glogau.

Das Reichsgericht hat die Nichtigkeitsbeschwerde des Klägers zurückgewiesen, und zwar aus folgenden

Gründen:

„Nach der Feststellung des Appellationsrichters ist der Kläger als testamentarischer Erbe des Christian J. in der Verfügung über den Nachlaß des Testators nicht eingeschränkt; der Nachlaß kann Gegenstand jeder beliebigen Willenserklärung des Klägers sein, und dieser ihn auch ohne Verletzung des Testamentes zur Befriedigung seiner Gläubiger verwenden; der Bestimmung des §. 2 des Testamentes liegt allein der Wille des Testators zu Grunde, den Gläubigern des Klägers das Recht auf Befriedigung aus dem Nachlasse zu nehmen. Der Appellationsrichter hat diese letztere Anordnung für rechtlich wirkungslos erachtet und deshalb die auf Abwendung der von der Beklagten als Gläubigerin des Klägers veranlaßten Beschlagnahme von Nachlaßeffekten gerichtete Klage zurückgewiesen.

Die hiergegen von dem Kläger eingelegte Nichtigkeitsbeschwerde, welche die Verletzung der §§. 15. 16 A.L.R. I. 4 und des §. 424 A.L.R. II. 2 behauptet, entbehrt der Begründung.

Die Vorschriften der §§. 14 flg. A.L.R. I. 4 haben die dem Privatverkehre entzogenen Sachen zum Gegenstande, und es verordnen speziell die §§. 15 und 16:

„Nicht nur durch Natur oder Gesetz, sondern auch durch rechtliche Privatverfügungen können Sachen dem Verkehre entzogen werden.

Dergleichen Privatverfügung bindet einen jeden, welche der Verfügende zu verpflichten berechtigt war."

Mit Recht hat der Appellationsrichter angenommen, daß es sich hier nicht um eine Sache handelt, welche dem Privatverkehre entzogen ist. Das Landrecht verbindet mit dem Begriffe einer dem Verkehre entzogenen Sache das Bestehen eines Zustandes, welcher, durch die Natur, oder durch Gesetz oder Privatwille hervorgerufen, also physisch oder rechtlich eine Verfügung über die Sache, schlechthin oder unter gewissen Voraussetzungen, unmöglich macht, und deshalb bestimmt §. 14 a. a. O., daß, soweit eine Sache dem Privatverkehre entzogen ist, sie kein Gegenstand einer Willenserklärung sein kann, und es erklären ferner die §§. 58 flg. A.L.R. I. 5 Verträge über Sachen, welche dem Verkehre entzogen sind, für den Fall, daß das Hindernis nicht gehoben werden kann, für ungültig (vgl. A.L.R. I. 11 §§. 28. 29. I. 9 §§. 581. 582). Ein solcher, die freie Verfügung des Berechtigten hindernder Zustand waltet aber im vorliegenden Falle nach der Feststellung des Appellationsrichters nicht ob; der Testator hat im Gegenteile dem Kläger das Eigentum an dem Nachlasse völlig uneingeschränkt zugewendet, und der Kläger ist daher zu jeder Verfügung über den letzteren und dessen Teile befugt. Der Appellationsrichter hat also aus thatsächlichen Gründen das Vorhandensein der Voraussetzungen des §. 15 a. a. O. negiert, und diese Entscheidung unterliegt nicht dem Angriffe mit der Nichtigkeitsbeschwerde. Wenn er aber ferner der — nach seiner Feststellung lediglich gegen die Gläubiger des Klägers gerichteten — testamentarischen Bestimmung, wonach die Gläubiger für nicht berechtigt erklärt werden, die Substanz und die Einkünfte des Nachlasses zum Zwecke ihrer Befriedigung in Anspruch zu nehmen, keine rechtliche Bedeutung beigelegt hat, so ist auch in dieser Annahme ein Verstoß gegen die §§. 15 und 16 a. a. O. nicht enthalten. Denn nur durch rechtliche, d. h. rechtsverbindliche Privatverfügungen können Sachen dem Verkehre entzogen werden, und die Rechtsverbindlichkeit der Verfügung ist dadurch bedingt, daß der Verfügende demjenigen, gegen welchen die Verfügung ergeht, zu verpflichten berechtigt ist (A.L.R. I. 4 §. 16, I. 9 §. 582). Daß diese Voraussetzung jedoch auf den Testator J. den Gläubigern des Klägers gegenüber zutrifft, ist nicht festgestellt, und rechtlich keineswegs selbstverständlich. Denn die Gläubiger eines Erben stehen zum Erblasser desselben in keinem Rechtsverhältnisse, welches sie an sich den Verfügungen des Erblassers über das Vermögen des Erben unterwürfe; dem Vermögen des Erben gegenüber haben sie dasselbe Zugriffsrecht, welches ihnen in betreff der Habe anderer Schuldner zusteht, und dieses Recht ist nur durch das Maß der Ver-

Verfügungsbefugnis des Erben über die Exekutionsobjekte bestimmt; ist letzteres unbeschränkt, so ist auch jenes Recht uneingeschränkt; der Erblasser kann also den Zugriff der Gläubiger des Erben auf das ererbte Vermögen nur dadurch einschränken, daß er den Erben in der Verfügung über letzteres entsprechend verkürzt. Es war deshalb der p. J. nicht für befugt zu erachten, nachdem er seinen Nachlaß dem Kläger als freies, keiner Beschränkung unterworfenes Eigentum zugewendet hatte, die Gläubiger desselben in ihrem Rechte, dieses freie Vermögen zum Gegenstande ihrer Befriedigung zu machen, zu beeinträchtigen.

Vgl. Bornemann, Preuß. Civilrecht 2. Ausg. Bd. 6 S. 195 flg.; Förster, Theorie rc Bd. 4 S. 74; Koch, Erbrecht S. 515 flg.; Gruchot, Erbrecht Bd. 3 S. 185 flg.; Seuffert, Archiv Bd. 3 Nr. 86.

Mit dieser Auffassung stehen auch die Entscheidungen des preuß. Obertribunales,

vgl. Striethorst, Archiv Bd. 35 S. 30, Bd. 85 S. 249; Entsch. des Obertrib. Bd. 45 S. 218, Bd. 48 S. 236, Bd. 82 S. 194,

nicht im Widerspruche, weil in den, diesen Entscheidungen zu Grunde liegenden Rechtsfällen thatsächlich auch eine Beschränkung des Erben in seinem Verfügungsrechte über den Nachlaß obwaltet.

Ebensowenig liegt eine Verletzung des §. 424 A.L.R. II. 2 vor. Diese Vorschrift bezieht sich auf den Fall der Enterbung aus guter Absicht (§§. 419 flg. a. a. O.), und kann deshalb hier unmittelbar nicht entscheidend sein; dieselbe findet aber auch nicht analoge Anwendung. Die Enterbung aus guter Absicht bezweckt die Einschränkung des Pflichtteilsberechtigten in der Verfügung über den Pflichtteil (§. 419). Zur Erreichung dieses Zweckes können, wenn eine gesetzmäßige Ursache vorhanden ist, die Eltern dem Kinde die Verfügung unter Lebendigen in Ansehung des Pflichtteiles gänzlich untersagen (§. 423); sie können anordnen, daß die gegenwärtigen und künftigen Gläubiger des Kindes sich an die Substanz des Erbteiles zu halten nicht berechtigt sein sollen (§. 424); auch können sie das Kind in der Verfügung auf den Todesfall in Ansehung des Pflichtteiles, zum Besten seiner Abkömmlinge einschränken (§. 426). In dieser Weise soll der Pflichtteil dem Kinde und dessen Nachkommen erhalten bleiben. Wie jedoch der §. 419 ausdrücklich ausspricht, besteht das Wesen der Enterbung aus guter Absicht darin, daß der Berechtigte in seinem Verfügungsrechte eingeschränkt wird, und deshalb setzt das Gesetz auch bei der Vorschrift des §. 424 voraus, daß eine solche Beschränkung auf seiten des instituierten Erben eingetreten ist, und entzieht in der weiteren Konsequenz dieser Einschränkung den Gläubigern des Erben das Recht, die Substanz des Pflichtteiles zum Gegenstande ihrer Befriedigung zu machen. — Daß die Vorschrift so zu verstehen ist, ergiebt sich klar aus den §§. 425 und 429 a. a. O. Hier ist verordnet, daß der Nießbrauch des Pflichtteiles dem Kinde nicht entzogen werden darf, und folgeweise das Recht der Gläubiger des Kindes, den Nießbrauch in Anspruch zu nehmen — vorbehaltlich einer dem Kinde zu bewilligenden Kompetenz —, ausdrücklich nachgelassen. Jene Voraussetzung des Gesetzes fehlt aber nach der Feststellung des Appellationsrichters für den vorliegenden Fall, und aus diesem Grunde kann auch von einer Anwendung des im §. 424 ausgesprochenen Prinzipes hier nicht die Rede sein."

---

66. Muß der Grundeigentümer nach §. 332 A.L.R. I. 9 dem Bauenden nur den Baugrund des Gebäudes oder auch solche Grundflächen gegen Entschädigung überlassen, welche mit dem Gebäude zwar nur äußerlich zusammenhängen, aber für den Gebrauch desselben unentbehrlich sind?

III. Hilfssenat. Urt. v. 7. Februar 1880 i. S. Sch (Bekl.) w. Kr. (Kl.) Rep. Vb. 143/79.

I. Kreisgericht Halberstadt.
II. Appellationsgericht daselbst.

Die obige Frage ist von dem Reichsgerichte im Sinne der zweiten Alternative beantwortet aus folgenden, den Sachverhalt ergebenden

Gründen:

„Der Kläger ist eingetragener Eigentümer des Planstückes 138 der ... Flur, von welchem er dem Gastwirte K. eine an dessen Grundstück grenzende Fläche ... mündlich ohne Auflassung verkauft hat. Dieser bebaute davon 1,5 Quadratruten mit einem Teile seines Gasthauses und einem Aborte, verwandte 1,87 Quadratmeter als Senkgrube bezw. Vorraum des letzteren und legte auf der Restfläche eine Kegelbahn an.

Später wurde das K.'sche Gasthaus „nebst Zubehör" notwendig subhastiert und dem Beklagten zugeschlagen, welcher infolgedessen gegen die von dem Kläger erhobene Vindikation der verkauften Fläche einwendet, daß dieselbe durch Inädifikation und Zuschlag in sein Eigentum übergegangen sei.

Der Appellationsrichter hält den Einwand der Inädifikation nach §. 332 A.L.R. I. 9 nur bezüglich der bebauten 1,5 Quatratruten für begründet, weil der Erwerb durch Inädifikation danach nur soweit gehe, als die betreffende Fläche mit Gebäuden besetzt sei, und sich nicht auf die zu denselben führenden Wege zc erstrecke. Er beschränkt also die bezeichnete Vorschrift grundsätzlich auf den Baugrund (die area) der Gebäude.

Hierin ist ihm nicht beizustimmen.

Das gemeine Recht betrachtet die mit dem Boden fest verbundenen Sachen als notwendige Accessionen desselben, an denen ein getrenntes Eigentum rechtlich nicht denkbar ist, welche daher kraft des Gesetzes dem Grundeigentümer gehören. Infolgedavon fällt auch das Eigentum an Gebäuden hier schlechthin zusammen mit dem Eigentume des Baugrundes (quod inaedificatur, solo cedit — l. 29 Inst. de rerum div. 2, 1; l. 7 §. 10 Dig. de acqu. rerum dom. 41, 1), ein Satz, welcher auf die naturalis ratio zurückgeführt wird (Gaji Inst. 2 §. 73; l. 2 Dig. de superficiebus 43, 18).

Der Eigentumserwerb durch Inädifikation vollzieht sich danach zu Gunsten des Grundeigentümers mit Rechtsnotwendigkeit (als notwendiger Erwerb) unter Ausschluß aller Billigkeitsrücksichten.

Im direkten Gegensatze zu dieser formellen Strenge will das Allgemeine Landrecht, seinem Geiste vollkommen entsprechend, auch bei dem Baue auf fremdem Boden die Billigkeit und daher vor allem den Willen der Beteiligten, sowie andererseits den bösen Glauben derselben berücksichtigt wissen.

Der grundsätzliche Ausschluß eines Sondereigentumes am Boden und an der damit verbundenen Sache ist dem Allgemeinen Landrechte fremd; vgl. z. B. §. 221 I. 9 daselbst. Dasselbe erkennt daher auch nicht bloß einen notwendigen, sondern in vielen Fällen nur einen „unmittelbaren" Erwerb der letzteren in dem Sinne an, daß derselbe erst durch ihre Besitznahme oder Zueignung, also durch einen besonderen Willensakt des Erwerbenden (des Grundeigentümers oder eines Dritten) vollendet wird, aber ebensowohl unterbleiben kann (vgl. §§. 5. 244. 246. 251. 263 a. a. O.).

Namentlich ist die Möglichkeit eines getrennten Eigentumes am Gebäude und am Baugrunde nach A.L.R. I. 9 §. 98, I. 22 §. 243 nicht zweifelhaft und demgemäß auch der Erwerb durch Inädifikation in den §§. 327 flg. I. 9 daselbst nicht als notwendiger, sondern nur als unmittelbarer Erwerb in dem gedachten Sinne behandelt.

Die bezeichneten Vorschriften gehen dabei von der Voraussetzung aus, daß das auf fremdem Boden errichtete Gebäude an sich Eigentum des Bauenden wird und das Eigentum des Baugrundes an sich unverändert bleibt. Allein sie bezwecken, das getrennte Eigentum beider Vermögensstücke durch die Beteiligten selbst, d. h. durch besondere hierauf gerichtete Willenserklärungen derselben, nachträglich in einer Hand zu vereinigen.

Vgl. hierüber das Erk. des früheren preußischen Obertribunales in Striethorst, Archiv Bd. 99 S. 213—215.

Der §. 329 a. a. O. erklärt in dieser Beziehung zunächst den Willen des Grundeigentümers für entscheidend, indem er diesem gestattet, das auf seinem Grundstücke errichtete Gebäude eines Dritten entweder sich selbst zuzueignen, also in sein Eigentum zu bringen, oder jenem „mit dem dazu gehörenden Grund und Boden“ zu überlassen, d. h. ihm diesen Grund und Boden eigentümlich abzutreten.

In beiden Fällen vollzieht sich der Erwerb des Gebäudes bezw. des Bodens durch die hierauf gerichtete (ausdrückliche oder stillschweigende) Erklärung des Grundeigentümers, in beiden Fällen aber wird durch dieselbe nach §§. 330 und 331 zugleich der Erwerber zur Entschädigung des Gegners verpflichtet.

Der Grundeigentümer ist hiernach . . . berechtigt, durch seine einseitige Willenserklärung den Bauenden entweder zur verkäuflichen Überlassung des Gebäudes oder zum käuflichen Erwerbe bezw. zur Bezahlung des dazu gehörenden Grundes und Bodens zu nötigen.

Es fragt sich nun schon hier, ob das zuletzt bezeichnete Recht des Grundeigentümers auf den Baugrund des Gebäudes, also auf den von dem letzteren unmittelbar bedeckten Boden, zu beschränken sei.

Diese Frage würde zu bejahen sein, wenn dieses Recht auf demselben rechtlich untrennbaren Zusammenhange des Gebäudes mit dem

Boden beruhte, aus welchem im gemeinen Rechte der notwendige Eigentumserwerb durch Inädifikation zu erklären ist.

Allein hieran ist nach dem obigen nicht zu denken. Das Allgemeine Landrecht hat, die gemeinrechtliche Anschauung verlassend, das Recht der Inädifikation auf neuer Grundlage völlig neu gestaltet. Das bezeichnete Recht des Grundeigentümers bildet einen persönlichen Anspruch desselben gegen den Bauenden, welcher dem gemeinen Rechte durchaus fremd ist und allein auf den Rücksichten der Billigkeit beruht. Auch sein Inhalt darf deshalb nur nach diesen Rücksichten bestimmt werden.

Danach aber ist anzunehmen, daß dasselbe sich auch auf solche Grundflächen erstreckt, welche zwar nur äußerlich mit dem Gebäude im Zusammenhange stehen, aber für den Gebrauch desselben unentbehrlich sind.

Hierin liegt für den Bauenden, dessen eigenes Bedürfnis durch den Erwerb derselben befriedigt wird, nicht die mindeste Härte. In Ansehung des Grundeigentümers aber wird dadurch nur der augenscheinlichsten Billigkeit genügt. Denn das ihm eingeräumte Recht zur Abtretung von Grund und Boden kann nur auf der Erwägung beruhen, daß derselbe für ihn durch den Bau an Brauchbarkeit verloren hat, diese Erwägung trifft aber nicht bloß bezüglich des Baugrundes, sondern regelmäßig auch in Ansehung derjenigen Flächen zu, welche mit dem Gebäude zusammenhängen und für dessen Benutzung notwendig sind, mögen dieselben, wie häufig der Fall, von dem letzteren ganz, bezw. teilweise, eingeschlossen sein oder nicht.

Die Absicht des Gesetzgebers, die Vorschrift des §. 329 auf diese Flächen mit zu beziehen, kann, da er durch dieselbe lediglich den Rücksichten der Billigkeit Rechnung tragen will, hiernach nicht bezweifelt werden. Die entgegengesetzte Annahme würde dem Geiste des Gesetzes geradezu widersprechen.

Jene Absicht hat auch in dem §. 329 selbst einen entsprechenden Ausdruck gefunden. Wenngleich nämlich unter dem zu dem Gebäude „gehörenden" Grund und Boden an sich auch der bloße Baugrund verstanden werden könnte, so steht doch ebensowenig einer weiteren Auffassung dieses Begriffes etwas entgegen, und, da der Baugrund am einfachsten als der „bebaute" Grund und Boden zu bezeichnen gewesen wäre, so liegt es nahe, unter dem gedachten Ausdrucke des Gesetzes solche Grundflächen mit zu begreifen, welche zu dem Gebäude thatsächlich in dem Verhältnisse eines bloßen Zubehöres stehen.

Von einer Zubehöreigenschaft im Rechtssinne kann hier freilich nicht die Rede sein, weil der Bauende in dem vorausgesetzten Falle nur Eigentümer des Gebäudes, aber nicht des Grundes und Bodens ist, mithin nicht als befugt erscheint, jenem einen Teil des letzteren als Zubehör zuzuschlagen (vgl. §. 108 A.L.R. I. 2).

Die bloße Bestimmung des Bauenden kann daher auch bei der Frage, wieweit sich im einzelnen Falle der Anspruch des Grundeigentümers erstreckt, nicht maßgebend sein.

Die für den Gebrauch des Gebäudes thatsächlich unentbehrlichen Flächen bilden jedoch ein Zubehör desselben im natürlichen Sinne, und aus diesem Grunde ist zur Bezeichnung derselben der Ausdruck des §. 329 allerdings vollkommen geeignet.

Abweichend von der Regel des letzteren, welche das Recht des Grundeigentümers bestimmt, soll dieser nach §. 332 a. a. O., wenn er der Fortsetzung des ihm bekannten Baues nicht sofort widersprochen hat, „mit der bloßen Entschädigung für Grund und Boden sich begnügen".

In dem gedachten Falle wird also, mit Rücksicht auf seinen bösen Glauben oder seine Nachlässigkeit dem Bauenden das entgegengesetzte Recht eingeräumt, das Gebäude zu behalten und dazu den Grund und Boden von ihm käuflich zu erwerben.

Daß der Ausdruck „Grund und Boden" hier ebenfalls nicht bloß den Baugrund, sondern alle im Sinne des §. 329 zu dem Gebäude „gehörenden" Flächen bezeichnen soll, kann nun aber nach dem Zusammenhange nicht zweifelhaft sein, da der §. 332 offenbar nur eine Umkehrung der in den Schlußworten des §. 329 enthaltenen Bestimmungen zu Gunsten des Bauenden enthält und unter dem „Grund und Boden" am natürlichsten der kurz vorher näher bezeichnete Grund und Boden zu verstehen ist.

Wie der Grundeigentümer nach §. 329 das Gebäude, ebenso kann daher der Bauende unter der Voraussetzung des §. 332 nicht bloß den Baugrund, sondern auch die mit dem Gebäude nur äußerlich zusammenhängenden, für den Gebrauch desselben notwendigen Grundflächen gegen Entschädigung sich zueignen, d. h. deren käufliche Überlassung von dem Grundeigentümer fordern.

Nun leuchtet es ein, daß diese Annahme den Rücksichten der Billigkeit, also der Absicht des Gesetzgebers, ebenfalls allein entspricht, weil der Zwang zu jener Überlassung in dem vorausgesetzten Falle für den Grundeigentümer umsoweniger eine Härte enthält, als er denselben durch rechtzeitigen Widerspruch abwenden konnte, während er andererseits von dem Bauenden nur zur Befriedigung eines notwendigen Bedürfnisses angewendet wird." ...

---

67. Der Gläubiger, der, obwohl ihm wegen seiner Forderung ein Real- oder Pfandrecht zusteht, nach Beendigung des Konkurses über das Vermögen des Schuldners durch Akkord die Akkorddividende auf seine Forderung als solche ohne jeden Vorbehalt annimmt, bewirkt hierdurch Tilgung seiner ganzen Forderung, sodaß er auf Grund des Real- oder Pfandrechtes keine Ansprüche mehr geltend machen kann. — Schriftlichkeit des Pfandvertrages als Erfordernis des Pfandbesitzes an verbrieften Forderungen nach preußischem Rechte.

I. Civilsenat. Urt. v. 20. Dezember 1879 i. S. R. (Bekl. u. Widerkl.) w. B. (Kl. u. Widerbekl.) Rep. I. 21/79.

I. Gerichtsdeputation Salzwedel.
II. Appellationsgericht Magdeburg.

Der Bankier B. zu Salzwedel, dem für alle Forderungen an den ebenda wohnhaften Kleiderhändler R. aus einem demselben eröffneten Kredite von diesem mit seinem Grundstücke auf Höhe von 800 Thlr. Kaution bestellt worden war und außerdem zwei Lebensversicherungspolicen als Pfand übergeben worden waren, meldete im Konkurse des Schuldners seine Forderung als sich auf 4200 ℳ belaufend, unter Erwähnung seines Real- und Pfandrechtes, an. Der Konkurs wurde durch einen Akkord beendigt, inhalts dessen sich der Gemeinschuldner verpflichtete, 50 % der Forderungen in zwei Raten von je 25 % zu bestimmten Fälligkeitsterminen zu zahlen. Zu den Akkordverhandlungen war B., als durch Hypotheken- und Pfandrechte gesicherter Gläubiger, nicht zugezogen worden. Aber er erhielt und nahm ohne jeden Vorbehalt auch auf seine Forderung zu den im Akkorde bestimmten Terminen die Raten von je 25 %. Die erste Rate zahlte noch der Konkursverwalter aus dem Massenbestande an B. auf ausdrücklichen Auftrag des R., die zweite Rate zahlte R. selbst. B. giebt selbst an, er habe jene Zahlungen infolge des Akkordes erhalten. Er erachtet sich aber befugt, dieselben auf seine Forderung von 4200 ℳ anzurechnen, und hat gegen R. auf Zahlung des darauf verbleibenden Restbetrages bei Vermeidung der Subhastation des verpfändeten Grundstückes und der Exekution in die Policen geklagt. R. dagegen erachtete die ganze Forderung für getilgt und beantragte widerklagend die Einwilligung in die Löschung der Kaution und die Herausgabe der Policen. Das Reichsgericht hat die Klage des B. abgewiesen und denselben nach den Anträgen der Widerklage verurteilt.

Es wird zunächst in den Gründen im Anschlusse an Entsch. des R.O.H.G.'s Bd. 24 Nr. 56 S. 216 flg. ausgeführt, daß nach preuß. Konkursordnung §§. 39 Abs. 2. 197. 247. 263. 264 und A.L.R. I. 20 §§. 46. 47 die Anmeldung der Forderung im Konkurse als Anmeldung der eventuellen Ausfallsforderung anzusehen sei und durch diese ein Verzicht auf Real- und Pfandrecht, wie dies Beklagter auch behauptet hatte, nicht bewirkt worden sei. Es heißt dann weiter in den

Gründen:

... „Prüft man aber die Wirkungen des Akkordabschlusses auf die klägerische Forderung, so mochte Kläger nach wie vor aus den Pfändern seine Befriedigung suchen. Gegen ihre Erlöse durfte er seine volle Forderung liquidieren. In Höhe des danach sich ergebenden Ausfalles hatte er Anspruch auf die Akkorddividende. Dagegen konnte er nicht sofort ohne Realisierung der Pfänder die Akkorddividende seiner ganzen Forderung verlangen, wenn er nicht wegen derselben die Pfänder aufgab.

Vgl. Entsch. des Obertrib. Bd. 43 S. 423.

Es fragt sich nun, welche Einwirkung es auf die klägerische Forderung gehabt hat, daß Kläger bei dieser Lage der Sache sich auf seine angemeldete Forderung den der Akkorddividende von 50% ihres ganzen Betrages gleichkommenden Betrag zu den für die Zahlung dieser Dividende in zwei gleichen Raten bestimmten Zeiten zahlen ließ.

Drei Gesichtspunkte können für diese Zahlung und ihre Annahme in Betracht kommen. Entweder war es eine reine A-conto-Zahlung, indem der Schuldner ganz von den Rechten, die ihm der Akkord auch dem Kläger gegenüber verlieh, absehen wollte. Dann behielt Kläger persönliches und dingliches Recht wegen des ganzen Restes. Oder es war eine vorläufige Zahlung, deren Verrechnung erst nach den Ergebnissen der Pfandrealisation analog den Vorschriften der §§. 247. 248 Konk.O. stattzufinden hatte. Oder es sollte die persönliche Forderung, wie die jedes anderen persönlichen Gläubigers, durch die 50% getilgt werden.

Prüft man zunächst den Willen des Schuldners, so hatte dieser zu einer Zahlung im Sinne der beiden ersten Eventualitäten keine Verpflichtung. Aber sein Wille ergiebt sich auch deutlich daraus, daß die erste Rate dem Kläger der Konkursverwalter, der den Auftrag hatte, aus dem disponiblen Massenbestande die ersten 25% an die durch den Akkord betroffenen Gläubiger zu zahlen, gezahlt hat. Er hat also des Klägers Forderung, wie die Forderungen anderer persönlichen Gläubiger, durch die 25% in Höhe von 50% tilgen wollen, gleichviel ob er dabei von einem irrtümlichen Beweggrunde ausgegangen ist.

Über des Klägers Willen bei Empfang der Zahlung hat sich dieser selbst ausgesprochen. Er sagt ausdrücklich, daß er infolge des Akkordes jene Zahlungen erhalten habe; aber er meint, daß er demnach in betreff des verbliebenen Restes doch noch das Recht, diesen durch Realisierung der Pfänder zu erhalten, habe. Er behauptet selbst also nicht A-conto-Zahlung, in welchem Falle er wegen des Restes noch die persönliche und die Pfandforderung haben würde. Noch weniger behauptet er eine Zahlung, deren Verrechnung überhaupt erst, nachdem die Pfandrealisierung in Höhe der ursprünglichen Forderung stattgefunden, nach Analogie der §§. 246. 247 Konk.O. stattfinden sollte. In der That ist sein Klaganspruch mit dieser Auffassung ganz unvereinbar, da er alsdann nicht ohne weiteres die 50% der vollen Forderung behalten und noch außerdem dasjenige empfangen kann, was bis zum Restbetrage bei der Pfandrealisierung zur Hebung kommt. Endlich will Kläger auch nicht die empfangenen 50% dem Beklagten wieder zur Verfügung stellen.

Dem Kläger war, zumal er mit dem Beklagten an demselben Orte wohnte, sicherlich nicht unbekannt, in welcher Weise der Akkord zum Abschlusse gelangt war. Seine eigene Erklärung, er habe die 50% infolge des Akkordes erhalten, kann daher nur dahin verstanden werden, daß er wohl gewußt habe, die 50% seien ihm als die auf seine Forderung fallende Akkorddividende gesandt worden, und er habe sie auch als solche angenommen. Auch wäre es, wenn er letzterer Auffassung vorbeugen wollte, seine Pflicht gewesen, von seinem vom erkennbaren

Willen des Einsenders abweichenden Willen bei der Annahme der Dividende dem Einsender unverzüglich Kenntnis zu geben, damit diesem Gelegenheit gegeben wurde, ihn zur Wiederherausgabe der 50 %, auf die er zur Zeit beim Behalten der Pfänder kein Recht hatte, oder zur Herausgabe der Pfänder zu nötigen. Die vom Kläger in dritter Instanz hervorgehobene Erwägung, der Gläubiger nehme, was er nur irgend an Geld bekommen könne, erscheint nicht geeignet, die vom Gesichtspunkte der Treue und des Glaubens erforderliche Konkludenz des Schlusses zu beseitigen, daß, wenn der Gläubiger eine ihm mit einem bestimmten, für ihn erkennbaren rechtsgeschäftlichen Willen vom Schuldner dargebotene Summe ohne einen Widerspruch annimmt, er als mit jenem Willen einverstanden zu erachten ist.

Demnach kann nur angenommen werden, daß Kläger entweder wissentlich den baldigen Empfang von 50 % seiner Forderung und die damit bewirkte volle Abfindung einer Rechtslage, in welcher er zunächst auf die zweifelhaften Ergebnisse der von ihm zu betreibenden Realisierung der Pfänder angewiesen war und erst alsdann auf das übrige Vermögen des Beklagten (vielleicht dann beim Nichtmehrvorhandensein disponibler Mittel ohne Erfolg) zurückgreifen konnte, vollzogen hat, oder daß er beim Empfange der 50 % von dem Rechtsirrtume ausgegangen ist, er behalte, trotz der Wirkungen dieses Empfanges auf die *persönliche* Forderung, doch noch in Höhe des thatsächlich nicht empfangenen Betrages dieser Forderung seine *Pfandrechte*. Dieser Rechtsirrtum in bezug auf die accessorische Qualität der Pfandrechte kann nicht hindern, die notwendigen Ergebnisse aus seiner Willensbethätigung zu ziehen. Indem er jene 50 % als Akkordbetrag auf seine persönliche Forderung annahm, wurde diese persönliche Forderung getilgt. Bei Wegfall der Forderung durch Tilgung können für die getilgte Forderung Pfandrechte nicht mehr zur Geltung gebracht werden.

Nun hatte allerdings der klägerische Anspruch, soweit er aus den Pfändern zu realisieren war, gegenüber der einfachen Konkursforderung insofern einen weiteren Umfang, als gegen die Pfänder auch die Zinsen des klägerischen Anspruches seit der Konkurseröffnung geltend gemacht werden konnten, während für die Konkursforderung der Zinsenlauf mit der Konkurseröffnung gehemmt wurde (§. 12 Konk.O.). Allein jene Hemmung tritt nur zu Gunsten der Konkursmasse, nicht gegenüber der Person des Gemeinschuldners ein.

Vgl. Wentzel und Klose, Kommentar zur preuß. Konk.O. S. 98; auch Motive zur deutschen Gemeinschuldordnung S. 351.

Der Akkord ergriff aber die anderweit nicht gedeckten Gläubigerforderungen nicht bloß in Höhe des Betrages, auf dessen Geltendmachung im Konkurse sie aus Rücksichten zu Gunsten der Konkursmasse beschränkt waren, sondern in Höhe ihres vollen, den Gegenstand der Verhaftung des Gemeinschuldners ausmachenden Betrages. Durch Bestätigung des Akkordes zu 50% der angemeldeten Konkursforderungen wurden die Forderungen auch mit den Accessionen, für welche der Gemeinschuldner verhaftet war, auf 50% des Betrages der Konkursforderungen herabgesetzt. Die Tilgung, welche durch Annahme der 50% seitens des Klägers als Akkordrate seiner Forderung bewirkt wurde, hat sich daher auch auf die Zinsen erstreckt, sodaß auch in bezug auf diese es für die Aufrechthaltung eines Pfandrechtes an der Grundlage der Fortexistenz eines Forderungsrechtes fehlt. . . .

Erwähnt soll hierbei nur noch werden, daß an den beiden Versicherungspolicen ein gültiges Pfandrecht überhaupt nicht entstanden, da beide Policen nicht als wirkliche Inhaberpapiere, sondern lediglich als Legitimationspapiere für die aus den betreffenden Versicherungsverträgen herrührenden Forderungen zu erachten sind, Art 309 H.G.B. aber, wenn man ihn überhaupt auf Forderungen anwenden will, zur gültigen Faustpfandbestellung die Besitzübertragung auf den Gläubiger nach den Vorschriften des bürgerlichen Rechtes erfordert, und es nach preußischem Rechte zur wirksamen Pfandbesitzübertragung an verbrieften Forderungen auf einen benannten Gläubiger eines schriftlichen Verpfändungsaktes bedarf, an dem es hier fehlt.

Vgl. §. 1 der Verordn. vom 9. Dezember 1809, A.L.R. I. 11 §. 394, I. 20 §§. 512. 515. 516; vgl. auch Entsch. des R.O.H.G.'s Bd. 3 Nr. 33 S. 160, Bd. 6 Nr. 39 S. 198, Bd. 9 Nr. 75 S. 242.". . .

68. Ist nach preußischem Rechte bei Versicherungen eigenen Lebens auf den Todesfall zu Gunsten Dritter die Erlangung des Klagerechtes bezüglich der Versicherungssumme von dem Beitritte gemäß A.L.R. I. 5 §§. 75 flg. abhängig? Kann in solchen Fällen die Versicherungssumme als Gegenstand des Nachlasses des Versicherungsnehmers betrachtet werden?

V. Civilsenat. Urt. v. 25. Februar 1880 i. S. S. & Co. (Bekl.) w. F. H. u. Gen. (Kl.) Rep. V. 41/80.

I. Stadtgericht Breslau.
II. Appellationsgericht daselbst.

Aus den Gründen:

„Der Appellationsrichter geht von der Bestimmung der Lebensversicherungspolice vom 4. Dezember 1868, nach welcher sich die versichernde Gesellschaft Royal Belge verbindlich gemacht hat,

gemäß den beigefügten allgemeinen Bedingungen ꝛc nach dem Tode des Versicherungsnehmers H. H. die Summe von 3000 Thlrn. an dessen Ehegattin F. geb. S. und dessen Kinder zu zahlen,

sowie davon aus, daß diese Bestimmung bis zum Tode des H. unverändert in Kraft geblieben ist, sodann aber die Beklagte als Nachlaßgläubigerin des H. im Wege der Exekutionsvollstreckung gegen die Kläger als Erben, die persönlich für die Schuld nicht aufzukommen hatten, sich von der Versicherungssumme 1216 ℳ und Zinsen mit Cessionsrecht hat überweisen und von der versichernden Gesellschaft auf Grund der Cession hat zahlen lassen.

Der Appellationsrichter folgert sodann hieraus, daß das Gezahlte dem eigenen Vermögen der Kläger widerrechtlich entzogen worden sei und erstattet werden müsse, und begründet die Widerrechtlichkeit der Handlungsweise der Beklagten mit der Ausführung, daß bei den zu Gunsten Dritter erfolgten Versicherungen des eigenen Lebens auf den Todesfall grundsätzlich und nach dem Zusammenhange des Gesetzes — §§. 1968. 2089. 2280. 2293 A.L.R. II. 8 — abweichend von den allgemeinen Vertragsregeln — §§. 74. 75 A.L.R. I. 5 — die Versicherung, das ist die Versicherungssumme, unmittelbar dem Versicherten — Dritten — und nicht dem Nachlasse des Versicherungsnehmers gehören solle, daß dafür auch die Judikatur des ehemaligen preußischen Obertribunales, wenigstens in Beziehung auf dergleichen zu Gunsten von Frau und Kindern erfolgten Versicherungen, spreche, und daß daher auch im vorliegenden Falle mit Rücksicht auf die unverändert gebliebene Benennung der Empfänger letztere als unmittelbare Forderungsberechtigte anzusehen seien und das Objekt ihres Anspruches nicht dem Angriffe der Nachlaßgläubiger unterliege.

Gegen die Erwägung ist die vorab zu erledigende Beschwerde wegen Verletzung des §. 207 A.L.R. I. 16 erhoben, weil ein Zwang gegen die zahlende Gesellschaft nicht geübt worden. Der den Klägern abgezwungene Gegenstand ist aber die Forderung selbst, welche durch die Zahlung realisiert worden ist, und da die getilgte Forderung nicht zurückgegeben werden kann, ist das dafür Gelöste zurückzugeben. Der weitere Angriff rügt Verletzung der §§. 74. 75. 153 I. 5, §§. 1968. 2089. 2280. 2293 II. 8 A.L.R. und des Rechtsgrundsatzes: daß das einem dem Lebensversicherungsvertrage nicht beigetretenen Dritten laut Police zugedachte Recht auf die Versicherungssumme nach dem Tode des Versicherungsnehmers einen Bestandteil dessen Nachlasses bilde.

Bei der Beurteilung dieses Angriffes ist festzuhalten, daß es sich nur um die rechtliche Bedeutung des hervorgehobenen Inhaltes des Versicherungsvertrages und der Police handelt, und Willenserklärungen oder statutarische Bestimmungen, welche diese Bedeutung beeinflussen könnten, nicht unterstellt sind. Steht nun danach wesentlich nur die Wirkung der Verpflichtung der Gesellschaft, gegen Zahlung der bestimmten Prämien nach dem Tode des Versicherungsnehmers die Versicherungssumme an Witwe und Kinder zu zahlen, in Frage, so ist allerdings kein Anlaß, den Vertrag gegen die übereinstimmende Auffassung der Parteien und des Appellationsrichters nicht als einen zu Gunsten Dritter geschlossenen — §§. 75 flg. A.L.R. I. 5 — zu betrachten, gegeben, die Zuwendung ist eine bedingungslose; der bei solchen Verträgen zu ihrer Vollwirkung geforderte Beitritt der Begünstigten würde aber nach den bekannten Ausführungen des preußischen Obertribunales bei dem vorliegenden Vertrage in Gemäßheit der §§. 75. 153 a. a. O. auch nicht gefehlt haben, weil die Teilnahme der Witwe und der

Kinder an dem Vertrage durch den Ehemann und Vater gültig vermittelt worden ist. Denn auch in Beziehung auf die streitig gebliebene damalige Selbständigkeit einzelner Kinder können die für das Vertretungsrecht des Vaters geltend gemachten Argumente,

vgl. Entsch. des Obertrib. Bd. 71 S. 1 flg.; Förster, Theorie rc Bd. 1 S. 415,

durch die hinsichtlich dieses Punktes in Einzelfällen schwankend gewesene Praxis nicht als beseitigt gelten.

Aber es ist auch richtig, daß den Regeln der §§. 75 flg. A.L.R. I. 5 eine durchgreifende, für alle Rechtsverhältnisse der in Rede stehenden Art unbedingt maßgebende Bedeutung nicht beigelegt werden kann. Freilich ist hierbei davon abzusehen, daß der dem römischen Rechte entnommene Standpunkt des preußischen Rechtes, nach welchem das Recht des Begünstigten von dessen besonders bewilligtem Beitritte zum Vertrage abhängen soll, von dem gemeinen deutschen Rechte sowohl, wie auch von den neueren partikulären und fremden Rechten längst verlassen ist,

vgl. Windscheid, Pandekten Bd. 2 §. 316; Förster, Theorie rc. Bd. 1 S. 375,

und daß demselben auch namentlich bei Versicherungsverträgen die gemeine Übung widerspricht.

Vgl. Förster, a. a. O. Bd. 2 S. 405; Goldschmidt, Zeitschrift Bd. 12 S. 169 flg.; Hartmann, Centralorgan für Handels- rc Recht Bd. 2 S. 291.

Aber die Beschaffenheit und der Zweck gewisser Vertragsverhältnisse, insbesondere solcher, bei denen die Zuwendung an Dritte durch den Tod des Zuwendenden dem Vertragszwecke und Inhalte nach eine definitive wird, läßt auch nach preußischem Rechte die Grundsätze der §§. 75. 76. 153 a. a. O. als unanwendbar erscheinen.

Die Lebensversicherungen auf den Todesfall bezwecken, daß der bestimmten Personen durch das Hinscheiden einer anderen entstehende Vermögensverlust vergütet werde. Wenn eine Versicherung auf den eigenen Todesfall zu Gunsten Dritter genommen wird, so wird diesen letzteren das Kapital oder die Rente ausbedungen, für welche Prämien oder eine Einstandsumme bezahlt werden; sie erscheinen daher als die empfangsberechtigten Gläubiger der Versicherungssumme, der Nehmer der Versicherung hat sich selbst diese Summe nicht ausbedungen und kann sie vom Versicherer nicht beanspruchen. Allerdings ist der Versicherungsnehmer auch den nicht beigetretenen Dritten bei Lebzeiten der Regel nach zu nichts verbunden; er kann die Versicherung aufgeben, verwirken, die Police mit oder ohne Einwilligung des Versicherers übertragen, oder die Benennung des Begünstigten wechseln. Aber dadurch wird der Anspruch der in der Police Benannten nur ein bedingter, und wenn die Bedingung — das heißt eine Änderung der bemerkten Art — nicht eintritt, so ist ihnen auch sofort mit dem Tode des Versicherungsnehmers das Forderungsrecht auf die Versicherungssumme erwachsen, sie sind dem Versicherer gegenüber unwiderruflich die Empfangsberechtigten. Auf die Erben des Nehmers kann dieser dem Erblasser selbst nicht zustehende Anspruch nicht übergegangen sein, sondern höchstens das vertragsmäßige Recht, die Zahlung an die Begünstigten zu fordern. Ein Hindernis, daß letztere sie selbst fordern, besteht aber nicht mehr, da eine Änderung des Willens des Erblassers ausgeschlossen und unmöglich ist.

Dementsprechend lauten denn auch die in der Beschwerde bezogenen §§. 2280. 2293 flg. A.L.R. II. 8 dahin, daß die Zahlung der Versicherungssumme bei ihrer Fälligkeit an denjenigen geschehen müsse, auf dessen Namen die Police lautet, oder dem sie von diesem cediert worden ist, und daß der so legitimierte Inhaber der Police eventuell nach erbrachter Todeserklärung, die versicherte Summe vom Versicherer fordern könne; von einem vorherigen formgerechten Beitritte zum Versicherungsvertrage ist die Zahlungspflicht und das Recht auf Zahlung nicht abhängig gemacht. Keinesfalls sind daher diese Vorschriften durch die Annahme, daß die Versicherungssumme aus der hier vorliegenden Police den darin benannten Zahlungsempfängern zugestanden habe, verletzt, während die §§. 2068. 1968 a. a. O. davon, wem die Versicherungssumme zustehe, gar nicht handeln. Der geltend gemachte Rechtsgrundsatz endlich geht für die Fälle, in denen nicht den Erben als solchen die Versicherungssumme zugewendet ist, fehl, wie vorstehendes ergiebt; soll letztere den Erben und der Erbschaft zufallen, so muß dies aus dem Vertrage und der Police erhellen. Die hiervon abweichende Meinung (vgl. Dernburg, Lehrb. Bd. 2 S. 640) beruht auf der unmotivierten Voraussetzung, daß eine Versicherung mit der Verpflichtung, an Dritte zu zahlen, überhaupt nicht als Vertrag zu Gunsten Dritter aufzufassen sei. In dem vorliegenden Falle ist eine Bestimmung, welche als Zuwendung der Versicherungssumme an den Nachlaß aufgefaßt werden könnte, nirgends unterstellt; in dem angeblichen streitigen Passus der Versicherungsbedingungen, nach welchen der Versicherungsnehmer die stipulierte Nutzanweisung, das ist die Benennung der Zahlungsempfänger, bis zur Annahme des Nutzens oder bis zum Tode des Versicherten zu widerrufen befugt sein soll, ist offenbar keine Erweiterung der Rechte der Erben, sondern nur ein Vorbehalt für die Person des Erblassers enthalten, der die entwickelte regelmäßige Rechtslage nur bestätigen kann und im übrigen nach der Sachlage vollkommen wirkungslos geblieben ist."

IV. Rheinisches Recht.

69. Begriff der Bauübernahme à forfait (Art. 1793 Code civil). Genehmigung geleisteter Mehrarbeiten und teilweise Zahlung derselben (Art. 1338 Code civil).

II. Civilsenat. Urt. v. 4. November 1879 i. S. E. (Kl.) g. J. (Bekl.) Rep. II. 13/79.

I. Landgericht Düsseldorf.
II. Appellationsgericht Köln.

Bauunternehmer E. führte 1875 für J. den Bau eines Wohnhauses mit Hintergebäude aus und klagte 1877 auf Zahlung einer Restforderung von 785 *M*. J. entgegnete, daß eine bestimmte Akkordsumme von 4619 *M* vereinbart gewesen sei, er aber bereits 5083 *M*, also mehr, als er schulde, an Kläger gezahlt habe. Letzterer stellte den Fall des Art. 1793 Code civil in Abrede und behauptete, Beklagter selbst habe die in Frage stehenden, im Kostenanschlage nicht vorgesehenen, Mehrarbeiten begehrt, sowie Zahlungen darauf geleistet.

Die Klage wurde abgewiesen, und der Rekurs verworfen aus folgenden

Gründen:

„In Erwägung, daß der Appellationsrichter nach seinen Gründen eine Übereinkunft im Auge hat, nach welcher der ganze Bau um eine feste Akkordsumme übernommen wurde, dies aber vollkommen dem Sinne, welchen Art. 1793 Code civil mit dem Ausdrucke: „à forfait“ verbindet, entspricht.

In Erwägung, daß in Fällen, wo die nach Art. 1793 a. a. O. für Mehrarbeiten und Abänderungen erforderliche schriftliche Ermächtigung mit Preisbestimmung fehlt, im Sinne des Gesetzes eine klagbare Verbindlichkeit überhaupt nicht zur Existenz gelangen, daher von einer bloß als nichtig anfechtbaren und deshalb zur Bestätigung im Sinne von Art. 1338 Code civil geeigneten Verbindlichkeit nicht die Rede sein kann;

daß daher Art. 1338 a. a. O. nicht verletzt, die Frage aber, ob etwa bei obwaltenden Umständen eine die Rückforderung des bereits Gezahlten ausschließende natürliche Verbindlichkeit (Art. 1235 a. a. O.) anzunehmen wäre, in vorliegender Sache nicht zu entscheiden ist." . . .

---

70. 1. Trifft die auf Grund eines Urteiles, welches gegen den Schuldner nach dem Tode seiner nicht mitbeklagten Ehefrau erlassen worden, gegen ihn allein bewirkte Hypothekareinschreibung nur seinen Anteil an den gütergemeinschaftlichen Immobilien, wenn auch die Schuld eine gütergemeinschaftliche und die Ehefrau erst im Laufe des Prozesses nach Hinterlegung der Anträge gestorben ist?

2. Ist eine Teilhypothek auch dann unwirksam, wenn bei der die Aufhebung der Gemeinschaft bezweckenden Lizitation nicht ein Miterbe des Schuldners, sondern ein Dritter Ansteigerer der Immobilie geworden ist?

II. Civilsenat. Urt. v. 18. November 1879 i. S. Kl. (Kl.) w. K. (Bekl.) Rep. II. 11/79.

I. Landgericht Köln.
II. Appellationsgericht daselbst.

Bei einer in der gerichtlichen Teilungssache des R. zu Köln und seiner Kinder am 6. April 1875 abgehaltenen Lizitation steigerte Ehefrau G. ein Wohnhaus, welches sie am 28. April 1876 an die Firma Gebr. Kl. weiter verkaufte. Die Gebr. Kl. leiteten das Purgations- und Kollokationsverfahren ein und produzierten in letzterem eine ihnen gegen Eheleute G. auf Grund einer Obligation vom 23. und Hypothekeninskription vom 27. April 1875 zustehende Forderung von 5400 *M*. Der Glaser und Anstreicher K. produzierte für eine Forderung von 1651 *M* auf Grund eines Urteiles des Landgerichtes zu Köln vom 26. Oktober

1874, welches er gegen R., den Vorbesitzer des Hauses, erwirkt hatte. Die Ehefrau des letzteren war im Laufe des bezüglichen Prozesses, in welchem sie übrigens nicht mitbeklagt war, am 6. Mai 1874 gestorben. K. hatte für die ihm zustehende gerichtliche Hypothek zwei Einschreibungen genommen, die erste am 2. Dezember 1874 gegen R. allein, die zweite am 26. Mai 1875 gegen R. und seine Kinder als Erben ihrer Mutter. Im Verteilungsplane erhielt K. Anweisung vor der Firma Gebr. Kl., auf den Einspruch der letzteren aber änderte das Landgericht zu Köln den Plan ab und verordnete, daß K. erst nach der Firma Gebr. Kl. zu lozieren sei, weil die Inskription vom 2. Dezember 1874 nur den Anteil des R. an dem fraglichen, zur Gütergemeinschaft gehörigen Wohnhause, nicht denjenigen seiner Kinder, getroffen habe und als Teilhypothek wertlos geworden, die zweite Inskription vom 26. Mai 1875 aber von späterem Datum sei, als jene der Gebr. Kl. Auf Berufung des K. erkannte der Appellationsgerichtshof zu Köln reformatorisch.

Die Gründe führen aus, der Ehemann vertrete während des Bestehens der Ehe als Verwalter und Repräsentant der Gütergemeinschaft diese in Prozessen ohne Zuziehung der Ehefrau; nun sei aber die Klage des K. noch bei Lebzeiten der Ehefrau R. angestellt gewesen; der Tod der Ehefrau sei als eine Veränderung in dem Stande des Beklagten anzusehen, welche gemäß Artt. 342. 343. 345 Code de procédure, sobald die Anträge hinterlegt worden, die Fortsetzung des Verfahrens nicht hindere; folglich bilde das von K. erwirkte Urteil vom 26. Oktober 1874 einen exekutorischen, zur Inskription geeigneten Titel auch gegen die Erben der Ehefrau R.; die Inskription vom 2. Dezember 1874 bezeichne den Schuldner R. genau und müsse nach Analogie des Art. 2149 Code civil, welcher nach dem Absterben des Schuldners die Eintragung auf dessen Namen gestatte, auch gegenüber den Kindern R. gelten; eine Teilhypothek liege daher nicht vor.

Das Reichsgericht hat dieses Urteil vernichtet aus folgenden

Gründen:

„In Erwägung, daß es dahingestellt bleiben kann, ob das Urteil vom 26. Oktober 1874 ein hypothekarisches Recht auf die Immobilien der Gütergemeinschaft erzeugen konnte, obgleich nach Art. 1421 Code civil der Ehemann nur während der Dauer der Gütergemeinschaft die dazu gehörigen Liegenschaften ganz zu verpfänden berechtigt ist und gemäß Art. 2123 Code civil die Hypothek aus dem Urteile entsteht;

daß aber jedenfalls die nur gegen R. bewirkte Inskription vom 2. Dezember 1874 in betreff der Kinder desselben unwirksam ist und die auf anderen thatsächlichen Voraussetzungen beruhende Bestimmung des Art. 2149 Code civil im gegebenen Falle keine analoge Anwendung findet;

daß auch die vom Appellationsrichter angeführten prozessualischen Vorschriften der Artt. 342. 343. 345 Code de procédure nicht zutreffen, da der Tod der Ehefrau des Beklagten nicht als eine Standesveränderung in seiner Person, oder als ein Aufhören der Eigenschaften, in welchen er bis dahin den Prozeß geführt hat, im Sinne dieser Artikel betrachtet werden kann;

daß daher die auf Grund des Urteiles vom 26. Oktober 1874 bewirkte Inskription vom 2. Dezember 1874 nur den Anteil des R. an dem aus dessen Gütergemeinschaft mit Caroline G. herrührenden Wohnhause erfassen konnte, und als Teilhypothek infolge der Ansteigerung des Hauses durch die Ehefrau G. gemäß Art. 883 Code civil unwirksam geworden ist, wogegen die zweite Inskription vom 26. Mai 1875, welche von späterem Datum ist, als die der Firma Gebr. Kl., überhaupt nicht in Betracht kommt;

daß folglich das Urteil des Appellationsgerichtshofes wegen Verletzung der Artt. 2148. 2149. 883 Code civil der Kassation unterliegt, und, zur Sache selbst, die Entscheidung der ersten Instanz sich rechtfertigt." . . .

---

71. Erlischt der Versicherungsanspruch durch Nichtzahlung der Prämie seitens des Versicherten auch dann, wenn der Versicherer die Nichtzahlung verschuldet hat?

II. Civilsenat. Urt. v. 22. November 1879 i. S. N. (Bekl.) w. Z. (Kl.) Rep. II. 81/79.

I. Civilkammer des Kreis- und Hofgerichts Freiburg.
II. Appellationssenat desselben Gerichts.

B. hat sein Leben bei der beklagten Gesellschaft versichert und demnächst über die Police durch ein Rechtsgeschäft, bezüglich dessen bestritten ist, ob es Cession oder Verpfändung ist, zu Gunsten des Z. disponiert. Die Police enthält u. a. die Bedingung, daß die Versicherung erlösche, wenn die Prämie nicht in dem bestimmten Termine bezahlt werde. Die letzte Prämie wurde nicht bezahlt. B. und Z. klagen auf Anerkennung des Versicherungsanspruches. Die Beklagte exzipierte, daß derselbe durch Nichtzahlung der Prämie erloschen sei. Kläger replizierte, daß die Nichtzahlung nicht durch den Versicherten, sondern durch die beklagte Gesellschaft verschuldet sei. Das Reichsgericht erkannte, daß der Versicherungsanspruch fortbestehe aus folgenden

Gründen:

„Es ist dem Appellationsrichter unbedenklich darin beizustimmen, daß die Zahlung der Prämie am 25. Juni 1877 oder vor Ablauf der bis zum 9. Juli vertragsmäßig laufenden Nachfrist ohne Verschulden des B. unterblieben ist. Es ist namentlich als festgestellt anzusehen, daß die Mutter des B. vor jenem 9. Juli wiederholt zu dem Agenten K., an welchen vertragsmäßig die Prämie gegen die Aushändigung einer Quittung der Direktion der beklagten Gesellschaft zu zahlen war, gegangen ist, um die Prämie zu bezahlen, bezw. sich nach dem Eintreffen der Prämienquittung der Direktion zu erkundigen, daß aber der Agent sie mit dem Bemerken beschwichtigt hat, daß sie nur nicht ängstlich sein möge, daß er vielmehr die Quittung, sobald sie ankomme, ihr bringen und dagegen das Geld holen wolle; daß aber die Quittung nicht rechtzeitig angekommen ist, und zwar aus dem Grunde, weil die beklagte Direktion die Quittung dem Agenten nicht senden wollte. Die eigenen Erklärungen der Beklagten ergeben, daß sie von der irrtümlichen Meinung ausging, daß sie, falls der Versicherte durch Verpfändung, Cession oder Zahlungsanweisung über den Versicherungsanspruch disponiert habe, die Aushändigung der Prämienquittung, um ihren Rechten nicht zu präjudizieren, davon abhängig machen dürfe, wer die Zahlung offeriere. Die Beklagte mußte die Zahlung der Prämie, durch welche die Erhaltung des Versicherungsanspruches bedingt war, vorerst von jedem, der sie als Zahlung dieser Prämienschuld anbot, unweigerlich, allenfalls zur Vermeidung eines Rechtsnachteiles unter Verwahrung, annehmen. Daraus, daß B durch Cession oder Verpfändung über den Anspruch disponiert hatte, durfte sie nicht das Recht ableiten, Prämienzahlungen des Versicherten oder seines Angehörigen zurückzuweisen. Es blieb vielmehr nach Annahme der Zahlung zu erörtern, ob und welche Bedeutung die Person des Zahlenden auf den Fortbestand oder Umfang des Versicherungsanspruches hatte. Auf die Bestimmung in §. 7 Abs. 2

der Policebedingungen, wonach die Zahlung eventuell an die Direktion eingeschickt werden solle, kann die Beklagte sich nicht berufen, da der Versicherte zunächst dem Agenten die Zahlung anbieten durfte, und da die Beklagte selbst die Schuld trägt, daß der Agent die Quittung nicht erhielt. Eine Zahlung an die Direktion brauchte der Versicherte auch nur gegen Quittung zu leisten, und diese wollte ja die Beklagte nach ihren eigenen Erklärungen nicht erteilen. Die Beklagte trägt daher allein die Schuld, daß die Prämienzahlung nicht geleistet ist, sie kann daher nicht verlangen, daß der Versicherte wegen unterbliebener Prämienzahlung seines Anspruches verlustig werde."[1]

---

72. 1. Fordert das französische Recht für die condictio indebiti einen Irrtum des Zahlenden?[2] Wer hat diesen Irrtum zu erweisen?
2. Fall, wo namens einer Aktiengesellschaft irrtümlich eine Nichtschuld gezahlt, jedoch der Irrtum durch wissentlich unrichtige Buchungen von Beamten der Gesellschaft veranlaßt war.

II. Civilsenat. Urt. v. 2. Dezember 1879 i. S. B. (Bekl.) w. H. (Kl.) Rep. II. 44/79.

I. Gewerbegericht Köln.
II. Handelsgericht daselbst.

B. stand im Dienste der Maschinenbau-Aktiengesellschaft T. und hatte zufolge seines Dienstvertrages $1^1/_3$ Prozent vom Reingewinne außer seinem Gehalte zu beziehen. Nachdem er aus dem Dienste getreten war, forderte die Gesellschaft im Jahre 1877 von ihm 5600 ℳ mit der Behauptung, in der Bilanz des Geschäftsjahres 1872 sei infolge Irrtumes der Reingewinn um 470000 Mark zu hoch angesetzt

---

[1] Vgl. Entsch. des R.O.H.G.'s Bd. 1 S. 112, Bd. 2 S. 183, Bd. 9 S. 342. D. R.

[2] Für Verneinung: Marcadé, zu Art. 1376. — Massé und Vergé, über Zachariä t. IV. p. 10 N. 4. — Accolas, Manuel du droit civil t. II. p. 974. — Colmet de Santerre, t. V. p. 669—672. — Behaghel, Bad. Landr. Bd. 2 S. 58.

Für Bejahung: Delvincourt, t. VIII. p. 446. — Toullier, t. XI. p. 60. — Zachariä, §. 442 Note 4. — Aubry und Rau, t. IV. p. 428. — Mourlon, Code Nap. t. II. p. 880. — Larombière, Oblig. t. V. p. 612. — Arntz, t. II. p. 190. — Laurent, t. XX. p. 373.

und hiervon die Tantième gezahlt worden. Nachdem durch Sachverständige festgestellt war, daß infolge einer unrichtigen Art der Buchungen ein zu hoher Reingewinn berechnet worden sei, ließ das Gewerbegericht weiteren Beweis zu, daß diese Buchfehler absichtliche gewesen seien. Das Handelsgericht als Berufungsgericht verurteilte jedoch den Beklagten, und der erhobene Kassationsrekurs wurde verworfen aus folgenden

Gründen:

„In Erwägung zur Behauptung, es ergebe sich aus den thatsächlichen Feststellungen des Handelsgerichtes nicht, daß eine Nichtschuld aus Irrtum gezahlt sei;

daß in vorliegender Sache dahingestellt bleiben kann, ob im Falle des Art. 1376 Code civil Irrtum des Zahlenden notwendige Voraussetzung der condictio indebiti sei, oder ob etwa, wie von namhaften Schriftstellern angenommen ist, es im Sinne der Artt. 1235 und 1376 Code civil genüge, daß eine Nichtschuld gezahlt sei, also der Empfänger das Gezahlte ohne Rechtsgrund in Händen habe;

daß nämlich für die Frage, ob irrtümlich oder wissentlich eine Nichtschuld gezahlt sei, jedenfalls nur das Zahlungsgeschäft für sich ins Auge zu fassen, sowie die Person, von welcher die Zahlung ausgeht, indem nur unter der Voraussetzung, daß in dem Willensakte, auf welchem die Zahlung beruht, sich die Absicht, eine Liberalität zuzuwenden oder auf Rückforderung zu verzichten, kundgiebt, gesagt werden kann, die Zahlung sei nicht irrtümlich geschehen;

daß nun in vorliegendem Falle nur behauptet war und durch die angeordnete Expertise ermittelt werden sollte, daß die Buchfehler, auf welchen die Unrichtigkeit der Bilanz beruhte, nicht irrtümliche, sondern absichtliche gewesen seien, jedoch weder die Behauptung des Beklagten noch die Beweisauflage des ersten Richters die allein erhebliche Frage zum Gegenstande hatte, ob die Auszahlung der Tantième mit oder ohne Kenntnis der Unrichtigkeit der Bilanz bethätigt worden sei;

daß diese Sachlage bei Würdigung der Gründe des angefochtenen Urteiles ins Auge zu fassen ist, welche besagen:

die Gesellschaft als solche sei, als sie auf Grund des festgestellten Reingewinnes dem Beklagten eine zu hohe Tantième gezahlt habe, jedenfalls im Irrtume gewesen, ob aber die Beamten und Organe der Gesellschaft, welche (durch die falsche Buchung) in ihr den Irrtum erregten, hierbei wissentlich gehandelt, sei gleichgültig;

daß hiermit zunächst ausgesprochen ist, die absichtlich falsche Buchung durch die Beamten und Organe der Gesellschaft, wie sie allein Gegenstand der Anträge und Behauptungen des Beklagten sowie der streitigen Beweisauflage bildet, sei unerheblich, und daß dieser Gesichtspunkt für sich allein als genügend erachtet werden kann, die Entscheidung zu rechtfertigen, da nach den die Materien beherrschenden, auch im Gebiete des französischen Rechtes geltenden Prinzipien, die Nichtschuld vorausgesetzt, für den Irrtum die Vermutung streitet, also es Sache des Beklagten gewesen wäre, das Nichtvorhandensein eines Irrtumes bei der Zahlung bestimmt zu behaupten und zu erweisen;

daß aber das Handelsgericht weitergehend erklärt, die Gesellschaft selbst habe die Tantième gezahlt, womit nur gemeint sein kann, die Zahlung beruhe auf dem Beschlusse der Generalversammlung, durch welche die Bilanz genehmigt, der Reingewinn und die Auszahlung der Dividenden definitiv festgestellt wurde, sodaß es sich also bei Auszahlung und Erhebung der Dividenden und Tantièmen nur um Vollziehung dieses Beschlusses handelte;

daß von diesem Standpunkte auch die weitere Erklärung aufzufassen ist, die Gesellschaft sei, als sie zahlte, im Irrtume gewesen, diese Erklärung aber umsoweniger Anlaß zur Anfechtung der Entscheidung geben kann, als es einer bezüglichen Feststellung gar nicht bedurfte, da es genügte, wenn wissentliche Zahlung einer Nichtschuld nicht anzunehmen war."

---

73. Wirkung der actio Pauliana gutgläubigen dritten Erwerbern gegenüber nach französischem Rechte. Besondere Grundsätze im Falle eines Falliments.

Französ. Ges. vom 28. Mai 1838 Art. 447.
Preuß. Novelle vom 9. Mai 1859 Art. 445.

II. Civilsenat. Urt. v. 9. Dezember 1879 i. S. F. (Bekl.) g. R. (Kl.) Rep. II. 29/79.

I. Landgericht Elberfeld.
II. Appellationsgerichtshof Köln.

Am 16. September 1874 verkaufte V. an seinen Sohn ein Wohnhaus zum Preise von 6450 Thalern. Letzterer nahm am 23. Oktober

1874 von Kl. ein Darlehn, für welches er Hypothek auf dem erkauften Hause bestellte. Am 4. Dezember 1874 wurde diese Hypothekarforderung cediert an die Rentnerin F. — Am 12. Dezember 1874 wurde B. für fallit erklärt, und der Anspruch des Fallimentszustandes auf den 20. Juni 1874 festgesetzt. Auf Klage des Syndiks wurde durch Urteil vom 10. November 1877 der Kauf des B. Sohn als zum Betruge der Gläubiger geschlossen vernichtet. Die Frage, ob diese Vernichtung auch der Rentnerin F. gegenüber wirke, wurde in zwei Instanzen bejaht, vom Reichsgerichte aber verneint aus folgenden

Gründen:

„In Erwägung, was zunächst die allgemeinen Grundsätze über Anfechtung von Rechtshandlungen zum Betruge der Gläubiger betrifft,

daß das ältere französische Recht in Übereinstimmung mit den Prinzipien des römischen Rechtes von dem Grundsatze ausging, die actio Pauliana richte sich, soweit es sich um Anfechtung oneroser Rechtsgeschäfte handle, nur gegen den Betrug, schade also nur demjenigen, der Betrug geübt, nicht aber demjenigen, der in gutem Glauben gehandelt habe (l. 9 Dig. quae in fraudem cred.), hieraus aber die Folgerung sich ergab, daß dieser Klage Wirkung gegen den gutgläubigen dritten Erwerber versagt war und es sich bei derselben nicht um eine unbedingt ex tunc wirkende Rescission oder Resolution, vielmehr nur um eine persönliche, zum Vorteile des Gläubigers und zum Nachteile des bösgläubigen Kontrahenten wirkende Anfechtungsklage handelte;

daß durch die allgemeine Bestimmung des Art. 1167 Code civil an diesen Prinzipien nichts geändert werden sollte und ebenso wie unbestritten angenommen wird, bei onerosen Geschäften müsse auch jetzt noch der Gegenkontrahent von der betrügerischen Absicht des Schuldners Kenntnis gehabt haben, obgleich Art. 1167 dies nicht verlangt, auch die weitere Folgerung berechtigt erscheint, es sei überhaupt der Anfechtungsklage des Art. 1167 a. a. O. Wirkung gegen gutgläubige Erwerber versagt.

In Erwägung, daß Art. 445 des preuß. Gesetzes vom 9. Mai 1859, ebenso wie der völlig gleichlautende Art. 447 des französischen Gesetzes vom 28. Mai 1838 auf dem allgemeinen Prinzipe des Art. 1167 Code civil beruht, welches nur mit Rücksicht auf die durch den Fallimentszustand geschaffene besondere Lage dahin modifiziert und verschärft wird, daß erstens schon die Kenntnis der Zahlungseinstellung, d. h. des thatsächlichen Fallimentszustandes, genügt, die betrügerische Absicht zu begründen und daß zweitens eine Gefährde schon in der Erlangung eines Vorzuges vor anderen Gläubigern zu finden ist;

daß diese Modifikationen das Wesen der paulianischen Klage nicht berühren, daher kein Grund vorliegt, anzunehmen, man habe die diese Klage beherrschenden allgemeinen Prinzipien verlassen und eine absolute Nichtigkeit schaffen wollen, zufolge deren unter dem bösen Glauben des ersten Erwerbes alle späteren gutgläubigen Erwerber zu leiden hätten;

daß die Absicht einer solchen Neuerung nicht bloß daraus, daß der Ausdruck „nichtig erklären" gebraucht wurde, gefolgert werden kann, da dieser Ausdruck keineswegs notwendig eine absolute, nach allen Richtungen wirkende Nichtigkeit bezeichnet, vielmehr die Frage, welche Wirkung einer angedrohten Nichtigkeit zukomme, hauptsächlich nach Natur und Zweck der in Frage stehenden Bestimmung zu entscheiden ist;

daß übrigens die Theorie, nach welcher in Fällen, wo das Gesetz für die Anfechtung von Rechtsgeschäften auf den guten oder bösen Glauben des Erwerbers maßgebendes Gewicht legt, nicht bloß beim ersten, sondern auch bei allen folgenden Erwerbern der gute oder böse Glaube ausschlaggebend ist, insbesondere auch in der inneren Natur des betreffenden Klagerechtes seine Begründung findet, indem es höchst unbillig und inkonsequent wäre, den guten Glauben beim ersten Erwerber zu schützen, bei den späteren Erwerbern aber schutzlos zu lassen und das nämliche Rechtsgeschäft, welches, direkt mit dem Gemeinschuldner geschlossen, gültig wäre, zu vernichten, weil es sich bloß indirekt auf eine Rechtshandlung des Gemeinschuldners gründet, obgleich in letzterem Falle der Erwerber der Regel nach viel entschuldbarer ist, als in ersterem Falle;

daß daher alle neuen Konkursordnungen, insbesondere auch die deutsche (§. 33), den gutgläubigen späteren Erwerber in gleicher Weise wie den ersten Erwerber schützen und in der französischen Doktrin mit Recht anerkannt ist, Art. 447 des Gesetzes vom 28. Mai 1838 finde auf spätere Erwerber nur Anwendung, wenn auch bei ihnen der Dolus, welchen Art. 447 verlangt, nämlich Kenntnis der Zahlungseinstellung zur Zeit ihres Erwerbes, vorgelegen habe."

(Folgen weitere Erörterungen aus der Entstehungsgeschichte des Gesetzes von 1859.)

74. Bestellung eines zweiten Faustpfandes an der nämlichen Sache. Wirkung des Vertrages über Bestellung des Faustpfandes vor der Besitzübertragung.

II. Civilsenat. Urt. v. 16. Dezember 1879 i. S. B. (Kl.) g. A. (Bekl.) Rep. II. 27/79.

I. Handelsgericht Aachen.
II. Appellationsgerichtshof Köln.

B. hatte am 31. Dezember 1873 bei dem Vereine A. zu Aachen ein Darlehn von 37 000 Thalern gegen Hingabe von Wertpapieren als Faustpfand aufgenommen. Am 15. Dezember 1874 verpfändete B. diese Wertpapiere auch dem Hüttenvereine daselbst, welcher mit Gerichtsvollzieherakt vom 2. Juni 1875 dem Vereine A. von dem Inhalte dieses Verpfändungsaktes Kenntnis gab mit der Aufforderung, die Papiere an niemanden als an ihn auszuliefern. Am 25. Juni 1875 ließ B. dem Vereine A. die zur Rückzahlung des Darlehns nötige Summe bar anbieten und zur Rückgabe der Wertpapiere, wenigstens eines entsprechenden Teiles derselben, auffordern. Der Verein A. verweigerte diese Herausgabe, und seine Weigerung wurde für berechtigt erklärt aus folgenden

Gründen:

„In Erwägung, daß zunächst die Behauptung, es sei rechtlich unmöglich ein zweites Faustpfand an der nämlichen Sache zu bestellen, nicht begründet erscheint, da dies in allen Fällen geschehen kann, wo ein gemeinsamer Besitz verschiedener Personen denkbar ist, also insbesondere dann, wenn der erste Faustpfandgläubiger, der die Sache im Besitze hat, dieselbe zugleich für Rechnung des zweiten Faustpfandgläubigers verwahrt (Art. 2076 Code civil), wie dies in vorliegender Sache in der That der Fall ist.

In Erwägung hierzu:

daß der Faustpfandvertrag zwar ein Realvertrag, also Pfandbesitz nötig ist, um ihm seine volle Wirkung zu geben (Art. 2071 Code civil), hieraus jedoch nicht folgt, es sei ein Pfandbestellungsvertrag ohne sofortigen Besitzübertrag wirkungslos, vielmehr ein solcher Vertrag unter den Kontrahenten unzweifelhaft Rechtswirkungen erzeugt, insbesondere dem Pfandgläubiger das Recht giebt, die Auslieferung des Pfandes zu verlangen;

daß, wenn daher B. durch den Vertrag vom 15. Dezember 1874 dem Aachener Hüttenvereine an den in Gewahrsam der Hauptbeklagten befindlichen Wertpapieren ein Faustpfand bestellte, er hiermit selbstverständlich jenem Vereine auch das Recht übertrug, von der Hauptbeklagten die Auslieferung jener Wertpapiere unter denselben Voraussetzungen zu verlangen, unter welchen ihm selbst dieses Recht zustand; wie dies offenbar der Appellrichter auch annimmt, indem er erklärt, das Auslieferungsverlangen von B. schließe eine Verletzung des Vertrages vom 15. Dezember in sich;

daß nun der vom Appellrichter mehrfach angezogene, seinem Inhalte nach unstreitige Zustellungsakt vom 2. Juni 1875 genügte, um den Übertrag des bezeichneten Forderungsrechtes der Hauptbeklagten als Schuldnerin gegenüber in rechtliche Wirksamkeit zu setzen, da jener Akt allen Anforderungen entspricht, welche im Sinne von Art. 1690 Code civil an die Kundgabe einer Cession zu machen sind;

daß, dies vorausgesetzt, vom Zeitpunkte besagter Kundgabe an die Hauptbeklagte kraft Gesetzes verpflichtet war, die in Frage stehenden Wertpapiere für Rechnung des Aachener Hüttenvereines zu verwahren, um sie seiner Zeit an diesen Verein, nicht aber an B. auszuliefern, weshalb die Weigerung der Hauptbeklagten, die fraglichen Wertpapiere an den Hauptkläger auszuliefern, vollkommen gerechtfertigt erscheinen muß."

---

75. Sind Spareinlagen bei einer Gewerbebank, eingetragene Genossenschaft, als Darlehn oder als deposita irregularia zu behandeln?

II. Civilsenat. Urt. v. 19. Dezember 1879 i. S. Br. (Bekl.) w. Schl. & K. u. Gen. (Kl.) Rep. II. 79/79.

I. Handelsgericht Karlsruhe-Pforzheim.
II. Appellationssenat des Kreis- und Hofgerichtes Karlsruhe.

Die Gewerbebank in Bruchsal ist eine eingetragene Genossenschaft, welche nach §. 1 ihres Statutes den Zweck hat, zur Förderung des Kredites und des Erwerbes ihrer Mitglieder für gemeinschaftliche Rechnung ein Bankgeschäft zu betreiben. Nach §. 2 des Statutes wird der zur Geschäftsführung nötige Fonds außer den von den Mitgliedern einbezahlten Geschäftsanteilen und den dem Reservefonds zugewiesenen Geldern gebildet

„durch die unter solidarischer Haftbarkeit der Mitglieder zu erhebenden Spareinlagen und sonstigen Kapitalaufnahmen".

Kapitalaufnahmen unterliegen nach §. 30 k und §. 41 des Statutes der Genehmigung des Aufsichtsrates innerhalb der von der Generalversammlung bestimmten Grenze. Nach §. 47 des Statutes

„haben Mitglieder der Gesellschaft unbedingt, Nichtmitglieder solange als die Generalversammlung nichts anderes beschließt, das Recht, Spareinlagen in die Gesellschaft zu machen, die aber eine andere Begünstigung als den Bezug von 4 Prozent Zinsen vom Tage der Einlage an nicht genießen; die Zinsen werden nur für volle Monate berechnet; für Spareinlagen, die nicht wenigstens volle drei Monate bei der Kasse stehen bleiben, werden keine Zinsen bezahlt; die Kasse ist jedoch nur, wenn der jeweilige Kassenbestand eine sofortige Rückzahlung nicht gestattet, berechtigt, eine Kündigungsfrist zu verlangen" (welche je nach der Größe der Rückzahlungen auf eine kürzere oder längere Zeit bestimmt ist).

Nachdem über das Vermögen des Kaufmannes N. die Gant ausgebrochen war, hat der Gantverwalter die zur Masse eingehenden Gelder im Gesamtbetrage von etwa 15 000 ℳ bei der Gewerbebank Bruchsal, und zwar nach dem Zugeständnisse der jetzigen Kläger auf ein Sparbüchlein, welchem ein Abdruck des Statutes der Gewerbebank angeheftet ist, eingelegt. Die Gant ist demnächst durch Vergleich des Kridares mit den Gläubigern beendet worden, und das Konkursgericht hat den Kridar ermächtigt, die vom Gantverwalter bei der Gewerbebank eingelegten Gelder in Empfang zu nehmen. Der Kridar hat über seine bezügliche Forderung an die Gewerbebank durch Cession an verschiedene Gläubiger verfügt; von Cessionaren wird jetzt ein Teilbetrag jener Forderung gegen die Gewerbebank eingeklagt, und es handelt sich wesentlich darum, ob die beklagte Gewerbebank berechtigt ist, gegen die eingeklagte Forderung eine ihr aus dem vor der Konkurseröffnung mit M. stattgehabten Geschäftsverkehre gegen N. im Mindestbetrage der Spareinlage des Gantverwalters zustehende Kontokorrentforderung zu kompensieren. Die Vorinstanzen haben dies verneint, der Appellationsrichter aus dem Grunde, weil er die Spareinlage als ein Depositum ansieht und der Klage auf Rückgabe dieses Depositums gegenüber die Weltschlagung durch Satz 1293 Ziff. 2 des badischen Landrechtes ausgeschlossen erachtet.

Aus den Gründen:

„Es kann unerörtert bleiben, ob die Gesetzesbestimmung des Landrechtssatzes 1293 Ziff. 2 auch auf das depositum irregulare oder aber nur auf das gewöhnliche Depositum Anwendung leidet; denn die Spareinlage ist überhaupt nicht als ein Depositum, auch nicht als ein depositum irregulare anzusehen, sondern als ein von dem Gantverwalter der Gewerbebank gegebenes Darlehn. Es kann zunächst darauf, daß die Beklagte selbst die fragliche Einlage in einem Akte vom 18. November 1876 und auch in einer Prozeßschrift als „deponierte Gelder" bezeichnet, entscheidendes Gewicht nicht gelegt werden. Die Ausdrücke „Depot, deponieren, Depositum" werden, namentlich im Bankgeschäftsverkehre, vielfach gebraucht, ohne daß die Beteiligten an eine Hinterlegung im gesetzlichen Sinne denken; daß der Gantverwalter bei der Einlage Ausdrücke gebraucht hätte, welche auf die Intention schließen ließen, im gesetzlichen Sinne zu hinterlegen, ist nicht behauptet. Wenn man auch Hinterlegungen bei der Gewerbebank, selbst abgesehen von gedeckten Krediten, nicht als gänzlich ausgeschlossen ansehen will, so wird doch eine Hinterlegung bei derselben im Zweifel nicht als intendiert anzunehmen sein, da die Gewerbebank keine Hinterlegungsstelle ist, dazu vielmehr in Baden die Staatskassen bestimmt sind, und in dem Statute der Gewerbebank die Annahme von Depositen nicht unter den Geschäften der Bank erwähnt wird. Im vorliegenden Falle ist die Einlage von einem Gantverwalter gemacht, welchem im §. 732 Nr. 4 der badischen Prozeßordnung die Anweisung erteilt ist:

> „eingezogene Gelder, wenn deren Auszahlung nicht nahe bevorsteht, zur Hinterlegungskasse abzuliefern, insofern der Gläubigerausschuß nicht deren Anlegung auf Zinsen oder eine andere Art der Anlegung beschließt."

Hieraus ist ein Argument dafür entnommen worden, daß die Intention des Gantpflegers nur auf eine Hinterlegung gerichtet gewesen sein könne; ein solcher Schluß geht aber fehl. Wenn man auch annimmt, daß der Gläubigerausschuß den Gantverwalter nicht zu einer anderweiten Anlegung ermächtigt habe, so ist doch schon jetzt klar, daß der Gantverwalter von der Instruktion im §. 732 Nr. 4 a. a. O. abgewichen ist, da die Gewerbebank nicht die im Gesetze gemeinte Hinterlegungskasse ist. Daraus, daß der Gantverwalter der gesetzlichen Instruktion entgegengehandelt, folgt nur, daß er der Gläubigerschaft verantwortlich ist. Welches Geschäft als vorliegend anzunehmen, ist nach anderen, von dem Amte des Güterpflegers unabhängigen Umständen zu beurteilen. Es ist einleuchtend, daß, wenn die Gewerbebank **Spareinlagen** annimmt, sie dabei ohne alle Rücksicht darauf, wer der Einlegende ist, nur der Bestimmung ihres Statutes folgen kann. Die entscheidende Frage, welche jedoch hier nicht generell für alle Bankgeschäfte, sondern nur konkret nach dem vorgelegten Statute der Gewerbebank entschieden werden kann und soll, ist also die: ob die vorliegenden Spareinlagen nach den Bestimmungen des Statutes als Deposita oder aber als Darlehn anzusehen sind. Es kann dem Appellationsrichter darin zugestimmt werden, daß es wesentlich darauf ankommt, ob vorzugsweise und zunächst das Interesse des Einlegenden die Einlage veranlaßt hat, oder aber das Interesse des Empfängers oder beider Teile. Darüber waltet kein Zweifel ob, daß die beiderseitige Intention dahin ging, daß die Gewerbebank sofort nach der Einlage Eigentümerin der eingelegten nummi, der species, werden und nur in genere restituieren sollte. Ob das aber allein zur Annahme eines Darlehns hinreichen würde, kann unentschieden bleiben, da andere entscheidende Momente dafür vorliegen, daß die Gewerbebank die Einlagen nicht lediglich im Interesse der Einlegenden, sondern auch im eigenen Interesse annimmt, um die zum Geschäftsbetriebe nötigen Fonds zu erlangen. Der §. 1 des Statutes stellt in dieser Beziehung die Spareinlagen neben die „sonstigen" Kapitalaufnahmen, sieht also die Spareinlagen als eine species der Gattung „Kapitalaufnahmen" an. Beide werden auch im übrigen im Statute analog behandelt. Für Kapitalaufnahmen muß die Generalversammlung die Grenzen bestimmen; in bezug auf Spareinlagen wird der Generalversammlung das Recht vorbehalten, das „Recht" der Nichtmitglieder zu Einlagen zu beschränken. Aus der Bestimmung des §. 47 des Statutes, daß Mitglieder unbedingt, Nichtmitglieder mit jener Beschränkung ein „Recht" zu Spareinlagen haben, läßt sich nicht folgern, daß Einlagen lediglich im Interesse der Einlegenden angenommen würden; es kann nicht beabsichtigt sein, namentlich den Nichtmitgliedern ein wirkliches „Recht" auf Annahme von Einlagen einzuräumen; die Bestimmung ist nur als eine Instruktion für die Verwaltung der Gewerbebank aufzufassen, Einlagen von Nichtmitgliedern nicht zurückzuweisen, solange nicht die Generalversammlung etwas anderes beschließt. Auch daraus, daß §. 47 des Statutes dem Publikum eine bequeme Gelegenheit bietet, sich der Aufbewahrung von Geldern zu entledigen, einen mäßigen Zins zu erhalten, und in kurzen Fristen das eingelegte Geld zurückerhalten und zu anderen Zwecken verwenden zu können, läßt sich nicht auf die Absicht bloßer Hinterlegung schließen. Die Bank gewährt dem Publikum diese Bequemlichkeit im eigenen Interesse, um möglichst viel Kapital für ihren Betriebsfonds zu gewinnen, sorgt aber zugleich im eigenen Interesse durch Bestimmung angemessener Kündigungsfristen dafür, daß ihr durch die stipulierten Rückzahlungen keine Verlegenheit bereitet werde. Auch die Höhe des stipulierten Zinses zu 4 Prozent, welche für ein Depositum ungewöhnlich sein dürfte und die geräumigen Kündigungsfristen sprechen gegen die Annahme eines Depositum, vielmehr dafür, daß es den Einlegern nicht um bloße Aufbewahrung, sondern um eine nutzbare Anlegung disponibler Geldbeträge zu thun ist. Andererseits ist dem Interesse der Bank, die Einlagen möglichst lange ihrem Betriebsfonds zu erhalten, durch die Bestimmung Rechnung getragen, daß Einlagen, welche nicht volle drei Monate bei der Kasse stehen bleiben, nicht verzinst werden. Das Ergebnis ist, daß die Spareinlagen überwiegend im Interesse der Bank angenommen, jedenfalls aber nicht allein oder vorzugsweise im Interesse der Einleger gemacht und angenommen worden, vielmehr dem Interesse beider Beteiligten dienen. Daher ist ein Darlehn als intendiert anzunehmen."

---

76. 1. Sind im Rechtsgebiete des linken Rheinufers die Pfarrdotalgüter, welche unter die Bestimmungen des Konsularbeschlusses vom 20. Prairial X (9. Juni 1802) fielen, durch die späteren Restitutions-Dekrete, nur soviel den Nießbrauch derselben betrifft, oder zu Eigentum zurückgegeben worden?

2. Unanwendbarkeit des preuß. Gesetzes vom 22. April 1875 auf diese Güter bei der letzteren Annahme.

Konsularbeschluß vom 20. Prairial X.
Kaiserliche Dekrete vom 5. Nivôse XIII, 20. Floréal desselben Jahres und 7. März 1806.

Staatsratsgutachten vom 23. Dezember 1806/25. Januar 1807.
Kaiserl. Dekrete vom 17. November 1811 und 6. November 1813.
Preuß. Gesetz vom 22. April 1875.

II. Civilsenat. Urt. v. 7. Januar 1880 i. S. Fiskus (Bekl.) w. Dr. (Kl.)
Rep. II. 31/79.

I. Landgericht Aachen.
II. Appellationsgerichtshof Köln.

Auf Grund des §. 1 des preußischen Gesetzes vom 22. April 1875 über die Einstellung der Leistungen aus Staatsmitteln für die römisch-katholischen Bistümer und Geistlichen und in Gemäßheit eines Reskriptes des Oberpräsidenten der Rheinprovinz vom 5. Februar 1876, welches sich dahin aussprach, daß das genannte Gesetz auch auf die linksrheinischen, von der französischen Regierung eingezogenen, Pfarrdotalgüter, die durch kaiserliche Dekrekte vom 5. Nivôse XIII und 7. März 1806 nur, was deren Nießbrauch angehe, restituiert worden, dagegen im Eigentume des Staates geblieben seien, Anwendung finde, wurden zufolge Verfügung der Königl. Regiernng zu A. fünf Dotationsgüter der Pfarre Dr. in Beschlag genommen. Da eine hiergegen eingereichte Remonstration ohne Erfolg blieb, erhob die genannte Pfarre, der Kirchenvorstand und der Pfarrer, Klage mit dem Antrage, zu erkennen, daß die Pfarre Dr. Eigentümerin der fraglichen fünf Grundstücke, und demnach die Beschlagnahme derselben aufzuheben sei.

Von den Vorinstanzen wurde diesem Antrage gemäß erkannt, und der erhobene Kassationsrekurs verworfen aus folgenden

Gründen:

„In Erwägung, was zuvörderst den Angriff bezüglich der Auslegung der drei in Frage stehenden Dekrete betrifft,

daß thatsächlich feststeht, daß die Grundstücke, welche den Gegenstand des Streites bilden, zur Zeit des Konsularbeschlusses vom 20. Prairial X bereits die Eigenschaft von Dotalgütern der Pfarre Dr. gehabt haben; daß nach den Grundsätzen des gemeinen katholischen Kirchenrechtes, welches auch auf dem Gebiete des linken Rheinufers galt, übereinstimmend mit dem älteren französischen Rechte, das Eigentum der Pfarrgüter bei der Pfarrstelle — cure — beruhte, den Pfarrern aber an denselben ein ausgedehnter Nießbrauch zustand;

vgl. Windscheid, Pandekten §. 57; Schulte, Kirchenrecht §§. 43. 182; Gerlach, Kirchenrecht §. 142; Richter-Dove, Kirchenrecht 7. Aufl. S. 107; Dalloz, Répert. v. culte Nr. 452 flg.;

daß das bezüglich jener Güter in dem genannten Gebiete bestehende rechtliche Verhältnis auch in der ersten Periode der französischen Okkupation nicht alteriert wurde, sodann aber, nachdem die vier Departements des linken Rheinufers durch Gesetz vom 18. Ventôse IX mit Frankreich vereinigt waren, der Konsularbeschluß vom 20. Prairial X erging, welcher die Ordensklöster und Regularkongregationen, sowie alle geistlichen Titel und Anstalten mit Ausnahme der auf Grund des Gesetzes vom 18. Germinal X bereits errichteten oder noch zu errichtenden Bistümer, Pfarreien, Kathedralkapitel und Seminare unterdrückte, und die Güter sowohl der unterdrückten Institute, als der genannten Bistümer, Pfarreien 2c — abgesehen von der in Art. 20 enthaltenen Bestimmung — für Nationaleigentum erklärte und unter die Verwaltung der Regie der Domänen stellte;

daß dieser Beschluß indes zu einer Zeit erfolgte, als durch das Germinal-Gesetz bereits die Wiederherstellung einer kirchlichen Organisation in Frankreich begründet war, — und wesentlich den Zweck hatte, im Geltungsbereiche desselben den in Gemäßheit jenes Gesetzes zu treffenden Einrichtungen freien Raum und gleichen Rechtsboden, wie in den übrigen Teilen des Reiches, zu schaffen;

daß dahingestellt bleiben kann, ob bei dem Erlasse des fraglichen Beschlusses, wie der Kassationskläger will, beabsichtigt gewesen, daß mit dem eingezogenen geistlichen Gute auch die Pfarrdotalgüter — soweit hier nicht die Vorschrift des Art. 11. eintrat —, im Staatsinteresse hätten verwertet und verkauft werden sollen, oder ob mit den Kassationsbeklagten auf Grund von Art. 1 des Beschlusses vom 27. Messidor X anzunehmen, daß, was jene Güter betrifft, bei den Konsuln von Anfang an die Absicht der Restitution obgewaltet habe;

daß nämlich feststeht, daß kurze Zeit nach Erlaß des Prairial-Beschlusses eine Reihe von Verordnungen erging, durch welche von der Konsular- und Kaiserregierung ein Teil des früher eingezogenen Kirchengutes restituiert, und damit zugleich die Vorschrift des vom Kassationskläger hervorgehobenen Art. 74 der organischen Artikel, „daß Grundeigentum, abgesehen von Wohnungen und anstoßenden Gärten, weder mit geistlichen Titeln verbunden sein, noch von Geistlichen (ministres du culte) mit Rücksicht auf ihr Amt besessen werden solle", im Prinzip aufgegeben wurde;

daß nun zunächst durch die Beschlüsse vom 7. Thermidor XI und 28. Frimaire XII,

vgl. Daniels, Sammlung Bd. 4 S. 474. 490,

die nicht veräußerten Güter und Renten der Fabriken, sowie der näher bezeichneten kirchlichen Stiftungen zurückgegeben wurden (sont rendus à leur destination — à leur première destination) und sodann das Dekret vom 28. Messidor XIII,

vgl. Hermens, Kultusgesetze Bd. 2 S. 323,

verfügte, daß die nicht veräußerten Güter und Renten der bei den Pfarrkirchen ehemals bestandenen Brüderschaften den Fabriken gehören sollen,

vgl. ferner Dekrete vom 15. Ventôse XIII, 30. Mai und 31. Juli 1806; Staatsratsgutachten vom 30. April 1807; Dekrete vom 17. März 1809 und 8. November 1810, Hermens, S. 315. 356. 360. 367. 407. 587,

in allen diesen Fällen aber mit Grund nicht bezweifelt werden kann, daß die Restitution zu Eigentum erfolgt ist.

Vgl. Art. 36 Nr. 1 des Dekretes vom 30. Dezember 1809.

In Erwägung, daß inzwischen auch für das Gebiet des linken Rheinufers bezüglich der Pfarrdotalgüter, die hier, wie die Instanzrichter annehmen, nur in ganz seltenen Fällen veräußert waren, die vom Kassationskläger als verletzt bezeichneten Dekrete vom 5. Nivôse XIII, 20. Floréal XIII und 7. März 1806 erlassen wurden;

daß, was jene Güter betrifft, durch Beschluß vom 4. Frimaire XI die Publikation des Art. 2 des Dekretes vom 20. April 1790 erfolgt war, nach welchem die Landpfleger fortfahren sollten, die Benefizialgüter provisorisch zu verwalten, mit der Verpflichtung, die Einkäufe derselben gegen das Gehalt aufzurechnen und eintretenden Falles den Überschuß herauszugeben;

daß ein gesetzgeberischer Grund, der geboten hätte, die fraglichen Güter, welche von gleicher Art als die Fabriksgüter waren, und einem wesentlich gleichen Zwecke dienten, bei der Restitution anders, als letztere, zu behandeln, nicht ersichtlich ist;

daß nun Art. 1 des zunächst hier in Betracht kommenden für die Diözese Aachen erlassenen Dekretes vom 7. März 1806 dahin lautet: les curés et desservans... sont maintenus dans la jouissance des biens non aliénés, qui servaient ci-devant à la dotation des cures et succursales de ce diocèse, de la même manière, qu'ils en ont joui précédemment;

daß ehedem, wovon auszugehen ist, die Pfarrer in einer doppelten Eigenschaft, als Nutznießer sowie als Repräsentanten der Pfarrstelle, der das Eigentum zustand, den Besitz und Genuß der fraglichen Güter hatten, in letzterem auch, wie vorangeführt ist, nach dem Inkrafttreten des Prairial-Beschlusses provisorisch belassen waren;

daß wenn daher Art. 1 a. a. O. die Pfarrer in dem Genusse (dans la jouissance) der fraglichen Güter, wie sie ihn vordem hatten, aufrecht erhielt, und demselben so qualitativ seinen früheren Charakter zurückgab, damit das rechtliche Verhältnis, wie es bezüglich jener Güter vor dem angegebenen Beschlusse bestanden hatte, wiederhergestellt war;

daß in diesem Sinne Art. 1 des Mainzer Dekretes, welcher die dispositive Wendung des oben erwähnten Thermidor-Beschlusses an der Spitze trägt: „les biens.... sont rendus à leur ancienne destination, et les curés et desservans en jouiront, comme par le passé,“ sich noch bestimmter und deutlicher ausdrückt, wobei hervorzuheben ist, daß jener Hauptsatz der Disposition desselben völlig überflüssig gewesen sein würde, wenn der Artikel lediglich eine Bestimmung über den Nießbrauch an den Pfarrgütern bezweckt hätte;

daß mit dem Wortlaute der beiden genannten jüngeren Dekrete auch Art. 1 des älteren Trierer Dekretes übereinstimmt, wenn man die Schlußworte: „de la même manière, qu'ils en ont joui jusqu'à présent“ von der Zeit bis zur Publikation des Prairial-Beschlusses, welcher letztere damals noch füglich als in die Gegenwart fallend gelten konnte, versteht;

daß immerhin davon auszugehen ist, daß die fraglichen Dekrete, welche einem und demselben gesetzgeberischen Willen ihre Entstehung verdanken, den nämlichen Rechtszustand herzustellen bestimmt waren, daher auch, wenn es sich von der Interpretation derselben handelt, dem übereinstimmenden Wortlaute der beiden jüngeren Dekrete vor dem des älteren, wenn durch denselben ein Zweifel entstände, der Vorzug gegeben werden müßte, mit jenem Wortlaute aber die Annahme, daß die bezogenen Dekrete den Zweck hätten, den provisorischen, in der Zeit von der Publikation des Prairial-Beschlusses bis zum Tage des Erlasses derselben bestehenden Rechtszustand zum definitiven Rechtszustande zu machen, nicht vereinbar erscheint;

daß hiernach die Auslegung der Instanzrichter, daß durch die mehrerwähnten Dekrete eine Restitution des Eigentumes der Pfarrdotalgüter ausgesprochen worden, mit der Fassung des Art. 1 derselben durchaus im Einklange steht;

daß sich hiergegen auch nicht mit Erfolg anführen läßt, daß in den Dekreten nur von einer Aufrechterhaltung im Genusse, Nießbrauche — „dans la jouissance“ — der fraglichen Güter die Rede sei, das dem Staate zustehende Eigentum derselben aber nicht berührt werde;

daß nämlich das Wort „jouissance“, verb. „jouir“, in der französischen Rechtssprache nicht mit usufruit oder usage im Gegensatze zum Eigentume gleichbedeutend ist, vielmehr ganz allgemein den Besitz und Genuß einer Sache, welches auch der Rechtsgrund desselben sein möge, bezeichnet, daher ebenso von dem Genusse des Pächters (Artt. 1709. 1719. 1726 Code civil) als dem des Nutznießers (Art. 600 Code civil), sowie des Eigentümers (Artt. 544. 1576. 2087 Code civil) gebraucht wird;

daß das genannte Wort jedesmal erst in der Verbindung und dem Zusammenhange, worin es vorkommt, seine nähere Bestimmtheit finden muß, dieser Zusammenhang aber, was' den Art. 1 der fraglichen Dekrete betrifft, zu dem in dem Vorstehenden entwickelten Ergebnisse führt.

In Erwägung, daß sodann die Rekursschrift gegen die Auslegung der Instanzrichter noch geltend macht, daß unbestritten die Pfarrer, von denen die Dekrete allein sprächen, nicht hätten Eigentümer werden sollen, von den Pfarrstellen aber, die als ideelle Rechtssubjekte gar nicht bestanden hätten, überhaupt keine Rede sei;

daß hierbei vor allem indes die bereits oben betonte Eigenschaft der Pfarrer als Repräsentanten der Pfarrstellen übersehen und weiter hervorzuheben ist, daß wenn letztere zur Zeit des Erlasses der Restitutionsdekrete vom Gesetzgeber noch nicht ausdrücklich als Eigentumssubjekte anerkannt waren, diese Anerkennung in den späteren, weiter unten zu berührenden Dekreten vom 17. November 1811 und 6. November 1813, welche für die Frage nach dem rechtlichen Charakter der Restitution wesentlich in Betracht kommen, mit voller Bestimmtheit ausgesprochen ist;

vgl. Dalloz, Rép. v. culte Nr. 503; Vuillefroy, Traité de l'administration du culte cathol. p. 212 und 213 Note 6;

daß, wenn ferner die Rekursschrift Gewicht darauf legt, daß nicht anzunehmen sei, daß die fraglichen Dekrete sich hätten mit der Vorschrift des Germinal-Gesetzes, welche den Besitz von Grundeigentum in geistlicher Hand nicht gestatte, in Widerspruch setzen wollen, diesem Argumente um deswillen keine Bedeutung beizumessen ist, weil jenes Verbot, wie sich aus dem Vorstehenden ergiebt, durch die früheren Restitutionen bereits grundsätzlich durchbrochen war;

daß im übrigen die Rekursschrift nicht ersichtlich macht, welches Interesse dann der Staat seinerseits, wenn er den Genuß der Pfarrgüter für immer abtrat, an dem Vorbehalte des nackten Eigentumes derselben gehabt haben möchte, überdies aber eine dauernde Trennung beider Faktoren mit den Grundsätzen des bürgerlichen Gesetzbuches nicht im Einklange steht (Artt. 543. 619 Code civil);

daß der Kassationskläger endlich mit Unrecht auf die Judikatur bezüglich der Kirchen und Kirchhöfe sich beruft, da es sich, was diese angeht, um Objekte wesentlich verschiedener Natur handelt, bei denen für die Restitutionsfrage spezielle Bestimmungen in Betracht kommen;

daß nach alle diesem der Angriff des Kassationsklägers, soweit er sich an den Art. 1 der genannten Dekrete knüpft, ungerechtfertigt erscheint.

In Erwägung, daß nun durch die gleichlautenden, ebenfalls als verletzt bezeichneten Art. 2 der Restitutionsdekrete bestimmt wird, daß der Betrag der Einkünfte der fraglichen Güter gegen das Gehalt der Pfarrer in Aufrechnung gebracht worden, und nach den Art. 3 zur Ermittelung der Höhe derselben eine Abschätzung durch Sachverständige stattfinden soll;

daß die Verbindlichkeit des Staates zur Gehaltszahlung, an welche die Vorschrift der Art. 2 anknüpft, auf dem Dekrete vom 2./4. November 1789 beruht;

daß durch dieses Dekret, welches alle geistlichen Güter zur Verfügung der Nation stellte, letztere die Verpflichtung übernommen hatte, für die Kosten der Ausübung des Kultus und den Unterhalt der Diener desselben Sorge zu tragen, und diese Verpflichtung sodann bezüglich des Gehaltes der Bischöfe und Pfarrer durch die Artt. 64—66 des Germinal-Gesetzes und in betreff der Hilfspfarrer durch die Dekrete vom 11. Prairial XII und 5. Nivôse XIII fixiert war;

vgl. Daniels, Sammlung Bd. 4 S. 532 und 567;

daß der Staat sich dieser Verbindlichkeit nicht einseitig entziehen konnte, und es daher ganz nahe lag, wenn derselbe, indem er die Pfarrdotalgüter, deren Einkünfte in den bei weitem meisten Fällen die Höhe des zu zahlenden Gehaltes nicht erreichen mochten, restituierte, zum Zwecke der teilweisen Tilgung seiner Verbindlichkeit den Pfarrern die Aufrechnung der Einkünfte auf den Betrag des letzteren zur Pflicht machte;

daß aber nicht erhellt, in der Rekursschrift auch nicht näher motiviert wird, wie denn aus jener Vorschrift die Folgerung begründet werden soll, daß sich der Staat das Eigentum der fraglichen Güter habe vorbehalten wollen;

daß auch gegen die Annahme, daß ein solcher Vorbehalt beabsichtigt gewesen, der Umstand spricht, daß es an Bestimmungen über die Feststellung und Sicherung eines solchen Eigentumes gänzlich mangelt, ebenso nur eine einmalige Abschätzung der Grundstücke angeordnet worden;

daß nach alle diesem aber eine Verletzung der Art. 2 der Dekrete nicht anzunehmen ist.

In Erwägung sodann zu dem Staatsratsgutachten vom 23. Dezember 1806/25. Januar 1807, daß in demselben, was die Restitution betrifft, die Pfarrgüter mit den Kirchenfabrikgütern auf gleiche Linie gestellt werden, der Kassationskläger bei seinem Angriffe auch außer acht läßt, daß der Pfarrer hier als Vertreter der Pfarrstelle gedacht ist, damit aber die Annahme daß in dem Gutachten nur von einem nießbräuchlichen Besitze der Pfarrer die Rede sei, zerfällt.

In Erwägung, was ferner das Dekret vom 17. November 1811 betrifft, daß, wenn in demselben,

vgl. Daniels, a. a. O. Bd. 5 S. 771, Artt. 8. 10. 11 und 14

von Pfarrstellen (cures), bezw. Artt. 4—7 von Titularen, die ganz oder teilweise in Grundeigentum (en biens fonds) dotiert seien, gesprochen und dabei wiederholt hervorgehoben wird, daß diese Art der Dotation eine Ausnahme von der Regel des Germinal-Gesetzes bilde, daraus doch unbedenklich der Schluß sich ergiebt, daß das Dekret die Pfarrstelle als die Trägerin der Dotation und als Gegenstand der letzteren das Eigentum von Grundgütern, und nicht bloß Einkünfte von solchen betrachtet;

daß es hiernach nicht angeht, mit dem Kassationskläger, welcher speziell eine Verletzung des Art. 4 des Dekretes rügt, anzunehmen, daß dasselbe nur von einer Dotation des Inhabers der Pfarrstelle, und zwar mit dem Nießbrauche an Grundstücken, zu verstehen sei.

In Erwägung, daß endlich das Dekret vom 6. November 1813

welches nach seiner Überschrift die Konservation und Verwaltung der vom Klerus in mehreren Teilen des Reiches besessenen Güter regelt, gerade für das Gebiet des linken Rheinufers, welches zu den letzteren gehörte, den Sitz der Materie bildet, und wenn dasselbe auch nicht den ausgesprochenen Zweck hat, die Eigentumsfrage, von der es sich hier handelt, zu entscheiden, doch dessen Vorschriften für die Beantwortung dieser Frage von der wesentlichsten Bedeutung sind;

daß, nun der Appellationsrichter in Übereinstimmung mit dem ersten Erkenntnisse nach der ganzen Ausdrucksweise und dem Inhalte der hervorgehobenen Bestimmungen des Dekretes zu der Annahme gelangt ist, daß der Gesetzgeber die fraglichen Güter als im Eigentume der Pfarrstellen stehend ansehe, mit dieser Annahme auch rechtlich nicht verstoßen hat;

daß, wenn die Rekursschrift dagegen zunächst eine Verletzung der Artt. 1 und 6 des Dekretes rügt, dieser Angriff mit dem Hinweise sich erledigt, daß dieselbe irrtümlich die doppelte Eigenschaft des Pfarrers als Vertreters der Pfarrstelle und Nutznießers des Pfarrgutes nicht auseinanderhält, und ferner das französische Wort „posséder“ wie das deutsche „besitzen“ häufig auch von dem Eigentumsbesitze gebraucht wird (vgl. Überschrift zu Art. 537 Code civil);

daß immerhin die Mitwirkung des Friedensrichters bei dem Besitzantritte des Pfarrers, welche Art. 7 anordnet, auch zur Wahrung des staatlichen Interesses dienen mag, aus dieser Bestimmung aber ebensowenig als aus der ferneren Vorschrift, welche für Veräußerungen, Verpfändungen rc der Pfarrgüter die im Oberaufsichtsrechte des Staates begründete Autorisation desselben fordert, einen Schluß auf das Eigentum des Fiskus an den fraglichen Gütern rechtfertigt;

daß endlich auch die Ausführung des angegriffenen Urteiles, welche die Frage der großen Reparaturen betrifft, und gegen die Behauptung des Kassationsklägers, daß in Wirklichkeit der Staat die Last derselben trage, weil er zur Ergänzung der dadurch geschmälerten Congrua verpflichtet sei, sich richtet, einen Rechtsirrtum nicht erkennen läßt;

daß nach alle diesem der Appellationsrichter ohne Verletzung der in der Rekursschrift hervorgehobenen Gesetze angenommen hat, daß die Pfarre Dr. Eigentümerin der Grundstücke, welche den Gegenstand des Prozesses bilden, sei;

daß damit aber der Anwendung des Gesetzes vom 22. April 1875 auf den vorliegenden Fall die Grundlage entzogen ist.“

77. Giebt jede Nichterfüllung des Vertrages dem Gegenkontrahenten das Recht, Auflösung des Vertrages (Art. 1184 Code civil) zu verlangen oder die Einrede des nicht erfüllten Vertrages entgegenzuhalten, oder ist zu unterscheiden zwischen wesentlichen und unwesentlichen Vertragsverletzungen?

II. Civilsenat. Urt. v. 20. Januar 1880 i. S. V. & G. (Kl.) w. O. (Bekl.) Rep. II. 82/79.

I. Handelsgericht Barmen.
II. Appellationsgerichtshof Köln.

Im November 1872 schloß die Firma V. & G. mit der chemischen Fabrik zu Hochfeld einen Vertrag ab, gemäß dessen die letztere 5000 Centner Potasche zu liefern hatte und dabei sich verpflichtete, bis Ende 1873 keine Potasche in Rheinland und Westfalen in den Handel zu bringen. In einem zwischen der Firma V. & G. und dem Kaufmanne O., welcher einen Teil der 5000 Ctr. von ihr abzunehmen hatte, entstandenen Rechtsstreite kam in Frage, ob O. diese Abnahme verweigern dürfe, weil die Fabrik H. der besagten Vertragsbedingung zuwidergehandelt habe.

Das Reichsgericht, nach Vernichtung des appellationsgerichtlichen Urteiles in der Sache entscheidend, erklärte, es sei unnötig zu prüfen, ob die Firma V. & G. schon bei Abschluß des Vertrages für Rechnung des O. gehandelt, oder ob sie den betreffenden Teil der Potasche an ihn mit Garantie für Erfüllung jener Stipulation weiter verkauft habe, denn auch bei letzterer Unterstellung sei die Weigerung unberechtigt, und zwar aus folgenden

Gründen:

„In Erwägung, daß sowohl betreffs der Auflösung eines Vertrages auf Grund von Art. 1184 Code civil, als betreffs der Einrede des nicht erfüllten Vertrages, in Fällen, wo Erfüllung nicht mehr möglich ist, zwischen wesentlichen und unwesentlichen Vertragsverletzungen zu unterscheiden ist;

daß nicht jeder ganz unbedeutende Mangel der Erfüllung das Recht geben kann, den Vertrag selbst aufzuheben oder die Erfüllung desselben zu verweigern, vielmehr auch hier, ähnlich wie in den vom Gesetze besonders geregelten Falle des Art. 1636 Code civil, zu prüfen ist, ob anzunehmen, es sei in der That eine Bedingung des Vertrages nicht erfüllt, d. h. es würde der betreffende Kontrahent den Vertrag nicht geschlossen haben, wenn er diesen Mangel der Erfüllung hätte voraussehen können, da, wenn diese Frage zu verneinen ist, der Vertrag an sich bestehen bleibt und nur von Schadensersatz bezw. Preisminderung die Rede sein kann;

daß nun, was vorliegenden Fall anbelangt, bei richtiger Auffassung der erwähnten, von der Fabrik H. übernommenen Verpflichtung, nicht anzunehmen ist, es sei derselben im wesentlichen zuwidergehandelt worden."

78. Besitzschutz im Falle des Art. 678 Code civil.

II. Civilsenat. Urt. v. 4. November 1879 in S. W. (Bekl.) w. Stadtgemeinde D. (Kl.) Rep. II. 19/79.

I. Friedensgericht Düsseldorf.
II. Landgericht daselbst.

Aus den Gründen:

„In Erwägung, daß es als eine Störung in dem Eigentumsbesitze eines Grundstückes sich darstellt, wenn der Nachbar in einer geringeren, als der gesetzlich bestimmten Entfernung — Art. 678 Code civil — Aussichtsöffnungen, Balkons zc anbringt;

daß, wenn man auch das Recht, eine solche Anlage zu untersagen, von dem Gesichtspunkte eines servitutischen Rechtes auffassen wollte, immerhin doch demselben, da hier das Gesetz den Titel bildet, der possessorische Schutz zur Seite steht, für dessen Voraussetzungen, auch was die Zeit der Störung betrifft, lediglich die allgemeinen Regeln gelten (Art. 23 Code de procédure)."

79. Können Handlungsgehilfen als gens de service im Sinne des Art. 2102 Nr. 4 Code civil betrachtet werden?

II. Civilsenat. Urt. v. 2. Dezember 1879 in S. Fallitmasse H. & A. (Kl.) w. A. (Bekl.) Rep. II. 80/79.

I. Handelsgericht Gladbach.
II. Appellationsgerichtshof Köln.

A. war in dem Handlungshause H. & A. als Prokurist gegen einen Jahresgehalt von 3000 M nebst freier Kleidung, Kost und

Wohnung auf 2 Jahre angestellt. Bei dem gegen besagte Firma eröffneten Fallimentsverfahren meldete er seine rückständige Gehaltsforderung an und beantragte zugleich Zuerkennung des Privileges aus Art. 2101 Nr. 4 Code civil. Beide Instanzen erkannten dieses Privileg zu; das Urteil zweiter Instanz wurde jedoch kassiert aus folgenden

Gründen:

„In Erwägung, daß das in Art. 2101 Nr. 4 Code civil den gens de service bewilligte Vorzugsrecht in dem älteren Gewohnheitsrechte, namentlich der coutume de Paris, nur den Domestiken verliehen war und auch in dem allgemeinen Hypothekengesetze vom 11. Brumaire VII nur in dieser Bezeichnung des privilegierten Personenkreises auf ganz Frankreich ausgedehnt worden ist;

daß, wenn nun die Gesetzgeber des Code civil bei der für nötig erachteten Übertragung einer für die städtischen Verhältnisse, namentlich die der Stadt Paris, berechneten Bestimmung auf die des ganzen Reiches sich veranlaßt fanden, die durch den Ausdruck „domestiques“ gegebene Bezeichnung des privilegierten Personenkreises durch die umfassendere Bezeichnung von „gens de service“ zu ersetzen, dieses nicht zu dem Schlusse berechtigt, daß auch die in dem Domestikenverhältnisse liegende charakteristische Voraussetzung des aus dem Gewohnheitsrechte übernommenen Privilegiums durch eine andere wesentlich verschiedene ersetzt sein solle, vielmehr allein dahin verstanden werden kann, daß dergleichen Gunst des Gesetzes alle sich erfreuen sollten, die, wenn auch keine Domestiken im Sinne des alten Stadtrechtes, doch, wie namentlich die ländlichen Dienstboten, in dem wesentlich gleichen, auf die Besorgung der persönlichen und wirtschaftlichen Angelegenheiten gerichteten, mit einer gewissen persönlichen Abhängigkeit von dem Dienstherrn verknüpften Verhältnisse ständen, und die auch aus dem Gesichtspunkte ihrer Vermögensverhältnisse des gleichen Schutzes bedürftig seien;

daß diese Auffassung durch die von dem Vorderrichter bezogene Äußerung **Grenier's** im Tribunate in keiner Weise widerlegt, wohl aber durch den Umstand noch unterstützt wird, daß das Privilegium für ein Jahr und das laufende verliehen ist, eine Bestimmung, die nur ein Verhältnis im Auge haben kann, das nicht etwa auf eine willkürliche, in jedem einzelnen Falle erst zu vereinbarende, Zeit abgeschlossen wird, sondern welches, wie es bei dem Dienstbotenverhältnisse die Regel ist, seiner durch Herkommen bestimmten Natur nach jahrweise geschlossen zu werden pflegt;

daß endlich obige limitative Auslegung noch eine besondere Bestätigung in dem französischen Gesetze vom 28. Mai 1838 findet, indem dieses Gesetz dadurch, daß es das in Frage stehende Privilegium mit gewissen Modifikationen den ouvriers und Handlungsgehilfen verleiht, zu erkennen giebt, daß diese Personen nach der Anschauung des Gesetzgebers bis dahin unter der Kategorie der gens de service im Sinne von Art. 2101 a. a. O. nicht begriffen gewesen seien.

In Erwägung, daß die oben hervorgehobenen Kriterien des vom Gesetze geschützten Verhältnisses bei der Stellung eines Commis und vollends der eines Prokuristen durchaus nicht zutreffen, selbst dann nicht, wenn derselbe, wie im vorliegenden Falle festgestellt worden ist, außer seinem Salair auch freie Kleidung, Kost und Logis von dem mit ihm verwandten Prinzipale bezieht, da der Charakter seines Verhältnisses lediglich durch die Natur seiner Dienste, nicht aber durch die Art seiner Lohnbezüge bestimmt wird."

---

80. 1. Ist die Rechtsgültigkeit eines Handgeschenkes durch die bei Lebzeiten des Schenkgebers erfolgte Annahme bedingt?

2. Beweislast, wenn ungewiß ist, ob die zwecks einer Schenkung zugesendete Sache dem Schenknehmer schon zu Lebzeiten des Schenkgebers zugekommen und von ihm angenommen worden sei?

II. Civilsenat. Urt. v. 2. Dezember 1879 i. S. R. (Bekl.) w. Sch. (Kl.) Rep. II. 23/79.

I. Landgericht Bonn.
II. Appellationsgericht Köln.

Die Ende Dezember 1876 im Rhein ums Leben gekommene Schw. hatte am 30. Dezember jenes Jahres ein an ihren Verlobten R. adressiertes Paket mit Wertpapieren im Nominalbetrage von 4800 ℳ nebst einem Briefe auf die Post gegeben. Paket und Brief gelangten richtig in die Hände des Adressaten. Die Erben der Verstorbenen klagten gegen denselben unter anderem auf Herausgabe jener Wertpapiere und stützten diese Klage darauf, daß der Beklagte diese Objekte von ihrer Erblasserin zugeschickt erhalten habe. Der Beklagte räumte dies zwar ein, jedoch mit dem Zusatze, daß seine Braut bei Übersendung der Wertpapiere ihm erklärt habe, diese Papiere sollten sein Eigentum sein und bleiben, worauf er sie dann auch als sein Eigentum acceptiert und in Besitz genommen. Nachdem er den ihm in dieser Hinsicht zugeschobenen Eid ausgeschworen hatte, verurteilte ihn das Landgericht zur Herausgabe der Wertpapiere. Seine Berufung ward vom Appellationsgerichte verworfen, dessen Urteil jedoch vom Reichsgerichte kassiert aus folgenden

Gründen:

„In Erwägung, daß das sog. Handgeschenk, dessen rechtliche Gültigkeit im allgemeinen, trotzdem daß der Code civil desselben als einer besonderen Form der freigebigen Verfügungen unter Lebenden nicht erwähnt, von der Jurisprudenz als feststehend betrachtet wird, hinsichtlich seiner inneren rechtlichen Natur, und abgesehen von dem Erfordernisse der für die Schenkungen im allgemeinen vorgeschriebenen Form der notariellen Beurkundung, nach denselben Grundsätzen, wie die Schenkungen im allgemeinen zu beurteilen ist;

daß die Schenkung im allgemeinen, mag man sie als einen Vertrag schlechthin definieren, oder mit Rücksicht auf die ihr vom Gesetze gegebene Bezeichnung als eines „Aktes" ihr eine besondere und eigentümliche Natur vindizieren, doch in dem einen wie anderen Falle als eine Rechtshandlung, die — im Gegensatze zu den dem Widerrufe unterliegenden freigebigen Verfügungen auf den Todesfall — unter Lebenden, sofort und in unwiderruflicher Weise den Übergang des Eigentumes auf den Beschenkten bewirken soll, nur durch die bei Lebzeiten des Schenkgebers erfolgte Annahme der Schenkung zur Perfektion gelangen kann, da die Wirksamkeit, die man einer späteren Annahme beilegen wollte, den Eigentumsübergang nur von diesem späteren Zeitpunkte ab zur Folge haben könnte, diese Wirkung aber etwas ganz anderes als das vom Geschenkgeber Gewollte wäre, und überhaupt auch vom Gesetze selbst an die Voraussetzung einer anderen Verfügungsform geknüpft ist;

daß hieran, wenn ein Handgeschenk in Frage steht, auch dadurch, daß die Sache durch Vermittelung eines Dritten, namentlich der Post, in die Hände des Schenknehmers gelangt, nichts geändert erscheinen kann, da die Postanstalt hierbei nur im Auftrage des Absenders bezw. des Schenkgebers handelt, die Vollziehung dieses Mandates aber nur die

Handlung des Schenkgebers vollendet, dagegen in bezug auf das vom Schenknehmer zur Perfektion der Schenkung Vorzunehmende ganz bedeutungslos ist.

In Erwägung, daß hiernach dem Appellationsrichter darin, daß er die Beurteilung der Sache durch die Frage, ob zur Zeit der Aushändigung der fraglichen Postsendung an den Kassationskläger und seiner Acceptation der in dem fraglichen Briefe ihm gemachten Schenkung die Schw. noch am Leben gewesen, als bedingt erachtet hat, nur beigetreten werden kann.

In Erwägung, was aber die Verteilung die Beweislast betrifft, daß zur Begründung der von den Kassationsbeklagten erhobenen Klage auf Herausgabe der fraglichen Wertpapiere die Behauptung, bezw. das Beweiserbieten, daß der Beklagte diese Effekten von der klägerischen Erblasserin zugeschickt erhalten habe und besitze, in keiner Weise geeignet und ausreichend erscheinen konnte, da diese Aufstellung einen den Beklagten zur Herausgabe verpflichtenden Rechtsgrund gar nicht enthielt;

daß mithin auch dadurch, daß der Beklagte, anstatt auf die Geltendmachung dieser aus dem formalen Gebrechen der Klagebegründung herzunehmenden Einrede sich zu beschränken, zwar den Empfang jener Papiere einräumte, hiermit aber die Qualifikation verband, daß sie ihm geschenkt worden, und er die Schenkung acceptiert habe, derselbe sich nicht mit der Verpflichtung zum Nachweise der zur Perfektion der Schenkung erforderlichen Momente belasten könnte;

daß vielmehr nur den Klägern noch zu überlassen war, ihre Klage von dem durch die Erklärung des Beklagten selbst gegebenen thatsächlichen Boden aus durch die Replik zu begründen, daß die fragliche Schenkung mangels rechtzeitiger Acceptation nicht perfekt geworden, ihnen also auch der Hauptbeweis oblag, daß zu der oben präzisierten Zeit die Schenkgeberin schon nicht mehr gelebt habe."

V. Prozeßrecht.

81. Ist die weitere Beschwerde gegen die Entscheidung des Beschwerdegerichtes zulässig, wenn das Beschwerdegericht die auf neue Thatsachen gestützte Beschwerde verworfen hat?

C.P.O. §§. 531. 533. 537.

III. Civilsenat. Beschl. v. 11. November 1879 i. S. H. (Kl.) w. B. u. Gen. (Bekl.) Rep. III. 32/79.

I. Landgericht Hamburg.
II. Oberlandesgericht daselbst.

Der Kaufmann H. hatte beim Landgerichte gegen die Beklagten Klage aus einem Wechsel erhoben. In dem auf den 13. Oktober morgens 10 Uhr anberaumten Verhandlungstermine erschien keiner der Beklagten. Kläger beantragte, unter Bezugnahme auf die Behändigungsurkunde, wonach den Beklagten die Klaganträge am 12. Oktober zugestellt waren, den Erlaß eines Versäumnisurteiles. Das Landgericht wies den Antrag zurück, da die Beklagten nicht rechtzeitig geladen seien (§. 300 Nr. 2 C.P.O.). Kläger erhob gegen diese Verfügung die sofortige Beschwerde und machte, unter Bezugnahme auf §. 533 C.P.O., geltend, die Ladungsfrist von 24 Stunden sei gewahrt, indem die Klaganträge dem Mitbeklagten O. schon am 11. Oktober, den beiden anderen Mitbeklagten am 12. Oktober so zeitig behändigt seien, daß volle 24 Stunden zwischen der Behändigung und dem Verhandlungstermine lägen. Beweis: Zustellungsregister und Bericht des Gerichtsvollziehers.

Das Oberlandesgericht wies die Beschwerde zurück, weil Kläger im Verhandlungstermine den Nachweis hätte führen müssen, daß die Einlassungsfrist gewahrt sei, was nur der Fall sei, wenn die Klaganträge den Beklagten vor 10 Uhr vormittags des 12. Oktober behändigt seien; weil dieser Beweis durch die vom Kläger vorgelegte Zustellungsurkunde nicht erbracht sei, und „selbstverständlich derselbe nicht ersetzt werden könne durch den jetzt vom Kläger angebotenen Beweis der Thatsache, daß die Zustellung am 12. Oktober vor 10 Uhr beschafft worden sei".

Kläger erhob gegen diese Entscheidung die weitere Beschwerde. Er meinte, der letzte Ausspruch des Oberlandesgerichtes und die damit verknüpfte Ablehnung, auf die zur Begründung der gegen den landgerichtlichen Beschluß erhobenen Beschwerde geltend gemachten neuen Thatsachen und den hierfür angetretenen neuen Beweis einzugehen, bilde einen neuen selbständigen Beschwerdegrund und begründe damit die Befugnis zur Erhebung der weiteren Beschwerde.

Das Reichsgericht wies die Beschwerde als unzulässig zurück.

Aus den Gründen:

„Nach §. 531 C.P.O. findet gegen die Entscheidung des Beschwerdegerichtes, soweit nicht in derselben ein neuer selbständiger Beschwerdegrund enthalten ist, eine weitere Beschwerde nicht statt. Letzteres ist bei der angefochtenen Verfügung, durch welche die Beschwerde gegen den den Antrag auf Erlaß eines Versäumnisurteiles ablehnenden Bescheid des Landgerichtes zu Hamburg vom 13. Oktober zurückgewiesen worden ist, nicht der Fall, und es ist nicht richtig, wenn der Beschwerdeführer meint, es werde ihm dadurch ein neuer selbständiger Beschwerdegrund geboten, daß das Oberlandesgericht die zum Nachweise der rechtzeitigen Behändigung der Klaganträge angeführten neuen Thatsachen für nicht geeignet erklärt hat, den Antrag auf Erlaß des Versäumnisurteiles zu rechtfertigen.

Der Zweck der Vorschrift in §. 531 Abs. 2 C.P.O. ist, wie auch die Motive zu dem Gesetzentwurfe durch die Worte: „Die Vorschrift in Abs. 2 entspricht der Ausschließung der Revision gegen gleichlautende Urteile der beiden unteren Instanzen", bestimmt ergeben, die dritte

Instanz auszuschließen, wenn in den beiden unteren Instanzen gleichlautende Entscheidungen ergangen sind, wenn über denselben Streitpunkt zweimal zu Ungunsten des Beschwerdeführers erkannt worden ist.[1] Dabei ist für die Frage, ob zwei gleichlautende Entscheidungen vorliegen, lediglich der Inhalt der Entscheidungen selbst maßgebend, nicht die Entscheidungsgründe, und auch in dem Falle, wenn der Beschwerdeführer auf Grund des §. 533 seine Beschwerde auf neue Thatsachen gestützt hat, der Beschwerderichter aber die Beschwerde zurückweist, also die angefochtene Verfügung aufrechterhält, liegen zwei gleichlautende, eine weitere Beschwerde ausschließende Entscheidungen vor, weil der den Gegenstand der Beschwerde bildende Streitpunkt zweimal übereinstimmend entschieden ist."

---

82. Ist die Anstellung der Nullitätsklage aus §. 2 Nr. 1 A.G.O. I. 16 durch die vorherige strafrichterliche Verurteilung bedingt?

I. Straffenat. Urt. v. 1. Dezember 1879 i. S. S. (Kl.) w. D. (Bekl.) Rep. VI./503.

I. Kreisgerichtskommission Striegau.
II. Appellationsgericht Breslau.

Der Kläger war als beweisfällig abgewiesen worden, weil der einzige von ihm vorgeschlagene Zeuge seine Angaben nicht bestätigte. Er stellte hiernächst die Nullitätsklage an, indem er ausführlichen Beweis darüber antrat, daß das negative Zeugnis wahrheitswidrig abgegeben sei, und erwirkte ein Urteil, welches diesen Beweis für erbracht erklärte. Auf Appellation des Beklagten wurde jedoch die Klage abgewiesen, weil dieselbe vorgängige Verurteilung wegen Meineides erfordere. Die Nichtigkeitsbeschwerde des Klägers rügte Verletzung der Bestimmungen in A.G.O. Einl. §§. 1. 65. 66; I. 16 §§. 1. 2 Ziff. 1 und der Rechtsgrundsätze, daß die Entscheidung des Strafrichters für den Civilrichter, welcher über einen Entschädigungsanspruch zu entscheiden hat, in der Beurteilung der Beweisfrage nicht maßgebend ist, soweit besondere gesetzliche Bestimmungen nicht das

[1] S. unten Nr. 84 S. 233.

Gegenteil rechtfertigen (Obertribunalspräjudiz Nr. 2676), und daß bei der Entscheidung über die Nullitätsklage, durch welche ein auf die eidliche Aussage eines Zeugen gegründetes Urteil als nichtig angegriffen wird, das Urteil des Strafrichters über die gegen den Zeugen wegen der betreffenden Aussage erhobene Anklage wegen Meineides nicht maßgebend ist.

Das Reichsgericht verwarf die Nichtigkeitsbeschwerde aus folgenden

Gründen:

„Es würde erst im Falle der Anerkennung eines dieser Nichtigkeitsgründe in Frage kommen, und kann deshalb dahingestellt bleiben, ob gegenüber dem §. 7 des Gesetzes vom 11. März 1850 betr. die Aufhebung der Cirkularverfügung vom 6. Februar 1799 rc (G.S. S. 174) und der historischen Entwickelung des Injurienprozesses im Gebiete der Allgemeinen Gerichtsordnung die Nullitätsklage des Tit. 16 der letzteren im I. Teile auf die im 34. Titel abgesondert behandelten Injuriensachen überhaupt Anwendung leide. Allein die bezeichneten Gesetzesvorschriften, wenn darin Rechtsgrundsätze und nicht Prozeßvorschriften überall anzunehmen wären, sind nicht verletzt und die aufgestellten Rechtsgrundsätze nicht einschlagend, bezw. nicht als bestehend anzuerkennen.

Der §. 1 der Einleitung zur A.G.O. enthält nur ein allgemeines Axiom, das für die unmittelbare Anwendung erst durch die gesetzgeberische Verwertung in Spezialbestimmungen brauchbar wird und lediglich die prozessuale Abgrenzung der Kompetenz der Gerichte zur Entscheidung in Privatrechtsstreiten gegenüber publizistischen Streitfällen ausspricht. Der in A.G.O. Einl. §§. 65. 66 und I. 16 §. 1 aufgestellte Satz von der Unanfechtbarkeit rechtskräftiger Urteile kann nicht durch falsche Anwendung verletzt sein, weil die Anfechtung nicht für unzulässig, sondern auf Grund anderweiter Vorschriften für unbegründet erklärt ist, und der Satz von der selbständigen Beweisprüfung des Civilrichters in betreff eines zur Schadensersatzleistung verpflichtenden Vergehens nicht durch unterlassene Anwendung, weil es sich im vorliegenden Falle nicht um Entschädigungsansprüche aus dem falschen Zeugeneide handelt, und ohnehin eine besondere gesetzliche Vorschrift — die des §. 2 Ziff. 1 des Tit. 16 — in Frage steht.

Was aber diesen Paragraphen selbst anlangt, so kann die ihm in dem zweiten aufgestellten Rechtssatze gegebene Auslegung nicht gebilligt werden. Das preußische Recht hat im Gebiete des Strafrechtes, welchem auch die Injurien angehören, in §§. 151. 153 der Verordnung vom 3. Januar 1849 dem Verurteilten eine Restitution regelmäßig nur dann zugestanden, wenn das Verbrechen des Meineides durch eine Untersuchung erst rechtskräftig festgestellt worden. Aber auch dann, wenn man nicht mit der Nichtigkeitsbeschwerde die Voraussetzungen der Nichtigkeitsklage des Tit. 16 für Rechtsgrundsätze hält, und die ebenerwähnte Bestimmung, als eine dem Strafprozesse angehörige, bei Injurienklagen, die im Wege des Civilprozesses zu verhandeln für nicht einschlagend ansieht, muß der Gedanke, daß der §. 2 Ziff. 1 eine andere Nachweisung des Meineides als durch ein strafrichterliches Urteil gestatte, als nach dem Sinne wie dem Wortlaute nicht berechtigt zurückgewiesen werden. An sich gehört die Feststellung einer Strafthat dem Strafrichter. Daß, wo es sich um civilrechtliche aus einer Strafthat herzuleitende Ansprüche handelt, die Selbständigkeit des darüber urteilenden Civilrichters anerkannt ist, läßt keinen Schluß darauf zu, daß nicht bei einem so außerordentlichen Mittel, als die Nichtigkeitsklage gegen ein rechtskräftiges Urteil ist, dessen Zulassung von anderweit festgestellten Thatsachen abhängig sein sollte, wie denn auch die Civilprozeßordnung im §. 544 die vorherige strafgerichtliche Behandlung der Frage, um die es sich handelt, nicht anders, als die Strafprozeßordnung in §. 404 normiert, während das Einführungsgesetz zur ersteren im §. 14 Ziff. 1 Vorschriften außer Kraft treten läßt, welche das Strafurteil für präjudiziell in Civilprozessen wegen Schadensersatzes erklären. Auch läßt sich nicht verkennen, daß der §. 24 desselben Titels eine dem §. 2 Ziff. 1 sehr verwandte Frage behandelt; für jenen Fall ist eben in der preußischen Judikatur bereits wiederholt das Erfordernis eines Strafurteiles für weitere Rechtsbehelfe angenommen worden."

83. Sind bei Berechnung der Revisionssumme (§. 508 vgl. mit §. 4 C.P.O.) die Protestkosten und die Forderung von Provision und Porto zu berücksichtigen?

III. Civilsenat. Urt. v. 23. Dezember 1879 i. S. H. u. M. (Kl.) w. P. (Bekl.) Rep. III. 403/79.

I. Landgericht Bromberg.
II. Oberlandesgericht Posen.

Am 25. Oktober 1879 hat das Landgericht zu Bromberg den Beklagten verurteilt, an die Kläger zu bezahlen: die Wechselsumme von 1500 ℳ nebst 6 Prozent Zinsen seit dem 1. Juni 1879, 5 ℳ Provision, 10,55 ℳ Protestkosten und 55 Pf. Porto.

Auf Berufung des Beklagten wurde dieses Erkenntnis durch Urteil des Oberlandesgerichtes zu Posen vom 17. November 1879 dahin abgeändert, daß die Kläger mit ihrer Wechselklage als in der gewählten Prozeßart unzulässig abzuweisen und ihnen die Kosten des Rechtsmittels aufzuerlegen seien.

Hiergegen haben die Kläger rechtzeitig Revision eingelegt. Im . . . Termine hat der Vertreter der Revisionskläger den im vorbereitenden Schriftsatze gestellten Antrag wiederholt und gebeten, den vom Revisionsbeklagten in erster Linie gestellten Antrag, die Revision als unzulässig zurückzuweisen, zu verwerfen.

Auf Anordnung des Vorsitzenden wurde zunächst nur über die Frage der Zulässigkeit verhandelt.

Aus den Gründen:

„Zufolge des für Berechnung des Wertes des Beschwerdegegenstandes in Anwendung kommenden §. 11 C.P.O. bleiben Früchte, Nutzungen, Zinsen, Schäden und Kosten unberücksichtigt, wenn sie als Nebenforderungen geltend gemacht werden.

Unzweifelhaft sind im vorliegenden Falle die Provision, die Protestkosten und Porto geradeso wie die Zinsen nicht als selbständige

Ansprüche, sondern nur neben der Wechselsumme eingeklagt, sodaß die letztere Voraussetzung des §. 4 a. a. O. gegeben ist.

Die Provision muß aber zu den Schäden gerechnet werden, denn diese begreifen jeden Vermögensnachteil in sich, welchen der Kläger, sei es als positiven Schaden, sei es als entgangenen Gewinn, dadurch erlitten zu haben behauptet, daß seinem Hauptanspruche nicht Genüge geleistet worden ist; hierzu gehört auch noch der Schaden durch Zeitversäumnis und die Mühewaltung, welche durch den erfolglosen Versuch der Beibringung der Wechselsumme verursacht worden ist. Die Provision stellt aber den vom Gesetze fixierten Betrag fest, welcher für diese Zeitversäumnis und einige Mühe geopfert werden darf.

Die Auslagen für Protesterhebung und Porto fallen unter den Begriff der Kosten und haben mit den Prozeßkosten das gemein, daß sie wie diese durch die Zahlungsverweigerung des Schuldners entstanden sind, und dieser sie demnach zu erstatten hat, weil und sofern er mit Unrecht die Erfüllung der Hauptverbindlichkeit verweigert hat.

Dafür, die Bestimmung auf die Kosten eines früheren Prozesses zu beschränken, fehlt es an jedem inneren Grunde; dagegen spricht die allgemeine Fassung des Gesetzes und dessen Absicht, für die Wertsermittelung einfache und klare Regeln festzusetzen, welche die Ausschließung der Kosten beider Arten gleichmäßig rechtfertigt.

Daraus, daß der sog. hannoversche Entwurf einer Prozeßordnung nur die Prozeßkosten aufführte, kann nicht das Gegenteil, sondern es müßte eher aus der späteren Erweiterung des Ausdruckes gefolgert werden, daß etwa eine beabsichtigte Beschränkung auf Prozeßkosten fallen gelassen worden sei.

Der Wert des Beschwerdegegenstandes übersteigt demnach den Betrag von 1500 *M* nicht, und erscheint zufolge des §. 508 C.P.O. die Revision unzulässig."

84. Auch in einer beim Amtsgerichte anhängigen Sache kann eine Beschwerde an das Reichsgericht erwachsen, vorausgesetzt, daß dem Beschlusse des Oberlandesgerichtes gegenüber ein neuer selbständiger Beschwerdegrund vorliegt.

I. Civilsenat. Beschl. vom 5. Januar 1880 i. S. B. (Bekl.) w. B. & Co. (Kl.) Beschw.-Rep. 17/79.

I. Amtsgericht Hamburg.
II. Landgericht daselbst.
III. Oberlandesgericht daselbst.

Die Beschwerde wurde als unzulässig verworfen.

Aus den Gründen:

„In Erwägung, daß zwar die Ansicht derjenigen Schriftsteller, nach welchen in Sachen, die bei einem Amtsgerichte anhängig sind, überhaupt nie eine Beschwerde an das Reichsgericht erwachsen könnte,

vgl. Brettner in der Zeitschr. für deutschen Civilprozeß Jahrg. 1 S. 247 flg.; v. Amsberg, Mecklenb. Verordnungen zur Ausführung der Reichsjustizgesetze S. 8,

nicht gebilligt werden kann, indem die Reichscivilprozeßordnung, in Verbindung mit §. 135 Nr. 2 des Gerichtsverfassungsgesetzes, für eine solche Beschränkung keinen Anhalt gewährt;

daß aber nach §. 531 Abs. 2 C.P.O. gegen die Entscheidung eines Beschwerdegerichtes eine weitere Beschwerde nur auf einen neuen selbständigen Beschwerdegrund gestützt werden kann;

daß als solcher bei dieser Bestimmung selbstverständlich nicht schon der Umstand in Betracht kommt, daß durch eine, eine vorgängige mündliche Verhandlung nicht erfordernde Entscheidung ein das Verfahren betreffendes Gesuch, nämlich eben das Beschwerdegesuch, zurückgewiesen ist,[1] sondern daß einer der anderen in §. 530 C.P.O. erwähnten Fälle vorliegen muß;

daß nun aber der Beschwerdeführer ... nicht einmal versucht hat, irgend einen dieser Fälle als hier gegeben darzulegen, wie auch keiner derselben ersichtlich ist; indem es für diese Frage offenbar jeder Bedeutung entbehrt, ob der Grund, aus welchem das Oberlandesgericht die beklagtische Beschwerde verworfen hat, nämlich der Mangel einer Läsion des Beklagten, als solcher ausreicht oder nicht." ...

[1] S. oben Nr. 81 S. 224.

85. Gehören die dem Verletzten auf Grund des Reichshaftpflichtgesetzes vom 7. Juni 1871 zuerkannten Renten zu den nach §. 749 Ziff. 2 der Civilprozeßordnung der Pfändung nicht unterworfenen, „auf gesetzlicher Vorschrift beruhenden Alimentenforderungen"?

Reichshaftpflichtgesetz §§. 1. 2. 3. 7.
C.P.O. §. 749 Ziff. 2.[1]

III. Civilsenat. Beschl. v. 23. Januar 1880 i. S. Br. & Co. (Kl.) w. M. (Bekl.) Rep. III. 70/79.

I. Kreisgericht Neuwied.
II. Oberlandesgericht Frankfurt a. M.

Auf Antrag des Klägers wurde eine Rente von 720 ℳ jährlich, welche dem Beklagten auf Grund des Reichshaftpflichtgesetzes zuerkannt war, im Wege der Zwangsvollstreckung mit Beschlag belegt und dem Kläger in Höhe seiner Forderung in vim cessionis zur eigenen Einziehung überwiesen.

Das Oberlandesgericht hob diese Verfügung infolge einer Beschwerde des Beklagten auf Grund der Vorschrift in §. 749 Ziff. 2 C.P.O. auf.

Auf weitere Beschwerde der Klägerin wurde die Verfügung des Kreisgerichtes wiederhergestellt aus folgenden

Gründen:

„Das Königl. Oberlandesgericht hat die von dem Königl. Kreisgerichte zu Neuwied am 19. September 1879 erlassene Verfügung, durch welche im Wege der Zwangsvollstreckung die dem Beklagten gegen die Direktion der Rheinischen Eisenbahngesellschaft zustehende Forderung einer Rente von jährlich 720 ℳ auf Höhe der der Klägerin rechtskräftig zuerkannten Forderung mit Arrest belegt und der Klägerin in vim cessionis überwiesen worden ist, auf die Beschwerde des Beklagten aufgehoben, „weil die streitige Rente als eine auf gesetzlicher Vorschrift beruhende Alimentenforderung zu erachten und als solche nach §. 749 Nr. 2 C.P.O. der Pfändung, somit auch der Überweisung im Exekutionswege nicht unterworfen sei".

[1] Vgl. Entsch. des R.O.H.G.'s Bd. 22 Nr. 74 S. 324, Bd. 23 Nr. 77 S. 222 flg.

Diese Ansicht kann für zutreffend nicht angesehen, es mußte vielmehr die von der Klägerin erhobene Beschwerde für begründet erkannt werden. Der fragliche Rente ist dem Beklagten infolge eines Unfalles, welcher ihn als Bremser der Rheinischen Eisenbahngesellschaft betroffen hat, auf Grund der Bestimmungen in den §§. 1. 3. 7 des Reichshaftpflichtgesetzes vom 7. Juni 1871 zuerkannt. Derartige Renten sind als „auf gesetzlicher Vorschrift beruhende Alimentenforderungen" nicht anzusehen und fallen daher nicht unter die Bestimmung in §. 749 Nr. 2 C.P.O. Die auf §§. 1. 2 des Reichshaftpflichtgesetzes gegründeten Ansprüche werden im Gesetze selbst als Ansprüche auf Ersatz des Schadens bezeichnet, welcher für den bei dem Betriebe einer Eisenbahn oder bei den in §. 2 bezeichneten Betrieben Getöteten oder körperlich Verletzten entstanden ist, nicht als Ansprüche auf Alimentation. Es hängt der Anspruch ferner weder von der Bedürftigkeit des Verletzten, noch von dem Vermögen des zur Entschädigung Verpflichteten ab, und das Gesetz stellt es in das Ermessen des Gerichtes, nach Lage des einzelnen Falles die Entschädigung in Kapital oder in Rente zuzusprechen. Zweifellos kann von einer Alimentenforderung nicht die Rede sein, wenn die Entschädigung in einer Abfindung in Kapital zuerkannt wird, die rechtliche Natur des Anspruches kann aber nicht verschieden sein, je nachdem der Richter in Gemäßheit der ihm in §. 7 des Gesetzes gewährten Befugnis die Entschädigung in Kapital oder in Rente zubilligt.

Darauf, daß die dem Beklagten zuerkannte Rente zur Bestreitung des Unterhaltes für ihn und sein Kind notwendig sei, kann für die Frage, ob die Rente der Pfändung unterworfen sei, entscheidendes Gewicht nicht gelegt werden. Denn nach §. 749 Ziff. 2 C.P.O. sind nur „die auf gesetzlicher Vorschrift beruhenden Alimentenforderungen" von der Pfändung ausgenommen, nicht alle zum notwendigen Unterhalte des Schuldners erforderlichen Vermögensobjekte, und es ist eine ausdehnende Auslegung dieser Ausnahmevorschrift nicht gestattet."

86. 1. Neuer selbständiger Beschwerdegrund nach §. 531 Abs. 2 C.P.O. ungeachtet eines den Worten nach die Beschwerde einfach verwerfenden Beschlusses des Beschwerderichters.

2. Der einzelne Amtsrichter handelt innerhalb der Zuständigkeit des Amtsgerichtes stets gültig, ohne Rücksicht auf die vorgeschriebene Geschäftsverteilung.

3. Das Amtsgericht in seiner Eigenschaft als Vollstreckungsgericht ist nur Civil-, nie Strafgericht.

4. Nach §. 495 St.P.O. gelten bei der Vollstreckung von Vermögensstrafen und Bußen sämtliche Bestimmungen der Civilprozeßordnung über die Zwangsvollstreckung, und der schriftliche Auftrag der Staatsanwaltschaft an den Gerichtsvollzieher kann die Stelle einer vollstreckbaren Ausfertigung des Urteiles nicht vertreten. Ungültigkeit abweichender partikularrechtlicher Instruktionen.

I. Civilsenat. Beschl. v. 20. März 1880 i. S. C. w. Staatsanwaltschaft zu Wiesbaden. Beschw.-Rep. 5/80.

I. Amtsgericht Hamburg.
II. Landgericht daselbst.
III. Oberlandesgericht daselbst.

Das Amtsgericht hatte die von der Staatsanwaltschaft zu Wiesbaden veranlaßte Vollstreckung eines auf Geldstrafe lautenden älteren Strafurteiles sistiert. Auf Beschwerde der genannten Staatsanwaltschaft hob die Civilkammer des Landgerichtes den Beschluß des Amtsgerichtes wieder auf, und der Civilsenat des Oberlandesgerichtes verwarf die hiergegen gerichtete Beschwerde des Verurteilten. Auf weitere sofortige Beschwerde stellte aber das Reichsgericht den Beschluß des Amtsgerichtes wieder her. In den Gründen wird zunächst unter Bezugnahme auf den Beschluß in der S. Br. w. Br. & Co. (s. oben Nr. 84 S. 230) kurz ausgeführt, daß grundsätzlich auch in solchen Sachen, die in erster Instanz bei einem Amtsgerichte anhängig seien, die Beschwerde an das Reichsgericht nicht ausgeschlossen sei. Dann heißt es weiter in den

Gründen:

„Allerdings ist in einem solchen Falle, wie auch sonst immer, die Zulässigkeit einer weiteren Beschwerde an das Reichsgericht davon abhängig, daß durch den Beschluß des Oberlandesgerichtes ein neuer selbständiger Beschwerdegrund gegeben sei, nach §. 531 Abs. 2 C.P.O. Ein solcher liegt hier nun aber auch vor. Nachdem das Landgericht die von der vierten Civilabteilung des Amtsgerichtes verfügte einstweilige Einstellung der Zwangsvollstreckung auf die Beschwerde der Staatsanwaltschaft zu Wiesbaden wiederaufgehoben hatte, hat freilich dem Wortlaute des Beschlußtenors zufolge das Oberlandesgericht die von C. hiergegen erhobene Beschwerde einfach verworfen, und die Verschiedenheit der Gründe des Oberlandesgerichtes von denen des Landgerichtes, die dabei allerdings zu Tage tritt, würde als solche noch keinen neuen selbständigen Beschwerdegrund darstellen. Bei genauerer Betrachtung zeigt sich aber, daß das Oberlandesgericht nach dem Sinne seines Beschlusses keineswegs denjenigen des Landgerichtes bestätigt, vielmehr denselben zunächst aufgehoben und dann an dessen Stelle einen neuen, dem Beschwerdeführer in anderer Weise ungünstigen gesetzt hat. Das Landgericht hatte den amtsgerichtlichen Beschluß deshalb aufgehoben, weil die durch die von der Staatsanwaltschaft veranlaßte Zwangsvollstreckung eines Strafurteiles entstandenen Fragen nicht zur Zuständigkeit einer civilrechtlichen, sondern der entsprechenden strafrechtlichen Abteilung des Amtsgerichtes gehörten, sodaß auf Grund dieser Verfügung des Landgerichtes C. sich nunmehr mit seinen Einwendungen gegen die von dem Gerichtsvollzieher unternommene Vollstreckung an die letztere Abteilung des Amtsgerichtes zu wenden gehabt haben würde. Das Oberlandesgericht hat dagegen erklärt, daß von einer Unzuständigkeit der einzelnen Abteilung des Amtsgerichtes als solcher nicht die Rede sein könne, daß es aber angemessen erscheine, statt die Sache zu anderweitigem Bescheide an das Landgericht zurückzuverweisen, sogleich selbst diese anderweitige Entscheidung zu treffen, und hat dieselbe dem Sinne nach dahin getroffen, daß, insofern die Einstellung der Zwangsvollstreckung von dem Amtsgerichte wegen Mangels einer vollstreckbaren Ausfertigung des fraglichen Strafurteiles verordnet sei, diese Verfügung unrichtig sei, weil es einer vollstreckbaren Ausfertigung hier nicht bedürfe, während die Entscheidung über die übrigen, die Sache selbst betreffenden Einwendungen gegen die Vollstreckung nicht zur Zuständigkeit des Amtsgerichtes zu Hamburg als Vollstreckungsgerichtes, sondern zu der Strafkammer des Landgerichtes zu Wiesbaden als Prozeßgerichtes gehören, und daß deshalb der Beschluß des Amtsgerichtes wiederaufzuheben sei. Hiernach würde also der Beschwerdeführer sich überhaupt nicht mehr an das Amtsgericht zu Hamburg, sondern nur noch an das Landgericht zu Wiesbaden wenden können. In dieser vom Oberlandesgerichte allererst getroffenen neuen Verfügung liegt, da sie zu den in §. 701 C.P.O. erwähnten Entscheidungen gehört, welche im Zwangsvollstreckungsverfahren ohne vorgängige mündliche Verhandlung erfolgen können, ein neuer selbständiger Beschwerdegrund.

In der Sache selbst erscheint die Beschwerde als begründet. Zunächst ist dem Oberlandesgerichte darin beizustimmen, daß jeder Amtsrichter das Amtsgericht in seiner vollen gerichtsverfassungsmäßigen Zuständigkeit vertritt, und daß die Gültigkeit der Amtshandlung eines Amtsrichters daher in keiner Weise dadurch berührt wird, daß diese Handlung nach der Geschäftsverteilung von einem anderen Amtsrichter vorzunehmen gewesen wäre. Es kommt noch hinzu, daß das Amtsgericht als Vollstreckungsgericht überhaupt nur insoweit auftreten kann, als es Civilgericht ist, weil der Begriff des Vollstreckungsgerichtes in seinem Unterschiede vom Prozeßgerichte nach den Reichsjustizgesetzen überhaupt nur dem Civilprozesse, nicht aber dem Strafverfahren angehört. Da nun im vorliegenden Falle das Amtsgericht zweifellos nur als Vollstreckungsgericht hat handeln wollen — wobei einstweilen noch dahingestellt bleibt, ob bei diesem Falle der Zwangsvollstreckung überhaupt Raum für ein Eingreifen des Vollstreckungsgerichtes war —, so erweist sich auch aus diesem ferneren Grunde die Auffassung des Landgerichtes jedenfalls als unhaltbar.

Andererseits ist nun aber auch die Auffassung des Oberlandesgerichtes im übrigen nicht zu billigen. Indem der §. 495 St.P.O. bestimmt, daß die Vollstreckung der über eine Vermögensstrafe oder eine Buße ergangenen Entscheidung nach den Vorschriften über die Vollstreckung der Urteile der Civilgerichte erfolge, bewirkt er, daß insoweit die Bestimmungen des achten Buches der Civilprozeßordnung ganz und voll auch für Strafsachen gelten. Es mag sich aus der Stellung der Staatsanwaltschaft als einer Behörde, der durch §. 483 Abs. 1 St.P.O. sogar die Strafvollstreckung allgemein übertragen ist, manches dafür herleiten lassen, daß nur für die

Art und Weise der Vollstreckung selbst der §. 495 St.P.O. habe auf die Civilprozeßordnung verweisen wollen, nicht aber für die formellen Voraussetzungen, die dabei vorkommenden Rechtsbehelfe ꝛc, und daß insbesondere der Gerichtsvollzieher hier ohne mögliche Einmischung des Vollstreckungsgerichtes lediglich als Organ der Staatsanwaltschaft thätig werde. Solcher Auffassung steht aber doch nicht nur der Wortlaut des §. 495 St.P.O., sondern auch überwiegende innere Gründe entgegen. Es wäre nämlich gewiß ein mangelhafter Schutz gegen mögliche Versehen und Ausschreitungen des Gerichtsvollziehers, wenn der Verurteilte darauf verwiesen wäre, Abhilfe dagegen bei der möglicherweise sehr entfernten Staatsanwaltschaft, statt bei dem leicht zu erreichenden Amtsgerichte des Vollstreckungsortes zu suchen. Zudem ist die Vermittelung des Vollstreckungsgerichtes bei gewissen Arten der Zwangsvollstreckung, wie z. B. derjenigen in Forderungen und andere Vermögensrechte nach §. 729 C.P.O. und derjenigen in das unbewegliche Vermögen nach §. 755 C.P.O., doch auch für die Staatsanwaltschaft nicht zu entbehren. Wenn aber ein positiver Anhalt für die andere Auffassung in dem §. 162 G.V.G. gesucht wird, welcher die Staatsanwaltschaften in Ansehung der den Gerichtsvollziehern zu erteilenden Aufträge in eine Linie mit den Gerichten stelle, die doch den Gerichtsvollziehern einfach ihre Vollstreckungsaufträge erteilen, ohne dabei die durch die Civilprozeßordnung vorgeschriebenen Formen zu beobachten, so ist es einmal verfehlt, von der Art, wie Zwangsvollstreckungen wegen gewisser durch die Vorschriften der Civilprozeßordnung und Strafprozeßordnung nicht unmittelbar betroffener Ansprüche vorgenommen zu werden pflegen, einen Schluß zu ziehen darauf, wie es bei den durch die angeführten Gesetze ausdrücklich geregelten Zwangsvollstreckungen herzugehen habe, und sodann ist der spezielle Inhalt des §. 162 G.V.G. so beschaffen, daß dadurch die Gerichte und Staatsanwaltschaften dem Gerichtsvollzieher gegenüber nicht anders gestellt werden, als nach §. 674 Abs. 2 C.P.O. auch jeder Privatmann als Gläubiger steht. Übrigens mag noch darauf hingewiesen werden, daß der §. 495 St.P.O. seine Beziehung auf Vermögensstrafen erst in dem letzten Regierungsentwurfe erhalten hat, während die entsprechenden Paragraphen der früheren Entwürfe diese Bestimmung nur für Bußen und Entschädigungsansprüche, also für privatrechtliche Ansprüche, enthielten, wobei doch sicher nur an die einfache Anwendung aller betreffenden Vorschriften der Civilprozeßordnung gedacht war.

Nach dem vorigen ist nun also auch kein Grund erfindlich, weshalb bei der auf Betreiben einer Staatsanwaltschaft erfolgenden Vollstreckung einer Vermögensstrafe von den Vorschriften der §§. 662 und 676 C.P.O., wonach die Zwangsvollstreckung nur auf Grund einer vollstreckbaren Ausfertigung des Urteiles zu erfolgen hat, abgesehen werden sollte. Es handelt sich hierbei nicht sowohl um die Stellung der Staatsanwaltschaft, als um die des Gerichtsvollziehers. Letzterer ist dem Schuldner gegenüber zur Vornahme einer nach Maßgabe der Civilprozeßordnung zu vollziehenden Zwangsvollstreckung nicht anders legitimiert, als durch den Besitz der vollstreckbaren Ausfertigung. Wenn die hamburgische Instruktion für die Gerichtsvollzieher vom 15. September 1879 in §. 83 Abs. 2 für die zwangsweise Beitreibung von Geldstrafen etwas Abweichendes bestimmt, nämlich durch den schriftlichen Auftrag der Staatsanwaltschaft die Stelle der vollstreckbaren Ausfertigung vertreten sein läßt, so ist diese Vorschrift mit der Reichsgesetzgebung in Widerspruch, und daher ungültig.

Das Amtsgericht war mithin nach §. 684 und §. 685 Abs. 1 C.P.O. zuständig, über den von C. gerügten Mangel einer vollstreckbaren Ausfertigung zu entscheiden, und hat mit Recht deswegen die Einstellung der Zwangsvollstreckung verordnet. Die sonstigen, die Vollstreckbarkeit selbst betreffenden Einwendungen würde der Beschwerdeführer eventuell freilich nach §. 668 C.P.O. bei demjenigen Gerichte, dessen Gerichtsschreiber etwa die Vollstreckungsklausel erteilt haben würde, geltend zu machen haben."

87. Kann im Termine zur Beweisaufnahme vor dem Prozeßgerichte, insonderheit in der Berufungsinstanz, die erschienene Partei gegen die ausgebliebene sofort das Versäumnisurteil beantragen? C.P.O. §§. 332 Abs. 1. 335 Abs. 1. 504 Abs. 2.

I. Civilsenat. Beschl. v. 20. März 1880 i. S. L. (Kl.) w. Sch. (Bekl.) Beschw.=Rep. 6/80.

I. Landgericht Hamburg.
II. Oberlandesgericht daselbst.

Des Oberlandesgericht hatte in der mündlichen Verhandlung einen Beweisbeschluß erlassen und Termin zur Beweisaufnahme angesetzt. In dem letzteren erschien zwar der Kläger und Berufungskläger, welcher die Beweisaufnahme beantragt hatte, nicht aber der Beklagte, und jener beantragte nun in Gemäßheit des §. 504 Abs. 2 C.P.O. das Versäumnisurteil zu erlassen und anzunehmen, daß die Beweisaufnahme das von ihm in Aussicht gestellte Ergebnis gehabt habe. Das Oberlandesgericht aber beschloß nach Maßgabe des §. 332 Abs. 1 C.P.O. die Beweisaufnahme zu bewirken. Hiergegen erhob der Kläger sofortige Beschwerde nach § 301 C.P.O. Diese wurde als unbegründet verworfen aus folgenden

Gründen:

„Nach der eigenen Sachdarstellung des Klägers war der Termin vom 28. Februar, in welchem der Beklagte nicht erschienen war, und der Kläger deswegen auf ein Versäumnisurteil antrug, vom Oberlandesgerichte nicht unmittelbar zur Fortsetzung der mündlichen Verhandlung, sondern zunächst zur Beweisaufnahme angesetzt. Nun ist aber nach §. 504, ebenso wie nach §§. 295—297 C.P.O. das Versäumnisurteil dadurch bedingt, daß die eine Partei in einem Termine zur mündlichen Verhandlung, beziehungsweise zur Fortsetzung derselben, ausgeblieben ist. Wenn auch nach §. 335 Abs. 1 C.P.O., falls die Beweisaufnahme, wie hier, vor dem Prozeßgerichte erfolgt, der Beweisaufnahmetermin zugleich zur Fortsetzung der mündlichen Verhandlung bestimmt ist, so nimmt er diesen Charakter doch erst nach wirklich erfolgter Beweisaufnahme an; denn das Gesetz spricht von dem Termine, „in welchem die Beweisaufnahme statt=

findet", nicht schlechtweg von demjenigen, welcher zur Beweisaufnahme bestimmt ist. Für den Termin zur Beweisaufnahme als solchen verordnet dagegen §. 332 Abs. 1 C.P.O., daß ungeachtet des Ausbleibens einer Partei die Beweisaufnahme insoweit zu bewirken ist, als dies nach Lage der Sache geschehen kann.

Aus der Stellung der §§. 332. 333 zwischen den §§. 326—331 und dem §. 334, welche sämtlich nur von der Beweisaufnahme vor einem beauftragten oder ersuchten Richter, bezw. im Auslande, handeln, und zu denen im Gegensatze dann der §. 335 von dem Falle der vor dem Prozeßgerichte erfolgenden Beweisaufnahme zu reden anhebt, könnte man freilich auf den ersten Blick schließen, daß auch die §§. 332. 333 sich nur auf die Beweisaufnahme vor beauftragtem und ersuchtem Richter bezögen. Obwohl dies auch die Auffassung der Motive des Regierungsentwurfes ist, kann dieselbe indessen doch nicht gebilligt werden, wie auch der Regierungsvertreter in der Reichstagskommission (Protokolle S. 125) anerkannt hat; denn die Worte der §§. 332. 333, für sich betrachtet, geben keinen Anhalt für jene einschränkende Auslegung, während auch aus inneren Gründen die daselbst getroffenen Bestimmungen auch im Falle der Beweisaufnahme vor dem Prozeßgerichte nicht wohl zu entbehren sind. Dieselbe Auslegung der §§. 332 Abs. 1 und 335 Abs. 1 ist zum Beispiele auch angenommen von

Struckmann und Koch, zu §. 258 Nr. 1 2. Aufl. S. 217 und zu §. 332 Nr. 1 S. 283 flg.; Wach, Vorträge S. 122 flg.: vgl. auch v. Bar, Systematik des deutschen Civilprozeßrechtes S. 65 flg.;

während freilich

Endemann, zu §. 297 S. 153, zu §. 332 S. 194 Anm. 1 und zu §. 335 S. 197

anderer Ansicht zu sein scheint.

Der Kläger will nun zwar behaupten, daß durch den §. 504 Abs. 2 für die Berufungsinstanz in Ansehung des Termines zur Beweisaufnahme vor dem Prozeßgerichte der §. 332 Abs. 1 außer Anwendung gesetzt sei, indem er sich dafür auf Endemann (zu §. 504 S. 439) beruft. Diese Ansicht widerlegt sich aber einfach dadurch, daß, wie schon hervorgehoben, auch der Abs. 2 des §. 504 keineswegs vom Termine zur Beweisaufnahme, sondern vom Termine zur mündlichen Verhandlung spricht. Inwiefern in §. 504 Abs. 2

in Wahrheit wegen des Versäumnisverfahrens in der Berufungsinstanz etwas von den die erste Instanz betreffenden Vorschriften Abweichendes verfügt ist, darüber sind zu vergleichen z. B.

Struckmann und Koch, zu §. 504 Nr. 3 und 4 S. 425 flg., und Wach, Vorträge S. 206 flg.

Nur beiläufig soll noch bemerkt werden, daß die Berufung des Klägers auf seine Befugnis, nach §. 364 C.P.O. auf seine Zeugen zu verzichten, völlig verfehlt ist; denn durch solchen Verzicht wäre die von ihm beantragte Beweisaufnahme, in Ansehung welcher nach seinem jetzigen Antrage angenommen werden sollte, daß sie das in Aussicht gestellte Ergebnis gehabt habe, überhaupt rückgängig gemacht worden."...

I. Reichsrecht.

88. 1. Bewilligung der Nachfrist, Art. 356 H.G.B.
2. Begriff der Fixgeschäfte, Art. 357 H.G.B.
3. Anwendung des Art. 357 Abs. 3 H.G.B. auf Nichtfixgeschäfte.

III. Civilsenat. Urt. v. 30 Januar 1880 i. S. Kl. (Bekl.) w. B. (Kl.) Rep. III. 486/79.

I. Kreisgericht Wiesbaden.
II. Appellationsgericht daselbst.

In Anschluß an die Rechtsprechung des Reichsoberhandelsgerichtes ist angenommen:

1. Der Art. 356 H.G.B. will den nichtsäumigen Teil nicht zum Anbieten einer Nachfrist, sondern nur zur Gewährung einer nachgesuchten Nachfrist verpflichten.

Vgl. Entsch. des R.O.H.G.'s Bd. 8 Nr. 30 S. 127, Bd. 9 Nr. 38 S. 126, Bd. 12 Nr. 18 S. 62.

2. Fixgeschäfte im Sinne des Art. 357 H.G.B. sind nicht alle Kaufgeschäfte, in welchen dem Verkäufer zur Erfüllung eine bestimmte Zeit oder Frist gesetzt ist, sondern nur diejenigen, für welche die Innehaltung dieser Zeit oder Frist einen wesentlichen Bestandteil seiner Leistung bilden soll.

Vgl. a. a. O. Bd. 9 Nr. 112 S. 406, Bd. 13 Nr. 60 S. 168.

3. Das Schadensersatzprinzip des Art. 357 Abs. 3 ist, obwohl nur für die Fixgeschäfte vorgeschrieben, doch, weil dasselbe aus einer allgemeineren Natur der Sache folgt, den Umständen nach auch auf Nichtfixgeschäfte anwendbar.

Vgl. a. a. O. Bd. 14 Nr. 42 S. 142, Bd. 21 Nr. 80 S. 248.

89. 1. Wird bei eingetragenen Genossenschaften die Mitgliedschaft nur durch schriftliche Erklärung erworben?

Genossenschaftsgesetz vom 4. Juli 1868 §. 2.

2. Wird die Mitgliedschaft durch die Eintragung in das vom Vorstande dem Registerrichter eingereichte Mitgliederverzeichnis — vorbehältlich des Gegenbeweises — bewiesen?

Genossenschaftsgesetz §§. 4—8. 18. 23. 25. 36. 41. 66—68.
Gesetz über die Beurkundung des Personenstandes vom 6. Februar 1875 §. 15.

I. Civilsenat. Urt. v. 10. Januar 1880 i. S. L. u. Gen. (Bekl.) w. B. & R. (Kl.) Rep. I. 107/79.

I. Kreisgericht Halberstadt.
II. Appellationsgericht Magdeburg.

Aus den Gründen:

„Der Appellationsrichter erkennt ausdrücklich an, daß nach §. 2 Abs. 4 des Genossenschaftsgesetzes vom 4. Juli 1868 die Mitgliedschaft der einzelnen Genossenschafter durch schriftliche Erklärung erworben werde. Er faßt mithin, und zwar, wie schon das Reichsoberhandelsgericht in Entsch. Bd. 23 Nr. 80 S. 228 flg. näher ausgeführt hat, mit Recht, diese Bestimmung, nach welcher zum Beitritte der Genossenschafter die schriftliche Erklärung derselben genügt, in dem Sinne auf, daß andererseits die Erklärung des Beitrittes in schriftlicher Form auch erforderlich sei, um die Rechte und Pflichten eines Genossenschafters zu begründen. Inwiefern der Appellationsrichter, wie ihm zunächst vorgeworfen wird, den §. 2 a. a. O. verletzt haben soll, ist daher unerfindlich. Ebensowenig trifft der dem Appellationsrichter gemachte Vorwurf einer Verkennung der maßgebenden Grundsätze über die Beweislast zu, da er davon ausgeht, daß die Klägerin den Beweis zu führen habe, die von ihr nach §. 12 des Genossenschaftsgesetzes solidarisch für eine Verbindlichkeit des Konsumvereines zu Oschersleben (eingetragene Genossenschaft) in Anspruch genommenen Beklagten seien diesem Vereine in rechtsgültiger Weise beigetreten.

Dagegen irrt der Appellationsrichter, indem er aus den Bestimmungen der §§. 4. 8. des Genossenschaftsgesetzes folgert, daß durch die von ihm thatsächlich festgestellte Eintragung sämtlicher Beklagten in das von dem Vorstande der Genossenschaft dem Registerrichter überreichte Mitgliederverzeichnis die Mitgliedschaft der Beklagten, vorbehältlich eines diesen allerdings zustehenden Gegenbeweises, bewiesen werde, und der dem Appellationsrichter ferner gemachte Vorwurf einer Verletzung dieser Paragraphen erscheint daher als begründet.

Nach §. 4 muß der Gesellschaftsvertrag bei dem Handelsgerichte, in dessen Bezirke die Genossenschaft ihren Sitz hat, nebst dem Mitgliederverzeichnisse durch den Vorstand eingereicht, vom Gerichte in das Genossenschaftsregister eingetragen und auszugsweise veröffentlicht werden, wobei zugleich bekannt zu machen ist, daß das Verzeichnis der Genossenschafter jederzeit bei dem Gerichte eingesehen werden könne. Ergänzt wird diese Bestimmung durch die Vorschrift des §. 25, welche den Vorstand der Genossenschaft verpflichtet, dem Handelsgerichte am Schlusse jedes Quartales über den Eintritt und Austritt von Genossenschaftern schriftlich Anzeige zu machen und alljährlich im Monat Januar ein vollständiges, alphabetisch geordnetes Verzeichnis der Genossenschafter einzureichen, auf Grund welcher Mitteilungen das Handelsgericht die Liste der Genossenschafter zu berichtigen und zu vervollständigen hat.

In Verbindung mit der Vorschrift des §. 8 des Gesetzes, nach welcher das Genossenschaftsregister öffentlich ist und für dasselbe die im Handelsgesetzbuche bezüglich des Handelsregisters gegebenen Bestimmungen gelten, kann es nun allerdings keinem Zweifel unterliegen, daß die Vorschriften der §§. 4. 25 des Genossenschaftsgesetzes ebenso wie verschiedene andere ähnliche Vorschriften desselben (vgl. §§. 6. 7. 18. 23. 36. 41) die Sicherheit des Verkehres zu fördern bezwecken. Denn es soll offenbar Dritten, welche mit einer eingetragenen Genossenschaft kontrahiert haben oder zu kontrahieren in der Lage sind, durch diese Vorschriften Gelegenheit geboten werden, sich über gewisse hierbei erhebliche rechtliche Verhältnisse der Genossenschaft Auskunft zu verschaffen. Diese Auskunft ist aber nicht geeignet, überall eine gleiche Sicherheit zu gewähren. Denn das Handelsregister ist zwar insofern eine öffentliche Urkunde und als solche in gleicher Weise wie andere öffentliche Urkunden beweisend, als der Registerrichter durch die Eintragung konstatiert, daß durch die Anmeldenden (über deren Identität er sich zu vergewissern hat) in der gesetzlich vorgeschriebenen Form gewisse Erklärungen abgegeben seien, welche jene Personen abzugeben hatten. Dagegen werden die Thatsachen, auf welche jene Erklärungen sich beziehen, durch das Handelsregister an sich nicht bewiesen, wenngleich in manchen Fällen die Erklärung die betreffende Thatsache involviert oder der Erklärende die letztere Dritten gegenüber als wahr gegen sich gelten zu lassen hat.

Vgl. v. Hahn, Komm. zum H.G.B., 3 Aufl. Vorbemerk. zu Bd. 1 Tit. 2 §. 11 Note 12 S. 70 und zu Art. 12 §. 1 S. 74.

Soweit aber der Registerrichter nicht berechtigt und verpflichtet ist, sich Gewißheit zu verschaffen, ob das einer Erklärung zu Grunde liegende Rechtsverhältnis wirklich besteht, kann durch seine Eintragungen in das Handelsregister darüber auch nichts bewiesen werden.

Während nun das Handelsgesetzbuch bei der offenen Handelsgesellschaft und bei der Kommanditgesellschaft sämtlichen Gesellschaftern die Anmeldung der Errichtung der Gesellschaft, bezw. ihres Eintrittes und Austrittes zur Pflicht macht (vgl. Artt. 86 — 89. 129. 151. 152. 155. 156. 171), begnügt sich das Genossenschaftsgesetz damit, in den §§. 4. 25 dem Vorstande der Genossenschaft die Pflicht aufzuerlegen, dem Handelsgerichte außer dem Gesellschaftsvertrage das Mitgliederverzeichnis einzureichen und dieses von Zeit zu Zeit durch schriftliche Anzeigen über den Eintritt und Austritt von Genossenschaftern, sowie durch einzureichende Verzeichnisse der gegenwärtigen Genossenschafter auf dem Laufenden zu erhalten. Dem Handelsgerichte steht zwar nach §. 66 des Gesetzes das Recht zu, den Vorstand von Amts wegen durch Ordnungsstrafen zur Befolgung dieser Vorschriften anzuhalten, und nach §§. 67. 68 sind Unrichtigkeiten in den einzureichenden Mitgliederverzeichnissen und Anzeigen gegen die Vorstandsmitglieder mit einer Geldbuße und eventuell mit härteren Strafen zu ahnden. Zu einer von Amts wegen in dieser Beziehung vorzunehmenden Kontrolle ist aber das Handelsgericht nach dem Genossenschaftsgesetze nicht berufen. Es hat vielmehr nur zu prüfen, ob die eingereichten Mitgliederverzeichnisse und gemachten Anzeigen äußerlich in Ordnung sind. Da dem Vorstande die Vorlegung der schriftlichen Beitrittserklärung der einzelnen Genossenschafter nicht zur Pflicht gemacht ist, so würde das Handelsgericht sich zu einer Kontrolle der Richtigkeit der eingereichten Mitgliederverzeichnisse auch überall nicht imstande befinden, ganz abgesehen davon, daß es eventuell die Echtheit der schriftlichen Beitrittserklärungen nicht würde prüfen können, da deren Beglaubigung nach §. 2 des Gesetzes nicht erforderlich ist. Schon hiernach ist die Annahme des Appellationsrichters, daß das, allerdings einen integrierenden Bestandteil des Genossenschaftsregister bildende — weil zur öffentlichen Einsicht bestimmte — Mitgliederverzeichnis die Mitglieder der Genossenschaft nachweise, unbegründet. Ihre Unzulässigkeit tritt aber noch umsomehr hervor, wenn man erwägt, daß das Verzeichnis der Genossenschafter nach §. 4 Abss. 1. 3 des Gesetzes nicht veröffentlicht wird, sondern nur dessen Einsicht gestattet ist, und daß es zu dieser letzteren für alle diejenigen, welche zu der Genossenschaft außer aller Beziehung stehen, an jeder Veranlassung fehlt. Nach der Ansicht des Appellationsrichters würde jeder bei einer Genossenschaft völlig Unbeteiligte, ohne daß ihn der Vorwurf irgend einer Nachlässigkeit trifft, durch eine auf Irrtum oder auf Betrug beruhende Aufnahme seines Namens in das vom Vorstande eingereichte Mitgliederverzeichnis in die Lage versetzt, sich als Mitglied der Genossenschaft betrachten lassen zu müssen und deren Gläubigern solidarisch zu haften, sofern er nicht seinerseits zur Führung des schwierigen, ja oft unmöglichen Beweises der Unrichtigkeit des Verzeichnisses imstande ist — ein Resultat, welches der Gesetzgeber unmöglich beabsichtigt haben kann. Daß bei dieser Auffassung des Gesetzes die Einreichung der Mitgliederverzeichnisse und deren Eintragung in das Handelsregister völlig zwecklos sei, läßt sich nicht behaupten. Denn immerhin bietet schon die civilrechtliche und strafrechtliche Haftung der Vorstandsmitglieder dritten Personen eine gewisse Garantie für die Übereinstimmung der Mitgliederverzeichnisse mit den wirklichen Rechtsverhältnissen, und außerdem gewähren diese Verzeichnisse dritten Personen eine Grundlage zu entsprechenden weiteren Erkundigungen sowohl bei dem Vorstande, als bei denjenigen einzelnen, im Mitgliederverzeichnisse aufgeführten Personen, auf deren Haftung als Genossenschafter Gewicht gelegt wird. Auch ist es unzulässig, für die gegenteilige Ansicht die Bestimmung des §. 15 des Reichsgesetzes über die Beurkundung des Personenstandes vom 6. Februar 1875 heranzuziehen, nach welcher die ordnungsmäßig geführten Standesregister diejenigen Thatsachen, zu deren Beurkundung sie bestimmt, und welche in ihnen eingetragen sind, bis zur Führung des Beweises der Fälschung oder der Unrichtigkeit der Eintragungen oder der diesen zu Grunde liegenden Anzeigen beweisen. Denn diese gesetzliche Spezialbestimmung ist einer analogen Anwendung nicht fähig und findet überdies auch ihr Korrelat in den anderweiten Bestimmungen dieses Gesetzes, nach welchen der Standesbeamte verpflichtet ist, sich von der Richtigkeit der Anzeigen, wenn er dieselben zu bezweifeln Anlaß hat, zu überzeugen (vgl. §§. 21. 45. 48. 58), während dies bei dem Registerrichter in betreff der von dem Vorstande der Genossenschaften eingereichten Mitgliederverzeichnisse nicht zutrifft. . . .

Das angefochtene Erkenntnis, welches die Beklagten nur deshalb nach dem Klagantrage verurteilt hat, weil der ihnen obliegende Gegenbeweis nicht geführt sei, unterliegt hiernach der Vernichtung.

In der Sache selbst war jedoch die angefochtene Entscheidung des Appellationsrichters bei freier Beurteilung aufrechtzuerhalten."

(Folgt die Beweiswürdigung, wobei ausgeführt wird, daß die durch den Vorstand geschehene Eintragung einer Person in das Verzeichnis der Mitglieder der Genossenschaft allerdings eine gewisse Wahrscheinlichkeit der Mitgliedschaft derselben begründe.)

---

90. 1. Anzeigepflicht des Käufers, welche die von einem anderen Orte übersendete Ware beanstandet.
2. Muß der Käufer die Ware auch zur Verfügung stellen?

II. Civilsenat. Urt. v. 2. März 1880 i. S. Z. (Bekl.) w. H. (Kl.) Rep. II. 63/79.

I. Handelsgericht Barmen.
II. Appellationsgerichtshof Köln.

Aus den Gründen:

„In Erwägung, daß der Appellationsrichter thatsächlich festgestellt hat, es seien die vom Kassationsbeklagten gelieferten Basaltsteine, nach Ablieferung am Bestimmungsorte, durch den Kassationskläger an die Straße, zu deren Ausbesserung sie bestimmt waren, gebracht, dort von der Chausseebauverwaltung sortiert und ausgelesen und teils zerkleinert und verwendet, teils als unbrauchbar beiseite gesetzt worden;

daß, wenn das angegriffene Urteil nun weiter die Behauptung eines Mangels in der vertragsmäßigen Beschaffenheit der Steine und die im Laufe der Lieferung vielfach stattgehabte Bemängelung als unerheblich erachtet, damit offenbar entschieden werden sollte, es könne gegenüber der nachgewiesenen Verwendung und Annahme der Steine den in den Briefen des Kassationsklägers enthaltenen Beschwerden über die schlechte Beschaffenheit der Steine nicht der Sinn beigelegt werden, als habe er die Ware beanstanden und dem Verkäufer hierüber die nach Art. 347 H.G.B. erforderliche Anzeige machen wollen;

daß diese Annahme eine Rechtsverletzung nicht enthält, und die daran geknüpfte Erwägung, daß der Kassationskläger die Steine hätte zur **Verfügung** stellen und von den ihm durch Art. 348 H.G.B. verliehenen Befugnissen hätte Gebrauch machen müssen, zwar unrichtig ist,[1] da durch die Unterlassung dieser Handlungen die Geltendmachung der Mängel nicht ausgeschlossen sein würde, jedoch mit Rücksicht auf die schon vorausgegangene Feststellung einer Genehmigung der Ware auf das Ergebnis der Entscheidung ohne Einfluß war."

---

91. Bedeutung der Ausdrücke: Betrieb einer Eisenbahn und Betriebsunternehmen in dem §. 1 des Reichshaftpflichtgesetzes.

I. Civilsenat. Urt. v. 17. März 1880 i. S. A. G. (Kl.) w. E. M. u. C. M. (Bekl.) Rep. I. 23/80.

I. Kreisgericht Kalbe.
II. Appellationsgericht Magdeburg.

Die Beklagten sind Eisenbahnbauunternehmer. Dieselben hatten die Ausführung der Erdarbeiten auf einer (zum späteren Betriebe für Rechnung des preußischen Staates genehmigten) Eisenbahn übernommen. Um die Erdmassen nach dem jedesmal deren Verwendung erfordernden Teile dieser Bahnstrecke zu schaffen, legten sie ein schmalspuriges Eisenschienengeleise, welches an einer Stelle, auf welcher der Eisenbahnerddamm noch nicht bis zur Tragfähigkeit hergestellt war, auf einem hölzernen Fahrgerüste ruhte. Täglich bewegten sich etwa sechzehnmal auf diesem Schienengeleise (von schmalspurigen Dampflokomotiven bewegte) Züge, in der Stärke von zehn bis dreißig Wagen in jedem Zuge. Jeder Wagen wog schon leer siebzehn Centner und wurde mit $^6/_4$ Kubikmeter Erde gefüllt.

Als am 8. September 1876 ein solcher Zug, auf dessen vorderstem Bremswagen sich der Kläger befand, auf dem Schienengeleise über das

[1] S. Entsch. des R.O.H.G.'s Bd. 20 Nr. 89 S. 351 und die dort Angeführten.

oben erwähnte Fahrgerüste hinfuhr, senkte sich das Gerüst zur Seite. Infolgedessen stürzten mehrere entgleisende Wagen um, wobei der Kläger körperlich verletzt wurde. Derselbe hat in dem vorliegenden Prozesse die Beklagten auf Grund §. 1 des Reichshaftpflichtgesetzes in Anspruch genommen. In erster Instanz erstritt der Kläger die Verurteilung der Beklagten, in zweiter Instanz wurde seine Klage deswegen abgewiesen, weil (nach der Meinung des Appellationsrichters) der Gesetzgeber den §. 1 des Reichshaftpflichtgesetzes nur zur Anwendung bestimmt habe bei Unfällen auf fertigen, als öffentliche Transportunternehmen dem allgemeinen Verkehre dienenden Eisenbahnen; weil ferner jedenfalls die Anwendung jener Gesetzesbestimmung ausgeschlossen sei bei Transporten von Sachen und Personen seitens eines Eisenbahnbauunternehmers auf Vorrichtungen, welche dieser Unternehmer als Hilfsmittel zum Betriebe eines Eisenbahnbaugewerbes hergestellt habe, möchten diese Vorrichtungen auch in eisernen Schienengeleisen bestehen, auf welchen (während der längeren Zeit der Bauausführung auf nicht unbedeutenden Strecken) Arbeitszüge von vielen Waggons durch Dampflokomotiven bewegt würden. Solche Eisenbahnen seien nicht Eisenbahnen im Sinne des Reichshaftpflichtgesetzes, sondern accessorische Hilfsmittel eines Eisenbahnbauunternehmers, und derjenige, welcher sie errichte und funktionieren lasse, sei nicht der Betriebsunternehmer einer Eisenbahn im gesetzlichen Sinne, sondern der Unternehmer eines Eisenbahnbaues. Auf die Revision des Klägers ist abändernd auf Wiederherstellung des Urteiles erster Instanz erkannt aus folgenden

Gründen:

„Die Verkümmerung des Reichshaftpflichtgesetzes liegt in dem Sonderinteresse von Kreisen, welchen bedeutende materielle Mittel und thätige Organe zur Verfügung stehen. Die dadurch erzeugte (wenigstens unbewußt gegen den Willen des Gesetzgebers ankämpfende) Strömung hat sich eines Teiles der mit der Auslegung jenes Gesetzes sich befassenden Litteratur bemächtigt, deren Ausführungen nicht ohne Einfluß auf die Urteile einzelner Gerichte geblieben sind.

Das vormalige Reichsoberhandelsgericht hat bereits in einer Reihe von Erkenntnissen rechtsirrigen Einengungen der in dem ersten Paragraphen des Reichshaftpflichtgesetzes gegebenen Normen entgegentreten müssen.

In dieser Richtung sind hier (als für den vorliegenden Streitfall besonders erheblich) drei, auszugsweise in der Sammlung dessen Entscheidungen (Bd. 20 Nr. 45 S. 151, Bd. 21 Nr. 78 S. 243, Bd. 25 Nr. 49 S. 203) abgedruckte, Urteile hervorzuheben.

In diesen Erkenntnissen ist angenommen, daß zur Anwendbarkeit des §. 1 des Reichshaftpflichtgesetzes **nicht** wesentlich sei:

1. die **Bestimmung** der betreffenden Eisenbahn als Mittel zur Thätigung,

a) **sei es des Frachtgewerbes überhaupt**, und namentlich des Gewerbes, gegen Entgelt für **jedermann** Sachen oder Personen **im öffentlichen Verkehre** zu transportieren;

b) **sei es doch** eines Transportunternehmens, welches (seinen Zweck in sich selbst tragend) nicht bloß als Accessorium einem (andere Hauptzwecke als den des Transportes verwirklichenden) Unternehmen diene;

c) sei es wenigstens eines definitiven, auf völlig fertiggestellter sachlicher Betriebsanlage realisierten Transportbetriebes;

2. die polizeiliche Abnahme der Betriebsanlage und mit Genehmigung der zuständigen Behörden erfolgte Eröffnung des Eisenbahnunternehmens, oder die Stellung seines Betriebes unter die Herrschaft des Bahnpolizeireglements.

In Anwendung vorstehender Prinzipien ist in jenen Urteilen namentlich entschieden worden, daß Tötungen oder Verletzungen von Menschen bei dem Transporte von Arbeitern und Arbeitsmaterial (möge der Transport bewirkt sein durch Gesellschaften, welche konzessioniert worden sind zum Betriebe eines für den allgemeinen Verkehr bestimmten Eisenbahnunternehmens **vor** der Eröffnung des den Gegenstand der Konzession bildenden Betriebes, sei es nun auf überhaupt nur provisorisch zum Zwecke der Thätigung der Arbeiten bei dem Eisenbahn**bau**, sei es auf bereits zur eventuellen Verwendung nach Eröffnung jenes Betriebes gelegten eisernen Schienengeleisen; oder möge der Transport bewirkt sein durch andere Unternehmer eines Eisenbahn- oder sonstigen Baues auf derartigen zum Betriebe des Transportes in diesem **Bau**unternehmen in Funktion gesetzten Geleisen) unter den §. 1 des Reichshaftpflichtgesetzes zu subsumieren seien, **sobald** die objektive (aus der spezifischen Eigentümlichkeit der Bewegungsfaktoren resultierende) Gefährlichkeit des betreffenden Transportbetriebes gleichartig erscheine derjenigen des Betriebes der für den allgemeinen Personen- und Güterverkehr bestimmten Eisenbahnunternehmungen.

Diesen Grundsätzen ist in ihrem wesentlichen Kerne beizupflichten.

Die an den erwähnten Entscheidungen des Reichsoberhandelsgerichtes in der Litteratur versuchte Kritik bemüht sich vorzugsweise zu belegen, daß die in denselben festgestellten Grundsätze nicht in Einklang ständen mit einzelnen Erklärungen des preußischen Bundesbevollmächtigten bei den Verhandlungen auf Grund des Entwurfes des Haftpflichtgesetzes im deutschen Reichstage; oder daß sogar einzelne dieser Erklärungen (herausgerissen aus ihrem Zusammenhange) nicht ihrer eigentlich intendierten Bedeutung gemäß ausgelegt worden seien.

Es hat aber der preußische Bundesbevollmächtigte selbst in jenen Reichstagsverhandlungen (in einsichtiger Würdigung der Bedenklichkeit jeder subjektiven Meinungsäußerung bei Beratung des im Werdegang begriffenen Gesetzes über einzelne, in dem Gesetzentwurfe selbst nicht ausdrücklich gegebene, Begriffsbestimmungen, und der den Gerichtshöfen obliegenden Aufgabe, die dem gegebenen Gesetze immanenten Begriffsbestimmungen, -Unterschiede und -Konsequenzen, unter Verwertung der successiven, sich oft gegenseitig als Probe dienenden Anregungen der Doktrin, und der mannigfachen, den Lebensverhältnissen entspringenden Streitfälle, allmählich schärfer zu entwickeln) hervorgehoben, daß es nicht seine Sache sein könne, a priori die einzelnen Voraussetzungen bestimmen zu wollen, welche für die Annahme der Existenz eines Eisenbahnunternehmens und dessen Betriebes im Sinne des Gesetzentwurfes wesentlich seien; daß solches vielmehr im konkreten Falle unter sorgfältiger Anwendung des gesetzlichen Grundprinzipes entschieden werden müsse. Wenn trotzdem der preußische Bundesbevollmächtigte (im Laufe der Verhandlungen unablässig sollizitiert) sich jener bedenklichen Versuche der Vorwegbestimmung einzelner dem Gesetzentwurfe (seiner Meinung nach) einwohnender Kategorieen nicht ganz zu enthalten vermocht hat, so sind diese subjektiven Ansichten (auch bei der Stellung des dieselben Äußernden) von keinem entscheidenden Gewichte gegenüber den Konsequenzen der richterlichen Auslegung des Gesetzes aus dessen Worten, Normenzusammenhange, Grundprinzipe und Endzwecke, welche letzteren aus jenem Normenzusammenhange, sowie adminikulierend aus den Motiven des Gesetzentwurfes und den (hinsichtlich jenes Prinzipes und Endzweckes ohne Widerspruch abgegebenen) Erklärungen des (in dieser allgemeinen Beziehung, von demjenigen, was der Bundesrat und die sonst bei dem Entwurfe der Gesetzesvorlage mitwirkenden Organe des Reiches wollten, zuverlässig unterrichteten) Bundesbevollmächtigten klar erhellen.

Nach diesen Erkenntnisquellen bezweckt das Reichshaftpflichtgesetz, dem Menschenleben und der menschlichen Gesundheit einen weit stärkeren Schutz, als den durchschnittlich nach den verschiedenen (in den Mitgliedstaaten des Deutschen Reiches bis zur Geltung jenes Gesetzes bestandenen) Grundsätzen über die Verpflichtung zum Schadensersatze gegen diejenigen besonderen Gefahren zu verleihen, welche dadurch entstehen, daß (infolge der Ausbildung der Industrie und Technik der Neuzeit) den menschlichen Sonderzwecken (soweit sie zu bändigen sind, höchst nützliche, bei Entfesselung ihrer, an sich rücksichtslosen, Gewalt in hohem Grade verletzend wirkende) Naturkräfte dienstbar gemacht werden. Derjenige, welcher zur Förderung seiner Zwecke ein Unternehmen betreibt, in welchem er solche Kräfte sich dienstbar macht, soll (unter den sonstigen im Gesetze bestimmten Voraussetzungen) für die bei dem Betriebe dieses Unternehmens erfolgte Tötung oder Verletzung eines Menschen in der im Gesetze bestimmten Weise Schadensersatz leisten, und zwar nach der Bestimmung des ersten Paragraphen des Gesetzes schon dann, wenn die Tötung oder Verletzung nur überhaupt bei jenem Betriebe stattgefunden hat, sofern der Unternehmer nicht nachweist, daß der Unfall durch höhere Gewalt oder eigenes Verschulden des Getöteten oder Verletzten verursacht worden sei.

Sprachlich bedeutet Eisenbahn ganz allgemein eine Bahn von Eisen zwecks Bewegung von Gegenständen auf derselben. Verknüpft man diesen Wortlaut mit dem Gesetzeszwecke, und erwägt man, daß die eigenartige Nützlichkeit und gleichzeitige Gefährlichkeit des metallischen Transportgrundes, in der (durch dessen Konsistenz, sowie durch dessen, das Hindernis der Reibung vermindernde Formation und Glätte gegebenen) Möglichkeit besteht, große Gewichtsmassen auf jenem Grunde fortzubewegen und eine verhältnismäßig bedeutende Geschwindigkeit der Transportbewegung zu erzeugen, so gelangt man im Geiste des Gesetzes zu keiner engeren Bestimmung jener sprachlichen Bedeutung des Wortes Eisenbahn, um den Begriff eines Eisenbahnunternehmens im Sinne des §. 1 des Gesetzes zu gewinnen, als derjenigen:

„Ein Unternehmen, gerichtet auf wiederholte Fortbewegung von Personen oder Sachen über nicht ganz unbedeutende Raumstrecken auf metallener Grundlage, welche durch ihre Konsistenz, Konstruktion und Glätte den Transport großer Gewichtsmassen, bezw. die Erzielung einer verhältnismäßig bedeutenden Schnelligkeit der Transportbewegung zu ermöglichen bestimmt ist, und durch diese Eigenart in Verbindung mit den außerdem zur Erzeugung der Transportbewegung benutzten Naturkräften (Dampf, Elektrizität, tierischer oder menschlicher Muskelthätigkeit, bei geneigter Ebene der Bahn auch schon der eigenen Schwere der Transportgefäße und deren Ladung rc) bei dem Betriebe des Unternehmens auf derselben eine verhältnismäßig gewaltige (je nach den Umständen nur in bezweckter Weise nützliche, oder auch Menschenleben vernichtende und die menschliche Gesundheit verletzende) Wirkung zu erzeugen fähig ist."

Wer eine solche, in der gekennzeichneten eigenartigen Weise gefährliche Verknüpfung der Metallbahn und sonstigen Triebkraft zu seinen Transportzwecken (als der über jene verknüpften Bewegungsfaktoren als wirkendes Ganze Verfügungsberechtigte) in Funktion setzt, ist Betriebsunternehmer einer Eisenbahn im Sinne des §. 1 des Reichshaftpflichtgesetzes.

Nach vorstehender Feststellung des Obersatzes ergiebt sich bei Subsumtion des eingangs mitgeteilten Thatbestandes unter denselben von selbst, daß die beiden Beklagten, welche den Transport der Erdmassen und Arbeiten in ihrem Eisenbahnbauunternehmen auf eisernen Schienengeleisen in von Dampflokomotiven gezogenen Wagenzügen auf einer nicht ganz unbedeutenden Strecke betrieben, dadurch nicht bloß Unternehmer eines Eisenbahnbaues, sondern auch gleichzeitig Unternehmer einer Eisenbahn im Sinne des §. 1 des Reichshaftpflichtgesetzes waren."

92. Ursachlicher Zusammenhang des Unfalles mit dem Eisenbahnbetriebe. Höhere Gewalt.

II. Civilsenat. Urt. v. 13. April 1880 i. S. Eisenbahnfiskus (Bekl.) w. B. (Kl.) Rep. II. 45/80.

I. Bezirksgericht München l./J.
II. Appellationsgericht München.

Der Eisenbahnarbeiter Fr. war beauftragt, zwei eiserne Schienenheber von Schleißheim nach Feldmoching und von da an den nahen Ort, wo Reparaturen an der Eisenbahn vorgenommen werden sollten, zu bringen. Er benutzte zur Fahrt nach Feldmoching einen Eisenbahnzug, und da er an dem Orte, wo die Reparaturen stattfinden sollten, vorüberfuhr, so fand er es bequemer, die Schienenheber sofort hinauszuwerfen, that dies jedoch so unvorsichtig, daß dem auf seinem Posten befindlichen Bahnwärter B. der Fuß zerschmettert wurde. B. wurde infolgedessen pensioniert, war jedoch mit seinem Pensionsgehalte nicht zufrieden und verlangte volle Schadloshaltung, die ihm auch durch Urteil zweiter Instanz gewährt wurde. Die erhobene Nichtigkeitsbeschwerde wurde verworfen aus folgenden

Gründen:

„Das Hinauswerfen der Schienenheber aus einem Bahnwagen, welches die in Frage stehende Körperverletzung verursachte, hat nach der thatsächlichen Feststellung des Appellrichters stattgefunden, während sich der Bahnzug mit voller Fahrgeschwindigkeit bewegte, es kann daher nicht bezweifelt werden, daß im allgemeinen die Voraussetzungen gegeben sind, unter welchen ein Unfall als beim Betriebe einer Eisenbahn eingetreten nach §. 1 des Reichshaftpflichtgesetzes anzusehen ist. Nun genügt es allerdings im Sinne dieser Gesetzesbestimmung nicht, daß ein Unfall zeitlich und örtlich mit dem Eisenbahnbetriebe zusammenfällt, vielmehr ist weiter erforderlich, daß derselbe in ursachlichem Zusammenhange stehe mit den dem Eisenbahnbetriebe eigentümlichen Gefahren, allein nach den vorliegenden Umständen, wie sie sich aus den thatsächlichen Feststellungen ergeben, erscheint auch dieses weitere Erfordernis gegeben.

Der Appellrichter hebt mit Recht hervor, daß bei der nur den Eisenbahnen eigenen Schnelligkeit der Bewegung, derjenige, der einen Gegenstand aus einem im Laufe befindlichen Wagen werfe, nicht bemessen könne, wohin er treffe. Es wirkt hierbei teils der Umstand mit, daß während der Handlung des Werfens sich der Ort, von wo der Wurf geschieht, verrückt, teils und hauptsächlich aber der ganz ungewöhnliche und deshalb in der Regel nicht beachtete Umstand, daß infolge der dem geworfenen Gegenstande selbst innewohnenden Bewegung dieser beim Fallen eine schiefe Richtung nimmt und an einem anderen Orte auffällt, als demjenigen, nach dem der Wurf gerichtet war. Die hierdurch begründete außergewöhnliche Gefahr kennzeichnet sich daher allerdings als eine solche, die dem Eisenbahnbetriebe eigentümlich ist.

Hierzu kommt, daß der Unfall durch einen Eisenbahnarbeiter verursacht wurde, der beauftragt war, die Schienenheber zu einer Reparatur an der Eisenbahn zu benutzen. War ihm auch nicht die Weisung gegeben, die Schienenheber während der Fahrt aus dem Wagen zu werfen, that er dies vielmehr nur seiner Bequemlichkeit wegen, so ist doch immerhin die Thatsache, daß ein Bediensteter der Bahn in Ausübung seines Dienstes den Unfall verursachte, nicht ohne Bedeutung. Jedenfalls ist dies insofern anzuerkennen, als hierdurch der Einwand, es sei der Unfall durch höhere Gewalt verursacht worden, ausgeschlossen erscheint. Es mag richtig sein, daß unter den Begriff der höheren Gewalt unter Umständen auch fremde Handlungen fallen, die zu verhüten trotz äußerster Vorsicht unmöglich ist; es mag sogar in Frage gestellt bleiben, ob etwa, wenn der Wurf von einem gewöhnlichen Reisenden ausgegangen wäre, höhere Gewalt hätte angenommen werden können; soviel erscheint jedoch außer Zweifel, daß Handlungen von Bediensteten der Eisenbahn in Ausübung ihres Dienstes der Regel nach einen Fall höherer Gewalt nicht begründen können. Nur bei ganz besonderen Umständen, z. B. plötzlich eingetretener Geisteszerstörung, könnte eine Ausnahme statthaft erscheinen, allein von solchen Umständen ist im vorliegenden Falle nicht die Rede."

93. Sind Sachen, welche der Eigentümer dem Gewahrsame des Faustpfandgläubigers ohne dessen Wissen und Willen entzieht, als gestohlen oder verloren im Sinne von Art. 306 Abs. 4 H.G.B. zu erachten?[1]

II. Civilsenat. Urt. v. 20. April 1880 i. S. Sch. (Kl.) w. P. (Bekl.) Rep. II. 43/80.

I. Handelsgericht München l. J.

Eine Ladung Bretter, welche der Holzhändler Fr. aus Tirol auf der Bahn nach München versandt hatte, wurde bei der Ankunft daselbst dem Eisenbahngüterschaffner Sch. zur Weiterbehandlung überliefert, der Fracht, Zoll und Nachnahme, die darauf lasteten, im Betrage von 470 ℳ berichtigte und die Bretter auf zwei ihm gehörige Wagen lud, die auf dem Bahnhofe stehen blieben. Fr. verkaufte die Bretter an P. und überwies ihm dieselben zur sofortigen Abfuhr vom Bahnhofe, welche dann auch ohne Wissen des Sch. stattfand. Als Sch. ermittelt hatte, wohin Wagen und Bretter gekommen waren, verlangte er beides zurück. P. lieferte die Wagen aus, verweigerte aber die Auslieferung der Bretter, weil er sie in gutem Glauben gekauft und übergeben erhalten habe. Die Klage des Sch. auf Herausgabe der Bretter oder Zahlung seiner durch dieselben gesicherten Forderung wurde abgewiesen, weil der Fall des Art. 306 Abs. 1. H.G.B. vorliege, die Ausnahme in Abs. 4 allda aber nicht gegeben sei. Dieses Urteil wurde vernichtet aus folgenden

Gründen:

„Der Art. 306 H.G.B. wendet für die von einem Kaufmanne in dessen Handelsbetriebe veräußerten und übergebenen beweglichen Sachen das Prinzip an, welches Art. 2279 Code civil allgemein aufstellt, und hier wie dort ist eine Ausnahme gemacht für die Sachen, die gestohlen oder verloren worden sind.

Die Prinzipien des Art. 2279 hatten unter dem Einflusse des die germanischen Rechtsideen bewahrenden droit coutumier auch schon im älteren französischen Rechte Geltung, und zwar im wesentlichen in

[1] Vgl. das unten S. 415 unter „Rheinisches Recht" befindliche Erkenntnis vom 7. Mai 1880 in S. S. w. S. D. R.

dem Sinne, daß man unterschied, ob der Besitz freiwillig aufgegeben oder wider den Willen des Besitzers verloren war, indem man, falls letzteres erwiesen werden konnte, die Vindikation zuließ, anderenfalls versagte.

Vgl. Pothier, Coutume d'Orléans t. XVI. p. 192.

Auch bei der Auslegung des Art. 2279 Code civil, namentlich der Ausdrücke „gestohlen (volé)" und „verloren (perdu)", legte man im wesentlichen diese Anschauung zu Grunde.

Vgl. Aubry und Rau, t. II §. 183 und die allerdings in ihren Folgerungen zu weitgehende Ansicht von Troplong, Préscr. Nr. 1069.

Was nun die Bestimmungen des Art. 306 H.G.B. anbelangt, so wurden sie erst bei dritter Lesung ins Handelsgesetzbuch eingefügt, und fanden namentlich über den Sinn der betreffs gestohlener und verlorener Sachen gemachten Ausnahme eingehende Erörterungen nicht statt; jedoch erscheint zweifellos, daß man, ebenso wie in Frankreich, im wesentlichen dem deutschrechtlichen Grundsatze Geltung verschaffen wollte, gemäß dessen Sachen, die jemand freiwillig aus der Hand gegeben hat, nicht gegen dritte redliche Erwerber vindiziert werden können.

Auf diesen Sinn des Gesetzes deuten zunächst ganz entschieden folgende Worte hin, mit denen der Vorschlag, eine Ausnahme für gestohlene und verlorene (gefundene) Sachen zu machen, von demjenigen Mitgliede der Nürnberger Kommission, welches ihn vorbrachte, empfohlen wurde:

„Durch dieses Amendement wird der Grundsatz zur Anwendung gebracht, daß bei einem Mißbrauche des Vertrauens derjenige, welcher sein bewegliches Gut einem anderen anvertraut hat, dem redlichen Erwerber nachsteht. In dieser Beschränkung genügt der Satz den wirklichen Bedürfnissen des rechtlichen Verkehres — er greift dann möglichst wenig in die Landesrechte ein" ꝛc.

Läßt sich annehmen, in dieser Äußerung, welche keinen Widerspruch erfahren hat, gebe sich der eigentliche Wille des Gesetzgebers kund, so ist klar, daß an dem bloßen Wortlaute seiner bezüglichen Bestimmung nicht festgehalten werden darf, also eine Auslegung unstatthaft erscheint, zufolge deren von den vielen Fällen, wo jemand wider seinen Willen den Besitz einer Sache verlieren kann, nur zwei einzelne — „Diebstahl" und „Verlieren", beide Worte in der engeren Bedeutung genommen — getroffen würden, alle übrigen aber ausgeschlossen blieben.

Zu dem nämlichen Ergebnisse gelangt man aber auch, wenn man, absehend von besagter Äußerung, sowie von der historischen Grundlage, auf welcher die Bestimmungen des Art. 306 H.G.B. beruhen, nur diese selbst ins Auge faßt. Es kann unmöglich Wille des Gesetzes sein, daß derjenige, welcher aus Unachtsamkeit eine Sache verloren hat, günstiger gestellt sein solle, als derjenige, dem sie ganz ohne seine Schuld und gegen seinen Willen von jemandem weggenommen worden ist. Ferner erscheint unerfindlich, welche Gründe den Gesetzgeber hätten bestimmen können, nur für den nächstliegenden Fall der diebischen Wegnahme und den entferntest liegenden Fall des Verlierens aus Unachtsamkeit Vorsorge zu treffen, alles aber, was dazwischen liegt, unberücksichtigt zu lassen.

Diese Erwägungen berechtigen zum Schlusse, daß im Sinne des Gesetzes fragliche Bestimmung mindestens alle diejenigen Fälle umfassen soll, in denen jemand wider seinen Willen und ohne sein Zuthun den Gewahrsam einer Sache verloren hat.

Allerdings ist nicht zu verkennen, daß, diesen Sinn vorausgesetzt, die Ausdrucksweise des Gesetzes, vielleicht beeinflußt durch Art. 2279 Code civil, eine nicht ganz korrekte ist, jedoch erscheint sie doch immerhin der Art, daß sich besagter Sinn ohne besonderen Zwang darin finden läßt, sei es, indem man die gebrauchten Ausdrücke, insbesondere den Ausdruck „verloren" im weiteren, jeden unfreiwilligen Verlust umfassenden Sinne nimmt, sei es, indem man mit Goldschmidt (Handelsrecht Bd. 2 §. 80) davon ausgeht, das Gesetz habe nur die zwei wichtigsten und zugleich am weitesten auseinanderliegenden Fälle hervorheben wollen, es als selbstverständlich erachtend, daß auch die inmitten liegenden Fälle getroffen seien.

Eine derartige ausdehnende Auslegung erscheint umsomehr statthaft, als fragliche Schlußbestimmung des Art. 306 nicht etwa, wie in Art. 2279 Code civil, eine Ausnahme von einer allgemeinen Regel begründet, vielmehr nur eine Ausnahme, welche die vorausgehenden Bestimmungen von einer allgemeinen Regel machen, beschränkt, d. h. den Umfang bestimmt, in welchem dieselbe einzutreten habe.

Faßt man die Bestimmungen des Art. 306 H.G.B. in diesem Sinne auf, so erscheint die Rüge der Verletzung desselben begründet. Ohne Erheblichkeit ist es, daß es der Eigentümer selbst war, welcher dem Faustpfandgläubiger die Sache wegnahm bezw. wegnehmen ließ;

es genügt, daß die Wegnahme wider Willen des Besitzers erfolgt ist. Ist hiernach das gesetzliche Pfandrecht des Klägers nicht erloschen, so war derselbe nach den Prinzipien des bayerischen Landrechtes (T. II. Kap. VI. §§. 19. 20) befugt, dasselbe jedem dritten Besitzer gegenüber geltend zu machen, d. h. Rückerstattung des Besitzes oder Ersatz seines Interesses zu verlangen."

---

94. Kann die Vermittelung eines Grundstückskaufes Handelsgeschäft sein?

I. Hilfssenat. Urt. v. 9. April 1880 in S. K. (Kl.) w. P. (Bekl.) Rep. IVa. 540/79.

I. Stadtgericht Berlin.
II. Kammergericht daselbst.

Aus den Gründen:

„Der Beklagte hat seinen Einwand, daß ein Handelsgeschäft nicht vorliege, zunächst auf den Satz gestützt:

nach Art. 275 H.G.B. könne die Vermittelung eines Grundstückskaufes nie Handelsgeschäft sein.

Es steht ihm hier die Ansicht des früheren preuß. Obertribunales (Entsch. desselben Bd. 70 S. 273) zur Seite, welche auch von Goldschmidt (Handbuch Bd. 1 S. 513), Löhr (S. 113. 132) und anderen Rechtslehrern geteilt wird. Der Gerichtshof hat sich indessen der entgegengesetzten, von den Senaten II und III des früheren Reichsoberhandelsgerichtes (Entsch. desselben Bd. 10 S. 425, Bd. 16 S. 1, Bd. 23 S. 131) aufgestellten Ansicht angeschlossen.

Für die Meinung, die Annahme eines Handelsgeschäftes sei unzulässig, wird geltend gemacht:

Art. 272 Nr. 4 bezeichnet als Handelsgeschäfte die gewerbsmäßige oder zwar einzeln, jedoch von einem Kaufmanne im Betriebe seines gewöhnlich auf andere Geschäfte gerichteten Handelsgewerbes ausgeführte Vermittelung von Handelsgeschäften für andere Personen;

die Vermittelung von Nichthandelsgeschäften, gleichviel ob sie gewerbsmäßig oder einzeln betrieben wird, ist kein Handelsgeschäft;

Verträge über unbewegliche Sachen sind aber nach Art. 275 keine Handelsgeschäfte.

Diese Gründe erscheinen nicht überzeugend.

Zunächst ist zu untersuchen, wie der Art. 275 zu verstehen ist, und welche Verträge unter den Begriff Verträge über unbewegliche Sachen fallen? Die Motive zum preuß. Entwurfe des Handelgesetzbuches (S. 102. 103) äußern sich darüber:

die desfallsige Bestimmung des Entwurfes beziehe sich auf alle Verträge, deren unmittelbarer Gegenstand Immobilien sind, wie Veräußerungen, Parzellierungen, Verpfändungen. Die Spekulation habe sich auch auf den Umsatz von Immobilien, namentlich durch Zerstückelung geworfen; es sei aber bedenklich, die Vorschriften des Handelsrechtes auf Verträge über Grundstücke anzuwenden, wegen der dabei zu beobachtenden größeren Förmlichkeiten und wegen der meistens verwickelten Rechtsverhältnisse, welche durch Hypothekenrechte oder andere dingliche Rechte Dritter hervorgerufen würden.

Den Motiven ist unzweifelhaft darin beizutreten, daß Grundstücke Gegenstand der Spekulation sein können. Deshalb würde es an und für sich mit dem Wesen eines Handelsgeschäftes nicht unvereinbar sein, dazu auch solche Spekulationen zu rechnen, wie denn beispielsweise das französische Recht Spekulationen mit Grundstücken grundsätzlich nicht von den Handelsgeschäften ausgeschlossen hat. Der Ausschluß im deutschen Handelsrechte beruht vielmehr auf positiver Vorschrift, deren Grund mit Recht auf die hervorgehobenen Schwierigkeiten zurückzuführen ist, welchen der Verkehr mit Grundstücken häufig begegnet.

Es erscheint hiernach auch gerechtfertigt, mit den Motiven die Bestimmung des Art. 275 nur auf solche Verträge zu beziehen, deren Gegenstand unmittelbar unbewegliche Sachen sind. Nun kann man aber nicht als unmittelbaren Gegenstand des Grundstücks-Kaufs- oder Verkaufs-Vermittelungsvertrages das Grundstück selbst ansehen; unmittelbarer Gegenstand desselben sind vielmehr die Bemühungen des Vermittlers einerseits, das Provisionsversprechen andererseits. Mag immerhin der Vermittler in gewisser Beziehung die Pflichten eines Mandatars haben; keinesfalls vertritt er den Käufer oder den Verkäufer, er steht eben zwischen beiden, und deshalb steht der Vermittelungsvertrag nicht in unmittelbarer Beziehung zum Grundstücke.

Fällt sonach der Vermittelungsvertrag selbst nicht unter die Vorschrift des Art. 275, so hängt allerdings die Entscheidung der Streitfrage davon ab, ob der Satz richtig ist:

die Vermittelung eines Geschäftes kann kein Handelsgeschäft sein, wenn das vermittelte Geschäft selbst ein solches nicht ist.

Ein Beweis für diesen Satz ist nicht erbracht; vielmehr ergeben sich aus Art. 272 Nr. 4 die erheblichsten Bedenken gegen seine Richtigkeit. Nach Art. 272 Nr. 4 ist die Vermittelung eines Handelsgeschäftes, selbst wenn es durch einen Kaufmann erfolgt, nicht unter allen Umständen ein Handelsgeschäft; entscheidend ist, ob der Kaufmann bei der Vermittelung als Kaufmann gehandelt hat. Folgt aber aus Art. 272 Nr. 4, daß das Hauptgeschäft ein Handelsgeschäft, das Vermittelungsgeschäft dagegen ein gewöhnliches Civilgeschäft sein kann, so erscheint der Schluß gerechtfertigt, daß auch umgekehrt, wo das Hauptgeschäft ein gewöhnliches Civilgeschäft ist, doch dessen Vermittelung ein Handelsgeschäft sein kann. Maßgebend wird hierfür sein, ob der Kläger bei der Vermittelung als Kaufmann gehandelt, die Vermittelung zum Gegenstande seiner im übrigen kaufmännischen Erwerbsthätigkeit gemacht hat (Art. 273 Abs. 1). Dann steht ihm Art. 274 zur Seite, wenn er beweist, daß er überhaupt Kaufmann ist."

---

95. Darf derjenige, welcher eine alte Firma nach Artt. 22. 24 H.G.B. erworben hat, dieselbe nach Erlöschung des Geschäftes, zu dessen Fortführung er die Firma erworben, für ein neues fortführen?

II. Civilsenat. Urt. v. 4. Mai 1880 i. S. M. (Kl.) w. B. (Bekl.) Rep. II. 92/80.

I. Handelsgericht Mannheim.
II. Oberlandesgericht Karlsruhe.

Bis zum 18. Oktober 1876 waren W. B. und A. M. Teilhaber einer offenen Handelsgesellschaft mit der Firma B. & M., deren Geschäftsthätigkeit in der Fabrikation von Maschinen bestand. An diesem Tage ist die Gesellschaft durch gegenseitige Übereinkunft aufgelöst worden, indem A. M. austrat und W. B. das ganze Geschäft mit Aktiven und Passiven übernahm. Dabei wurde vereinbart:

daß W. B. berechtigt sei, das unter der Firma B. & M. in Mannheim betriebene Geschäft unter der gleichen Firma als Einzelkaufmann fortzuführen.

Auf Klage des A. M. hat nun das Landgericht Mannheim, Kammer für Handelssachen, mit Urteil vom 3. Oktober 1879 erkannt, daß der Beklagte die Fortführung der Firma zu unterlassen und solche im Handelsregister streichen zu lassen habe.

Auf hiergegen eingelegte Berufung hat dieses Erkenntnis das Oberlandesgericht mit Urteil vom 7. Februar 1880 bestätigt. Das Urteil geht von folgenden Thatsachen aus:

Gegen den Beklagten wurde unterm 23. Februar 1879 das Konkursverfahren eröffnet, dieses jedoch infolge eines vom Konkursgerichte bestätigten Zwangsnachlaßvergleiches wiederaufgehoben. — Seither hat der Beklagte zum Zwecke der Befriedigung seiner Gläubiger alle zum Geschäfte gehörigen Liegenschaften, Gebäude, Maschinen und Vorräte verkauft; er betreibt nicht mehr ein Fabrikgeschäft, worin früher seine Hauptthätigkeit bestand, sondern vermittelt als Agent für Rechnung anderer Fabrikgeschäfte Bestellungen, welche bei dem selbst unter der Firma B. & M. von auswärtigen Kunden, welche der Meinung sind, er führe das alte Geschäft fort, gemacht werden. — Er betreibt also anstatt einer Fabrik, in welcher die bestellten Maschinen gefertigt und sodann verkauft werden, ein Kommissionsgeschäft, in welchem für Rechnung von Auftraggebern Handelsgeschäfte abgeschlossen werden.

Das Oberlandesgericht nimmt hiernach — so besagen die Gründe — in thatsächlicher Beziehung an, daß der Beklagte das alte unter der Firma B. & M. geführte Geschäft aufgegeben und ein neues angefangen hat. Seine gegenwärtige Thätigkeit bilde nicht etwa eine Einschränkung des früheren ausgedehnteren Betriebes, sondern sei eine ganz andere, bei welcher der Beklagte, was jedoch unerheblich sei, allerdings aus seinen früheren Verbindungen, aus seinen erlangten Kenntnissen und Erfahrungen einen nutzbringenden Gewinn erziele.

Die gegen dieses Erkenntnis vom Beklagten eingewendete Revision wurde vom Reichsgerichte zurückgewiesen aus folgenden

Gründen:

„Das Oberlandesgericht zieht aus den von ihm festgestellten Thatsachen, ohne daß dabei eine irrtümliche Gesetzesanwendung erkennbar wäre, den Schluß, daß Revisionskläger das alte, unter der Firma B. & M.

geführte Geschäft aufgegeben und ein neues angefangen habe, daß seine gegenwärtige Thätigkeit nicht etwa eine Einschränkung des früheren ausgedehnteren Betriebes, sondern eine ganz andere sei.

Wenn das Gericht bei diesen thatsächlichen Feststellungen zu dem Ergebnisse gelangt, daß die durch den Vertrag vom 18. Oktober 1876 dem Revisionskläger zur Fortführung gestattete Firma erloschen und demselben ihr fernerer Gebrauch zu untersagen sei, so kann nicht gefunden werden, daß die Entscheidung auf einer Gesetzesverletzung beruhe. Von den Rechtsausführungen mag zwar insbesondere die, daß die Firma eine Art Pertinenz des Geschäftes sei, nicht unbedenklich erscheinen, da ihr nicht nur die Definition in Art. 15, sondern auch die Artt. 22. 23 H.G.B. entgegenstehen (vgl. Entsch. des R.O.H.G.'s Bd. 2 Nr. 8 S. 49 flg.). Folgende Erwägungen führen jedoch zu dem nämlichen Schlusse: Im Interesse des Verkehres des Publikums geht das Handelsgesetzbuch von dem Prinzipe aus, daß die Firma auf Wahrheit beruhen müsse (Artt. 15. 16. 17. 18. a. a. O.). Hiervon hat der preußische Entwurf im Art. 26 (jetzt zum Teil Art. 22) eine Abweichung gestattet, indem er, wie aus den Motiven S. 18 hervorgeht, der Erfahrung Rechnung trägt, daß der einer Handlung gewährte Kredit zum großen Teile an der Firma hafte und mit derselben auf den Geschäftsnachfolger übergehe; es sollten deshalb die erheblichen Störungen der bestehenden Geschäftsverbindungen und die großen Schwierigkeiten verhütet werden, welche eintreten könnten, wenn demjenigen, welcher durch Vertrag oder Erbgang ein bestehendes Handelsgeschäft erwirbt, nicht zugleich die Fortführung der bisherigen Firma gestattet werden könnte.

Daneben wurde auch berücksichtigt, daß in der Handelswelt die Erhaltung aller berühmter Firmen für einen Ehrenpunkt gelte. Diese Begründung läßt unzweideutig erkennen, daß man mit Gestattung der Fortführung der alten Firma durch einen neuen Geschäftsinhaber vorzugsweise das Handelsgeschäft in Betracht gezogen hat, für welches dieselbe seither geführt worden ist, dessen Kredit und Kundschaft gesichert werden sollte, und für welches allein die kaufmännische Anschauung vom Ehrenpunkte Berücksichtigung beanspruchen konnte.

Damit erklärt sich die Fassung des jetzigen Art. 22 H.G.B., welche nicht von Fortführung der Firma, sondern von Fortführung des bestehenden Handelsgeschäftes ausgeht, welches durch Vertrag oder Erbgang erworben worden ist.

Wenn auch in Art. 24 H.G.B., um welchen es sich im vorliegenden Falle handelt, und welcher von der Nürnberger Kommission beigefügt worden ist, die Fortführung der Firma in den Vordergrund tritt, so beruht dieser Artikel gleichwohl als weitere Abweichung vom Prinzipe der Wahrheit der Firma auf demselben Gedanken, daß solche für ein Handelsgeschäft erhalten werden solle, welches nur einen teilweisen Wechsel in den Personen erfährt, im übrigen aber dasselbe, das bestehende, Handelsgeschäft bleibt.

Diesem Gedanken hat die Kommission (Protokolle S. 41) dahin Ausdruck gegeben:

„Wenn ein bestehendes Handelsgeschäft sich infolge des Eintrittes oder Austrittes eines Gesellschafters ändert, so kann die ursprüngliche Firma trotz der erfolgten Veränderung fortgeführt werden."

„Es bestand (heißt es in den Protokollen S. 39 flg.) kein Zweifel darüber, daß es sich nur um solche Fälle handeln könne, in welchen neben der Firma das Handelsgeschäft selbst, d. h. dessen Aktiven und Passiven ohne völlige Liquidation des letzteren von einem der mehreren Teilhaber allein übernommen werden, oder, wo der einzige Inhaber einem Eintretenden einen Teil seiner Rechte einräumt, weil die Übertragung bloßer Firmen ohne das Handelsgeschäft durch Art. 27 (jetzt 23) verboten wird und das Geschäft bei förmlicher Liquidation zu bestehen aufhört, also nicht von Übertragung desselben auf einen Teilhaber, sondern nur von Begründung eines neuen Geschäftes die Rede sein kann, bei welcher die Frage über die Zulässigkeit einer Firma nach den über die Errichtung neuer Firmen bestehenden Rechtssätzen zu beurteilen ist."

Weiter, als es der Absicht und dem Zwecke des Gesetzgebers, Erhaltung des Kredites, der Kundschaft und des Ansehens des bestehenden Handelsgeschäftes, des gänzlichen oder teilweisen Wechsels der Personen ungeachtet, entspricht, dürfen diese Ausnahmen nicht ausgedehnt werden. Gewinnt es auch nach der Hervorhebung der Aktiven und Passiven in der soeben mitgeteilten Begründung den Anschein, als ob unter Handelsgeschäft nur der Vermögenskomplex verstanden werde, so würde doch eine solche enge Auffassung des Begriffes des Geschäftes, wobei dessen Wesen als eines organischen Ganzen, bei welchem die Produktivmittel nur durch den damit verfolgten Zweck, durch die Unternehmung, für welche sie bestimmt sind, Bedeutung gewinnen, völlig außer Betracht bliebe, mit dem Gedanken, welcher den Artt. 22. 24 zu Grunde liegt, kaum vereinbar sein.

Abgesehen nämlich davon, daß eine solche enge Auffassung des Geschäftes von der Voraussetzung ausgehen müßte, daß jeweils sämtliche Aktiven und Passiven übertragen würden (welche Voraussetzung aber schon dann nicht zutrifft, wenn der austretende Gesellschafter aus dem Geschäfte abgefunden wird), könnte von einer Fortführung der Aktiven und Passiven schon der Natur der Sache nach, welche in dieser Beziehung einen ständigen Wechsel bedingt, kaum die Rede sein. Man kann auch nicht annehmen, daß der Übergang oder die Beibehaltung des bestehenden Handelsgeschäftes in dem angeführten weiteren Sinne nur eine Voraussetzung der Erwerbung der Firma sei, woraus allerdings nicht gefolgert werden könnte, daß dieselbe Voraussetzung auch eine Bedingung der Fortdauer sei, es muß vielmehr aus der entwickelten Absicht des Gesetzgebers umsomehr hergeleitet werden, daß die Fortführung des bestehenden Handelsgeschäftes unerläßliche Bedingung, sowohl des Erwerbes als des Behaltens der Firma sei, als sonst durch eine dem Erwerbe früher oder später nachfolgende völlige Umwandlung des Geschäftes das Gesetz umgangen und für ein neu begründetes Geschäft eine alte (unwahre) Firma geführt werden könnte.

Hiernach kann diejenige Auslegung der Artt. 22. 23 H.G.B., wonach die Erwerbung des Geschäftes keine Voraussetzung für Fortführung der Firma, sondern der Übergang des Handelsgeschäftes die gesetzliche unvermeidliche Folge der Veräußerung der Firma sei,

vgl. Thöl, Praxis des Handelsrechtes und Wechselrechtes S. 4 flg.,

für die vorliegende Frage schon um deswillen keine Beachtung finden, weil dabei (vgl. a. a. O. S. 15) unter Handelsgeschäft weiter nichts verstanden wird, als die unter Gebrauch der bisherigen Firma begründeten Forderungen und Schulden.

Muß demnach angenommen werden, die Führung einer dem wahren Sachverhältnisse nicht entsprechenden Firma sei vom Gesetze ausnahmsweise nur unter der Bedingung gestattet worden, daß das Geschäft, für welches dieselbe bisher geführt wurde, im wesentlichen als dasselbe fortbestehe, und daß dabei unter Geschäft nicht bloß der Vermögenskomplex, sondern das kaufmännische Unternehmen zu verstehen sei, welchem jener dienstbar ist, so folgt daraus und aus der thatsächlichen

Feststellung im angegriffenen Urteile, daß mit Recht das Erlöschen der vom Revisionskläger fortgeführten Firma angenommen worden ist.

Ist aber die Firma als erloschen zu betrachten, so kann von einer Unterscheidung in der Richtung, daß sie für die Liquidation des untergegangenen Geschäftes gebraucht werde, umsoweniger die Rede sein, als es sich um die Firma eines Einzelkaufmannes handelt, und auf ein solches Geschäft die Vorschriften der Artt. 133 flg. H.G.B. keine Anwendung finden."

---

96. Finden die §§. 108 flg. Gew.O. vom 21. Juni 1869 auch auf landwirtschaftliche Nebengewerbe, z. B. Käsefabrikation, Anwendung?

I. Hilfssenat. Urt. v. 11. Mai 1880 i. S. M. (Kl.) w. B. (Bekl.) Rep. IVa. 220/79.

I. Kreisgericht Kaukehmen.
II. Appellationsgericht Insterburg.

Aus den Gründen:

„Der Appellationsrichter geht von der Voraussetzung aus, daß der Beklagte den Kläger zur Anfertigung von Käsen aus dem auf seinem Grundstücke gewonnenen Material engagiert hat, und daß die Käse zwecks Verkaufes fabriziert sind. Er betrachtet daher den Kläger weder als Hausoffizianten, noch als Handlungs-, sondern als Gewerbsgehilfen des Beklagten und hat demgemäß seine Gehaltsforderung zur Zeit deshalb abgewiesen, weil er sie nicht gemäß §. 108 (jetzt 120a) der Gewerbeordnung vom 21. Juni 1869 zunächst der vorgängigen Entscheidung der Gemeindebehörde unterworfen hat. Mit Recht rügt die Nichtigkeitsbeschwerde des Klägers Verstoß gegen die hier unanwendbare Vorschrift des §. 108 a. a. O.

Die Gewerbeordnung enthält keine ausdrückliche Begriffsbestimmung von Gewerbe, Handwerk und Fabrik, zählt auch nicht diejenigen Gattungen erwerbender Thätigkeit auf, welche als Gewerbe ihren Vorschriften unterfallen sollen. Sie beschränkt sich vielmehr im §. 6

darauf, gewisse Erwerbsarten, als Bergwesen, Fischerei, Unterrichtswesen ꝛc von der Unterordnung unter die Gewerbeordnung auszuschließen. Damit ist jedoch die Frage für andere Beschäftigungen nicht erledigt.

Der Standpunkt des Gesetzgebers ergiebt sich aus den Materialien. In den Motiven zum §. 6 des ersten Entwurfes der Gewerbeordnung heißt es:

„Wenn im §. 6 gewisser Gewerbebetriebe nicht gedacht ist, welche in neueren Gewerbegesetzen ausgenommen sind, so hat dies seinen Grund darin, daß man die bezüglichen Betriebe als „Gewerbe“ nach gemeinem Sprachgebrauche und in Übereinstimmung mit der preußischen Gesetzgebung überhaupt nicht ansehen zu können glaubt, also eine besondere Ausnahme für überflüssig hält, wie z. B. Ackerbau, Viehzucht, Gartenbau, Forstwirtschaft, Weinbau, schöne Künste. Auch hier würden, wollte man diese Gewerbebetriebe aufzählen, die Zweifel nicht beseitigt, sondern neu veranlaßt werden, da es unmöglich ist, in einem solchen Verzeichnisse erschöpfend zu sein, ohne zugleich Betriebsarten, die sich augenscheinlich als Gewerbe qualifizieren, in die Ausnahme zu verweisen“ (Stenogr. Ber. 1868 Bd. 2 S. 127).

Ähnlich lassen sich die Motive zum §. 6 des zweiten Entwurfes dahin aus:

„Der Entwurf hat, da die Vielgestaltigkeit der gewerblichen Entwickelung eine scharfe Begriffsbestimmung nicht gestattet, nicht den Zweck, den Begriff des Gewerbes hier festzustellen, oder gar die verfassungsmäßige Kompetenz der Bundesgesetzgebung abzugrenzen. Sein Zweck ist vielmehr:

a) gewisse Zweige der Landesgesetzgebung, welche im allgemeinen nicht der Gewerbegesetzgebung angehören, aber einzelne Bestimmungen enthalten, die als gewerbsgesetzliche betrachtet werden, wie z. B. das Bergwesen ꝛc, von dem Geltungsbereiche der Gewerbeordnung auszuschließen, — — —

b) gewisse Zweige der Gewerbegesetzgebung der Ordnung durch Spezialgesetze vorzubehalten.“

Vgl. Sammlung der Drucksachen Bd. 1 Nr. 103 S. 50; Koch, Gew.O. S. 9. 10; Koller, Gew.O. S. 36; Jacobi, Gew.O. S. 12.

In Übereinstimmung mit diesen Motiven haben verschiedene Landesverordnungen betreffend die Ausführung der Gewerbeordnung besondere Bestimmungen über die hier beregten Punkte erlassen. So bestimmt z. B. §. 5 Abs. 1 der Königl. sächs. Ausführungsverordnung vom 16. Sept. 1869:

„Obschon die in dem sächsischen Gewerbegesetze von den Vorschriften desselben ausdrücklich ausgenommenen Beschäftigungen des Ackerbaues, der Viehzucht, der Forstwirtschaft, des Gartenbaues, des Weinbaues, der litterarischen Thätigkeit und der schönen Künste im §. 6 der Bundesgewerbeordnung sich nicht erwähnt finden, so hat es doch nicht in der Absicht gelegen, dieselben und die dabei Verwendung findenden Arbeiter und Gehilfen der Gewerbeordnung zu unterstellen. Auf den gewerbsmäßigen Betrieb der Handelsgärtnerei ist diese Befreiung jedoch nicht auszudehnen."

Vgl. Jacobi, a. a. O. S. 222. 223.

Hieraus erhellt, daß vom Gesetzgeber die Landwirtschaft an sich überhaupt nicht zu den Gewerben gerechnet ist. Es fragt sich, wie solche mit der Landwirtschaft verbundene Erwerbsarten zu behandeln seien, welche, wenn sie selbständig betrieben würden, sich als Gewerbe im Sinne der Gewerbeordnung qualifizieren würden. Findet ein solcher gewerbsmäßiger Nebenbetrieb neben dem Hauptbetriebe der Landwirtschaft für Rechnung des Landwirtes mit selbsterzeugten Rohstoffen statt, bildet also die Landwirtschaft die einzige, bezw. die Hauptbasis dieses Nebengewerbes, so folgt daraus mit Konsequenz, daß lediglich der Charakter der Landwirtschaft entscheidend sein kann, daß also auch das Nebengewerbe nur als landwirtschaftlicher Betrieb angesehen und behandelt werden muß. Mithin fällt ebensowenig wie die einfache Landwirtschaft ein solches landwirtschaftliches Nebengewerbe unter die Vorschriften der Gewerbeordnung.

Vgl. Jacobi, a. a. O. S. 12 Anm. 1.

Gerade ein landwirtschaftliches Nebengewerbe solcher Art hat der Appellationsrichter der Sachlage entsprechend, hier festgestellt. Auf dasselbe durfte er den §. 108 Gew.O. nicht anwenden.

Aus diesem Grunde muß das Vorerkenntnis aufgehoben werden, ohne daß es noch der Prüfung der anderen Angriffe bedürfte."

97. Begriff des Handlungsgehilfen. Unter welchen Voraussetzungen ist die richterliche Feststellung der Natur der Dienste unanfechtbar? Beweislast.

I. Civilsenat. Urt. v. 31. März 1880 i. S. F. (Kl.) w. M. (Bekl.) Rep. I. 339/79.

I. Kreis- und Stadtgericht Magdeburg.
II. Appellationsgericht daselbst.

Aus den Gründen:

„Die Argumentation des Appellationsrichters ist folgende:

Diejenigen Arbeiten, welche der Kläger seiner Angabe nach für die Beklagten geleistet hat,[1] können möglicherweise nur technischen Zwecken gedient haben und sind, zumal da der Kläger sich selbst als Techniker bezeichnet, zunächst nur als technische im Gegensatze zu den kaufmännischen, wie dieser Begriff im gewöhnlichen Leben verstanden wird, aufzufassen. Daß die Dienste im Betriebe des Handelsgewerbes der Beklagten geleistet sind, macht dieselben noch nicht zu „kaufmännischen".

So verstanden ist die Ausführung des zweiten Richters mit der Nichtigkeitsbeschwerde unanfechtbar; denn der Begriff des Handelsgewerbes wird nicht bestimmt durch die Auffassung des Handels nach dem Sprachgebrauche des gewöhnlichen Lebens, sondern durch den Begriff des Kaufmannes, wie das Handelsgesetzbuch denselben in Art. 4 in Verbindung mit den Artt. 271. 272 aufstellt. So ist jeder Fabrikbetrieb Handelsbetrieb, und die Thätigkeit jeder in der Fabrik technische Dienste als Fabrikarbeiter, Werkmeister, Ingenieur ꝛc leistenden Person gehört zum Handelsbetriebe, das Engagement derselben ist auf seiten des Prinzipales Handelsgeschäft, und doch sind diese Personen nicht Handlungsgehilfen, ebensowenig wie der Koch eines Restaurateurs, der Berichterstatter einer Zeitung ꝛc Handlungsgehilfe ist.

Vgl. Entsch. des R.O.H.G.'s Bd. 17 Nr. 66 S. 307 u. die dort Angeff.

... Auch die Rechtssätze über Regelung der Beweislast erscheinen nicht als verletzt. Für die Auffassung einer im Dienste des Prinzipales,

[1] Anfertigung von Holzberechnungen, Bauanschlägen, Bauzeichnungen, Aufstellung von Rechnungen.

der Kaufmann ist, vorgenommenen Thätigkeit als kaufmännischen Dienstes im angegebenen Sinne spricht keine Vermutung. Den allgemeinen Regeln über Beweislast aber entspricht es, daß, wenn nicht genügende Thatsachen vorliegen, aus welchen der Richter die Überzeugung entnehmen kann, daß die fraglichen Leistungen die Natur kaufmännischer Dienste haben, es zunächst Sache derjenigen Partei, welche aus dieser Natur der Dienste Rechte für sich herleiten will, ist, solche Thatsachen darzulegen."

---

98. Erfordernisse des Selbsthilfeverkaufes. Unter welchen Voraussetzungen hat der Richter die Berufung auf eine Lokalusance zu beachten?

I. Civilsenat. Urt. v. 24. April 1880 i. S. N. (Bekl.) w. G. & C. (Kl.) Rep. I. 614/79.

I. Handelsgericht Hamburg.
II. Obergericht daselbst.

Aus den Gründen:

„Der von den Klägern auf Grund des Art. 354 H.G.B. für Rechnung des Beklagten bewirkte Verkauf der $702\frac{1}{2}$ Tonnen Heringe, deren Annahme der Beklagte nach rechtskräftigem Erkenntnisse grundlos verweigert hatte, ist in öffentlicher Auktion am Bestimmungsorte der Ware, Harburg, vorgenommen worden. Die Auktion wurde zwei Tage vorher im „Harburger Anzeiger" und in den „Hamburger Nachrichten" bekannt gemacht. Diese Art der Bekanntmachung ist, wie auch der Erfolg, das Erscheinen der bekannten Hamburger Heringsmakler bei der Auktion, beweist, eine völlig sachgemäße. Die Auktion wurde von einem „Gerichtsvogt und Auktionator" abgehalten, und aus dem Protokolle desselben ergiebt sich der ordnungsmäßige Verlauf der Auktion und deren Erfolg. Auch die nach Art. 343 H.G.B. erforderlichen Anzeigen an den Beklagten haben stattgefunden. Die vom Handelsgesetzbuche vorgeschriebenen, bezw. gemeinrechtlichen Erfordernisse eines ordnungsmäßigen Selbsthilfeverkaufes sind daher vorhanden.

Einschlägige landesgesetzliche Vorschriften über die Abhaltung öffentlicher Verkäufe der fraglichen Art existieren nicht; denn die Bestimmungen der hannoverschen Prozeßordnung beziehen sich nur auf notwendige Versteigerungen. Nach der eigenen Behauptung des Beklagten bestehen keine betreffenden gesetzlichen Ortsvorschriften.

Allein der Beklagte bezieht sich auf Lokalusancen und behauptet, dieselben seien nicht befolgt. Einem solchen Vorbringen kann allerdings an sich Beachtung nicht versagt werden (vgl. Entsch. des R.O.H.G.'s Bd. 16 Nr. 27 S. 93), und unter Umständen kann die Einleitung eines Beweisverfahrens über die behauptete Usance geboten sein. Notwendige Voraussetzung dafür ist aber eine präzise Fassung der betreffenden Behauptung. Inhalt und Umfang der angeblichen Usance muß so genau substanziiert sein, daß der Richter zu erkennen vermag, ob dieselbe auf den betreffenden Fall Anwendung leide (vgl. Entsch. des R.O.H.G.'s Bd. 12 Nr. 18 S. 61). Nun finden sich aber lediglich folgende Behauptungen des Beklagten:

„in Harburg hätten sich auch für den freiwilligen öffentlichen Verkauf ganz bestimmte Usancen gebildet. So sei acht bis zehn Tage vorher die Auktion zu inserieren, und zwar 3—4 Mal hintereinander in dem „Harburger Anzeiger", in dem „Courier an der Unterelbe" und in größeren Sachen in den „Hamburger Nachrichten", endlich würde dieselbe auch, dem Charakter des Ortes entsprechend, am letzten Tage ausgerufen."

Dieser Behauptung fehlt es an der nötigen Bestimmtheit insofern, als darüber nichts angegeben ist, ob diese Usancen sich auch auf Verkäufe von Handelswaren beziehen. Will man aber aus der Unbeschränktheit der Fassung schließen, es sei behauptet, bei allen freiwilligen öffentlichen Verkäufen ohne Rücksicht auf die Art der Verkaufsgegenstände hätten sich diese Usancen ausgebildet, so stellt sich eine solche Behauptung von vornherein als unhaltbar dar.

Daß alle Arten von öffentlichen Verkäufen mindestens acht Tage vorher bekannt gemacht werden sollten, ist wirtschaftlich undurchführbar. Bei Waren, welche dem Verderben ausgesetzt sind (und bei solchen kommen derartige Verkäufe gerade häufig vor), z. B. bei havariert oder in sonstiger schlechter Beschaffenheit angekommenen Waren, ist eine Verzögerung des Verkaufes um acht Tage sehr häufig dem Interesse der Beteiligten völlig zuwiderlaufend. Das Gesetz (Art. 343 Abs. 2 H.G.B.) erkennt dies selbst an, indem es, wenn die Ware dem Verderben ausgesetzt ist, sogar von dem Erfordernisse der vorgängigen Androhung des Verkaufes an den säumigen Käufer absieht. Die Behauptung, daß sich an einem Handelsplatze auch für solche Fälle eine Usance, wie die behauptete, gebildet habe, ist geradezu undenkbar. Ähnlich verhält es sich mit Waren, welche großen Preisschwankungen ausgesetzt sind, und bei welchen die Hinausschiebung des Verkaufes auf mindestens acht Tage die Interessen, welche durch die gesetzlichen Bestimmungen (Artt. 343. 345 H.G.B.) gewahrt werden sollen, erheblich gefährdet würden. Ist aber einmal die Usance in dem behaupteten unbeschränkten Umfange nicht anzuerkennen, so ist, da es an jeder Behauptung einer Umgrenzung des Gebietes der Usance fehlt, das ganze Vorbringen betreffs der Bekanntmachungsfrist unbeachtlich. Ersichtlich aber beziehen sich die weiter behaupteten Usancen, daß nämlich auch im „Courier an der Unterelbe", einem Blatte von geringer Verbreitung in der Umgegend Harburgs, die Auktionsanzeige zu inserieren, sowie daß dieselbe am letzten Tage auszurufen sei, auf Verkäufe anderer Objekte, als die sind, um welche es sich hier handelt."

---

99. Ist ein Fabrikunternehmer nach §. 107 (jetzt 120) der Reichsgewerbeordnung nur verpflichtet, diejenigen Schutzvorrichtungen in seiner Fabrik zu treffen, welche geeignet sind, einen **absoluten** Schutz gegen die mit dem Fabrikbetriebe verbundenen Gefahren zu gewähren, oder auch solche Schutzvorrichtungen, welche geeignet sind, diese Gefahren in erheblichem Grade zu vermindern?[1]

III. Civilsenat. Urt. v. 23. Dezember 1879 i. S. E. W. & Co. (Bekl.) w. K. (Kl.) Rep. III. 196/79.

I. Kreisgericht Ravensburg.
II. Landesoberhandelsgericht Stuttgart.

Der Kläger war in der Eisengießerei der Beklagten als Eisengießer angestellt. Bei Gelegenheit einer ihm am 13. Juli 1876 von dem mit der Leitung des Geschäftes beauftragten Gießermeister H. aufgetragenen Arbeit, dem Abfassen flüssigen Eisens mit einem Handlöffel, wurde Kläger durch ausspritzende Sternchen am rechten Auge verletzt, und seine

---

[1] Vgl. das folgende Erkenntnis Nr. 100 S. 275. D. R.

Arbeitskraft durch diese Verletzung dauernd vermindert. Eine dieserhalb beim Kreisgerichte zu Ravensburg erhobene Entschädigungsklage wurde abgewiesen.

Zur Begründung der Berufung machte Kläger u. a. geltend, es liege auch ein Verschulden der Fabrikinhaber selbst vor, weil sie es unterlassen hätten, die zur Sicherung der Arbeiter gegen Gefahr für Leben und Gesundheit nötigen Schutzvorrichtungen in ihrer Fabrik einzuführen, indem sie versäumt, Schutzbrillen den Arbeitern zu liefern. Das Berufungsgericht verfügte Beweiserhebung darüber: „ob eine Schutzbrille die geeignete Vorrichtung sei, um die Augen eines mit Abfassung von flüssigem Eisen an einem Kugelofen beauftragten Gießers gegen das Ausspritzen von Eisenteilchen oder sog. Sternchen zu schützen", und erkannte nach Erhebung des Beweises die Beklagten schuldig, dem Kläger denjenigen Schaden zu ersetzen, welcher demselben durch den in der Fabrik derselben am 13. Juli 1876 erlittenen Unfall entstanden sei.

Gegen diese Entscheidung hat die Beklagte die Nichtigkeitsklage erhoben und dieselbe u. a. auf Art. 733 Nr. 15 der Civilprozeßordnung für das Königreich Württemberg vom 3. April 1868 gestützt, weil der Berufungsrichter bei der Feststellung einer aus §. 107 der Reichsgewerbeordnung abgeleiteten Schadensersatzpflicht sich geirrt habe, sofern er angenommen habe, es genüge festzustellen, 1. daß eine Einrichtung fehle, ohne daß es nötig sei zu beweisen, und festzustellen, daß der Gewerbeunternehmer deren Notwendigkeit oder Zweckmäßigkeit gekannt habe oder habe kennen müssen, 2. daß eine Schutzvorrichtung geeignet sei, die Gefahr zu vermeiden, ohne daß es nötig wäre zu beweisen und festzustellen, daß ein bestimmter Unfall durch deren Nichtanwendung eingetreten sei.

Durch die erste Annahme habe der Berufungsrichter für den Schuldbeweis, durch die zweite für den Schadensbeweis in unstatthafter Weise eine Rechtsvermutung aufgestellt.

Das Reichsgericht hat die Nichtigkeitsklage verworfen aus folgenden

Gründen:

. . . „Da nach Art. 733 Ziff. 15 eine Nichtigkeit vorliegt, wenn bei Beurteilung des der Entscheidung als Thatbestand zu Grunde gelegten Ergebnisses der Verhandlung und Beweisführung ein Rechtssatz verletzt, unrichtig ausgelegt oder falsch angewendet worden ist, die Feststellungen des Berufungsgerichtes über das Ergebnis der Verhandlungen und der Beweisführung daher bei Prüfung der Nichtigkeitsklage zu Grunde zu legen sind, so erscheint auch die Rüge der Verletzung von Rechtssätzen und insbesondere der aufgestellten Sätze nicht gerechtfertigt.

Das Landesoberhandelsgericht hat auf Grund der Würdigung des Ergebnisses der Beweiserhebung festgestellt, daß zwar durch den Gebrauch von Schutzbrillen den Arbeitern in der Fabrik der Beklagten kein absoluter Schutz gegen die Gefahren beim Gießen gewährt werde, daß aber durch dieses Schutzmittel die Gefahren erheblich vermindert werden, und hat, unter Bezugnahme auf §. 107 der Reichsgewerbeordnung, in der Unterlassung der Anwendung von Schutzbrillen, welche zu den im §. 107 erwähnten Einrichtungen gehören, ein Verschulden der Beklagten, bezw. der mit der Leitung und Beaufsichtigung des Betriebes und der Arbeiten beauftragten Personen, gefunden und hieraus die Haftbarkeit der Beklagten für den durch Unterlassung dieser Vorsichtsmaßregeln entstandenen Schaden gefolgert. Es hat ferner festgestellt, daß dafür — im vorliegenden Falle würde durch Anwendung der Brille der Unfall nicht verhindert worden sein — keinerlei Anzeichen vorliegen, und daß von der Beklagten in dieser Richtung wesentliches nicht vorgebracht sei. Durch die aus den festgestellten Thatsachen gezogenen rechtlichen Folgerungen hat der Berufungsrichter die von der Nichtigkeitsklägerin hervorgehobenen Rechtssätze nicht verletzt, namentlich keine Rechtsvermutungen für den Schaden und für den Schuldbeweis aufgestellt. Das Berufungsgericht gründet die Verurteilung der Beklagten auf §. 2 des Haftpflichtgesetzes vom 7. Juni 1871, denn es hebt ausdrücklich hervor, daß ein Verschulden der mit der Leitung des Fabrikbetriebes und der Beaufsichtigung der Arbeiter beauftragten Personen vorliege, und daß hierdurch die Haftpflicht der Beklagten begründet werde. Dasselbe stellt ferner fest, daß der dem Kläger zugefügte Schade die Folge der Unterlassung der Anwendung der Schutzbrillen sei.

Mit Recht geht dabei das Landesoberhandelsgericht davon aus, daß nach §. 107 der Reichsgewerbeordnung ein Fabrikunternehmer nicht nur verpflichtet sei, diejenigen Schutzvorrichtungen in seiner Fabrik zu treffen, welche geeignet sind, einen absoluten Schutz gegen die mit dem Fabrikbetriebe verbundenen Gefahren zu gewähren, sondern auch solche, welche geeignet sind, diese Gefahren in erheblichem Grade zu vermindern, und also, wenn auch nicht immer, so doch der Regel nach, die Beschädigung der Arbeiter zu verhüten. Denn in §. 107 ist bestimmt, der Fabrikunternehmer sei verpflichtet, alle diejenigen Einrichtungen auf seine Kosten herzustellen und zu unterhalten, welche mit Rücksicht auf eine besondere Beschaffenheit des Gewerbebetriebes und der Fabrikstätte zu thunlichster Sicherung der Arbeiter gegen Gefahr für Leben und Gesundheit notwendig sind. Daß zu diesen Einrichtungen vorliegend die Schutzbrillen gehören, hat der Berufungsrichter festgestellt. Die Kenntnis des Gewerbeunternehmers von der Notwendigkeit oder Zweckmäßigkeit der betreffenden Schutzvorrichtung ist nicht Voraussetzung für die Anwendbarkeit des Gesetzes, es ist vielmehr Pflicht des Unternehmers, nach denjenigen Einrichtungen sich zu erkundigen, welche für denjenigen Gewerbebetrieb, in welchem er Arbeiter beschäftigt, zum thunlichsten Schutze derselben notwendig und geeignet sind. Nach Lage der Sache kann übrigens auch nicht bezweifelt werden, daß der Beklagten, bezw. ihren mit Leitung des Fabrikbetriebes beauftragten Vertretern, bekannt gewesen, daß durch den Gebrauch der Schutzbrillen die Gefahren beim Gießen vermindert werden, da sie selbst behauptet hat, daß in allen Gießereien diese Schutzbrillen angewendet werden, und aus dem Nichtgebrauche derselben dem Kläger den Vorwurf gemacht hat, daß er durch Außerachtlassen der gewöhnlichen Vorsichtsmaßregeln den Unfall durch eignes Verschulden herbeigeführt habe.

Das Landesoberhandelsgericht geht ferner nicht, wie die Nichtigkeitsklägerin vermeint, davon aus, daß es eines Beweises des Kausalzusammenhanges zwischen dem Verschulden eines Beauftragten der Beklagten in seinen Dienstverrichtungen und dem eingetretenen Unfalle nicht bedürfe. Es stellt zwar nicht positiv fest, daß im Falle der Anwendung der Schutzbrille der Schade verhütet sein würde, sondern nur, daß dafür, der Unfall würde nicht verhindert sein, wenn auch die Schutzbrille benutzt wäre, nichts vorliege. Diese Feststellung ist auch genügend. Denn die Feststellung, daß absolut der Unfall nicht eingetreten sein würde, ist nicht möglich, wenn es sich um solche Schutzvorrichtungen handelt, welche nur einen relativen Schutz gewähren. Geht man von dem von dem Berufungsgerichte festgestellten Thatbestande aus, so wäre es Sache der Beklagten gewesen, darzulegen, daß trotz des Gebrauches der Schutzbrille die Beschädigung des Klägers nicht verhütet sein würde."

100. Ist der Fabrikunternehmer unbedingt verpflichtet, alle zum Schutze der Arbeiter dienlichen Maßregeln zu treffen bezw. anzuordnen, oder kann unter besonderen Umständen und in gewissen Beziehungen auch dem Arbeiter die Pflicht obliegen, für seinen Schutz selbst zu sorgen?

II. Civilsenat. Urt. v. 1. Juni 1880 i. S. M. (Kl.) w. Eisenw. K. (Bekl.) Rep. II. 106/80.

I. Bezirksgericht Kaiserslautern.
II. Oberlandesgericht Zweibrücken.

Während der Schlossergeselle M. in der Fabrik „Eisenwerk Kaiserslautern" beschäftigt war, einen Tunnelbogen mit dem Meißel zu verputzen, d. h. glatt zu machen, flog ihm ein Eisensplitter in das rechte Auge, und er verlor infolge hiervon dieses Auge.

Er erhob Entschädigungsklage, welche er unter anderem auch auf die Behauptung stützte, der Unfall sei dadurch veranlaßt, daß die beklagte Gesellschaft nicht für Anschaffung von Schutzbrillen gesorgt habe.

Diese Behauptung wurde vom Appellationsrichter aus drei Gründen für unerheblich erklärt, nämlich 1. weil nicht der Beklagten, sondern dem Kläger die Sorge für Anschaffung einer Schutzbrille obgelegen habe, 2. weil Schutzbrillen, die brauchbar seien, keinen absoluten, sondern nur relativen Schutz gewähren, und 3. weil ebendeshalb der Nachweis des Kausalzusammenhanges ausgeschlossen erscheine.

Die Nichtigkeitsbeschwerde wurde verworfen aus folgenden

Gründen:

„Wenn auch die Ansicht, es bestehe eine Verpflichtung der Beklagten zur Anschaffung von Schutzbrillen deshalb nicht, weil Schutzbrillen, die brauchbar seien, keinen absoluten, sondern nur relativen Schutz gewährten, nicht zu billigen ist,[1] wenn ferner die sich anschließende Erwägung, daß bei dieser Sachlage der Nachweis des Kausalzusammenhanges ausgeschlossen sei, bedenklich erscheint, so ist doch ein weiterer selbständiger Entscheidungsgrund gegeben, der geeignet ist, das angefochtene Urteil zu rechtfertigen.

[1] Vgl. das vorhergehende Erkenntnis Nr. 99 S. 271. D. R.

Der Appellationsrichter spricht zunächst seine Überzeugung aus, daß der Kläger **Kenntnis** gehabt, sowohl von der ihm drohenden Gefahr, als von den Vorsichtsmaßregeln, die geeignet seien, derselben zu begegnen, und erklärt weiter: mit Rücksicht darauf, daß die Anschaffung von Schutzbrillen nur unbedeutende Mühe und Auslage erfordere, sowie daß deren Aufbewahrung und Erhaltung ungleich gesicherter sei, wenn sie dem Arbeiter gehörten, als wenn sie vom Gewerbetreibenden gestellt würden, sei anzunehmen, daß die Pflicht zur Anschaffung einer Schutzbrille im vorliegenden Falle jedenfalls nicht der Beklagten, sondern dem Kläger selbst obgelegen habe.

In dieser Erwägung läßt sich eine rechtsirrtümliche Auffassung des §. 107 (jetzt §. 120) der Gewerbeordnung nicht erkennen. Mag diese Gesetzesbestimmung auch nicht auf bleibende Einrichtungen, welche ihrer Natur nach nur vom Gewerbeunternehmer ausgehen können, zu beschränken sein, so schließt sie doch nicht aus, daß unter Umständen, wie sie der Appellationsrichter als gegeben erachtete, der Arbeiter verpflichtet sein könne, für seinen Schutz selbst Sorge zu tragen.

Noch weniger kann der gegebenen thatsächlichen Feststellung gegenüber von Verletzung der Artt. 1382. 1383 Code civil die Rede sein."

---

101. 1. Kann im Falle des §. 1 des Haftpflichtgesetzes außer dem nach §. 3 Ziff. 2 zu leistenden Schadensersatze noch Schmerzensgeld und Entschädigung für körperliche Verunstaltung auf Grund der Bestimmungen des sächsischen bürgerlichen Gesetzbuches beansprucht werden?

2. Ist ein eigenes Verschulden des verletzten, noch nicht sieben Jahre alten Kindes möglich?

3. Begriff der höheren Gewalt.

II. Civilsenat. Urt. v. 13. April 1880 i. S. T. (Kl.) w. Muldenthal-Eisenbahn-Gesellschaft (Bekl.). Rep. II. 334/79.

I. Handelsgericht Dresden.
II. Appellationsgericht daselbst.

Aus den Gründen:

„Durch das Zugeständnis der Beklagten steht fest, daß der Sohn des Klägers beim Überschreiten der Bahn von einem vorübergehenden Zuge erfaßt worden ist und dabei, mithin beim Betriebe der Eisenbahn, eine schwere Körperverletzung erlitten hat. Gemäß §§. 1. 3 Nr. 2 des Reichsgesetzes vom 7. Juni 1871 haftet daher die Beklagte, sofern sie sich nicht durch den Beweis zu befreien vermag, daß der Unfall durch höhere Gewalt oder eigenes Verschulden des Verletzten verursacht sei, für den Ersatz der Heilungskosten und des Vermögensnachteiles, welchen der Verletzte durch die infolge der Verletzung eingetretene Verminderung der Erwerbsfähigkeit erleidet. Die Klage geht aber weiter, indem auf Grund der §§. 1489. 1490 des sächsischen bürgerlichen Gesetzbuches auch Schmerzensgeld und Ersatz für die erlittene körperliche Verunstaltung gefordert wird.

Was nun zunächst die Berufung der Beklagten betrifft, so muß der letzterwähnte, weitergehende Klaganspruch mit dem vorigen Richter als zulässig erachtet werden. Laut §. 9 des Haftpflichtgesetzes bleiben die Bestimmungen der Landesgesetze, nach welchen außer den in diesem Gesetze vorgesehenen Fällen der Unternehmer einer in den §§. 1. 2 bezeichneten Anlage, insbesondere wegen eines eigenen Verschuldens für den bei dem Betriebe der Anlage durch Körperverletzung eines Menschen entstandenen Schaden haftet, unberührt, und die Schlußbestimmung des §. 9 hält in diesen Fällen ausdrücklich diejenigen Bestimmungen der Landesgesetze aufrecht, welche dem Beschädigten einen höheren Ersatzanspruch gewähren. Nun nimmt die sächsische Praxis an, daß wegen der besonderen, mit dem Betriebe einer Eisenbahn verbundenen Gefahren der Unternehmer einer Eisenbahn sich gefallen lassen müsse, für den bei dem Betriebe, sei es durch seine eigene oder seines Dienstpersonales Schuld entstandenen Schaden als Urheber haftbar gemacht zu werden, und diese Auslegung der §§. 1483 flg. des bürgerlichen Gesetzbuches findet auch auf die Beklagte, ungeachtet ihrer Eigenschaft als Aktiengesellschaft, Anwendung, sofern ein Verschulden ihrer Vertreter oder ihres Personales dargethan werden kann. Zu den im §. 1 des Haftpflichtgesetzes enthaltenen Voraussetzungen tritt eine neue, das Verschulden, hinzu; es liegt mithin nicht ausschließlich der Fall des §. 1 vor, und hieraus rechtfertigt sich die Zulässigkeit des höheren Ersatzanspruches, ohne daß die im §. 9 gebrauchten Worte „außer den in diesem Gesetze vorgesehenen Fällen" entgegenstehen.

Mit Recht hat auch das Appellationsgericht entschieden, daß ein weiterer Beweis des Verschuldens mit Rücksicht auf die zugestandenen Thatsachen dem Kläger nicht obliege; ein solches vielmehr anzunehmen sei, wenn die vom Kläger unter Eidesantrag aufgestellte, von der Beklagten geleugnete Behauptung, daß der Knabe auf dem durch die Barriere nicht verschlossenen Teile des Weges der Bahnübergang betreten habe, in Wahrheit beruhen sollte.

Die Beklagte hat sich ferner darüber beschwert, daß ihr nur zur Entkräftung der auf Schmerzensgeld und Verunstaltungsentschädigung gerichteten, nicht auch der aus dem Reichsgesetze hergeleiteten Ansprüche gestattet worden sei, ihre abweichende Darstellung des Vorfalles in der Gewissensvertretung auszuführen und zugleich den Beweis ihres eigenen Vorbringens anzutreten. Dieses Vorbringen geht im wesentlichen dahin, daß der Knabe nicht auf dem ungesperrten Bahnübergange, sondern von einer anderen Richtung her, und zwar auf einem, dem Publikum unzugänglichen, nicht erlaubten Wege auf das Bahngeleis plötzlich in dem Momente gelangt sei, wo der Zug Nr. 7 eben den Niveauübergang passierte, daß der eine Flügel der Barriere wegen Umbaues derselben nicht geschlossen werden konnte, daß aber der Bahnwärter Z. den nicht geschlossenen Teil der Barriere aufmerksam bewacht habe. Indessen konnten diese Thatsachen nicht zu dem nach §. 1 des Haftpflichtgesetzes gestatteten Entlastungsbeweis dienen. Ein eigenes Verschulden des Knaben, welcher zur Zeit des Unfalles noch nicht 7 Jahre alt war, ist durch §§. 47. 81. 119 des bürgerlichen Gesetzbuches ausgeschlossen, und die Annahme höherer Gewalt läßt sich aus den angeführten Thatsachen, wenn dieselben auch in ihrem Zusammenhange je nach dem Ergebnisse des Beweisverfahrens geeignet sein mögen, die Behauptung eines Verschuldens des Bahnpersonales zu widerlegen, nicht rechtfertigen. Der Mangel eines Verschuldens fällt mit dem Begriffe der höheren Gewalt keineswegs zusammen; es würde sich im Falle der Richtigkeit der Darstellung der Beklagten nicht einmal mit Sicherheit ergeben, daß der Unfall, welcher sich danach auf dem Niveauübergang ereignet hat, nicht durch Mittel, deren Anwendungen nach den allgemeinen Verkehrsanschauungen für die Betriebsverwaltung ratsam und möglich gewesen wäre, hätte verhütet werden können. Die Beklagte kann sich daher auf „höhere Gewalt" nicht berufen, auch wenn man diese Worte nicht in der Bedeutung versteht, wonach dazu die objektive Unmöglichkeit der Abwendung des Unfalles gehört. — Ein eigenes Verschulden des Vaters des Verletzten könnte höchstens für dessen persönliche, auf Ersatz der Kur-

und Pflegekosten gerichtete Forderung von Erheblichkeit sein, kann aber nicht schon darin gefunden werden, daß der Knabe ohne Begleitung nach dem nahe gelegenen Orte entsendet worden ist."

---

102. Begriff des Wortes „Betriebsunternehmer" im §. 1 des Haftpflichtgesetzes.[1]

II. Civilsenat. Urt. v. 16. April 1880 i. S. der Köln-Mindener Eisenbahngesellschaft (Bekl.) w. Witwe B. (Kl.) Rep. II. 224/79.

I. Landgericht Köln.
II. Appellationsgerichtshof daselbst.

Die Witwe B. erhob in eigenem Namen und als Vormünderin ihrer minderjährigen Kinder eine Entschädigungsklage gegen die Köln-Mindener Eisenbahngesellschaft, weil ihr Ehemann, welcher in Diensten der Beklagten, und zwar auf der Eisenbahnstrecke Venlo-Hamburg in der Nähe von Ottersberg, als Arbeiter angestellt und beschäftigt gewesen sei, auf der von der Hauptbahn abzweigenden, zur Kiesgrube Reßum führenden Nebenbahn, auf welcher ein interimistischer Betrieb mit Pferden stattfand, von einem in Bewegung geratenen beladenen Wagen überfahren und dabei so schwer verletzt worden, daß infolgedessen sein Tod eingetreten sei. Die Beklagte setzte der Klage namentlich die beiden Einreden entgegen, daß der Unfall nicht bei dem Betriebe einer Eisenbahn erfolgt sei, und daß der Verunglückte nicht in ihren Diensten, sondern in denen des Unternehmers S. gestanden, welcher den Kiestransport auf der Nebenbahn zu Eisenbahnzwecken kontraktlich übernommen, also als Betriebsunternehmer auf dieser Strecke zu betrachten sei.

Nach einem Zeugenverhöre verurteilte das Landgericht die Beklagte zur Zahlung einer Rente an die Klägerin und deren Kinder.

Auf die von der Eisenbahngesellschaft erhobene Berufung setzte der Appellationsgerichtshof die Rente herab, verwarf jedoch im übrigen die Berufung. Dem hierauf von der Eisenbahngesellschaft eingelegten

---

[1] Vgl. Entsch. des R.O.H.G.'s Bd. 21 Nr. 55 S. 175. D. R.

Kassationsrekurs hat das Reichsgericht wegen der Entscheidung über die zweite Einrede stattgegeben aus folgenden

Gründen:

„In Erwägung, daß bezüglich der zweiten, der Klage entgegengesetzten Einrede der Appellationsrichter auf Grund der Zeugenaussagen thatsächlich festgestellt hat, „daß S. gegen eine bestimmte Akkordsumme den Kies für die Haupt- und Nebenbahn aus der Kiesgrube Reßum, an welcher die Appellantin eigentums- oder nutzungsberechtigt gewesen sein müsse, zu fördern und auf die beiden Bahnen zu schaffen übernommen gehabt habe, indem ihm dabei die Appellantin zugleich die Benutzung des von ihr bereits fertiggestellten Schienengeleises der Nebenbahn zum Transporte des Kieses mittels Pferdekraft und später auch mittels Dampfkraft gestattet habe;

daß der Appellationsrichter hiernach zu dem Schlusse gelangt, daß selbst in dem Falle, wenn infolge dieses Vertrages S. die zur Ausführung desselben erforderlichen Arbeiter einschließlich des verunglückten B. angenommen und ebenso die nötigen Wagen, Pferde und Gerätschaften ganz oder teilweise selbst gestellt haben sollte, er dabei doch immer nur Unternehmer der bestimmten ihm akkordmäßig übertragenen Arbeiten geworden, wogegen die Appellantin vor wie nach die Unternehmerin des Eisenbahnbetriebes geblieben sei;

daß diese Annahme auf einer rechtsirrtümlichen Auffassung des Begriffes „Betriebsunternehmer" beruht;

daß als entscheidendes Merkmal zu gelten hatte, ob die Kassationsklägerin dem S. die dem Zwecke der Nebenbahn entsprechende Ausnutzung derselben für seine eigene Rechnung und auf seine eigene Gefahr in dem Sinne überlassen hatte, daß das ökonomische Ergebnis des Betriebes ihm zum Vorteil oder Nachteil gereichte, was die Ausführungen des Appellationsrichters als möglich erscheinen lassen;

daß es dabei gleichgültig ist, wenn das Eigentum der Nebenbahn der Kassationsklägerin verblieben, und dem S. ein allgemeines und selbständiges Verfügungsrecht nicht eingeräumt war;

daß auch der schließlich hervorgehobene Umstand, daß jedenfalls wegen der dem S. überlassenen Benutzung der Zweigbahn der ihm zustehende Akkordpreis entsprechend niedriger stipuliert worden sei, die Ansicht des Appellationsrichters nicht zu rechtfertigen vermag, da, wenn die Überlassung der Ausnutzung einer Eisenbahn seitens des Eigentümers an einen Dritten gegen **Entgelt** stattfindet, um so eher vorausgesetzt werden muß, daß der Dritte den Betrieb selbständig für eigene Rechnung und Gefahr übernehme;

daß mithin in dieser Hinsicht das angegriffene Urteil wegen Verletzung von §. 1 des Reichshaftpflichtgesetzes der Kassation unterliegt, die Sache selbst aber zur anderweitigen Verhandlung und Entscheidung in die zweite Instanz zurückzuverweisen ist."

---

103. Kann der nach dem Gesetze vom 7. Juni 1871 zum Schadensersatze Verpflichtete verlangen, daß der Verletzte, dessen Erwerbsfähigkeit nur vermindert ist, das Dienstverhältnis bei ihm fortsetze und seine noch vorhandene Arbeitskraft in diesem Dienste verwende?[1]

II. Civilsenat. Urt. v. 8. Mai 1880 i. S. H. (Kl.) w. Gebr. R. (Bekl.) Rep. II. 76/80.

I. Bezirksgericht Dresden.
II. Oberlandesgericht daselbst.

Aus den Gründen:

„In ihrer Einlassung auf die Klage hat die Beklagte geltend gemacht, Kläger sei im August 1878 wenigstens einigermaßen wieder arbeitsfähig gewesen und daher auch bei ihr wieder beschäftigt worden, habe aber am 14. September 1878 ohne weiteres die Arbeit eingestellt und dieselbe trotz geschehener Aufforderung nicht wieder aufgenommen, obschon in und seit dieser Zeit sich seine Arbeitsfähigkeit immer mehr gesteigert habe; Kläger sei durch dieses Einstellen jeder Arbeit, welches seinen Grund nicht in seinem Gesundheitszustande, sondern in seinem freien Willen habe, seines Rechtes auf weitere Lohngewährung bezw. Entschädigung für die Zeit nach dem 14. September 1878 verlustig gegangen.

Mit Recht haben beide vordere Instanzen diesen Einwand zurückgewiesen.

[1] Vgl. Entsch. des R.O.H.G.'s Bd. 19 Nr. 4 S. 12. D. R.

Wenn Kläger seit dem 14. September 1878 einen gewissen Grad von Arbeitsfähigkeit wieder erlangt hatte, so wird dies selbstredend auf das Maß der ihm zu gewährenden Entschädigung von Einfluß sein; er wird nach §. 3 Nr. 2 des Reichsgesetzes vom 7. Juni 1871 Schadensersatz nur soweit beanspruchen können, als seine Erwerbsfähigkeit noch vermindert war oder gegenwärtig vermindert ist; es mag auch die Behauptung der Beklagten in dem Falle erheblich sein, wenn Kläger sich darauf berufen sollte, daß er keine seinem Körperzustande entsprechende Arbeit habe finden können. Dagegen kann Beklagte, da sie nicht aufstellt, daß Kläger nach dem ursprünglichen Vertrage oder nach einer bei der Wiederaufnahme der Arbeit getroffenen Verabredung zur Fortsetzung des Dienstverhältnisses verpflichtet sei, nicht verlangen, daß dieselbe gerade in ihrem Dienste die ihm verbliebene Arbeitskraft verwende; es würde dies ebensosehr mit den Bestimmungen des Haftpflichtgesetzes, als mit den Grundsätzen über die freie Selbstbestimmung im Widerspruche stehen."

---

104. Erfüllungs- und Bestimmungsort. Wird der Anspruch auf Lagergeld dadurch ausgeschlossen, daß der Retinent die Sache zugleich in eigenem Interesse zurückbehält? Hat der außergerichtliche Verkauf des Retentionsobjektes Verwirkung der Befugnis aus dem Zurückbehaltungsrechte zur Folge?[1]

H.G.B. Artt. 324. 344. 348. 290. 315.

III. Civilsenat. Urt. v. 24. März 1880 i. S. S. S. (Bekl.) w. Z. & H. (Kl.) Rep. III. 467/79.

I. Stadtgericht Darmstadt.
II. Hofgericht daselbst.

Aus den Gründen:

„1. Nach Art. 324 H.G.B. muß die Erfüllung eines Handelsgeschäftes an dem Orte geschehen, welcher im Vertrage bestimmt oder nach der Natur des Geschäftes oder der Absicht der Kontrahenten als Ort der Erfüllung anzusehen ist. Fehlt es an diesen Voraussetzungen,

---

[1] Vgl. Entsch. des R.O.H.G.'s Bd. 25 Nr. 55 S. 223 flg.

so gilt als Erfüllungsort derjenige, an welchem der Verpflichtete zur Zeit des Vertragsschlusses seine Handelsniederlassung bezw. seinen Wohnort hatte. Unbestritten hatte im vorliegenden Falle die Verkäuferin (die Firma Z. & H.) zur Zeit des Abschlusses des fraglichen Lieferungsvertrages ihre Handelsniederlassung in Sorau, der beklagte Käufer seinen Wohnsitz in Darmstadt; gesetzlich mußte daher jene in Sorau, dieser, unbeschadet der für Geldzahlungen in Art. 325 H.G.B. gegebenen besonderen Vorschriften, in Darmstadt erfüllen. Der Vertragsinhalt selbst hat an diesem gesetzlichen Erfüllungsorte nichts geändert. Indem die gedachte Firma dem Beklagten

> „50 Sack Weizenmehl lieferbar innerhalb drei Wochen und 50 Sack ditto lieferbar innerhalb zweier Monate per 50 Kilo zum alten Preise von *M* 10,50 inklusive Sack ab Bahn Sorau, Kassa nach Empfang der Ware in Darmstadt mit 1 Prozent Skonto"

verkaufte, verpflichtete sich die Verkäuferin, binnen der bestimmten Frist die Ware auf ihre Kosten der Eisenbahn in Sorau zur Beförderung an den Käufer zu übergeben, und der Beklagte, das Kaufgeld Zug um Zug bei der Ablieferung nach vorgängiger Untersuchung (nach Empfang) der Ware zu entrichten. Danach war Erfüllungsort für die Verkäuferin der Ort ihrer Handelsniederlassung — Sorau —, und sie hatte der ihr vertragsmäßig und gesetzlich (Art. 344 H.G.B.) obliegenden Verpflichtung zur Versendung der Ware in Ansehung der ersten Ratenlieferung Genüge geleistet, als sie die letztere ab Sorau zur Verladung brachte. Damit vollzog sie zugleich nach dem Rechte des Erfüllungsortes (§. 128 A.L.R. I. 11) die juristische Tradition der Ware. Zur Zahlung des Kaufpreises war dagegen der Beklagte erst gehalten, nachdem die Ware am Bestimmungs- und Ablieferungsorte — Darmstadt —, der hier zugleich mit des Käufers Wohnorte zusammenfiel, angelangt und vom Beklagten in Empfang genommen worden war.

Unbegründet und thatsächlich unrichtig ist die Behauptung des Oberappellanten, daß Darmstadt als einheitlicher Erfüllungsort für beide Teile deshalb angesehen werden müsse, weil die Verkäuferin die Ware dorthin zu liefern und er, Beklagter, dort Zahlung zu leisten versprochen habe. Für diese Auslegung des Vertragsinhaltes giebt der Wortlaut des Vertrages keinen Anhaltspunkt. Wenn sich aber Oberappellant zur Unterstützung derselben darauf beruft, daß der Vertrag in Darmstadt abgeschlossen worden sei, so ist dies Vorbringen nicht von Erheblichkeit; denn Beklagter hat unterlassen, die näheren Umstände anzugeben, unter welchen der Vertragsabschluß in Darmstadt erfolgte. So wie die Sache liegt, kann aus dem Umstande allein, daß die Urkunde Darmstadt als den Ausstellungsort bezeichnet, in Beibehalt der Thatsache, daß ausdrücklich „ab Sorau" zu liefern versprochen wurde, nicht gefolgert werden, daß nach der Absicht der Kontrahenten Darmstadt zugleich Entstehungsort der Obligation und Erfüllungsort für die beiderseitigen Leistungen habe sein sollen.

Der Beklagte bestreitet nun nicht, daß, wenn Sorau für die Verpflichtungen der Verkäuferin als Erfüllungsort zu gelten habe, das Recht dieses Ortes, also preußisches Recht, in Anwendung komme.

2. Unbestritten hat ferner der Beklagte die Ware unterm 16. November 1876 der Firma Z. & H. zur Verfügung gestellt, der in dem Konkurseröffnungsdekrete des Kreisgerichtes Sorau vom 30. dess. M. enthaltenen Aufforderung zur Zurückgabe der beanstandeten Ware jedoch thatsächlich keine Folge geleistet und am 9. Dezember 1876 dem Masseverwalter erklärt, daß er wegen der ihm aus dem fraglichen Lieferungsvertrage erwachsenen Gegenansprüche von dem ihm zustehenden Zurückbehaltungsrechte Gebrauch mache. Ohne Rücksicht auf den eingelegten Widerspruch der Klägerin hat der Beklagte am 6. April 1877 die Ware unter dem Vorgeben zur öffentlichen Versteigerung gebracht, daß solche bei längerer Lagerung dem Verderben ausgesetzt sei, und stellt nun der Klage auf Zahlung des den Kaufpreis übersteigenden Erlöses als Kompensationsforderung unter anderem einen Anspruch auf Lagergeld für die Zeit vom 15. November 1876 bis 6. April 1878 entgegen.

Mit Unrecht hat die vorige Instanz diesen Anspruch um deswillen zurückgewiesen, weil Beklagter Ware in Ausübung des von ihm geltend gemachten Zurückbehaltungsrechtes, also in eigenem Interesse, auf Lager gehalten habe.

Beklagter war, nachdem er die Ware beanstandet hatte, in Gemäßheit des Art. 348 Abs. 1 H.G.B. verpflichtet, für deren einstweilige Aufbewahrung Sorge zu tragen; mindestens bis zur Anzeige von der Geltendmachung des Retentionsrechtes nahm danach Beklagter die gelieferten 50 Sack Mehl ausschließlich im Interesse der Verkäuferin auf Lager und könnte für diese Zwischenzeit selbst nach der Ansicht des Vorderrichters auf Grund des Art. 290 H.G.B. Lagergeld fordern.

Dazu kommt, daß Beklagter eine liquide Gegenforderung von 139 ℳ für verauslagte Frachtkosten hatte, deren Ersatz die Verkäuferin bei Zurücknahme der beanstandeten Ware nicht verweigern durfte. Solange daher die Konkursmasse jene Lagerkosten und diesen Frachtverlag nicht erstattete oder Sicherheit für deren Zahlung leistete (Art. 315 Satz 2 H.G.B.), war der Beklagte zur Retention des Mehles zu Lasten der Klägerin befugt, und es müssen ihm demgemäß auch die Lagerkosten für die ganze Dauer der Aufbewahrung vergütet werden.

Eine andere Beurteilung wird auch dadurch nicht begründet, daß der Beklagte unterm 9. Dezember 1876 dem Masseverwalter anzeigte, er retiniere das Mehl mit Rücksicht auf seine Differenzforderung wegen Nichterfüllung des Vertrages. Denn, einen erweislichen Rechtsgrund zur Retention vorausgesetzt, macht es in Ansehung der Verbindlichkeit des Gegners, die auf Erhaltung oder Aufbewahrung des Retentionsobjektes aufgewendeten notwendigen oder nützlichen Kosten zu ersetzen, keinen Unterschied, ob der Retinent die Sache ausschließlich im Interesse des Gegners oder zugleich auch in seinem eigenen Interesse zurückbehalten hat.

Infolge der hiernach gebotenen Abänderung des angefochtenen Erkenntnisses muß auf diejenigen weiteren Einwendungen eingegangen werden, welche die Klägerin dem hier streitigen Kompensationsanspruche in zweiter Instanz entgegengesetzt hat.

Dieselben sind durchweg nicht begründet.

Der Art. 315 H.G.B. verweist zwar den Retentionsberechtigten, welcher die zurückbehaltene Ware verkaufen will, auf den Weg der Klage bei dem für ihn selbst zuständigen Gerichte; allein daraus folgt nicht, daß der Retinent seines Kompensationsanspruches verlustig gehe, wenn er die Ware zum Zwecke der Geltendmachung desselben nach den Vorschriften des Art. 348 H.G.B. zum Verkaufe bringt, vielmehr wird derselbe hierdurch dem Schuldner nur schadensersatzpflichtig. Eine Schadensersatzforderung hat aber die Klägerin nicht erhoben, vielmehr selber den Erlös aus der öffentlichen Versteigerung des Retentionsobjektes in Anspruch genommen, und es ist ihr dieser Erlös auch rechtskräftig zugesprochen worden. Damit erledigt sich die Replik des Verzichtes der Klägerin auf die Ausübung ihres Zurückbehaltungsrechtes.

Klägerin behauptet hiernächst, daß Beklagter nach seinem eigenen Vorbringen schon im Dezember 1876 die Ware mit gleichem Nutzen habe verkaufen können, daß er mithin deren Versteigerung schuldvoll verzögert habe, ein Umstand, welche eine verhältnismäßige Minderung der Lagerkosten bedinge. Ein Verschulden des Beklagten ist jedoch darin nicht zu finden, daß er zur Veräußerung erst dann schritt, als er durch das Gutachten der Sachverständigen die Überzeugung gewonnen hatte, daß die Ware bei längerer Aufbewahrung dem Verderben ausgesetzt sei. Überdies hat die Klägerin wiederholt und noch nach erhaltener Anzeige von der Vornahme der Versteigerung Verwahrung dagegen eingelegt, den Aufschub des Verkaufes sich also selber zuzuschreiben.

Die Forderung des Beklagten auf Lagergeld setzt endlich nicht voraus, daß derselbe die Ware bei einem Dritten oder in einem öffentlichen Lagerhause unterbrachte; vielmehr durfte er solche in eigenem oder gemietetem Raume aufbewahren und hat in jedem dieser Fälle gemäß Art. 290 H.G.B. einen Anspruch auf Lagergeld nach den am Orte gewöhnlichen Sätzen."

---

105. Voraussetzungen der Berechtigung des Verkaufs- oder Einkaufs-Kommissionäres zum Eintritte als Selbstkontrahent nach Art. 376 H.G.B. Rechte des Kommissionäres dem Kommittenten gegenüber im Falle des Eintrittes, namentlich wenn der Kommittent dem Kommissionär zum Verkaufe bereits ausgeloste Lospapiere übersendet. Geltendmachung der Rechte des Kommissionäres mit der Kaufklage oder mit der Mandatsklage?

I. Civilsenat. Urt. v. 10. April 1880 i. S. B. (Kl.) w. G. (Bekl.) Rep. I. 561/79.

I. Kreisgerichtsdeputation für Handelssachen Elbing.
II. Appellationsgericht Marienwerder.

Aus den Gründen:

„Der Beklagte erteilte dem Kläger am 26. November 1877 eine Verkaufskommission des Inhaltes, daß Kläger 11 Stück 1855er preußische Prämien-Anleihescheine bestmöglich, jedoch nicht unter 134, verkaufen sollte. Am 27. November 1877 erstattete Kläger dem Beklagten die Ausführungsanzeige dahin, daß er dem Auftrage des Beklagten gemäß 3300 ℳ $3^1/_2$-prozent. Prämienanleihe zu 134,10 begeben habe und um Übersendung der Stücke zum Zwecke der Berechnung bitte. Mit Brief vom 28. November 1877 übersandte Beklagter dem Kläger „die verkauften 11 Stück preußische Prämienanleihe" mit der Bitte, ihm den „Gegensatz" dafür zu übersenden. Mit Brief vom 29. November 1877 übersandte Kläger dem Beklagten bar 4489,80 ℳ, bescheinigte den Empfang der 3300 ℳ preußische Prämienanleihe, „die ich, wie vorsteht, ablieferte und deren Erlös ich Ihnen zugehen lasse". Dem Briefe ist eine Note beigefügt, in welcher der Preis der fraglichen Effekten à 134,10 zuzüglich der Zinsen und abzüglich der Spesen und Provision berechnet wird. Hiermit war das Kommissionsgeschäft zunächst abgemacht. Mit Brief vom 18. September 1878 machte Kläger aber dem Beklagten die Anzeige, daß sich nachträglich herausgestellt habe, daß unter den 11 Stück preußische Prämienanleihe, welche Beklagter am 29. November 1877 dem Kläger geliefert, drei nach Serie und Nummer bezeichnete Stücke (die jetzt streitigen) bereits am 15. September 1876 ausgelost seien, weshalb er bitte, ihm dagegen drei unverloste Stücke zuzustellen. Diesen Antrag hat Kläger, da Beklagter nicht darauf eingehen wollte, in der vorliegenden Klage wiederholt und dem Beklagten nur nach seiner Wahl freigestellt, den ihm für die drei Stück vom Kläger bezahlten Preis zurückzuzahlen. Der Kläger behauptet, daß er die Verkaufskommission des Beklagten vom 26. November 1877 durch Eintritt als Selbstkäufer ausgeführt habe. Der Beklagte bestreitet dies, und der Appellationsrichter hat die Klage abgewiesen, indem er annimmt, daß ein Proprekauf zwischen Parteien nicht zustande gekommen sei. Er begründet diese Annahme, indem er nach Mitteilung der vom 20.—29. November 1877 gepflogenen Korrespondenz ausführt:

„Davon, daß Kläger von der Befugnis, die Effekten, deren Verkauf ihm aufgetragen worden, als Käufer für sich zu behalten (Art. 376 H.G.B.), Gebrauch gemacht habe oder Gebrauch machen wolle, sei in der Korrespondenz überall nicht die Rede gewesen, vielmehr sei die Ausführungsanzeige des Klägers, wie die nichts anders aufzufassenden und auszulegenden Äußerungen „ich begab", „ablieferte", „Erlös" ergäben, dahin gegangen, „daß er den Auftrag ausgeführt habe"; Kläger habe auch weder in seinem Schreiben, noch in der Nota vom 29. November 1877 dem Beklagten den Nachweis gegeben, daß bei dem berechneten Preise der zur Zeit bestehende Börsenkurs eingehalten sei;

es sei unter diesen Umständen eine Übereinstimmung beider Parteien über das Zustandekommen eines Proprekaufes nicht ersichtlich und nicht vorhanden gewesen und das Rechtsgeschäft lediglich als Kommissionsgeschäft zu beurteilen. Allerdings habe dadurch, daß der Kläger in der Ausführungsanzeige eine andere Person als Kläger nicht namhaft gemacht, nach Art. 376 H.G.B. der Beklagte die Befugnis erlangt, den Kläger selbst als Käufer in Anspruch zu nehmen, dagegen könne der Kläger aus der unterlassenen Benennung eines anderen Käufers nicht Rechte herleiten und das Zustandekommen eines Propregeschäftes geltend machen."

Diese Ausführung entspricht allerdings der Rechtsprechung des vormaligen preußischen Obertribunales, auf dessen Entscheidung vom 20. November 1866 der Appellationsrichter auch bezugnimmt. Das vormalige Reichsoberhandelsgericht hat aber in zahlreichen Entscheidungen diese Auffassung als rechtsirrtümlich reprobiert, und das Reichsgericht schließt sich der namentlich in dem Urteile des Reichsoberhandelsgerichtes vom 26. Januar 1876,

vgl. Entsch. desselben Bd. 19 S. 355 flg.,

näher begründeten, mit der Rechtsprechung des vormaligen Oberappellationsgerichtes zu Lübeck,

vgl. Seuffert's Archiv Bd. 24 Nr. 68,

im Einklange stehenden Auffassung des Reichsoberhandelsgerichtes an. Der Appellationsrichter nimmt schon einen rechtsirrtümlichen Ausgangspunkt, wenn er das Kommissionsgeschäft, die Ausführung des Kommissionsauftrages einerseits und das Zustandekommen eines Proprekaufes andererseits als Gegensätze behandelt, und wenn er dies auch nicht ausdrücklich ausspricht, doch zweifellos annimmt, der Kommissionsauftrag als solcher werde nur dadurch, daß der Kommissionär das aufgetragene Geschäft mit einem Dritten abschließe, ausgeführt, mit dem Kommissionsauftrage sei aber zugleich die Offerte zum eventuellen Abschlusse eines Proprekaufes verbunden, welcher letztere dann dadurch perfekt werde und nur dadurch perfekt werden könne, daß der Kommissionär in der Ausführungsanzeige die Acceptation der Offerte zu einem Proprekaufe erkläre, wogegen, wenn der Kommissionär diese Erklärung nicht in der Ausführungsanzeige abgebe, die Offerte als abgelehnt gelte, und folgeweise der Kommissionär später nicht mehr seinen Eintritt als Selbstkontrahent erklären könne. Diese ganze rechtliche Konstruktion ist eine verfehlte und der Auffassung des Handelsstandes fremde. Der Komissionsauftrag ist nichts weiter, als das Wort besagt; eine Offerte zu einem Proprekaufe enthält derselbe nicht, nnd es ist ganz gleichgültig, ob der Kommittent daran gedacht hat. Nach der historischen Entwickelung des Kommissionsgeschäftes hat sich, wie in der allegierten Entscheidung des Reichsoberhandelgerichtes ausgeführt ist,

vgl. Grünhut, Kommissionshandel §. 43,

die Befugnis des Kommissionäres festgestellt, nach seiner Wahl, welche jedoch in den in der allegierten Entscheidung des Reichsoberhandelgerichtes (S. 359 a. a. O.) angegebenen Fällen cessiert, die Kommission entweder durch einen Abschluß mit einem Dritten oder durch den Eintritt als Selbstkontrahent auszuführen. Der Eintritt als Selbstkontrahent ist daher nichts von der Ausführung des Auftrages Verschiedenes, sondern nur eine Art der Ausführung des Kommissionsauftrages; der Kommissionär führt den Auftrag aus, indem er das aufgetragene Geschäft nicht mit einem Dritten, sondern „in sich" abschließt. Der Kommissionär ist auch in der Ausübung seines Wahlrechtes keineswegs in der Art zeitlich beschränkt, daß die Ausführungsanzeige die betreffende Erklärung bei Verlust des Eintrittsrechtes enthalten müßte; die Übung des Handelsstandes, an welche Art. 376 H.G.B. sich angeschlossen hat, ist vielmehr im Gegenteil die, daß die Ausführungsanzeige, obwohl die Kommissionsaufträge großenteils durch Eintritt des Kommissionäres als Selbstkontrahent ausgeführt werden, selten eine ausdrückliche Erklärung darüber, ob die Ausführung des Auftrages in der einen oder anderen alternativen Weise erfolgt sei, bezw. erfolgen solle, enthält. Da der Kommittent regelmäßig nur ein Interesse dabei, daß das Geschäft überhaupt gemacht wird, hat, es ihm aber gleichgültig ist, ob das Geschäft mit einem Dritten oder von dem Kommissionäre in sich gemacht wird, da ferner der Kommissionär dem Kommittenten seine Geschäftsverbindungen nicht ohne Not aufdeckt, so wird es in den meisten Fällen gänzlich mit Stillschweigen übergangen, in welcher der beiden Arten die Kommission ausgeführt ist; jedenfalls darf aber der Kommissionär, wenn er seine Wahl nicht in der Ausführungsanzeige bereits erklärt hat, dies noch später ohne Zeitbeschränkung nachholen, solange das Wahlrecht nicht durch einen besonderen gesetzlichen Grund, worüber es hier keiner weiteren Erörterung bedarf, seine

Endschaft erreicht hat. In den vom Appellationsrichter urgierten Ausdrücken, welche in den Briefen des Klägers vom 27. und 29. November 1877 vorkommen („begeben", „abliefern", „Erlös"), kann auch nicht die Erklärung des Kommissionäres, daß er den Auftrag durch Abschluß mit einem Dritten abgeschlossen habe, gefunden werden. Es mag zugegeben werden, daß jene Ausdrücke sprachlich eine solche Deutung zulassen. Aber die tägliche Übung im Kommissionsgeschäfte spricht gegen eine solche Auslegung. Die Kommissionäre gebrauchen regelmäßig solche Ausdrücke in ihren Ausführungsanzeigen, ohne daß sie daran denken, eine Wahl unter den beiden Alternativen treffen und dem Kommittenten eine Erklärung über die getroffene Wahl abgeben zu wollen; sie gebrauchen solche Ausdrücke, wenn sie eben über die Ausübung der Wahl eine Erklärung überhaupt noch nicht abgeben, sich vielmehr die Wahl oder eine Erklärung darüber noch für eine spätere Zeit vorbehalten wollen. Mit Unrecht legt ferner der Appellationsrichter darauf Gewicht, daß Kläger weder in seinen Briefen noch in der Note den Nachweis, daß bei dem berechneten Preise der zur Zeit bestehende Börsenpreis eingehalten sei, gegeben habe; dieser Nachweis gehört nach Art. 376 Abs. 2 H.G.B. zu der dem Kommissionäre obliegenden Rechenschaft über den Abschluß des Kaufgeschäftes; diesen Nachweis, welcher durch Beifügung des Kurszettels zu erbringen ist, braucht aber der Kommissionär nur auf Verlangen des Kommittenten zu liefern; ein solches Verlangen wird jedoch nur selten gestellt werden, da teils der Kommittent dem Kommissionäre vertraut, daß er den Börsenkurs nicht überschreitet, teils der Kurszettel regelmäßig auch dem Kommittenten ohne eine Mitteilung des Kommissionäres zugänglich ist. Im vorliegenden Falle ist in der Klage behauptet, daß der Börsenkurs eingehalten sei, und der Beklagte hat dies in der Klagebeantwortung ausdrücklich zugestanden. Die Anzeige, daß 134,10 der damalige Börsenkurs sei, ist aber in den Briefen des Klägers zu finden, da, wenn ihm der bestmögliche Verkauf aufgetragen wird und er darauf den Verkauf zu 134,10 anzeigt, darin zugleich liegt, daß nach dem Börsenkurs mehr nicht zu erlangen war.

Verfehlt ist es, wenn der Appellationsrichter aus der Bestimmung im Art. 376 Abs. 3 H.G.B., wonach der Kommittent den Kommissionär als Selbstkontrahenten in Anspruch nehmen darf, wenn derselbe nicht in der Ausführungsanzeige einen Dritten als Käufer oder

Verkäufer namhaft macht, a contrario folgert, daß in dem hier vorgesehenen Falle der Kommissionär nicht das Recht habe, dem Kommittenten gegenüber als Selbstkontrahent aufzutreten. Dieses Recht des Kommissionäres folgt schon aus Art. 376 Abss. 1. 2 bei richtiger Auslegung, und Abs. 3 hat dem Kommittenten nur ein korrespondierendes Recht als Gegengewicht gegen einen etwaigen Mißbrauch des dem Kommissionäre eingeräumten Wahlrechtes, namentlich für den Fall einer Verzögerung der Erklärung über die Ausübung des Wahlrechtes, gegeben. Der Abs. 3 ist zugleich ein Belag für die Unrichtigkeit der Annahme des Appellationsrichters, daß es zum Eintritte des Kommissionäres als Selbstkontrahenten einer Erklärung der Willensübereinstimmung, wie solche zur Perfektion eines Vertrages nötig ist, bedürfe. Wie der Kommissionär nach seiner Wahl das aufgetragene Geschäft in sich selbst ausführen kann, ohne der Zustimmung des Kommittenten zu bedürfen, so kann der Kommittent nach Abs. 3 den Kommissionär als Selbstkontrahenten behandeln, ohne dessen Zustimmung zu bedürfen. Mit Unrecht will ferner der Beklagte in den Gründen des angefochtenen Urteiles eine das Reichsgericht bindende thatsächliche Feststellung, daß der Kläger nicht als Selbstkontrahent eingetreten sei, sondern das Geschäft mit einem Dritten abgeschlossen habe, finden. Daß Kläger die fraglichen Wertpapiere infolge des Auftrages des Beklagten thatsächlich an einen Dritten verkauft habe, ist weder vom Beklagten behauptet noch vom Appellationsrichter festgestellt, auch offensichtlich nicht der Fall. Die Feststellung des Appellationsrichters beschränkt sich darauf, daß Kläger in der Ausführungsanzeige seinen Eintritt als Selbstkäufer nicht erklärt habe, daher ein Proprekauf nicht perfekt geworden, vielmehr nach Inhalt der Anzeige anzunehmen sei, daß Kläger den Auftrag als Kommissionsgeschäft ausgeführt habe. Diese Feststellung hat keinen relevanten Inhalt und ist nach dem ganzen Zusammenhange von einer rechtsirrtümlichen Auffassung beherrscht, kann daher als Grundlage für die Entscheidung im Nichtigkeitsverfahren nicht dienen. Das angefochtene Urteil war vielmehr auf die zutreffenden Angriffe des Klägers zu vernichten.

Die anderweite Entscheidung ergiebt sich von selbst. Kläger hat in seiner Ausführungsanzeige noch in suspenso gelassen, ob der Kommissionsauftrag durch Eintritt als Selbstkontrahent oder durch Abschluß mit einem Dritten ausgeführt sei. Er durfte die Erklärung über seine Wahl noch später abgeben und hat sie rechtzeitig und rechtsbeständig in dem Briefe vom 17. September 1878 und in der vorliegenden Klage dahin abgegeben, daß er den Eintritt als Selbstkäufer gewählt habe und bezw. wähle.

Aus der vorstehenden Ausführung ergiebt sich bezüglich des Klaganspruches Folgendes: Bei der Erteilung der Verkaufskommission sind beide Teile von der selbstverständlichen Voraussetzung ausgegangen, daß Gegenstand des Geschäftes Prämien-Anteilscheine seien, welche noch nicht ausgelost worden. Es ergiebt sich dies, abgesehen davon, daß davon im Börsengeschäfte regelmäßig ausgegangen wird, im vorliegenden Falle zweifellos daraus, daß ein Verkaufs-Limitum von 134 festgesetzt ist, während ein ausgelostes Stück keinen höheren Wert hat, als den am nächsten 1. April zurückzuzahlenden Betrag (115) und an der Börse nicht mehr gehandelt zu werden pflegt. Wenn Beklagter daher mit dem Briefe vom 28. November 1877 drei bereits vor einem Jahre ausgeloste Stücke übersandte, was als nicht bestritten anzusehen ist, so hat Beklagter etwas Anderes (aliud) geliefert, als Gegenstand des Geschäftes war. Und wenn dann Kläger den Auftrag durch Eintritt als Selbstkäufer ausführte, und ihm in dieser Eigenschaft die Kaufklage gegen den Kommittenten als Verkäufer eingeräumt wird, so hat Beklagter die ihm nunmehr als Verkäufer obliegenden Pflichten nicht erfüllt, indem er dem Kläger etwas Anderes geliefert, als dieser gekauft hat. Kläger fordert daher mit Recht, daß Beklagter durch nachträgliche Lieferung solcher Stücke, wie er dem Kläger verkauft, den Vertrag vollständig erfülle.

Vgl. Entsch. des R.O.H.G.'s Bd. 14 S. 370. 371 Bd. 20 Nr. 98. 108. 109.

Hieraus ergiebt sich zugleich die Grundlosigkeit der Einwendungen des Beklagten. Die Artt. 347. 349 H.G.B. finden keine Anwendung, weil Beklagter nicht eine an einem Qualitätsmangel leidende Sache, sondern ein aliud geliefert hat. Es kommt auch, eben weil Vertragserfüllung gefordert wird, nichts darauf an, ob den einen oder anderen Teil oder beide der Vorwurf eines Versehens trifft, und bezw. welcher Partei das größere Versehen zur Last fällt. Auch wenn dem Kläger ein überwiegendes Versehen, weil er nicht alsbald untersuchte, ob nicht unter den übersandten Stücken bereits ausgeloste sich befanden, zur Last fallen sollte, würde der Beklagte von der Verpflichtung zur Lieferung vertragsmäßiger Stücke nicht frei sein.

Des Klägers Petitum ist jedoch nicht einfach auf Umtausch, vielmehr alternativ nach Wahl des Beklagten auf Rückzahlung des für die drei ausgelosten Papiere gezahlten Kaufpreises gegen Rückgabe der Papiere gerichtet. Dieser letztere alternative Antrag würde auch dann begründet sein, wenn man dem Kommissionäre, welcher als Selbstkäufer eingetreten ist, nicht die Kaufklage gegen den Kommittenten auf Erfüllung des Kaufvertrages einräumen wollte,

vgl. Grünhut, Kommissionshandel S. 485,

sondern nur die Mandatsklage. In diesem Falle würde Beklagter als Kommittent jedenfalls nicht den ihm vom Kläger übersandten höheren Kaufpreis für nicht ausgeloste Anteilscheine behalten können, während Beklagter ihm nur ausgeloste Scheine geschickt hat, Kläger also dafür den Preis von 134,10 weder bei einem Verkaufe an einen Dritten, noch bei der Übernahme als Selbstkäufer erlösen konnte.

Der Beklagte mußte daher nach dem alternativen Klagantrage verurteilt werden."

---

106. Zur Anwendung des Art. 16 Abs. 2 der Wechselordnung auf die Wechselklage gegen den Acceptanten.

III. Civilsenat. Urt. v. 4. Mai 1880 i. S. Pf. (Bekl.) w. S. (Kl.) Rep. III. 25/80.

I. Amtsgericht Kassel.
II. Oberlandesgericht daselbst.

Gegen eine von einem Indossaten wider den Acceptanten eines gezogenen Wechsels angestellte Wechselklage brachte der Beklagte unter Berufung auf Art. 16 Abs. 2 W.O. und unter der Behauptung, daß das nicht datierte Indossament erst nach stattgefundener Protesterhebung mangels Zahlung erteilt worden sei, eine ihm gegen die Person des Indossanten zustehende Einrede vor. Der Kläger leugnete, daß der Wechsel rechtzeitig protestiert worden sei. Die zweite Instanz machte die Zulassung der Einrede von einem dem Kläger darüber auferlegten Eide abhängig, daß es nicht wahr sei, „daß der Wechsel vor der Erteilung des Indossamentes, und zwar bereits vor Ablauf des zweiten auf den Verfalltag des Wechsels folgenden Werktages, mangels Zahlung protestiert worden sei". Die Richtigkeitsbeschwerde des Beklagten wollte aus dem Eide die Worte: „und zwar bereits vor Ablauf des zweiten auf den Verfalltag des Wechsels folgenden Werktages" gestrichen haben, indem sie auszuführen suchte daß, weil die im Art. 41 W.O. vorgeschriebene Protesterhebung gemäß Art. 44 zur Erhaltung des Wechselrechtes gegen den Acceptanten nicht erforderlich ist, auch die Gültigkeit der Protesterhebung dem Acceptanten gegenüber im Sinne des Art. 16 nicht durch die Beobachtung der Frist des Art. 41 bedingt sein könne. Die Nichtigkeitsbeschwerde wurde verworfen aus folgenden

Gründen:

„Die Vorinstanz nimmt mit Recht an, daß der Art. 16 Abs. 2 W.O. nur von einem rechtzeitig, innerhalb der Frist des Art. 41 Abs. 2 daselbst, erhobenen Proteste zu verstehen ist. Ein Protest mangels Zahlung, welcher nach Ablauf dieser Frist erhoben ist, ist ebenso wie ein Protest, bei welchem die Förmlichkeiten der Artt. 87. 88 vernachlässigt sind, kein Protest im Sinne der Wechselordnung und folglich nicht geeignet, den betroffenen Wechsel als protestiert bezeichnen zu lassen. Wenn der Revident hiergegen darauf hinweist, daß es zur Erhaltung des Wechselanspruches an den Acceptanten eines Protestes überhaupt nicht bedarf, so läßt sich doch aus diesem Rechtssatze nicht die Folgerung ziehen, daß die Protesterhebung dem Acceptanten gegenüber, insoweit sie dennoch auch in bezug auf ihn Bedeutung hat, an keine Frist gebunden sei. Die Vorschrift des Art. 41 Abs. 2 ist eine ganz allgemeine. Der vom Revidenten angeführte Rechtssatz steht auch mit der Bestimmung des Art. 16 Abs. 2 in keinem Zusammenhange. Letztere Bestimmung beruht nämlich auf der Anschauung, daß ein Wechsel mit der Erhebung des Protestes mangels Zahlung den seiner Bestimmung entsprechenden Umlauf beendigt habe und somit aufhöre, ein wechselmäßig negoziabeles Papier zu sein, und die hieraus in dem ersten Satze des Art. 16 Abs. 2 gezogene Konsequenz, daß das Nachindossament eines protestierten Wechsels nur gleich einer Cession wirke, mußte von selbst allen Wechselverpflichteten gleichmäßig zustatten kommen."

107. Ist der Korrespondentrheder Dritten gegenüber verpflichtet, die Rhederei vor Gericht zu vertreten?

H.G.B. Art. 460, vgl. mit Artt. 42. 114. 117. 137. 144. 167. 227. 230. 235. 459. 461. 462. 463. 475.

I. Civilsenat. Urt. v. 12. Mai 1880 i. S. Reichsfiskus (Kl.) w. die Rhederei des Schiffes „Emma u. Carl" (Bekl.). Rep. I. 304/79.

I. Kreisgericht Stralsund.
II. Appellationsgericht Greifswald.

Aus den Gründen:

„Der Appellationsrichter hat die gegen die Rhederei des Schiffes „Emma u. Carl" erhobene Klage abgewiesen, weil der von der Rhederei bestellte Korrespondentrheder B., welchem die Klage zugestellt ist, sich geweigert hat, die Vertretung der Rhederei in diesem Rechtsstreite zu übernehmen. Der dem Appellationsrichter in der Nichtigkeitsbeschwerde gemachte Vorwurf, hierdurch die Artt. 42. 114. 117. 137. 144. 167. 227. 230. 235. 279. 459. 460. 462. 463. 475 H.G.B., sowie den Rechtsgrundsatz:

„Der gemäß Art. 459 H.G.B. bestellte Korrespondentrheder ist zu gerichtlicher Vertretung seiner Rhederei, namentlich zur Annahme von Zustellungen und Ladungen, so verpflichtet als berechtigt" —

verletzt zu haben, ist unbegründet, und den Ausführungen des Appellationsrichters kann vielmehr im wesentlichen nur beigetreten werden.

Nach Art. 459 H.G.B. *kann* für den Rhedereibetrieb ein Korrespondentrheder bestellt werden. Der Korrespondentrheder ist daher nicht das *notwendige Organ* zur Vertretung der Rhederei. Die Bestimmung des dem Art. 459 H.G.B. zu Grunde liegenden Art. 398 des preußischen Entwurfes, nach welcher die Bestellung eines Korrespondentrheders *obligatorisch* sein sollte, ist vielmehr schon bei der ersten Beratung des Seerechtes von der Kommission *abgelehnt*, nachdem das Bedürfnis, ja die Zweckmäßigkeit einer solchen Bestimmung mit großer Mehrheit *verneint* war.

Vgl. *Protokolle* S. 1520 flg.

Nur das mecklenburg-schwerin'sche Einführungsgesetz zum Handelsgesetzbuche hat abweichend hiervon im §. 51 bestimmt, jedes Schiff, welches mehreren Eigentümern gehöre, *müsse* einen Korrespondentrheder haben. Abgesehen von dieser, auch bei Einführung des Handelsgesetzbuches als

Reichsgesetz aufrechterhaltenen (vgl. §. 4 des Einführungsgesetzes vom 5. Juni 1869), hier jedoch nicht zur Anwendung kommenden, besonderen landesgesetzlichen Bestimmung, bedarf daher die Rhederei zu ihrem Verkehre mit Dritten eines Korrespondentrheders gesetzlich nicht, wird vielmehr in demselben an sich von den einzelnen Mitrhedern vertreten, wie denn auch die geschehene Bestellung eines Korrespondentrheders, nach Art. 459 Abs. 2 H.G.B. jederzeit durch Stimmenmehrheit widerrufen werden kann und derselbe nach Art. 460 im Verhältnisse zu Dritten nicht zur Vornahme von Geschäften und Rechtshandlungen schlechthin, sondern nur von solchen, welche der Geschäftsbetrieb einer Rhederei gewöhnlich mit sich bringt, befugt ist.

Die Stellung des Korrespondentrheders ist hiernach ein auf dem freien Willen der Rhederei beruhendes Auftrags- und Vollmachts-Verhältnis. Der Inhalt und Umfang desselben sowohl Dritten als der Rhederei gegenüber ist allerdings durch die Artt. 460—466 H.G.B. gesetzlich fixiert. Der Art. 460, welcher den Umfang der dem Korrespondentrheder kraft seiner Bestellung im Verhältnisse zu Dritten zustehenden Befugnisse zum Gegenstande hat, erklärt ihn laut Abs. 3 in demselben Umfange (wie zur Vornahme von Geschäften und Rechtshandlungen) auch für befugt, die Rhederei vor Gericht zu vertreten. Daraus, daß er hierzu befugt ist, folgt aber an sich noch keineswegs, daß er dem betreffenden Dritten gegenüber auch dazu verpflichtet ist, daß dritte Personen das Recht haben, ihn gegen seinen Willen als Vertreter der Rhederei gerichtlich zu belangen. Vielmehr spricht dagegen schon der Umstand, daß im Abs. 3 derselbe Ausdruck „befugt" gebraucht wird, wie in den übrigen, von außergerichtlichen Geschäften und Rechtshandlungen redenden Absätzen, und daß von einem Rechte Dritter, die Vornahme solcher Geschäfte oder Rechtshandlungen vom Korrespondentrheder zu verlangen, offenbar nicht die Rede sein kann. Auch ist in den Beratungsprotokollen S. 1526—1528 immer nur von einer Vollmacht, bezw. Befugnis des Korrespondentrheders die Rede. Der Appellationsrichter hat daher mit Recht angenommen, daß der Art. 460 H.G.B. nur den Umfang und die Grenzen der Befugnisse des Korrespondentrheders im Verhältnisse zu Dritten festsetzen, d. h. bestimmen will, welche Geschäfte und Rechtshandlungen derselbe kraft seiner Bestellung mit einer unmittelbar für die Rhederei daraus entstehenden Verbindlichkeit vornehmen kann (vgl. Art. 461

H.G.B.) und wie weit daher Dritte sich mit dem Korrespondentrheder ohne Gefahr einlassen können. Bestätigt wird diese Auslegung des Art. 460 durch den vom Appellationsrichter ebenfalls bereits hervorgehobenen Umstand, daß (laut S. 3742 der Protokolle) bei der zweiten Lesung des Seerechtes dem Vorschlage, den Art. 410 (jetzt Art. 460) dahin zu erweitern, daß der Korrespondentrheder Dritten gegenüber auch die Verpflichtung zur Übernahme der Vertretung habe, im Hinblicke darauf, daß auch beim Prokuristen von ähnlichen Bestimmungen Umgang genommen sei, keine Folge gegeben wurde, und daß (vgl. Protokolle S. 950) ein in betreff des Prokuristen zu Art. 42 H.G.B. beantragter Zusatz:

„Die Behändigung von gerichtlichen Vorladungen und von deren Zustellungen in Handelssachen geschieht mit gleicher Wirksamkeit an den Prinzipal oder den Prokuristen; letzterer kann die Annahme nicht verweigern" —

wieder zurückgezogen wurde, weil diese Bestimmung teilweise für bedenklich, soweit sie aber gerechtfertigt sei, für selbstverständlich gehalten wurde. Es ist hiernach entschieden nicht die Absicht des Gesetzgebers gewesen, daß der Korrespondentrheder die prozessuale Vertretung der Rhederei wider seinen Willen auf Verlangen eines Dritten übernehmen müsse, und daß ihm in Ermangelung seiner Bereitschaft zur prozessualen Vertretung der Rhederei Klagen gegen dieselbe mit Wirksamkeit behändigt werden könnten. Auch ein praktisches Bedürfnis des Verkehres würde sich für das Gegenteil nicht geltend machen lassen, da nach Art. 475 H.G.B. sämtliche Mitrheder wegen jedes Anspruches eines Mitrheders oder eines Dritten vor dem Gerichte des Heimatshafens des Schiffes belangt werden können, und nach §. 6 Nr. 5 des Reichsgesetzes, betreffend die Nationalität der Kauffahrteischiffe, vom 25. Oktober 1867 aus dem Schiffsregister ersichtlich ist, wer Mitrheder ist.

Zur Unterstützung obiger Gesetzesauslegung ist auch noch auf den Sprachgebrauch des Handelsgesetzbuches hinzuweisen. Denn während in Artt. 42. 460 beim Prokuristen und Korrespondentrheder nur von einer Ermächtigung, bezw. Befugnis zu gerichtlichen Rechtshandlungen, bezw. zur Vertretung vor Gericht die Rede ist, wie in Artt. 117. 137, verbunden mit Artt. 144 Abs. 3. 167. 227 verbunden mit Art. 235 in betreff der von der Befugnis, die offene Gesellschaft zu vertreten, nicht ausgeschlossenen Gesellschafter, in betreff der Liquidatoren, der bei einer Kommanditgesellschaft persönlich haftenden Gesellschafter und des Vorstandes von Aktiengesellschaften der abweichende Ausdruck gebraucht: „wird vor Gericht vertreten", bezw. „haben zu vertreten", und dabei ausdrücklich bestimmt, daß es zur Behändigung von Vorladungen und Zustellungen genüge, wenn dies an eine der hier bezeichneten zur Vertretung berechtigten Personen geschehe. Alle diese Bestimmungen beziehen sich aber auf die natürlichen, bezw. gesetzlichen Organe eines Rechtssubjektes. Hätte der Gesetzgeber beabsichtigt, die gleichen Bestimmungen auch für fakultative Vertreter (wie der Prokurist und Korrespondentrheder es sind) zu treffen, so würde er, wie anzunehmen ist, auch hinsichtlich ihrer sich ähnlich ausgedrückt und dieselbe Bestimmung getroffen haben.

Vgl. v. Hahn, Kommentar 3. Aufl. §. 5 zu Art. 47.

Der Korrespondentrheder ist hiernach Dritten gegenüber, soweit es sich um Geschäfte handelt, welche der Betrieb einer Rhederei gewöhnlich mit sich bringt, nach Art. 460 H.G.B. zwar legitimiert, aber nicht verpflichtet zur prozessualen Vertretung seiner Rhederei, und nur wenn er den Prozeß freiwillig aufnimmt, hat die an ihn geschehene Zustellung rechtliche Wirkung für die Rhederei. Lehnt er die Prozeßführung ab, so hat die Zustellung der Klage an die einzelnen (im vorliegenden Falle vom Kläger nicht benannten) Mitrheder zu erfolgen. Die Existenz des in der Nichtigkeitsbeschwerde aufgestellten Rechtsgrundsatzes kann nicht anerkannt werden.

Da im vorliegenden Falle noch das frühere Prozeßrecht zur Anwendung kommt, bedarf es keines Eingehens auf die Frage, ob und inwieweit der, freilich direkt nur vom Prokuristen und Generalbevollmächtigten redende §. 159 der deutschen Civilprozeßordnung hierin etwas geändert hat."

108. Genügt die Kenntnis der vertragswidrigen Beschaffenheit der Ware, um einen Betrug im Sinne des Art. 350 H.G.B. anzunehmen, oder ist eine besondere betrügerische Absicht erforderlich und welche?[1]

II. Civilsenat. Urt. v. 14. Mai 1880 i. S. A. (Kl.) w. W. (Bekl.) Rep. II. 81/80.

I. Landgericht München II.

Der Hopfenhändler A. lieferte dem Bierbrauer W. einen Ballen Hopfen, den dieser nach einiger Zeit dem Verkäufer zur Verfügung stellte, weil er geschwefelt sei. A. klagte auf Zahlung des Preises, indem er geltend machte, die Annahmeverweigerung sei nach Art. 347 H.G.B. verspätet. Auf Grund von Art. 350 H.G.B. wurde jedoch die Klage zurückgewiesen und die erhobene Nichtigkeitsbeschwerde verworfen aus folgenden

Gründen:

„Das Landgericht stellt thatsächlich fest, Kläger habe gewußt, einerseits, daß der gelieferte Hopfen geschwefelt gewesen sei, andererseits, daß der Beklagte bloß ungeschwefelten Hopfen kaufen wollte und sich auf den Kauf nicht eingelassen bezw. die ihm zugesendete Ware nicht als Erfüllung betrachtet hätte, wenn ihm bekannt gewesen wäre, daß ihm geschwefelter Hopfen geliefert werde bezw. geliefert worden sei. Dasselbe stellt weiter fest, nicht bloß, daß Beklagter durch die Versicherung des Klägers, der ihm bestimmte Hopfen sei eine sehr schöne und gute Ware, in dem Glauben, ungeschwefelten Hopfen zu erhalten, bestärkt worden sei, sondern auch, daß er durch den Mangel des für geschwefelten Hopfen polizeilich vorgeschriebenen Zeichens (Verordnung vom 6. Juni 1862; Polizeistrafgesetzbuch vom 26. Dezember 1871 Art. 136) zur Annahme habe verleitet werden müssen, der gelieferte Hopfen sei nicht geschwefelt.

Diese thatsächlichen Feststellungen genügen, die Entscheidung, daß ein Betrug im Sinne von Art. 350 H.G.B. anzunehmen sei, zu rechtfertigen.

---

[1] Vgl. Entsch. des R.O.H.G.'s Bd. 2 Nr. 24 S. 102. Nr. 46 S. 192, Bd. 4 Nr. 36 S. 186, Bd. 5 Nr. 70 S. 323, Bd. 10 Nr. 76 S. 737, Bd. 12 Nr. 120 S. 425, Bd. 15 Nr. 62 S. 216. D. Red.

Wie aus den Verhandlungen der Nürnberger Kommission (S. 1384 und 1461) hervorgeht, hatte man bei besagter Bestimmung nicht etwa einen strafrechtlichen Betrug, sondern nur den civilrechtlichen Betrug im Auge.

Wenn nun auch anzuerkennen ist, daß nicht in allen Fällen, wo der Verkäufer Kenntnis der vertragswidrigen Beschaffenheit der gelieferten Ware hat, ein Betrug im Sinne des Art. 350 vorliegen muß, vielmehr der Verkäufer, insbesondere bei unbedeutenden Mängeln, im guten Glauben handeln kann, der Käufer werde bei der von ihm sofort vorzunehmenden Untersuchung die Mängel der Waren entdecken und diese trotz ihrer vertragswidrigen Beschaffenheit annehmen, so fällt doch die Unterstellung eines solchen guten Glaubens hinweg, wenn der Verkäufer das Bewußtsein haben mußte, es sei die Ware wegen ihrer Mängel für den Käufer unannehmbar, da solchen Falles bloß die Annahme übrigbleibt, der Verkäufer habe darauf spekuliert, daß der Käufer die rechtzeitige Untersuchung und Rüge versäumen werde.

Völlig zweifellos erscheint jedoch die Annahme eines Betruges im Sinne des Art. 350 berechtigt, wenn, wie festgestellt ist, der Verkäufer einer zum Schutze des Käufers unter Strafandrohung gegebenen Polizeivorschrift zuwiderhandelt und hierdurch den Käufer, der nicht voraussetzen kann, daß sich der Verkäufer einer strafbaren Handlung schuldig machen werde, in den Glauben versetzt, es sei der in Frage stehende Mangel nicht vorhanden, da ein solches Verhalten offenbar geeignet ist, den Käufer zu veranlassen, die rechtzeitige Untersuchung und Mängelrüge zu versäumen.

Es liegt daher kein Rechtsirrtum vor, wenn bei obwaltenden Umständen Art. 350 angewendet und folgegemäß dem Art. 347 H.G.B. die Anwendung versagt wurde.

Ohne Zweifel kann auch in Fällen, wo dem Verkäufer ein Betrug im Sinne des Art. 350 zur Last fällt, eine Genehmigung der Ware, bezw. ein Verzicht auf Geltendmachung der Mängel derselben rechtswirksam stattfinden und selbst aus den Umständen gefolgert werden; allein die besondere Bestimmung des Art. 347 H.G.B. findet dann keine Anwendung, vielmehr sind bloß die allgemeinen Prinzipien maßgebend."

109. Verschiedenheit der Wirkung einer einschränkenden Auslegung und einer Teilnichtigkeitserklärung bei Patenten.

I. Civilsenat. Urt. v. 14. Februar 1880 i. S. L. w. K. Rep. I. 35/80.

I. Patentamt.

Nachdem L. ein Patent Nr. 16 auf einen Pfropfenzieher im Jahre 1877 erlangt hatte, erwarb auch K. ein Patent Nr. 2543 auf einen solchen im Jahre 1878. Der K.'sche Pfropfenzieher wich nur in zwei Stücken von dem L.'schen ab. Der Antrag des L., das Patent Nr. 2543 für nichtig zu erklären, wurde von dem Patentamte zurückgewiesen, weil dieses Patent ein sogenanntes Verbesserungspatent sei, indem nur die beiden erwähnten Abweichungen von der L.'schen Erfindung patentiert seien. Auf Berufung des L. wurde vom Reichsgerichte das Patent Nr. 2543 nur hinsichtlich dieser beiden Abweichungen aufrechterhalten, im übrigen aber für nichtig erklärt, indem angenommen wurde, daß das Patent Nr. 2543 kein Verbesserungspatent, sondern auf die ganze Konstruktion des K.'schen Pfropfenziehers nachgesucht und erteilt worden sei. Hierzu wurde bemerkt in den

Gründen:

„Gegen eine Abänderung der angefochtenen Entscheidung in dieser Weise kann nicht eingewendet werden, daß letztere im Erfolge zu demselben Ergebnisse führe, mithin eine die Berufung rechtfertigende Beschwerde für den Berufungskläger nicht vorliege. Schon in betreff der Kosten des Nichtigkeitsverfahren tritt der Unterschied hervor, indem bei gänzlicher Zurückweisung des Antrages auf Nichtigkeitserklärung die in der angefochtenen Entscheidung ausgesprochene Verurteilung des Antragstellers in sämtliche Kosten gerechtfertigt wäre, wogegen, wenn dem Antrage in beschränktem Umfange zu entsprechen ist, mithin beide Parteien teils obsiegen, teils unterliegen, die Teilung der Kosten unter den Parteien ebenso angemessen erscheint, wie solche in bürgerlichen Rechtsstreitigkeiten nach §. 88 R.C.P.O. in gleichem Falle geschehen soll. Aber auch in der Sache selbst würde die gänzliche Zurückweisung des Antrages auf Nichtigkeitserklärung, da die Entscheidung, sowie die in den Entscheidungsgründen enthaltene Auslegung des Patentes nur unter den Parteien wirkt und nicht veröffentlicht wird, eine geringere Wirkung haben, als die gegen jedermann wirksame und gemäß §. 19 Abss. 1. 4 des Patentgesetzes zu veröffentlichende Teilnichtigkeitserklärung."

110. Bedeutung der Klausel „per steamer zu verschiffen“ beim Verkaufe zu verschiffender Ware.[1]

I. Civilsenat. Urt. v. 20. März 1880 i. S. M. & Co. (Kl.) w. B. K. & Co. (Bekl.) Rep. I. 625/79.

I. Handelsgericht Hamburg.
II. Obergericht daselbst.

Laut Schlußnota vom 22. August 1878 verkauften Kläger den Beklagten:

„4500 Sack Guayaquil-Steinnüsse, welche ... für die Herren Verkäufer im Laufe der Monate Juli, August und September von Guayaquil $\frac{\text{und}}{\text{oder}}$ Manta $\frac{\text{und}}{\text{oder}}$ Bahia de Caraquez abgeladen werden sollen, per Steamer via Panama ... nach hier zu verschiffen, nach Ankunft seinerseits den Herren Käufern hier hinter den Speicher zu liefern.“

Käufer verweigerten Annahme und Bezahlung der Ware, weil sie von Manta im Staate Ecuador nach Panama mit einem Segelschiffe und erst von der Landenge von Panama ab mit einem Dampfer nach Hamburg befördert worden war. Verkäufer klagten auf Abnahme und Bezahlung der Steinnüsse. Im Prozesse wurde festgestellt, daß die Klausel „per Steamer via Panama“ die Bedeutung hatte, daß die Ware vom Abladehafen bis zum Bestimmungsplatze, abgesehen vom Transporte über die Landenge von Panama, in Dampfschiffen transportiert werden sollte. Das Handelsgericht wies die Klage ab. Das Obergericht ließ den Klägern den Beweis nach, daß die Ware auch im Falle der Verschiffung von Manta nach Panama per Steamer nicht früher als geschehen nach Hamburg gelangt sein würde. Das Reichsgericht stellte das erste Erkenntnis wieder her.

Aus den Gründen:

„Wenn beim Verkaufe von Waren, welchen von Hafenplätzen im Westen von Südamerika nach europäischen Plätzen verschifft werden, Dampfer-Abladung bedungen wird, so hat diese Verabredung, wie man zufolge der seitens der Kläger in thatsächlicher Hinsicht nicht beanstandeten Darlegung der Beklagten annehmen muß, nicht bloß die Bedeutung, die Zeitdauer des Transportes und die Zeit der Ankunft

[1] Vgl. Entsch. des R.O.H.G.'s Bd. 3 S. 219.

zu bestimmen, sondern auch den Zweck, dem Käufer eine Gewähr dafür, daß die Ware in unverändertem Zustande am Bestimmungsplatze eintrifft, im höherem Maße darzubieten, als bei Segler-Abladung stattfindet. Es unterliegt keinem Zweifel, daß die direkte Beförderung der Ware auf durchgehende Konnossemente (throughbills of lading), bei welcher die Ware sich ohne Unterbrechung im Gewahrsame des Verfrachters befindet, die gedachte Gewähr in höherem Maße bietet, als die Beförderung durch zwei oder mehr getrennte Verschiffungen, bei welcher durch Auslieferung der Ware nach Beendigung des ersten Transportes an den vom Ablader bezeichneten Empfänger die Möglichkeit gegeben ist, vor der Weiterbeförderung auf die Ware einzuwirken. Da nun auf der in Rede stehenden Strecke, worüber kein Streit obwaltet, die direkte Beförderung auf durchgehende Konnossemente bei Dampfer-Abladung, nicht aber bei Segler-Abladung stattfindet, so ist anzunehmen, daß die Verabredung der Dampfer-Abladung wesentlich auch zu dem Zwecke getroffen wird, dem Käufer und dessen Abnehmern die mit dieser Beförderungsweise verbundene wertvolle Sicherheit hinsichtlich der Erhaltung der Ware in unverändertem Zustande zu gewähren. Hat die Verabredung aber diesen Sinn, so dient sie nicht bloß dazu, den Transport des Kaufobjektes zu ordnen, sondern auch dazu, das Kaufobjekt selbst zu bestimmen, und es vermag die Beförderung durch Segelschiff die im Kaufvertrage ausbedungene Dampfer-Abladung auch dann nicht zu ersetzen, wenn bei ersterer der Transport nicht mehr Zeit in Anspruch nähme, als bei letzterer."

---

111. Muß, wenn der Versicherte wegen Nichterfüllung von Versicherungsbedingungen seiner Rechte aus der Versicherung für verlustig erklärt werden soll, dieser die Erfüllung der Bedingungen oder der Versicherer die Nichterfüllung beweisen?

I. Civilsenat. Urt. v. 31. März 1880 i. S. B. (Kl.) w. B. K. & Co. (Bekl.) Rep. I. 612/79.

I. Handelsgericht Hamburg.
II. Obergericht daselbst.

Bei einer auf Grund der allgemeinen Seeversicherungsbedingungen von 1867 geschlossenen Versicherung wurde behauptet, daß der Versicherte durch Nichterfüllung der Pflicht, beim Löschen das Seebeschädigte vom Unbeschädigten und Nichtseebeschädigten zu trennen, den Entschädigungsanspruch nach §. 133 Abss. 4. 7 der gedachten Bedingungen verwirkt habe. Das Reichsgericht legte dem Versicherten den Beweis auf, daß er die Vorschriften des §. 133 beobachtet habe, indem es im Anschlusse an Entsch. des R.O.H.G.'s Bd. 1 S. 112, Bd. 2 S. 247, Bd. 11 S. 133 annahm:

„daß diejenige Partei, welche behauptet, das, was ihr nach dem Versicherungsvertrage zu thun oblag, gethan zu haben, im Falle der Bestreitung dieser Behauptung auch dann beweispflichtig ist, wenn die Nichterfüllung der Obliegenheit eine Strafe oder einen Rechtsverlust nach sich zieht."

---

112. Ist der Kommissionär verbunden, gegen Deposition der Pfandsumme das Kommissionsgut dem Kommittenten herauszugeben?

I. Civilsenat. Urt. v. 17. April 1880 i. S. R. (Bekl.) w. N. (Kl.) Rep. I. 73/80.

I. Obergericht Rostock.

Der Klage des Kommittenten auf Rückgabe des Kommissionsgutes wurde von dem Verkaufskommissionäre wegen Forderungen an ersteren eine Retentionseinrede entgegengesetzt und aufrechterhalten, nachdem Kläger den Betrag der Forderungen des Beklagten beim Prozeßgerichte hinterlegt hatte. Die Verwerfung der Retentionseinrede wurde vom Reichsgerichte bestätigt aus folgenden

Gründen:

„Wenn Beklagter Erstattung von Auslagen zu fordern hat, welche ihm durch die ihm erteilte Verkaufskommission erwachsen sind, ist er dieserhalb nicht bloß durch ein Zurückbehaltungsrecht, sondern nach Art. 374 H.G.B. durch ein gesetzliches Pfandrecht gesichert, auf welches Beklagter im vorliegenden Rechtsstreite sich berufen hat.

In dem durch Art. 374 H.G.B. gewährten Pfandrechte ist auch das Recht enthalten, das Kommissionsgut bis zur Befriedigung des

Gläubigers wegen derjenigen Forderungen, für welche dasselbe als Pfand haftet, im Besitze zu behalten, und es ist dieses Recht nicht dahin eingeschränkt, daß es nur zum Zwecke sofortiger Ausübung des Verkaufsrechtes geltend gemacht werden könnte. Zumal wenn die Forderung, für welche der Kommissionär das Pfandrecht in Anspruch nimmt, bestritten ist, kann es demselben nicht verwehrt werden, den nach Art. 310. 375 H.G.B. auf seine Gefahr stattfindenden einseitigen Pfandverkauf zu unterlassen und dennoch das Pfand in seinem Gewahrsame zurückzubehalten, bis der Streit erledigt ist. Aber auch abgesehen von dem Falle des Streites ist, wie nach gemeinem Rechte beim Pfandrechte überhaupt,

vgl. Dernburg, Pfandrecht Bd. 2 S. 145,

so auch beim gesetzlichen Pfandrechte des Kommissionäres die Wahl des Zeitpunktes des Verkaufes dem Ermessen des Pfandgläubigers überlassen.

Vgl. Goldschmidt, Handbuch des Handelsrechtes Bd. 1 Abt. 2 S. 913. 947.

Daher ist der Annahme des angefochtenen Erkenntnisses nicht beizutreten, es verstoße gegen Treue und Glauben, wenn der Beklagte von der Retention Gebrauch mache, obgleich er von der sofortigen Ausübung des Verkaufsrechtes abstehe.

Ebensowenig ist der Annahme beizustimmen, der Beklagte könne das Kommissionsgut nicht mehr zurückbehalten, nachdem der Betrag der Forderungen, wegen welcher er retiniert, von der Klägerin zum gerichtlichen Depositum hinterlegt worden ist. Diese Entscheidung möchte richtig sein, wenn dem Beklagten bloß ein Retentionsrecht zustände. Es steht ihm aber ein Pfandrecht zu, und es kann dem Pfandgläubiger, nach den in Ermangelung handelsrechtlicher Vorschriften in Anwendung kommenden Grundsätzen des bürgerlichen Rechtes, nicht zugemutet werden, sich gegen Bestellung anderweiter Sicherheit seines Pfandrechtes zu begeben. Im Gebiete des gemeinen Rechtes ist der Pfandgläubiger zur Herausgabe des Pfandes verpflichtet, wenn er befriedigt wird oder freiwillig statt des Pfandes andere Sicherheit annimmt; dagegen kann er nicht wider seinen Willen von dem Verpfänder durch Stellung anderweiter Sicherheit zur Herausgabe des Pfandes genötigt werden (l. 10 Dig. de pignorat. act. 13,7; l. 6 §§. 1. 2 Dig. quib. mod. pign. solv. 20,6).

Dies gilt im vorliegenden Falle umsomehr, da die Hinterlegung des Geldes dem Beklagten weniger Vorteil bot, als das gesetzliche Pfandrecht am Kommissionsgute, weil die Möglichkeit, ohne Klaganstellung auf dem im Art. 310 H.G.B. eröffneten Wege sich bezahlt zu machen, im ersteren Falle nicht gegeben war.

Obgleich hiernach die Verwerfung der Retentionseinrede durch die im angefochtenen Erkenntnisse angeführten Gründe nicht gerechtfertigt erscheint, so gereicht dieselbe doch dem Beklagten um deswillen nicht zur Beschwerde, weil sie aus anderen Gründen aufrechtzuerhalten ist."

Im weiteren wurde ausgeführt, daß Kläger nicht allein deponiert, sondern auch durch seine im Prozesse abgegebenen Erklärungen den Beklagten in die Lage versetzt habe, teils aus dem deponierten, teils aus dem schon in seinen Händen befindlichen Gelde nach seinem Gefallen zur Befriedigung zu gelangen, daß mithin der Fall vorliege, in welchem nach l. 9 §. 5 Dig. de pignorat. act. 13.7 und l. 6 §. 1 Dig. quib. mod. pign. solv. 20,6 auch ohne geschehene Befriedigung des Pfandgläubigers die Herausgabe des Pfandes verlangt werden kann."

---

113. Pensionsansprüche der aus dem Landesdienste in den Reichsdienst übernommenen Postbeamten. Reichsbeamtengesetz §. 70 und Reichsverfassung Art. 18 Abs. 2.[1]

III. Civilsenat. Urt. v. 4. Mai 1880 i. S. Sch. (Kl.) w. Oberpostdirektion (Bekl.). Rep. III. 476/79.

I. Kreisgericht Braunschweig.
II. Obergericht Wolfenbüttel.

Der Kläger ist am 1. Januar 1845 im braunschweigischen Postdienste als Briefträger und Wagenmeister-Gehilfe angestellt worden und im Postdienste geblieben, bis er am 31. Oktober 1878, damals Postpackmeister zu Wolfenbüttel, pensioniert wurde. Seine Pensionierung erfolgte nach den Bestimmungen des Reichsbeamtengesetzes vom 31. März 1873. Sein pensionsfähiges Diensteinkommen hatte beim Eintritte dieses Gesetzes 1282,80 ℳ betragen und war nachher durch Zulagen auf 1402,40 ℳ erhöht worden. Gemäß der transitorischen Bestimmung des §. 70 des Reichsbeamtengesetzes wurde ihm diejenige Pension in Höhe von jährlich 891 ℳ beigelegt, welche er erhalten haben würde, wenn

[1] Vgl. Entsch. des R.O.H.G.'s Bd. 13 Nr. 10 S. 28, Bd. 21 Nr. 18 S. 48.
D. E.

er im Zeitpunkte des Eintrittes des Reichsbeamtengesetzes unter Anwendung der Bestimmungen des braunschweigischen Civilstaatsdienergesetzes vom 12. Oktober 1832, dem er bis dahin als braunschweigischer Landesbeamter unterstanden hatte, nach Maßgabe seines damaligen Diensteinkommens pensioniert worden wäre; denn diese Pension war um einiges größer, als diejenige Pension, welche ihm bei Anwendung der §§. 41 flg. des Reichsbeamtengesetzes unter Anrechnung seiner ganzen Dienstzeit und seines ganzen letzten Diensteinkommens beizulegen gewesen wäre. Die vom Kläger gegen die Kaiserliche Oberpostdirektion zu Braunschweig erhobene Klage geht nun davon aus, daß für seinen Pensionsanspruch fortwährend und allein das braunschweigische Civilstaatsdienergesetz maßgebend geblieben sei, und verlangt demnach die Erhöhung seiner Pension auf den Betrag von 1074,31 ℳ, welcher sich ergiebt, wenn seine Pension nach den Bestimmungen dieses Gesetzes unter Berücksichtigung seiner ganzen bis zu der wirklichen Pensionierung verflossenen Dienstzeit, sowie seines ganzen letzten Diensteinkommens von 1402,80 ℳ zu bemessen wäre.

Die Klage ist in erster Instanz für begründet erachtet, in zweiter Instanz aber abgewiesen. Letzteres Erkenntnis wurde bestätigt aus folgenden

Gründen:

„Der Kläger, als Postbeamter durch §. 50 Abs. 3 der Reichsverfassung verpflichtet, den Kaiserlichen Anordnungen Folge zu leisten, aber zu denjenigen Postbeamten gehörig, welche nach Abs. 5 daselbst von den Landesregierungen anzustellen sind, ist mit dem Inkrafttreten des Reichsbeamtengesetzes gemäß §. 1 desselben zum Reichsbeamten im Sinne dieses Gesetzes, das ist hinsichtlich aller durch dasselbe geordneten dienstlichen Beziehungen und darunter namentlich auch hinsichtlich des Anspruches auf Bezug eines Diensteinkommens und einer Pension, geworden und folglich insoweit aus dem Landesdienste in den Reichsdienst übergetreten. Hiermit hatte die sein bisheriges Dienstverhältnis beherrschende Landesgesetzgebung aufgehört, als solche für seine bezüglichen dienstlichen Rechte maßgebend zu sein. Als Reichsbeamter war er nach den Bestimmungen des Reichsbeamtengesetzes zu pensionieren, sein bisheriges Landesgesetz konnte daher hierbei nur noch insoweit zur Anwendung kommen, als das Reichsbeamtengesetz dies vorschreibt, und dem Kläger ist diejenige Pension bewilligt worden, welche ihm nach Maßgabe des Reichsbeamtengesetzes zuzukommen hatte.

Kläger will aber seinen Anspruch auf die weitergehende, unbeschränkte Anwendung der Pensionsbestimmungen des braunschweigischen Civilstaatsdienergesetzes herleiten:

1. aus einem von ihm durch seine Anstellung im braunschweigischen Staatsdienste wohlerworbenen Rechte und aus dem Grundsatze der Unverletzlichkeit wohlerworbener Rechte;

2. aus Art. 18 Abs. 2 der Reichsverfassung.

Allein die wohlerworbenen Pensionsansprüche des Klägers sind durch die transitorische Bestimmung im §. 70 des Reichsbeamtengesetzes vollständig gewahrt. Was zunächst den Betrag seines aus diesem Grunde zu berücksichtigenden Diensteinkommens anbelangt, so konnte der Pensionsanspruch, welchen er durch seine unter der Herrschaft des braunschweigischen Civilstaatsdienergesetzes erfolgte erste Anstellung erworben hatte, nur darin bestehen, daß ihm bei einer künftigen Pensionierung diejenige Pension bewilligt werde, welche nach den Bestimmungen des Civilstaatsdienergesetzes seinem ihm bei dieser Anstellung beigelegten Diensteinkommen entsprach; denn da dem Kläger durch diese Anstellung ein Rechtsanspruch auf künftige Erhöhung seines Diensteinkommens nicht zu teil geworden war, so war auch der Staat durch dieselbe nicht behindert, die etwaige Bewilligung einer Zulage im Wege einer Abänderung der Gesetzgebung an beliebige andere Bestimmungen über deren Berücksichtigung bei einer Pensionierung zu knüpfen. In betreff der späteren Erhöhungen des Diensteinkommens des Klägers kann deshalb von einem vor der jedesmaligen Erteilung einer Zulage bestandenen Rechtsanspruche auf Anrechnung derselben für seine künftige Pensionierung keine Rede sein; der durch das Civilstaatsdienergesetz begründete wohlerworbene Anspruch des Klägers erstreckte sich nur auf die ihm unter der Fortdauer der Herrschaft dieses Gesetzes gewährten Zulagen und läßt daher diejenigen, hier allein fraglichen Zulagen, welche ihm erst nach dem Erlasse und auf Grund des das Civilstaatsdienergesetz für ihn außer Wirksamkeit setzenden Reichsbeamtengesetzes erteilt worden sind, gänzlich unberührt. Ein wohlerworbener Anspruch auf Anrechnung der Dienstzeit, welche der Kläger nach dem Erlasse des Reichsbeamtengesetzes noch im Dienste verbracht hat, ist aus seiner braunschweigischen Anstellung deshalb nicht zu begründen, weil der Kläger als braunschweigischer Beamter nach §. 50 des Civilstaatsdienergesetzes, nach welchem die Pensionierung eines Beamten durch den

Wegfall des von ihm bekleideten Amtes zulässig wird, bereits mit dem Erlasse des Reichsbeamtengesetzes, infolge des durch dasselbe herbeigeführten Wegfalles eines Landespostdienstes, hätte pensioniert werden dürfen. Daß seine damalige Pensionierung durch seine Übernahme in den Reichsdienst erübrigt wurde, kann, weil er hiermit aus dem Landesdienste ausschied, seine Rechte als Reichsbeamter aber nur durch das Reichsgesetz bestimmt wurden, den ihm aus seinem bisherigen Landesdienste zustehenden Anspruch nicht erweitert haben; es hätte sich höchstens damals fragen können, ob der Kläger sich die Übernahme in den Reichsdienst gefallen lassen müsse, oder statt dessen seine sofortige Pensionierung beanspruchen könne.

Der Art. 18 der Reichsverfassung verbindet mit dem Begriffe eines Reichsbeamten einen engeren Sinn, als das Reichsbeamtengesetz. Während das letztere (§. 1) hierunter sowohl die von dem Kaiser (persönlich oder durch Delegation) anzustellenden Beamten, die unmittelbaren Reichsbeamten (Überschrift der Verordnung vom 29. Juli 1871, R.G.Bl. S. 303) oder die Kaiserlichen Beamten (Erlaß vom 3. August 1871, R.G.Bl. S. 318), als auch diejenigen von den Landesregierungen anzustellenden Beamten, welche nach der Reichsverfassung den Kaiserlichen Anordnungen Folge zu leisten verpflichtet sind, und welche man deshalb als mittelbare Reichsbeamten zu bezeichnen pflegt, befaßt (ebenso auch der §. 1 des Bundesgesetzes über die Kautionen der Bundesbeamten vom 2. Juni 1869), versteht der Art. 18 der Reichsverfassung unter den Reichsbeamten, wie sein erster Absatz ergiebt, nur die von dem Kaiser anzustellenden Beamten. Da der Kläger zu dieser Kategorie nicht gehört, so leidet die Bestimmung des zweiten Absatzes dieses Artikels auf ihn keine Anwendung. Es kann deshalb hier ununtersucht bleiben, ob diese (in der Bundesverfassung von 1867 nicht enthaltene, erst auf Grund der Verträge mit den süddeutschen Staaten in die Reichsverfassung von 1871 eingefügte) Bestimmung den durch sie betroffenen Beamten weitergehende landesrechtliche Pensionsansprüche zusichere, als demnächst im §. 70 des Reichsbeamtengesetzes aufrechterhalten sind, sowie für den Fall der Bejahung, ob in dem sich nicht als Verfassungsänderung kundgebenden Reichsbeamtengesetze eine Abänderung dieser Bestimmung der Verfassung zu finden sei."

114. Erfordernis der vorherigen Androhung des Selbsthilfeverkaufes nach Art. 343 H.G.B. auch im Falle der Annahmeweigerung des Käufers.

I. Civilsenat. Urt. v. 20. Mai 1880 i. S. G. (Kl.) w. M. (Bekl.) Rep. I. 361/80.

I. Landgericht Lübeck.
II. Oberlandesgericht Hamburg.

Aus den Gründen:

„Die Kläger haben den Beklagten eine größere Partie Hafer verkauft und zu Schiff von Königsberg nach Lübeck versandt und, da die Beklagten die Annahme wegen kontraktwidriger Qualität geweigert, angeblich am 17. Juni 1879 im Wege der Selbsthilfe öffentlich versteigern lassen. Den Klägern ist der Beweis aufgelegt, daß der klägerische Vertreter G. vor dem Selbsthilfeverkaufe gemäß Art. 343 H.G.B. denselben den Beklagten angedroht habe. Kläger meinen, daß es auf diese Androhung nicht ankomme, weil die Beklagten vorher mit Bestimmtheit erklärt, daß sie den Hafer nicht annehmen wollten, und beantragen deshalb die Streichung der Beweisauflage über die Androhung. Dieser Antrag kann nicht für begründet erachtet werden. Die im Gesetze vorgeschriebene Androhung hat den Zweck, dem Käufer Gelegenheit zu geben, den Annahmeverzug durch nachträgliche Annahme der Ware zu beseitigen oder, wenn er dies nicht will, Vorkehrungen zu treffen, daß die Ware nicht unter dem Werte verschleudert werde, sei es dadurch, daß er selbst als Bieter auftritt, oder daß er andere zum Bieten veranlaßt. Es soll auch, da dem Verkäufer im Falle des Annahmeverzuges des Käufers das alternative Recht gegeben ist, die Ware zu lagern oder zu verkaufen, dem Käufer durch die vorgeschriebene Androhung des Verkaufes Gewißheit gegeben werden, daß der Verkäufer von der zweiten Alternative Gebrauch machen will. Durch die vorhergegangene Annahmeweigerung des Käufers wird die Androhung nicht zwecklos, zumal der Käufer noch bis zum letzten Moment seinen früheren Entschluß ändern und sich zur nachträglichen Annahme entschließen kann, und ihm auch, wenn er bei seinem Entschlusse, nicht anzunehmen, beharrt, Gelegenheit gegeben werden soll, auf eine möglichst günstige Gestaltung des Ergebnisses des Selbsthilfeverkaufes in der angegebenen Art hinzuwirken. Das Gesetz gebietet die Androhung, ohne zu unterscheiden, ob der Käufer die Annahme geweigert hat, oder ob der Annahmeverzug durch ein anderweites Verhalten des Käufers begründet ist, deshalb ist auch dem Richter eine solche Unterscheidung nicht gestattet. Noch bedenklicher muß es aber erscheinen, mit dem in der Rechtfertigungsschrift angeführten Schriftsteller zu unterscheiden, ob die Annahmeweigerung eine mehr oder weniger bestimmte und die Wahrscheinlichkeit eines Widerrufes ausschließende ist. Das Reichsoberhandelsgericht hat auch nicht nur nicht in dem von den Klägern behaupteten Sinne entschieden, sondern, wie es überhaupt die genaue Wahrung der im Art. 343 H.G.B. vorgeschriebenen Formen erfordert hat, damit der Selbsthilfeverkauf als für Rechnung des Käufers erfolgt gelten könne, namentlich auch die vorgängige Androhung des Verkaufes in dem oben auseinandergesetzten Sinne erfordert.

Vgl. Entsch. des R.O.H.G's Bd. 19 S. 294.

Der im voraus erklärten Annahmeweigerung ist allerdings vom Reichsoberhandelsgerichte insofern Bedeutung beigelegt, als darin ein, namentlich die Realoblation erübrigendes Moment für die Konstruierung des Requisites des Annahmeverzuges des Käufers gefunden ist; es hat auch angenommen, daß die Androhung nicht unbedingt dem den Annahmeverzug begründenden Akte nachzufolgen brauche, sondern mit der den Annahmeverzug begründenden Handlung des Verkäufers verbunden werden oder auch, ohne als verfrüht seine Wirkung zu verlieren, der definitiven Annahmeweigerung vorausgehen dürfe. Niemals hat aber das Reichsoberhandelsgericht angenommen, daß durch die Annahmeweigerung des Käufers die vorgeschriebene Androhung erübrigt werde.

Vgl. Entsch. des R.O.H.G.'s Bd. 23 S. 169, Bd. 20 S. 19. 20, Bd. 16 S. 422 flg., Bd. 13 S. 58—60, Bd. 12 S. 285 flg., Bd. 10 S. 239 flg., besonders S. 241, Bd. 9 S. 266—268, Bd. 7 S. 49. 405 flg., Bd. 5 S. 181. 182. 287. 288, Bd. 4 S. 19. 20.

Die behauptete Wissenschaft der Beklagten von dem bevorstehenden Verkaufe konnte von Erheblichkeit sein, wenn die Beklagten zuverlässige Kenntnis davon gehabt hatten, daß der Hafer gemäß Art. 343 H.G.B. im Wege der Selbsthilfe für Rechnung der Beklagten versteigert werden sollte; es würde sich dann fragen, ob nicht ein die Androhung erübrigender Dolus der Beklagten vorliege; eine solche Wissenschaft ist aber nicht mit Bestimmtheit behauptet. Die Beklagten konnten immer noch in Ungewißheit darüber bleiben, ob der öffentliche Verkauf, von dessen Bevorstehen sie Kenntnis erhalten haben sollen, nicht für eigene Rechnung der Kläger erfolgen sollte. Es fehlt überdies an einer genauen Angabe der Zeit, zu welcher die Beklagten die behauptete Kenntnis erlangt haben sollen. Die Androhung mußte aber so zeitig erfolgen, daß den Beklagten diejenigen Vorkehrungen ermöglicht wurden, zu deren Zwecke die Androhung eben geboten ist. Hiernach würde es namentlich als verspätet für unerheblich zu erachten sein, wenn Beklagte von dem bevorstehenden Verkaufe erst dadurch Kenntnis erlangten, daß der Hafer zum Zwecke des Verkaufes von dem Boden der Beklagten abgeholt wurde."

II. Gemeines Recht.

115. Formlose Schenkungen; heutiger Wert der 500 solidi. Einfluß einer partikularen Praxis.

III. Civilsenat. Urt. v. 24. Februar 1880 i. S. Sch. (Bekl.) w. Sch. (Kl.)
Rep. III. 474/79.

I. Obergericht Oldenburg.
II. Appellationssenat daselbst.

Eine größere Schenkung war wegen des Mangels der gerichtlichen Insinuation von beiden Vorinstanzen unter Berufung auf eine konstante Praxis der oldenburgischen Gerichte nur bis zum Betrage vom 4200 ℳ für gültig erkannt. Auf die Nichtigkeitsbeschwerde des beschenkten Teiles wurde erkannt, daß dieselbe bis zum Betrage von 4666,67 ℳ gültig sei.

Aus den Gründen:

„In der Abhandlung von Francke im Archiv für civilistische Praxis Bd. 47 Nr. 18 ist überzeugend dargelegt, daß das deutsche Gewohnheitsrecht, welches in dem Rechtssatze über das Erfordernis der gerichtlichen Insinuation bei großen Schenkungen die 500 solidi durch 500 Dukaten ersetzt hat, von den im Werte von 4 Gulden des 18 Guldenfußes ausgeprägten Reichsdukaten zu verstehen ist, und daß daher die 500 Dukaten dem Betrage von 1555 $^{5}/_{9}$ Thalern im 14 Thalerfuße entsprechen, d. i. in heutiger Münze 4666 $^{2}/_{3}$ ℳ oder 4666,67 ℳ. Die partikulare Gerichtspraxis, auf welche die vorige Instanz sich beruft, kann keinen Anspruch auf Aufrechterhaltung machen da dieselbe, indem sie, der Ansicht von Savigny (System Bd. 4 S. 210) sich anschließend, das Gewohnheitsrecht auf einen Dukaten im Werte von 4 Gulden des 20 Guldenfußes bezieht, lediglich in einer unrichtigen Auffassung des maßgebenden Rechtssatzes beruht."

116. 1. Tritt in allen Fällen einer erzwingbaren Cession die fingierte Cession kraft Gesetzes ein?

2. Ist eine fingierte Cession in dem Falle anzunehmen, wenn ein Mandatar ohne Nennung des Mandanten für eigenen Namen kontrahierte und das Geschäft die Veräußerung einer dem Mandanten gehörigen Sache betraf?

III. Civilsenat. Urt. v. 5. März 1880 i. S. Sch. (Bekl.) w. R. (Kl.) Rep. III. 507/79.

I. Kreisgericht Kassel.
II. Appellationsgericht daselbst.

Aus den Gründen:

„Der Appellationsrichter nimmt an, daß, wenn jemand im Auftrage eines anderen, ohne diesen Auftrag mitzuteilen, mit einem Dritten kontrahiert, dem Auftraggeber kraft fingierter Cession ein sofortiger mittels actio utilis verfolgbarer Anspruch wider den Dritten gegeben sei. Zu dieser Annahme ist der vorige Richter gelangt, indem er von dem Satze ausgeht, daß überall, wo ein Gläubiger zur Übertragung seiner Forderung rechtlich verpflichtet ist, die Forderung nach gesetzlicher Bestimmung sofort, auch ohne Übertragung von seiten des Gläubigers, übergegangen sei. Mit Recht hat die Nichtigkeitsbeschwerde diesen Satz, sowie die von dem Appellationsrichter daraus gezogene Folgerung als rechtsirrtümlich angefochten.

Das römische Recht kennt nur gewisse in den Gesetzen speziell aufgeführte Fälle der fingierten Cession; der allgemeine Satz aber, daß in allen Fällen der erzwingbaren Cession eine fingierte Cession eintrete, findet in den Quellen des römischen Rechtes keine genügende Begründung und ist mit anderweitigen Rechtsprinzipien nicht wohl vereinbar; auch liegt kein ausreichender Grund vor, ihn auf den Fall anzuwenden, wo jemand ein Forderungsrecht lediglich auf den Grund sich hin aneignen will, daß dieses Recht in seinem Auftrage erworben sei.

Der Fall, daß ein Mandatar ohne Nennung des Mandanten in eigenem Namen kontrahiert, kann die fingierte Cession des Forderungsrechtes auf den ungenannten Auftraggeber selbst dann nicht zur Folge haben, wenn, wie vorliegend, das Geschäft die Veräußerung einer dem Mandanten gehörigen Sache betraf. Für Fälle ähnlicher Art, nämlich für die von einem kaufmännischen Kommissionär abgeschlossenen

Geschäfte, schreibt Art. 368 Abs. 1 H.G.B., welcher hierin auf dem Boden des römischen Rechtes steht, vor, daß der Kommittent die Forderungen seines Kommissionäres, welcher in eigenem Namen zu kontrahieren hat, dem dritten Schuldner gegenüber erst nach der Abtretung geltend machen könne; und wenn auch der Abs. 2 desselben Artikels dem Kommittenten ein Separationsrecht an den nicht abgetretenen Forderungen des Kommissionäres gegenübere diesem und dessen Gläubigern einräumt, so ist damit das im ersten Absatze des fraglichen Gesetzartikels zum Ausdrucke gekommene gemeinrechtliche Prinzip nicht aufgehoben, sondern nur im Hinblick auf die besondere Natur der kaufmännischen Kommission in gewissem Maße modifiziert. Eine Ausdehnung dieser letzteren Vorschrift auf den gegenwärtigen Fall wäre nach den thatsächlichen Verhältnissen desselben nicht gerechtfertigt."

---

117. 1. Kann das durch §. 7 Abs. 2 des Haftpflichtgesetzes gewährte Recht, auf Aufhebung oder Minderung einer zuerkannten Rente zu klagen, an einen Dritten zur Ausübung im eigenen Namen gültig cediert werden?

2. Läßt sich der bezügliche Rechtsstreit als Fortsetzung des früheren Rechtsstreites, infolge dessen die Rente zuerkannt wurde, auffassen?

II. Civilsenat. Urt. v. 6. April 1880 i. S. Magdeb. Vers.-Gesellsch. (Kl.) w. Z. (Bekl.) Rep. II. 209/79.

I. Handelsgericht Nürnberg.
II. Handelsappellationsgericht daselbst.

Durch Urteil des Handelsgerichtes Nürnberg vom 27. Juni 1877 wurde der Eisengießereibesitzer B. schuldig erklärt, dem Eisengießer Z. auf Grund des Haftpflichtgesetzes Entschädigung zu leisten, insbesondere eine wöchentliche Rente von 12 ℳ zu zahlen.

B. war gegen die Folgen der gesetzlichen Haftpflicht bei der Magdeburger Versicherungsgesellschaft versichert, welche demzufolge namens des B. die Rente zahlte.

Auf Grund des §. 15 der Versicherungsbedingungen, welcher lautet: „Der Versicherungsnehmer ist verpflichtet, das ihm zustehende Recht, bei veränderten Verhältnissen die Aufhebung oder Minderung der Rente zu fordern, an die Gesellschaft zu eigener Ausübung abzutreten" — cedierte B. am 14. Oktober 1878 sein bezügliches Recht an die Magdeburger Gesellschaft, welche auf Grund dieser Cession Klage gegen Z. erhob, mit dem Antrage, die dem Beklagten zugesprochene Rente aufzuheben, eventuell zu ermäßigen.

In zwei Instanzen mit dieser Klage zurückgewiesen, erhob sie Nichtigkeitsbeschwerde, welche verworfen wurde aus folgenden

Gründen:

„Nach thatsächlicher Feststellung ist Klägerin zu Z. in ein Obligationsverhältnis nicht getreten, vielmehr gründet sie ihr Klagerecht ausschließlich auf die Cession; es fragt sich also, ob B., als Schuldner der in Frage stehenden Rente, das ihm nach §. 7 Abs. 2 des Haftpflichtgesetzes zustehende Recht, bei veränderten Umständen Aufhebung oder Minderung dieser Rente zu verlangen, der Magdeburger Versicherungsgesellschaft zur eigenen Ausübung rechtswirksam cedieren und letztere auf Grund dieser Cession in eigenem Namen klagen konnte.

Diese Frage ist mit dem Appellationsrichter zu verneinen.

Das zur Anwendung kommende preußische Landrecht bestimmt allerdings in §. 382 I. 11, daß alle Rechte, welche nicht an die Person des Inhabers gebunden sind, anderen abgetreten werden können, allein es hat dabei, ebenso wie das gemeine Recht, von welchem es in dieser Beziehung nicht abweicht, nur Forderungsrechte im engeren Sinne im Auge, d. h. Rechte, deren Gegenstand eine an sich einen Vermögenswert darstellende Leistung ist, bei welchen also der Berechtigte als Gläubiger, der Verpflichtete als Schuldner im engeren Sinne dieser Worte erscheint.

Nicht jedes Klagerecht ist in diesem Sinne ein Forderungsrecht, denn der Umstand, daß ausnahmsweise dem Schuldner die Rolle des Klägers zufällt, kann nicht bewirken, daß die Natur des Obligationsverhältnisses sich ändere und der Schuldner zum Gläubiger werde. Wenn der Schuldner in Fällen, wo dies statthaft ist, mit der condictio sine causa oder der condictio indebiti bloß die Befreiung von einem Schuldversprechen verlangt oder wenn er Klage auf Nichtbestehen des Schuldverhältnisses (§. 231 C.P.O.) erhebt, so fordert er allerdings etwas, wie denn jede Klage begriffsgemäß ein Begehren voraussetzt, allein ein Forderungsrecht im vorbesagten Sinne macht er hiermit nicht geltend, sondern nur eine Befugnis, die aus dem Schuldverhältnisse selbst entspringt und so untrennbar mit demselben verbunden ist, daß sie ebensowenig durch Cession auf eine andere Person übertragen werden kann, als die Schuld selbst. In gleicher Weise verhält es sich mit der in Frage stehenden, durch §. 7 Abs. 2 des Haftpflichtgesetzes gewährten Befugnis, Aufhebung oder Minderung einer zuerkannten Rente zu verlangen. Auch hier handelt es sich — soweit nicht etwa die Rückerstattung bereits bezahlter Renten in Frage steht — dem Wesen nach nur um ein Bestreiten der Schuld, und läßt sich diese Befugnis von der Schuld selbst nicht trennen.

Daß es nicht statthaft sein kann, fragliche Befugnis von der Schuld loszulösen und durch Cession auf einen anderen zu übertragen, tritt klar zu Tage, wenn man sich die Folgen vergegenwärtigt, welche im vorliegenden Falle eintreten müßten, falls die Cession eines eigentlichen Forderungsrechtes in Frage stünde.

Läge eine solche Cession vor, so müßte die Cessionarin in der Lage sein, auf Grund derselben für sich selbst etwas zu verlangen, insbesondere, daß Z. anerkenne, an sie keine Forderung zu haben. Dies ist aber nicht der Fall, denn die Klägerin konnte nur verlangen und hat nur verlangt, daß die Schuld ihres angeblichen Cedenten aufgehoben oder gemindert werde.

Bei derselben Unterstellung dürfte das Recht, welches der Cedent abgetreten hat, nach Kundgabe der Cession von ihm selbst nicht mehr ausgeübt werden; es müßte in das ausschließliche Eigentum der Cessionarin übergegangen sein. Nun wird man aber nicht behaupten können, daß B. durch fragliche Cession das Recht verloren habe, seine Schuld zu bestreiten oder, was dasselbe ist, auf Aufhebung oder Minderung derselben zu klagen. Es wird sogar anzuerkennen sein, daß die einfache Erklärung des B., er verpflichte sich die Rente in ungemindertem Betrage fortzuleisten, den vorliegenden Rechtsstreit gegenstandslos machen würde, daß also dem angeblichen Cedenten die Verfügung über das angeblich cedierte Recht verblieben ist.

Ferner ist darauf hinzuweisen, daß Cessionen fraglicher Art, ihre Rechtswirksamkeit vorausgesetzt, in gewisser Beziehung eine Übertragung des Schuldverhältnisses enthalten würden und unter Umständen die Rechte des Gläubigers wesentlich beeinträchtigen könnten.

Man würde im Grunde dem Schuldner gestatten, sich seines Schuldverhältnisses teilweise zu entledigen, wollte man ihn befugt erachten, durch eine Cession den Gläubiger zu nötigen, die Frage, ob und in welcher Höhe die Schuld bestehe, mit einem Dritten auszutragen, sich wegen der Prozeßkosten an diesen Dritten zu halten und der besonderen Beweismittel des Eides rc, welche ihm dem Schuldner gegenüber zu Gebote stehen, verlustig zu werden. Eine sehr wesentliche Beschwerung des Gläubigers würde auch darin zu finden sein, daß er genötigt würde, die Frage, ob die Schuld aufzuheben oder zu mindern, und die Frage, ob sie zu erhöhen sei, verschiedenen Personen gegenüber, in gesonderten Rechtsstreiten und vor verschiedenen Gerichten entscheiden zu lassen.

Aus vorstehenden Erörterungen ergiebt sich, daß die Cession vom 14. Oktober 1878, insofern sie der Klägerin das Recht, auf Aufhebung oder Minderung der Rente zu klagen, zur eigenen Ausübung übertrug, keine rechtliche Wirkung äußern konnte, demnach die Klage, mit welcher die Klägerin dieses Recht in eigenem Namen auf Grund der Cession geltend machte, nicht berechtigt war. Insbesondere erscheint auch der Umstand, daß die Klägerin die Zahlung der in Frage stehenden Rente dem Schuldner gegenüber übernommen hatte, ohne jede Erheblichkeit, da hieraus wohl sich ergiebt, daß sie ein Interesse hatte, die Schuld des B. aufgehoben oder gemindert zu sehen, vielleicht auch ein Recht, von B. zu verlangen, daß er dieses Resultat herbeiführe, keineswegs aber, daß ihr ein selbständiges Klagerecht dem Gläubiger Z. gegenüber zustand.

Die weitere Frage, ob die Klägerin etwa befugt gewesen wäre, im Namen des B. (als procurator in rem suam) zu klagen, ob sie insbesondere solche Befugnis aus besagter Cession hätte herleiten können, braucht nicht erörtert zu werden, da in dieser Weise nicht geklagt ist.

Auch die weitere Rüge, darauf gegründet, daß die Klägerin wenigstens als Hauptintervenientin oder Nebenintervenientin zu betrachten sei, erscheint unbegründet.

Die Intervention setzt einen unter anderen Parteien anhängigen Rechtsstreit voraus, der hier nicht gegeben ist. Die Behauptung, der Rechtsstreit, welcher Aufhebung oder Minderung einer zuerkannten Rente erstrebe, sei bloß als Fortsetzung des früheren Rechtsstreites, infolge dessen die Rente einstweilen festgesetzt worden sei, zu betrachten, erscheint ungerechtfertigt. Beide Rechtsstreite, wenn auch ihrem Gegenstande nach im Zusammenhange stehend, sind prozessual völlig selbständig und werden, insofern bei dem einen der Gerichtsstand des Schuldners, bei dem anderen der Gerichtsstand des Gläubigers maßgebend ist, häufig vor ganz anderen Gerichten geführt. Es erscheint daher unstatthaft, ein bloßes Nachtragsverfahren anzunehmen, bei welchem die Parteien des Hauptprozesses ohne weiteres auch als Parteien des nachträglichen Prozesses zu gelten hätten."

118. Ist eine Teilungsklage gegen einzelne von mehreren Miteigentümern zulässig?

III. Civilsenat. Urt. v. 9. April 1880 i. S. M. (Bekl.) w. R. (Kl.) Rep. III. 122/79.

I. Kreisgericht Altenkirchen.
II. Justizsenat Ehrenbreitstein.

Durch früher ergangene Urteile ist rechtskräftig festgestellt, daß die Klägerin zu $^1/_8$ an dem Bergenhäuser Hofgute beteiligt, und daß die Beklagten schuldig sind, mit den Klägern in der Art realiter abzuteilen, daß sie ein Achtteil jener Grundstücke erhalten. Unter Bezugnahme auf diese Vorerkenntnisse stellten Kläger den Antrag, die Teilung vorzunehmen, und beantragten principaliter aus dem ganzen Gute ein Achtteil ausmessen, eventuell ein Achtteil jedes einzelnen zum Hofe gehörigen Grundstückes feststellen zu lassen und ihnen zu übergeben. Nachdem das Kreisgericht zu Altenkirchen die Grundstücke in acht gleiche Lose durch Sachverständige unter Zuziehung der Kläger und der Beklagten verteilt hatte, beantragten die Kläger ihnen die im Lose VII enthaltenen, im Besitze der Beklagten befindlichen Grundstücke zu überweisen.

Die Beklagten hatten dem Antrage der Kläger u. a. den Einwand entgegengesetzt, daß es unzulässig sei, die Teilungsklage gegen sie allein zu erheben, die Kläger vielmehr verpflichtet seien, auch die übrigen Miteigentümer zu dem Teilungsverfahren zuzuziehen.

Das Kreisgericht zu Altenkirchen erkannte jedoch nach dem Antrage der Kläger, und wurde dieses Urteil vom Justizsenate zu Ehrenbreitstein bestätigt.

Die von den Beklagten erhobene Nichtigkeitsbeschwerde wurde verworfen. Bezüglich des gedachten Einwandes der Beklagten heißt es in den

Gründen:

... „Es fragt sich, ob die von dem Appellationsgerichte seiner Entscheidung zu Grunde gelegte Ansicht zu billigen ist, daß ein Teilungsprozeß unter einzelnen von mehreren Miteigentümern zulässig sei, und daß für den Kläger kein Zwang bestanden habe, gemeinsam mit den übrigen Miteigentümern oder gegen alle Miteigentümer die gegenwärtige Klage zu erheben, oder ob dieselbe, wie die Imploranten behaupten, gegen die Rechtsgrundsätze über das Miteigentum, über die actio communi dividundo und die speziell angeführten und als verletzt bezeichneten Quellenstellen verstößt? Diese letztere Frage ist zu verneinen und daher auch dieser Angriff als unbegründet zu bezeichnen.

Keinem Zweifel kann es unterliegen, daß, wenn über die Mitberechtigung des die Teilung Verlangenden oder über den Gegenstand der Gemeinschaft, das Teilungsobjekt, Streit entsteht, dieser nur unter denjenigen Mitberechtigten auszufechten ist, unter welchen er besteht, daß nicht auch diejenigen Teilhaber in den Prozeß hineingezogen werden müssen, welche das Recht, die Anteilsquote des auf Teilung Provozierenden nicht bestreiten und bezüglich des Teilungsobjektes mit ihm einverstanden sind. Zweifel können erst entstehen, wenn es nach Erledigung dieser Voraussetzungen für die Teilung um deren Ausführung, um die Umsetzung der ideellen Anteile der Genossen in reale Teile, sich handelt. Wenngleich es nun nicht möglich ist, eine mehreren, zu ideellen Anteilen gemeinschaftliche Sache oder einen Komplex von Sachen durch eine unter einzelnen der Mitberechtigten infolge freiwilliger Vereinigung vollzogenen Teilung aller Gemeinschaft zu entziehen, das nach ideellen Anteilen getrennte Eigentum in Alleineigentum zu verwandeln, weil die Genossen, welche diese Teilung unter sich vorgenommen haben, über die ideellen Anteile der nicht zugezogenen Genossen zu disponieren nicht befugt sind; wenngleich ferner hieraus und weil durch das, was zwischen anderen bei Gericht verhandelt und entschieden wird, den Rechten Dritter nicht präjudiziert werden kann, sich ergiebt, daß auch infolge einer von einzelnen Kommunionsinteressenten gegen einen Teil der Genossen angestellten Teilungsklage eine Teilung der ganzen Sache in der Art, daß der Kläger das ausschließliche Alleineigentum an dem ihm überwiesenen Teile erwirbt, nicht bewirkt werden kann, so steht doch nichts im Wege, sowohl durch freiwillige Übereinkunft, wie durch eine Teilungsklage eine Aufhebung der unter den einzelnen Genossen bestehenden Gemeinschaft, unbeschadet der Rechte der nicht zugezogenen Mitberechtigten herbeizuführen. Es wird denn auch die Zulässigkeit der Teilungsklage unter wenigen der Mitberechtigten in den Quellen anerkannt, so namentlich in l. 8 pr. Dig. comm. div. 10, 3; l. 2 §. 4 Dig. fam. erc. 10, 2 und l. 17 Cod. fam. erc. 3, 36. Wenn auch infolge der Änderungen, welche bezüglich des prozessualen Verfahrens eingetreten sind, die Fälle, in denen eine Aufhebung der Gemeinschaft, entgegen dem Grundsatze: in communione nemo compellitur invitus detineri, ausgeschlossen sein würde, falls man eine Teilungsklage unter wenigen der Kommunionsinteressenten nicht zulassen wollte, seltener geworden sind, als im römischen Rechte, so müssen doch auch jetzt noch die in den Quellen anerkannten civilrechtlichen Grundsätze zur Anwendung kommen und die Zulässigkeit einer Teilungsklage unter einigen der Teilhaber anerkannt werden. Es wird auch durch die Zulassung einer solchen Klage der Beklagte nicht in eine ungünstigere Lage gebracht. Denn es steht ihm vermöge der Duplizität des Rechtsmittels jederzeit das Recht zu, seinerseits auf eine Teilung unter allen Mitberechtigten zu provozieren und die übrigen Genossen zu dem Prozesse zuzuziehen. Hat der Beklagte aber von diesem Rechte keinen Gebrauch gemacht, so kann er durch die Einrede des Vorhandenseins mehrerer Miteigentümer das Verlangen des Klägers auf Teilung, auf Aufhebung der Gemeinschaft nicht beseitigen; er wird vielmehr dem gestellten Antrage gemäß zu verurteilen und dieses Urteil durch eine nur zwischen den Parteien stattfindende Teilung zu vollziehen sein.

Gegen diese Grundsätze, welche auch mit den von Imploranten angezogenen Quellenstellen nicht in Widerspruch stehen, verstößt das im vorliegenden Falle eingehaltene Verfahren nicht. Nachdem in den Vorprozessen den allein dem Anspruche der Kläger, bezw. ihrer Rechtsvorgänger auf Teilung, sich widersetzenden Beklagten gegenüber das Teilhaberrecht der Kläger, das Teilungsobjekt und die Verpflichtung der Beklagten, mit den Klägern das Bergenhäuser Hofgut in seinem durch das Erkenntnis vom 8. September 1857 bezeichneten Bestande von 1777 realiter in der Art zu teilen, daß sie ein Achtteil des Hofgutes erhalten, festgestellt worden, hätten Kläger allen Mitberechtigten gegenüber die Realteilung des Bergenhäuser Hofgutes beantragen und so eine vollständige Auseinandersetzung und Aufhebung der Gemeinschaft herbeiführen können. Sie waren aber auch berechtigt, nur den Beklagten gegenüber die Gemeinschaft aufzuheben, in welchem Falle allerdings die Gemeinschaft mit den übrigen Genossen bezüglich der ihnen bei der Teilung zugewiesenen Grundstücke nicht aufgehoben wurde. Kläger haben diesen letzteren Weg eingeschlagen, und wären Beklagte in der Lage gewesen, durch geeignete Anträge eine Teilung des ganzen Hofgutes und die Aufhebung der Gemeinschaft unter allen Mitberechtigten herbeizuführen. Die Kläger waren dagegen nicht verpflichtet, ihrerseits die Genossen, selbst wenn dieselben jetzt nicht mehr mit der Teilung einverstanden sein sollten, mit zu verklagen. Dieses hat auch der Appellationsrichter keineswegs verkannt, und es liegt also auch in dieser Richtung nicht, wie Implorant behauptet, eine Rechtsverletzung vor. In Übereinstimmung mit dem Richter erster Instanz ist vielmehr das Recht der Beklagten, zur Wahrung ihrer Interessen die Zuziehung der übrigen Mitberechtigten zu veranlassen, anerkannt, es sind aber die gestellten Anträge nicht für geeignet und genügend erachtet." . . .

---

119. **Beurteilung der Priorität einer Forderung nach dem am Sitze des Konkursgerichtes geltenden Rechte. Genügt hinsichtlich der Form des Rechtsgeschäftes die Beobachtung der Form desjenigen Rechtsgebietes, in welchem dasselbe zu wirken bestimmt ist? Absicht der Kontrahenten.**

Wechselordnung Art. 86.

I. Civilsenat. Urt. v. 18. Februar 1880 i. S. des Konkurskurators von G. C. & Co. (Liquidaten) w. K. (Liquidanten). Rep. I. 522/79.

I. Konkurskommission Bremen.
II. Obergericht daselbst.

Aus den Gründen:

„Die Priorität der Forderungen im Konkurse ist, wie auch der Liquidat selbst anerkennt, nach dem am Sitze des Konkursgerichtes geltenden — hier also nach bremischem — Rechte zu beurteilen. Ebenso unbestritten ist die vom Liquidanten für seine Forderung von . . .

beanspruchte Generalhypothek an dem Vermögen der in Konkurs geratenen Firma G. C. & Co. nach §. 126 der bremischen Erbe- und Handfesten-Ordnung gültig bestellt, indem die darüber ausgestellte Urkunde den Vorschriften dieses Gesetzes entspricht.

Daß diese, nicht auf bremischem Gebiete, sondern in dem zu der benachbarten preußischen Provinz Hannover gehörigen Orte Achim ausgestellte Urkunde wegen nicht geschehener Eintragung in das Hypothekenbuch nach dem dortigen Rechte eine Generalhypothek nicht begründet, ist unerheblich, da nach der heutzutage allgemein anerkannten Rechtsanschauung, welche auch im Art. 86 der deutschen Wechselordnung ihren Ausdruck gefunden hat, hinsichtlich der Form der Rechtsgeschäfte die Beobachtung der Form desjenigen Rechtsgebietes genügt, in welchem das Rechtsgeschäft zu wirken bestimmt ist, und da — zumal in Berücksichtigung des Umstandes, daß beide Kontrahenten ihren Wohnsitz im Bremischen hatten — nicht zweifelhaft sein kann, daß im vorliegenden Falle die Generalhypothek nach der Absicht der Kontrahenten vorzugsweise oder doch jedenfalls auch an dem Wohnsitze der Schuldnerin und in betreff der dort befindlichen Vermögensbestandteile zur Geltung gelangen solle. Die Absicht der Kontrahenten, das Rechtsgeschäft solle nur hinsichtlich des im Bezirke des Amtsgerichtes Achim befindlichen Vermögens der Schuldnerin in Wirksamkeit treten, ist umsoweniger indiziert, als nicht nur die Generalhypothek ausdrücklich an dem gesamten Vermögen der Firma G. C. & Co. bestellt wurde, sondern der Umstand, daß die Urkunde in Achim ausgestellt und gerichtlich beglaubigt wurde, sich überdies zur Genüge daraus erklärt, daß in derselben dem Gläubiger zugleich auch noch eine Spezialhypothek an der in dem dortigen Gerichtsbezirke belegenen Ziegelei der Firma bestellt wurde. Gerade wegen der vom Liquidaten selbst behaupteten Unmöglichkeit der gleichzeitigen Bestellung einer Generalhypothek nach dem in der Provinz Hannover geltenden Rechte ist anzunehmen, daß die Bestellung dieser Sicherheit sich auf eine im Bremischen eintretende Rechtsverfolgung beziehen sollte."

---

120. Zeitige Freiheitsstrafe als Ehescheidungsgrund nach protestantischem Eherechte. Ist die Praxis der Konsistorien und Gerichte des ehemaligen Kurfürstentumes Hessen, welche nur die Zuerkennung einer lebenslänglichen Freiheitsstrafe als Scheidungsgrund anerkannte, als partikuläre Rechtsbildung anzusehen und zu beachten?

III. Civilsenat. Urt. v. 2. März 1880 i. S. A. Ehefrau (Kl.) w. ihren Ehemann A. (Bekl.) Rep. III. 63/79.

I. Kreisgericht Hanau.
II. Appellationsgericht Kassel.

Die streitenden Teile sind Israeliten. Klägerin hat sich laut des den Akten beiliegenden Auszuges aus dem Trauungsregister des Distrikts-Rabbinates Würzburg am 23. Juni 1868 mit dem damals schon in Hanau ansässigen Beklagten verheiratet. Aus dieser Ehe sind zwei noch lebende Kinder hervorgegangen. Am 18. November 1876 wurde Beklagter unter der Anklage der Wechselfälschung verhaftet. Er zeigte am 30. dess. M. seine Insolvenz bei Gericht an, und es ergab sich bei der vorgenommenen Vermögensuntersuchung an der Stelle eines in die Ehe eingebrachten Aktivvermögens von ungefähr 21 000 ℳ eine Überschuldung von etwa 75 000 ℳ. Durch Erkenntnis der Strafkammer des Kreisgerichtes zu H. vom 30. April 1877 ist demnächst der Beklagte wegen Fälschung von 13 Wechseln je im Betrage von 2000 bis über 5000 ℳ, zusammen im Betrage von 47 930 ℳ, sowie wegen einfachen Bankerottes auf Grund der §§. 74. 267. 268. 280. 283 R.St.G.B. in eine Gesamtstrafe von vier und einem halben Jahre Zuchthaus verurteilt, und es ist zugleich der Verlust der bürgerlichen Ehrenrechte auf die Dauer von drei Jahren gegen ihn ausgesprochen worden. Die Freiheitsstrafe verbüßt Beklagter noch zur Zeit in der Strafanstalt zu C. Aus dem Konkurse hat die Klägerin ihre Illaten, soweit solche hypothekarisch versichert waren, mit 16 285 ℳ zurückerhalten; die nicht bevorzugten Gläubiger sind unbefriedigt geblieben.

Im Januar 1878 ist die Klägerin mit einer Klage auf Ehescheidung hervorgetreten; sie verlangt Trennung der Ehe dem Bande nach, weil ihr Ehemann zu einer entehrenden Zuchthausstrafe verurteilt sei, weil sie ferner wegen der demselben zur Last fallenden strafbaren Handlungen eine unüberwindliche Abneigung gegen den Beklagten hege, endlich weil Beklagter ganz vermögenslos sei und seine Familie nicht mehr zu unterhalten vermöge.

Der Beklagte hat diesem Klagegesuche widersprochen.

Die Vorinstanzen haben die Klage abgewiesen. Das Kreisgericht geht davon aus, daß nach gemeinem Rechte in seiner heutigen Gestaltung eine von dem einen Ehegatten wegen begangenen Verbrechens erlittene entehrende Strafe von kurzer Dauer, wie die hier in Rede stehende, für den anderen nur dann einen Ehescheidungsgrund bilde, wenn nach dem Charakter oder den Motiven des begangenen Verbrechens das den Zweck der Ehe als einer vollkommenen Lebensgemeinschaft bedingende gegenseitige Vertrauen der Ehegatten als vollständig aufgehoben anzusehen sei. Dies treffe hier nicht zu, und es sei auch kein rechtfertigender Grund für unüberwindliche Abneigung der Klägerin gegen ihren Ehemann vorhanden, während Vermögenslosigkeit des Beklagten überhaupt keinen Ehescheidungsgrund abgebe. Das Appellationsgericht nimmt im wesentlichen auf die Ausführungen der ersten Instanz Bezug mit dem Anfügen, daß dieselben den durch die Entwickelung des hessischen Eherechtes und durch die ihr gemäße konstante Rechtsprechung der hessischen Gerichte festgestellten Grundsätzen entsprechend seien; insbesondere könne danach weder in der wider den Beklagten erkannten mehrjährigen Zuchthausstrafe oder in der Begehung der durch dieselben geahndeten Verbrechen, noch in der dadurch angeblich hervorgerufenen, im vorliegenden Falle ohnehin einseitigen unüberwindlichen Abneigung der Klägerin ein zulässiger Scheidegrund gefunden werden.

Die gegen das zuletzt gedachte Erkenntnis von der Klägerin verfolgte Revision wurde vom Reichsgerichte für begründet erachtet.

Aus den Gründen:

„Unbestritten kommt bei der beantragten gerichtlichen Trennung der zwischen den streitenden Teilen bestehenden Ehe das in Hanau geltende Recht zur Anwendung, obwohl die Ehe selbst in Würzburg geschlossen wurde. In jenem Rechtsgebiete sind aber die Grundsätze des gemeinen protestantischen Kirchenrechtes in der durch die ehemalige hessische Konsistorialpraxis und die Rechtsübung der bürgerlichen Gerichte gewonnenen Ausbildung auch die Entscheidungsquelle für die Ehestreitigkeiten der

Juden, und es ist insbesondere seit Erlaß des Gesetzes vom 29. Oktober 1848 §. 24 die Hanauer Judenkapitulation vom 20. September 1738, welche die Scheidung einer jüdischen Ehe nur wegen Ehebruches und böslicher Verlassung zuließ, außer Wirksamkeit getreten.

Als eine wirkliche partikuläre Rechtsbildung können indessen die seither im Umfange des ehemaligen Kurstaates in betreff des Ehescheidungsrechtes der Protestanten beobachteten Normen nicht angesehen werden. Die Praxis dieses Rechtsgebietes hat ihre positive Grundlage in den Worten der heiligen Schrift und in dem durch den Protestantismus aufgestellten Grundsatze der freien, die Erstreckung auf analoge Fälle zulassenden, Auslegung der Schrift gefunden und ist sich dieser ihrer Grundlage auch fortwährend bewußt geblieben. Ein besonderes (kurhessisches) Ehescheidungsrecht auszubilden, haben die ehemaligen hessischen Konsistorien und Gerichte niemals beabsichtigt; sie waren stets bestrebt, mit Wahrung des Prinzipes des protestantischen Eherechtes, insbesondere unter Aufrechterhaltung der religiösen Bedeutung und des sittlichen Ernstes der Ehe, den Anforderungen der Zeit und des Lebens gerecht zu werden. In verschiedenen streitigen Fragen hat, namentlich seit der Mitte des vorigen Jahrhundertes, der Gerichtsgebrauch gewechselt, frühere Ansichten aufgegeben und an deren Stelle oft entgegenstehende angewendet.

Vgl. Strippelmann, Ehescheidungsrecht S. 115. 341 flg.

Allerdings hat die Praxis wegen Verbrechen des einen Ehegatten immer nur dann auf Trennung der Ehe dem Bande nach erkannt, wenn der Schuldige eine lebenslängliche Freiheitsstrafe erlitt. Allein diesem Gerichtsgebrauche ist keine, die künftige Rechtsprechung bindende, rechtserzeugende Wirkung beizulegen.

Eine solche Bedeutung hat man auch in anderen gemeinrechtlichen Gebieten Deutschlands unter ähnlichen Umständen der Praxis der geistlichen und weltlichen Gerichte nicht beigemessen. Betrachtet man den Entwickelungsgang des protestantischen Ehescheidungsrechtes in einzelnen dieser Territorien, so ergiebt sich, daß der Gerichtsbrauch zwar früherhin durchgängig der strengeren Ansicht huldigte, solche aber seit Beginn dieses Jahrhunderts fast überall verlassen hat.

In Hannover galt bis zum Jahre 1828 nur eine lebenslängliche Freiheitsstrafe des einen Ehegatten, die man einer böslichen Verlassung gleichachtete, als zureichender Grund zur Ehetrennung; von da ab gestattete man aber die Scheidung in Übereinstimmung mit den Ansichten der Rechtslehrer, der Richtung der Praxis im übrigen Deutschland und der Gesetzgebung der größeren Staaten Jahrzehnte hindurch auch bei nur temporärer Freiheitsstrafe.

Vgl. Spangenberg in der Fortsetzung von Bülow und Hagemann, Erörterungen T. 1 S. 376; Bartels, Ehe und Verlöbnis S. 347.

In Braunschweig erkannten die dortigen Gerichte noch im ersten Viertel dieses Jahrhundertes nur lebenslängliche Freiheitsstrafe als Ehescheidungsursache an; seit 1823 aber fand die Unterscheidung, ob die erkannte Freiheitsstrafe eine entehrende sei oder nicht, die Billigung des obersten Gerichtshofes.

Vgl. Dedekind, Protestantisches Eherecht nach Braunschweiger Präjudizien S. 17 flg.

Im Großherzogtume Hessen, dessen protestantisches Kirchenrecht zum Teil auf der nämlichen partikulären Grundlage beruht, wie das im ehemaligen Kurstaate geltende, haben die Gerichte seit 1824 wegen Zuchthausstrafen von sieben, fünf und drei Jahren, welche der schuldige Ehegatte verbüßte, unter Berufung auf gemeines protestantisches Eherecht die Scheidung ausgesprochen.

Vgl. Archiv für praktische Rechtswissenschaft N. F. Bd. 7 S. 419, Bd. 8 S. 309.

Von besonderer Wichtigkeit ist die Praxis im Königreiche Sachsen. Bereits vor der gesetzlichen Regelung der Frage durch das mit dem 1. März 1865 eingeführte bürgerliche Gesetzbuch erweiterten die Gerichte, nachdem sie seit der Mitte des vorigen Jahrhundertes den Fall der lebenslänglichen Freiheitsstrafe ausnahmsweise als zureichenden Ehescheidungsgrund angesehen, allmählich diese Ausnahme, dehnten sie nicht bloß auf Freiheitsstrafen überhaupt aus, sondern setzten endlich an deren Stelle eine Regel von anderem Inhalte, den Grundsatz nämlich, daß Freiheitsstrafen von mindestens vierjähriger Dauer dem unschuldigen Ehegatten ohne weiteres die Befugnis gewährten, auf Scheidung zu dringen, Freiheitsstrafen von kürzerer Dauer nur dann, wenn nach den Umständen des Falles dem letzteren die Fortsetzung der Ehe vernünftiger- und billigerweise nicht wohl zugemutet werden könne.

Vgl. Kritz, Rechtsfälle Bd. 5 S. 327 flg.; Dresdener Annalen Bd. 1 S. 78. 253.

Nach dem Geiste des protestantischen Eherechtes ist es nicht gerechtfertigt, die von dem unschuldigen Ehegatten beantragte Scheidung der Ehe vom Bande auf den Fall zu beschränken, daß der schuldige Gatte eine lebenslängliche Freiheitsstrafe erleidet; unter der Herrschaft des gemeinen Rechtes wird vielmehr die Scheidung, auch bei einer nur zeitigen Freiheitsstrafe, und zwar alsdann auszusprechen sein, wenn durch das Verschulden des Sträflinges die Ehe thatsächlich getrennt, die Möglichkeit einer gedeihlichen Fortsetzung der ihrem Wesen nach die innigste Lebensgemeinschaft bedingenden Ehe einseitig zerstört worden ist. Ob diese Voraussetzung in einem bestimmten Falle vorhanden, ob insbesondere anzunehmen sei, daß ein Zwang zum ferneren ehelichen Zusammenleben für den unschuldigen Ehegatten als eine unbillige Härte erscheinen würde, darüber hat das richterliche Ermessen zu befinden, dessen Statthaftigkeit hier ebensowenig zu beanstanden ist, wie dies bei der Beurteilung anderer gemeinrechtlich und partikularrechtlich anerkannten Ehescheidungsgründe, wie z. B. der schweren Mißhandlungen eines Ehegatten und der gegenseitigen unüberwindlichen Abneigung, geschieht. Maßgebend für die Entscheidung sind dabei hauptsächlich die Schwere des Verbrechens oder Vergehens an sich, die Höhe der erkannten Strafe, die damit gesetzlich verbundenen oder im Strafurteile ausgesprochenen Ehrenfolgen, die Bildungsstufe und die Standesverhältnisse der Ehegatten, sowie deren Vorleben.

In der vorliegenden Sache treffen alle Voraussetzungen für eine Trennung der Ehe vom Bande zusammen.

Der Beklagte hat kurz nacheinander dreizehn Wechsel im Gesamtwerte von über 47 000 ℳ gefälscht und in einem Zeitraume von acht Jahren nach Abschluß der Ehe durch unsinnige Börsenspekulationen nicht nur sein eigenes Vermögen verloren, sondern auch das zugebrachte, nicht unerhebliche Vermögen seiner Ehefrau auf das Spiel gesetzt. Es kann von der Klägerin, bei ihrer Herkunft aus angesehener und ehrenhafter Familie, nicht verlangt werden, daß sie die Ehe mit einem Manne fortsetze, der mit dem Makel eines entehrenden Verbrechens behaftet, zu einer schweren Zuchthausstrafe verurteilt worden ist und zugleich durch seinen Bankerott seine geschäftliche Existenz vernichtet hat. Unter solchen Umständen ist auch die Behauptung der Klägerin, daß sie gegen ihren Ehemann, der das in ihn gesetzte Vertrauen so schwer getäuscht, seit dessen Verurteilung eine unüberwindliche Abneigung hege, für durchaus glaubwürdig zu erachten und deshalb von dem Versuche, die Wiedervereinigung der Ehegatten durch persönliche Gegenüberstellung vor Gericht herbeizuführen, Abstand zu nehmen.

Hiernach mußte unter Aufhebung des angefochtenen Erkenntnisses nach dem Klagantrage erkannt werden."

---

121. Ist für den Inhalt und das Maß einer Realservitut nur das Bedürfnis des herrschenden Grundstückes ohne Rücksicht auf die persönlichen Interessen des Eigentümers mit Rücksicht auf andere ihm gehörige Grundstücke maßgebend?

L. 5 §. 1. l. 6. l. 24. l. 29. l. 33 §. 1 Dig. de serv. praed. rust. 8, 3; l. 44 Dig. loc. cond. 19, 2; l. 12 Cod. de serv. 3, 34; l. 1 §. 11. l. 3 pr. Dig. de aqua quotid. 43, 20.

I. Civilsenat. Urt. v. 24. März 1880 i. S. J. (Kl.) w. B. (Bekl.) Rep. I. 60/80.

I. Amt Bremerhafen.
II. Obergericht Bremen.

Aus den Gründen:

„Die Beklagte räumt ein, daß ihrem am Marktplatze belegenen Grundstücke Nr. 204 das Recht der Durchfahrt gegenüber dem klägerischen, an der Osterstraße belegenen, mit Nr. 210a bezeichneten Grundstücke nicht zusteht. Auch behauptet sie gar nicht, daß eine solche Dienstbarkeit jemals bestanden habe. Dagegen hält die Beklagte sich für berechtigt, die dem ebenfalls ihr gehörigen, zwischen den gedachten beiden Grundstücken liegenden Grundstücke Nr. 210b gegenüber dem klägerischen Grundstücke Nr. 210a unbestritten zustehende Gerechtigkeit der Durchfahrt von und nach der Osterstraße auch im Interesse ihres Grundstückes Nr. 204, d. h. zur Vermittelung des Wagenverkehres des letzteren mit der Osterstraße, auszuüben und zu verwerten.

Hierin kann der Beklagten und dem Obergerichte, welches unter Abänderung des erstinstanzlichen Erkenntnisses den Kläger insoweit mit seinem Klagantrage abgewiesen hat, nicht beigetreten werden.

Es handelt sich nicht um eine der Beklagten persönlich eingeräumte Berechtigung, sondern um eine Realservitut, nämlich um die dem zur Zeit der Beklagten gehörigen Grundstücke Nr. 210b gegenüber dem klägerischen Grundstücke Nr. 210a zustehende Durchfahrtsgerechtigkeit. Maßgebend für den Inhalt und den Umfang dieser Gerechtigkeit ist daher nach bekannten Rechtsgrundsätzen nicht etwa das lediglich persönliche Interesse des jedesmaligen Eigentümers des herrschenden Grundstückes, sondern vielmehr das Bedürfnis des letzteren, d. h. seines Eigentümers als solchen, nicht auch als Eigentümers anderer Grundstücke oder wegen sonstiger persönlicher Verhältnisse (l. 5 §. 1. l. 6. l. 24. l. 29. l. 33 §. 1 Dig. de servit. praed. rust. 8, 3; l. 44 Dig. locati conducti 19, 2; l. 12 Cod. de servit. et aqua 3, 34).

Ein Abgehen von diesen Grundsätzen ergiebt sich aus den hierfür angeführten Stellen (l. 1 §. 11 und l. 3 pr. Dig. 43,20) keineswegs, und sowohl die herrschende Theorie, als die Praxis haben sich dagegen ausgesprochen.[1]

Geht nun hiernach die auf dem Grundstücke Nr. 210a ruhende Servitut nicht über das sich aus dem Bedürfnisse des herrschenden Grundstückes Nr. 210b ergebende Maß hinaus, so wird dieses Bedürfnis allerdings ein verschiedenes sein, je nachdem man das Grundstück Nr. 210b als ein für sich bestehendes selbständiges Ganzes oder als bloßes Zubehör eines anderen Grundstückes, bezw. als Bestandteil eines größeren Grundstückes, betrachtet. Es wäre also an sich rechtlich möglich, daß bei Bestellung der Servitut der Wille der Beteiligten auch, ja vielleicht vorzugsweise, dahin gegangen sei, indirekt dem anstoßenden Grundstücke Nr. 204 den Vorteil einer Fahrverbindung mit der Osterstraße über die Grundstücke Nr. 210b und Nr. 210a zu verschaffen, d. h. das Interesse des Grundstückes Nr 204 mit dem Interesse des herrschenden Grundstückes Nr. 210b zu identifizieren und den Inhalt sowie das Maß der Ausübung der Servitut demgemäß stillschweigend zu erweitern. Dies als gewollt anzunehmen, genügen aber die Örtlichkeit und die sonstigen Umstände keineswegs."

(Dies wird dann näher ausgeführt.)

[1] Glück, Kommentar. Bd. 10 S. 51 flg.; Vangerow, Leitfaden §. 340; Arndts, Lehrbuch der Pandekten §. 183; Keller, Pandekten §. 164; Windscheid, Lehrbuch §. 209 und die dort in Note 10 enthaltenen Allegate aus Seuffert's Archiv.

122. Umfang der Ausübung einer Servitut bei Vergrößerung des herrschenden Grundstückes. Verantwortlichkeit einer Gemeinde, zu deren Gunsten die Servitut besteht, für deren mißbräuchliche Ausübung durch einzelne Ortseinwohner. Veränderungen auf dem herrschenden und dienenden Grundstücke. Verhältnis beider zu einander.

III. Civilsenat. Urt. v. 13. April 1880 i. S. v. S. (Kl.) w. Stadtgemeinde B. (Bekl.) Rep. III. 355/79.

I. Kreisgericht Bernburg.
II. Oberlandesgericht Dessau.

Der Stadt B. steht unbestritten das durch Verjährung erworbene Recht zu, aus bestimmten Straßen das sich ansammelnde Wasser durch verdeckte Kanäle in den an der Stadtmauer belegenen Garten der Klägerin abzuleiten (servitus fluminis recipiendi und cloacae immittendae). Als nun die Stadt ein Nivellement ihrer Straßen vornahm, wurde sie von der Klägerin mit der negatorischen Klage wegen Eigentumsstörung unter der Behauptung belangt, daß durch jene Anlage und andere Eingriffe in das Eigentum am Garten die Servitut nach Umfang und Inhalt weit über die seither bestandenen Grenzen ausgeübt worden sei.

Von den vorgeschützten Einreden erachtete die erste Instanz nur diejenige des „mangelnden Klagerechtes", soweit sich solche auf den Erwerb des Servitutrechtes durch Verjährung stütze, für begründet und erkannte bei dem Widerspruche der Klägerin auf Beweis für die Beklagte, erwägend:

„daß Veränderungen, welche die Beklagte in öffentlichem Interesse oder mit Rücksicht auf das Bedürfnis des herrschenden Grundstückes an dem in Ansehung des Zuflußgebietes bestandenen Zustande getroffen habe, der Klägerin nicht zum Nachteile gereichen könnten."

Auf Appellation der Beklagten änderte die zweite Instanz ab und verstellte die Einreden in weiterem Umfange zum Beweise, indem sie unter Bezugnahme auf die bei illimitierten Weiderechten und deutschrechtlichen Holzberechtigungen an Waldungen geltenden Grundsätze ausführte:

„daß der bei Begründung der streitigen Servitut bestandene Zustand für deren Ausübung nicht fortwährend maßgebend sein könne, vielmehr mit dem Wachsen der Bevölkerung von elbst ein Steigen des Umfanges der Servitut eintreten müsse."

Das Reichsgericht stellte auf Oberappellation der Klägerin das erstinstanzliche Urteil im wesentlichen wieder her.

Das Sach- und Rechtsverhältnis im einzelnen ergiebt sich aus nachstehenden

Gründen:

„Die erhobene Beschwerde richtet sich nicht sowohl gegen die Fassung des Beweissatzes selbst, welcher von der Beklagten den Beweis ihrer Einrede, also wesentlich in Übereinstimmung mit dem Erkenntnisse erster Instanz, den Nachweis des Erwerbes der angesprochenen Dienstbarkeit durch Verjährung verlangt, als vielmehr gegen die Entscheidungsgründe des Appellationsrichters, insofern dieser, abweichend von dem Kreisgerichte, gewisse dem dienenden Grundstücke nachteilige Veränderungen des Zustandes des angeblich herrschenden Grundstückes für zulässig erachtet hat.

Die beklagte Stadt will bereits vor dem Jahre 1866 durch unvordenkliche Verjährung, jedenfalls seit rechtsverjährter Zeit, das Recht erworben haben, durch drei verdeckte Kanäle unter den zwischen dem Turmwege und dem v. S.'schen Garten belegenen Privatwohnhäusern und der Gartenmauer hindurch das Wasser vom Turmwege und der Nienburger Straße, sowie aus allen mit diesen Straßen in Verbindung stehenden Straßen, Straßenteilen und öffentlichen Plätzen in jenen Garten zu leiten. Und zwar soll dieses Recht auf alles Wasser sich erstrecken, das in den Gossen sich sammelt, auch das Regenwasser aus den Straßen und Höfen und diejenigen Flüssigkeiten, welche die Bewohner der gedachten Straßen und Plätze in berechtigter Weise den Gossen zuführen.

Die Klägerin räumt nur ein, daß zu Lasten ihres Gartengrundstückes der Stadt B. das Recht zur Leitung des von der Ecke des Turmweges und in der Nienburger Straße sich sammelnden Wassers zustehe; sie behauptet unter Widerspruch der Beklagten, daß in den Jahren 1867 und 1868, sowie 1875 und 1876 der Zustand des herrschenden Grundstückes durch städtische Anlagen derart verändert worden sei, daß ihr Garten durch das in größerer Menge und rascheren Zügen abfließende Wasser in einen Sumpf verwandelt werde. Jene

Veränderungen sollen namentlich bestehen: in der Neu- und Umpflasterung der Alt- und Neustadt B., der Nivellierung der Straßen, der Herstellung zusammenhängender Gossenflüsse für sämtliche Straßen, der Leitung von Gossenläufen nach dem Turmwege, die früher nicht dahin führten, in der Entfernung eines Kanales, welcher von der Neupflasterung des Turmweges einen Teil des aus letzterem kommenden Regenwassers in den neben dem Gartengrundstücke der Klägerin gelegenen K.'schen Garten geleitet habe, endlich in der Erstreckung der B.'er Wasserleitung auf die Alt- und Neustadt, bezw. in der Hineinführung der Wasserröhren in die Wohnungen zu Haushaltungszwecken. Auch macht Klägerin die Beklagte für die mißbräuchliche Benutzung der Gossenläufe durch Zuführung stinkender Flüssigkeiten seitens einzelner Besitzer der an den betreffenden Straßen belegenen Gebäude verantwortlich.

Unbestritten hat das auf dem Gartengrundstück der Klägerin sich sammelnde Wasser keinen weiteren Abfluß. Dasselbe ergoß sich früher in einen Teich, der etwa in der Mitte des Gartens sich befand; seit Anfang der 1870er Jahre hat Klägerin diesen Teich an eine andere Stelle ihres Gartens verlegt, und es schützt die Beklagte vor, daß, wenn das dienende Grundstück durch neue Anlagen auf dem herrschenden mehr belastet werde, die Klägerin selbst diese Beeinträchtigung ihres Eigentumes verschulde.

Bei der Beurteilung des sich hiernach ergebenden Streitverhältnisses bedürfen folgende Punkte einer Erörterung: der geographische Umfang der angesprochenen Dienstbarkeit; deren Ausdehnung und Inhalt mit Rücksicht auf den Erwerb des Rechtes durch Verjährung; die Zulässigkeit der seit 1867 auf dem herrschenden und dienenden Grundstücke vorgenommenen Veränderungen; endlich das Verhältnis dieser Grundstücke zu einander mit besonderem Bezug auf die Rechtsregel, daß Servituten schonend (civiliter) auszuüben sind.

Anlangend zunächst das bestrittene Zuflußgebiet, so ist nach den Gesetzen, insbesondere nach l. 12 Cod. de servit. et aqua 3,34, für den Umfang der Dienstbarkeit nicht die Größe des herrschenden oder dienenden Grundstückes, sondern die Art und Weise der Begründung maßgebend, und es kann nach l. 24 Dig. de serv. praed. rust. 8,3 die Ausübung einer bestehenden Servitut räumlich nicht durch den Hinzutritt neuer Grundflächen zum herrschenden Grundstücke erweitert werden.

Die Beklagte wird daher den Beweis führen müssen, daß sich das gesprochene Wasserableitungsrecht über die von der Klägerin zugestandenen Grenzen hinaus, und zwar über alle diejenigen Straßen und Plätze erstrecke, zu deren Gunsten dasselbe nach dem Inhalte der Vernehmlassung bestehen soll. Hat vor der seit 1867 angeblich stattgehabten Ebnung (dem Nivellement) und der Umpflasterung jenes Straßenzuges ein Wasserabfluß aus diesem nach dem Garten der Klägerin überhaupt nicht stattgefunden, so konnte die Stad oder deren Rechtsvorgänger (Fiskus) die Örtlichkeiten zum Nachteile der Klägerin nicht ändern, gleichviel ob und in welchem Maße dadurch eine Mehrbelastung des Gartens herbeigeführt wurde. Denn in einer solchen Neuerung lag in dem vorausgesetzten Falle nicht sowohl eine Ausdehnung der Dienstbarkeit innerhalb der räumlich für solche bestehenden Grenzen, als vielmehr eine Hinausrückung dieser Grenzen selbst. In dieser Beziehung ist es auch unzulässig, daraus, daß die Servitut von der Stadtgemeinde B. als juristische Person ausgeübt wurde, zu folgern, daß es der letzteren mit Rücksicht auf die Bestimmung der Straßen und öffentlichen Plätze gestattet sein müsse, das sich in solchen sammelnde Wasser, je nach Bedürfnis, nach Anlage und Art der Instandhaltung der Straßen, beliebig abzuleiten, da in betreff der räumlichen Ausdehnung einer Servitut, die zu Gunsten eines bestimmten Grundstückes besteht, kein Unterschied gemacht werden kann, ob die Person des Berechtigten ein Privater, eine Ortsgemeinde oder eine bestimmte Klasse von Ortsbewohnern ist.

Was sodann die sonstige Ausdehnung und den Inhalt des fraglichen Wasserableitungsrechtes angeht, so behauptet die Beklagte mit Unrecht, daß es zum Nachweise des Erwerbes dieser Dienstbarkeit genüge, wenn sie innerhalb rechtsverjährter Zeit überhaupt Wasser aus dem beanstandeten Gebiete in das Gartengrundstück des Klägerin geleitet habe —, und ebensowenig ist die Ansicht der vorigen Instanz begründet, daß das Hauptgewicht auf das Bedürfnis des herrschenden Grundstückes zu legen sei. Die hierfür angezogenen Analogieen der bei illimitierten Weiderechten und deutschrechtlichen Holzgerechtsamen obwaltenden Verhältnisse sind für Fälle der vorliegenden Art nicht zutreffend, zumal wenn es sich, wie hier, nicht um die Bestellung einer Servitut durch Vertrag oder letztwillige Anordnung, sondern um deren Begründung durch Verjährung handelt. In dieser Beziehung, und zwar ohne Unterschied, ob die Servitut durch unvordenkliche oder durch die im sächsischen Rechte zugelassene Verjährung von 31 Jahren 6 Monaten und 3 Tagen entstanden ist, bestimmt sich der Erwerb derselben nach dem Umfange der seitherigen Ausübung (tantum praescriptum quantum possessum). Dieser Rechtsgrundsatz drückt aus, daß durch die Verjährung kein stärkeres Recht erworben werden kann, als es das Wesen der betreffenden Besitzeshandlungen, der durch die Ausübung selbst kundgegebene Wille der Beteiligten mit sich bringt. Allerdings wird zum Nachweise des Verjährungserwerbes nicht erfordert, daß für jeden einzelnen denkbaren Fall der Ausübung besondere Besitzeshandlungen innerhalb der Verjährungszeit vorliegen müssen, so daß letztere nur ihrer äußeren Erscheinung nach, ohne alle Beziehung zu dem Rechte, das in ihnen zum Ausdrucke gelangte, zu dem wirtschaftlichen Zwecke, der damit erreicht werden soll, zu der besonderen Bestimmung des herrschenden Grundstückes, überhaupt zu der natürlichen Lage und Beschaffenheit der beiderseitigen Grundstücke in Betracht kämen. Allein immerhin ist eine gewisse Gleichartigkeit der einzelnen Ausübungshandlungen erforderlich, wenn aus einzelnen Vorkommnissen und begrenztem Besitze der Inhalt des erworbenen Rechtes festgestellt werden soll. Nicht in demselben Maße gilt dies für die Erhaltung der durch Verjährung einmal erworbenen Servitut; denn hierzu ist es nach ausdrücklicher Vorschrift der Gesetze (l. 18 Dig. de servit. praed. rust. 8, 3; l. 8 §. 1 l. 9. Dig. quemadm. serv. amitt. 8, 6) nicht nötig, daß die Dienstbarkeit stets bis zur äußersten Grenze des Rechtes ausgeübt wird.

Diesen Grundsätzen gemäß wird die Beklagte im Beweisverfahren darzulegen haben, einerseits, daß seit rechtsverjährter Zeit nicht bloß das Regenwasser aus den Straßen und Höfen des beanstandeten Gebietes in den Garten der Klägerin abgeleitet worden, sondern auch, daß dies bezüglich des von den Bewohnern jener Straßen und Plätze in die Gossen geschütteten Haushaltungs- und sonstigen unreinen Wassers geschehen sei, indem in dem Rechte der Ableitung von Regenwasser die letzterwähnte Befugnis nicht von selbst enthalten ist; andererseits aber, daß während der Dauer der Verjährungszeit die Leitung des Wassers selbst nach der Beschaffenheit der Straßen und Gossen im allgemeinen dem zur Zeit der Klagerhebung bestandenen Zustande entsprochen habe. Wie sich dabei im einzelnen die Sache gestaltet, kann zur Zeit noch nicht beurteilt werden; es muß vielmehr dem Endurteile vorbehalten bleiben, darüber nach Maßgabe der erwiesenen Besitzeshandlungen unter Berücksichtigung aller Umstände des Falles zu befinden.

Hervorzuheben ist nur noch, daß, wenn die Klägerin die Zuführung stinkender Flüssigkeiten durch die Gossen untersagt haben will, dieser Antrag sich im wesentlichen dadurch erledigt, daß die Beklagte selbst dies für eine mißbräuchliche Ausübung der bestehenden Dienstbarkeit erklärt, und die Verhinderung solcher Ausschreitungen an sich der Fürsorge der zuständigen Polizeibehörde zu überlassen ist. Doch wird sich die Beklagte der Haftbarkeit für derartige Eigentumsstörungen wenigstens alsdann nicht entziehen können, wenn sie es an der erforderlichen Überwachung der Hausbewohner fehlen läßt oder jene Mißbräuche nur sonst zu beseitigen vermag. Indem die Gemeinde zugleich in ihrem Interesse und demjenigen der betreffenden Ortseinwohner die streitige Servitut in Anspruch nimmt, muß sie insoweit auch für die Eingriffe in das Eigentum der Klägerin aufkommen, deren sich einzelne Bewohner über den Inhalt der bestehenden Servitut hinaus schuldig machen.

Die Frage sodann, ob der Beklagten diejenigen Veränderungen innerhalb des Zuflußgebietes zu gestatten seien, welche sie nach der Behauptung der Klägerin seit 1867 darin vorgenommen haben soll, kann ebenfalls endgültig erst dann entschieden werden, wenn nach dem Ergebnisse der Beweisführung die Art und der Umfang dieser künstlichen Anlagen und zugleich feststeht, daß hierdurch dem Garten der Klägerin nicht unerheblich mehr Wasser zugeführt, die Dienstbarkeit in belästigenderer Weise ausgeübt wird, als es vordem der Fall war. Auch ist nicht außer acht zu lassen, daß es für die Grenzen der Dienstbarkeit in der hier fraglichen Beziehung wesentlich darauf ankommt, ob das Recht zur Zeit der Vornahme jener Neuerungen schon durch Verjährung begründet war, oder ob der Verjährungserwerb erst durch Hinzurechnung dieser Besitzeshandlungen zu früheren gleichartigen vollendet wurde. Im ersteren Falle ist im Zweifel der Umfang der Servitut ein beschränkterer, deren gesetzlicher Inhalt nicht auf eine außergewöhnliche Benutzung des dienenden Grundstückes zu erstrecken. Das Bedürfnis des herrschenden Grundstückes kann unter Umständen ebenfalls von Belang sein; doch ist zu bemerken, daß der Servitutberechtigte die Dienstbarkeit nicht über den bestimmten Zweck hinaus und nicht zum

Nachteile des belasteten Grundstückes ausdehnen darf, es sei denn, daß diese Erweiterung unter veränderten Verhältnissen bereits bei Begründung der Servitut erweislich in dem mutmaßlichen Willen der Beteiligten lag (l. 20 §§. 4. 5 Dig. de S. P. U. 8, 2; l. 2 Dig. de aqua quot. 43, 20).

Das Erkenntnis erster Instanz gewährt in seinem entscheidenden Teile wenigstens der Beweisführung der Beklagten in allen hier hervorgehobenen Richtungen den freiesten Spielraum.

Soviel endlich das Verhältnis des dienenden zum herrschenden Grundstücke, und die auf jenem von der Klägerin vorgenommenen Neuerungen betrifft, so ist den Ausführungen der vorigen Instanz beizutreten, daß die Fassungskraft des dienenden Grundstückes auch gegenüber einer an sich zulässigen Veränderung des Zustandes des herrschenden Grundstückes eine Schranke biete, welche die Beklagte nicht überschreiten dürfe, daß jedoch, wenn ein gegen früher gesteigerter Wasserzufluß nicht vorliege und die in der Klage erwähnten schädlichen Folgen dieser Ableitung durch Änderungen in der Anlage des Gartens herbeigeführt worden seien, der Klägerin ein privatrechtlicher Schutz nicht gewährt werden könne. Die Vorschrift, daß Dienstbarkeiten in einer den Eigentümer des dienenden Grundstückes am wenigsten belästigenden Weise (civiliter) ausgeübt werden sollen (l. 9 Dig. de servit. 8, 1), hat nicht die Bedeutung, den Berechtigten in der gesetzlichen Ausübung seines Rechtes innerhalb der bestehenden Grenzen zu beschränken, legt vielmehr demselben nur die Verpflichtung auf, sein Recht mit möglichster Schonung nach Maßgabe der bei dem Erwerbe der Servitut vorhandenen Beschaffenheit des dienenden Grundstückes geltend zu machen. Es darf daher einerseits der Eigentümer des letzteren keine solchen Veränderungen vornehmen, welche das Recht zu schmälern geeignet sind, es ist aber auch andererseits der Eigentümer des herrschenden Grundstückes nicht für den etwaigen Schaden verantwortlich, der aus der rechtmäßigen Ausübung der Servitut entsteht. Ergeben sich infolge der beiderseitigen Beweisführung über das Maß der zulässigen Ausdehnung der Servitut Zweifel, so sind solche, wie bei nachbarlichen Irrungen überhaupt, durch billiges richterliches Ermessen unter Berücksichtigung aller Umstände des Falles zu lösen (l. 13 §. 1 Dig. de S. P. R. 8, 3)."

123. Übereinkunft, daß die Fortentrichtung zugesagter Unterstützungsgelder von der Entscheidung eines sog. Familienrates abhängig sein soll. Freies oder billiges Ermessen? Inwiefern ist Auslegung einer Vertragsurkunde Revisionsgrund?

III. Civilsenat. Urt. v. 23. April 1880 i. S. Witwe V. (Kl.) w. D. u. Gen. (Bekl.) Rep. III. 603/80.

I. Stadtgericht Gießen.
II. Oberlandesgericht Darmstadt.

Der Ehemann der Klägerin, Chr. V. zu G., stirbt im Februar 1873 mit Hinterlassung einer Witwe und sechs unversorgter Kinder in hilfsbedürftiger Lage. Die beiderseitigen nächsten Verwandten halten eine Unterstützung der Hinterbliebenen für angemessen. Es verpflichten sich die Eltern der Klägerin, derselben lebenslänglich eine Wohnung unentgeltlich zu überlassen, fünf Verwandte des Mannes, indem sie — unter der Herrschaft des gemeinen Rechtes — zu einem sog. Familienrate zusammentraten, ihr bestimmt bezeichnete Geldbeträge in vierteljährigen Raten zu zahlen; die Klägerin selbst unterstellt ein ihr für Chr. V. ausbezahltes Lebensversicherungskapital der Verwaltung des Familienrates. Das von allen Beteiligten unterzeichnete Vertragsprotokoll vom 26. Februar 1873 enthält u. a. die Bestimmung:

„Die Unterstützung wird abhängig gemacht von dem sittlichen Verhalten der Empfängerin und der guten Erziehung ihrer Kinder, und hört auf, sobald ihre Verhältnisse sich so gestalten, daß sie oder ihre erwerbsfähig gewordenen Kinder selbst für den Unterhalt der Familie sorgen können, worüber dem Familienrate die Entscheidung zusteht."

Bis Ende 1874 bezw. 1876 werden die Unterstützungsgelder gezahlt. Am 15. Februar 1877 beschließt jedoch der D.'sche Familienrat protokollarisch die Einstellung der Zahlungen, weil die Witwe V. den Bedingungen, von denen die Unterstützung abhängig gemacht worden sei, nicht entsprochen habe. Es wird dies näher motiviert und zugleich die Auflösung des Familienrates ausgesprochen. Ein Mitglied des letzteren ist nicht persönlich erschienen, hat sich aber schriftlich für jenen Beschluß ausgesprochen; ein anderes Mitglied stimmt demselben nicht zu.

Nunmehr erhebt die Witwe gegen vier der männlichen Verwandten des Chr. V. Klage auf Auszahlung der rückständigen Leistungen und Anerkennung der Verbindlichkeit zur Fortentrichtung der laufenden. Die Beklagten bestreiten die Übernahme einer vertragsmäßigen Verpflichtung und behaupten eventuell, daß der Rücktritt vom Vertrage ihrer Willkür anheimgegeben sei.

Die erste Instanz verurteilt die Beklagten zur Zahlung der bis zum Tage des Einstellungsbeschlusses verfallenen Alimente und weist die Klage im übrigen ab, erwägend:

„Ob Klägerin bei den Verhandlungen vom 26. Februar 1873 mitgewirkt oder die Vertragsurkunde im Einverständnisse mit dem D.'schen Familienrate unterschrieben habe, sei gleichgültig; da unbestritten ihre Eltern als Mitkontrahenten aufgetreten seien und zu Gunsten der Klägerin paktiert hätten, auch der Familienrat das Lebensversicherungskapital in Verwaltung genommen habe. Die Urkunde unterstelle nun die Fortgewährung der Rente ausschließlich der vorgängigen Beschlußfassung des Familienrates, der nach freiem, die richterliche Kontrolle ausschließendem, Ermessen zu befinden habe. Danach sei für die Vergangenheit die Lossagung der Verpflichteten vom Vertrage ausgeschlossen, während für die Zukunft, vom Tage des Familienratsbeschlusses ab, letzterer in Wirksamkeit trete."

Die bis dahin im alten Verfahren anhängige Sache gelangt durch Berufung der Klägerin zur Verhandlung im neuen Verfahren nach Maßgabe des hessischen Ausführungsgesetzes zur Civilprozeßordnung vom 4. Juni 1879 an das Oberlandesgericht zu Darmstadt. Dieses bestätigt durch Urteil vom 12. Januar 1880.

Auf Revision der Klägerin hebt das Reichsgericht dieses Erkenntnis auf. Zu bemerken ist noch, daß die zweite Instanz davon ausging, es sei die vertragsmäßige Verpflichtung der Beklagten zu den fraglichen Unterstützungsbeiträgen in dem Stadtgerichtsurteile rechtskräftig anerkannt, da die Beklagten die auf die Urkunde vom 26. Februar 1873 gestützte Verurteilung zur Zahlung der Renten für die Vergangenheit nicht angefochten hätten. Das Reichsgericht billigte diese Annahme auf Anschlußbeschwerde der Revisionsbeklagten nicht, erachtete jedoch den Streitpunkt nach Lage der Sache als unerheblich für die Entscheidung über die Revision der Klägerin.

Das weitere ergiebt sich aus nachstehenden

Gründen:

„Die erhobene Beschwerde ist begründet.

Das Berufungsurteil geht davon aus, es komme nur der Einwand der Beklagten in Betracht, daß die Unterstützungspflicht der Beklagten nach Maßgabe der Urkunde vom 15. Februar 1877 durch Beschluß des D.'schen Familienrates beendigt sei. Dieser Einwand sei für begründet zu erachten; denn die Urkunde vom 26. Februar 1873 enthalte eine vertragsmäßige Resolutivbedingung, in deren Folge die Fortdauer der Alimentationsleistung von der nur durch die Vereinigung zum Familienrate beschränkten Willkür der Verpflichteten abhängig gemacht worden sei, und es stehe keineswegs dem Richter die Kognition darüber zu, ob der Beschluß des Familienrates, welcher den Eintritt der Bedingung für gegeben erachte, genügend motiviert sei. Unter diesem Gesichtspunkte müsse vorerst die Thatsache als feststehend angesehen werden, daß diejenigen Mitglieder der Familie D., welche bei Abschluß des Vertrages vom 26. Februar 1873 mitwirkten, den beschlußberechtigten Familienrat bildeten; sodann aber sei nach der vertragsmäßigen Intention jener Bestimmung der Wille der Kontrahenten dahin gegangen, daß der Beschluß der Majorität der Familienratsmitglieder verbindende Kraft in sich tragen solle. Da nun die Urkunde vom 15. Februar 1877, bezüglich deren ein ausdrücklicher Dissens des Mitbeklagten L. D. nicht vorliege oder behauptet worden sei, einen solchen Majoritätsbeschluß feststelle, so sei eine dem Vertrage entsprechende Aufhebung der Alimentationsverbindlichkeit der Beklagten mit dem Tage dieses Beschlusses eingetreten.

Wenn nun die Revisionsbeschwerde rügt, daß das Berufungsgericht unter Verletzung von Rechtsnormen die Gültigkeit eines **Majoritätsbeschlusses** des D.'schen Familienrates angenommen habe, so ist dieser Vorwurf nach keiner Richtung hin begründet. Daß mehrere Verpflichtete den Rücktritt von einem Vertrage, wenn und soweit ein solcher Rücktritt überhaupt in ihren Willen gestellt ist, von dem Beschlusse der **Majorität** abhängig machen können, ist nicht zu bezweifeln. Die Erwägung des Berufungsgerichtes sodann, daß die **vertragsmäßige Intention** der Kontrahenten dahin gegangen sei, der Beschluß der Majorität der Familienratsmitglieder solle verbindende Kraft in sich tragen, ist eine thatsächliche Feststellung, hergeleitet **teils aus dem Wortlaute der Urkunde** vom 26. Februar 1873, **teils** aus den Umständen des Falles, bezw. dem Gesamtinhalte der Verhandlungen, und unterliegt als solche nicht der Nachprüfung in der Revisionsinstanz. Die Behauptung, daß bei dem Abschlusse und der Auslegung von Verträgen nur der ausgesprochene Wille der Beteiligten rechtlich erheblich sei, ist in den Gesetzen nicht begründet und ein Verstoß gegen die Verhandlungsmaxime umsoweniger erfindlich, als die Revisionsbeklagten schon durch die bloße Berufung auf die Urkunde vom 15. Februar 1877 die Frage, ob ein Majoritätsbeschluß des Familienrates sie zum Abgehen vom Vertrage berechtige, der richterlichen Beurteilung unterbreiteten. Der Einwand endlich, daß L. D. zur Sitzung des Familienrates nicht eingeladen worden sei, ist in den vorderen Instanzen nach dem Thatbestande des Berufungsurteiles nicht vorgebracht worden und daher in der Revisionsinstanz unzulässig. Einer ausdrücklichen Feststellung darüber, daß L. D. geladen sei, bedurfte es überdies mit Rücksicht auf den bezüglichen Inhalt der Urkunde vom 15. Februar 1877 nicht.

Dagegen ist die weitere Rüge gerechtfertigt, daß das Berufungsgericht die rechtliche Bedeutung der Abrede über die Einstellung der zugesagten Unterstützungsgelder verkannt habe, sofern es annehme, daß die Fortgewährung der letzteren der Willkür der Verpflichteten überlassen worden sei....

Inhaltlich der Urkunde vom 26. Februar 1873 haben sich die dort genannten fünf Verwandten des verstorbenen Maschinenmeisters B. verpflichtet, der nachgelassenen Witwe desselben eine jährliche Unterstützung in näher festgesetzten Beträgen zukommen zu lassen, diese Unterstützung jedoch von dem sittlichen Verhalten der Empfängerin und guter Kindererziehung abhängig gemacht, und zugleich bestimmt, daß die Zahlung aufhören solle, sobald sich die Verhältnisse der Witwe so gestalten würden, daß sie oder ihre erwerbsfähig gewordenen Kinder selbst für die Unterhaltung der Kinder Sorge tragen könnten. Gleichwie die Einigung der Verwandten nach vorgängiger Zusammenberufung und Beschlußfassung eines sog. Familienrates erfolgte, so ist auch festgesetzt worden, daß diesem die Entscheidung darüber zustehen solle, ob die Voraussetzungen zur Fortentrichtung der Unterstützungsgelder noch vorhanden seien.

Nicht um die Verpflichtungen eines — als juristische Person oder Kollegium überhaupt nicht anzusehenden — Familienrates handelt es sich hiernach, sondern — falls der Klägerin gegenüber ein Vertragsverhältnis überhaupt bestand — um eine von jedem einzelnen Kontrahenten übernommene Verbindlichkeit, und jener Familienrat kommt nur insofern in Betracht, als die Einstellung der zugesagten Unterstützung nicht von jedem Verpflichteten nach eigenem Ermessen, sondern nach stattgehabter Beratung von der Gesamtheit bezw. der Majorität der Verpflichteten auszugehen hat.

Diese Entscheidung des Familienrates darf jedoch nach Geist und Wortlaut des Vertrages **keine willkürliche** sein; sie ist vielmehr von **bestimmten und objektiv bestimmbaren** Momenten abhängig gemacht worden. Wenn daher die Feststellung der zum Rücktritte vom Vertrage berechtigenden Thatsachen auch **an sich** dem Beschlusse des Familienrates unterliegt, so kann dieser Beschluß doch von der Alimentationsberechtigten als **offenbar unbillig** angefochten werden, sei es, daß sie die Unwahrheit der behaupteten Thatsachen, sei es, daß sie darzuthun imstande ist, daß solche, selbst ihre Wahrheit vorausgesetzt, nach vernünftigem und billigem Ermessen die Entscheidung des Familienrates nicht zu rechtfertigen vermöchten.

Unter diesen Umständen reicht die bloße Erklärung der Beklagten, daß sie den Fall des Abgehens vom Vertrage für gegeben erachteten, nicht aus. Dieselben müssen die Gründe, welche den Familienrat zur Einstellung der Alimentationsleistungen für die Zukunft bestimmt haben, thatsächlich darlegen, und es ist dessen Entscheidung selbst der richterlichen Nachprüfung und, erforderlichen Falles, nach vorgängiger Beweisführung der über die Existenz und Erheblichkeit der zu deren Begründung geltend gemachten Thatumstände, der richterlichen Abänderung unterworfen. Daß hierbei die **Beweislast** die **Klägerin** trifft, folgt aus der Natur des durch die streitige Verabredung geschaffenen Rechtsverhältnisses, vermöge dessen die Berechtigte nur Schutz dagegen verlangen kann, daß die Verpflichteten nicht etwa das in sie gesetzte Vertrauen einer gewissenhaften und billigen Abwägung der die Fortdauer der Rente bedingenden Verhältnisse mißbrauchen.

Vgl. l. 22 §. 1 Dig. de R. J. 50, 17; l. 30 pr. Dig. de oper. lib. 38, 1; l. 7 pr. Dig. de contr. emt. 18, 1; l. 3 Cod. de dot. prom. 5, 11; l. 6 l.l. 77—80 Dig. pro socio 17, 2; **Seuffert**, Archiv Bd. 20 Nr. 218, Bd. 26 Nr. 187, Bd. 30 Nr. 237, Bd. 32 Nr. 118, Bd. 33 Nr. 113.

Der Anfechtung des Familienratsbeschlusses vom 15. Februar 1877 wegen offenbarer Unbilligkeit steht der Umstand nicht entgegen, daß die Urkunde vom 25. Februar 1873 die Bestimmung enthält, daß „dieses Instrument in allen Teilen unanfechtbar sein solle". Denn ganz abgesehen davon, daß diese Klausel in einem Zusammenhange vorkommt, welcher es mindestens zweifelhaft erscheinen läßt, ob sich solche auf die hier streitige Frage des Rücktrittes vom Vertrage bezieht, schließt sie auf keinen Fall die Zulässigkeit des Rechtsweges wegen **kontraktwidrigen Verhaltens** der Beklagten aus.

Mit Unrecht behauptet hiernächst der Anwalt der Beklagten, daß das Berufungsurteil von der **thatsächlichen** Erwägung ausgehe, es sei das Abgehen vom Vertrage in die Willkür der Verpflichteten gestellt worden. Eine thatsächliche Feststellung dahin, daß nach dem **aus den Umständen erkennbaren Willen** der Beteiligten die fragliche Stipulation in dem ihr von den Beklagten untergelegten Sinne zu interpretieren sei, enthält in der hier in Betracht kommenden Beziehung das Berufungsurteil nicht; dasselbe folgert nur **aus dem Wortlaute** der Urkunde, daß der streitige Vorbehalt jenen Inhalt habe. An **diese** Rechtsauffassung ist aber das Revisionsgericht nicht gebunden. Ist ein Vertrag zwischen den streitenden Teilen zustande gekommen, so erfüllen ihn die Beklagten, was auch ihr Beweggrund zu dessen Abschluß gewesen sein mag, nicht mehr aus Liberalität oder vermöge moralischer Verbindlichkeit, sondern aus Rechtspflicht. Würde die Bestimmung, daß die Entscheidung über den Eintritt der Voraussetzung zum Rücktritte vom Vertrage dem Familienrate zustehe, nicht getroffen worden sein, so würde die Frage der richterlichen Kontrolle gar nicht entstehen, vielmehr wie bei jeder anderen mit dem Eintritte eines gewissen Ereignisses endigenden Übereinkunft nur zu untersuchen sein, ob das Ereignis eingetreten sei. Erst der Zusatz, daß den Verpflichteten die Entscheidung über das Abgehen vom Vertrage bei dem Vorhandensein einer bestimmten Voraussetzung vorbehalten bleibe, trägt jene Frage in das Vertragsverhältnis hinein, und gerade dieser Zusatz ist es, der im Zweifel dahin auszulegen ist, daß die Verpflichteten nach billigem Ermessen zu verfahren haben.

Endlich ist auch die Ausführung der Beklagten irrig, daß die Frage, ob die Verpflichtung aufgehört habe, von dem Inhalte und damit dem Bestande des Vertrages überhaupt sich nicht trennen lasse.

Will man die fragliche Stipulation als **Resolutivbedingung** ansehen, so kommt doch bei dem Eintritte derselben nicht der Vertrag mit allen seinen Wirkungen in Wegfall, sodaß derselbe als von Anfang an nicht abgeschlossen zu betrachten wäre; er cessiert nur in Ansehung der Fortdauer der Alimentationsleistungen, während die bereits begründeten Wirkungen bestehen bleiben.

Der Beschluß des Familienrates vom 15. Februar 1877 hat die Einstellung der zugesagten Unterstützung teils allgemein, teils durch Anführung bestimmter Thatsachen begründet. In letzterer Beziehung ist dem Berufungsurteile beizutreten, daß die lediglich aus den Vermögensverhältnissen der Klägerin hergenommene Motivierung für die richterliche Würdigung als durchaus unzureichend erscheine. In ersterer Hinsicht muß dagegen über die in erster Instanz nachträglich unternommene Motivierung nach Maßgabe der vorstehend entwickelten Grundsätze Beweis erhoben und zu dem Ende die Sache an das Berufungsgericht (§. 528 C.P.O.) zurückverwiesen werden."

---

124. Regreß des Bürgen gegen den Hauptschuldner auch ohne Klagecession abseiten des bezahlten Gläubigers. — Kann der debitor cessus, welcher nach der Certioration auf Grund einer vor derselben übernommenen Bürgschaft einen Gläubiger des Cedenten bezahlt hat, gegen den Cessionar mit der ihm durch die Zahlung erwachsenen Forderung an den Cedenten kompensieren?

I. Hilfssenat. Urt. v. 27. April 1880 i. S. v. d. L. W. (Bekl.) w. B. (Kl.) Rep. IVa. 229/79.

I. Kreisgericht Bergen a./R.
II. Appellationsgericht Greifswald.

Die Klägerin klagte eine ihr von ihrem Ehemanne cedierte Forderung an den Beklagten ein. Die Cession war am 16. September 1876 geschehen und dem Beklagten drei Tage später angezeigt. Der Beklagte erhob folgenden Kompensationseinwand. Er behauptete, der Ehemann der Klägerin habe dem Kaufmanne M. ein Darlehn verschuldet, und der Bruder des Beklagten habe für diese Schuld auf Höhe von 500 Thlr. die Bürgschaft übernommen; für diese Bürgschaftsschuld seines Bruders habe sich der Beklagte dem Darlehnsgläubiger M. gegenüber vor der Cession der eingeklagten Forderung weiter verbürgt und letztere bei der Insolvenz des klägerischen Ehemannes und nach der Konkurseröffnung über das Vermögen des Hauptbürgen, nämlich im Mai 1877, an M. zum verbürgten Betrage mit Zinsen bezahlt. Den Betrag der ihm dadurch gegen den Ehemann der Klägerin erwachsenen Forderung stelle er zur Kompensation.

Die Klägerin bestritt, daß der Beklagte durch die Zahlung an den Kaufmann M. einen Anspruch an ihren Ehemann erworben habe, zumal eine Klagecession nicht behauptet sei; bezw. leugnete sie auch die Kompensabilität.

Der erste Richter verwarf den Einwand, weil dem Beklagten schwerlich darum zu thun gewesen sei, bei der Zahlung an M. die Geschäfte des Ehemannes der Klägerin zu führen, zu welchem er in keinem Bürgschaftsverhältnisse gestanden; die Bezahlung fremder Schulden enthalte nicht unbedingt eine nützliche Verwendung. Der Appellationsrichter bestätigte die Entscheidung unter Billigung der dafür angegebenen Gründe. Auf die Nichtigkeitsbeschwerde des Beklagten ist zwar das zweite Urteil vernichtet, in der Sache selbst jedoch die Entscheidung aufrechterhalten. Es wird zunächst ausgeführt, die Entscheidung sei nicht klar begründet; sie enthalte nicht die Feststellung, daß Beklagter die Nachbürgschaft in rem suam oder donandi causa übernommen habe. Dann heißt es weiter in den

Gründen:

„Die Frage, ob dem Bürgen ein Regreß gegen den Hauptschuldner zusteht, ist nach dem zwischen ihnen obwaltenden Rechtsverhältnisse zu beurteilen. Als Regel gilt, daß der Bürge das dem Gläubiger Gezahlte auch ohne Cession der Klage von dem Hauptschuldner nach den Grundsätzen des Auftrages oder der Geschäftsführung ersetzt verlangen kann (§. 6 Inst. de fidejussoribus 3, 20; l. 43 Dig. de neg. gest. 3, 5).

Eine Ausnahme tritt nur dann ein, wenn der Bürge die Bürgschaft in seinem eigenen Interesse als fidejussor in rem suam oder donandi animo übernommen hat. Daß der Regreßanspruch des Bürgen nach diesen Grundsätzen zu beurteilen ist, nehmen Doktrin und Praxis fast ohne Ausnahme an.

Vgl. Windscheid, Pand. Bd. 2 §. 481; Arndts, Pand. §. 356; Sintenis, Pand. §. 129; Stobbe, Deutsches Privatrecht Bd. 3 §. 192; Seuffert, Archiv Bd. 22 Nr. 237 (München), Bd. 17 Nr. 40 (Rostock).

Dieselben Rechte, welche der Bürge durch die Zahlung gegen den Hauptschuldner erlangt, erwirbt auch der Nachbürge, wenn er durch Befriedigung des Gläubigers den Hauptschuldner befreit.

Da nun im vorliegenden Falle der Appellationsrichter nicht festgestellt hat, daß Beklagter donandi causa oder in rem suam für den Ehemann der Klägerin intercediert hat, so verletzt er durch Versagung des Regresses aus dem Grunde, weil die Bezahlung der Schuld an M. kein utiliter gestum für den Hauptschuldner enthalte, den in der Nichtigkeitsbeschwerde formulierten Rechtsgrundsatz. Es unterliegt deshalb die Entscheidung über diesen Kompensationseinwand der Vernichtung.

Bei freier Beurteilung muß jedoch das zweite Erkenntnis aufrechterhalten werden.

Nach gemeinem Rechte ist es Regel, daß der debitor cessus gegen den Cessionar mit Forderungen an den Cedenten kompensieren darf, sofern ihm diese Forderungen bei der Certioration zustanden, und, wenn die cedierte Forderung fällig ist, damals ebenfalls fällig waren.

Vgl. Krug, Kompens. S. 170 flg.; Dernburg, Kompens. S. 386; Seuffert, Archiv Bd. 2 Nr. 279 (Lübeck), Bd. 6 Nr. 177 (Stuttgart), Bd. 12 Nr. 18 (Kassel), Bd. 13 Nr. 91 (Celle), Bd. 14 Nr. 22 (Jena); Fenner und Mecke, Bd. 4 S. 32.

Im vorliegenden Falle hat der Ehemann der Klägerin dieser die Baugelderforderung am 16. September 1876 cediert. Beklagter ist von der Cession binnen wenigen Tagen benachrichtigt. Die Zahlnng an M. aber hat er Trinitatis 1877 geleistet. Nach obiger Regel würde Beklagter nur dann zur Kompensation berechtigt sein, wenn ihm vor Empfang der Denunziation die zur Aufrechnung gebrachte Forderung an den klägerischen Ehemann bereits zustand. Er vermeint dies, weil er die Nachbürgschaft, durch welche er zur Zahlung verpflichtet wurde, schon vor der Denunziation übernommen hatte. Jedoch mit Unrecht. Die gemeinrechtliche Praxis versagt sogar dem Hauptbürgen, welcher erst nach der Denunziation zahlt, die Aufrechnung,

vgl. Seuffert, Archiv Bd. 2 Nr. 279 (Lübeck), Bd. 13 Nr. 91 (Celle),

weil er durch Übernahme der Bürgschaft zwar einen Anspruch auf Kaution oder Liberation gegen den Hauptschuldner, nicht aber auf Zahlung erwirbt.

Vgl. l. 45 §. 2 Dig. mandati 17, 1; Girtanner, Bürgschaft S. 529.

Im vorliegenden Falle aber war nicht die Nachbürgschaft des Beklagten für seinen Bruder, sondern nur die Zahlung an M. ein utiliter gestum für den Ehemann der Klägerin; zur Zeit der Zahlung aber war die Klageforderung aus dessen Vermögen durch die Cession bereits ausgeschieden."

125. Kompensation im Konkurse.

III. Civilsenat. Urt. v. 4. Mai 1880 i. S. A. (Kl.) w. D. (Bekl.) Rep. III. 463/79.

I. Kreisgericht Wiesbaden.
II. Oberlandesgericht Frankfurt a./M.

A. hatte im November 1876 eine Wohnung und sonstige Räume für die Zeit vom 1. Januar 1877 bis 31. Dezember 1879 an den Beklagten vermietet. Im Januar 1878 wurde gegen A. der Konkurs erkannt. Der Beklagte verblieb in seinem Mietsverhältnisse bis zum 12. Juni 1878, an welchem Tage die Mietobjekte zu Gunsten der Konkursmasse veräußert wurden, und schuldete unbestrittenermaßen noch die auf 1. April bis 12. Juni 1878 verfallene Mietzinsrate. Die A.'sche Konkursmasse klagte auf Zahlung dieser Schuld, wogegen der Beklagte mit drei vor dem Konkursausbruche entstandenen Forderungen an den Kridar zu kompensieren suchte. Die erste Instanz ließ die Kompensation zu, von der zweiten Instanz wurde sie zurückgewiesen, weil eine Kompensation gegenüber einer der Konkursmasse zustehenden, erst nach der Konkurseröffnung zur Existenz gekommenen, Forderung mit einer vor derselben gegen den Kridar erwachsenen Forderung nicht zulässig sei. Das Reichsgericht hat die gegen dieses Urteil erhobene Nichtigkeitsbeschwerde verworfen aus folgenden

Gründen:

„Die deutsche Konkursordnung §. 48 Ziff. 1 schreibt vor, daß eine Aufrechnung im Konkursverfahren unzulässig sei, wenn jemand vor oder nach der Eröffnung des Verfahrens eine Forderung an den Gemeinschuldner erworben hat und nach der Eröffnung etwas zur Masse schuldig geworden ist. Mit dieser Vorschrift ist kein neuer legislatorischer Grundsatz aufgestellt, vielmehr enthält die preußische Konkursordnung die gleiche Bestimmung, und die bayerische und hannöverische Prozeßordnung sowie das französisch-rheinische Recht nehmen denselben Standpunkt ein. Auch im Gebiete des gemeinen Prozeßrechtes ist der gedachte Grundsatz anzuerkennen. Seine Richtigkeit ergiebt sich aus der Erwägung, daß nach Ausbruch des Konkurses jeder Gläubiger seine Befriedigung nur noch nach Maßgabe der Lokationsordnung aus der Konkursmasse zu beanspruchen hat, wogegen, wenn in den unterstellten Fällen Kompensation zugelassen wäre, hierdurch eine durch die Konkurseröffnung ausgeschlossene vorzugsweise Befriedigung des Gläubigers bewirkt, der letztere nach diesem Zeitpunkte noch einen Absonderungs- oder Deckungsanspruch aus einem Teile der Masse erlangen würde.

Die Anwendbarkeit des erwähnten Satzes auf den konkreten Streitfall ist mit Grund nicht zu beanstanden. Daß die Gegenforderungen des Beklagten aus der Zeit vor der Konkurseröffnung datieren, liegt nicht im Streite; in betreff der eingeklagten Forderung aber steht fest, daß sie eine nach Eröffnung des Konkurses verfallene Mietzins-Quartalrate ist, und daß allerdings der in Frage stehende Mietkontrakt vor diesem Zeitpunkt, und zwar auf eine auch noch das laufende Quartal umfassende Zeitdauer, abgeschlossen worden ist. Aus diesem letzteren Umstande will von dem Nichtigkeitskläger deduziert werden, daß, weil die Kreditorschaft nicht einen neuen Mietkontrakt abgeschlossen, sondern nur das bestehende Vertragsverhältnis fortgesetzt habe, auf welch letzterem der eingeklagte Mietzins beruhe, Forderung und Gegenforderung aus vor dem Konkurse geschlossenen Verträgen herrühren, mithin zur Kompensation geeignet seien. In der That hat diese Meinung in der gemeinrechtlichen Praxis Vertretung gefunden.

Vgl. Seuffert, Archiv Bd. 9 S. 312.

Richtiger erscheint jedoch die gegenteilige Ansicht, welche auch in einem Falle der vorliegenden Art die Statthaftigkeit der Kompensation verneint.

Der Mietzins, welcher nach der Konkurseröffnung aufwächst und verfällt, ist als Äquivalent für die Mietnutzung zu betrachten, welche dem Mieter während des Konkursverfahrens gewährt wird. Diese Nutzung hat aber nicht mehr der Kridar, sondern die an seine Stelle getretene Gläubigerschaft gewährt, weshalb ihr auch der Anspruch auf die betreffende Mietzinsrate zukommt, welchem Anspruche gegenüber eine Aufrechnung mit Forderungen an den Kridar nicht zulässig erscheint. Der Umstand, daß der zu Grunde liegende Mietvertrag vor dem Konkursausbruche und auf längere Zeitdauer abgeschlossen worden ist, kann an diesem Sachverhältnisse nichts ändern, denn nach gemeinem Konkursprozeßrechte,

vgl. Schweppe, Konkurs der Gläubiger §. 62; Bayer, Konkursprozeß §.31,

stand es in der Befugnis der Gläubigerschaft, den Mietvertrag des Beklagten fortzusetzen oder nicht. Indem die Gläubigerschaft zur Fortsetzung des Vertrages sich entschloß, ist sie es, welche dem Beklagten den Gebrauch und die Nutzung eines zur Masse gehörigen

Objektes einräumte; ihr ist der Anspruch auf die betreffenden Mietraten erworben, da alle Früchte und Nutzungen aus Masseobjekten der Konkursmasse zu gute kommen. Daraus folgt, daß die dem Anspruche korrespondierende Mietzinsschuld des Beklagten eine Masseschuld, also eine erst nach der Konkurseröffnung entstandene Verbindlichkeit ist, die unter die gleichen Gesichtspunkte fällt, wie z. B. Kaufgelder aus Massegegenständen, und deren Aufrechnung mit einer vor dem Konkurse entstandenen Forderung des Beklagten ebendeshalb nicht zugelassen werden kann.

Hiernach ist die erhobene Nichtigkeitsbeschwerde in ihrem zweiten Teile zu verwerfen. Was aber den ersten Nichtigkeitsgrund anbelangt, so geht der Appellationsrichter davon aus, daß die Gegenforderungen des Beklagten nicht auf den der Klage zu Grunde liegenden Mietvertrag gestützt worden seien, daß der Beklagte nicht etwa Erstattung von notwendigen oder nützlichen Verwendungen auf das Mietobjekt verlangt, sondern seine Ansprüche lediglich aus verschiedenen, ihm angeblich vom Kridar erteilten Aufträgen abgeleitet habe. Da diese Annahme den aktenmäßigen Erklärungen des Beklagten entspricht, und da hiergegen nicht weiter in Betracht kommen kann, zu welchem Zwecke der Beklagte die ihm aufgetragenen Leistungen gemacht habe, so hat die Nichtigkeitsbeschwerde mit Unrecht gerügt, daß der vorige Richter die streitigen Gegenforderungen nicht als konnex im rechtlichen Sinne mit der eingeklagten Forderung angesehen und behandelt hat."

---

126. Nachforderung gesetzlicher Zinsen nach rechtskräftig abgeurteilter Hauptsache.

III. Civilsenat. Urt. v. 11. Mai 1880 i. S. A. (Kl.) w. C. (Bekl.) Rep. III. 78/80.

I. Amtsgericht Kassel.
II. Oberlandesgericht daselbst.

Der Kläger A. hatte zum Zwecke der Herstellung einer Straße ein ihm gehöriges Grundstück an die Stadt C. im Expropriationswege abzutreten. Da er mit der von der Administrativbehörde festgesetzten Entschädigungssumme sich nicht begnügen wollte, erhob er gerichtliche Klage, deren Erfolg eine nicht unbeträchtliche Erhöhung seiner Entschädigung war. Die Beklagte, welche inmittelst nach Deponierung der regierungsseitig normierten Expropriationssumme den Vollzug der Enteignung herbeigeführt hatte, zahlte dem Kläger den ihm rechtskräftig zuerkannten Mehrbetrag, welche Zahlung der Kläger unter Vorbehalt seiner Zinsansprüche annahm. Nunmehr klagte letzterer die Zinsen aus dem fraglichen Mehrbetrage vom Vollzuge der Enteignung an ein und erreichte in erster Instanz ein ihm günstiges Erkenntnis, wogegen die zweite Instanz den Klaganspruch abwies, weil die Nachforderung von Zinsen aus einem Kapitale, über welches bereits rechtskräftig abgeurteilt worden, nicht zulässig sei. Das Reichsgericht, an welches die Sache im Wege der Nichtigkeitsbeschwerde gelangte, hob das Urteil der zweiten Instanz als nichtig auf und bestätigte das erstinstanzliche Erkenntnis aus folgenden

Gründen:

„Zur vollständigen Entschädigung, welche dem Eigentümer in Expropriationsfällen zu gewähren ist, gehört der Ersatz des Wertes des enteigneten Grundstückes und die Vergütung der Zinsen aus dieser Wertssumme vom Tage der Enteignung bis zu deren Auszahlung. Beiderlei Ansprüche, die Zinsenforderung wie der Anspruch auf den Wert des expropriierten Objektes, beruhen auf der Vorschrift des Gesetzes vom 11. Juni 1874 und bilden die Bestandteile der dem Expropriaten zukommenden Gesamtentschädigung. Für beide Ansprüche besteht denn auch die nämliche actio ex lege.

Ist dieses Rechtsmittel angewandt, um einen Teil der Hauptsumme zur gerichtlichen Geltung zu bringen, so bleibt der andere Teil der Entschädigungsforderung zweifellos in Kraft. Das Gleiche muß aber auch zutreffen, wenn die gesamte Hauptsumme ohne die Zinsansprüche eingeklagt worden ist; denn die letzteren bilden mit der ersteren die dem Expropriaten gebührende Entschädigung und sind, wie sie, ein Bestandteil derselben. Untergegangen durch den Richterspruch über die Hauptsache könnten die nicht eingeklagten Accessorien nur dann erscheinen, wenn ihre Nichteinklagung als Verzicht auf deren Geltendmachung aufzufassen wäre, oder wenn in dem Urteile über die Hauptforderung jederzeit ein stillschweigendes Aberkennen aller etwaiger Nebenforderungen erblickt werden müßte.

Ob ersteres ausnahmsweise der Fall, kann eine Frage des konkreten Sachverhältnisses sein, die letztgedachte Annahme aber ist nach heutigem Rechte ausgeschlossen. Gilt nämlich heutzutage die sogenannte negative Funktion der exceptio rei judicatae nicht mehr, und giebt es nach den neueren prozessualischen Grundsätzen überhaupt kein stillschweigendes Aberkennen von Ansprüchen, die nicht klagbar gemacht worden sind, so ist schlechterdings kein Grund vorhanden, in den Folgen des Urteiles für die einzelnen Bestandteile einer Gesamtforderung zu unterscheiden und demnächst dem Urteile über die Hauptsache eine zerstörende Wirkung gegenüber den Accessionen beizulegen, welche dem Urteile über einen Teil der Hauptsache gegenüber den anderen Teilen der Gesamtforderung nicht zugestanden wird.

Vgl. Entsch. des R.O.H.G.'s Bd. 9 Nr. 71 S. 230, Bd. 21 Nr. 104 S. 320; Windscheid, Pandekten §. 259 Note 10, §. 130 Note 24.

Im vorliegenden besonderen Falle kann nicht der mindeste Zweifel darüber herrschen, daß der Kläger durch die vorgängige Einklagung der Expropiationssumme auf die jetzt geforderten Zinsen aus derselben nicht verzichtet hat, und daß der Richter des Vorprozesses mit seinem Urteile über den Wert des enteigneten Objektes nicht auch diese Zinsen hat aberkennen wollen. Der Kläger hatte mit Erhebung des Vorprozesses den Versuch gemacht, eine Erhöhung der ihm regierungsseitig zugebilligten Expropriationssumme auf dem Rechtswege zu erreichen; als aber der Versuch geglückt und inzwischen die Enteignung vollzogen war, nahm er die erstrittene Summe nur unter dem Vorbehalte einer nachträglichen Zinsenforderung an und setzte diesen Vorbehalt durch die Erhebung der gegenwärtigen Klage ohne weiteres in Vollzug. In diesem Verhalten liegt nichts, was auf einen durch die Nichteinklagung der fraglichen Zinsen in dem Vorprozesse ausgesprochenen Verzicht hindeuten würde, und ebensowenig liegt in dem Verfahren des früheren Richters, dem Tenor und den Gründen seines Urteiles, irgend welcher Anhalt für die Unterstellung, daß er die betreffenden, nicht eingeklagten Zinsen habe aberkennen wollen und aberkannt habe.

Indem daher der Kläger den ihm nach §. 36 des obenerwähnten Gesetzes vom Tage der Enteignung an zustehenden Zinsenanspruch im gegenwärtigen Rechtsstreite einklagt, kann ihm das Urteil des Vorprozesses nicht entgegengehalten werden.

Dementsprechend ist das Urteil des Appellationsgerichtes als nichtig aufzuheben und, was nach der materiellen Sachlage keinem Anstande unterliegen kann, das die Beklagte verurteilende Erkenntnis der ersten Instanz zu bestätigen."

---

127. Das Recht des Faustpfandgläubigers auf abgesonderte Befriedigung im Konkurse ist nach lübischem und rostockischem Recht nicht davon abhängig, daß der Faustpfandgläubiger bis zur Geltendmachung des Rechtes ununterbrochen im Besitze des Faustpfandes geblieben ist.

I. Civilsenat. Urt. v. 3. März 1880 i. S. Rostocker Bank (Bekl.) w. den kreditorischen Stellvertreter im W.'schen Debitwesen (Kl.). Rep. I. 567/79.

I. Obergericht Rostock.

Die Rostocker Bank nahm im Debitwesen des Kaufmannes W. zu Rostock das Recht der abgesonderten Befriedigung aus Gerste- und Malzvorräten in Anspruch, welche ihr von dem Gemeinschuldner zur Sicherung der Rückzahlung empfangener Darlehen als Faustpfand übergeben und von ihr in der Weise in Besitz genommen waren, daß sie vor den Speicher des Gemeinschuldners, in welchem das Malz lagerte, sowie vor einem Raum in einem anderen Speicher desselben, in welchem die Gerste lagerte, Schlösser vorlegte. Obgleich die Pfänder sich bei der Inventarisation daselbst vorfanden, sprach das Obergericht der Bank das in Anspruch genommene Recht ab, weil in der Zwischenzeit zwischen Pfandbestellung und Inventaraufnahme von der Bank die Schlüssel zu den von ihr angelegten Schlössern dem Verpfänder regelmäßig fast alle Wochentage hindurch zu der ihm nach dem Pfandvertrage obliegenden Bearbeitung der verpfändeten Vorräte anvertraut worden waren.

Das Reichsgericht dagegen erkannte das von der Bank in Anspruch genommene Recht an, indem es annahm, daß die verpfändeten Gegenstände, wenn sie infolge dieses Verfahrens zeitweise in den Gewahrsam des Verpfänders zurückgelangten — was unentschieden blieb — jedesmal wieder in den Gewahrsam der Pfandgläubigerin zurückkamen, da die Schlüssel regelmäßig ihrem Lombardinspektor Mittwochs und Sonnabends in jeder Woche zurückgegeben wurden.

Aus den Gründen:

„Nach Art. V Tit. 4 Teil III. des rostock'schen Stadtrechtes von 1757 ist der Gläubiger, welchem ein bewegliches Gut als ein handhabendes Pfand übergeben ist, „näher dabei zu bleiben, dann von anderen davon zu treiben", und nach Art. XI a. a. O. hat er nicht nötig, sich in dem Konkurse zu melden, indem er, ungeachtet der Eröffnung desselben, das Recht behält, seine Befriedigung vor allen anderen Gläubigern aus dem handhabenden Pfande zu suchen. Als Besitzer eines handhabenden Pfandes ist, wie auch von dem vormaligen Oberappellationsgerichte zu Rostock,

vgl. Budde und Schmidt, Sammlung Bd. 7 S. 112,

angenommen wurde, der Gläubiger nur dann anzusehen, wenn er oder wenn für ihn ein Dritter den Gewahrsam der verpfändeten Sache erlangt und dem Verpfänder nicht wieder überlassen hat, wogegen ein handhabendes Pfand nicht vorhanden ist, wenn der Verpfänder die verpfändete Sache für den Pfandgläubiger verwahrt oder sonstwie namens desselben besitzt. Der entscheidende Zeitpunkt, in welchem der Pfandgläubiger, welcher das Recht aus Artt. V und XI a. a. O in Anspruch nehmen will, die verpfändete Sache in seinem Gewahrsam haben muß, ist die Zeit der Eröffnung des Konkurses oder, wenn auf Antrag des Schuldners das Verfahren nach der Verordnung vom 17. Dezember 1834 eingetreten ist, die Zeit des hierauf gerichteten Antrages, weil von da ab der Schuldner außer stande ist, auf irgend eine Weise, insbesondere auch durch Aushändigung eines Pfandes, eine Bevorzugung eines einzelnen Gläubigers vor den übrigen herbeizuführen. Befindet sich aber das Pfand in diesem Zeitpunkte im Gewahrsam des Pfandgläubigers, so ist es für die Geltendmachung des Rechtes aus Artt. V und XI a. a. O. gleichgültig, ob dasselbe ihm alsbald bei der Verpfändung oder später übergeben worden ist, und ob er von da ab den Gewahrsam desselben ununterbrochen behalten hat.

Hiervon abweichende Grundsätze, welche nach dem preußischen Allgemeinen Landrechte (I. 20) und nach neueren Pfand- und Konkursgesetzen gelten,

vgl. Entsch. des R.O.H.G.'s Bd. 14 S. 106. 194, Bd. 25 S. 88; Einführungsgesetz zur Reichskonkursordnung §. 14 Abs. 1; Mecklenburg-schwerin'sche Verordnung vom 26. Mai 1879,

zur Ausführung der Konkursordnung §. 3 sind unanwendbar, soweit das rostock'sche Stadtrecht in Anwendung zu bringen ist. Während diese Gesetze zur Wahrung des allgemeinen Interesses der Verkehrssicherheit die Wirksamkeit des Pfandrechtes hauptsächlich davon abhängig machen, daß die Existenz desselben jedermann und insbesondere den übrigen Gläubigern erkennbar ist, und aus diesem Grunde für bewegliche Sachen die Regeln aufstellen, daß ein Pfandrecht an solchen nur durch Übergabe entsteht, durch Verlust oder wenigstens freiwillige Aufgabe des Besitzes erlischt und nur bei ununterbrochenem Besitze im Konkurse geltend gemacht werden kann, ist den Bestimmungen des rostock'schen Stadtrechtes über das Pfandrecht dieser Gesichtspunkt ebenso fremd, wie die daraus abgeleiteten Regeln. Dies erhellt schon daraus, daß dasselbe die Möglichkeit, ein Pfandrecht an beweglichen Sachen ohne Besitzübertragung zu begründen, nicht ausschließt, wobei dahingestellt bleiben kann, ob, wie das Oberappellationsgericht zu Rostock a. a. O. in Übereinstimmung mit den meisten Rechtslehrern annimmt, nach älterem deutschen Rechte ein Pfandrecht an beweglichen Sachen überhaupt nur durch Übergabe begründet werden konnte und die Geltung der entgegengesetzten Regel im Gebiete des rostock'schen Rechtes der Einwirkung des römischen Rechtes zuzuschreiben ist, oder, wie andere annehmen,

vgl. v. Meibom, Das deutsche Pfandrecht 1867 S. 410. 415; Pauli, Abh. aus dem lübischen Rechte Bd. 4 1865 S. 138 flg. und Lübecker Zustände im Mittelalter Heft 3 1878 S. 9. 11,

schon nach älterem deutschen und insbesondere nach lübischem Rechte die Verpfändung beweglicher Sachen ohne Besitzübertragung möglich war und die Übergabe als handhabendes Pfand nur ein Vorrecht begründete. Ebenso läßt das rostock'sche Stadtrecht mit dem Verluste des Besitzes nicht unter allen Umständen den Verlust des Pfandrechtes eintreten, sondern in Übereinstimmung mit dem römischen Rechte (l. 9 Cod. de remiss. pign. 8, 26) nur dann, wenn aus der Aufgabe des Besitzes die Absicht, das Pfandrecht aufzugeben, zu entnehmen ist (Art. V a. a. O.).

Auch die Bestimmungen des rostock'schen Stadtrechtes über die Behandlung des handhabenden Pfandes im Konkurse sind nicht auf den obengedachten, erst der neueren Gesetzgebung zu Grunde liegenden Gesichtspunkt zurückzuführen, sondern stammen aus dem älteren deutschen und insbesondere dem lübischen Rechte. Der angeführte Art. V, welcher auch die Grundlage des Art. XI bildet, ist wörtlich dem Art. V Tit. 4 Teil III des revidierten lübischen Rechtes von 1586 entlehnt, und die Bestimmung des letzteren findet sich im wesentlichen bereits im älteren lübischen Rechte.

•Vgl. Cod. Dipl. 236 bei Hach, Das alte lübische Recht S. 321 Note 17 zu Art. 146.

Der Gläubiger, welcher Sachen seines Schuldners in Händen hat, befindet sich thatsächlich in einer günstigeren Lage hinsichtlich seiner Befriedigung, und dieser thatsächliche Vorteil ist, wenn er dem Gläubiger vom Schuldner durch Versatz eingeräumt worden, im lübischen Rechte wie in anderen deutschen Rechtsquellen als ein rechtlicher Vorzug anerkannt. Mag man hierin eine Anwendung der Regel „Hand muß Hand wahren" oder einen mit dieser Regel verwandten selbständigen Rechtssatz erblicken, jedenfalls setzt der dem Pfandbesitzer gewährte Schutz gegen Rechtsansprüche Dritter nur die Thatsache voraus, daß der Gläubiger zu der Zeit das Pfand in Händen hat, wo sein Recht auf Befriedigung aus demselben mit dem gleichen Anspruche anderer Gläubiger in Widerstreit gerät.

Die Appellantin kann demnach die Befriedigung aus den ihr verpfändeten Malz- und Gerstevorräten außerhalb des Konkurses begehren, wenn sie am 14. Dezember 1876 als am Tage, an welchem der Gemeinschuldner sich auf die Verordnung vom 17. Dezember 1834 berief, diese Vorräte in ihrem Gewahrsam hatte."

---

128. Annahmeverzug des Gläubigers. Anwendbarkeit der Vorschriften des gemeinen Rechtes über die Verkaufsselbsthilfe bei dem Handelskaufe. Aufrechterhaltung des Verkaufes aus dem Gesichtspunkte einer nützlichen Geschäftsführung. Die Bestimmung über den Umfang der Verpflichtung des Käufers in dessen billiges Ermessen gestellt. Beweislast bei der Untersuchung.[1]

l. 1 §. 3 Dig. de peric. et com. 18, 6.

[1] Vgl. Entsch. des R.O.H.G.'s Bd. 12 S. 131, Bd. 13 S. 326, Bd. 16 S. 427 flg.

III. Civilsenat. Urt. v. 25. Mai 1880 i. S. R. zu D. (Kl.) w. Aktienzuckerfabrik zu S. (Bekl.) Rep. III. 148/80.

I. Handelsgericht Braunschweig.
II. Oberlandesgericht daselbst.

Kläger hatte sich kontraktlich verpflichtet, der Beklagten für die Campagne 1878/79 ordnungsmäßig beworfene Rüben von ca. 100 Morgen Land gegen eine Vergütung von ℳ 1,25 pro Centner, falls er selber die Rüben anfahre, und von 90 Pfg. pro Centner, falls Beklagte solche anfahren lasse, zu liefern. Letztere versprach außerdem die Rückgabe von 40 Prozent Preßrückstände (Schnitzeln). Nach der Schlußabrechnung hatte Kläger ein Guthaben von 31 544 kg Preßrückstände. Nachdem Beklagte den Kläger vergeblich zur Empfangnahme dieser Schnitzeln aufgefordert hatte, ließ sie solche im Januar 1879 öffentlich meistbietend zu 35 Pfg. pro Centner versteigern.

Nunmehr verlangte Kläger Herausgabe der Schnitzeln oder Erstattung des Wertes derselben mit 80 Pfg. pro Centner. Zugleich verband er damit eine Klage auf Vergütung einer Mehrlieferung an Rüben, behauptend, daß er ein Bruttogewicht von 762 640 kg kopffreie Rüben angefahren, Beklagte ihm aber ungerechtfertigterweise einen Abzug von 19 Prozent, anstatt wie üblich von nur 9 Prozent, gemacht habe.

Der Streit unter den Parteien drehte sich um die Fragen: Wer von ihnen im Verzuge gewesen sei; ob Beklagte die Preßrückstände, so wie geschehen, habe verkaufen dürfen; ob die von der Beklagten behauptete mündliche Übereinkunft, daß der Abzug für Schmutz, Blätter und Blattnarben an den Rüben von ihr, der Beklagten, festgestellt werden solle, rechtsgültig sei.

Die erste Instanz nahm an, daß der Vertrag über die Rückgabe der Preßrückstände als ein selbständiges Handelsgeschäft nach Art. 338 H.G.B. zu beurteilen, demgemäß aber deren Verkauf nach Art. 343 H.G.B. für ungültig zu erachten sei, und legte dem Kläger den Beweis auf, daß der Wert der fraglichen Schnitzeln 80 Pfg. pro Centner betragen habe. Zum zweiten Klaganspruche verlangte sie sodann von der Beklagten den Beweis, daß der Abzug von 19 Prozent für Schmutz und Abfälle der Beschaffenheit der Rüben entsprochen habe.

Auf Berufung der Beklagten änderte die zweite Instanz das

Erkenntnis dahin ab, daß zum ersten Klageposten Kläger sich mit dem Auktionserlöse von 35 Pfg. zu begnügen habe, wenn er nicht beweise, daß ihm nach dem stattgehabten Lieferungsangebote die Abfuhr der Schnitzeln verweigert worden sei, und daß zum zweiten Klageposten Beklagte zunächst die behauptete mündliche Nebenabrede und hiernächst Kläger darzuthun habe: „daß der von der Beklagten behufs Feststellung des Nettogewichtes der gelieferten Rüben gemachte Abzug von 19 Prozent der Beschaffenheit derselben nicht entsprochen" — letzteres mit der Maßgabe, daß dem Handelsgerichte der Ausspruch darüber vorbehalten bleibe, ob und in welchem Maße in jener Feststellung eine gröbliche Verletzung der Billigkeit zu finden sei.

Die von dem Kläger hiergegen ergriffene — nach älterem Prozeßrechte zu beurteilende — Revision wurde verworfen.

Aus den Gründen:

„1. Zur ersten Beschwerde ist zunächst der Ansicht der vorigen Instanz beizutreten, daß das ganze hier fragliche Vertragsverhältnis als ein Handelsgeschäft zu betrachten sei, wobei Kläger die Rolle des Verkäufers, Beklagte diejenige des Käufers, und zwar unter der Abrede übernommen habe, daß die Gegenleistung der Beklagten teils in Zahlung eines bestimmten Kaufpreises, teils in unentgeltlicher Herausgabe der Schnitzeln bestehen solle. Für die rechtliche Beurteilung des Sach- und Rechtsverhältnisses bleibt es sich dabei gleich, ob man diese Abrede mit der vorigen Instanz als einen Nebenvertrag, oder, was richtiger zu sein scheint, als einen integrierenden Bestandteil des Hauptvertrages selber (l. 21 §. 4 Dig. de A. E. V. 19, 1) betrachtet.

Denn, was zunächst die Frage angeht, wer von den streitenden Teilen im Verzuge sich befand, so ist der Annahmeverzug des Klägers nach den Umständen des Falles jetzt schon liquid. Kläger war verpflichtet, die Schnitzeln auf der Fabrik abzuholen; er mußte solche je nach dem Vorschreiten der Rübenlieferungen im Interesse der Beklagten abfahren lassen, ist aber dieser Verbindlichkeit nur zum Teile nachgekommen, sodaß bei Beendigung der Rübenanfuhr noch ein erhebliches Quantum Schnitzeln (31 544 kg) auf der Fabrik lag; er ist einmal wenigstens an Ort und Stelle vergeblich zur Mitnahme von 60 bis 80 Centner Schnitzeln aufgefordert und am 5. Dezember 1878 bei der Schlußabrechnung davon in Kenntnis gesetzt worden, daß jenes Quantum zu seiner Verfügung stehe. Da Kläger nicht am Fabrikorte wohnt und seinerseits nicht bestreitet, daß die Beklagte die streitige Quantität Schnitzeln am 5. Dezember 1878 wirklich vorrätig gehabt habe, da er ferner nicht im Zweifel darüber sein konnte, daß in jener Stellung zur Verfügung eine Aufforderung zum sofortigen Beginne der Abfuhr der Preßrückstände enthalten war, so bedurfte es einer weiteren Offerte der Beklagten nicht, um dem Kläger in Annahmeverzug zu versetzen, vielmehr genügte dazu die unzweifelhaft vorhandene thatsächliche Erfüllungsbereitschaft der Beklagten, verbunden mit der erfolglosen Aufforderung an den Kläger zur Empfangnahme der Ware. Mit Recht hat daher der Appellationsrichter angenommen, daß der Kläger die Folgen des auf seiner Seite vorhandenen Verzuges nur dann von sich abwenden könne, wenn er darthue, daß er nach dem 5. Dezember 1878 von der Beklagten vergeblich die Übergabe der Schnitzeln verlangt habe.

Die vorige Instanz hat sodann weiter zutreffend ausgeführt, daß der von der Beklagten vollzogene öffentliche Verkauf der auf der Fabrik lagernden Schnitzeln nicht nach den Vorschriften des Art. 343 H.G.B., sondern nach denjenigen des gemeinen Rechtes zu beurteilen sei. An sich ist dieser Verkauf umsoweniger zu beanstanden, als Kläger zugiebt, daß es in der Fabrik der Beklagten an den erforderlichen Räumlichkeiten zur Aufbewahrung der Preßrückstände gebrach, als ferner die Niederlegung derselben bei einem Dritten nach den Umständen mit unverhältnismäßigen Schwierigkeiten und Kosten verbunden gewesen wäre, die Veräußerung endlich meistbietend erfolgte und Kläger die Höhe des Versteigerungserlöses jetzt nicht weiter bestreitet. Es fragt sich aber, ob die Beklagte diesen Verkauf vornehmen durfte, ohne den Kläger nochmals zu verwarnen und ihm dadurch die Möglichkeit zu gewähren, durch Abfuhr der Schnitzeln die Folgen des Verzuges zu beseitigen?

Würde man die Veräußerung unter dem Gesichtspunkte eines Selbsthilfeverkaufes aufzufassen haben, so wäre die Aufrechterhaltung des angefochtenen Urteiles zum mindesten bedenklich; denn es erscheint als ein Ausfluß der Billigkeit, daß der nichtsäumige Kontrahent, wenn er zum Verkaufe der Ware in seinem Interesse schreitet, nach Analogie der l. 1 §. 3 Dig. de peric. et com. 18, 6 den säumigen davon benachrichtige, sofern die Verhältnisse eine solche Mitteilung gestatten. Im vorliegenden Falle ist jedoch der Verkauf, wenn auch nicht ausschließlich, doch zugleich im Interesse des Klägers selbst erfolgt.

Indem die Beklagte unter den angeführten Umständen die auf ihrem Hofe lagernden, mitten im Winter den Einflüssen der Witterung preisgegebenen Preßrückstände zu angemessenen Preisen meistbietend verkaufte durfte sie unterstellen, daß dieser Verkauf dem Willen des Klägers entspreche. Sie führte also in der That dessen Geschäfte, und es ist der fragliche Verkauf nicht als ein einseitiger und eigenmächtiger, wenn auch im allgemeinen gesetzlich erlaubter Dispositionsakt der Beklagten anzusehen, sondern er begründet ein selbständiges Rechtsverhältnis zwischen den streitenden Teilen, in dessen Folge Kläger nur die Herausgabe des erzielten Versteigerungserlöses verlangen kann.

2. Auch die zweite Beschwerde ist nicht gerechtfertigt.

Inhaltlich des schriftlichen Vertrages vom 8. Februar 1878 hatte Kläger „ordnungsmäßig beworfene Rüben" zu liefern. Beklagte behauptet, es sei hierzu weiter mündlich vereinbart worden: „daß der Absatz an Schmutz, Blättern, Blattnarben ꝛc seitens der Fabrik festgestellt werden und das Ergebnis dieser Feststellung für den Kläger maßgebend sein solle". Bei dem Widerspruche des Klägers hat das Oberlandesgericht zunächst auf den Beweis dieser Nebenabrede erkannt. Kläger bestreitet deren Rechtsgültigkeit, weil dadurch die Bestimmung der Gegenleistung in die Willkür der Käuferin gestellt werde, und weil solche nach den natürlichen Verhältnissen und bei der Unmöglichkeit einer Beweisführung undurchführbar sei.

In ersterer Hinsicht sollte jedoch, wie auch das angefochtene Erkenntnis annimmt, nach Maßgabe des Vertrages durch das billige Ermessen des Käufers festgestellt werden, welche Quantitäten der gelieferten Rüben ihrer Beschaffenheit nach zu Fabrikationszwecken sich eigneten, mithin anstatt des Bruttogewichtes ein Nettogewicht für die wirklich empfangbare Ware ermittelt werden. Daß ein solcher Vertrag über den Umfang der Verpflichtung des Käufers nach neueren, insbesondere handelsrechtlichen Grundsätzen vollkommen wirksam und bindend ist, erscheint nicht zweifelhaft (vgl. l. 22 § 1 Dig. de R. J. 50, 17).

Zu der zweiten Richtung der Beschwerde aber ist zu erwägen, daß der Kläger, wenn er es unterließ, bei der Abnahme der Ware bezw. der Feststellung des Nettogewichtes mitzuwirken, und damit thatsächlich auf die eigene Kontrolle im Vertrauen auf die Redlichkeit und Gewissenhaftigkeit der verantwortlichen Organe der beklagten Fabrik verzichtete, auch das Ergebnis der Feststellung der letzteren so lange gegen sich gelten lassen muß, als er nicht zu erweisen vermag, daß diese Feststellung eine offenbar unbillige gewesen sei, die Beklagte sonach eines Vertrauensmißbrauches sich schuldig gemcht habe (ll. 75—80 Dig. pro socio 17, 2; l. 30 pr. Dig. de op. lib. 38, 1).

Daß eine solche Beweisführung bei der stattgehabten Verarbeitung des Materiales schwierig, oder gar, wie Revident behauptet, in gewissem Sinne unmöglich ist, rechtfertigt nicht den Antrag, die Beweislast der Beklagten aufzubürden."

---

129. Genügt der Pflichtige der Zinspflicht, wenn er auf dem zinsbaren Gute im Zinsjahre gezogene Früchte durchschnittlicher Beschaffenheit liefert?

I. Civilsenat. Urt. v. 29. Mai 1880 i. S. Finanzdepartement zu L. (Kl.) w. M. u. Gen. (Bekl.) Rep. I. 42/80.

I. Stadt- und Landgericht Lübeck.
II. Obergericht daselbst.

Aus den Gründen:

„Die Verbindlichkeit, von einem landwirtschaftlichen Grundstücke jährlich eine bestimmte Quantität von Feldfrüchten als Zins zu entrichten, wird, sofern nicht ein anderer Inhalt derselben durch Gesetz oder Vertrag festgesetzt oder aus dem Besitzstande zu entnehmen ist, bald dahin verstanden, daß die zu leistende Quantität von den auf dem zinsbaren Gute im Zinsjahre gezogenen Früchten zu entrichten sei,

vgl. Eichhorn, Einl. in das deutsche Privatrecht §. 253 Nr. 4; Mittermaier, Das deutsche Privatrecht 7. Aufl. Bd. 1 §. 179 Nr. 1; Maurenbrecher, Deutsches Privatrecht 2. Aufl. Bd. 1 §. 139 Nr. 6; Bluntschli, Deutsches Privatrecht 2. Aufl. §. 94 Nr. 5; Beseler, System des deutschen Privatrechtes 3. Aufl. §. 192 Nr. 5; Stobbe, Handbuch des deutschen Privatrechtes Bd. 2 §. 136 Nr. 33; Häberlin, Landwirtschaftsrecht §. 90; Friedlieb, Reallasten §. 71 Nr. 2,

bald dahin, daß die zu leistenden Früchte nur der Gattung nach bestimmt und entweder solche, wie sie aus dem belasteten Grundstücke überhaupt erzeugt zu werden pflegen, vgl. Gerber, System des deutschen Privatrechtes 12. Aufl. §. 189 Nr. 6,

oder Früchte der bestimmten Gattung in marktgängiger Ware von mittlerer empfangbarer Beschaffenheit,

vgl. Budde und Schmidt, Sammlung rc Bd. 6 S. 294,

zu liefern seien. Es mag dahingestellt bleiben, welche dieser Auffassungen den Vorzug verdient, wenn es sich um einen Fruchtzins handelt, welcher ohne Zusammenhang mit einem Leihe- oder Pachtverhältnis als eine für sich bestehende Reallast auf dem Grundstücke haftet. Bildet dagegen der Fruchtzins die Gegenleistung für die Überlassung des Nutzungsrechtes an dem Grundstücke, von welchem er zu entrichten ist, so erscheint ohne Zweifel die zuerstgedachte Auffassung der Verpflichtung gerechtfertigt. Sie entspricht der Natur eines derartigen Rechtsverhältnisses, welches darauf abzielt, den Grundeigentümer für die Aufgebung des Fruchtertrages, den er bei eigener Bewirtschaftung des Grundstückes jährlich gezogen haben würde, durch einen Teil des jährlichen Ertrages zu entschädigen und den Rest desselben dem Besteller für die Bewirtschaftung des Grundstückes zu überlassen, mag der dem Grundeigentümer abzugebende Teil des jährlichen Fruchtertrages in einer Quote (wie bei dem colonus partiarius, l. 25 §. 6 Dig. loc. cond. 19, 2) oder in einer festen Quantität bestehen. Diese Ordnung des Verhältisses, welche einerseits dem Besteller des Grundstückes die Erfüllung seiner Verbindlichkeit erleichtert, andererseits dem Grundeigentümer den regelmäßigen Eingang seines Anteiles an dem Fruchtertrage sicherte, entsprach jedenfalls zu der Zeit dem beiderseitigen Vertragswillen, als bei noch wenig entwickelter Geldwirtschaft die Überlassung von Grundstücken an Bauern durch erbliche oder nicht erbliche Leihe zuerst in Gebrauch kam.

Vgl. Arnold, Zur Geschichte des Eigentums 1861 S. 65.

Sie erscheint aber auch jetzt noch als die regelmäßige, wo in neuerer Zeit die Überlassung bäuerlicher Grundstücke zu Nutzungsrecht gegen Entrichtung eines jährlichen Fruchtzinses als ein Überrest der alten Naturalwirtschaft beibehalten worden ist, da die Entwickelung der Geldwirtschaft zwar die Verdrängung der Fruchtzinsen und deren Ersatz durch Geldabgaben, nicht aber eine Umgestaltung der beibehaltenen Fruchtzinse zur Folge hatte.

Um einen Fruchtzins dieser Art handelt es sich in dem gegenwärtigen Rechtsstreite. Wenn gleich die Parteien unterlassen haben, die Verträge beizubringen, auf welchen das Recht der Beklagten an ihren Stellen beruht, oder doch nähere Angaben über den Inhalt derselben und den Ursprung des zwischen den Parteien bestehenden Rechtsverhältnisses zu machen, so geht doch aus der Bezeichnung des Klägers als Gutsherrschaft, der Beklagten als Hauswirte und der fraglichen Abgabe als Pachtkorn, sowie aus dem ausdrücklichen Anführen in der Klageschrift, daß die Beklagten diese Abgabe „für die Nutzung ihrer Hufen" zu entrichten haben, wenigstens so viel hervor, daß dieselbe die Gegenleistung für die Einräumung des Nutzungsrechtes an den Stellen der Beklagten bildet.

Die Annahme der Vorrichter, daß die Beklagten ihrer Verpflichtung genügen, wenn sie Durchschnittsware ihrer eigenen Ernte liefern, muß daher als zutreffend anerkannt werden."

III. Preußisches Recht.

130. Ist zur Veräußerung von Grundstücken eines Klosters nach Maßgabe der in Preußen bestehenden Gesetzgebung die staatliche Genehmigung erforderlich?

Kabinettsorder vom 10. Dezember 1836; §§. 949. 952. 960 A.L.R. II. 11; Kabinettsorder vom 24. Januar 1838; Art. 15 der preuß. Verfassungsurkunde vom 31. Januar 1850; Gesetz vom 5. April 1873.

II. Civilsenat. Urt. v. 13. Januar 1880 i. S. Fiskus (Kl.) w. R. (Bekl.) Rep. II. 21/22. 79.

I. Friedensgericht Köln.
II. Landgericht daselbst.

Die vorstehende Frage hat das Reichsgericht in Übereinstimmung mit dem Erkenntnisse erster Instanz unter Vernichtung des landgerichtlichen Urteiles bejaht aus folgenden

Gründen:

„In Erwägung, daß unbestritten das Ursulinerinnenkloster, dessen Grundeigentum hier in Frage steht, der durch den Konsularbeschluß vom 20. Prairial X über die geistlichen Orden und Kongregationen verhängten Säkularisation nicht anheimgefallen, das Vermögen desselben aber den damals bestehenden Vorschriften gemäß in die Verwaltung der städtischen Armenkommission zu Köln übergegangen ist;

daß sodann durch die Kabinettsorder vom 10. Dezember 1836 dem genannten Kloster die Verwaltung seines Vermögens, und zwar, wie es ausdrücklich darin heißt, „unter der Aufsicht des Erzbischofes und der Oberaufsicht der Königl. Regierung“ zurückgegeben wurde;

daß diese Kabinettsorder, welche das Spezialgesetz für die Rechtsstellung des Klosters bildet, sich über die Grundsätze, welche bei der Oberaufsicht der Regierung maßgebend sein sollten, nicht näher ausspricht, indes mit Rücksicht darauf, daß die Kabinettsorder, wie nicht zu bezweifeln, die landrechtliche Gesetzgebung im Auge gehabt hat, das in der Rheinprovinz geltende französische Recht auch den Klöstern eine staatlich anerkannte Existenz nicht einräumte, nur angenommen werden kann, daß dieselbe die Vermögensverwaltung des fraglichen Klosters den bezüglichen Bestimmungen des Allgemeinen Landrechtes hat unterwerfen wollen und unterworfen hat;

daß dem insbesondere nicht entgegensteht, daß die fraglichen Bestimmungen für die Rheinprovinz nicht publiziert worden sind, da es für den gegenwärtigen Einzelfall einer solchen Publikation nicht bedurfte der Kassationsbeklagte Dr. R. auch nicht behauptet, daß etwa von jenen abweichende gesetzliche Vorschriften in der genannten Provinz bestanden hätten;

daß nun das A.L.R. II. 11 §§. 949. 952 die Bestimmung enthalten, daß die Klöster, was ihr rechtliches Verhältnis zum Staate betrifft, den Kirchengesellschaften im Prinzipe gleichgestellt sein sollen, der §. 960 a. a. O. sodann speziell für die Veräußerung von unbeweglichen Gütern derselben die staatliche Genehmigung fordert;

daß, soviel die Kirchen- und Pfarrimmobilien betrifft, deren Veräußerung auch in der Rheinprovinz sowohl nach französischem Rechte (Dekrete vom 30. Dezember 1809 Art. 62 und vom 6. November 1813 Art. 8) als nach den späteren, auf dem Landrechte beruhenden Bestimmungen (vgl. namentlich die Kabinettsorder vom 24. Januar 1838) an die staatliche Genehmigung geknüpft war;

vgl. Hermens, Kultusgesetze Bd. 3 S. 803;

daß aus alledem folgt, daß ein gleiches auch bezüglich des Immobiliares des fraglichen Klosters gelten mußte.

In Erwägung zur Frage, ob dieser Rechtszustand, wie das angegriffene Urteil ausgeführt, durch Art. 15 der preuß. Verfassungsurkunde eine Änderung erlitten habe:

daß, was den Art. 15 a. a. O. betrifft, der den allgemeinen Grundsatz ausspricht, daß die evangelische und die römisch-katholische Kirche . . . ihre Angelegenheiten selbständig ordnet und verwaltet, und im Besitze und Genusse der für ihre Kultus- . . . Zwecke bestimmten

Anstalten, Stiftungen und Fonds verbleibt, mit der Rechtsprechung des früheren preuß. Obertribunales davon auszugehen ist, daß dieser Artikel, wie man ihn auch sonst auffassen möge, die hier in Frage stehenden gesetzlichen Bestimmungen, welche die Genehmigung des Staates zu Veräußerungen betreffen, nicht unmittelbar aufgehoben hat;

vgl. Entsch. des Obertribunales Bd. 44 S. 194; Urteil vom 14. Mai 1877, I. Senat Nr. 182/1097;

daß von einer solchen Aufhebung umsoweniger die Rede sein kann, als der vorliegende Fall unter der Herrschaft des Gesetzes vom 5. April 1873 steht, durch welches der bezogene Artikel den Zusatz, „bleibt aber den Staatsgesetzen und der gesetzlich verordneten Aufsicht des Staates unterworfen", erhalten hat;

daß dieses Gesetz, wie sich aus dem Berichte der Kommission des Abgeordnetenhauses, von welcher der unverändert angenommene Entwurf desselben herrührt, ergiebt, auch in den Verhandlungen mehrfach ausgesprochen ist, nicht den Zweck hatte, einen neuen Rechtsboden für die in Begriff genommene kirchliche Gesetzgebung zu schaffen, vielmehr den richtigen Sinn der fraglichen Verfassungsartikel — 15 u. 18 — gegen irrige Auslegungen deklaratorisch festzustellen, hierfür auch die Fassung des Zusatzes entscheidend spricht;

vgl. Verh. des Abgeordnetenhauses 1872/73 Bd. 4 S. 603. 607. 608; Hinschius, Kirchengesetze 1873, Einleitung XXIX und XXXV flg.; Schulze, Preuß. Staatsrecht Bd. 2 S. 700 flg.;

daß, wenn somit das Landgericht angenommen hat, daß durch Art. 15 a. a. O. die bis dahin bezüglich der Staatsaufsicht bestehenden Bestimmungen aufgehoben worden seien und das bezogene Gesetz dieselben nicht habe wieder ins Leben rufen können, diese Annahme auf einer irrigen Rechtsauffassung beruht und die Vernichtung des angegriffenen Urteiles zur Folge haben muß.

In Erwägung sodann zur Sache selbst,

daß nach dem Vorausgeführten feststeht, daß der an Dr. R. geschehene Verkauf des fraglichen Klostergrundstückes der Genehmigung der Königl. Regierung bedurfte;

daß mangels dieser Genehmigung der geschlossene Vertrag der Rechtsbeständigkeit entbehrt, und die auf Grund desselben an Dr. R. geleistete Pachtzahlung als ein indebitum sich darstellt, dessen Erstattung mit Recht gefordert worden ist."

131. Ist über die Befugnis zur Benutzung der Meeresufer der Rechtsweg zulässig?

Pr. A.L.R. II. 14 §. 21, II. 15. §§. 7. 80; A.G.O. Einl. §. 1; §§. 35. 36 der Verordnung vom 26. Dezember 1808; Instruktion vom 23. Oktober 1817; Kabinettsorder vom 31. Dezember 1825.

II. Hilfssenat. Urt. v. 23. Februar 1880 i. S. des Forstfiskus (Kl.) w. K. u. Gen. (Bekl.) Rep. Va. 3/79.

I. Stadt- und Kreisgericht Danzig.
II. Appellationsgericht Marienwerder.

Am Ausflusse der Weichsel haben sich in der Ostsee fünf Inseln gebildet, welche der Forstfiskus okkupiert hat und nutzt. Die Beklagten, welche diese Inseln zum Zwecke der Ausübung der Fischerei betraten, sind auf die vom Forstfiskus angestrengte negatorische Eigentumsklage rechtskräftig verurteilt, das Eigentum desselben an den fünf Inseln anzuerkennen und sich der Benutzung derselben außerhalb der Ufer zu erhalten. Streitig geblieben ist der Klagantrag in betreff der Ufer, sowie der von den Beklagten in der Widerklage gestellte Antrag, den Forstfiskus zu verurteilen, ihnen zu gestatten, daß sie die Ufer der fünf Inseln, soweit die höchste Flut steigt, zur Ausübung der Fischerei betreten und benutzen.

Sie gründen ihren Antrag darauf, daß die Meeresufer zu den res publicae zu rechnen seien, von deren Benutzung niemand ausgeschlossen werden könne, während Kläger behauptet, daß die Ufer solcher Inseln überhaupt nicht als Meeresufer im Sinne des §. 80 A.L.R. II. 15 anzusehen seien, und daß sie eventuell nur wie die Landstraßen zum Reisen und zum Transporte von Sachen benutzt werden dürften.

Der erste Richter hat die Beklagten nach dem Klagantrage verurteilt und mit ihrem Widerklagantrage abgewiesen, weil die Meeresufer Eigentum des Staates seien und Kläger nach §§. 1. 9 — 13 I. 8 und §. 24 II. 14 A.L.R. jeden von der Benutzung derselben ausschließen könne.

Auf die Appellation der Beklagten erkannte der Appellationsrichter abändernd auf Abweisung des Klägers mit dem Klagantrage und auf

Verurteilung desselben nach dem Antrage der Widerklage, weil die Meeresufer nicht wie die res fisci zum besonderen, sondern als res publicae zum gemeinen Eigentume des Staates gehörten, und durch die dem Staate daran als niedrige Regalien vorbehaltenen Nutzungsrechte der allen Personen gestattete Gebrauch derselben nicht ausgeschlossen werde.

Auf die Revision des Klägers ist diese Entscheidung in betreff der Abweisung des Klagantrages bestätigt, in betreff der Widerklage aber dahin abgeändert, daß der Rechtsweg für unzulässig zu erachten.

Aus den Gründen:

„Mit Recht hat der Appellationsrichter die Ufer von Inseln für Meeresufer im Sinne des §. 21 A.L.R. II. 14 erachtet. Nach der klaren Vorschrift dieser Bestimmung und des §. 80 A.L.R. I. 15 stehen sie in denselben rechtlichen Verhältnissen wie die Land- und Heerstraßen und die von Natur schiffbaren Ströme, d. h. sie stehen im gemeinen Eigentume des Staates, gehören aber zu den res publicae im engeren Sinne, d. h. zu demjenigen Staatseigentume, dessen Gebrauch jedermann offensteht. Sie fallen daher nur soweit in das Gebiet des privatrechtlichen fiskalischen Eigentumes, als eine Nutzung unbeschadet ihrer Bestimmung zum öffentlichen Gebrauche daran möglich ist. Soweit diese Bestimmung reicht, ist das Privateigentum an denselben einer Beschränkung unterworfen, und sie stehen allein unter der Herrschaft der allgemeinen Staatsgewalt vermöge der publizistischen Staatshoheit derselben.

Daraus folgt, daß die auf das unbeschränkte privative oder besondere Eigentumsrecht des Fiskus gestützte negatorische Klage, soweit sie sich auf die Ufer der Inseln bezieht, mit Recht abgewiesen ist, weil dem Kläger ein solches Eigentumsrecht nicht zusteht, und daß über die Frage, wieweit den einzelnen Mitgliedern der Staatsgemeinschaft eine Befugnis zur Benützung der Meeresufer gebühre, nicht die Gerichte, sondern allein die das öffentliche Interesse wahrnehmenden Organe der Staatsgewalt zu entscheiden haben. Denn diese Befugnis wird nicht aus dem Privatrechte hergeleitet, und es liegt daher auch nicht in der Kompetenz der Gerichte, auf Grund einer privatrechtlichen Eigentumsklage den Unterthanen eine ihnen durch das öffentliche Recht verbürgte Befugnis zu entziehen, bezw. zu beschränken, oder ihnen dieselbe auf Grund einer konfessorischen Klage zuzusprechen.

Vgl. §. 1 Einl. zur A.G.O.; §§. 35. 36 der Verordnung vom 26. Dezember 1808; Instruktion vom 23. Oktober 1817; Kabinettsorder vom 31. Dezember 1825; Entsch. des Obertribunales Bd. 20 S. 401; Erkenntnis des Gerichtshofes zur Entscheidung von Kompetenzkonflikten vom 14. Januar 1854, Justizministerialblatt S. 180.

Namentlich hat auch über die von dem Revidenten angeregte Frage, ob das Recht zur Benutzung der Meeresufer gemäß §. 7 A.L.R. II. 15 auf das Reisen und das Fortschaffen von Sachen beschränkt sei, nicht der Richter, sondern die Staatsverwaltung zu entscheiden, an welche sich die Beteiligten um Abhilfe zu wenden haben, wenn einerseits einzelne Mitglieder des Publikums bei Benutzung der Meeresufer durch Überschreitung der ihnen nach dem öffentlichen Rechte zustehenden Befugnisse dem fiskalischen Eigentumsrechte zu nahe treten, oder andererseits der Fiskus als Eigentümer jenen bei Ausübung ihrer öffentlichen Befugnisse Hindernisse in den Weg legt."

132. Rechtliche Natur des „eigentümlichen Fonds" der alten Posener Landschaft.[1]

III. Hilfssenat. Urt. v. 25. Februar 1880 i. S. B. (Bekl.) w. Sch.-W. (Kl.) Rep. Vb. 136/79.

I. Kreisgericht Krotoschin.
II. Appellationsgericht Posen.

Auf dem Rittergute S. hafteten zwei Pfandbriefsdarlehen der alten Posener Landschaft im Gesamtbetrage von 20 640 Thalern, für welche Pfandbriefe zweiter Serie ausgefertigt waren. Der Besitzer hatte die Darlehen mit jährlich 3 1/2 Prozent zu verzinsen, außerdem statutengemäß von dem Kapitalbetrage jährlich ein Prozent zur Amortisation und 1 1/4 Prozent Verwaltungskostenbeitrag zu zahlen. Was von dem letztgedachten Beitrage zu Verwaltungskosten nicht verwendet wurde, floß zu dem sog. „eigentümlichen Fonds" der Landschaft. Zu diesem flossen ferner die Ausfertigungsgebühren für die Pfandbriefe und die Zinsen eines vom Könige der Landschaft unverzinslich vorgeschossenen Darlehns. Nach Tilgung der zweiten Pfandbriefsserie, und zwar im Februar 1878, gelangte der eigentümliche Fonds zur Verteilung.

[1] Vgl. das Erk. v. 17. April 1880 Rep. Vb. 92/79 unten Nr. 141 S. 398.

Verteilungsmaßstab war die Höhe der Bepfandbriefung der einzelnen bepfandbrieften Güter im Verhältnisse zum Gesamtbetrage der Darlehen, für welche Pfandbriefe ausgegeben waren. Auf das Rittergut S. entfielen 3900 ℳ in vierprozentigen Pfandbriefen mit Coupons und Talons und 253,90 ℳ in bar. Infolge Arrestes sind diese Pfandbriefe und der Barbetrag gerichtlich hinterlegt.

Kläger, zur Zeit der Ausschüttung des Fonds Eigentümer des Rittergutes S., erhob in dieser seiner Eigenschaft Anspruch auf die Masse, und beantragte, den Beklagten zu verurteilen, daß er in die Auszahlung derselben nebst Zinsen, Zuwüchsen und Erweiterungen der Masse an ihn willige. Beklagter dagegen beantragte, daß ihm das Eigentum an der Masse zugesprochen werde. Er gründete seinen Anspruch auf folgende, jetzt allein noch in Betracht kommende, unstreitige Thatsachen.

Das Rittergut S. gelangte im Jahre 1859 zur notwendigen Subhastation. Durch Adjudikationsbescheid vom 23. Mai 1860 wurde es dem Beklagten zugeschlagen. In Erlegung der Kaufgelder zahlte er den bis dahin noch nicht amortisierten Teil der Pfandbriefskapitalien an die Landschaft. Auf Grund dessen erfolgte im Jahre 1862 die Löschung der Pfandbriefe im Grundbuche. Inzwischen, durch Vertrag vom $\frac{\text{26. Juli}}{\text{13. Oktober}}$ 1860, hatte Beklagter das Gut seinem Sohne übereignet, und hat Kläger später, im Jahre 1865, das Gut von letzterem und dessen Ehefrau erworben. Beklagter ist nun der Ansicht, daß er das Anrecht am „eigentümlichen Fonds" als Zubehör des Rittergutes durch den Zuschlag miterworben, daß durch die seinerseits bewirkte Zahlung der Pfandbriefsschulden und deren Löschung das Gut aus dem altlandschaftlichen Verbande ausgetreten sei, und daß demgemäß das Anrecht an dem „eigentümlichen Fonds" aufgehört habe Zubehör des Gutes zu sein, mithin bei der Veräußerung desselben an seinen Sohn und weiterhin an den Kläger nicht mit übergegangen, vielmehr trotz der Veräußerung des Gutes sein (des Beklagten) Eigentum geblieben sei.

In den beiden Vorinstanzen ist zu Gunsten des Klägers erkannt. Die eingelegte Nichtigkeitsbeschwerde ist zurückgewiesen aus folgenden

Gründen:

„Der Zweck der alten Posener Landschaft war nach den der Kreditordnung vom 15. Dezember 1821 vorausgeschickten einleitenden Worten,

„in bezug auf diejenigen Landgüter, welche dem Vereine angeschlossen werden, die Sicherheit der Gläubiger, die Wiederherstellung des Kredites der Grundbesitzer und die Befreiung der Landgüter von den darauf haftenden Kapitalien."

Hierdurch allein schon wird das Wesen des Vereines begrifflich charakterisiert als eines Verbandes, welcher ausschließlich durch Gutsbesitzer in ihrer Eigenschaft als solcher gebildet wird. Nicht das Interesse der besitzenden Personen, vielmehr dasjenige der Güter sollte durch das ins Leben tretende Pfandbriefssystem gefördert werden. Nach §. 2b der Kreditordnung sollten die zu einem Kreditsysteme verbundenen Gutsbesitzer nicht für jede eingetragene Pfandbriefsschuld mit den betreffenden einzelnen Gütern haften, vielmehr

„mit dem Gesamtbesitze aller bei der Landschaft verpfändeten Grundstücke"

die Generalbürgschaft für alle möglichen Ausfälle übernehmen. Überall ist — vgl. §§. 144. 145. 154. 157. 158. 193 — nur von den

„zum Kreditsysteme verbundenen Gutsbesitzern"

die Rede, und der §. 172 spricht ausdrücklich von

„den verbundenen Gütern".

Daraus ergiebt sich unzweideutig, daß nach Absicht der Kreditordnung eine Vereinigung gegründet werden sollte, deren physische Mitglieder nicht für ihre Personen, sondern nur mit den von ihnen besessenen, in den Verband aufgenommenen Gütern für die Pfandbriefsschulden verhaftet, und andererseits nur als Besitzer und nur so lange, als sie im Besitze blieben, an dem Vereinsvermögen teilzunehmen berechtigt wären. Zu diesem Vermögen gehörte auch der sog. „eigentümliche Fonds" (§§. 124 flg. a. a. O.), also auch die Gesamtheit derjenigen Überschüsse desselben, welche nach vollendeter planmäßiger Tilgung der gesamten Pfandbriefsschuld und der damit im Zusammenhange stehenden Auflösung des Vereines übriggeblieben und unter den Mitgliedern, das heißt unter den zeitigen Besitzern der bepfandbrieft gewesenen Güter, zur Verteilung zu bringen waren. Die daraus hervorgehenden Einzelansprüche auf diese Überschüsse sind demgemäß als subjektiv dingliche Rechte im Sinne des §. 125 A.L.R. I. 2 zu beurteilen, und gewinnen eben dadurch die rechtliche Bedeutung von Zubehörungen der einzelnen beteiligten Güter. Daraus ergiebt sich die notwendige Folge, daß auf die nach planmäßiger Tilgung der

Pfandbriefsschuld auf ein Gut entfallende Anteilsrate der erwähnten Überschüsse allein derjenige Besitzer Anspruch hat, welcher zur Zeit der Ausschüttung im Besitze des Gutes sich befindet, nicht derjenige, welcher zur Zeit der Auflösung des Vereines oder zu einer früheren Zeit Besitzer war. Denn die Auflösung des Vereines und die Feststellung des einem jeden Gute an dem „eigentümlichen Fonds" zustehenden Anteiles haben nicht die Wirkung, die Eigenschaft des Anteilrechtes als eines Zubehöres des Gutes aufzuheben — hierfür mangelt es an jedem gesetzlichen Anhalte —, sondern eben nur die, das Anteilsrecht in einer bestimmten Summe festzustellen. Zubehörungen einer Sache gehen, wenn sie nicht durch Willensakt des Besitzers dauernd von der Hauptsache getrennt worden sind, auf den neuen Besitzer der Sache über (§. 107 A.L.R. I. 2). Eine Trennung, wenn solche zulässig, was hier dahingestellt bleiben kann, liegt aber keinesfalls in der außerhalb des Willens der Besitzer der bepfandbriefsten Güter sich vollziehenden Auflösung des Vereines und der Feststellung der Anteilsrechte eines jeden Gutes. Ebenso einflußlos ist die frühere Abzahlung der Pfandbriefsschuld und deren Löschung im Grundbuche.

Wenn angenommen ist, daß jeder Gutsbesitzer persönlich an dem „amortisierten" Kapitale für denjenigen Anteil berechtigt ist, welcher den von ihm während seiner Besitzzeit gezahlten Amortisationsraten entspricht, so beruht dieses auf der Erwägung, daß die Zahlung der Amortisationsraten den Zweck hat, das Pfandbriefskapital zu tilgen. Soweit der Gutsbesitzer mit denselben das Kapital getilgt hat, finden auf ihn die Grundsätze von der Eigentümerhypothek — vgl. Anhangsparagraph 52 zum A.L.R.; §§. 63 flg. des Gesetzes vom 5. Mai 1872 über den Eigentumserwerb rc — Anwendung.

Ganz anders liegt es bei dem „eigentümlichen Fonds". Zwar hatten die Gutsbesitzer außer den Zinsen und der Amortisationsrate noch 1/4 Prozent des Pfandbriefskapitales jährlich zu zahlen, nicht aber zum Zwecke der Tilgung des Kapitales, sondern zur Bestreitung der Verwaltungskosten. Was zu letzteren nicht verwendet wurde, floß in den Fonds, und hatten die Gutsbesitzer keinerlei rechtlichen Anspruch auf Rückzahlung .... Zweck des Fonds war, Zinsrückstände vorschußweise zu berichtigen und unvermutete Ausfälle zu decken. Hiernach ist nicht erfindlich, auf welchen Rechtstitel der Gutsbesitzer einen persönlichen Anspruch auf den Fonds aus dem Umstande, daß aus seinen 1/4 Prozent-Beiträgen etwas in denselben geflossen, oder daß er zur Zeit der Abzahlung der Pfandbriefsschuld oder der Auflösung des Vereines Gutsbesitzer war, herleiten könnte.

Wenn nun der Anspruch auf den in Rede stehenden „eigentümlichen Fonds" unter den Begriff eines subjektiv dinglichen Rechtes fällt und Zubehör des Rittergutes S. war, so ging derselbe mit dem Gute, als der Hauptsache, durch die Adjudikatoria vom 23. Mai 1860 auf den Beklagten, durch Vertrag vom $\frac{\text{26. Juli}}{\text{13. Oktober}}$ 1860 auf dessen Sohn und durch Vertrag von 1865 an den Kläger über." ...

(Es folgt die Ausführung, daß demgemäß die Angriffe der Nichtigkeitsbeschwerde hinfällig seien.)

---

133. Ist das Recht, in einem Privatgewässer Krebse zu fangen, eine Berechtigung zur Fischerei, welche nach Artt. 1. 12 des Gesetzes vom 2. März 1850 seit dem Inkrafttreten dieses Gesetzes durch Verjährung nicht mehr erworben werden kann?

A.L.R. I. 9 §§. 170 flg., II. 15 §. 78

Gesetz, betreffend die Ergänzung und Abänderung der Gemeinheitsteilungsordnung vom 7. Juni 1821 2c, vom 2. März 1850 Artt. 1. 12 (G.S. S. 139).

II. Hilfssenat. Urt. v. 26. Februar 1880 i. S. H. & Co. (Kl.) w. v. B. (Bekl.) Rep. Va. 117/79.

I. Kreisgericht Neustettin.
II. Appellationsgericht Köslin.

Mehrere Grundbesitzer zu Hochfelde nahmen auf Grund der Ersitzung das Recht in Anspruch, in dem Schmadow-See Krebse zu fangen, und klagten gegen den Eigentümer des Sees, den Rittergutsbesitzer v. B., auf Anerkennung dieses Rechtes.

Das die Kläger abweisende erste Erkenntnis wurde in zweiter Instanz bestätigt. Der Appellationsrichter nahm an, daß nach den §§. 170 bis 175 A.L.R. I. 9 das Recht, in einem Gewässer Krebse zu fangen, in dem Rechte zur Fischerei enthalten sei, und daß hierin der §. 2 des Fischereigesetzes vom 30. Mai 1874 mit den Vorschriften des Allgemeinen Landrechtes übereinstimme. Daraus folgerte er nach Art. 12 des Gesetzes vom 2. März 1850, betreffend die Ergänzung und Abänderung der Gemeinheitsteilungsordnung vom 7. Juni 1821, daß die Kläger das beanspruchte Recht durch Ersitzung nur würden haben erwerben können, wenn diese bereits am 24. März 1850, als dem Tage, an welchem das Gesetz vom 2. März 1850 im Regierungsbezirke Köslin in Kraft getreten ist, vollendet gewesen wäre, und stellte fest, daß dies von den Klägern nicht nachgewiesen sei.

Die von den Klägern auf die Verletzung der §§. 170—175 A.L.R. I. 9, des Art. 1 des Gesetzes vom 2. März 1850 und des §. 2 des Fischereigesetzes vom 30. März 1874 gestützte Nichtigkeitsbeschwerde ist zurückgewiesen.

Aus den Gründen:

„Es kann dahingestellt bleiben, ob die Bestimmungen des späteren Gesetzes vom 30. Mai 1874 einen Rückschluß darauf zulassen, daß das Recht zum Krebsfange inbegriffen ist in der Berechtigung zur Fischerei in stehenden und fließenden Privatgewässern, welche der Art. 1 des Gesetzes vom 2. März 1850 für ablösbar erklärt, und welche seit dem Inkrafttreten dieses Gesetzes nach Art. 12 durch Verjährung nicht mehr erworben werden kann. Der Appellationsrichter erwähnt den §. 2 des Gesetzes vom 30. Mai 1874 nur insofern, als er in ihm eine Übereinstimmung mit den einschlägigen Vorschriften des Allgemeinen Landrechtes findet, und auf diese geht er bei Erwägung der streitigen Frage jedenfalls mit Recht ein; den sie hatten zweifellos Geltung, als das Gesetz vom 2. März 1850 erging, und es ist kein Grund zu der Annahme vorhanden, daß dieses Gesetz mit der Berechtigung zur Fischerei einen anderen Sinn hat verbinden wollen, als den gesetzlichen. Die §§. 170—175 A.L.R. I. 9 aber, auf welche der Appellationsrichter sich beruft, bezeichnen sehr bestimmt diejenigen Tiergattumgen, welche als Gegenstand der Fischerei anzusehen sind, und stellen den Ungrund des erhobenen Angriffes außer Zweifel.

Der §. 170 a. a. O. schreibt vor:

Soweit jemand mit der Fischereigerechtigkeit in Strömen, Seeen und anderen Gewässern versehen ist, soweit hat er ein ausschließliches Recht, sich alle in diesen Gewässern lebenden Tiere anzueignen, und die folgenden Paragraphen nehmen hiervon nur einzelne, vorliegend nicht in Frage stehende, Tiergattungen, als zur Jagd gehörig, aus.

Danach gehört zur Fischerei, außer dem Fang von Fischen, auch der von anderen nutzbaren Wassertieren, soweit sie nicht Gegenstand des Jagdrechtes sind, also namentlich der Fang von Krebsen. Hierüber kann umsoweniger ein Zweifel obwalten, als der §. 78 A.L.R. II. 15 auf die §§. 170—192 A.L.R. I. 9 als die Vorschriften hinweist, durch welche der Umfang, die Grenzen und Einschränkungen einer jeden Fischereigerechtigkeit bestimmt sind, und der §. 190 a. a. O. neben dem Fischen im engeren Sinne ausdrücklich auch das Krebsen erwähnt und dieses bei unbefugter Ausübung jenem gleichstellt. Es ist daher unerfindlich, wie die Nichtigkeitsbeschwerde aus den einschlagenden Vorschriften folgern will, daß die Gesetze das Krebsen von dem Fischen ganz erkennbar trennen. Wenn sie aber auf den Wortlaut des Ausdruckes „Fischerei" Gewicht legt und daraus folgert, daß unter Fischerei nur das Fangen von Fischen verstanden werden könne, so übersieht sie, daß die grammatische Wortinterpretation da keine Anwendung finden kann, wo das Gesetz mit einem Ausdrucke einen anderen, als den sich aus dem Wortlaute ergebenden Begriff verbindet.

Zuzugeben ist der Nichtigkeitsbeschwerde, daß das Recht, Krebse zu fangen, als ein besonderes Recht vorkommen kann und als ein solches vorliegend geltend gemacht ist. Um deshalb, weil dieses Recht gesondert auftritt, hört es aber noch nicht auf, ein Fischereirecht zu sein. Da Krebse zu denjenigen Tieren gehören, welche nach dem Gesetze Gegenstand der Fischerei sind, so ist das Recht, sie zu fangen, ein Fischereirecht, wenn dieses auch in betreff der Tiere, welche der Berechtigte sich aneignen darf, ein beschränktes ist. Als ein solchergestalt beschränktes Fischereirecht aber unterliegt es ebenso, wie jedes andere Fischereirecht, den Vorschriften der Artt. 1. 12 des Gesetzes vom 2. März 1850; denn der Art. 1 a. a. O. spricht ganz allgemein von der Berechtigung zur Fischerei und unterscheidet nicht, ob Gegenstand der Berechtigung sämtliche fischbaren Tiere sind, oder ob die Berechtigung auf einzelne Tiergattungen beschränkt ist."

134. Kann derjenige, welcher vor dem 1. Oktober 1872 das Eigentum eines Grundstückes erworben hat, aber nach diesem Zeitpunkte in das auf das Kataster zurückgeführte Grundbuch als Eigentümer eingetragen ist, den Beweis für sein Eigentum an einem in dem Besitze eines anderen befindlichen Landstücke dadurch führen, daß dieses in dem Kataster als ein Bestandteil jenes Grundstückes aufgeführt ist?

Gesetz über den Eigentumserwerb 2c vom 5. Mai 1872 §. 7 (G.S. S. 433).

Grundbuchordnung vom 5. Mai 1872 §§. 4. 49 (G.S. S. 446).

II. Hilfssenat. Urt. v. 1. März 1880 i. S. v. R. (Kl.) w. B. (Bekl.) Rep. Va. 157/79.

I. Kreisgericht Dortmund.
II. Appellationsgericht Hamm.

Der Freiherr von R, welcher die Parzelle, Flur III Nr. 31 der Gemeinde Hachenei, auf Grund des Übertragungsvertrages vom 14. Dezember 1865 erworben hat, ist zufolge Verfügung vom 31. Dezember 1875 als Eigentümer der Parzelle in das auf das Kataster zurückgeführte Grundbuch eingetragen.

Gestützt auf die Behauptung, daß nach dem Kataster das in dem Besitze des Kolonen B. befindliche Landstück, a. b. c. d. e der Handzeichnung, einen Bestandteil der Parzelle Nr. 31 ausmache, klagte v. R. gegen B. auf Herausgabe jenes Landstückes, als seines Eigentumes.

Der erste Richter wies die Klage ab, weil die Vindikationsklage auf das Kataster allein nicht gegründet werden könne.

Der zweite Richter erkannte bestätigend.

Die Nichtigkeitsbeschwerde des Klägers rügte Verletzung des §. 7 des Eigentumserwerbsgesetzes vom 5. Mai 1872 und der §§. 4. 49 der Grundbuchordnung. Der §. 7 des Eigentumserwerbsgesetzes und der §. 4 der Grundbuchordnung bezögen sich nicht bloß auf diejenigen, welche auf Grund einer Auflassung als Eigentümer eingetragen seien, sondern kämen jedem zu statten, welcher auf Grund der gedachten Gesetze, namentlich gemäß des §. 49 der Grundbuchordnung als Eigentümer in dem Grundbuche eingetragen sei; der Inhalt des Katasters sei daher für den Eigentumsbeweis maßgebend, mindestens ausreichend.

Die Nichtigkeitsbeschwerde ist zurückgewiesen.

Aus den Gründen:

„Es ist nicht richtig, daß der §. 7 des Gesetzes vom 5. Mai 1872 jedem zu statten kommt, welcher in Gemäßheit des §. 49 der Grundbuchordnung als Eigentümer in das Grundbuch eingetragen ist. Der §. 7 a. a. O. enthält insofern, als er den eingetragenen Eigentümer eines Grundstückes zur Vindikation desselben lediglich kraft der Eintragung seines Eigentumes für legitimiert erklärt, eine Änderung des bisherigen Rechtes, nach welchem der Vindikationskläger dem besitzenden Beklagten gegenüber den Nachweis des Eigentumserwerbes durch Titel und Übergabe zu führen hatte. Rückwirkende Kraft ist dem gedachten Paragraphen nicht beigelegt. Er steht auch im genauesten Zusammenhange mit der Tendenz des Gesetzes, wonach sich im Falle einer freiwilligen Veräußerung fortan der Eigentumsübergang durch die auf Grund einer Auflassung erfolgte Eintragung im Grundbuche vollzieht. Da nach dem bisherigen Rechte das Eigentum an Grundstücken, unabhängig von der Eintragung in das Hypothekenbuch, durch Titel und Übergabe überging, würde derjenige, welcher solchergestalt Eigentümer geworden ist, ohne eingetragen zu sein, in seinen wohlerworbenen Rechten gekränkt werden, wenn man dem nach dem bisherigen Rechte als Eigentümer in das Grundbuch Eingetragenen dieselben Rechte einräumen wollte, welche der §. 7 a. a. O. dem eingetragenen Eigentümer beilegt, und, daß es die Absicht des Gesetzes ist, wohlerworbene Rechte zu verletzen, läßt sich nicht annehmen. Sowohl nach den allgemeinen Grundsätzen, welche das Allgemeine Landrecht über die zeitliche Anwendung neuer Gesetze aufstellt, als auch nach der Absicht des Gesetzes vom 5. Mai 1872 kann deshalb unter dem eingetragenen Eigentümer im Sinne des §. 7 a. a. O. nicht derjenige verstanden werden, welcher seinen Besitztitel unter der Herrschaft des früheren Rechtes erlangt hat, und demnächst auf Grund jenes Besitztitels, wenn auch nach dem 1. Oktober 1872, in das Grundbuch eingetragen ist.

Vgl. Erkenntnis des früheren Obertribunales zu Berlin vom 15. Dezember 1873, in Entsch. desselben Bd. 71 S. 243.

Auf den, welcher unter der Herrschaft des früheren Rechtes Eigentümer geworden ist und unter der Herrschaft der neuen Gesetze eingetragen wird, bezieht sich der §. 49 der Grundbuchordnung. Er schreibt vor, daß, wer von dem Zeitpunkte, in welchem die Grundbuchordnung in Kraft getreten ist, das Eigentum eines Grundstückes ohne Eintragung erworben hat, auf Antrag die Eintragung als Eigentümer erhält, wenn er seinen Erwerb nach den Vorschriften des bisherigen Rechtes nachgewiesen hat. Die Eintragung erfolgt mithin in diesem Falle ganz nach dem bisherigen Rechte und hat deshalb auch nur diejenigen Wirkungen, welche sie bisher hatte. Sie steht, wie bereits in dem von dem Appellationsrichter in Bezug genommenen Erkenntnisse des früheren Obertribunales vom 12. April 1878,

vgl. Gruchot, Beiträge Bd. 23 S. 119,

zutreffend hervorgehoben ist, der Eintragung infolge einer Auflassung auf Grund des §. 1 des Eigentumserwerbsgesetzes nicht gleich. Sie hat nicht eine Eigentum verleihende Kraft, sondern nur die Bedeutung der Beurkundung des Eigentumserwerbes nach dem bisherigen Rechte, und, da durch eine solche Beurkundung Eigentum nicht erworben wird, befreit sie auch den Vindikationskläger dem besitzenden Beklagten gegenüber von dem anderweiten Nachweise seines Eigentumes nicht. Daraus folgt, daß dem Kläger, welcher die Parzelle Nr. 31 durch den Übertragungsvertrag vom 14. Dezember 1865 erworben und nach §. 49 der Grundbuchordnung die Eintragung erhalten hat, der Nachweis obliegt, daß das Streitstück, welches er als Bestandteil der Parzelle Nr. 31 für sich in Anspruch nimmt, durch Vertrag und Übergabe in sein Eigentum übergegangen ist.

Wenn die Nichtigkeitsbeschwerde meint, daß der Kläger, auch abgesehen von den Bestimmungen des Eigentumserwerbsgesetzes vom 5. Mai 1872, und zwar nach §. 4 der Grundbuchordnung, für den Eigentümer des Streitstückes erachtet werden müsse, so übersieht sie, daß der §. 4 a. a. O. keine materiellen Vorschriften enthält und jedenfalls keine Rechtsvermutung für das Eigentum aufstellt. Er giebt im wesentlichen nur eine Anweisung für den Grundbuchrichter, derzufolge die Lage und Größe der in die Grundbücher einzutragenden oder bereits eingetragenen Grundstücke nach den Grund- und Gebäudesteuerbüchern ausgemittelt und die bereits angelegten Grundbuchblätter auf diese zurückgeführt werden sollen. Ist dies geschehen, so ist allerdings der, welcher demnächst auf Grund einer Auflassung als Eigentümer in das Grundbuch eingetragen wird, für den Eigentümer aller Bestandteile des Grundstückes zu betrachten, welche sich aus dem Grundbuche, bezw. dem Kataster ergeben. Dies folgt aber daraus, daß nach den Vorschriften des Eigentumserwerbgesetzes der Eigentumsübergang durch die auf Grund der Auflassung geschehene Eintragung vermittelt wird und deshalb der Eingetragene für den Eigentümer aller derjenigen Realitäten gilt, auf welche die Eintragung sich bezieht. Die Eigentumsrechte desjenigen, welcher bereits vor dem Inkrafttreten der neuen Gesetze durch Titel und Übergabe Eigentum erworben hat, werden dadurch, daß das betreffende Grundbuchblatt auf das Kataster zurückgeführt wird, weder verringert noch erweitert. Er ist und bleibt Eigentümer insoweit, als er das Eigentum nach dem bisherigen Rechte erworben hat und kann sich daher auch nicht, wenn ihm das Eigentum bestritten wird, von dem Nachweise des letzteren durch die Berufung auf das Kataster befreien."

---

135. Steht bei der Kollektiv-Unfallsversicherung eines Gewerbeunternehmers zu Gunsten seiner Gewerbegehilfen mit der Abrede, daß bei Unfällen mit tödlichem Ausgange die Versicherungssumme an die empfangsberechtigten Hinterbliebenen gezahlt wird, den Hinterbliebenen des durch Unfall getöteten Gewerbegehilfen ein unmittelbares Klagerecht gegen den Versicherer zu?[1]

V. Civilsenat. Urt. v. 3. März 1880 i. S. der Erben des D. (Kl.) w. die Schles. L.V.A. Ges. (Bekl.) Rep. V. 92/80.

I. Stadtgericht Breslau.
II. Appellationsgericht daselbst.

Die Beklagte hat dem Fuhrwerksunternehmer G. auf das in seinem Gewerbe beschäftigte Personal von sechs Personen gegen die Folge körperlicher Unfälle in dem Betriebe des Gewerbes in bestimmter Beschränkung für den Kopf eine Versicherung von 2000 Thalern gegeben.

In §. 17a der allgemeinen Versicherungsbedingungen ist bestimmt, daß bei Unfällen mit tödlichem Ausfalle ein Kapital in dem vollen Betrage der Versicherungssummen an die empfangsberechtigten Hinterbliebenen gezahlt wird.

Der Erblasser der Kläger, einer der sechs Fuhrknechte des G., ist bei dem Betriebe des Gewerbes innerhalb der durch den Versicherungs-

[1] Vgl. Entsch. des R.O.H.G.'s Bd. 23 Nr. 55 S. 158.

vertrag gezogenen Schranken durch Unfall getötet. Nach seinem Tode haben die Kläger in einem Notariatsakte unter Zustimmung des G. ihren Beitritt zu dem Versicherungsvertrage erklärt.

Die Kläger fordern 6000 ℳ nebst 5 Prozent Zinsen seit der Klagebehändigung. Die Beklagte hat unter anderem den Klägern ein eigenes Klagerecht bestritten, weil ein Vertrag zu Gunsten Dritter vorliege, welcher nach §. 75 A.L.R. I. 5 deren Beitritt erfordere, ein solcher Beitritt in der notariellen Erklärung der Kläger nicht liege, da die Beklagte ihnen die Einwilligung zum Beitritte nicht gegeben habe, dieselbe auch nur vom Erblasser der Kläger hätte erfolgen können.

Durch Erkenntnis erster Instanz ist die Beklagte nach dem Klagantrage verurteilt; auf Appellation derselben sind durch das zweite Erkenntnis die Kläger abgewiesen. Auf die Nichtigkeitsbeschwerde der Kläger hat das Reichsgericht das zweite Erkenntnis vernichtet und das erste bestätigt aus folgenden

Gründen:

„Für das gemeine Recht besteht in Theorie und Praxis wesentlich Übereinstimmung darüber, daß bei der Lebensversicherung derjenige, zu dessen Gunsten sie genommen ist, aus dem Vertrage des Versicherers und des Versicherungsnehmers ein selbständiges Klagerecht erwirbt, soweit dies nach dem Vertrage geschehen soll.[1]... Für das preußische Recht besteht solche Übereinstimmung nicht.[2] Die Praxis des Obertribunales ist nicht konstant gewesen.[3]

Es muß aber angenommen werden, daß auch nach dem Allgemeinen Landrechte derjenige, zu dessen Gunsten eine Lebensversicherung genommen ist, wenn der Vertrag bis zum Tode der Person, deren Leben versichert ist, fortbestanden hat, unmittelbar ein Klagerecht aus dem Vertrage hat.

Daß die Versicherung einer Witwenpension ohne Beitritt der Witwe dieser nach dem Tode des Ehemannes ein klagbares selbständiges Recht giebt, muß als unzweifelhaft gelten.

---

[1] Vgl. Windscheid, Pandekten 5. Aufl. Bd. 2 S. 211; Gareis, Die Verträge zu Gunsten Dritter S. 275; Fenner und Mecke, Entscheidungen Jahrg. 9 S. 79.

[2] Vgl. Förster, Privatrecht Bd. 2 §. 146; Staudinger, Die Rechtslehre vom Lebensversicherungsvertrage S. 156; Dernburg, Privatrecht Bd. 2 S. 640; Hinrichs in Goldschmidt's Zeitschr. Bd. 20 S. 339.

[3] Vgl. Entsch. des Obertribunales Bd. 51 S. 47, Bd. 71 S. 1; Striethorst, Archiv Bd. 62 S. 337.

Der Rechtsgrund hierfür ist, daß durch den Vertrag für die Witwe ein durch den Tod des Ehemannes bedingtes Recht konstituiert ist; dies Recht kann seiner Natur nach nur der Witwe zustehen, und da der Vertrag vom Gesetze als gültig anerkannt wird, ohne den Beitritt der Ehefrau zu fordern, so muß letztere ein unmittelbares Recht durch den Vertrag erworben haben.

Rechtlich ebenso liegt der Fall der Versicherungsnahme auf das eigene Leben ohne Bezeichnung der Person, zu deren Gunsten die Versicherung erfolgt, der einfache Fall der Lebensversicherung, welchen allein das Allgemeine Landrecht, neben einzelnen Fällen der zulässigen Versicherungsnahme auf eigene Rechnung für ein fremdes Leben, kennt. Auch in diesem Falle ist nicht, wie in der Praxis zuweilen angenommen ist, ein Forderungsrecht des Versicherungsnehmers errichtet, sondern ein durch dessen Tod bedingtes Forderungsrecht Dritter. Als diese Forderungsberechtigten werden zwar die Erben des Versicherungsnehmers anzusehen sein, sie können aber nicht in ihrer Erbeneigenschaft eine Geldforderung bekommen, welche der Erblasser nie haben konnte, erlangen sie vielmehr als Dritte. Diese Forderungsberechtigten können dem Vertrage gar nicht beitreten, da vor dem Tode des Versicherungsnehmers deren Personen nicht feststehen; dennoch läßt der §. 2152 A.L.R. II. 8 den Vertrag als gültig zu, schließt dadurch das Erfordernis des Beitrittes dessen, zu dessen Gunsten der Vertrag geschlossen ist, nach §. 75 I. 5 a. a. O. aus und giebt demselben ein unmittelbares Recht aus dem Vertrage, soweit der Vertrag erfüllt ist.

Dies muß auch für die im Allgemeinen Landrechte noch nicht vorgesehenen Fälle gelten, in denen derjenige, zu dessen Gunsten die Versicherung erfolgt, im Vertrage ausdrücklich bestimmt worden ist, abgesehen davon, daß der Begünstigte bei Lebzeiten des Versicherten der Abänderung des Vertrages unter den Kontrahenten überall nicht widersprechen kann, wenn er dem Vertrage nicht beigetreten ist.

Im wesentlichen ist dies schon in der Entscheidung des preußischen Obertribunales Bd. 51 S. 43 anerkannt, nur bleibt der Lebensversicherungsvertrag ein Vertrag unter Lebenden, ist rechtlich nicht eine letztwillige Verfügung, wie in dem Erkenntnisse des Obertribunales,

vgl. Entsch. desselben Bd. 71 S. 1,

im Anschlusse an eine Ausführung in dem früheren Erkenntnisse angenommen ist.

Der zweite Richter, welcher zum Erwerbe eines selbständigen Rechtes aus einem Lebensversicherungsvertrage zu Gunsten Dritter deren Beitritt nach §. 75 A.L.R. I. 5 fordert, hat danach dieses Gesetz durch Anwendung auf einen Fall, für den es nicht gegeben ist, verletzt.

In der Sache selbst ist den Richtern der Vorinstanzen darin beizutreten, daß der Fall eingetreten ist, für welchen die Beklagte in dem Vertrage mit G. sich zur Zahlung von 2000 Thalern an die empfangsberechtigten Hinterbliebenen des klägerischen Erblassers verpflichtet hat."

Dies wird weiter ausgeführt und dann fortgefahren:

„Außerdem ist noch den Klägern das Klagerecht aus dem nicht von ihnen geschlossenen Versicherungsvertrage bestritten, jedoch mit Unrecht. Nach §. 17a der allgemeinen Versicherungsbedingungen ist als Vertragsbestimmung anzusehen, daß bei dem Tode eines der sechs Fuhrknechte des G. die Versicherungssumme an dessen empfangsberechtigte Hinterbliebene gezahlt werden sollte. Damit ist, da der Vertrag bis zum Tode des klägerischen Erblassers unverändert aufrechterhalten worden ist, für die gedachten Hinterbliebenen, das ist für die Kläger, nach den bei Beurteilung der Nichtigkeitsbeschwerde gegebenen Gründen ein unmittelbarer klagbarer Anspruch entstanden, und jedes Bedenken, ob der Versicherungsnehmer noch von dem Vertrage in betreff des Erblassers der Kläger abgehen könnte, ist durch dessen Abkommen mit den Klägern vom 19. November 1877 erledigt."

---

136. 1. Hat der Cessionar eine Hypothekenforderung zur Beseitigung solcher Einreden aus dem persönlichen Schuldverhältnisse gegen seine dingliche Klage, welche ihm vor oder bei der Cession nicht bekannt geworden sind, auch aus dem Grundbuche sich nicht ergeben, zu behaupten und zu beweisen, daß er das Recht auf die Hypothek gegen Entgelt erworben habe, oder ist es Sache des Beklagten, wenn er dergleichen Einreden erhebt, zu behaupten und zu beweisen, daß der Kläger das Recht auf die Hypothek unentgeltlich erworben habe?

Gesetz über den Eigentumserwerb ꝛc vom 5. Mai 1872 §. 38.

2. Hat der Kläger, welcher eine kündbare Forderung einklagt, nur den erfolgten Ablauf der gesetzlichen Kündigungsfrist selbst dann darzuthun, wenn eingewendet ist, daß eine spätere Fälligkeit vereinbart worden?

Pr. A.L.R. I. 11 §. 761.

III. Hilfssenat. Urt. v. 10. März 1880 i. S. T. (Bekl.) w. Sch. (Kl.) Rep. Vb. 167/79.

I. Kreisgericht Falkenberg.
II. Appellationsgericht Ratibor.

Kläger ist Cessionar einer Teilforderung in Höhe von 629,50 ℳ, welche mit dem Reste der Forderung auf dem Grundstücke des Beklagten R. Bl. 23 Abt. III unter 4 eingetragen ist. Unstreitig ist die Kündigung drei Monate vor Anstellung der gegenwärtigen dinglichen Klage erfolgt. In zweiter Instanz wendete Beklagter, jedoch ohne Beweisantritt, ein, daß die Forderung (Illatenforderung) erst am 14. Juni 1880 fällig gestellt sei. Kläger hat dies bestritten. Der Appellationsrichter bestätigte das den Beklagten nach dem Klagantrage in der Hauptsache verurteilende erste Erkenntnis, indem er den Einwand verwarf, weil derselbe aus dem Grundbuche sich nicht ergebe, auch nicht behauptet sei, daß die zu Grunde liegende Thatsache dem Kläger vor oder bei Erwerb der Forderung bekannt geworden, oder daß sein Erwerb der Forderung ein unentgeltlicher gewesen sei.

Die hiergegen erhobene Nichtigkeitsbeschwerde ist zurückgewiesen aus folgenden

Gründen:

„Die Rüge der Verletzung des §. 38 des Gesetzes vom 5. Mai 1872 über den Eigentumserwerb, des §. 16 Einleitung und des §. 28 I. 13 A.G.O., sowie der allgemeinen Regeln über die Verteilung der Beweislast — weil der Vorderrichter verkannt habe, daß Kläger hätte darthun müssen, in welcher Weise ihm die streitige Forderung abgetreten sei, namentlich daß sie ihm gegen Entgelt abgetreten sei — ist nicht gegründet. Der Vorderrichter stellt unangefochten fest, daß die streitige Forderung dem Kläger abgetreten ist. Dieser hat also die Forderung erworben. Als Erwerber hat er die dingliche Klage gegen den Eigentümer (§§. 37. 38 des angef. Ges.). Beklagter hat gegen die dingliche Klage nur dann Einreden aus dem persönlichen Schuldverhältnisse, wenn diese dem Kläger vor dem Erwerbe bekannt geworden, oder wenn sie aus dem Grundbuche sich ergeben. Außerdem stehen ihm die Einreden aus dem persönlichen Schuldverhältnisse dann zu, wenn der Kläger die Hypothek ohne Entgelt erworben hat. Dieses ist der klare Sinn des §. 38 Abs. 2. Danach ist es Sache des

Beklagten, die Voraussetzungen für die Zulässigkeit der Einreden aus dem persönlichen Schuldverhältnisse zu behaupten und zu beweisen.

Die Richtigkeit dieses Satzes ist in den Gründen des Erkenntnisses des vormaligen preuß. Obertribunales vom 28. März 1879,

vgl. Entsch. desselben Bd. 83 S. 232,

näher und in überzeugender Weise ausgeführt, und kann auf diese Ausführung verwiesen werden.

Einer Verletzung der Regeln von der Verteilung der Beweislast in bezug auf die Kündbarkeit des Kapitales hat sich der Appellationsrichter ebenfalls nicht schuldig gemacht. Kläger behauptet in der Klage, daß das Kapital nach dreimonatlicher Kündigung zahlbar sei. Unstreitig ist die Kündigung drei Monate vor der Klage erfolgt. Diese Kündigungsfrist ist die gesetzliche, wenn keine Zeit zur Rückzahlung gültigerweise bestimmt ist (§. 761 A.L.R. I. 11).

Der Schuldner hat daher, wenn er nach Ablauf von drei Monaten seit der Kündigung nicht zahlen will, weil eine längere Kündigungsfrist oder ein späterer Rückzahlungstermin vereinbart sein soll, dieses zu behaupten und eventuell zu beweisen. Solche Behauptung stellt sich nicht als eine verneinende Einlassung dar; sie enthält vielmehr eine rechtshindernde Thatsache, eine Thatsache, durch welche der Kläger gehindert wird, seinen Anspruch zur Zeit geltend zu machen. Sie ist daher eine wahre Einrede. Deshalb liegt aber auch dem Beklagten der Beweis dieser Thatsache ob."

---

137. Genügt zur endgültigen Eintragung einer Hypothek an Stelle einer Vormerkung die Bewilligung dessen, gegen welchen die Vormerkung gerichtet war, auch in dem Falle, wenn der Bewilligende zur Zeit der Bewilligung nicht mehr eingetragener Eigentümer war?

Grundbuchordnung vom 5. Mai 1872 §. 89.

III. Hilfssenat. Urt. v. 13. März 1880 i. S. K. (Bekl.) w. Z. (Kl.) Rep. Vb. 192/79.

I. Kreisgericht Allenstein.
II. Ostpreußisches Tribunal zu Königsberg.

Die Klägerin hat gegen den Beklagten, als eingetragenen Eigentümer des Grundstückes R . . . Nr. 22 Abschn. III Nr. 7, wegen

Zahlung der zu ihren Gunsten auf demselben hypothekarisch eingetragenen 900 *M* nebst Zinsen die dingliche Klage erhoben. Beklagter bestreitet die Rechtswirksamkeit der Hypothek. Die Klage ist in den Instanzen abgewiesen, und die gegen das Appellationserkenntnis erhobene Nichtigkeitsbeschwerde zurückgewiesen worden.

Aus den Gründen:

„Der Appellationsrichter stellt thatsächlich fest, daß die Marie Z. das Grundstück R . . . Nr. 22 Abschn. III Nr. 7 am 17. Januar 1878 dem Beklagten aufgelassen hat, und daß dieser am 18. dess. M. als Eigentümer eingetragen ist, ferner daß sie am 19. dess. M. den Antrag auf Eintragung des im Streite befindlichen Kaufgelderrückstandes von 900 *M* nebst Zinsen gestellt hat, und daß die Eintragung ohne Zustimmung des Beklagten am 21. dess. M. erfolgt ist. Nach der ferneren Feststellung des Appellationsrichters originierte das Kapital nebst Zinsen — rückständiges Kaufgeld für das Grundstück — aus der zu Gunsten der Z. seitens der Klägerin erfolgten Auflassungserklärung vom 8. September 1877, worin die Z. zugleich ihre Einwilligung zur Eintragung der Forderung im Grundbuche erteilte; Klägerin hatte sich den Antrag auf Eintragung nur vorbehalten, einen solchen damals aber nicht gestellt.

In der Appellationsbeantwortung war von der Klägerin unter Beweisantritt behauptet worden, daß sie, als die Z. ihr unsicher erschienen sei, für ihre Forderung eine Vormerkung auf dem Grundstücke habe eintragen lassen, und daß diese Vormerkung, nachdem die Z. in Konkurs geraten, mit deren Genehmigung auf ihren, der Klägerin, Antrag in eine definitive Hypothek umschrieben sei.

Die Nichtigkeitsbeschwerde rügt u. a. Omission dieses Inhaltes der Appellationsbeantwortung. Der Angriff ist aber hinfällig, weil die als omittiert bezeichnete Thatsache eine entgegengesetzte Entscheidung nicht begründen werde. . . .

Es kann zwar angenommen werden, daß die omittierte Behauptung dahin hat verstanden sein sollen, die Eintragung der Vormerkung sei vor der Auflassung vom 17. Januar 1878 erfolgt. Den Beweis der Behauptung vorausgesetzt, liegt also die Sache so: Die Forderung der Implorantin war seit dem 8. September 1877 mit einem Titel zum Pfandrechte versehen. Sie hätte sogar ohne weiteres eingetragen werden können, da die ihre Eintragung als Eigentümerin gleichzeitig erlangende

Z. die Eintragung bewilligte (Gesetz vom 5. Mai 1872 §. 19 Nr. 1). Eines Antrages des Gläubigers bedurfte es überhaupt nicht. Da aber die Eintragung nicht erfolgte, entstand auch kein Recht der Hypothek (§. 18 a. a. O.). Einige Zeit nachher ist nun die Vormerkung eingetragen. Hierdurch erlangte Implorantin die Sicherung der Stelle in der Reihenfolge der Eintragungen für die endgültige Eintragung ihrer Forderung, nicht aber ein Hypothekenrecht. Dieses konnte nur durch die endgültige Eintragung entstehen (§§. 22. 18 a. a. O.). Bevor letztere bewirkt war, ist das Grundstück an den Imploraten aufgelassen, und ist dieser als Eigentümer eingetragen. Die Eintragung der Forderung ist zwar mit Bewilligung der Z. erfolgt. Nun bestimmt auch §. 89 der Grundbuchordnung:

> Die endgültige Eintragung an der Stelle einer Vormerkung erfolgt auf Ersuchen des Prozeßrichters oder mit Bewilligung dessen, gegen welchen die Vormerkung gerichtet war.

Die Anwendung dieser Bestimmung, soweit sie hervorgehoben ist, setzt aber voraus, daß derjenige, gegen welchen die Vormerkung gerichtet war, das Verfügungsrecht über das Grundstück zu der Zeit hat, in welcher er die Bewilligung der endgültigen Eintragung erteilt. Denn es widerspricht dem ganzen Systeme des Eigentums- und Grundbuchsrechtes, daß ein Dritter, welcher als Eigentümer nicht eingetragen ist, eine rechtliche Einwirkung auf den Rechtszustand eines Grundstückes ausübe, soweit es nämlich um freiwillige Veräußerungen oder Belastungen sich handelt. Nur eine Ausnahme ist statuiert, nämlich zu Gunsten von Miterben und auch nur, wenn sie ein ererbtes Grundstück auflassen wollen (Gesetz vom 5. Mai 1872 §. 5, vgl. auch §§. 13. 14. 19. 58 a. a. O. und Grundbuchordnung §. 92). Daß aber die Bewilligung der endgültigen Eintragung einer Hypothek an Stelle einer Vormerkung eine rechtliche Verfügung über das Grundstück ist, ergiebt sich aus obiger Ausführung, welcher gemäß das Grundstück erst durch solche Eintragung mit einem Hypothekenrechte belastet wird. Erfolgte nun die Bewilligung dieser Eintragung vorliegend zu einer Zeit, als die Bewilligende nicht mehr als Eigentümerin eingetragen war, so war die Bewilligung wirkungslos und ist die endgültige Eintragung zu Unrecht erfolgt, also ebenfalls unwirksam. Implorantin hat zwar ihre Rechte aus der Vormerkung nicht verloren. Weigert also Implorat die Bewilligung der endgültigen Eintragung, so kann sie die Hilfe des Prozeßrichters in Anspruch nehmen. Ein Hypothekenrecht aber hat sie nicht, mithin auch keine dingliche Klage, wie sie erhoben ist." . . .

---

138. Sind die Gläubiger eines Gemeinschuldners, dem durch Testament vor der Konkurseröffnung ein vom Testator mit einem Nießbrauche beschwertes Grundstück zugefallen ist, und welcher erst nach der Konkurseröffnung auf Antrag des Konkursverwalters als Eigentümer des Grundstückes eingetragen wird, dem im Besitze des Grundstückes befindlichen und die Eintragung seines Rechtes nunmehr gleichfalls nachsuchenden Nießbraucher gegenüber als Dritte im Sinne des §. 12 des Gesetzes über den Eigentumserwerb 2c vom 5. Mai 1872 zu erachten?

Gesetz vom 5. Mai 1872 über den Eigentumserwerb 2c §§. 12. 13. 14. Grundbuchordnung von demselben Tage §. 73.

II. Hilfssenat. Urt. v. 15. März 1880 i. S. Karl B.'sche Konkursmasse (Bekl.) w. Witwe B. (Kl.) Rep. Va. 123/79.

I. Kreisgericht Halle.
II. Appellationsgericht Naumburg.

Der am 21. Dezember 1873 verstorbene Zimmermeister Johann Gotthilf B. hat in dem am 6. April 1869 errichteten und am 8. Januar 1874 publizierten Testamente seine Geschwister und Geschwisterkinder, zu welchen letzteren namentlich der Zimmermeister Karl B. gehörte, zu Erben eingesetzt und diesen die Verpflichtung auferlegt, seiner Ehegattin Friederike Emilie B. eine jährliche Leibrente zu zahlen, oder, falls er bis zu seinem Tode ein besonderes Auszugshaus gebaut haben und dieses in seinem Nachlasse vorhanden sein sollte, nach ihrer Wahl anstatt der Leibrente den lebenslänglichen Nießbrauch dieses Hauses nebst allen Zubehörungen zu gewähren. Der Erblasser hatte bei seinem Ableben auf seinem Grundstücke in Teutschenthal ein Auszugshaus errichtet und seinen Erben hinterlassen, und die Witwe B. hat demnächst in Gemäßheit jener Testamentsbestimmung das Auszugsrecht statt der Leibrente längere Zeit ausgeübt, auch erklärt, daß sie dies auch ferner thun wolle. Durch Beschluß vom 31. Juli 1877 ist über das Vermögen des Miterben Karl B. der Konkurs eröffnet, und später ist auf Betreiben des Konkursverwalters das Eigentum des Nachlaßgrundstückes auf Grund des Testamentes auf den Namen der Erben umgeschrieben worden, ohne daß jedoch auch die Eintragung des Auszugsrechtes der Witwe B. in dem Grundbuche erfolgte. Hierauf ist von dem Verwalter die notwendige Subhastation des Grundstückes zum Zwecke der Auseinandersetzung beantragt. Die Witwe B. verlangte nunmehr die Eintragung ihres Nießbrauchsrechtes an dem Auszugshause in dem Grundbuche des betreffenden Grundstückes. Da derselben widersprochen wurde, klagte sie gegen die Karl B.'sche Konkursmasse auf Bewilligung bezw. Beantragung der Eintragung auf dem Anteile des Gemeinschuldners.

Der erste Richter wies die Klägerin ab, der zweite Richter verurteilte die beklagte Konkursmasse dem Klagantrage gemäß. Auf die von der Beklagten eingelegte Revision ist das zweite Erkenntnis bestätigt worden.

Aus den Gründen:

„Es steht unter den Parteien fest, daß die Klägerin den ihr durch das Testament ihres Ehemannes vom 6. April 1869, eröffnet den 8. Januar 1874, legierten Nießbrauch an dem auf dem Nachlaßgrundstücke Unterteutschenthal Nr. 58 befindlichen Auszugshause nebst Zubehör, und zwar, bevor der Konkurs über das Vermögen des Zimmermeisters Karl B. eröffnet worden, sowie zur Zeit sowohl der am 31. Juli 1877 erfolgten Konkurseröffnung als auch der Anstellung der Klage, ausgeübt hat, und daß ferner das Miteigentum des Karl B. an dem gedachten Grundstücke erst nach der Eröffnung des Konkurses über sein Vermögen auf Veranlassung des Verwalters in das Grundbuch eingetragen ist. Dafür, daß die Klägerin, wie in dem Revisionsberichte angedeutet wird, eigenmächtig den Besitz des Hauses ergriffen habe, geben die Akten nicht den geringsten Anhalt, es wird im Gegenteil von der Beklagten selbst in der Appellationsbeantwortung anerkannt, daß die Klägerin sich seit 1873 im Besitze des Grundstückes befinde. Dadurch wird jedenfalls das von der Beklagten angeregte, übrigens auch gemäß der §§. 10. 11. 18 A.G.O. I. 15 nicht mehr zu berücksichtigende, Bedenken, ob die Besitzergreifung seitens der Klägerin eine fehlerfreie gewesen, beseitigt. Wäre der vorliegende Rechtsstreit lediglich nach Landrecht zu entscheiden, so würde ein Bedenken nicht entstehen können, daß das Nießbrauchsrecht der Klägerin mit voller Wirkung die Natur eines dinglichen Rechtes erlangt habe· denn der §. 2 A.L.R. I. 21 bestimmt ausdrücklich, daß, soweit der Berechtigte sich im wirklichen Besitze der zu gebrauchenden oder zu nutzenden Sache befinde, seine Befugnis die Eigenschaft eines dinglichen Rechtes habe; nach §. 3 daselbst geht die Verpflichtung, dem Berechtigten die Ausübung des dinglichen Rechtes zu gestatten, auf jeden neuen Eigentümer der belasteten Sache, welcher sein Recht von dem Besteller des Gebrauchs- oder Nutzungsrechtes herleitet, mit über, und im §. 99 daselbst ist noch besonders rücksichtlich des Nießbrauches an einer fremden Sache ausgesprochen, daß der Eigentümer, solange der Nießbrauch dauert, nichts vornehmen dürfe, wodurch das Nutzungsrecht des anderen auf irgend eine Art eingeschränkt oder geschmälert werde.

Vgl. Erkk. des früheren preußischen Obertribunales vom 24. März 1868, in Entsch. desselben Bd. 60 S. 129, und vom 13. November 1871, in Striethorst, Archiv Bd. 83 S. 119.

Dieser Rechtszustand hat aber durch den §. 12 des Gesetzes über den Eigentumserwerb vom 5. Mai 1872 und durch §. 73 der Grundbuchordnung von demselben Tage eine nicht unwesentliche Modifikation insofern erfahren, als durch diese Gesetze bestimmt wird, daß dingliche Rechte an Grundstücken, welche auf einem privatrechtlichen Titel beruhen, gegen Dritte nur noch durch Eintragung Wirksamkeit erlangen, und daß auch dergleichen bereits ohne Eintragung rechtsgültig bestehende dingliche Rechte bis zum 1. Oktober 1873 eingetragen werden müssen, widrigenfalls sie dritten Personen gegenüber nicht geltend gemacht werden können. Es wird hier also klar ausgesprochen, daß dingliche Rechte fortan nur noch durch ihre Eintragung eine Wirkung gegen Dritte ausüben sollen, und daß namentlich — abweichend von dem bisherigen Zustande — ihre Wirksamkeit gegen einen Dritten nicht mehr von dem — wenn auch erkennbaren — Besitze abhängig ist, und zwar selbst alsdann nicht, wenn der Dritte von dem aus dem Grundbuche nicht ersichtlichen Rechte Kenntnis hatte.

Vgl. Erkenntnis des preußischen Obertribunales vom 5. November 1874, in Entsch. desselben Bd. 73 S. 179; Achilles, Die preußischen Gesetze über Grundeigentum und Hypothekenrecht, 2. Ausg., Anm. 2 zu §. 12 des Gesetzes S. 55; Turnau, Grundbuchordnung, 2. Aufl.,

Anm. 6 zu §. 12 des Gesetzes S. 46; Förster, Preußisches Grundbuchrecht S. 49 flg. 110.

Mit Rücksicht auf diese Bestimmungen verlangt die Klägerin die Eintragung ihres dinglichen Nießbrauchsrechtes zur Wirksamkeit gegen Dritte, und sie ist dazu von dem Appellationsrichter, ungeachtet des inzwischen über das Vermögen des Karl B. eröffneten Konkurses, gegen die Konkursgläubiger mit Recht für befugt erachtet worden. Unter den Parteien ist nicht streitig, daß der Klägerin der Anspruch auf die jährliche Rente von 50 Thlr. oder nach ihrer Wahl auf das Nießbrauchsrecht an dem Auszugshause durch dasselbe Testament des Zimmermeisters Johann Gotthilf B. legiert worden ist, durch welches der Gemeinschuldner Karl B. auf Grund der darin enthaltenen Erbeseinsetzung das Miteigentum an dem Grundstücke erlangt hat, und daß die Klägerin, während die Besitztitelberichtigung für Karl B. erst nach der Konkurseröffnung erfolgt ist, schon lange vorher das ihr zuständig gewesene Wahlrecht ausgeübt, sich für das Nutzungsrecht an dem Hause entschieden hat, und zu diesem Behufe in den Besitz des Grundstückes getreten ist. Es kann keinem Bedenken unterliegen, und ist auch von der Beklagten nicht angezweifelt worden, daß die Klägerin bei dieser Sachlage und mit Rücksicht auf die §§. 13. 14 des Gesetzes vom 5. Mai 1872 befugt war, von dem Karl B., wenn dieser selbst noch vor der Eröffnung des Konkurses über sein Vermögen auf Grund des Testamentes sein Miteigentum an dem Grundstücke in das Grundbuch hätte eintragen lassen, auch die Eintragung des auf derselben Urkunde beruhenden Nießbrauches für sich zu verlangen. Die Entscheidung des vorliegenden Rechtsstreites hängt sonach von der Beantwortung der Frage ab, ob durch die Eröffnung des Konkurses über das Vermögen des Karl B. hierin eine Änderung herbeigeführt ist. Dies war zu verneinen. Nach §. 1 der Konkursordnung vom 8. Mai 1855 erstreckt sich der Konkurs nur auf das Vermögen, welches der Gemeinschuldner zur Zeit der Konkurseröffnung besitzt, oder während der Dauer des Konkurses erwirbt. Der Konkurs ist eine allgemeine Beschlagnahme, und wird dadurch, wie sich aus den §§. 1—4 daselbst klar ergiebt, den Gläubigern nur das Verwaltungs- und Verfügungsrecht übertragen. Dem Gemeinschuldner verbleibt trotz der Konkurseröffnung das Eigentum an seinem Vermögen. Hieraus ergiebt sich, daß zur beklagten Konkursmasse nur das mit dem Nutzungsrechte der Klägerin beschwerte

Grundstück gezogen werden kann, und daß, wenn die Gläubiger, in Vertretung durch den Verwalter, den Gemeinschuldner als Eigentümer des Grundstückes Unterteutschenthal Nr. 58 bezw. als Miteigentümer an demselben eintragen zu lassen, ihrem Interesse entsprechend erachteten, sie — ebenso wie der Gemeinschuldner selbst — auf Verlangen der Klägerin auch die Eintragung des Nießbrauches desselben, insofern sie für ihre Weigerung nicht etwa eine besondere Vorschrift der Konkursordnung heranzuziehen vermögen, zu bewilligen verpflichtet waren, dieselben also als Dritte im Sinne der §§. 12. 13 des Gesetzes vom 5. Mai 1872 nicht anzusehen sind.

Den §. 10 der Konkursordnung vom 8. Mai 1855[1] kann die Beklagte zur Beseitigung des Klaganspruches für sich mit Erfolg nicht geltend machen; denn einmal handelt es sich hier nicht um ein Pfand- oder Hypothekenrecht, welches die Klägerin erstrebt, sondern um ein seinem Wesen nach davon durchaus verschiedenes, unter den Begriff der Reallasten im Sinne des §. 49 Tit. I der Hypothekenordnung vom 20. Dezember 1783 fallendes Nießbrauchsrecht, und sodann ist auch hier entscheidend, daß der Gemeinschuldner durch das Testament nur das Miteigentum an dem mit der Berechtigung der Klägerin belasteten Grundstücke erworben hat, und daß die Gläubiger desselben für sich nicht mehr in Anspruch nehmen können, als dem Gemeinschuldner bei der Eröffnung des Konkurses über sein Vermögen bereits zustand.

Ebensowenig steht der von der Beklagten aus den §§. 9. 10 der Subhastationsordnung vom 15. März 1869 entnommene Einwand dem Verlangen der Klägerin entgegen, da der hiernach einzutragende Sperrvermerk nur die Bedeutung hat, daß der Subhastat verhindert werden soll, noch nach der Einleitung der Subhastation zum Nachteile der in §. 9 a. a. O. erwähnten Beteiligten Veränderungen mit dem Grundstücke vorzunehmen, hier aber eine solche Disposition gar nicht in Frage steht.

... Da nach den §§. 13. 14 des Gesetzes vom 5. Mai 1872 zur Eintragung eines Rechtes in der zweiten Abteilung des Grundbuches der Antrag und die eventuell im Wege des Prozesses zu erzwingende Einwilligung des eingetragenen Eigentümers notwendig ist, so hat der Appellationsrichter die Beklagte dazu mit Recht verurteilt."

[1] Entsprechend dem §. 12 der Konkursordnung f. d. Deutsche Reich. D. R.

139. Constitutum possessorium. Verwahrungsvertrag.
A.L.R. I. 7 §. 71, I. 14 §§. 9. 10.

III. Hilfssenat. Urt. v. 24. März 1880 i. S. Sch. (Kl.) w. F. (Bekl.) Rep. Vb. 273/79.

I. Kreisgericht Görlitz.
II. Oberlandesgericht Glogau.

In Sachen des Beklagten wider die Eheleute D. sind mehrere Gegenstände, welche bei den Eheleuten D. sich befanden, mit Arrest belegt. Kläger beantragte, den Beklagten zu verurteilen, sein Eigentum an den Gegenständen anzuerkennen und in deren Freigabe zu willigen. Er gründete den Anspruch auf die Behauptungen, daß er die Gegenstände von den Eheleuten D. für 500 ℳ gekauft, den Kaufpreis berichtigt und die Übergabe dadurch erhalten habe, daß er mit den Eheleuten D. sofort nach dem Kaufe einen Verwahrungsvertrag abgeschlossen habe, inhalts dessen letztere die verkauften Gegenstände für ihn in ihrem Gewahrsame behalten sollten. Kläger hat diese Behauptungen bestritten und Abweisung der Klage beantragt. In beiden Instanzen ist Kläger abgewiesen. Die von ihm eingelegte Nichtigkeitsbeschwerde ist zwar für begründet erachtet, das angefochtene Erkenntnis jedoch aufrechterhalten, aus folgenden

Gründen:

„Der Appellationsrichter sagt: es sei nicht zweifelhaft, daß ein Verwahrungsvertrag eine Willenserklärung sei, welche die Übergabe bewirke. Diese Willenserklärung aber müsse, um solchen Erfolg zu haben, rechtsgültig sein. In mündlicher Form genüge sie bei Gegenständen von einem Werte von mehr als 50 Thalern nicht; vielmehr müsse sie schriftlich sein. Er weist den Kläger ab, weil schriftliche Form in vorliegendem Falle erforderlich, aber nicht behauptet, und weil die körperliche Übergabe nicht erwiesen sei.

Implorant rügt Verletzung der §§. 9. 10 I. 14, des §. 71 I. 7 und des §. 131 I. 5 A.L.R.

Die Rüge erscheint begründet. Der Appellationsrichter bezieht sich auf den Plenarbeschluß des vormaligen preuß. Obertribunales vom 20. November 1854 (vgl. Entsch. desselben Bd. 29 S. 1). Dieser spricht als Grundsatz aus, daß zur Gültigkeit eines constitutum possessorium (§. 71 A.L.R. I. 7) beim Kaufvertrage, wenn der Gegenstand mehr als 50 Thaler wert sei, es einer schriftlichen Erklärung des Konstituenten bedürfe. Die Begründung des Beschlusses ergiebt aber, daß der Satz in dieser **allgemeinen** Fassung nicht zu verstehen ist. Es werden (S. 12) einzelne Fälle aufgeführt, in denen es einer schriftlichen Erklärung nicht bedürfe. Sodann heißt es:

> Abgesehen von solchen Fällen aber muß die **hierauf** (d. h. auf das Konstitutum) gerichtete Willenserklärung in der für **dieses Nebengeschäft** selbst gesetzlichen Form abgegeben werden.

Verlangt wird also die Beobachtung der für dasjenige **Nebengeschäft** vorgeschriebenen Form, welches das Konstitutum darstellt. Die Richtigkeit dieses Satzes ist in den Gründen a. a. O. überzeugend dargethan. Wenn nun aber der Appellationsrichter für den **Verwahrungsvertrag** bei Gegenständen von über 50 Thaler Wert schriftliche Form zur Rechtsgültigkeit verlangt, so verletzt er den §. 10 A.L.R. I. 14 durch Nichtanwendung und den §. 131 A.L.R. I. 5 durch falsche Anwendung. Der Verwahrungsvertrag ist ein Realkontrakt und bedarf zu seiner Gültigkeit keiner Form. Für das preußische Recht ist dieses in dem angeführten §. 10 A.L.R. I. 14 ausdrücklich ausgesprochen.

Bei freier Beurteilung ist jedoch die Vorentscheidung aufrechtzuerhalten. §. 9 a. a. O. lautet:

> Wenn eine Sache jemandem unter der Verbindlichkeit **übergeben** worden, daß er sie aufbehalten und künftig **zurückgeben** solle, so ist unter den Parteien ein Verwahrungsvertrag vorhanden.

Hieraus und aus der Natur des Vertrages als eines Realkontraktes folgt, daß derselbe dadurch geschlossen wird, daß einer die in **seinem** Besitze oder in seinem Gewahrsam befindliche Sache dem anderen in Gewahrsam **überträgt**, und daß der andere die Sache mit der Pflicht, sie **zurückzugeben, übernimmt**. Ein Verwahrungsvertrag ist es also nicht, wenn jemand einem anderen den Auftrag erteilt, eine in des letzteren Gewahrsam befindliche Sache, auf welche jener nur ein Recht zum Besitze hat, namens seiner nunmehr weiter in Gewahrsam zu behalten, und wenn der andere den Auftrag annimmt. Ein solches Abkommen fällt unter die allgemeine Regel des §. 131 A.L.R. I. 5. Es bedarf daher zu seiner Rechtsgültigkeit der schriftlichen Form, wenn der Wert des Gegenstandes 150 ℳ übersteigt. In diesem Falle kann es, bloß mündlich geschlossen, das constitutum possessorium nicht begründen. Der vorliegende, nur mündlich erteilte Auftrag war daher nicht geeignet, den Besitz zu übertragen." . . .

---

140. Ist der von einem, nach dem Gesetze vom 16. April 1860 in Gütergemeinschaft lebenden Ehemanne allein (nicht in Gemeinschaft mit der Ehefrau) abgeschlossene Übertragsvertrag nichtig dergestalt, daß er selbst von den Erben des Ehemannes angefochten werden kann? Ist ein solcher Vertrag auch dann nichtig, wenn er nicht mit Rücksicht auf eine zukünftige Erbfolge abgeschlossen ist? Rechtsnatur der ehelichen Gütergemeinschaft.

§. 3 des angeführten Gesetzes.

III. Hilfssenat. Urt. v. 24. März 1880 i. S. S. (Bekl.) w. B. (Kl.) Rep. Vb. 372/79.

I. Kreisgericht Wesel.
II. Appellationsgericht Hamm.

Der am 5. Juli 1876 verstorbene erste Ehemann der mitklagenden Ehefrau, J. W. Sch., hatte am 5. Februar 1876 mit seinem Bruder, dem Beklagten, einen Vertrag abgeschlossen, in welchem er diesem sein sämtliches (bewegliches wie unbewegliches) Vermögen übertrug, wogegen dieser sich verpflichtete, dem Übertragsgeber, dessen Frau und Kindern — letzteren, solange sie außer stande, ihren Unterhalt sich selbst zu erwerben — in dem übertragenen Hause Wohnung und Unterhalt zu gewähren. Es sollte aber diese Verpflichtung im Falle, daß nach dem Tode des Übertraggebers oder dessen Ehefrau der Überlebende zur zweiten Ehe schritte, sofort und ohne Entgelt erlöschen. Die Übergabe der Mobilien und Immobilien ist erfolgt. Aus der Ehe der Sch.'schen Eheleute stammt ein Kind. Die Witwe Sch. hat sich mit dem Müller B. wiederverheiratet. Sie hat, in Gemeinschaft mit ihrem jetzigen Ehemanne und dem Vormunde ihres Kindes klagend, den Übertragsvertrag angefochten und Rückübertragung des übertragenen Vermögens verlangt. Unstreitig hatten die Sch.'schen Eheleute in der westfälischen Gütergemeinschaft nach dem Gesetze vom 16. April 1860 gelebt. Beklagter erhob eine Reihe von Einreden, von denen die hier interessierenden aus den unten folgenden Gründen des Revisionsurteiles sich ergeben. Das

Gericht erster Instanz wies die Klage ab. Das Gericht zweiter Instanz erkannte nach dem Klagantrage. Auf die vom Beklagten eingelegte Revision ist das zweite Urteil bestätigt aus folgenden

Gründen:

... „Der Vertrag vom 5. Februar 1876 stellt sich als ein sogenannter Übertragsvertrag dar. Gegenstand de Veräußerung ist das sämtliche bewegliche und unbewegliche Vermögen des J. W. Sch. „mit Lust und Last", also auch mit sämtlichen Schulden und Lasten. Der Übernehmer verpflichtete sich zur Gewährung von Wohnung und Lebensunterhalt in dem übertragenen Hause an den J. W. Sch., dessen Frau und Kind auf so lange, als der Sch. oder dessen Frau nicht zur zweiten Ehe schreiten möchten. Es kann keinem Bedenken unterliegen, diesen Vertrag als einen lästigen zu bezeichnen, da Beklagter zu Gegenleistungen sich verpflichtet hat, indem es nicht darauf ankommt, ob diese in angemessenem Verhältnisse zur Leistung stehen, und die Umstände nicht klar ergeben, daß eine Schenkung vorliege.

Der Vertrag ist aber nichtig, weil er ein Übertragsvertrag und nicht von beiden Sch.'schen Eheleuten gemeinschaftlich geschlossen ist. Der §. 3 des Gesetzes vom 16. April 1860 über das eheliche Güterrecht in der Provinz Westfalen und den Kreisen Rees, Essen und Duisburg bestimmt:

„Verträge, durch welche das gemeinschaftliche Vermögen ganz oder teilweise schon bei Lebzeiten der Eheleute in Rücksicht auf eine künftige Erbfolge abgetreten wird (Übertragsverträge), können nur von beiden Eheleuten gemeinschaftlich abgeschlossen werden."

Unstreitig lebten die Sch.'schen Eheleute in der durch das gedachte Gesetz geordneten ehelichen Gütergemeinschaft. Zwar sagt der Vertrag, Sch. übertrage sein Vermögen. Dieses kann jedoch nur das gütergemeinschaftliche Vermögen sein, weil die Gütergemeinschaft ein besonderes Vermögen des Mannes nicht kennt, auch nicht ersichtlich ist, daß Sch. etwa nur über bestimmte, der Gütergemeinschaft nicht unterworfene Vermögensstücke verfügt habe, er vielmehr über den ganzen Vermögensinbegriff verfügt hat. Sch. setzt ferner für den Fall des Todes eines der beiden Eheleute für seine Kinder bestimmte vom Übernehmer zu gewährende Vorteile fest. Gleichgültig ist bei Übertragsverträgen, ob solche, den Kindern oder einem von ihnen ausgesetzte, Vorteile dem etwaigen Intestaterbteile oder dem Pflichtteile entsprechen. Jedenfalls ist der Vertrag in Rücksicht auf eine künftige Erbfolge abgeschlossen. Gleichgültig ist ferner, ob die Übertragung an einen Erbberechtigten oder an einen Dritten erfolgt. Das Gesetz macht nach seinem Wortlaute einen Unterschied in dieser Beziehung nicht. Er ist auch nicht beabsichtigt. Vielmehr ist bei den Beratungen der Kommission des Abgeordnetenhauses konstatiert,

daß, wenn das Gesetz bei Übertragsverträgen, welche in Rücksicht auf künftige Erbfolge geschlossen würden, die Zuziehung beider Eheleute erfordere, dieses gewiß bei Übertragung an andere, welche nicht zu den Erben zu zählen, erforderlich sei.

Aus diesem Grunde ist ein Amendement, wonach dies im Gesetze ausdrücklich ausgesprochen werden sollte, abgelehnt worden. Es ist auch klar, daß es nicht Absicht des Gesetzgebers gewesen sein kann, die Befugnisse des Mannes, wie sie ihm nach preußischem Allgemeinen Landrechte zustehen (vgl. §. 1 a. a. O.), soweit zu vermehren, daß er den Inbegriff des Vermögens ohne Zuziehung der Frau an dritte Personen übertragen könnte, ihm dagegen eine nur eingeschränkte Befugnis für den Fall zu gewähren, daß er das Vermögen auf einen Erbberechtigten übertragen möchte. — Aus dem Zusammenhange des §. 3 ergiebt sich überdies, daß der Ehemann selbst dann, wenn die Ehe kinderlos ist, oder wenn den Kindern keine Vorteile ausgesetzt werden sollen, über das ganze Vermögen oder einen aliquoten Teil desselben nicht allein verfügen kann. Zunächst ist ihm die Verwaltung des gemeinschaftlichen Vermögens übertragen. Durch lästigen Vertrag darf er über alle zu diesem gehörenden Gegenstände (als Einzelobjekte) verfügen. Über einzelne Immobilien und über das gesamte bewegliche Vermögen oder einen aliquoten Teil desselben darf er aber nicht unentgeltlich ohne Einwilligung der Frau verfügen. Hieran schließt sich die angeführte Bestimmung, welche nur besagen kann, daß er über den Inbegriff des Gesamtvermögens überhaupt allein nicht dergestalt verfügen kann, daß durch diese Verfügung die Gütergemeinschaft selbst — durch Beseitigung ihres Substrates — gegenstandslos würde. Daraus erhellt aber, daß die Worte: „in Rücksicht auf eine künftige Erbfolge“ nicht die Bedeutung haben, daß die Zuziehung der Ehefrau nicht erforderlich sei, wenn den künftigen Erben nichts ausgesetzt wird. Die Kommissionsverhandlungen ergeben, daß diese Worte nur deshalb im Gesetze Aufnahme gefunden haben, weil es sich konkret um eine Bestimmung handele, durch welche die dem Herkommen entsprechenden Verträge betroffen würden, nach welchen die abgehenden Kinder auf ihr zukünftiges Erbteil abgefunden würden. Und in den Motiven zu §. 3 heißt es:

Dem Manne kann die einseitige Abschließung von Übertragsverträgen nicht gestattet werden, weil diese ihrer Natur nach fast immer die Abtretung des ganzen ehelichen Vermögens umfassen, also unbeschadet der Rechte, welche der Frau nach dem Tode ihres Mannes zustehen, nicht geschlossen werden können.

Hiernach ist es nicht einmal erheblich, ob der vorliegende Vertrag „in Rücksicht auf eine künftige Erbfolge" abgeschlossen ist.

Ist demgemäß der Vertrag an sich als ein nichtiger angreifbar, weil er nur vom Manne, und nicht in Gemeinschaft mit der Ehefrau, abgeschlossen ist, so fragt es sich noch, inwiefern die Klage durch die Einreden des Beklagten beseitigt ist.

1. Zunächst ist der Einwand der mangelnden Sachlegitimation der mitklagenden Minorennen erhoben. Der Einwand ermangelt der Begründung. Zwar läßt die Sachlegitimation nicht aus dem Pflichtteilsrechte der Tochter sich herleiten. Maßgebend ist vielmehr, daß der Übertragsvertrag auch in Ansehung des Übertragsgebers nicht verbindlich ist, dergestalt, daß dieser selbst auf Herausgabe des übertragenen Vermögens hätte klagen können. Dieses Recht ist auf seine Tochter als seine Erbin übergegangen.

Die eheliche Gütergemeinschaft ist, wie durch konstante Judikatur und die neuere Wissenschaft festgestellt ist, nicht als ein Miteigentum der Eheleute an dem ehelichen Vermögen im römisch-rechtlichen Sinne, sondern, indem sie im germanischen Rechte wurzelt, als ein gemeinschaftliches Vermögen beider Eheleute anzusehen, welches ganz unter der Vogtschaft (mundium) des Mannes steht, bei welchem Verhältnisse während des Bestehens der Ehe von bestimmt zu sondernden Anteilen der Eheleute (ideellen Anteilen) nicht die Rede sein kann. Erst mit der Auflösung der Ehe treten Sonderrechte der Eheleute bezw. der Erben an der gemeinschaftlichen Masse hervor. Soweit nun der Mann vermöge seiner Vogtschaft das Verfügungsrecht hat, verpflichtet er die Frau in bezug auf ihre Rechte an dem gesamten Vermögen. Soweit er ein Verfügungsrecht nicht hat, steht ihm eine Verfügung überhaupt nicht zu, auch nicht in bezug auf einen ideellen Anteil am

Vermögen, da ein solcher während der Ehe eben nicht besteht. Vielmehr ist eine dem Verfügungsverbote entgegen geschehene Verfügung des Mannes, weil rechtlich gegenstandslos, von vornherein nichtig und wirkungslos, und, weil überhaupt nichtig und wirkungslos, dieses auch für den Mann. Auf denselben Erwägungen beruht namentlich die Entscheidung des vormaligen preuß. Obertribunales vom 21. Juni 1875,

vgl. Entsch. desselben Bd. 75 S. 257, insbesondere S. 265,

in welcher ausgesprochen ist, daß bei der landrechtlichen Gütergemeinschaft der ohne Einwilligung der Ehefrau vorgenommene Verkauf eines gütergemeinschaftlichen Grundstückes auch in Ansehung des Ehemannes nicht wirksam ist.

2. Der Einwand, daß die mitklagende Ehefrau in den Vertrag eingewilligt habe, weil sie ihn vor und nach Abschluß ausdrücklich genehmigt, und weil sie ihre Einwilligung auch dadurch stillschweigend erteilt habe, daß sie für sich und ihr Kind die Vorteile aus dem Vertrage angenommen habe, ist hinfällig. Eine bloße Einwilligung genügt schon deshalb nicht, weil das Gesetz den gemeinschaftlichen Abschluß — im Gegensatze zur bloßen Einwilligung — fordert. Die letztere genügt — abgesehen von der Frage, ob sie besondere Form erfordere — bei unentgeltlichen Veräußerungen einzelner Immobilien oder des gesamten beweglichen Vermögens oder eines aliquoten Teiles desselben; bei Übertragsverträgen dagegen ist der gemeinschaftliche Abschluß beider Eheleute verlangt dergestalt, daß die Ehefrau dem Übernehmer gegenüber als Mitkontrahentin sich an den Verpflichtungen beteiligt, und daß der Übernehmer auch ihr gegenüber zu den übernommenen Leistungen sich verpflichtet.

3. Der Einwand, daß die Kläger Erben des Veräußerers ohne Vorbehalt geworden und deshalb zur Anfechtung nicht befugt seien, ist schon deshalb verwerflich, weil der Veräußerer selbst nach dem oben Ausgeführten an den Vertrag nicht gebunden ist." . . .

141. 1. Hatten die zum alten posenschen Kreditvereine verbundenen Gutsbesitzer schon vor Auflösung des Vereines das Miteigentum an dem „eigentümlichen Fonds" deselben oder nur ein Anrecht auf den künftigen Erwerb dieses Miteigentumes?

2. Ist das bezeichnete Miteigentum bezw. das Anrecht auf dasselbe ein mit dem betreffenden Gute verbundenes subjektiv dingliches Recht? und kann es den Charakter eines solchen dadurch verlieren, daß es ohne das Gut veräußert oder bei der Veräußerung des letzteren nicht mit übereignet wird?[1]

III. Hilfssenat. Urt. v. 17. April 1880 i. S. L. (Bekl.) w. v. Z. (Kl.) Rep. Vb. 92/79.

I. Kreisgericht Kosten.
II. Appellationsgericht Posen.

Der Rittergutsbesitzer v. Z. belastete seine Güter O. und N. mit einem $3\frac{1}{2}$ prozentigen Pfandbriefsdarlehn der alten Posener Landschaft, tilgte aber dasselbe nach teilweiser Amortisation schon 1866 vollständig durch Bezahlung des damaligen Rückstandes, während die Auflösung der gedachten Landschaft erst 1878 erfolgt ist.

In der Zwischenzeit, 1871, verkaufte er das Gut N. dem Kläger, seinem Sohne, wobei er sich jedoch „das Recht auf den eigentümlichen Fonds der Landschaft bezüglich des fraglichen Pfandbriefsdarlehns" vorbehielt.

Der Kläger ließ sich später, 1872, dieses Recht besonders cedieren, verkaufte 1876 das Gut N. dem Beklagten und erwarb 1877 das Gut O.

Nach Auflösung der Landschaft (1878) ist für beide Güter als gemeinsamer Anteil an dem erwähnten Fonds der Betrag von 19 200 ℳ in neuen Pfandbriefen und 79,95 ℳ bar festgestellt und gerichtlich deponiert worden.

Der Kläger beansprucht diesen Anteil aus dem Vorbehalte seines Vaters von 1871 und der Cession von 1872 für sich allein, während der Beklagte seine Verteilung auf O. und N. verlangt.

Der Appellationsrichter hält den Klagantrag für begründet, weil das Recht auf den eigentümlichen Fonds der Landschaft zwar an sich subjektiv dinglich sei und eine Gutspertinenz bilde, aber durch einen

[1] Vgl. Erk. vom 25. Februar 1880, oben Nr. 132 S. 368.

Vorbehalt bei Veräußerung des Gutes in einen persönlichen Anspruch habe umgewandelt werden können.

Aus den Gründen:

„Dies ist in solcher Allgemeinheit nicht als richtig anzuerkennen.

Der als alte Posener Landschaft bezeichnete, durch die als Landesgesetz publizierte Kreditordnung vom 15. Dezember 1821 ins Leben gerufene Kreditverein für das Großherzogtum Posen bezweckte nach den Eingangsworten der letzteren, die ihm angeschlossenen Güter von Schulden zu befreien, ihren Besitzern Kredit zu verschaffen und die Gläubiger zu sichern. Er bildete daher nach §. 25 A.L.R. II. 6, da er einen gemeinnützigen Zweck verfolgte, eine Korporation.

Die Mitglieder dieser Korporation waren aber nicht bestimmte Personen, sondern die jedesmaligen Besitzer bestimmter Güter, sodaß bei der Veräußerung eines solchen die Mitgliedschaft des bisherigen Besitzers mit allen aus derselben entspringenden Rechten und Pflichten von selbst auf den neuen Erwerber überging, indem sie in der Person des ersteren erlosch.

Die Mitgliedschaft des bezeichneten Vereines hatte mit anderen Worten subjektiv und objektiv einen dinglichen Charakter.

Die Bestimmungen der Kreditordnung in ihrem Zusammenhange lassen hierüber keinen Zweifel; denn sie handeln von persönlichen Rechten und Pflichten, welche die Mitglieder der Landschaft ohne Rücksicht auf ihren Gutsbesitz hätten, überall nicht. Durch die regelmäßig wiederkehrende Bezeichnung derselben als verbundene Gutsbesitzer (§§. 2b. 41. 91. 144. 145. 157. 158. 193) ist vielmehr ausgedrückt, daß die Mitgliedschaft den Besitzern, und nur diesen, zustehen solle. Noch bestimmter spricht sich solches darin aus, daß von den Gütern der Mitglieder als den dem Vereine angeschlossenen, ihm beitretenden, zu dem Vereine verbundenen Gütern, mithin gerade ebenso die Rede ist, wie von den Mitgliedern selbst (vgl. außer der Einleitung die §§. 20. 132 der Kreditordnung). Endlich tritt jener dingliche Charakter der Mitgliedschaft deutlich darin hervor, daß nach §. 2b der Kreditordnung sogar die gegenseitige Bürgschaft und nach §. 8 die Pfandbriefsschulden der Mitglieder ohne persönliche Verpflichtung derselben nur auf den verbundenen Gütern selbst hafteten, also auch mit deren Veräußerung kraft des Gesetzes unter Befreiung der Vorbesitzer auf die neuen Erwerber übergingen.

Für das Rechtsverhältnis des „eigentümlichen Fonds der Landschaft" (§§. 324 flg. der Kreditordnung) ergiebt sich hieraus Folgendes:

Da derselbe nach §. 333 für die „gesamte Landschaft" gebildet ist und nach §. 324 für deren allgemeine Zwecke bestimmt war, so konnte er, seiner Bezeichnung ganz entsprechend, nur als ein Eigentum dieser Korporation selbst betrachtet werden. Die einzelnen Mitglieder der Korporation hatten daher, solange diese als solche bestand, Miteigentumsrechte oder sonstige erworbene Rechte daran überhaupt nicht; vielmehr konnten sie erst durch die Auflösung der Korporation ein Miteigentum an den alsdann vorhandenen Überschüssen ihres Fonds erwerben.

Bis dahin hatte also jedes Mitglied nur die rechtliche Aussicht oder ein gesetzliches Anrecht auf den künftigen Erwerb dieses Miteigentumes.

Da aber die Mitgliedschaft des Vereines nur an den verbundenen Gütern haftete, so mußte auch in Ansehung der allein auf dieser Mitgliedschaft beruhenden Ansprüche ganz dasselbe gelten. Nicht bloß das gesetzliche Anrecht auf das künftige Miteigentum an den Überschüssen des Fonds, sondern auch das Miteigentumsrecht selbst, ist aus diesem Grunde als ein subjektiv dingliches Recht aufzufassen, welches bei jedem Besitzwechsel auf den neuen Besitzer des berechtigten Gutes von selbst überging, also in der Person des Vorbesitzers erlosch (§. 125 A.L.R. I. 2).

In dem bezeichneten Rechtsverhältnisse wurde durch die Verordnung vom 15. April 1842 über die Erweiterung des Kreditvereines, welche den nachträglichen Beitritt zu demselben und die Ausgabe neuer $3\frac{1}{2}$ prozentiger Pfandbriefe (statt der älteren 4 prozentigen) gestattete, nichts geändert. Wenn insbesondere der §. 7 dieser Verordnung bestimmt, daß die Neubeitretenden in Ansehung der bereits aufgesammelten Überschüsse des eigentümlichen Fonds des bestehenden Vereines Teilnehmer und Miteigentümer werden, so kann dies nicht den Sinn haben, daß sie schon vor der Auflösung des letzteren ein wirkliches Miteigentumsrecht daran erlangten, sondern nur den, daß mit den von ihnen dem Vereine angeschlossenen Gütern ebenfalls die rechtliche Aussicht auf das künftige Miteigentum an den fraglichen Überschüssen, nach erfolgter Auflösung des Vereines aber eben dieses Miteigentum selbst, verbunden sein sollte.

Nach §. 14 der gedachten Verordnung bleiben diese Ansprüche wenigstens in beschränktem Umfange auch demjenigen, welcher vor Auflösung des Vereines durch vollständige Abtragung seiner Pfandbriefsschuld aus der eigentlichen Mitgliedschaft desselben ausscheidet. Denn in dem Schlußsatze dieser Bestimmung wird ein solches Mitglied der Ansprüche an die Überschüsse des eigentümlichen Fonds nur in Höhe des Pfandbriefsbetrages, mit welchem es vor Beendigung der planmäßigen Tilgung ausgeschieden ist, im übrigen also nicht, für verlustig erklärt.

Anlangend nun die Frage, ob die subjektiv dinglichen Ansprüche an den eigentümlichen Fonds der Landschaft durch vertragsmäßiges Übereinkommen von dem berechtigten Gute getrennt, mithin als persönliche Ansprüche auf Nichtbesitzer übergehen konnten, so mag es dahingestellt bleiben, ob nicht in betreff des vor der Auflösung des Vereines nur bestehenden gesetzlichen Anrechtes die beregte Frage schon deshalb zu verneinen sei, weil nur wirkliche, bereits erworbene Rechte selbständig übertragbar seien, als ein erworbenes Recht aber jenes Anrecht, nämlich die bloße rechtliche Aussicht auf künftigen Rechtserwerb, nicht angesehen werden könne. Denn jedenfalls stand der Übertragung des bezeichneten Anrechtes auf Dritte entgegen, daß das Recht der Mitgliedschaft des Vereines untrennbar an den beteiligten Gütern haftete, das fragliche Anrecht aber nur einen einzelnen Bestandteil dieses Mitgliedschaftsrechtes bildete.

Anders aber verhält es sich mit dem durch die Auflösung des Vereines wirklich erworbenen Miteigentume an dem bisherigen Fonds desselben. Denn gegen die Übertragbarkeit dieses Rechtes läßt sich nach §. 382 I. 11 und §. 60 A.L.R. I. 17 ebensowenig ein Bedenken erheben, wie gegen seine Trennbarkeit von dem berechtigten Gute. Namentlich ist ein solches Bedenken aus der Unveräußerlichkeit der Mitgliedschaft deshalb nicht zu entnehmen, weil diese mit der Auflösung des Vereines eben aufhörte. Aber auch vor dessen Auflösung war einem Mitgliede die im voraus erfolgende Übertragung seines künftigen Miteigentumes an dem Fonds nicht zu versagen, die Wirksamkeit einer hierauf gerichteten Willenserklärung jedoch nur eine hypothetische, nämlich dadurch bedingt, daß dieses Miteigentum ohne jene Erklärung dem Übertragenden selbst wirklich zugefallen sein würde.

Die Beurteilung des vorliegenden Falles ergibt sich hiernach von selbst. Als der Vater des Klägers im Jahre 1871, bei dem Verkaufe von N. an diesen, das Recht auf den Fonds der Landschaft sich vertragsmäßig vorbehielt, konnte er hierdurch nicht bewirken, daß das mit dem gedachten Gute verbundene gesetzliche Anrecht auf das künftige Miteigentum des Fonds von demselben getrennt wurde. Dieses gesetzliche Anrecht ging also trotzdem auf den Kläger mit über.

Durch die Verabredung jenes Vorbehaltes trat der Kläger nun zwar das ihm künftig etwa zufallende Miteigentum an den Überschüssen des Fonds seinem Vater im voraus ab. Da er aber zur Zeit der Auflösung des Vereines das Gut N. nicht mehr besaß, also das bezeichnete Miteigentum selbst nicht mehr erwerben konnte, so war dieser Abtretungsakt gegenstandslos geworden.

Das Miteigentum an dem Fonds, soweit es mit dem gedachten Gute verbunden war, fiel also lediglich dem Beklagten als dem damaligen Besitzer zu, wenn nicht etwa dieser selbst darüber im voraus anderweit verfügt hatte.

Die entgegengesetzte Annahme des Appellationsrichters, welche auf die vermeintliche allgemeine rechtliche Wirksamkeit von Vorbehalten der bezeichneten Art gestützt ist, verletzt den aus dem vorstehenden sich ergebenden Rechtssatz, wonach derartigen Vorbehalten nur eine bedingte und beschränkte Wirksamkeit zukommt, und diese Verletzung ist von der Nichtigkeitsbeschwerde wenigstens mittelbar gerügt, indem sie einen angeblich weitergehenden Rechtssatz, daß solche Vorbehalte überhaupt unwirksam seien, als verletzt bezeichnet.

Das Appellationserkenntnis war daher . . . zu vernichten.

In der Sache selbst würde nach dem vorstehenden die erhobene Klage, mit welcher Kläger auch den auf das Gut N. fallenden Anteil an dem „eigentümlichen Fonds" für sich in Anspruch nimmt, als unbegründet erscheinen, wenn er nicht behauptet und unter Beweis gestellt hätte, daß er bei den Unterhandlungen über den im Jahre 1876 von ihm vorgenommenen Verkauf dieses Gutes an den Beklagten mündlich mit demselben vereinbart habe, daß die bezüglich dieses Gutes bestehenden Ansprüche an den fraglichen Fonds ihm vorbehalten bleiben sollten.

Diese Behauptung ist so zu verstehen, daß der bezeichnete Vorbehalt nach der Verabredung der Kontrahenten neben dem schriftlichen Kontrakte gelten solle, und erscheint daher zur Begründung der Klage nach dem obigen als geeignet, da der Beklagte durch die Vereinbarung jenes Vorbehaltes sein Miteigentum an dem Fonds im voraus an den Kläger wirksam abgetreten haben würde." . . .

142. Die persönliche Klage des Gläubigers gegen denjenigen, welcher beim Erwerbe eines Grundstückes eine Hypothek in Anrechnung auf das Kaufgeld übernimmt, ist die Klage aus dem der Hypothek zu Grunde liegenden Schuldverhältnisse, nicht aus dem Kaufvertrage. Der Übernehmer hat gegen die Klage des Gläubigers alle Einreden, welche dem ursprünglichen Schuldner gegen die Forderung zustehen.

Gesetz über den Eigentumserwerb rc vom 5. Mai 1872 §. 41.

I. Hilfssenat. Urt. v. 16. März 1880 i. S. W. (Kl.) w. Sch. (Bekl.) Rep. IVa. 92/79.

I. Stadtgericht Breslau.
II. Appellationsgericht daselbst.

Auf die Revision des Klägers ist das zweite, die Klage in angebrachter Art abweisende Erkenntnis bestätigt aus folgenden, den Sachverhalt ergebenden

Gründen:

„Auf dem Grundstücke Breslau Elbingstraße Nr. 20 standen zufolge Schuldverschreibung des damaligen Besitzers, Zimmerpoliers J., vom 5. Mai 1875 10200 ℳ Darlehn nebst 5 Proz. Zinsen ... für den Töpfermeister H. eingetragen. H. hat diese Forderung am 4. April 1876 dem Kläger W. cediert. Die Hypothek ist bei der im Jahre 1878 stattgehabten notwendigen Subhastation des Grundstückes ausgefallen und das Realrecht erloschen.

Seit der Pfandbestellung hat der Eigentümer des Grundstückes fünfmal gewechselt. Der Beklagte Sch. erwarb es von dem Gutsbesitzer B. mittels Tauschvertrages vom 8. Juli 1876 und wurde (am 12. Juli dess. J.) auf Grund der geschehenen Auflassung als Eigentümer eingetragen. In dem Tauschvertrage übernahm er die Forderung von 10200 ℳ und Zinsen in partem pretii.

Der Kläger nimmt mit der gegenwärtigen Klage, gestützt auf §. 41 des Gesetzes vom 5. Mai 1872, den Beklagten als persönlich Verpflichteten in Anspruch. Er fordert jetzt nur 8285,96 ℳ Kapital.

Der erste Richter hat den Beklagten Sch. nach dem Antrage verurteilt, der zweite Richter die Klage in angebrachter Art abgewiesen. Das nun wegen 1600 ℳ eingelegte Rechtsmittel der Revision erscheint unbegründet.

Der Beklagte wendet ein, der Gläubiger H. habe dem Besteller der Hypothek, Zimmerpolier J., auf das behauptete Darlehn keine Valuta gezahlt. Ob diese Einrede für zulässig zu erachten ist, hängt davon ab, ob Kläger aus dem Darlehnsvertrage oder aus dem Tauschvertrage klagt. Der Appellationsrichter nimmt ersteres an, und dem ist beizustimmen.

Der §. 41 des Gesetzes vom 5. Mai 1872 bestimmt im ersten Absatze:

Hat der Erwerber eines Grundstückes die auf demselben haftende Hypothek in Anrechnung auf das Kaufgeld übernommen, so erlangt der Gläubiger gegen den Erwerber die persönliche Klage, auch wenn er dem Übernahmevertrage nicht beigetreten ist.

Die hier gedachte persönliche Klage kann schon nach wörtlicher Auslegung des Gesetzes nur die Klage aus dem der Eintragung zu Grunde liegenden Schuldverhältnisse sein. Der Ausdruck „persönliche Klage" bildet den Gegensatz zu der Klage aus der Hypothek. Wie letztere dem Gläubiger gegen jeden Eigentümer zusteht, so will der Gesetzgeber auch die persönliche Klage dem Gläubiger gegen den neuen Erwerber gewähren. Noch klarer wird diese Absicht durch den zweiten Absatz des §. 41. Hier wird als fernere Rechtswirkung der Übernahme bestimmt, daß

der Veräußerer von seiner persönlichen Verbindlichkeit frei wird, wenn der Gläubiger nicht die Hypothek dem Eigentümer des Grundstückes unter den näher gedachten Bedingungen kündigt und sie einklagt.

Mit dieser persönlichen Verbindlichkeit des **Veräußerers** kann aber nur die aus dem Schuldverhältnisse, welches die Grundlage der Eintragung bildet, herstammende gemeint sein. Der Zusammenhang beider Gesetzesstellen weist notwendig darauf hin, daß die Verbindlichkeit, von welcher der Veräußerer befreit wird, durch die Übernahme auf den Erwerber übergeht, und daß dem Gläubiger die persönliche Klage, welche er gegen den Veräußerer hatte, nunmehr gegen den Erwerber zustehen soll. Der Übernehmer succediert kraft gesetzlicher Vorschrift in die Obligation des Schuldners.

Daß diese Rechtswirkung bei Erlaß des Gesetzes vom 5. Mai 1872 auch beabsichtigt wurde, kann nach den Motiven nicht füglich bezweifelt werden. In denselben ist ausgeführt, daß eine „Cession" nach Maßgabe der Deklaration vom 31. März 1835 ein künstlicher Umweg sei, welchen die Gesetzgebung vermeiden müsse. Für den Schritt, dem Gläubiger auch ohne Cession die persönliche Klage gegen den Übernehmer zu geben, sprächen auch praktische Erwägungen. Die Intention des Käufers gehe offenbar dahin,

daß er nunmehr dem Gläubiger gegenüber nicht bloß hypothekarisch, d. h. nur mit dem Grundstücke für die Hypothek, sondern auch persönlich aus der Obligation Schuldner sein will.

Der von dem Gesetze hiernach geschaffene Rechtszustand steht auch nicht im Widerspruche mit denjenigen Vorschriften, welche das preußische Recht für analoge Fälle enthält. Wenn §. 463 A.L.R. I. 11 den Erbschaftsgläubigern gestattet, sich ihrer Befriedigung wegen an den Käufer der Erbschaft zu halten, so kann damit nur gemeint sein, daß die Gläubiger den Anspruch, welcher ihnen gegen den Verkäufer zusteht, gegen den Käufer verfolgen dürfen. Dasselbe gilt von der Klage des Gläubigers gegen denjenigen, welchem durch Vitalizienvertrag ein ganzes Vermögen übertragen wird (ebenda §. 646 und Anhang §. 19), sowie von der Klage des Legatars gegen den Intestaterben, wenn dieser durch Vertrag mit dem Testamentserben einen Teil des Nachlasses erhalten hat (§§. 440. 441 I. 16). Wie sich das Rechtsverhältnis des Gläubigers gegen den Übernehmer von Kaufgeld vor dem Gesetze vom 5. Mai 1872 nach preußischem Recht gestaltete, braucht nicht erörtert zu werden, da der §. 41 a. a. O. in betreff der Verhaftung des Übernehmers neues Recht geschaffen hat.

Im Widerspruche mit der hiernach für richtig erkannten Ansicht steht eine Entscheidung des IV. Senates des vormaligen preuß. Obertribunales.

Vgl. Entsch. desselben Bd. 80 S. 68.

In derselben wird ausgeführt, der Gläubiger werde durch das Gesetz in den Kaufvertrag hineingezogen. Seine Klage sei nicht die Klage aus dem ursprünglichen Darlehn, denn ein solches existiere zwischen Gläubiger und Übernehmer nicht, sondern die Klage aus dem Schuld- und Übernahmevertrage.

Dieser Auslegung des Gesetzes steht jedoch, abgesehen von den oben entwickelten Gründen, entgegen, daß der Anspruch des Verkäufers auf das Kaufgeld durch die Übernahme in tantum getilgt wird. Da er überhaupt nicht mehr besteht, so kann er auch nicht auf den Gläubiger übergehen. Es würde der Entwickelung, welche die Schuldübernahme im modernen Rechte gefunden hat, direkt widersprechen, wenn man annehmen wollte, daß durch den Vertrag zwischen dem alten und neuen Schuldner eine Änderung des Gläubigerrechtes in dessen objektivem Bestande herbeigeführt werden könnte.

Geht man hiernach davon aus, daß der Kläger aus dem zwischen H. und J. am 5. Mai 1875 abgeschlossenen Vertrage klagt, so muß er sich die Einreden gefallen lassen, welche der in Anspruch genommene Schuldner der Darlehnsklage entgegenstellen könnte. Der Beklagte durfte deshalb im vorliegenden Falle den Empfang der Valuta bestreiten. Da er jedoch den Schuldschein, welcher das Bekenntnis des Darlehnsempfanges enthält, anerkennt, so tritt die Vermutung des §. 732 A.L.R. II. 1 ein, und es ist seine Sache, die Nichtzahlung der Valuta zu beweisen."

(Die weiteren Ausführungen betreffen die Beweiswürdigung.)

IV. Rheinisches Recht.

143. Findet der Grundsatz, daß die Civilklage aus einem Vergehen in derselben Zeit wie die öffentliche Klage verjährt, auch bei Vergehen aus Fahrlässigkeit Anwendung, oder läßt sich hier unterscheiden zwischen strafrechtlicher und civilrechtlicher Verschuldung?

Einf.=Ges. z. preuß. St.G.B. v. 1851 Art. 12 §. 1.
Code d'instruction criminelle Artt. 637. 638.

II. Civilsenat. Urt. v. 7. Januar 1880 i. S. R. (Bekl.) w. Sch. (Kl.)
Rep. II. 43/79.

I. Landgericht Trier.

Infolge einer von Dr. K. im Jahre 1871 vorgenommenen Impfung erkrankte das Söhnchen des Sch., weil der Impfstoff von einem syphilitischen Kinde genommen worden war, und starb nach Verlauf von etwa zwei Jahren. Gegen K. war Untersuchung wegen fahrlässiger Körperverletzung eingeleitet, dieselbe jedoch bereits im Herbste 1871 eingestellt worden. Am 12. Februar 1879 erhob Sch. gegen K. Klage auf Zahlung von 600 *M* als dem Betrag der durch die Pflege seines Sohnes erwachsenen Kosten. Das seinem Begehren gemäß, unter Verwerfung der Verjährungseinrede, erkennende Urteil wurde vernichtet aus folgenden

Gründen:

„In Erwägung, daß die erhobene Klage die Aufstellung zur Grundlage hatte, es sei durch die Fahrlässigkeit, die sich der die Stelle eines Kreisphysikus bekleidende Beklagte bei der im Jahre 1871 vorgenommenen Impfung habe zu schulden kommen lassen, die syphilitische Vergiftung des $9^1/_2$ Jahre alten Sohnes des Klägers verursacht worden, infolge welcher derselbe zwei Jahre lang an den schmerzhaftesten Erscheinungen jener Krankheit daniedergelegen und zuletzt auch gestorben sei;

daß hierin nicht bloß die Voraussetzung einer Civilklage auf Grund von Art. 1383 Code civil, sondern zugleich der Thatbestand eines Vergehens im Sinne von §. 230 bezw. §. 222 St.G.B. enthalten ist;

daß zwar der Umstand, daß eine gegen den Kassationskläger wegen jener Impfung auf Betreiben der Staatsanwaltschaft eingeleitete strafrechtliche Verfolgung durch rechtskräftigen Beschluß der Ratskammer eingestellt worden ist, der Erhebung einer Civilklage auf Schadensersatz durch den jetzigen Kläger nicht entgegenstehen würde;

daß aber der Art. 12 §. 1 des Einführungsgesetzes zum preußischen Strafgesetzbuche von 1851 bestimmt:

„Die Verjährung der Civilklagen aus strafbaren Handlungen tritt in den nämlichen Zeiträumen ein, welche für die Verjährung der öffentlichen Klagen aus solchen Handlungen in dem gegenwärtigen Strafgesetzbuche bestimmt sind",

und diese Bestimmung hier Anwendung finden muß, da die erhobene Civilklage, wie bereits erwähnt, keine andere selbständige Grundlage hat und haben kann, als eben den Thatbestand des Vergehens."

---

144. Wird die Ehefrau, welche ein Urteil auf Vermögensabsonderung erwirkt hat, dadurch von Beobachtung der Vorschrift des badischen Landrechtssatzes 1444 befreit, daß das Gantverfahren gegen ihren Ehemann im Gange ist?

II. Civilsenat. Urt. v. 2. April 1880 i. S. der Ehefrau S. (Kl.) w. B. (Bekl.) Rep. II. 61/80.

I. Kreis- und Hofgericht Karlsruhe.
II. Oberlandesgericht daselbst.

Gegen S. ist am 19. Juli 1872 Gant erkannt, am 22. Februar 1873 das Ganturteil erlassen und am 7. Juli 1874 der Verteilungsbescheid verkündet worden. Die Ehefrau desselben hat sich beim Gantverfahren nicht beteiligt, sondern am 19. Mai 1873 beim Kreisgerichte Klage auf Vermögensabsonderung erhoben, welche auch durch Urteil vom

3. Juli 1873 ausgesprochen worden ist. Zum Vollzuge dieses Urteiles ist nichts geschehen.

Als nun B., ein Gläubiger des S., für Summen, welche in der Gant nicht zur Befriedigung gelangten, im Jahre 1879 Pfändung auf Reitpferde und Fahrnisse erwirkte, machte die Ehefrau geltend, daß sie nach erwirkter Vermögensabsonderung diese Gegenstände mit eigenen Mitteln erworben habe und Eigentümerin derselben sei. Der Beklagte wendete unter Berufung auf Landrechtssatz 1444 die Ungültigkeit der erwirkten Vermögensabsonderung ein.

In diesem Sinne haben sich beide Instanzgerichte ausgesprochen, und die Revision ist zurückgewiesen worden aus folgenden

Gründen:

„Die Einsprachsklägerin hat nicht von §. 1060 der badischen Prozeßordnung Gebrauch gemacht und beim Gantgerichte den Ausspruch der Vermögensabsonderung beantragt, sie hat vielmehr erst nach erlassenem Ganturteile im Wege der besonderen Klage das Urteil auf Absonderung erwirkt. Es kann hiernach unerörtert bleiben, wie dieselbe der strengen Vorschrift des Landrechtssatzes 1444 zu genügen gehabt hätte, wenn die Vermögensabsonderung auf ihren Antrag vom Gantgerichte erkannt worden wäre;[1] die zu entscheidende Frage ist nur die, ob der Umstand, daß der Ehemann zur Zeit, als das Urteil auf Gütertrennung erlassen worden, sich noch in Gant befunden hat, geeignet sei, die Ungültigkeit der erkannten Vermögensabsonderung zu beseitigen, welche für den Fall der Nichtbefolgung der im Landrechtssatze 1444 gegebenen Vorschriften angedroht ist.

Das Prinzip, auf welchem Landrechtssatz 1444 beruht, führt zur Verneinung der Frage; denn nicht die Thatsache, daß die Ehefrau wirklich ganz oder doch teilweise befriedigt werde, ist der Grund, weshalb der Vollzug in kurzer Frist gefordert wird, sondern die Ehefrau soll durch die baldige Einleitung des Vollzugsverfahrens die Ernstlichkeit ihres Willens kundgeben, in ein gesondertes Güterverhältnis einzutreten; das Gesetz unterscheidet auch nicht, ob das Vollzugsverfahren

---

[1] Die badische Prozeßordnung bestimmt nämlich im §. 1060: In der Gant wird die Vermögenssonderung zwischen dem Gantmanne und seiner Ehefrau auf den Antrag der letzteren ohne weitere Förmlichkeiten vom Gantgerichte ausgesprochen. An die Stelle dieses Paragraphen ist nunmehr der §. 210 des badischen Einführungsgesetzes zu den Reichsjustizgesetzen vom 3. März 1879 getreten. D. E.

einen Erfolg haben werde oder nicht; es kann vielmehr der letztere Fall nicht einmal als die Ausnahme gedacht werden, da die Klage auf Vermögensabsonderung zufolge des Landrechtssatzes 1443 voraussetzt, daß das Heiratsgut der Ehefrau in Gefahr sei und die zerrüttete Vermögenslage des Mannes befürchten lasse, daß dessen Vermögen zur Befriedigung der eheweiblichen Forderungen nicht hinreiche. — Außerdem hat das Vollzugsverfahren einen zweifachen Inhalt; zunächst besteht es in der authentischen Feststellung der eheweiblichen Ansprüche, welche verschieden sind, je nachdem sich die Ehefrau bei der Auseinandersetzung der Gemeinschaft teilhaftig macht oder auf solche verzichtet, und darauf erst folgt die Befriedigung, soweit diese möglich ist. Verhindert nun auch der Vermögenszerfall des Mannes die letztere, so steht er doch der Auseinandersetzung nicht entgegen. Gerade daran, daß letztere dem Absonderungsteile bald nachfolge, haben die Gläubiger ein wesentliches Interesse, welches durch die Vorschrift des Landrechtssatzes 1444 gewahrt werden soll. — Im gegebenen Falle ist auch festgestellt, daß die Revisionsklägerin zur Zeit der Erhebung der Absonderungsklage Forderungen an die Gemeinschaft bezw. ihren Ehemann gehabt hatte, das Vollzugsverfahren hätte demnach jedenfalls zu deren Feststellung geführt und wäre nicht durchweg gegenstandslos gewesen. Der Landrechtssatz 1444 ist daher nicht verletzt worden, wenn er auf den vorliegenden Fall angewendet wurde, wo sich die Ehefrau auf eine vor nahezu sechs Jahren verwirkte Vermögensabsonderung beruft, zu deren Vollzug in dieser ganzen Zwischenzeit gar nichts geschehen ist."

---

145. Ist die Ausübung des dem cedierten Schuldner durch den Art. 1699 Code civil verliehenen Rechtes dadurch bedingt, daß derselbe eine bestimmte Summe als den gezahlten Cessionspreis benennt und unter Eid stellt?

II. Civilsenat. Urt. v. 27. April 1880 i. S. Dr. H. (Kl.) w. N. R. (Bekl.) Rep. II. 147/79.

I. Landgericht Köln.
II. Appellationsgerichtshof daselbst.

Im vorliegenden Falle hatte der Schuldner dem Cessionar gegenüber, der den Nominalbetrag der streitigen Forderung — 4500 ℳ —

einklagte, geltend gemacht, daß er ihm den gezahlten Preis, dessen Betrag in dem zugestellten Cessionsakte nicht enthalten war, nebst den gesetzlichen Accessorien vergüten wolle, und demselben den Eid darüber deferiert, ob er für die cedierte Forderung wirklich 4500 ℳ oder wie viel bezahlt habe. Das Urteil der zweiten Instanz, welches diesen Eid als zu vag verwarf, ist vernichtet worden aus folgenden

Gründen:

„In Erwägung, daß der Appellationsrichter davon ausgeht, daß der Beklagte nach Art. 1699 Code civil berechtigt gewesen sei, sich seiner Verbindlichkeit dem Kläger gegenüber durch Vergütung des von letzterem gezahlten Cessionspreises nebst gesetzlichen Accessorien zu entledigen, derselbe sich hierzu auch bereit erklärt habe;

daß das angegriffene Erkenntnis sodann aber dem bezüglichen Antrage die Folge versagt, weil der Beklagte in seiner Erklärung ebensowenig, als in dem deferierten Entscheidungseide jenen Cessionspreis angegeben habe, und deshalb auf den Eid, der zu vag und unbestimmt erscheine, nicht zu erkennen sei;

daß es jedoch gegen die bezogene Gesetzesvorschrift verstößt, wenn der Appellationsrichter die Ausübung des Rechtes, welches er auf Grund derselben dem Beklagten zuerkennt, ohne jede nähere Motivierung von der angeführten Bedingung abhängig macht;

daß es daher auch rechtsirrtümlich erscheint, wenn das angefochtene Urteil den zugeschobenen Eid um deswillen, weil derselbe die in Frage stehende Valuta nicht bestimmt bezeichne, zurückgewiesen hat, diese Anforderung überdies auch nur dazu führen würde, daß der Beklagte, bezüglich dessen nicht festgestellt ist, daß er den von H. gezahlten Cessionspreis gekannt habe, eine willkürlich gegriffene Summe in den Eid aufnehmen müßte, damit aber, wie erhellt, weder sachlich noch prozessualisch etwas gewonnen wäre.“ . . .

---

146. Kann gegen denjenigen, welcher gegen ein kontraktliches Verbot gehandelt hat, nur auf Schadensersatz geklagt werden, oder hat der andere Kontrahent, sofern keine absolute Unmöglichkeit der Wiederherstellung des vertragswidrig Errichteten vorliegt, die Wahl zwischen der Klage auf Schadensersatz und derjenigen auf Wiederherstellung?

II. Civilsenat. Urt. v. 27. April 1880 i. S. Stadtgemeinde B. (Kl.) w. R. u. Konf. (Bekl.) Rep. II. 72/80.

I. Kreis- und Hofgericht Karlsruhe.
II. Oberlandesgericht daselbst.

Die Stadtgemeinde B. hat Bauplätze verkauft, und haben sich die Käufer verpflichten müssen, den Teil derselben, welcher nach dem polizeilich genehmigten Bauplane nicht überbaut werden soll, nur zu Hof oder Garten (nicht zu Lager- oder anderen Plätzen) zu verwenden. Durch weiteren Verkauf gingen diese Plätze auf den Beklagten R. über, welcher die gleiche Verbindlichkeit übernommen hat. Dieser verkaufte sie an F., von welchem thatsächlich festgestellt wurde, daß er nicht in jene Verpflichtung eingetreten sei. In dem Kaufvertrage zwischen R. und F. ließ sich ersterer zu Gunsten dritter Personen (Anlieger) eine Zufahrt über den nicht überbauten Teil versprechen, welche auch hergestellt worden ist, und von welcher die Stadtgemeinde B. behauptet, daß sie gegen das gedachte Verbot im ersten Vertrage errichtet sei. Sie hat deshalb gegen R. und dessen Verkäufer auf Beseitigung geklagt. Das Oberlandesgericht hat die Klage abgewiesen; das Urteil wurde aufgehoben aus folgenden

Gründen:

„Betreffs des R. wird zwar im angefochtenen Urteile festgestellt, daß die in Frage kommende Verpflichtung auf ihn übergegangen sei; es wird jedoch daraus, daß er durch die Weiterveräußerung jede rechtliche Möglichkeit verloren habe, einem dem Klagantrage entsprechenden Urteile zu genügen und aus Landrechtssatz 1142 hergeleitet, daß gegen ihn nur auf Schadensersatz hätte geklagt werden können. Hierbei ist aber dieser Landrechtssatz 1142 durch unrichtige Anwendung verletzt. Diese, dem römischen Rechte entnommene, Bestimmung schließt — wie schon die (seit 1. Oktober 1879 aufgehobenen) Landrechtssätze 1143. 1144 ergeben — keineswegs die Klage auf das Thun oder auf die Unterlassung bezw. Beseitigung des gegen Verbot Errichteten aus und nötigt den Gläubiger nicht, ausschließlich auf Schadensersatz zu klagen.

Vgl. Démolombe, Bd. 24 Nr. 488 flg.; Laurent, Bd. 16 Nr. 197 flg.

Auch die Feststellung, daß R. die rechtliche Möglichkeit verloren habe, einem Urteile nach dem Klagebegehren zu entsprechen, reicht nicht aus, um die Klägerin ausschließlich auf die Entschädigungsklage zu verweisen. Hiermit ist nämlich keine absolute Unmöglichkeit festgestellt, es bleibt vielmehr immer noch thatsächlich möglich und ist daher abzuwarten, daß es dem R. gelinge, durch Vereinbarung mit den übrigen Beteiligten dem Schadensersatze sich zu entziehen. Es kann erläuternd darauf hingewiesen werden, daß gerade derjenige, welcher die Beseitigung der Straße zu bewirken imstande ist (F.), ausdrücklich erklärt hat, daß er hiergegen nichts einzuwenden habe.

R. konnte auch auf Entfernung der Anlage, vorausgesetzt, daß dieselbe eine vertragswidrige ist, verklagt werden, obgleich er sie nicht selbst bewilligt bezw. errichtet hat; denn er erscheint im Vertrage vom 8. Januar 1878 gerade so als Kontrahent wie F., und er hat sich zu Gunsten der Mitbeklagten A. und K. die streitige Straße versprechen lassen.

Diesem Beklagten gegenüber mußte daher die Revision für begründet erklärt werden."

---

147. Muß der Bauherr, wenn der in Verzug gesetzte Bauunternehmer die Verbesserung der mangelhaft gelieferten Arbeiten unterläßt, solche durch einen Dritten herstellen lassen, bevor er auf Schadensersatz klagt?

II. Civilsenat. Urt. v. 27. April 1880 i. S. B. (Bekl. u. Widerkl.) w. Z. (Kl. u. Widerbekl.) Rep. II. 77/80.

I. Kreis- und Hofgericht Offenburg.
II. Oberlandesgericht Karlsruhe.

Der Widerbeklagte hatte die Herstellung sämtlicher Schreinerarbeiten in dem vom Widerkläger erbauten Gasthofe übernommen und sich verpflichtet, nur gutes, trockenes Holz dazu zu verwenden, zwei Jahre lang für die Solidität seiner Arbeiten einzustehen und schlecht gefertigte zu entfernen. Als er nun Klage auf Bezahlung eines Restes der Akkordsumme erhoben hatte, stellte der Beklagte eine Widerklage an, worin er behauptet, Kläger habe schlechtes Holz verwendet, sodaß jetzt, nachdem das grüne Holz allenthalben trocken geworden, die Füllungen überall geschwunden und namentlich auch die Fußböden wegen Unebenheiten und Rissen unbrauchbar seien. Weil der Widerbeklagte trotz der Verzugsetzung die Reparatur der Arbeiten verweigere, wurde dessen Verurteilung zum Schadensersatze vorbehaltlich der Richtigstellung begehrt.

Das Oberlandesgericht hat diese Widerklage deshalb abgewiesen, weil Widerkläger das Vorhandensein eines Schadens dadurch hätte zu begründen suchen müssen, daß er die angeblichen Schäden vorerst durch einen Dritten ausbessern und beseitigen ließ und dann erst den Gegner für den ihm dadurch zugehenden Schaden verantwortlich machte.

Die weiteren Ausführungen der zweiten Instanz ergeben sich aus den Gründen zum reichsgerichtlichen Urteile, durch welches auf die vom Widerkläger eingelegte Revision das Urteil des Oberlandesgerichtes aufgehoben worden ist. Es besagen nämlich die

Gründe:

„Das Oberlandesgericht erkennt in richtiger Auslegung des Landrechtssatzes 1142 an, daß der Widerkläger befugt war, anstatt auf Vertragserfüllung sofort auf Schadensersatz zu klagen; allein das folgt weder aus Landrechtssatz 1142 noch sonst aus einem Gesetze, daß der Schade nur dadurch begründet werden könne, daß die Arbeit, deren Verbesserung der Widerbeklagte, der notariellen Verzugsetzung ungeachtet, verweigert, vorerst durch einen Dritten hergestellt werde. Der Schade besteht darin, daß und wann infolge vertragswidriger Lieferungen seitens des Widerbeklagten Ausbesserungen notwendig geworden sind; der Betrag derselben kann unbedenklich der Festsetzung durch sachverständiges Gutachten überlassen werden.

Der Erwägung des Oberlandesgerichtes, der Widerkläger habe, auch wenn er die Schadenssumme empfangen, die Reparaturen schließlich unterlassen können, steht entgegen: einmal, daß auch der Widerkläger nicht Gefahr zu laufen braucht, die Auslagen zu bestreiten, bevor er durch ein Urteil und dessen Vollzug hinsichtlich der Wiedererstattung durch den Widerbeklagten gesichert ist, ferner, daß der letztere der gedachten Möglichkeit vorbeugen kann, indem er (wenn seine Lieferungen mangelhaft sein sollten) selbst sie verbessert, und endlich, daß offenbar kein Unrecht gegen den Widerbeklagten geschähe, wenn sich der Widerkläger schließlich mit der ihm mangelhaft gelieferten Arbeit behelfen und als Ausgleich den ihm geleisteten Schadensersatz behalten würde.

Auch die Ausführung ist unrichtig, daß der Schadensersatzanspruch, so wie er erhoben wurde, schließlich auf die Forderung eines quanti minoris hinauslaufen würde; denn gerade so, wie der Aufwand auf eine Sache bezw. die Kosten für Bauten und Verbesserungen keineswegs immer demjenigen Betrage gleichkommen, um welchen dadurch der Wert derselben erhöht wird (vgl. Landrechtssatz 555), gerade so braucht auch der Minderwert einer Sache nicht mit der Summe identisch zu sein, welche zu ihrer durch schlechtes Material notwendig gewordenen Ausbesserung erforderlich ist. Es ist vielmehr wohl möglich, daß eine Schätzung darüber, wieviel die wegen der vertragswidrigen Arbeit notwendig gewordenen Reparaturen kosten, zu einer anderen Summe führe, wie die Schätzung des Minderwertes des Baues infolge der auszubessernden Mängel."

---

148. 1. Geht das Eigentum an einer dem Käufer zuzusendenden Ware schon bei der Auslieferung an den vom Verkäufer gewählten Spediteur oder Frachtführer auf den Käufer über? Art. 1583 Code civil. Fall, wo das Konnossement an einen Kommissionär gesendet war, der Auftrag hatte, es nur gegen Zahlung dem Käufer auszuhändigen.[1]

2. Begriff der „Choses perdues" im Sinne von Art. 2279 Code civil.

II. Civilsenat. Urt. v. 7. Mai 1880 i. S. S. (Bekl.) w. S. (Kl.) Rep. II. 161/79.

I. Handelsgericht Köln.
II. Appellationsgericht daselbst.

Das Handlungshaus B. in Smyrna verkaufte an beide Streitesteile je 200 Kisten Rosinen nämlicher Sorte, die es im Februar 1878 für Rechnung und Gefahr der Käufer auf demselben Schiffe an diese absendete. Die für jeden Käufer bestimmten Kisten waren besonders gezeichnet, und wogen die für den jetzigen Kläger bestimmten 183 Kilo-

[1] Vgl. Laurent, Droit civil t. XVI. p. 421; Alauzet, Code de commerce t. I. p. 306; Delamarre und Poitevin, t. II. p. 282; Bravard-Veyrières, p. 404 Nr. 2; Pardessus, t. I. Nr. 279. D. E.

gramm mehr. Der Kommissionär S. in Köln, der die beiden Konnossemente gegen Honorierung der an seine Order gestellten Tratten aushändigen sollte, verwechselte dieselben, und infolgedessen erhielt jeder Käufer die für den anderen bestimmte Ware. Kläger verlangte nun die ihm bestimmten Kisten vom Beklagten mit dem Erbieten, demselben seine Kisten auszuliefern.

In beiden Instanzen wurde seinem Begehren gemäß erkannt und der Kassationsrekurs verworfen aus folgenden

Gründen:

„In Erwägung zur Rüge, es sei Art. 1583 Code civil verletzt, weil der Kläger nicht als Eigentümer der vindizierten Ware hätte angesehen werden dürfen;

daß nach den Prinzipien des französischen Rechtes (Artt. 1138. 1583 Code civil) es zur Übertragung des Eigentumes einer Tradition nicht bedarf, vielmehr der bezügliche Vertragswille genügt, diese Übertragung zu bewirken, und zwar nach der richtigeren Ansicht, sowohl unter den Kontrahenten selbst, als Dritten gegenüber — letzteres vorbehaltlich der Bestimmungen über die Transskription bei Immobilien;

daß das Gesetz bei seinen bezüglichen Bestimmungen zwar zunächst nur den Fall im Auge hat, wo bestimmte einzelne Sachen Gegenstand des Vertrages bilden, seine Prinzipien jedoch, wie unbestritten, auch bei Sachen, die nur generell bestimmt sind, also insbesondere beim Genuskaufe Anwendung finden, und zwar vom Zeitpunkte an, wo die Individualisierung des Vertragsgegenstandes im Sinne des Vertrages stattgefunden hat (Art. 1585 Code civil);

daß, was insbesondere den Fall betrifft, wo eine Handelsware auswärts bestellt, und vom Verkäufer dem Besteller zugesendet wird, in Frankreich von jeher der bereits von Casaregis (Disc. 39 Nr. 51) aufgestellte handelsrechtliche Grundsatz Geltung hatte, daß regelmäßig mit der Übergabe der Ware an den zur Beförderung derselben an den Käufer beauftragten Spediteur oder Frachtführer das Eigentum der Ware auf den Käufer übergehe, wie dies insbesondere auch bei Beratung des Art. 100 Code de commerce im Staatsrate anerkannt wurde;

vgl. Locré, Esprit du Code de commerce t. I. p. 302;

daß man dabei nicht etwa nur den Fall im Auge hatte, wo Spediteur oder Frachtführer vom Käufer selbst bezeichnet sind, sondern vorzugsweise den gewöhnlichen Fall, wo der Verkäufer im vermutbaren

Auftrage des Käufers diese Personen wählt, und annahm, durch Übergabe der Ware an den als Mandatar des Käufers zu betrachtenden Spediteur oder Frachtführer vollziehe sich die Tradition, wie dies auch jetzt noch seitens derjenigen Schriftsteller angenommen wird, welche zum Übergange des Eigentumes Dritten gegenüber die Tradition verlangen, z. B. von Massé, Droit commerciel t. III. Nr. 1598 (vgl. §§. 128. 129 preuß. A.L.R. I. 11);

daß aber der besagte Grundsatz umsoweniger einem Bedenken unterliegen kann, wenn man davon ausgeht, nach den Prinzipien des jetzigen Rechtes sei für den Übergang des Eigentumes in jeder Beziehung nur der Vertragswille, sei es der ausdrücklich erklärte, sei es der nach den Umständen zu vermutende, entscheidend, bedürfe es also eines Eingehens auf die Frage der Tradition gar nicht;

daß nun allerdings nach den Akten und dem unwiderlegt gebliebenen Beweiserbieten die Sachlage im vorliegenden Falle insofern eigenartig gestaltet ist, als das Konnossement an die Order des Kommissionärs S. in Köln gestellt war, der es an den Kläger nur nach Acceptation der auf ihn gezogenen Tratte ausliefern durfte;

daß jedoch hierin ganz wohl nur eine Ausübung des nach Art. 1612 Code civil dem Verkäufer zustehenden Rechtes, die Ware bis zur Zahlung des Preises zurückzuhalten, welches die Annahme eines bereits erworbenen Eigentumes nicht ausschließen würde, gefunden werden könnte;

daß aber, auch wenn man in fraglicher Verfügung des Verkäufers einen Vorbehalt des Eigentumes erblicken wollte, doch nur zu folgern wäre, es sei das Eigentum der Ware nicht bereits vom Zeitpunkte der Abladung in Smyrna an auf den Kläger übergegangen, während mit dem Augenblicke, wo dieser die Bedingung für Aushändigung des Konnossements erfüllt hatte, also berechtigt war, Konnossement und somit die Ware selbst zu verlangen, alle Voraussetzungen zum Übergange des Eigentumes vorlagen, nämlich einerseits der Wille des Verkäufers, die in der Faktura bezeichnete Ware in Eigentum zu übertragen, und andererseits der Wille des Käufers, diese Ware sich übertragen zu lassen, folglich jedenfalls in diesem Zeitpunkte das Eigentum auf Kläger übergegangen sein würde;

daß es dabei auch nicht darauf ankommt, ob das richtige Konnossement und somit die richtige Ware ausgeliefert wurde oder nicht, da nicht die Tradition als solche, sondern der Vertragswille den Übergang des Eigentumes bewirkt, wie denn z. B. beim Spezieskaufe kein Zweifel bestehen kann, daß es für den Eigentumsübergang belanglos ist, wenn ein falscher Gegenstand überliefert wurde.

In Erwägung zur Rüge der Verletzung der Artt. 306. 308 H.G.B., sowie des Art. 2279 Code civil,

daß jene Bestimmungen des Handelsgesetzbuches nicht anwendbar sind, da Beklagte diejenige Ware, deren Herausgabe Kläger verlangt, nicht gekauft hat, sie ihm vielmehr nur aus Irrtum überliefert worden ist;

daß, was den Art. 2279 Code civil anbelangt, der Satz: „en fait de meubles la possession vaut titre“ dem droit coutumier entnommen wurde, in welchem der germanische Grundsatz „Hand muß Hand wahren“ Geltung bewahrt hatte;

daß im Sinne dieses Grundsatzes das ältere Recht eine Ausnahme machte in allen Fällen, wo durch ein vom Willen des Eigentümers unabhängiges Ereignis die Sache aus seinem Gewahrsame gekommen war (Pothier, Coutume d'Orléans t. XVI p. 192) und dementsprechend auch die Ausnahme, welche Art. 2279 Code civil für „choses perdues ou volées“ macht, im wesentlichen aufzufassen, namentlich aber der Ausdruck „perdues“ nicht in engerer, sondern weiterer Bedeutung zu verstehen ist, wonach er der Regel nach alle Fälle umfaßt, wo jemand ohne seinen Willen den Besitz der Sache verloren hat;

daß in dieser Weise z. B. Toullier, t. XI p. 323, auch den Fall, wo eine Ware deshalb zu Verlust geht, weil sie vom Absender oder Spediteur falsch adressiert war, unter fragliche Ausnahme zieht und kein Bedenken besteht, dieser Ansicht, welche auch den vorliegenden Fall trifft, beizupflichten.“ [1]

---

149. **Kann der Verkäufer eines Grundstückes, wenn er dasselbe später bei der von einem Hypothekargläubiger des Käufers betriebenen Subhastation wieder angesteigert hat, dem Gläubiger, der auf Grund der ihm im Kollokationsverfahren erteilten Anweisung Zahlung des Steigpreises fordert, wirksam die Einrede entgegensetzen, daß inzwischen auf sein — des Verkäufers — Anstehen die Auf-**

[1] Vgl. oben Nr. 93 S. 255.

lösung des früheren Kaufvertrages durch gerichtliches Erkenntnis gegen den Käufer ausgesprochen worden, und dadurch die stattgehabte Subhastation mit allen ihren Folgen hinfällig geworden sei?

Code civil Art. 1654.

II. Civilsenat. Urt. v. 2. März 1880 i. S. R. (Bekl.) w. P. (Kl.) Rep. II. 68/79.

I. Landgericht Trier.

Die vorstehende Frage ist von dem Landgerichte verneint, und der gegen das Erkenntnis desselben eingelegte Kassationsrekurs verworfen aus folgenden

Gründen:

„In Erwägung, daß das Landgericht ohne Rechtsirrtum davon ausgegangen ist, daß der Kassationskläger als Ansteigerer des fraglichen Hauses verpflichtet sei, den Kaufpreis desselben an die angewiesenen Gläubiger, zu denen namentlich auch der Kassationsbeklagte P. gehörte, den Lizitationsbedingungen gemäß zu zahlen;

daß, wenn sodann das Landgericht diese Verpflichtung auf einen gerichtlichen Vertrag zurückgeführt und weiter angenommen hat, daß der Kassationskläger dieselbe nicht einseitig zum Nachteile der Gläubiger alterieren könne, damit gegen kein Gesetz verstoßen ist;

daß zunächst die Behauptung der Rekursschrift, daß durch das Meistgebot des Kassationsklägers lediglich ein Kaufvertrag zwischen diesem und dem Subhastaten zustande gekommen, derselbe aber zu den Gläubigern in ein Rechtsverhältnis nicht getreten sei, an dem Umstande scheitert, daß der Kassationskläger auf Grund der Lizitationsbedingungen, welche ihm jene Verpflichtung den Gläubigern gegenüber auferlegten, angesteigert hat;

daß ferner zwar mit der Rekursschrift anzunehmen ist, daß dem Ansteigerer im Subhastationsverfahren, wie jedem Käufer, das Recht zustehe, die Zahlung des Kaufpreises, wenn ihm das Objekt nicht überliefert oder evinziert werde, zu verweigern;

daß indes, wie thatsächlich feststeht, die eine und andere dieser Voraussetzungen hier nicht vorliegt, vielmehr es sich lediglich darum handelt, ob der Kassationskläger, der, wie angegeben, Erwerber des fraglichen Hauses geworden ist, aus dem nachträglich gegen die Subhastaten erwirkten und von diesen anerkannten Kontumazialurteile, durch welches der frühere, jenes Haus betreffende Verkauf aufgelöst worden, einen Einwand gegen den Zahlungsbefehl des Kassationsbeklagten herleiten kann;

daß nun aber abgesehen von der Frage, ob in einem Falle, wie dem vorliegenden, von einer wirksamen Ausübung des Resolutionsrechtes überhaupt die Rede sein könne, jedenfalls juristisch damit nicht verstoßen ist, daß das Landgericht dem Anspruche des Kassationsbeklagten gegenüber jenem Urteile, wie geschehen, die Wirkung abgesprochen hat."

---

150. Entschädigungsklage gegen den Staat wegen Entziehung von Eigentum.
Erwerbung des Eigentumes an einem öffentlichen Wege durch Überlassung der Benutzung oder durch Ersitzung?

II. Civilsenat. Urt. v. 13. April 1880 i. S. Gemeinde W. (Kl.) w. Fiskus (Bekl.). Rep. II. 64/80.

I. Kreis- und Hofgericht Mannheim.
II. Oberlandesgericht Karlsruhe.

Die Gemeinde W. forderte vom Fiskus eine Entschädigung von 2311 ℳ, weil derselbe eine Wegstrecke, welche im Privateigentume der Gemeinde gestanden, zu einem öffentlichen Wege eingezogen habe. In zwei Instanzen abgewiesen, legte die Klägerin Revision ein, welche zurückgewiesen wurde aus folgenden

Gründen:

„Die Zuständigkeit der bürgerlichen Gerichte ist unzweifelhaft begründet; denn nicht die Frage ist zu entscheiden, ob die öffentlichrechtlichen Voraussetzungen für die Einreihung eines Gemeindeweges in die Klasse der Landstraßen gegeben waren, sondern die ausschließlich privatrechtliche Frage, ob der beklagte Fiskus über Eigentum der klagenden Gemeinde verfügt und hierfür eine Vergütung zu leisten habe.

Das geltend gemachte Privateigentum an der fraglichen Wegstrecke gründet die Klägerin auf eine Überlassung derselben an sie seitens der kurpfälzischen Regierung und auf die Ersitzung.

Was den ersten Erwerbstitel betrifft, so können zwar nicht alle Ausführungen des Oberlandesgerichtes gebilligt werden, namentlich nicht die, daß ein öffentlicher Gemeindeweg mittelbares Staatseigentum sei, allein dasselbe stellt ohne Gesetzesverletzung thatsächlich fest, daß aus dem von der Klägerin behaupteten Aufgeben des öffentlichen Weges durch den Staat und dem Übergange der Unterhaltung desselben auf die Gemeinde keineswegs gefolgert werden könne, daß der Staat den Weg als Privateigentum übertragen habe. Es kann namentlich nicht von einer Verletzung des Landrechtssatzes 538 die Rede sein, wenn die für die Klage notwendige Begründung vermißt wird, daß der Weg als öffentlicher aufgegeben und der Gemeinde die privatrechtlich freie Verfügung darüber zugestanden worden sei.

Hinsichtlich der Ersitzung mag dahingestellt bleiben, ob die Klägerin dem Staate gegenüber den Weg als einen öffentlichen Gemeindeweg ersitzen konnte, denn es handelt sich nur darum, ob sie ein nicht öffentliches Eigentum ersessen habe. Diese Frage erledigt sich aber zu Ungunsten der Revisionsklägerin durch die hier maßgebenden thatsächlichen Feststellungen im angegriffenen Urteile, welche dahin gehen, daß bis zu den 1840er Jahren die streitige Strecke des fraglichen Weges die Vizinalverbindung von Angelthal nach Walldorf herstellen half und dem unbeschränkten öffentlichen Gebrauche freistand; daß sich ferner aus den Beweisverhandlungen ergebe, daß auch später, und zwar in der für die Ersitzung maßgebenden Zeit, der Weg nicht aufgehört hatte, ein öffentlicher, d. h. für den öffentlichen Gebrauch bestimmter, Gemeindeweg zu sein, daß er zur unbeschränkten Benutzung für Fußgänger und in dieser Beziehung immer noch zur Herstellung der Vizinalverbindung diente, daß eine subjektive Beschränkung des öffentlichen Gebrauches des Weges überhaupt nicht bestanden, und daß auch die objektive Beschränkung (Benutzung mit Fuhrwerken) nicht aus privatrechtlichen, sondern aus Gründen der Zweckmäßigkeit, des öffentlichen Nutzens gestattet worden sei.

Sofern bei diesen thatsächlichen Feststellungen betreffs der Merkmale eines öffentlichen Gemeindeweges das Straßengesetz vom 14. Januar 1868 und die Vollzugsverordnung hierzu ausgelegt wurden, ist darauf hinzuweisen, daß zufolge des §. 511 C.P.O. und des §. 7 der Verordnung vom 28. September 1879 die Richtigkeit dieser Auslegung der Nachprüfung des Revisionsgerichtes entzogen ist.

Zur Abweisung der Klage reicht die Feststellung, daß es sich um einen öffentlichen Gemeindeweg handele, aus, ohne daß weiter zu untersuchen wäre, wem das Eigentum am Grund und Boden, ob dem Staate oder der Klägerin, zustehe.

Selbst wenn letzteres angenommen werden müßte, konnte die Klägerin deshalb, weil ihr durch Einreihung des öffentlichen Weges in den Verband der Landstraße die Unterhaltungspflicht abgenommen worden ist, keinen Anspruch auf Schadensersatz erheben. Keinesfalls kann in dieser Instanz untersucht werden, ob das Gesetz vom 14. Januar 1868 in dieser Hinsicht eine andere Auslegung erfordere. Die etwa bestandene Möglichkeit für die Klägerin, dem Wege unter Beobachtung der Vorschriften des Gemeindegesetzes eine andere Bestimmung zu geben, kann nicht in Betracht kommen, denn insolange sie von einer solchen nicht Gebrauch gemacht hat, konnte ohne Verletzung der Landrechtssätze 2. 2b, sowie des Landrechtssatzes 545 der §. 3 des Gesetzes vom 14. Januar 1868 in Anwendung gebracht werden."

V. Prozeßrecht.

151. Genügt beim Beweise durch Handelsbücher deren Vorlegung ohne die Bezeichnung derjenigen Stellen, an welchen die betreffenden Eintragungen sich finden?

H.G.B. Art. 37. Preußisches Einführungsgesetz zum H.G.B. Art. 22. A.G.O. I. 5 §. 5, I. 9 §. 4, I. 10 §§. 58. 90. 168.

I. Civilsenat. Urt. v. 18. Februar 1880 i. S. L. (Bekl.) w. S. (Kl.) Rep. I. 274/79.

I. Stadtgericht Berlin.
II. Kammergericht daselbst.

Aus den Gründen:

„Der Appellationsrichter hat die Behauptung des Beklagten, daß er die in der Klage zu 1 bis 4 bezeichneten Zeugstoffe an den Kaufmann J. in Berlin verkauft habe, in contumaciam für unerwiesen erachtet, weil der Beklagte in dem zur Vorlegung seiner Handelsbücher anberaumten Termine, obwohl dazu unter Androhung von Kontumazialfolgen geladen, nicht erschienen war, sondern nur seine Bücher durch seinen Commis G. hatte überreichen lassen, sodaß sich der gerichtliche Bücherrevisor W. außer stande erklärt hatte, bei dem Zeitaufwande, den das Aufsuchen der Vermerke über die hier in Rede stehenden Geschäfte in den Büchern erforderte, ohne weiteres sein Gutachten abzugeben.

Vergeblich greift der Beklagte diese Ausführung mit der Rüge eines prozessualen Verstoßes im Sinne des §. 5 Nr. 2 der Verordnung vom 14. Dezember 1833 an.

Die Berufung auf Handelsbücher zum Beweise bestimmter Thatsachen ist die Antretung eines Urkundenbeweises. Wie bei der Bezugnahme auf eine einzelne Urkunde der Beweisführer gerade dasjenige spezielle Schriftstück, aus welchem sich der Beweissatz ohne weiteres ergeben soll, zu produzieren hat, so muß bei einer Sammlung von Schriftstücken, mögen sie in Aktenbänden oder Büchern vereinigt sein, der Beweisführer bei Produktion dieser Sammlungen selbstredend zugleich diejenigen einzelnen Stellen nachweisen, aus denen er im konkreten Falle den Beweis führen will. Es ist nicht Sache des Gerichtes oder des gerichtlichen Sachverständigen, eine nach dieser Richtung unvollständige Beweisführung zu ergänzen und den Versuch zu machen, aus umfangreichen Akten oder Büchern, bei denen nur ein kleiner, von einem Dritten schwer aufzufindender Teil für das Beweisthema in Betracht kommt, diejenigen Stellen aufzusuchen, auf welche der beweispflichtige Produzent sich berufen haben könnte bezw. wollte.

Vgl. A.G.O. I. 5 §. 5, I. 9 §. 4, I. 10 §§. 58. 90. 168; Preuß. Einführungsgesetz zum H.G.B. Art. 22; H.G.B. Art. 37; Erkenntnisse des preuß. Obertribunales vom 14. März 1837, Präjudiz Nr. 175, vom 15. Dezember 1837 in Koch, Archiv Bd. 2 S. 59, vom 10. Februar 1870; Striethorst, Archiv Bd. 76 S. 360; Scheele, Darstellung der Lehre vom Beweise im preußischen Civilprozesse §. 58.

Wenn sich also im vorliegenden Falle der Beklagte zum Beweise des angeblichen Verkaufes der fraglichen Stoffe an den Kaufmann J. auf seine Handelsbücher berufen hatte, so genügte er seiner Beweispflicht nicht schon dadurch, daß er im Beweistermine einfach nur vier Handelsbücher durch seinen Commis G. vorlegen ließ; vielmehr hätte er dabei zugleich diejenigen Stellen in jedem einzelnen Buche nachweisen müssen, an welchen die hier allein maßgebenden, jene Verkäufe betreffenden Eintragungen bewirkt sein sollten. Dies letztere war hier um so nötiger, als er nur den Tag der angeblich dem Kläger zugesandten Verkaufsanzeige, nicht aber den Tag, an welchem er die einzelnen Stoffe verkauft haben wollte, bezeichnet hatte."

152. Inwiefern ist Auslegung einer Urkunde Revisionsgrund?

III. Civilsenat. Urt. v. 23. April 1880 i. S. Witwe V. (Kl.) w. D. u. Gen. (Bekl.) Rep. III. 603/80.

I. Stadtgericht Gießen.
II. Oberlandesgericht Darmstadt.

Die Entscheidung ist oben unter „Gemeines Recht" Nr. 123 S. 338 abgedruckt.

---

153. Steht der Umstand, daß die Bedingung der Entstehung des eingeklagten Anspruches beim Prozeßbeginne noch nicht existent gewesen, sondern erst im Laufe des Prozesses eingetreten ist, der Verurteilung des Beklagten entgegen?

I. Hilfssenat. Urt. 30. April 1880 i. S. G. u. R. (Bekl.) w. K. (Kl.) Rep. IVa. 1185/79.

I. Stadtgericht Berlin.
II. Kammergericht daselbst.

In dem Vertrage vom 22. November 1876 verpflichteten sich die Beklagten, dem Bauunternehmer W. zum Zwecke der Erbauung eines Hauses 70000 ℳ) (abzüglich eines sogenannten Damno von 7000 ℳ) zur Verfügung zu stellen, so zwar, daß das Geld in bestimmten Raten je nach den Fortschritten des Baues gezahlt werden sollte. Einige Raten wurden getilgt, andere standen noch aus. K. als Cessionar klagte die dreizehnte Rate ein. Kontraktlich war die Zahlbarkeit dieser Rate von der Einhängung der Thüren des Baues abhängig. Die Beweisaufnahme erster Instanz ergab, daß die Nebengebäude überhaupt noch fehlten. Deshalb wies der erste Richter den Anspruch zur Zeit ab. In zweiter Instanz aber behauptete der Kläger, und gestanden die Beklagten zu, daß nach der Beweisaufnahme die (Nebengebäude errichtet und die) sämtlichen Thüren des Neubaues eingehängt worden. Der Appellationsrichter erachtete nunmehr die Bedingung der Zahlbarkeit als erfüllt und verurteilte in der Hauptsache klagegemäß. Im übrigen aus folgenden

Gründen:

„Die Beklagten meinen, daß der Kläger mit der Behauptung des erst nach der Klagebehändigung erfolgten Eintrittes der Bedingung in diesem Prozesse nicht mehr gehört werden könne. Dem Appellationsrichter muß jedoch im Resultate seiner Erwägungen beigetreten werden.

Daß der Prozeß durch die Klagebehändigung in der Art befestigt wird, daß neue Behauptungen, welche zur Begründung der Klage gehören, regelmäßig nicht mehr zu berücksichtigen sind, wenn sie nach der Klagebehändigung vorgebracht werden, ist allerdings anerkannten Rechtens. Aber im Anschlusse an einige Stellen der römischen Rechtsbücher, insbesondere an l. 16 pr. Dig. de hered. pet.. 5, 3; l. 27 §. 1 Dig. de rei vind. 6, 1; l. 9 §. 5 Dig. de pign. act. 13, 7; l. 30 pr. Dig. de pecul. 15, 1; l. 1 §. 21 Dig. depos. 16, 3; l. 17 Dig. mand. 17, 1; l. 5 §. 1 Cod. de contr. et comm. stip. 8, 38, hat die Praxis des gemeinen Rechtes in älterer, wie in neuerer Zeit bei betagten und bedingten Forderungen, wenn die Zeit der Erfüllung oder die Bedingung nach der Klagebehändigung aber zur Zeit der Urteilsfällung eingetreten war, sich gegen die Verweisung des Klägers zu einem neuen Prozesse und für eine Verurteilung des Beklagten ausgesprochen.

Unter den älteren Juristen ist namentlich Voët, Comment. ad pand. lib. V tit. 1 §. 26, zu erwähnen, wo es heißt:

> Quod si pendente debiti conditione debitum in judicio coeptum sit peti, ac lite pendente existat conditio, ne tum quidem reum condemnandum esse; sed magis a judicii observatione dimittendum prima fronte suadere videtur juris regula; — sed contrarium magis jure civili probatum esse ex eo apparet, quod Ulpianus scripsit, debitorem conditionalem pendente conditione conventum actione ex stipulatu vel petitione hereditatis, tanquam juris possessorem condemnari debere, si modo rei judicandae tempore conditio exstiterit, atque ita venerit dies obligationis.

Von den neueren Prozessualisten bezeugen Linde, Lehrbuch des Civilprozesses §. 197 Note 4, und Bayer, Vorträge 10. Aufl. S. 540, die Praxis, daß, wenn die Bedingung des streitigen Anspruches auch nur zur Zeit des Endurteiles existiere, eine Verurteilung des Beklagten erfolge. Bayer spricht sich dahin aus, daß, wer vor der Zeit klage, nicht mehr die alte Strafe der plus petitio tempore verwirke, sondern mit der Klage abgewiesen werde, daß aber, wenn der dies oder die conditio noch vor erfolgter Abweisung eintrete, auf den Umstand, daß zu früh geklagt werde, jetzt gar nicht mehr Rücksicht genommen werde. — Die in Seuffert's Archiv Bd. 8 Nr. 204, Bd. 8 Nr. 91, Bd. 19 Nr. 271, Bd. 21 Nr. 159. 267. 271, Bd. 25 Nr. 75, Bd. 26 Nr. 276 abgedruckten Entscheidungen höchster Gerichtshöfe stehen, wenigstens in Ansehung des dies, auf gleichem Boden. Ebenso das Erk. des Reichsoberhandelsgerichtes in den Entsch. desselben Bd. 1 Nr. 5 S. 30 und in Seuffert's Archiv Bd. 25 Nr. 176. — Allerdings ist die in Rede stehende Praxis keineswegs unbestritten. Sie ist auch nicht von allen früheren höchsten Gerichtshöfen Deutschlands geteilt worden. Aber das preußische Recht steht, wie sich aus der Bestimmung des §. 5a A.G.O. I. 10 in Verbindung mit dem im §. 3 Nr. 1. 2 das. I. 23 einer plus petitio in Ansehung der Zeit beigelegten Einflusse auf die Bestimmung des Kostenpunktes ergiebt, auf dem Boden der Auffassung, nach welcher bei einem nach der Klagebehändigung erfolgten Eintritte des dies oder der conditio die Verurteilung des Beklagten auszusprechen ist. Die Berücksichtigung der Behauptung, daß während des Prozesses der dies oder die conditio eingetreten sei, wird allerdings davon abhängig gemacht werden müssen, daß darin keine Beschränkung der Verteidigung zu erkennen ist. Wenn aber, wie im vorliegenden Falle, die vom Kläger behauptete Thatsache von den Beklagten eingeräumt worden ist, so läßt sich von ihrer Berücksichtigung eine Beschränkung der Verteidigung nicht wohl befürchten."

---

154. Ist die Revision zulässig, wenn die Entscheidung des Oberlandesgerichtes sich nur der Form nach als Endurteil darstellt?

II. Civilsenat. Urt. v. 11. Mai 1880 i. S. Hessische Ludwigs-Eisenbahngesellschaft (Bekl.) w. L. (Kl.) Rep. II. 91/80.

I. Bezirksgericht Mainz.
II. Oberlandesgericht Darmstadt.

L. erhob Klage gegen die Hessische Ludwigs-Eisenbahngesellschaft auf deren Verurteilung zur Zahlung einer Entschädigung, indem er sich zu erweisen erbot:

„1. Daß er als Hilfskondukteur im Dienste der Main-Neckar-Bahn am 30. Juni 1877 mit dem von Frankfurt a. M. nach Heidelberg fahrenden Schnellzuge gefahren; daß in diesem Zuge in Darmstadt ein Packwagen der Hessischen Ludwigsbahn, welcher mit dem Zuge von Mainz nach Darmstadt als durchgehender Gepäckwagen für den Schnellzug Mainz-Basel angekommen war, eingestellt worden sei; daß, nachdem der Zug die Station Weinheim verlassen hatte, er auf den Trittbrettern der Wagen zurück nach demjenigen Wagen gegangen sei, in welchem er eine Bremse zu bedienen hatte, wobei er auch den erwähnten Wagen der Hessischen Ludwigsbahn habe passieren müssen; daß, als er den Handgriff dieses Wagens ergriffen, derselbe aus dem Wagen herausgegangen und er (Kläger) infolgedessen während der Fahrt rücklings vom Trittbrette gestürzt, bewußtlos liegen geblieben und erheblich, besonders am Kopfe, verletzt worden sei;

2. daß der Unfall lediglich durch ungenügende Konstruktion, mangelhafte unsolide Befestigung des Handgriffes, schlechte Arbeit, zu große Bohrlöcher und Verkeilen derselben mit Holz, und ungenügende Kontrolle der Haftbarkeit des Handgriffes verschuldet sei."

Das Bezirksgericht in Mainz wies die Klage als unzulässig ab, weil die Beklagte, welche aus Artt. 1382—1384 Code civil belangt werde, dem Kläger mit Recht entgegenhalte, daß dieser in der Lage gewesen sei, aus §. 1 des Haftpflichtgesetzes gegen die Main-Neckar-Bahn zu klagen.

Die eingelegte Berufung wurde vom Oberlandesgerichte zu Darmstadt für begründet erklärt, das Urteil des Bezirksgerichtes aufgehoben und ein Beweisbeschluß erlassen, wodurch dem Kläger der Hauptbeweis über die obigen Thatsachen, sowie über die Folgen der Verletzung und die Höhe des Schadens, der Beklagten aber der Gegenbeweis auferlegt wurde.

Die von der Hessischen Ludwigsbahn gegen diese Entscheidung eingelegte Revision wurde als unzulässig verworfen aus folgenden

Gründen:

„Die Entscheidung des Oberlandesgerichtes zerfällt in zwei Teile; im ersten Teile wird für Recht erkannt, daß die Berufung für begründet zu erklären und das Urteil des Bezirksgerichtes Mainz aufzuheben sei; der zweite Teil enthält einen Beweisbeschluß (§. 323 C.P.O.).

Nach §. 507 C.P.O. findet die Revision gegen die in der Berufungsinstanz von den Oberlandesgerichten erlassenen Endurteile statt, und es ist mithin die Zulässigkeit der Revision davon abhängig, ob jener erste Teil der Entscheidung als Endurteil zu betrachten ist.

Dies ist nicht der Fall, es liegt weder ein Endurteil im eigentlichen Sinne (§§. 272 — 274 C.P.O.), noch ein Urteil vor, welches über den Grund der Klage vorab entschieden hat und in betreff der Rechtsmittel dem Endurteile gleichsteht (§. 276 C.P.O.); denn die Verpflichtung der Revisionsklägerin zum Schadensersatze ist noch keineswegs anerkannt, und nicht nur über den Betrag des Schadens, sondern vor allem über das Verschulden der Revisionsklägerin ist noch eine Beweisaufnahme angeordnet. Nur soviel ist entschieden, daß im Falle der Richtigkeit der zum Beweise gestellten Thatsachen eine Verantwortlichkeit der Revisionsklägerin aus Art. 1383 Code civil herzuleiten sei, und daß deshalb das Bezirksgericht die Klage nicht hätte als unzulässig abweisen dürfen. Allerdings hat das Oberlandesgericht mit Unrecht die Berufung schon jetzt für begründet erklärt und das Urteil des Bezirksgerichtes aufgehoben, anstatt die Entscheidung darüber, ob die Berufung begründet oder zurückzuweisen sei, bis zum Schlusse des Verfahrens vorzubehalten, und, wenn es über die vom Bezirksgerichte angenommene Unzulässigkeitseinrede als über ein selbständiges Verteidigungsmittel durch Zwischenurteil (§. 275 C.P.O.) erkennen wollte, sich auf die Verwerfung dieser Unzulässigkeitseinrede zu beschränken; allein dieser Formfehler kann nicht dazu führen, daß die Entscheidung auch materiell als Endurteil anzusehen ist; vielmehr gehört dieselbe zu denjenigen Entscheidungen, welche, wenn nötig, nach §. 510 C.P.O. erst mit dem Endurteile durch Revision angefochten werden können.

Hiernach war die Revision als unzulässig zu verwerfen."

---

155. Kann die Frist zur Einlegung des Rechtsmittels durch Einlegung der Schrift in den im Geschäftslokale ausgehängten Briefkasten gewahrt werden?

I. Civilsenat. Beschl. v. 20. März 1880 i. S. R. w. W. B. Rep. I. 251/80.

I. Patentamt.

Aus den Gründen:

„Nach §. 32 des Patentgesetzes vom 25. Mai 1877 war die Berufung binnen sechs Wochen nach der Zustellung der anzufechtenden Entscheidung bei dem Patentamte schriftlich anzumelden und zu begründen. Die Frist lief, da die Zustellung am 13. Januar 1880 stattgefunden hatte, am 24. Februar ab. Die Berufungsschrift ist ausweislich des Eingangsstempels erst am 25. Februar, also zu spät, bei dem Patentamte eingegangen. Berufungskläger behauptet, daß dieselbe schon am 24. Februar eingereicht worden sei, indem er sich erbietet zu beweisen, daß die Schrift am 24. Februar zwischen 7 und 8 Uhr abends in den Briefkasten des Patentamtes geworfen worden sei. Wenn man nun auch annimmt, daß gegen den durch den Eingangsstempel bewirkten Präsentationsvermerk der Gegenbeweis stattfindet (vgl. Entsch. des R.O.H.G.'s Bd. 2 S. 30), so ist doch der von dem Berufungskläger behauptete Vorgang nicht so beschaffen, daß durch Nachweisung desselben der Gegenbeweis gegen den Präsentationsvermerk erbracht werden würde. Zwar kann nicht angenommen werden, daß die Einreichung der Berufungsschrift am 24. Februar um deswillen unbeachtlich sei, weil sie nach Schluß der von 9 Uhr vormittags bis 4 Uhr nachmittags dauernden Geschäftsstunden des Patentamtes erst zwischen 7 und 8 Uhr abends stattgefunden habe; denn die nach Wochen bestimmte Frist endigte der Natur der Sache nach, wie auch §. 200 C.P.O. vorschreibt, erst mit dem Ablaufe des letzten Tages der letzten Woche. Dagegen wurde die Frist durch Einwerfung der Berufungsschrift in den Briefkasten des Patentamtes nur dann gewahrt, wenn dieselbe innerhalb der Frist durch Eröffnung des Briefkastens in den Besitz des Patentamtes gelangte oder wenigstens Berufungskläger darauf rechnen konnte, daß sie bei regelmäßiger Geschäftsbehandlung innerhalb der Frist in den Besitz des Patentamtes gelangen werde (vgl. Entsch. des R.O.H.G.'s Bd. 2 Nr. 1 S. 22. 23).

An dieser Voraussetzung fehlt es im vorliegenden Falle. Berufungskläger konnte nicht annehmen, daß eine zwischen 7 und 8 Uhr abends in den Briefkasten eingeworfene Eingabe noch an demselben Tage in den Besitz des Patentamtes gelangen werde, da nach §. 16 der Kaiserlichen Verordnung vom 18. Juni 1877 über die Einrichtung, das Verfahren und den Geschäftsgang des Patentamtes (R.G.Bl. S. 533) Geschäftssachen, welche außerhalb der Dienststunden eingehen, erst bei dem Wiederbeginn der Dienststunden von dem dazu bestimmten Beamten mit dem Präsentationsvermerke zu versehen sind, und nach der beim Patentamte bestehenden Einrichtung der Briefkasten täglich nur einmal, und zwar beim Wiederbeginn der Dienststunden vormittags um 9 Uhr, geleert wird.

Berufungskläger hätte daher die Berufungsschrift, wenn er sie am 24. Februar nach Beendigung der Dienststunden noch einreichen wollte, einem Beamten des Patentamtes persönlich zustellen lassen müssen. Das Patentamt hat danach die Zulassung der Berufung mit Recht versagt."

---

156. Ist die Beschwerdeschrift von einem bei dem beschwerenden Gerichte oder von einem beim Beschwerdegerichte zugelassenen Rechtsanwalte zu unterzeichnen?

Vereinigte Civilsenate. Beschl. v. 29. April 1880 i. S. C. & C. w. H. Beschw.-Rep. III. 8/80.

I. Landgericht Wiesbaden.
II. Oberlandesgericht Frankfurt a. M.

Aus den Gründen:

„Die von dem Beklagten gegen den Beschluß des Landgerichtes zu Wiesbaden vom 2. Dezember 1879 erhobene sofortige Beschwerde wurde bei diesem Gerichte von einem bei demselben zugelassenen Rechtsanwalte durch Einreichung einer von ihm als Bevollmächtigten des Beklagten unterzeichneten Beschwerdeschrift eingelegt. Das Oberlandesgericht zu Frankfurt a. M. verwarf die Beschwerde durch Beschluß vom 26. Januar 1880 als unzulässig, weil zur Einreichung der für das Oberlandesgericht bestimmten Beschwerdeschrift nur ein bei diesem Gerichte zugelassener Rechtsanwalt befugt gewesen wäre. Die hiergegen an das Reichsgericht gerichtete weitere Beschwerde ist sowohl für zulässig, als für begründet zu erachten.

Es ist zwar von einem Civilsenate des Reichsgerichtes durch Beschluß vom 29. Dezember 1879 i. S. Sch. wider Gr. ebenso entschieden worden, wie im vorliegenden Falle von dem Oberlandesgerichte.

Dagegen sind die Vereinigten Civilsenate des Reichsgerichtes, an welche die Sache gemäß §. 137 des Gerichtsverfassungsgesetzes verwiesen worden ist, der Ansicht, daß in den Fällen, in welchen die Einlegung der Beschwerde durch einen Rechtsanwalt überhaupt erforderlich ist, das Rechtsmittel der Beschwerde gesetzmäßig eingelegt erscheint, wenn die Beschwerdeschrift bei dem Gerichte, gegen dessen Entscheidung Beschwerde erhoben wird, durch einen bei diesem Gerichte zugelassenen Rechtsanwalt,

oder

bei dem Beschwerdegerichte — soweit die Beschwerde hier eingelegt werden kann — durch einen bei letzterem Gerichte zugelassenen Rechtsanwalt

eingereicht worden ist.

Die Entscheidung der Frage, welche Rechtsanwälte befugt seien, als Bevollmächtigte der beschwerdeführenden Partei die Beschwerdeschrift einzureichen, ist nicht aus den Vorschriften über die Förmlichkeiten des Rechtsmittels der Beschwerde (§§. 530 flg. C.P.O.), sondern aus den auf Prozeßhandlungen überhaupt bezüglichen Vorschriften über die Nötigung der Parteien, sich durch Rechtsanwälte als Bevollmächtigte vertreten zu lassen (§. 74 C.P.O.), und die Befugnis der Rechtsanwälte zu solcher Vertretung (§. 27 der Rechtsanwaltsordnung) zu entnehmen. Nach diesen Vorschriften sind die Parteien befugt und genötigt, soweit der Anwaltszwang reicht, auch zur Einreichung der Beschwerdeschrift behufs Einlegung des Rechtsmittels der Beschwerde sich eines bei dem Prozeßgerichte zugelassenen Rechtsanwaltes zu bedienen. Als Prozeßgericht im Sinne des §. 74 C.P.O. erscheint dasjenige Gericht, bei welchem der Prozeß anhängig oder durch die vorzunehmende Handlung anhängig zu machen ist. Sind aber verschiedene Abschnitte desselben Prozesses bei verschiedenen Gerichten zu erledigen, so kann bezüglich jeder einzelnen Prozeßhandlung nur dasjenige Gericht, vor welches diese Handlung gehört, als das Prozeßgericht im Sinne des §. 74 angesehen werden. Daher erscheint bezüglich der Einlegung der Beschwerde, welche nach §§. 532. 540 Abs. 2 C.P.O. bald bei dem Gerichte, gegen dessen Entscheidung Beschwerde geführt wird, bald bei dem Beschwerdegerichte stattfindet, entweder das erstere oder das letztere als Prozeßgericht, je nachdem die Beschwerde hier oder dort eingelegt wird. Hieraus ergiebt sich, daß die Beschwerdeschrift im ersteren Falle von einem bei dem beschwerenden Gerichte, im anderen Falle von einem bei dem Beschwerdegerichte zugelassenen Rechtsanwalte einzureichen ist.

Anders würde man entscheiden müssen, wenn das erstgedachte Gericht die Beschwerdeschrift nur anstatt des Beschwerdegerichtes, als dessen Organ, für letzteres entgegenzunehmen und weiterzubefördern hätte. Unter dieser Voraussetzung würde die Annahme gerechtfertigt sein, daß die Einreichung bei dem beschwerenden Gerichte nichts anderes sei, als eine Einreichung bei dem Beschwerdegerichte, mithin auch nur durch einen bei letzterem zugelassenen Rechtsanwalt erfolgen könne. In dieser Weise aber hat die Civilprozeßordnung die Stellung des Gerichtes, gegen dessen Entscheidung Beschwerde erhoben wird, nicht bestimmt. Insbesondere geht aus der Vorschrift des §. 534, wonach dasselbe die bei ihm eingelegte Beschwerde zu prüfen, der für begründet erachteten Beschwerde selbst abzuhelfen und nur die von ihm für unbegründet erachteten Beschwerden dem Beschwerdegerichte vorzulegen hat, mit Bestimmtheit hervor, daß ersteres Gericht die Beschwerde in eigenem Namen und vermöge seiner gesetzlich bestimmten Zuständigkeit, nicht aber in Vertretung des Beschwerdegerichtes für letzteres entgegennimmt. Ist dem Gerichte, gegen dessen Entscheidung Beschwerde erhoben wird, diese Stellung in Beziehung auf die Beschwerde überhaupt zugewiesen, so nimmt es dieselbe auch bei der nur als Unterart der Beschwerde erscheinenden sofortigen Beschwerde ein, obgleich der besondere, aus §. 534 a. a. O. zu entnehmende Grund nach §. 540 Abs. 3 bei der sofortigen Beschwerde nicht zutrifft.

Ein Bedenken gegen die im vorstehenden begründete, auch in der Litteratur nicht unvertretene Ansicht,

vgl. H. Meyer, Anleitung zur Prozeßpraxis nach der Civilprozeßordnung vom 30. Januar 1877 S. VI. 99. 206,

könnte daraus entnommen werden, daß die Motive zu den §§. 508—510 des Entwurfes der Civilprozeßordnung davon auszugehen scheinen, daß die Beschwerdeschrift, als für das Beschwerdegericht bestimmt von einem bei letzterem zugelassenen Anwalte eingereicht werden müsse. Sie bemerken:

„Die Beschwerde wird nach §. 508 Abs. 2 entweder durch eine Beschwerdeschrift oder in den dort zugelassenen Fällen zum Protokolle des Gerichtsschreibers eingelegt. Ersterenfalls ist die Beschwerdeschrift — weil für das Beschwerdegericht, also für ein Gericht höherer Ordnung bestimmt — nach der allgemeinen Regel des §. 72 (Norddeutsche Protokolle Bd. 3 S. 1560) eine Anwaltsschrift."

Es ist indessen dieser Bemerkung ein erhebliches Gewicht umsoweniger beizulegen, als dieselbe nur davon handelt, ob die Beschwerdeschrift von einem Rechtsanwalte einzureichen sei, nicht aber von der hier zu entscheidenden Frage, welche Rechtsanwälte zur Einreichung derselben befugt seien, und da ferner dieselbe auch in betreff der ersteren Frage ungenau ist, indem man eine in den Verhandlungen über den sogenannten norddeutschen Entwurf der Civilprozeßordnung vorkommende und nach den Bestimmungen dieses Entwurfes über die Beschwerde in amtsgerichtlichen Sachen zutreffende Bemerkung unverändert in die Motive des dem Reichstage vorgelegten Entwurfes aufgenommen hat, obgleich sie nach den Bestimmungen des letzteren Entwurfes bezüglich der Beschwerde in amtsgerichtlichen Sachen nicht zutrifft.

Andererseits ergiebt sich eine Unterstützung der hier gebilligten Ansicht aus §. 41 der Gebührenordnung für Rechtsanwälte, welcher bestimmt, daß in der Instanz der an eine Notfrist nicht gebundenen Beschwerde dem Rechtsanwalte die Prozeßgebühr nicht zusteht, wenn ihm dieselbe in der Instanz zustand, in welcher die angefochtene Entscheidung ergangen ist. Es ist nicht anzunehmen, daß bei der hieraus ersichtlichen Unterstellung der Möglichkeit eines Handelns des beim beschwerenden Gerichte zugelassenen Rechtsanwaltes in der Beschwerdeinstanz ausschließlich an die selteneren Fälle gedacht worden sei, in welchen ein bei dem Beschwerdegerichte zugelassener Rechtsanwalt bei dem Gerichte, gegen dessen Entscheidung Beschwerde erhoben ist, gehandelt und Prozeßgebühr zu fordern hat, wie es z. B. im amtsgerichtlichen Verfahren und in den Fällen der §§. 10. 11 der Rechtsanwaltsordnung vorkommen kann. Ist der §. 41 aber auf diese Fälle nicht beschränkt, so ergiebt sich daraus ein gesetzliches Anerkenntnis der Möglichkeit, daß der beim beschwerenden Gerichte zugelassene Rechtsanwalt, welcher in der Instanz gehandelt hat, in welcher die angefochtene Entscheidung ergangen ist, auch in der Beschwerdeinstanz handelt, obwohl er beim Beschwerdegerichte nicht zugelassen ist.

Schließlich ist darauf hinzuweisen, daß auch in solchen Fällen, in welchen nach den Reichsgesetzen die Berufung bei dem Gerichte erster Instanz durch Einreichung einer Berufungsschrift einzulegen ist, nämlich in Konsularsachen nach §. 20 des Reichsgesetzes vom 10. Juli 1879 und in Patentsachen nach §. 32 des Patentgesetzes vom 25. Mai 1877 in Verbindung mit §. 14 der Kaiserlichen Verordnung vom 1. Mai 1878, die Einreichung der Berufungsschrift durch einen bei dem Berufungsgerichte zugelassenen Rechtsanwalt nicht verlangt wird.

Aus diesen Gründen ist die angefochtene Entscheidung für nicht gerechtfertigt und die weitere Beschwerde für begründet zu erachten, mithin die an das Oberlandesgericht gerichtete sofortige Beschwerde, dem Antrage des Beschwerdeführers gemäß, als gesetzmäßig eingelegt zu erklären."

---

157. 1. Begründet der §. 24 C.P.O. die Zuständigkeit für Klagen gegen einen Ausländer, gegen welchen im Auslande das Konkursverfahren eröffnet ist?
2. Voraussetzungen der Anwendbarkeit des §. 190 C.P.O.

II. Civilsenat. Urt. v. 1. Juni 1880 i. S. S. (Bekl.) w. die Firma L. & M. (Kl.) Rep. II. 117/80.

I. Landgericht Mainz.
II. Oberlandesgericht Darmstadt.

Die Firma L. & M. reichte bei dem Landgerichte in Mainz eine vom 8. Oktober 1879 datierte Klageschrift gegen S. zum Zwecke der Terminsbestimmung mit dem darin enthaltenen Antrage ein, den Beklagten in seiner Eigenschaft als alleinigen Inhaber der zu Brünn unter der Firma S. & M. bestandenen Handlung zur Zahlung einer von geleisteten Vorschüssen herrührenden Summe nebst Zinsen und Kosten zu verurteilen.

Nachdem der Vorsitzende zur Verhandlung Termin bestimmt hatte, richtete die Klägerin am 20. Oktober 1879 an denselben ein Gesuch um Veranlassung der Zustellung der Klage an den Beklagten in Brünn in Gemäßheit der §§. 182. 185 C.P.O.; diese Zustellung ist am 2. November 1879 erfolgt.

Der Beklagte setzte der Klage die Einrede der Unzuständigkeit des Gerichtes entgegen, weil der §. 24 C.P.O., auf welchen sich Klägerin mit Beziehung darauf berief, daß der Beklagte in dem Fallimente von P. in Mainz eine größere Forderung angemeldet habe, gegen Ausländer einen Gerichtsstand nicht begründe, und überdies die angemeldete Forderung infolge gerichtlich bestätigten Zwangsvergleiches mit sämtlichen Aktiven der Firma S. & M. dem Holzhändler E. in Brünn überwiesen sei. Das Landgericht zu Mainz wies diese Einrede ab und bestimmte zur weiteren Verhandlung eine weitere Sitzung. Die von dem Beklagten S. eingelegte Berufung hat das Oberlandesgericht zu Darmstadt als unbegründet verworfen, und die gegen dessen Urteil eingelegte Revision wurde zurückgewiesen aus folgenden

Gründen:

„Das Oberlandesgericht geht in seinen Entscheidungsgründen davon aus, es komme darauf an, ob die von S. bei dem Fallimente von P. angemeldete Forderung zur Zeit der Einreichung der Klage, 8. Oktober 1879, noch als Eigentum des S. zu betrachten gewesen sei, und bejaht dies aus dem doppelten Grunde, weil

1. der Zwangsvergleich vom 10. Juni 1879, wodurch dem E. die Forderung übertragen worden, erst mit Ablauf der vierzehntägigen Berufungsfrist nach dem gerichtlichen Bestätigungsbeschlusse vom 26. September 1879, mithin am 11. Oktober rechtskräftig geworden, und

2. nach Inhalt des Vergleiches dem E. das gesamte Kridavermögen erst ausgefolgt werden sollte, sobald er seinerseits die übernommenen Verbindlichkeiten, Zahlung von zehn Prozent und Ausstellung von Wechseln für weitere zehn Prozent, erfüllt haben werde, wofür noch ein weiterer Termin von vierzehn Tagen nach rechtskräftiger Aufhebung des Konkurses gegeben gewesen sei.

Die dabei zu Grunde gelegte Voraussetzung, daß der Tag der Einreichung der Klage, 8. Oktober 1879, nach §. 190 C.P.O. maßgebend sei, ist rechtsirrtümlich. Wäre diese Bestimmung anwendbar, so käme doch immer erst der 20. Oktober 1879, der Tag der Überreichung des Gesuches um Veranlassung der Zustellung an den Beklagten, in Betracht; der §. 190 findet aber keine Anwendung, weil es sich im vorliegenden Falle nicht darum handelte, durch die Zustellung eine Frist zu wahren oder den Lauf der Verjährung oder einer Frist zu unterbrechen. Entscheidend ist vielmehr nach §. 230 C.P.O. als Tag der Erhebung der Klage der 2. November 1879, an welchem nach der thatsächlichen Feststellung des Urteiles die Zustellung an den Beklagten in Brünn erfolgt ist.

Damit zerfällt die Grundlage der angegriffenen Entscheidung; denn daß zur Zeit der Klage der Übergang der Forderung auf E. bereits stattgehabt hätte, wäre hiernach nicht ausgeschlossen. Es kann daher unerörtert bleiben, ob, wie der Revisionskläger behauptet, durch den

Gerichtsbeschluß vom 26. September 1879 die Aufhebung des Konkurses endgültig ausgesprochen worden, während die gerichtliche Bestätigung des Zwangsvergleiches bereits am 17. Juni 1879 erfolgt sei, und ob aus der dem Berufungsgerichte zur Last gelegten Verkennung der §§. 230. 232. 235 der österreichischen Konkursordnung vom 25. Dezember 1868 ein Revisionsgrund hergeleitet werden könnte.

Ergeben nun zwar die Entscheidungsgründe eine auf unrichtiger Auslegung des §. 190 C.P.O. beruhende Gesetzesverletzung, so rechtfertigt sich doch die Entscheidung selbst aus anderen Gründen. Der Umstand, daß gegen den Beklagten in Österreich das Konkursverfahren eröffnet worden, steht an sich der Annahme, daß sich im Bezirke des Landgerichtes zu Mainz Vermögen desselben befindet, welches die Zuständigkeit dieses Gerichtes begründet, nach dem auch gegen Ausländer anwendbaren §. 24 C.P.O. in Verbindung mit §. 207 der deutschen Konkursordnung nicht entgegen. Für die Beantwortung der Frage, ob das P.'sche Falliment zur Zeit der Erhebung der Klage, 2. November 1879, nur an E. gültig zahlen konnte oder Dritten, insbesondere Zugriff nehmenden Gläubigern, gegenüber noch Schuldner des S. war, ist aber, wenn auch der Übertrag des Kridarvermögens auf E. in anderen Beziehungen nach österreichischem Rechte zu beurteilen sein mag, das am Wohnorte des Schuldners P. geltende inländische Recht, mithin Art. 1690 Code civil, maßgebend. Nun ist nach der vom Berufungsgerichte gebilligten, auch von keiner Seite bestrittenen thatsächlichen Feststellung der ersten Instanz der Übertrag der Forderung auf E. erst durch Gerichtsvollziehersakt vom 27. November 1879 dem Syndik des P.'schen Fallimentes zugestellt worden; mithin gehörte die Forderung an P. zur Zeit der Erhebung der Klage noch dem Beklagten, erscheint also das Landgericht zu Mainz gemäß §. 24 C.P.O. zuständig.

Die Revision war folglich nach §. 526 C.P.O. zurückzuweisen."

158. 1. Muß das Gericht, wenn der Beklagte in der auf die Klage anberaumten mündlichen Verhandlung nicht erscheint, seine Zuständigkeit von Amts wegen prüfen oder ohne solche Prüfung das Versäumnisurteil erlassen?

2. Ist, wenn aus einem Handelsgeschäfte gegen den Käufer auf Zahlung des Kaufpreises geklagt wird, das Gericht am Wohnsitze bezw. am Orte der Handelsniederlassung des Käufers oder des Verkäufers zuständig?

I. Civilsenat. Urt. v. 26. Mai 1880 i. S. Sch. (Kl.) w. Cr. (Bekl.) Rep. I. 808/80.

I. Landgericht Greiz.
II. Oberlandesgericht Jena.

Der in Greiz wohnende Kläger hat gegen den in Berlin domizilierten Beklagten eine Forderung für käuflich gelieferte Waren bei dem Fürstlichen Landgerichte Greiz eingeklagt. In der Klage ist behauptet, daß der Kaufvertrag in Greiz zwischen dem Kläger und dem damals dort anwesenden Beklagten abgeschlossen sei. Im Termine zur mündlichen Verhandlung erschien der vorschriftsmäßig geladene Beklagte nicht, worauf Kläger Erlassung des Versäumnisurteiles beantragte und die Zuständigkeit des Landgerichtes zu Greiz damit begründete, daß der Vertrag in Greiz abgeschlossen, die verkaufte Ware auch getroffener Abrede gemäß zur Übersendung an Beklagten einem Spediteur in Greiz ausgeantwortet, also die Übergabe in Greiz erfolgt und deshalb auch die Zahlung in Greiz zu leisten sei. Beide Vorinstanzen erkannten indes, daß die Klage „von hier" (wegen Unzuständigkeit) abzuweisen sei.

Sie führten aus, daß der Klaganspruch auf Grund der nach §. 296 Abs. 1 C.P.O. als zugestanden anzusehenden Klagebehauptungen begründet sei, daß jedoch eine klagegemäße Verurteilung nicht erfolgen könne, weil es an der, von Amts wegen zu prüfenden örtlichen Zuständigkeit des Prozeßgerichtes fehle, namentlich der Gerichtsstand des Vertrages nicht begründet sei, da ein Handelsgeschäft vorliege und nach den deshalb maßgebenden Vorschriften des Handelsgesetzbuches in Artt. 324. 325. 342 nicht Greiz, sondern Berlin der Ort sei, wo Beklagter die streitige Verpflichtung zu erfüllen habe, hieran auch nichts dadurch geändert werde, daß Beklagter den schuldigen Kaufpreis auf seine Gefahr und Kosten nach Greiz senden müsse, die angeführten materiellen Vorschriften auch durch §. 29 C.P.O. nicht geändert seien. Das Reichsgericht hat die Revision zurückgewiesen aus folgenden

Gründen:

„Es ist zunächst zu entscheiden, ob die Vorinstanzen berechtigt waren, beim Nichterscheinen des Beklagten die Zuständigkeit von Amts wegen zu prüfen, oder ob sie, weil die Unzuständigkeit nicht exzipiert ist, zur Erlassung des Versäumnisurteiles verpflichtet waren. Wach (im Archiv für civilistische Praxis Bd. 62 S. 391 flg.) und Fitting (daselbst Bd. 63 S. 229 flg.) nehmen an, daß der Richter der Regel nach (die Ausnahmen bedürfen hier keiner Erörterung) seine Zuständigkeit nicht von Amts wegen, sondern nur auf erhobene Einrede der Unzuständigkeit zu prüfen habe, und daß der in der mündlichen Verhandlung nicht erscheinende Beklagte durch diese Versäumnis die Einrede der Unzuständigkeit verwirke. Beide Annahmen können nicht als gesetzlich begründet angesehen werden. Da das Gesetz nirgends bestimmt, daß der Richter seine Zuständigkeit nicht von Amts wegen prüfen soll, und nur ein zuständiger Richter zu einer Entscheidung berufen ist, so muß der Richter, wie nach dem bisherigen gemeinen sowohl als preußischen Prozeßrechte, so auch nach der Reichscivilprozeßordnung seine Zuständigkeit jedesmal, und zwar wenn nicht die Einrede der Unzuständigkeit vom Beklagten erhoben ist, von Amts wegen prüfen. Abgeändert ist das bisherige Prozeßrecht insoweit, als der Richter nicht die Klage ohne Gehör des Beklagten (a limine) wegen Unzuständigkeit abweisen darf, sondern ohne Prüfung den Termin zur mündlichen Verhandlung bestimmen muß, und als ferner die Civilprozeßordnung der Vereinbarung der Parteien über den Gerichtsstand eine größere Bedeutung beilegt, indem der Richter, wenn die Parteien vereinbaren, vor einem nach Buch I Abschn. I Tit. 2 nicht zuständigen Gerichte Recht nehmen zu wollen, dem der Regel nach nicht widersprechen darf. Der Richter muß aber in jedem Falle, mag der Kläger den Gerichtsstand auf Vereinbarung der Parteien oder auf das Gesetz gründen, seine Zuständigkeit prüfen. Falls die Zuständigkeit auf Vereinbarung gegründet wird, muß der Richter prüfen, ob die Vereinbarung zustande gekommen, und ob sie namentlich mit Rücksicht auf die Vorschrift in §. 40 Abs. 2 C.P.O. rechtsbeständig ist. Wenn der Beklagte in dem

Termine zur mündlichen Verhandlung erscheint und zur Hauptsache verhandelt, ohne vorher die Unzuständigkeit gerügt zu haben, so ist die richterliche Entscheidung über die Zuständigkeit nach §. 39 C.P.O. von selbst gegeben; das Gesetz schreibt vor, daß in diesem Falle stillschweigende Vereinbarung anzunehmen sei; durch diese stillschweigende Vereinbarung ist die Zuständigkeit begründet. Ob in anderen Fällen eine stillschweigende Vereinbarung anzunehmen ist, unterliegt der richterlichen Prüfung nach allgemeinen Grundsätzen. Nach diesen hat also der Richter auch zu prüfen, ob eine stillschweigende Vereinbarung anzunehmen ist, wenn der Beklagte in der mündlichen Verhandlung überhaupt nicht erscheint. Die Vorinstanzen haben sich hierüber nicht ausdrücklich ausgesprochen, aber ihr Stillschweigen kann nur dahin gedeutet werden, daß sie es als zweifellos angesehen haben, daß eine stillschweigende Zustimmung des nicht erschienenen Beklagten zu dem vom Kläger gewählten Gerichtsstande nicht anzunehmen sei, und daß ihnen deshalb die Prüfung obliege, ob der Gerichtsstand nach dem Gesetze (Buch 1 Abschn. 1 Tit. 2, namentlich §. 29 C.P.O.) begründet sei. Hierin ist den Vorinstanzen beizustimmen. Sie mußten, als Beklagter in der mündlichen Verhandlung nicht erschien, an erster Stelle und vor der Prüfung, ob die Klage begründet sei, von Amts wegen prüfen, ob sie zur Erlassung des beantragten Versäumnisurteiles zuständig seien, sei es durch Vereinbarung (Tit. 3) oder durch das Gesetz (Tit. 2). Mit Recht haben sie nun angenommen, daß aus dem Nichterscheinen des Beklagten nicht zu schließen sei, daß er mit dem Gerichtsstande einverstanden sei. Viel näher liegt vielmehr die Annahme, daß der Beklagte durch sein Nichterscheinen habe zu erkennen geben wollen, daß er eine stillschweigende Vereinbarung über den Gerichtsstand nicht habe treffen, vielmehr dem Richter habe überlassen wollen, von Amts wegen die Zuständigkeit nach dem Gesetze zu prüfen. So ist die Sache überwiegend im bisherigen Rechte aufgefaßt (vgl. Entsch. des R.O.H.G.'s Bd. 23 S. 8. 9). In der That hätte auch der §. 39 C.P.O. kaum die vorliegende Fassung erhalten können, wenn der Gesetzgeber nicht dieselbe Auffassung gehabt hätte. Bei einer anderen Auffassung hätte es doch näher gelegen, dem §. 39 die Fassung zu geben, daß stillschweigende Vereinbarung sowohl dann, wenn Beklagter in der mündlichen Verhandlung nicht erscheine, als wenn er ohne Rüge der Unzuständigkeit zur Hauptsache mündlich verhandele, anzunehmen sei. Auch die Annahme, daß der nicht erscheinende Beklagte die Einrede der Unzuständigkeit verwirkt habe, damit präkludiert sei, ist nicht zu billigen. Dies würde nur dann angenommen werden können, wenn das Gesetz die Präklusion für diesen Fall statuierte. Eine solche Bestimmung enthält aber die Civilprozeßordnung, namentlich im §. 296, nicht, vielmehr schließt §. 247 die dort aufgeführten prozeßhindernden Einreden, unter welchen auch die der Unzuständigkeit des Gerichtes aufgeführt ist, erst nach dem Beginne der mündlichen Verhandlung des Beklagten zur Hauptsache, nicht also im Falle des Nichterscheinens des Beklagten, aus.

Man mag den der Emanation eines Gesetzes vorhergegangenen Vorarbeiten größeres oder geringeres Gewicht beilegen, im vorliegenden Falle wird sich eine Verwertung derselben für die Interpretation des Gesetzes nicht abweisen lassen. Frühere Entwürfe, namentlich der preußische Entwurf von 1864, enthielten die ausdrückliche Bestimmung, daß es als eine stillschweigende Vereinbarung über den Gerichtsstand nicht gelten solle, wenn der Beklagte der den Prozeß einleitenden Verfügung nicht Folge leiste. Daß eine solche Bestimmung in die späteren Entwürfe, namentlich in den dem Reichstage vorgelegten Entwurf einer Prozeßordnung, nicht aufgenommen ist, kann nicht als eine Verwerfung jenes Satzes aufgefaßt werden; man hat vielmehr eine gleiche Bestimmung nur deshalb nicht aufgenommen, weil man dies für unnötig, die Bestimmung des preußischen Entwurfes für selbstverständlich ansah. Dies wird in den Motiven ausdrücklich ausgesprochen mit dem Bemerken, daß aus der Thatsache des Nichterscheinens des Beklagten eine Unterwerfung unter das an sich unzuständige Gericht nicht zu folgern sei, der nicht erschienene Beklagte vielmehr erwarten dürfe, daß das unzuständige Gericht von Amts wegen seine Unzuständigkeit aussprechen werde. Diese Auffassung ist auch in den Verhandlungen der Reichstagskommission, namentlich bei den Verhandlungen über die Anträge Bähr-Wolffson, indem den unzutreffenden Äußerungen des einen oder anderen Redners entscheidende Bedeutung nicht beigelegt werden darf, nicht verleugnet worden, und es darf daher angenommen werden, daß der Ausspruch in den Motiven die Billigung des Gesetzgebers gefunden habe. In diesem Sinne haben sich denn auch die Kommentatoren der Prozeßordnung ausgesprochen.

Vgl. a. Busch, Zeitschr. f. Civilproz. Bd. 1 S. 29 flg., Bd. 2 S. 190 flg.

Leonhardt bemerkt in Anmerkung 1 zu §. 19 der hannoverschen Prozeßordnung von 1850 unter Allegierung einer kurzen Erörterung im Magazin für hannoversches Recht Bd. 3 S. 79. 80: „als eine stillschweigende Vereinbarung sei es auch anzunehmen, wenn der Beklagte ungehorsam ausbleibe", billigt also die Ansicht des Verfassers der allegierten Erörterung im Magazin a. a. O. als nach der Fassung des §. 19 der hannoverschen Prozeßordnung gerechtfertigt. Allein bei den unter hervorragender Beteiligung von Leonhardt gepflogenen Verhandlungen der hannoverschen Prozeßordnungskommission hat allseitiges Einverständnis, auch Leonhardt's, darüber geherrscht, daß im Falle des Nichterscheinens des Beklagten eine stillschweigende Vereinbarung über die Zuständigkeit nicht anzunehmen sei. Der §. 32 des ersten Entwurfes, dessen erster Absatz das im §. 38 C.P.O. enthaltene Prorogationsprinzip ausspricht, besagt in den Absätzen 2. 3:

Abs. 2. Stillschweigende Vereinbarung wird angenommen, wenn die Unzuständigkeit nicht sofort geltend gemacht wird.

Abs. 3. Eine stillschweigende Vereinbarung kann aus dem Ausbleiben einer Partei nicht gefolgert werden.

Diese beiden Absätze wurden auf einstimmigen Beschluß der Kommission, also auch mit Leonhardt's Zustimmung, aus redaktionellen Gründen in einen Absatz zusammengezogen, welcher in dem zweiten Entwurfe lautet:

§. 27 Abs. 2: Stillschweigende Vereinbarung ist anzunehmen, wenn die Unzuständigkeit nicht von dem erschienenen Beklagten vor der Verhandlung zur Hauptsache geltend gemacht wird.

Der dritte Absatz des zuerst gedachten Entwurfes ist also durch Einschaltung des Wortes „erschienenen" (Beklagten) in dem zweiten Entwurfe ersetzt und dadurch ausgedrückt, daß der nicht erschienene Beklagte nicht als stillschweigend einwilligend zu behandeln sei. Dieser Satz ist auch in den späteren Entwürfen durch ausdrückliche Anerkennung in den Motiven gewahrt. Mag man nun auch verschiedener Meinung darüber sein können, ob es nicht de lege ferenda richtiger und praktisch zweckmäßiger gewesen wäre, den entgegengesetzten Grundsatz zu statuieren, und ob sich nicht vom theoretischen Standpunkte aus Ausstellungen gegen die Art der Begründung der Entwürfe erheben lassen, so ist doch dasjenige, was der Gesetzgeber bewußt statuiert hat, als maßgebende Norm aufrechtzuerhalten.

Bei den Verhandlunden der Reichsjustizkommission wurde die Frage diskutiert, ob nach §. 296 C.P.O. auch die zur Begründung der Zuständigkeit aufgestellten Klagebehauptungen als von dem nicht erscheinenden Beklagten zugestanden anzusehen seien, oder ob die Richtigkeit dieser Kompetenzthatsachen im Falle des Nichterscheinens des Beklagten vom Kläger zu beweisen oder vom Richter von Amts wegen zu untersuchen sei (Anträge Bähr-Wolffson). Die Kommission verwarf die Anträge und motivierte die Anwendbarkeit des §. 296 auf die Kompetenzthatsachen noch besonders in dem am 19. Oktober 1876 an den Reichstag erstatteten Berichte (S. 12). Ob diese Annahme nun als gesetzlich sanktioniert anzuerkennen ist, bedarf für den vorliegenden Fall keiner Entscheidung; aus der Bejahung folgt noch nicht, daß die amtliche Prüfung der Zuständigkeit im Falle des Nichterscheinens des Beklagten ausgeschlossen sei. Zu dem thatsächlichen Vorbringen des Klägers, welches nach §. 296 als zugestanden angenommen werden soll, ist nämlich nicht die „stillschweigende Behauptung der richterlichen Zuständigkeit, welche im Erheben der Klage im Gerichte zu finden" (Archiv f. civil. Praxis Bd. 62 S. 394, Bd. 63 S. 236. 237), zu rechnen; diese „stillschweigende Behauptung" ist kein thatsächliches Vorbringen im Sinne des §. 296. Der Richter hat vielmehr von Amts wegen zu prüfen, ob die in der Klage behaupteten, nach §. 296 als zugestanden anzunehmenden Kompetenzthatsachen die Zuständigkeit nach dem Gesetze begründen, und wenn er zur Verneinung dieser Frage gelangt, die Klage trotz des Nichterscheinens des Beklagten von Amts wegen „hier" abzuweisen. Aber auch dann, wenn auf die Kompetenzthatsachen der §. 296 nicht für anwendbar erachtet wird, hat der Kläger jedenfalls keinen Grund zur Beschwerde, wenn der Richter seine Behauptungen zunächst als wahr annimmt, da er doch seine eigenen Behauptungen gegen sich gelten lassen muß. Das haben hier die Vorinstanzen gethan. Sie haben, indem sie die Behauptungen des Klägers zu Grunde legten, die Zuständigkeit für nicht gesetzlich begründet erachtet.

Fitting stellt (Archiv f. civil. Praxis Bd. 63 S. 245 flg.) als Regel des Reichscivilprozesses den Satz auf: daß jedes ordentliche Gericht erster Instanz für jede Klage zuständig, das heißt zu ihrer Verhandlung und Entscheidung fähig und befugt sei, und er legt den gesetzlichen Regeln über die ordentliche und sachliche Zuständigkeit nur die Bedeutung bei, dem Beklagten zu sagen, in welchen Fällen er ein

Ablehnungsrecht habe, in welchen nicht. Er selbst bezeichnet jedoch diese Grundanschauung als eine von allen bisherigen Ansichten sehr abweichende, und er giebt zu, daß sein Standpunkt mit der Ausdrucksweise der Civilprozeßordnung und mit den Äußerungen der Motive im Widerstreite stehe. Er behauptet, daß die Verfasser der Civilprozeßordnung sich von den überlieferten Vorstellungen nicht genugsam loszureißen vermocht und von dem neuen Grundprinzipe, welches sie, durch ein richtiges praktisches Gefühl geleitet, in den Bestimmungen des Gesetzbuches zu folgerechter Durchführung gebracht, noch kein klares Bewußtsein gehabt, und daß die ungenaue und wissenschaftlich unhaltbare Ausdrucksweise der Civilprozeßordnung dem Inhalte des Gesetzbuches, welchem der Ausdruck in unvereinbarer Weise widerstreite, weichen müsse. Allein der Nachweis, daß das Gesetzbuch den behaupteten Inhalt habe, ist eben nicht als geführt anzuerkennen. Solange dies aber nicht der Fall ist, können die erhobenen Ausstellungen bei der Erlassung richterlicher Entscheidungen keine Beachtung finden.

Was sodann die Frage der Zuständigkeit nach dem Gesetze (Buch 1 Abschn. 2 Titel 2 C.P.O.) betrifft, so wird im Klagerubrum Berlin als der Wohnort des Beklagten angegeben. Beklagter hat also seinen allgemeinen Gerichtsstand (§§. 12. 13 C.P.O.) bei dem Landgerichte in Berlin, nicht in Greiz. Im Konzepte der Klageschrift hat Kläger zur Begründung der Zuständigkeit des Landgerichtes zu Greiz nichts anderes angeführt, als daß der den Klagegrund bildende Warenkaufvertrag bei Anwesenheit des Beklagten in Greiz abgeschlossen sei. Allein nach §. 29 C.P.O. ist für den Gerichtsstand des Vertrages nicht der Ort des Abschlusses des Vertrages, sondern der Erfüllung der streitigen Verpflichtung maßgebend. In der mündlichen Verhandlung vor dem Landgerichte hat Kläger zur Begründung der Zuständigkeit noch angeführt, daß er die verkauften Waren der getroffenen Abrede gemäß einem Spediteur in Greiz zur Versendung an den Beklagten übergeben habe, daß also in Greiz die Übergabe erfolgt sei, und daß deshalb Beklagter auch in Greiz den Kaufpreis zahlen müsse. Abgesehen davon, ob diese Behauptungen, da sie nicht in der dem Beklagten zugestellten Klageschrift enthalten sind, überhaupt berücksichtigt werden dürften, sind dieselben von den Instanzrichtern mit Recht für unerheblich erachtet worden, da nach der eigenen Behauptung des Klägers die Zahlung nicht Zug um Zug bei der Übergabe zu leisten, vielmehr vertragsmäßig für die Zahlung eine Frist von drei Monaten stipuliert war. Die Instanzrichter haben mit Recht ihrer Entscheidung über den Ort, wo die streitige Zahlung zu leisten war, da unzweifelhaft ein Handelsgeschäft vorlag, die Bestimmungen in Artt. 324. 325. 342 H.G.B. zum Grunde gelegt. Danach hatte Beklagter die Zahlung in Berlin, seinem Wohnorte und dem Orte seiner Handelsniederlassung, zu leisten, und dort war also auch nach § 29 C.P.O. die Klage auf Zahlung des Kaufgeldes zu erheben, da ein anderer Zahlungsort weder im Vertrage bestimmt war, noch sich aus der Natur des Geschäftes oder der Absicht der Kontrahenten ergab (Artt. 324. 342 H.G.B.). Bedenken hiergegen könnten sich nur aus Art. 325 Abs. 1 ergeben, nach welchem der Käufer die Zahlung des Kaufpreises, wenn nicht (was hier nicht der Fall) ein anderes aus dem Vertrage oder aus der Natur des Geschäftes oder aus der Absicht der Kontrahenten hervorgeht, auf seine Gefahr und Kosten dem Verkäufer an den Ort, an welchem der letztere zur Zeit der Entstehung der Forderung seine Handelsniederlassung oder in deren Ermangelung seinen Wohnort hatte, übermachen soll. Dieser Bestimmung allein sind auch die Angriffe des Revisionsklägers entnommen. Nun möchte sich allerdings, wenn nicht dem Abs. 1 des Art. 325 der Abs. 2 folgte, aus der Bestimmung im Abs. 1 folgern lassen, daß der Ort der Handelsniederlassung, eventuell der Wohnort des Verkäufers der Ort sei, in welchem die Verpflichtung des Käufers zur Zahlung des Kaufpreises zu erfüllen sei. Zwar würde dies daraus, daß die Übermachung des Kaufgeldes auf Kosten des Käufers erfolgen soll, in analoger Anwendung des Art. 325 Abs. 2 H.G.B. nicht zu folgern sein. Aber erheblicher ist die Bestimmung, daß die Übermachung auf Gefahr des Käufers erfolgen solle; daraus könnte gefolgert werden, daß nach dem Willen des Gesetzgebers durch Art. 325 Abs. 1 eine Abweichung von Art. 324 des Inhaltes habe statuiert werden sollen, daß für Geldzahlungen, wenn nicht Vertrag, Natur des Geschäftes, Absicht der Kontrahenten zu einem anderen Ergebnisse führen, nicht der Absendungsort, sondern der Bestimmungsort der Geldsendung, hier also der Ort der Handelsniederlassung eventuell der Wohnort des Verkäufers der Ort der Erfüllung der Pflicht des Geldschuldners sein solle. Diese mögliche Folgerung aus dem Abs. 1 des Art. 325 wird aber sofort durch die Bestimmung im Abs. 2 reprobiert, daß durch die Bestimmung im Abs. 1 der gesetzliche Erfüllungsort (Art. 324) in betreff des Gerichtsstandes oder in sonstiger Beziehung nicht geändert werde. Diese Bestimmung kann zunächst nicht als eine prozeßrechtliche Bestimmung aufgefaßt werden, welche durch §. 29 C.P.O. aufgehoben wäre. Der §. 29 bestimmt nichts darüber, welcher Ort als der Erfüllungsort anzusehen ist; er ändert in dieser Beziehung nichts an dem bestehenden materiellen Rechte und bestimmt nur, daß da, wo nach materiellem Rechte die streitige Verpflichtung zu erfüllen ist, die Vertragsklage erhoben werden kann. Der Abs. 2 des Art. 325 H.G.B. enthält auch nicht bloß eine besondere Bestimmung über den Gerichtsstand, sondern eine materielle Bestimmung über den Erfüllungsort bezüglich der Verpflichtungen des Geldschuldners, deren Bedeutung auch nicht auf den Gerichtsstand beschränkt, sondern ausdrücklich auch auf sonstige Beziehungen, unter welchen namentlich das örtliche Recht begriffen ist, ausgedehnt wird. Es soll also, trotz der Übermachungspflicht des Schuldners, der Ort der Handelsniederlassung eventuell der Wohnort des Schuldners (hier des Käufers) nach Maßgabe des Art. 324 als der Ort der Erfüllung der Pflichten des Käufers angesehen werden, sodaß die Aufgabe der Geldsendung zur Post am Orte der Handelsniederlassung des Käufers als der Akt der Erfüllung seiner Verpflichtung, mit der für den Erfüllungsort nicht maßgebenden Nebenbestimmung jedoch, daß der Käufer die Gefahr des Transportes der Geldsendung zu tragen hat, aufzufassen ist. Da der Abs. 2 des Art. 325 keine prozeßrechtliche Bestimmung enthält, so kann auch die Anwendbarkeit des §. 13 des Gesetzes über die Einführung der Civilprozeßordnung nicht in Frage kommen."

Register.

Die beigesetzten Zahlen beziehen sich auf die Seite.

A. Sachregister.

B

F

H

J

K

P

R

S

B. Gesetzesregister.

1. Reichsrecht.

2. Gemeines Recht.

a. Institutionen.

b. Pandekten.

c. Codex.

d. Gaii Institutiones.

3. Landesrecht.

Preußen.

A. Altländisches Recht.

a. Allgemeines Landrecht.

Baden.

Bayern.

Braunschweig.

C. Chronologische Zusammenstellung der Entscheidungen.